KB250906

위아텝스
LC

위아텝스 LC

지은이 전지현
펴낸곳 (주)위아북스
펴낸이 전수용·조상현

인쇄일 2010년 1월 5일
발행일 2010년 1월 10일

등록번호 제300-2007-164호
주소 서울특별시 마포구 합정동 359-1 정촌빌딩 1층
전화 02-725-9988 ● **팩스** 02-725-9863
홈페이지 www.wearebooks.co.kr
북디자인 나인플럭스

ISBN 978-89-93258-86-8 18740
ISBN 978-89-93258-88-2 (세트)

위아텝스

LC

TEPS

전지현 지음

We're
위아북스

척박했던 텝스 교재 시장에 '기출문제 정밀분석'이란 기치아래 〈How to TEPS LC〉를 출간한 지도 어언 4년이 다 되어 갑니다. 텝스는 다른 어떤 시험보다도 경향이 빨리 변하는 시험으로 지난 3년 동안 점진적으로 꽤 어려워졌습니다. 이는 텝스의 저변 확대가 빠르게 진행되면서 평균 점수 상승에 따른 필연적인 결과라고 생각합니다. 지난 2년여 동안 텝스 문제를 꾸준히 연구하면서 많은 독자들의 요청에 힘입어 새로운 변화에 가장 잘 대응할 수 있는 〈위아텝스 LC〉를 출간하게 되었습니다.

〈위아텝스 LC〉는 모든 청해 문제를 그 동안 출제경향에 맞추어 질문별, 주제별로 총망라하였습니다. 이미 시중에는 잘 만들어진 텝스 청해 교재가 많습니다. 그럼에도 저는 이 책에서 만큼은 시험에 나온 거의 모든 유형을 담겠다는 큰 목표를 두었습니다. 그 바탕 위에 학생들과 늘 호흡하는 현장 강사의 경험과 철저하게 분석, 수록한 텝스 청해 공략의 핵심 노하우를 알차게 담고자 최선을 다했습니다.

칼바람이 부는 새벽에도 학원에 와서 눈을 반짝이며 강의를 듣는 많은 분들이 있습니다. 새벽 강의를 오랫동안 하며 저는 이 학생들에게 가르침을 준 게 아닌, 그분들로부터 삶의 자세에 대한 가르침을 받았습니다. 비단 새벽반뿐만 아니라 가르치면 가르칠수록 제가 학생들에게 소중한 보물을 하나씩 받는 느낌입니다. 이 소중한 보물을 모아 〈위아텝스 LC〉로 엮어 저에게 배웠던 소중한 학생들 또는 앞으로 이 책으로 공부할 여러분에게 이 책을 감사하는 마음으로 바칩니다.

'미쳐야 이룰 수 있다.'

제 좌우명입니다. 사실 제 자신도 말처럼 잘 실천하지 못 하지만 어려운 텝스도 즐겁게 미칠 수 있다면 성적은 자연스럽게 나옵니다. 이 책과 텝스에 빠져 즐겁게 영어 공부의 마침표를 찍으셨으면 합니다.

전 지 현

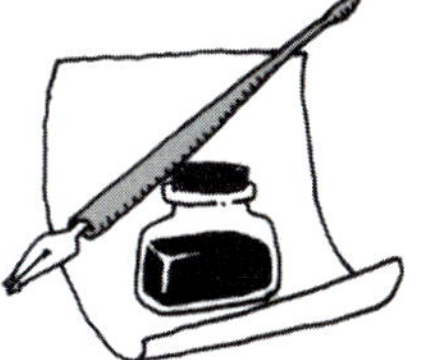

CONTENTS

VOCABULARY

1 〈위아텝스 LC〉만의 단계적 학습 프로그램 도입

TEPS 학습의 완성은 반복. **1단계** 유형 설명과 바로 문제 확인 Pattern Training ➡ **2단계** 기본문제 풀이로 기본기 점검 Basic Training ➡ **3단계** 실전문제로 TEPS 유형 완벽 파악 Actual Training ➡ **4단계** 누적문제로 실전감각 극대화 Review Training의 학습 프로그램으로 기초부터 마무리까지 TEPS를 완벽하게 준비할 수 있다.

PATTERN TRAINING

● PART 1, 2

시험에 나오는 가장 중심이 되는 문제 유형을 반복 학습할 수 있게 1-2-3단계로 정리했다. 1단계–핵심 패턴설명, 2단계–실전문제 풀어보기, 3단계–실전패턴을 낱낱이 해부하기로 기출패턴을 모두 소화할 수 있게 구성했다.

● PART 3, 4

시험에 나오는 Part 3, 4를 주제별로 정리해서 유형을 반복해서 익힐 수 있게 1-2-3단계로 정리했다. 1단계 기출경향 문제를 잘라서 듣고 쉽게 이해하기, 2단계–기출경향 문제 철저히 분석, 3단계 시험에 출제된 문제 중심으로 실전문제 풀이하기로 구성했다.

● VOCABULARY

지난 3년간 텝스 어휘 영역에서 출제되었던 문제들을 완벽 분석하여, 가장 출제 빈도가 높았던 어휘 400개를 정리하였으며, 초급자부터 고급자까지 학습이 가능하도록 구성하였다.

BASIC TRAINING

● PART 1, 2

LC듣기의 가장 기본은 받아쓰기. Pattern Training을 위한 기본 워밍업으로 왜 안 들리는지 파악하고 발음 및 표현 받아쓰기를 통해 효과적으로 패턴을 익힐 수 있다.

● PART 3, 4

Part 3, 4에서 고득점을 얻을 수 있게 기본어휘와 필수표현을 공개했다. 외우기만 하면 정기시험에서 효과를 바로 확인할 수 있다.

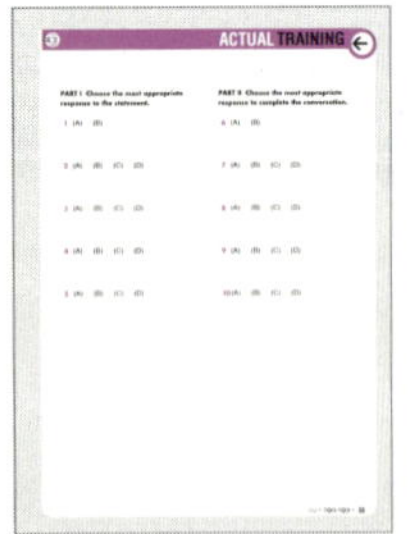

ACTUAL TRAINING

정기시험과 동일한 문제 유형과 배치로 실전 난이도의 문제를 풀면서 시험에 대비할 수 있다. 모든 문제는 최근 3년 동안 시행된 텝스 시험을 완벽하게 분석하여 재구성하였으며, 가장 빈도가 높은 문제만을 선별하였다. Actual Training을 마치면 정기 시험을 푸는 효과를 얻을 수 있다.

REVIEW TRAINING

Actual Trainng이 해당 Unit에 대한 평가만을 묻는다면 Review Training은 관련 Unit의 내용을 종합평가하는 훈련이다. 이미 앞에서 학습했던 것을 잊을 만한 시기에 종합문제를 풀어봄으로써 최종 점검과 함께 복습을 유도하는 것이 목적이다. 문제를 다 풀고 난 후 틀린 문제의 관련 유형을 반복 학습하면 해당 유형을 확실하게 알 수 있다.

2 출제 유형만 깔끔하게 정리한 본문 해설

텝스 각 영역 별로 나오는 사항들 중 기초 사항에 해당하는 내용은 빼고 시험에 바로 적용할 수 있는 내용만 체계적으로 정리하여 담았다.

● LC 최고 강사의 요령 및 비법 공개

모든 문제에 대한 비법과 요령을 공개했다. 문제마다 과거 기출경향과 맞추어 내용별 정리, 구조 정리, 문장과 구문 정리의 세 가지 측면으로 문제를 분석, 청해 유형을 확실하게 파악할 수 있다.

● 선택지 고르기 연습

본문 이해보다 훨씬 어려운 선택지 고르기의 연습을 통해 잘 듣지 않아도 답을 고를 수 있다.

3 위아텝스 Total 학습 시스템

'교재 – 동영상(유료) – 웹서비스'로 완성되는 종합적인 학습기반 아래 '본학습(교재) ➡ 복습(동영상/유료) ➡ 피드백(JJ TEPS 텝스 카페 – http://cafe.daum.net/easyteps 또는 http://cafe.naver.com/tepsmaster)'의 체계적으로 구성된 Total 학습시스템을 지원한다.

● 기본기를 다지는 본학습

기본적인 유형과 문제를 학습해서 기본적인 내용을 충분하게 숙지한다. 교재 학습은 느슨해질 수도 있으므로, 최대한 단기간 내에 한 번의 학습을 종료하고, 반복적으로 학습하는 과정을 취할 필요가 있다.

● 효율적인 반복 학습 '복습'

메가잉글리시(www.megaEnglish.com)의 저자 직강 동영상을 들으면서 교재에서 배웠던 내용을 반복 학습한다. 동영상 강좌를 듣기 전에 한 번의 교재 학습을 끝내고, 본인이 필요한 부분을 선택적으로 들을 수 있도록 학습 계획서를 작성하고 이에 맞는 강좌를 수강한다.

● 전문강사의 일대일 '피드백'

위아텝스로 공부하다 궁금한 사항이나, 설명이 더 필요한 부분을 위아텝스 공식 카페에 올려놓으면 필자인 전지현 · 정일상 선생님이 자세하게 진단하고 처방을 통해 내 약점을 파악한다. 텝스 학습에 필요한 개인적 상담부터 교재에 대한 상세한 질문까지 완벽한 피드백을 제공한다.

4 기출어휘 정리에서 문제풀이까지 – 청해 6회, 어휘 4회 총 596문제

청해 6회, 어휘 4회, 최고의 유형으로 뽑은 총 596문제를 실었다. 엄선된 문제들을 통해 정기 시험과 유사한 문제를 최대한 많이 풀고, 틀린 문제를 분석하면서 이 책 한 권으로 텝스 LC에 대한 자신감을 키울 수 있다.

Study Schedule A ● Grammar + Vocabulary + LC + RC 혼합 학습형

		1st Day	2nd Day	3rd Day	4th Day	5th Day	6th Day
1st Week	G	Unit 1	Unit 1	Unit 2	Unit 2	Unit 2	주간 점검
	V	Unit 29	Unit 30	Unit 31	Unit 32	Unit 33	주간 점검
	R	Unit 17	Unit 18	Unit 19	Unit 20	Unit 21	주간 점검
	L	Unit 1 ~ 5 (Part 1, 2)					주간 점검
2nd Week	G	Unit 3	Unit 3	Unit 4	Unit 4	Unit 5	주간 점검
	V	Unit 34	Unit 35	Unit 36	Unit 37	Unit 38	주간 점검
	R	Unit 22	Unit 23	Unit 24	Unit 25	Unit 26	주간 점검
	L	Unit 6 ~ 9 (Part 1, 2)					주간 점검
3rd Week	G	Unit 5	Unit 6	Unit 6	Unit 7	Unit 8	주간 점검
	V	Unit 29	Unit 30	Unit 31	Unit 32	Unit 33	주간 점검
	R	Unit 27	Unit 27	Unit 27	Unit 28	Unit 28	주간 점검
	L	Unit 10 ~ 12 (Part 3)		Unit 20 ~ 22 (Part 4)			주간 점검
4th Week	G	Unit 9	Unit 10	Unit 11	Unit 12	Unit 12	주간 점검
	V	Unit 34	Unit 35	Unit 36	Unit 37	Unit 38	주간 점검
	R	Unit 28	Unit 29	Unit 29	Unit 29	Unit 30	주간 점검
	L	Unit 13 ~ 19 (Part 3)					주간 점검
5th Week	G	Unit 10~12	Unit 13	Unit 14	Unit 15	Unit 16	주간 점검
	V	Unit 29~30	Unit 31~32	Unit 33~34	Unit 35~36	Unit 37~38	주간 점검
	R	Unit 30	Unit 30	Actual 복습	Actual 복습	Actual 복습	주간 점검
	L	Unit 23 ~ 28 (Part 4)					주간 점검

✱ G: Grammar / V: Vocabulary / L: Listening Comprehension / R: Reading Comprehension
✱ 10주 학습 스케줄은 위의 표에서 하루 학습 분량을 2일에 걸쳐 학습하면 됩니다.

Study Schedule B ● Grammar ➡ Vocabulary ➡ LC ➡ RC 순차 학습형

	1st Day	2nd Day	3rd Day	4th Day	5th Day	6th Day
1st Week	G Unit 1~2	G Unit 3~4	G Unit 5~6	G Unit 7~8	G Unit 9~10	주간 점검 Actual Training / Review Training
2nd Week	G Unit 11~12	G Unit 13~14	G Unit 15~16	L Unit 1~5	L Unit 6~9	주간 점검 Actual Training / Review Training
3rd Week	L Unit 10~12	L Unit 13~15	L Unit 16~19	L Unit 20~22	L Unit 23~25	주간 점검 Actual Training / Review Training
4th Week	L Unit 26~28	V Unit 29~33	V Unit 34~38	R Unit 1~2	R Unit 3~4	주간 점검 Actual Training / Review Training
5th Week	R Unit 5~6	R Unit 7~8	R Unit 9~10	R Unit 11~12	R Unit 13~14	주간 점검 Actual Training / Review Training

✽ G: Grammar / V: Vocabulary / L: Listening Comprehension / R: Reading Comprehension / AT: Actual Test

✽ 10주 학습 스케줄은 위의 표에서 하루 학습 분량을 2일에 걸쳐 학습하면 됩니다.

TEPS의 구성

TEPS는 청해, 문법, 어휘, 독해 4개 영역에 걸쳐 총 200문항으로 구성되어 있으며 시험 시간은 140분이다.
만점은 문항반응이론(IRT)에 따라 채점하기 때문에 전부 맞아도 990점이고 모두 틀려도 10점은 나온다.

영역		Part별 내용	문항 수	시간 / 배점
청해 Listening Comprehension	Part I	문장 하나를 듣고 이어질 대화 고르기	15	55분 / 396점
	Part II	3문장의 대화를 듣고 이어질 대화 고르기	15	
	Part III	6~8문장의 대화를 듣고 이어질 대화 고르기	15	
	Part IV	담화문의 내용을 듣고 질문에 해당하는 답 고르기	15	
문법 Grammar	Part I	대화문의 빈칸에 적절한 표현 고르기	20	25분 / 99점
	Part II	문장의 빈칸에 적절한 표현 고르기	20	
	Part III	대화에서 어법상 틀리거나 어색한 부분 고르기	5	
	Part IV	단문에서 문법상 틀리거나 어색한 부분 고르기	5	
어휘 Vocabulary	Part I	대화문의 빈칸에 적절한 단어 고르기	25	15분 / 99점
	Part II	단문의 빈칸에 적절한 단어 고르기	25	
독해 Reading Comprehension	Part I	지문을 읽고 질문의 빈칸에 들어갈 내용 고르기	16	45분 / 396점
	Part II	지문을 읽고 질문에 가장 적절한 내용 고르기	21	
	Part III	지문을 읽고 문맥상 어색한 내용 고르기	3	
총 계	13개 Parts		200	140분 / 990점

청해 Listening Comprehension **60문항**

정확한 청해 능력을 측정하기 위하여 문제와 보기 문항을 문제지에 인쇄하지 않고 들려줌으로써 자연스러운 의사소통의 인지과정을 최대한 반영하였다. 다양한 의사소통 기능(Communicative Functions)의 대화와 다양한 상황(공고, 방송, 일상 업무 상황, 대학 교양 수준의 강의 등)을 이해하는 데 필요한 전반적인 청해력을 측정하기 위해 대화문(dialogue)과 담화문(monologue)의 소재를 균형 있게 다룬다.

Part I

Listen and choose the most appropriate response.

M   How would you like your eggs?

W   ____

(a) I want them medium-rare
(b) To go, please
(c) I'd like two, please
(d) Overeasy will be fine

Part 1은 질의응답 문제를 다루며 한 번만 들려준다. 내용 자체는 단순하고 기본적인 수준의 생활 영어 표현으로 구성되어 있지만 교과서적인 지식보다는 재빠른 상황 판단 능력을 요구한다. 따라서 이 파트에서는 속도 적응 능력뿐만 아니라 순발력 있는 상황 판단 능력이 요구된다.

Part II

Listen and choose the most appropriate response.

W   What did you do over the weekend?

M   I went to a football game

W   How was it?

M   ____

(a) I managed to get the tickets.
(b) I prefer soccer game to football
(c) Actually, I'm not into football
(d) It was more exciting than I expected

Part 2는 짧은 대화 문제로서 두 사람이 A-B-A-B 순으로 보통 속도로 대화하는 형식이며 소요 시간은 약 12초 전후로 짧게 구성되어 있다. Part 1과 마찬가지로 한 번만 들려주는 부분이다.

Part III

Listen and choose the correct answer to the question.

W   The new manager has changed a lot of things around here.

W   But everybody keeps saying how nice he is.

W   He is nice, it's just that he has a new way to run things.

W   What do you mean by new?

W   He really shuts down if we get too busy on the floor.

W   Maybe you should see how the rest of the employees feel about it.

Q   Which is correct according to the conversation?
(a) The manager has a good work ethic.
(b) The manager doesn't deal well with stress.
(c) The man wants to quit his job.
(d) The man was promoted to manager.

Part 3는 앞의 두 파트에 비해 다소 긴 대화를 들려준다. 대신 대화 부분과 질문을 들려 준 뒤 다시 한 번 대화 부분을 들려 주기 때문에 길이가 긴 데 비해 많이 어렵다고 할 수는 없다.

● 두 번 들려주는 방식
  첫 번째: 대화문 ➡ 질문
  두 번째: 대화문 ➡ 질문 ➡ 보기문항

Part IV	15문항

Listen and choose the correct answer to the question.
Welcome to the Federal Reserve's Money Museum. On this tour we will trace the development of the American currency throughout our nation's history. In addition, we have recently opened an exhibit of world currencies, where you can see the different monies of the world, and how they have changed over time. In a moment, we will see the shells used by some tribes in West Africa for money, and later in our tour, you can touch the beads used by people in India for trading. My name is Chris, and I will be your tourguide this afternoon. Welcome!

Q Which is correct according to the conversation?
(a) The manager has a good work ethic.
(b) The manager doesn't deal well with stress.
(c) The man wants to quit his job.
(d) The man was promoted to manager.

Part 4는 담화문을 다룬다. 영어권 나라에서 영어로 뉴스를 듣거나 강의를 들을 때와 비슷한 상황을 설정하여 얼마나 잘 이해하는지를 측정하는 부분이다. 이야기의 주제, 목적, 화제, 세부 사항 및 이를 근거로 한 추론 등을 다룬다. 직청직해 실력, 즉 들으면서 곧바로 내용을 이해할 수 있는지를 잘 평가해주는 부분이다.

● 두 번 들려주는 방식
 첫 번째: 담화문 ➡ 질문
 두 번째: 담화문 ➡ 질문 ➡ 보기문항

문법Grammar 50문항

밑줄 친 부분 중 오류를 식별하는 유형 등의 단편적이며 기계적인 문법지식 학습을 조장할 우려가 있는 분리식 시험 유형을 배제하고, 의미 있는 문맥을 근거로 오류를 식별하는 유형을 통하여 진정한 의사소통 능력의 바탕이 되는 살아 있는 문법, 어법능력을 문어체와 구어체를 통하여 측정한다.

Part I	20문항

Fill in the blank with the most appropriate word or phrase.
A What was the conclusion at the meeting?
B Nothing. Both the opponents and supporters just argued _________ the project.

(a) against
(b) behind
(c) beneath
(d) below

Part 1은 A, B 두 사람의 짧은 대화를 통해 전치사 표현력, 구문 이해력, 품사 이해도, 시제, 접속사 등 문법에 대한 이해력을 묻는 형태로 되어 있다. 주로 후자(B)의 대화 가운데 빈칸이 있고, 그곳에 들어갈 적절한 표현을 고르는 형식이다.

<table>
<tr><td align="center">**Part II**</td><td align="center">20문항</td></tr>
</table>

Fill in the blank with the most appropriate word or phrase.
Regular six-month dental checkup is essential _______
our oral and dental health.

(a) at
(b) in
(c) of
(d) for

Part 1은 A, B 두 사람의 짧은 대화를 통해 전치사 표현력, 구문 이해력, 품사 이해도, 시제, 접속사 등 문법에 대한 이해력을 묻는 형태로 되어 있다. 주로 후자 (B)의 대화 가운데 빈칸이 있고, 그곳에 들어갈 적절한 표현을 고르는 형식이다.

<table>
<tr><td align="center">**Part III**</td><td align="center">5문항</td></tr>
</table>

Identify the ungrammatical sentence in the dialogue.
(a) A: Health insurance has become an important issue between elderly people.
(b) B: Why are they interested in the issue?
(c) A: Maybe that's because of their extended life expectancy.
(d) B: So they seem to be interested in the insurance policy(d)

Part 3은 대화문에서 어법상 틀리거나 어색한 부분이 있는 문장을 고르는 다섯 문항으로 구성되어 있다. 이 영역 역시 문법뿐만 아니라 정확한 구문 파악, 대화 내용의 식별능력이 대단히 중요하다.

<table>
<tr><td align="center">**Part III**</td><td align="center">5문항</td></tr>
</table>

Identify the ungrammatical sentence in the passage.
(a) In order for a bird to fly it must obtain an upward force which is known as lift. (b) The construction of a bird's wing enables the bird to achieve lift. (c) A wing which is shaped to achieve lift is called an aerofoil. (d) The upper surface becomes more convexed than the lower surface along the flight.

Part 4는 한 문단을 주고 그 가운데 문법적으로 틀리거나 어색한 문장을 고르는 다섯 문항으로 되어 있다. 틀린 부분을 신속하게 골라야 하므로 속독 능력도 중요한 역할을 한다.

어휘_{Vocabulary} 50문항

문맥 없이 단순한 동의어 및 반의어를 선택하는 시험 유형을 배제하고 의미 있는 문맥을 근거로 가장 적절한 어휘를 선택하는 능력을 문어체와 구어체로 나누어 측정한다.

Part I	25문항
Choose the most appropriate word or expression for the blank in the conversation. A Why do you look so tired? B Well, there was no _________ seat, so I had to stand on the way. (a) barren (b) vacant (c) sufficient (d) desolate	Part 1은 구어체로 되어 있는 A, B의 대화 중 빈칸에 가장 적절한 단어를 넣는 25문항으로 구성되어 있다. 단어의 단편적인 의미보다는 문맥에서 쓰인 상대적인 의미를 더 중요시한다.

Part II	25문항
Choose the most appropriate word or expression for the blank in the statement. These days many fair trade retailers are trying to sell _________ souvenirs made by African artisans. (a) barren (b) vacant (c) sufficient (d) desolate	하나 또는 두 개의 문장으로 구성된 글 속의 빈칸에 가장 적당한 단어를 골라 넣는 부분이다. 어휘를 늘릴 때 한 개씩 단편적으로 암기하는 것보다는 하나의 표현으로, 즉 의미구로 알아 놓는 것이 15분이라는 제한된 시간 내에 어휘 문제를 정확히 푸는 데 많은 도움이 될 것이다.

독해 Reading Comprehension 40문항

교양 있는 수준의 글(신문, 잡지, 대학 교양과목 개론 등)과 실용적인 글(서신, 광고, 홍보, 지시문, 실명문, 도표, 양식 등)을 이해하는 데 요구되는 총체적인 독해력을 측정하기 위해서 실용문 및 비전문적 학술문과 같은 소재를 균형 있게 다루었다.

<table>
<tr><td align="center">Part I</td><td align="center">16문항</td></tr>
</table>

Read the passage and choose the option that best fits the blank.

Creativity is the faculty of the mind that allows us to express feelings and emotions, reveals our inner states of mind, and helps us communicate with each other. In a real sense, creativity serves as a channel for human beings' deepest hopes, fears and insights. Therefore it is very important to encourage children to cultivate creativity. ___________, creative opportunities of children are sometimes discouraged and devalued. It is important to note that creative expression depends not only on talent alone, but also on motivation, interest, effort, and opportunity. Therefore, children have to be granted the freedom to have their interests and abilities affirmed and nurtured because creative expression is crucial to their holistic development.

(a) The manager has a good work ethic.
(b) The manager doesn't deal well with stress.
(c) The man wants to quit his job.
(d) The man was promoted to manager.

Part 1은 빈칸 넣기 유형이다. 한 단락의 글을 주고 그 안에 빈칸을 넣어 알맞은 표현을 고르는 16문항으로 이루어져 있다. 전체의 흐름을 파악하여 문맥상 빈칸에 들어갈 내용을 찾는 문제이다.

Part II	21문항

Choose the option that correctly answers the question.
Most people confine the word "extinction" to animals such as dinosaurs and dodo birds. But can you believe that a majority of fruits and vegetables has become extinct? The Ansault pear, for example, described as better than any other pear, will never be tasted again. Today, there are only 32 types of beans from 578 in the 1950s, and only one kind of asparagus from 46 varieties in the 1970s. The diversity of crops started to decrease when farmers started growing only the varieties that have a high yield growth and resistance to pests and do not require huge amounts of fertilizer for their survival.

Q   What is the main idea of the passage?
(a) Our ancestors were responsible for the loss of crop diversity.
(b) We have lost many valuable crops without recognizing the fact.
(c) Loss of Ansault pear had the greatest impact than any other fruit.
(d) To avoid extinction of crops, farming techniques have to be improved.

Part 2는 글의 내용 이해도를 측정하는 문제 21문항으로 구성되어 있다. 주제나 대의 혹은 전반적 논조 파악, 세부내용 파악, 논리적 추론 등이 있다.

Part III	3문항

Identify the sentence that least fits the context of the passage.
Despite the development of technology, the environment concerns people most in recent years. (a) The destruction of coral reefs has been one of the major concerns among environmentalists. (b) The number of the holes in the ozone layer has increased rapidly at a similar rate of the technological development. (c) The holes allow ultra-violet rays to penetrate the earth's atmosphere and damage living creatures. (d) For example, because of the ultra-violet rays, modern people get more skin cancer than ever.

Part 3는 한 문단의 글에서 내용의 흐름상 어색한 곳을 고르는 문제로 3문항으로 이루어져 있다. 전체 흐름을 파악하여 흐름상 필요 없는 내용을 고르는 문제이다. 이런 유형의 문제는 응집력 있는 영작문 실력을 간접적으로 측정할 수도 있다.

TEPS 등급표

등급	점수	영역	능력 검정 기준
1+급 Level 1+	901–990	전반	교양 있는 원어민에 버금가는 정도로 의사소통이 가능하고 전문분야 업무에 대처할 수 있음
	361–400	청해	교양 있는 원어민에 버금가는 수준의 청해력
		독해	교양 있는 원어민에 버금가는 수준의 독해력
	91–100	문법	교양 있는 원어민에 버금가는 수준으로 내재화된 문법능력
		어휘	교양 있는 원어민에 버금가는 수준으로 내재화된 어휘력1급
1급 Level 1	801–900	전반	단기간 집중 교육을 받으면 대부분의 의사소통이 가능하고 전문분야 업무에 별 무리 없이 대처할 수 있음
	321–360	청해	다양한 상황의 수준 높은 내용을 별 무리 없이 이해할 수 있는 정도의 청해력
		독해	다양한 소재의 수준 높은 내용을 별 무리 없이 이해할 수 있는 정도의 독해력
	81–90	문법	다양한 구문을 별 무리 없이 신속하게 이해할 수 있을 정도로 내재화된 문법능력
		어휘	다양한 표현을 별 무리 없이 신속하게 이해할 수 있을 정도로 내재화된 어휘력
2+급 Level 2+	701–800	전반	단기간 집중 교육을 받으면 일반 분야업무를 큰 어려움 없이 수행할 수 있음
	281–320	청해	일반적 상황에 보통수준의 내용을 별 무리 없이 이해하는 정도의 청해력
		독해	일반적 소재에 보통수준의 내용을 별 무리 없이 이해하는 정도의 독해력
	71–80	문법	일반적인 구문을 별 무리 없이 이해하는 정도의 문법능력
		어휘	일반적인 표현을 별 무리 없이 이해하는 정도의 어휘력
2급 Level 2	601–700	전반	중장기간 집중 교육을 받으면 일반분야 업무를 큰 어려움 없이 수행할 수 있음
	241–280	청해	일반적 상황에 보통수준의 내용을 대체로 이해하는 정도의 청해력
		독해	일반적 소재에 보통수준의 내용을 대체로 이해하는 정도의 독해력
	61–70	문법	일반적인 구문을 대체로 이해하는 정도의 문법능력
		어휘	일반적인 표현을 대체로 이해하는 정도의 어휘력
3+급 Level 3+	501–600	전반	중장기간 집중 교육을 받으면 한정된 분야의 업무를 큰 어려움 없이 수행할 수 있음
	201–240	청해	일반적 상황에 보통수준의 내용을 다소 이해하는 정도의 청해력
		독해	일반적 소재에 보통수준의 내용을 다소 이해하는 정도의 독해력
	51–60	문법	일반적인 구문에 대한 의미파악이 어느 정도 가능한 문법능력
		어휘	일반적인 표현에 대한 의미파악이 어느 정도 가능한 어휘력
3급 Level 3	401–500	전반	중장기간 집중 교육을 받으면 한정된 분야의 업무를 다소 미흡하지만 큰 지장은 없이 수행할 수 있음
	161–200	청해	일반적 상황에 보통수준의 내용을 이해하기 다소 어려운 정도의 청해력
		독해	일반적 소재에 보통수준의 내용을 이해하기 다소 어려운 정도의 독해력
	41–50	문법	일반적 구문에 대한 신속한 의미 파악이 다소 어려운 정도의 문법능력
		어휘	일반적인 표현에 대한 신속한 의미 파악이 다소 어려운 정도의 어휘력
4+급 Level 4+	301–400 201–300	전반	장기간의 집중 교육을 받으면 한정된 분야의 업무를 대체로 어렵게 수행할 수 있음
5+급 Level 5+	101–200 10–100	전반	단편적인 지식만을 갖추고 있어 의사소통이 거의 불가능함

위아텝스
LISTENING
TEPS

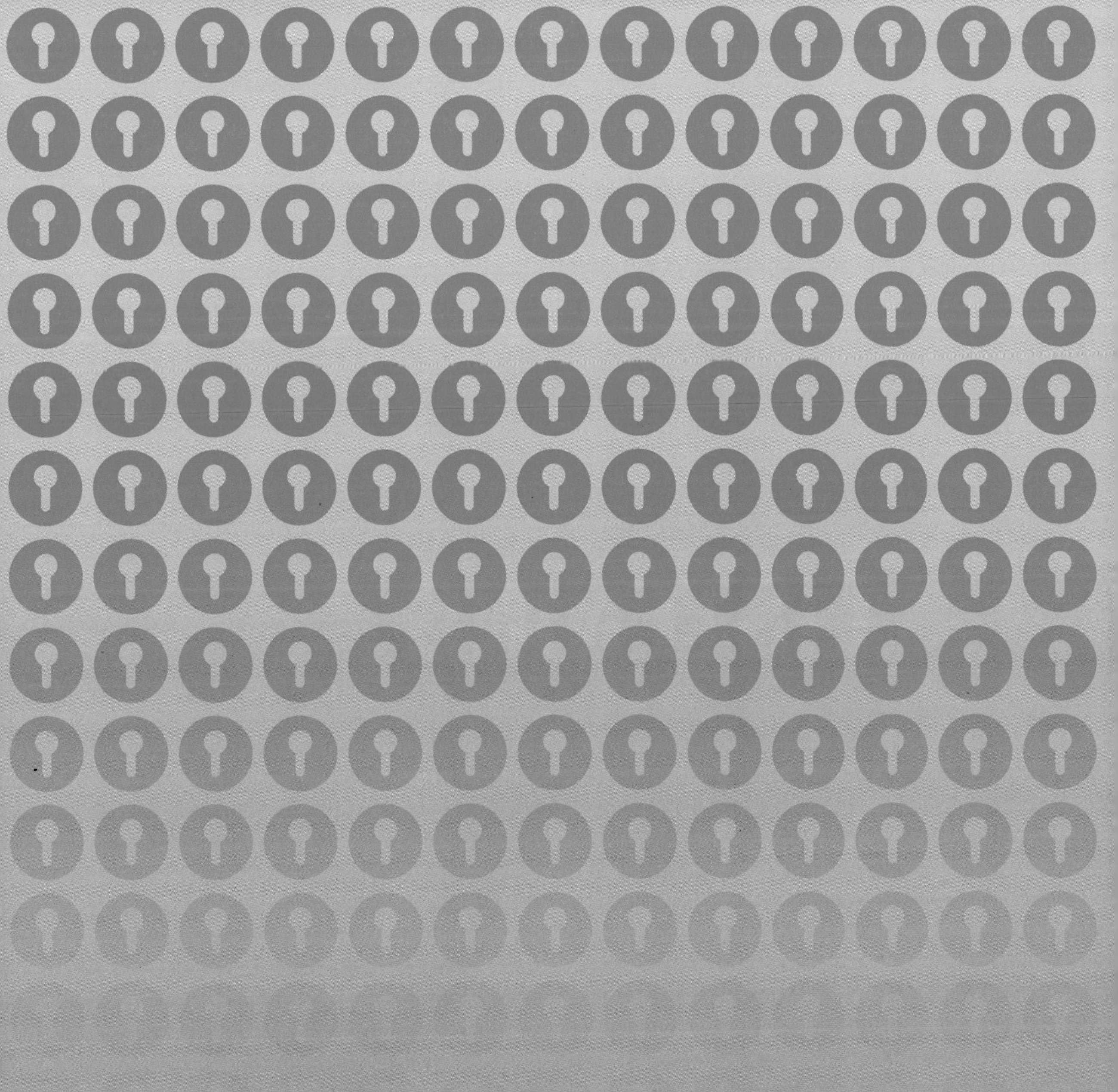

위아텝스
LISTENING
TEPS

PART I,II 문제 풀이 원칙

❶ 질문에 들린 단어가 (a)~(d)에 들리면 거의 답이 아니다

M Do you think this tie goes well with my dress shirt?

W _______________________________

(a) Let me try it on.
(b) I'll go with you.
(c) No, it's not tied right.
(d) Well, how about this plaid one?

>>> Part 1, 2 문제의 답을 고를 때 가장 기본적인 문제풀이 원칙은 문제에 들린 단어가 비슷하게 또 선택지 (a), (b), (c), (d)에 들리면 거의 오답이라는 사실이다. 대략 한 단어가 비슷하게 들린다면 70~80% 오답. 두 단어 이상을 그대로 응용하면 90% 이상 오답이다. 위의 (b)와 (c)는 각각 go with와 tie를 응용한 오답.

❷ 시점과 시제를 주의한다

W What did you do over the weekend?
M I went to a football game.
W How was it?
M _______________________________

(a) He managed to get the tickets.
(b) I'd prefer soccer game to football.
(c) Actually, I'm not into football.
(d) It was more exciting than I expected.

>>> 질문의 주체와 시점을 선택지에서 알맞게 맞춰 골라줘야 한다. 과거를 묻는다면 과거로 대답, 미래로 물으면 미래 시점이 기본적인 답이다. '축구경기가 어땠나?'라고 한다면 정답 (d)처럼 기본적으로 과거 시점으로 답을 해야 한다. 미래의 의미를 가진 (b), 혹은 단지 현재의 취미를 뜻하는 (c) 등은 오답 처리하며 (a)는 대화 당사자와는 전혀 상관없는 사람(He)이므로 오답 처리한다.

❸ 선택지에서 앞뒤의 연계성을 주의한다

M The party at Grace's was hilarious, wans't it?
W _______________________________

(a) Tell me about it. I'd never go again.
(b) Yes, Tom was a real wet blanket.
(c) I guess it will going to have a blast.
(d) Yeah, but the food was a bit disappointing.

>>> 요새 기출문제에서는 선택지의 연계성을 자주 묻는다. '파티가 재미있지 않았냐?' 는 남자의 말에 (a)와 (b)는 앞뒤의 말이 맞지 않는 응답이다. 반면 정답 (d)는 but으로 본인의 생각이 다른 부분을 논리에 맞게 대답했다. 이런 부분까지 세세히 듣는 연습을 하자.

❸ Part 2는 연계성을 묻는다

M What a beautiful day for a picnic!
W Really? It looks like it'll rain.
M No, it's just cloudy over a little.
W _______________________________

(a) Alright, let's share an umbrella.
(b) No way, I heard there will be a shower.
(c) I'm not up for the picnic.
(d) It's pouring outside!

>>> Part 2가 Part 1과 가장 다른 점은 연계성, 일관성의 차이이다. 처음 응답을 한 사람의 말에 따라 답이 정해지는 경우가 대부분이다. 여자가 비가 올 것 같다고 했으면 정답 (b)처럼 본인의 주장을 계속 밀고 나가는 게 가장 합당한 답이다. Part 2 문제풀이를 할 때는 일관성, 연계성을 지키자.

위아텝스
LISTENING

What으로 시작하는 의문문은 동작의 구체적인 대상과 내용을 묻는 문제이다. 무엇을 했는지, 무엇을 하는지, 그리고 무엇을 할 것인지 등을 묻고 있으므로, 구체적인 답변이 제시되어야 한다. 따라서 질문에 what이 제시되면 동사에 초점을 맞추어 들어야 하며, 이에 맞는 답을 선택해야 한다.

UNIT 01

의문사 의문문 1 : What

의문사 의문문 1 What

POINT

★ 의문사 의문문 중 가장 많이 출제되는 What 의문문의 종류와 대표 유형을 익힌다.

★ What 의문문 문제의 예상 정답을 숙지한다.

1 출제 유형

What 의문문은 전체 의문사 의문문 중 30~40%를 차지하며 모든 의문사 의문문 중 가장 많은 유형을 자랑한다. Part 1, 2 합쳐 약 3~4문제 가량 출제되며 아래의 기본 문형을 크게 묶어 많이 출제되는 패턴을 미리 외워 두자.

2 한 눈에 보는 What 유형

❶ 내용을 묻는 What

What's the speed limit on this highway?
➡ Maybe under 60.

이 고속도로 속도제한이 어떻게 되나요?
60마일 이하입니다.

❷ 상대방의 조언을 구하는 What

What should I do about the job offer?
➡ You'd better turn it down.

취업 제의를 어떻게 하죠?
거절하는 게 나을 것 같네요.

❸ 생각을 묻는 What do you think of ~?

What do you think of my new dress?
➡ It looks great on you.

제 새 드레스 어떻게 생각해요?
잘 어울려요.

❹ 'What 주어 + 동사' 다 듣는 문제

What are you going to do this weekend?
➡ I'm supposed to go to a barbecue.

이번 주말에 뭘 할 거예요?
바비큐 파티 가기로 했어요.

❺ 부정적인 내용이 답으로 나오는 What's the problem?

What seems to be the problem, ma'am?
➡ You overcharged me for this meal.

손님, 뭐가 문제가 있으신가요?
식사 값이 과다 청구되었어요.

❻ 이유를 묻는 What makes you / What brings you ~?

What brings you here?
➡ I'm registering for aerobic class.

여긴 어쩐 일이세요?
에어로빅 수업 신청하려고요.

3 Part 1, 2 What의 대표 유형

❶ 내용을 묻는 What 의문문

W: What's on the agenda for today's meeting?

M: ___________________

    (a) I will start my own business.
    (b) The meeting was adjourned.
    (c) Today will be clear.
    (d) Let's take in business trips.

W: 오늘 회의 안건이 뭐죠?
M: ___________________
(a) 서 새로 사업을 시작할 거예요.
(b) 그 회의는 연기되었어요.
(c) 오늘 맑을 거예요.
(d) 출장 건입니다.

agenda 안건, 의사일정 adjourn 연기하다
take in 섭취하다, 수용하다, ~로 삼다

[해 | 설]

What 의문문 중 가장 기본적인 질문은 what의 '내용'을 묻는 것이다. What's on the agenda?는 '의사일정에 무엇이 있죠?' 라는 의미로 간단히 회의의 내용을 묻는 질문이다. (b)와 (c)는 각각 meeting과 today를 이용한 오답이며 정답 (d)의 take in은 ~을 '받아 들이다' 라는 의미로, 이 문제에선 출장건을 회의 내용으로 삼자는 내용이다.

[유사기출 유형]

M: What are your plans for the weekend? 주말계획이 뭐죠?
W: I'm supposed to visit my grandmother. 할머니 찾아 뵐 예정이에요.

❷ 뭐가 문제죠? (What's wrong? / What's the problem? / What's the matter?)

M: One of your eyes is bloodshot. What's wrong?

W: ___________________

    (a) I just put in eye drops.
    (b) I don't know. I should go see an eye doctor.
    (c) I had problems with my eyes in the past.
    (d) I don't wear contact lenses.

M: 눈 한 쪽이 충혈됐네요. 어떻게 된 거죠?
W: ___________________
(a) 방금 안약을 넣었어요.
(b) 모르겠어요. 안과에 가봐야겠어요.
(c) 과거에 눈에 문제가 좀 있었어요.
(d) 난 콘택트렌즈를 끼질 않아요.

bloodshot 충혈이 된 eye drop 안약 eye doctor 안과의사 (= ophthalmologist)

[해 | 설]

What's wrong? What's the problem? What happened? What's the matter? 등의 질문은 무엇이 잘못됐는지를 묻는 질문이며 안 좋거나 잘못된 상황에 대한 설명이 주로 답변으로 나온다. 눈이 왜 충혈됐는지 걱정하며 묻는 질문이기 때문에 (b)가 답변으로 적절하며 지금 충혈된 상태에 대한 질문이기 때문에 (c)와 같은 대답은 어울리지 않는다.

[유사 기출 유형]

M: What seems to be the problem, ma'am? 손님, 문제가 있으신가요?
W: You overcharged me for this meal. 식사 값이 과다 청구되었어요.

❸ **What are you going to do ~? (주어 + 동사까지 모두 듣기)**

W: What are your plans for the winter?

M: I'm thinking of going to Florida.

W: Really? What are you going to do there?

M: _______________________________

    (a) I visited many tourist attractions.

    (b) Probably by plane.

    (c) I plan to lay down on the beach and relax.

    (d) I saved up money little by little.

W: 이번 겨울에 뭐 할 거예요?

M: 플로리다에 갈 생각이에요.

W: 그래요? 그곳에서 뭘 할 생각이에 요?

M: _______________________________

(a) 관광명소를 많이 가봤어요.

(b) 비행기로 갈 거예요.

(c) 해변에 누워 편히 쉬려구요.

(d) 조금씩 돈을 모았어요.

tourist attractions 관광명소 save up money 돈을 모으다

[해 | 설]

What 의문문 중 가장 많이 차지하는 문제는 크게 What do you do? / What did you do? / What are you going to do? 유형이다. 주어와 동사 부분이 다양하게 응용될 수 있기 때문에 반드시 주어와 동사 부분까지 같이 들어야 한다. What are you going to ~는 정답 (c)와 같이 미래로 답을 해야 한다. (a)와 (d)는 과거시제이기 때문에 답과 거리가 멀고 (b)는 How are you going to go there?라고 묻는다면 답으로 가능하다.

[Possible Answers]

I'm supposed to visit my relatives. 친척을 방문하려고요.
I plan to go sailing. 항해를 떠날 거예요.

❹ **첫 꼭지가 중요한 What kind of ~?**

M: You smell good.

W: Really? I got a new perfume.

M: What kind of perfume are you wearing?

W: _______________________________

    (a) I wore a brand new jacket.

    (b) This perfume has a strong scent.

    (c) Calvin Klein products.

    (d) I'd buy the same one.

M: 냄새 좋은데요.

W: 정말이요? 새 향수를 샀어요.

M: 어떤 향수를 뿌렸어요?

W: _______________________________

(a) 새 재킷을 입었어요.

(b) 이 향수는 냄새가 강해요.

(c) 캘빈클라인 제품이요.

(d) 제가 같은 걸 사려구요.

brand new 완전 새것 wear the perfume 향수를 뿌리다

[해 | 설]

What 의문문 중 가장 쉬운 문제는 'What+명사' 유형이다. 'What+명사' 덩어리만 들으면 거의 답을 고를 수 있다. 그 중 What time ~/ What kind of ~가 특히 많이 출제되었다. 정답 (c)처럼 What kind of ~를 들으면 향수 종류만 대답을 해주면 된다. (a)의 wore, (b)의 perfume은 대화의 단어를 응용한 오답이다. Wear은 몸에 붙일 수 있는 모든 종류에 대해 다 쓸 수 있는 동사다. (wear makeup / wear seatbelt / wear glasses)

LC Part 1, 2에서 2/3 이상은 기본적인 문제의 패턴만 외우면 답을 고를 수 있는 경우가 많다. 기본적인 기출 패턴을 명강사의 노하우로 미리 익혀두자.

Part 1

내용을 묻는 What

1 W: What's the purpose of your trip?

W: 방문 목적이 뭡니까?

M: I'm visiting my relatives.

M: 친척을 방문하려고요.

○ 공항 출입국심사대(Immigration)에서 늘 나오는 질문이며 I'm here on business. / I'm here for sightseeing. / I'm visiting my relatives. 등이 정해진 정답이다.

2 M: What's the speed limit on this highway?

M: 이 고속도로 속도 제한이 어떻게 되나요?

W: Maybe under 60.

W: 60마일 이하입니다.

○ speed limit을 묻는 What 문제. 이와 같이 핵심 명사구만 듣고도 바로 정답을 고를 수 있는 문제. What's the sale price?(세일 가격이 어떻게 돼죠?) What's his position?(그 사람의 직위는요?)

조언을 구하는 What

3 M: What should I do about the job offer?

M: 취업 제의를 어떻게 해야 하죠?

W: You'd better turn it down.

W: 거절하는 게 나을 것 같네요.

○ What should I do ~ / What would you do ~ / What will we do ~ 등은 상대방의 조언을 구하며 You'd better / You should ~ / I'd 등을 답으로 고른다.

상대방의 생각을 묻는 What do you think of ~?

4 W: What do you think of my new dress?

W: 제 새 드레스 어떻게 생각해요?

M: It looks great on you.

M: 잘 어울려요.

○ What do you think of ~ / How do you like ~? 등은 상대방의 주관적인 생각을 묻는다.

5 W: What are you going to do this weekend?

W: 이번 주말에 뭘 할 거예요?

M: I'm supposed to go to a barbecue.

M: 바비큐 파티 가기로 했어요.

○ What are you going to do ~?는 미래 시점에서 '뭐 할 거니?'라는 질문. 동사까지 듣는다면 바로 답을 고를 수 있으며 I'm supposed to ~/ I'll ~ / I'm planing to ~ 등이 정답이다.

뭐가 문제죠? What's the problem? / What happened? / What's wrong?

6 M: What seems to be the problem, ma'am?

M: 손님, 뭐가 문제가 있으신가요?

W: You overcharged me for this meal.

W: 식사 값이 과다청구 되었어요.

7 M: Where is Tracy Blare? She's late again.

W: Oh, she said she would be delayed for half an hour.

M: What's the excuse this time?

W: Her car wouldn't start.

○ 이 질문은 시간에 늦었을 때, 마감을 못 맞췄을 때 등의 상황으로 주로 출제되었으며 늦은 이유로 교통체증 문제 I was caught in traffic. / 알람시계 문제 My alarm didn't go off. 등이 정답이었다.

8 M: How did you like the movie?

W: Well, it was a bit disappointing.

M: What didn't you like about it?

W: I thought it was the same old story.

○ What don't you like about ~ '그게 뭐가 맘에 안 들죠?'라고 해석만 가능하다면 어렵지 않게 답을 고를 수 있다. 미리 꼭 외워야 할 유형.

9 M: Billy is all smiles these days.

W: Well, I'd be happy too if I were in his place.

M: What do you mean?

W: I heard he'd get the promotion.

○ What do you mean만으로는 답을 고를 수 없다. Part 2는 연계성이 가장 중요하며 Billy가 요새 즐거워하고 있고 여자는 부러워하고 있는 점을 종합해서 답을 고른다.

10 W: How did your play go last night?

M: It was a disaster.

W: What happened?

M: Both story and acting were terrible.

○ What happened ~?는 부정적인 내용이 정답이다. 연극의 잘못된 점을 묻는 문제로 전체 대화를 모두 들어야 하는 문제.

11 M: Look who's here! Fancy meeting you here, Jenna.

W: What a nice surprise, Andrew. It's been a while.

M: Yeah, what brings you here?

W: I'm registering for aerobic class.

○ What brings you here?은 '오게 된 목적'만을 고르면 되는 비교적 쉬운 문제다.

12 M: I heard you're seeing someone.

W: Right. One of my colleagues set me up with his friend.

M: Really? What is he like?

W: He's handsome and sweet.

○ What's it like ~?의 형태이지만 내용은 How 문제로 '어때?'로 이해하여 상태를 설명하는 내용을 답으로 고른다.

M: 트레이시 블레어 어디 있어요? 또 늦네요.

W: 아, 30분 정도 늦겠다고 했어요.

M: 이번에 도대체 변명이 뭐래요?

W: 차 시동이 안 걸린대요.

M: 영화 어땠어요?

W: 좀 실망스러웠어요.

M: 뭐가 그렇게 맘에 들지 않았어요?

W: 늘 나오는 뻔한 이야기라서요.

M: 빌 리가 요새 늘 웃고 다녀요.

W: 내가 빌이라도 정말 좋을 거예요.

M: 무슨 뜻이죠?

W: 그가 승진할 거라고 들었어요.

W: 지난 밤 연극 어땠어요?

M: 끔찍했어요.

W: 뭐가 잘 못 됐나요?

M: 내용과 연기가 다 끔찍했어요.

M: 이게 누구야! 이런데서 보게 되네요. 제나.

W: 와, 놀랍네요. 앤드류. 오랜만이네요.

M: 그런데, 여긴 어쩐 일이시죠?

W: 에어로빅 등록을 하려구요.

M: 요새 누군가와 데이트하고 있다고 들었어요.

W: 맞아요. 동료가 친구를 소개시켜 줬어요.

M: 그래요? 어떤 사람이에요?

W: 잘 생기고 다정해요.

BASIC TRAINING

Part 1

1 W: What's the _______________ of your trip?
   M: I'm _________________________________

2 M: What's the _______________ on this highway?
   W: Maybe under 60.

3 M: _______________ about the job offer?
   W: You'd better _________________.

4 W: _________________ my new dress?
   M: _______________.

5 W: _____________________________ this weekend?
   M: _________________ go to a barbecue.

6 M: _____________________________, ma'am?
   W: You _________________________________.

Part 2

7 M: Where is Tracy Blare? She's late again.
   W: Oh, she said she _________________________.
   M: What's the excuse this time?
   W: Her _________________.

8 M: _________________ the movie?
   W: Well, it was a bit disappointing.
   M: _____________________________?
   W: I thought it was the same old story.

BASIC TRAINING

9 M: Billy is all smiles these days.

W: Well, ________________________________.

M: What do you mean?

W: I heard ________________.

10 W: ________________ last night?

M: It was a disaster.

W: What happened?

M: ________________________________.

11 M: ________________________________, Jenna.

W: What a nice surprise, Andrew. ________________.

M: Yeah, ________________?

W: ________________________________.

12 M: I heard ________________________________.

W: Right. ________________________________.

M: Really? ________________?

W: He's handsome and sweet.

ACTUAL TRAINING

PART I•Choose the most appropriate response to the statement.

1 (A)　(B)

2 (A)　(B)　(C)　(D)

3 (A)　(B)　(C)　(D)

4 (A)　(B)　(C)　(D)

5 (A)　(B)　(C)　(D)

PART II•Choose the most appropriate response to complete the conversation.

6 (A)　(B)

7 (A)　(B)　(C)　(D)

8 (A)　(B)　(C)　(D)

9 (A)　(B)　(C)　(D)

10 (A)　(B)　(C)　(D)

How로 시작하는 의문문에서는 동작의 내용이 주어, 동사, 목적어 관계에서 나타나고 있으므로, 방법적인 측면에서 접근해야 한다. 따라서 주어, 동사, 목적어 관계를 고려하여 문제를 이해해야 한다. 이미 질문의 의도에 동작은 내포되어 있으므로 동작의 방법적인 면에 초점을 맞추어야 한다.

UNIT 02

의문사 의문문 2 : How

의문사 의문문 2 How

POINT

★ 의문사 의문문 중 What과 더불어 가장 많이 출제되는 How 의문문의 종류와 대표 유형을 익힌다.

★ How 의문문의 예상 정답을 숙지한다.

1 출제 유형

What 다음으로 많이 출제되는 How 의문문은 1번~30번 중 3~4문제 가량 출제된다. How는 상태를 묻는 문제(How are you doing?)와 방법을 묻는 문제 (How did you guess?)가 가장 많이 출제된다. 이 외에도 앞 부분만 들어도 답을 고를 수 있는 'How+정도 부사'(How many, How much, How far 등)와 제안의 How about ~ 유형이 많이 출제된다.

2 한 눈에 보는 How 유형

❶ 상태(어때요?)를 묻는 문제

How was the last night's party?
➡ I bet it was fun.

어젯밤 파티 어땠어?
재미있었어.

❷ 방법을 묻는 How

How can we get home from the convention center?
➡ Probably we should take a taxi.

컨벤션 센터에서 집까지 어떻게 가죠?
아무래도 택시를 타야겠어요.

❸ 어떻게 해드릴까요? How would you like ~?

How would you like your steak?
➡ Rare, please.

스테이크 어떻게 드시겠어요?
덜 익혀 주세요.

❹ 어땠어요? How did you like ~?

How did you like the new restaurant?
➡ It's much better than the last place.

새로 간 레스토랑 어땠어요?
지난 번 갔던 곳보다는 훨씬 나았어요.

❺ 양이나 금액을 묻는 How much

How much did we pay for the toll?
➡ I think it was two bucks.

우리가 통행료를 얼마 냈죠?
2달러였던 것 같아요.

❻ How many

How many CDs do you have in all?
➡ I have collection of one hundred.

CD를 몇 장이나 가지고 계시죠?
100장 정도 모았습니다.

❼ 이유를 묻는 How come

How come so many people are late?
➡ There's a four way collision on the highway.

어떻게 많은 사람들이 그렇게 늦을 수 있나요?
고속도로에 4중 추돌 사고가 있었어요.

❽ 제안의 How about

How about going to France for our this anniversary?
➡ That's the loveliest idea.

이번 결혼 기념일에 프랑스에 가보는 게 어떨까?
너무 좋은 생각이죠.

(02-1) **3 Part 1, 2 How의 대표유형**

❶ 상태를 묻는 How 의문문

W: Matthew, how did your interview go today?
M: ________________

   (a) I'm doing well today, thanks.
   (b) I'm so nervous.
   (c) I think I really impressed them.
   (d) I have been interviewing all day.

W: 매튜, 오늘 면접 어떻게 됐어요?
M: ________________
(a) 오늘 좋아요, 고마워요.
(b) 너무 떨려요.
(c) 좋은 인상을 준 것 같아요.
(d) 오늘 하루 종일 인터뷰를 했어요.

impress ~에게 깊은 인상을 주다, 감명을 주다

[해 | 설]

과거의 사실에 대해 어떻게 됐는지를 물을 때 관용적으로 많이 쓰는 How did it go? 구문이며 How 의문문 중 가장 큰 비중을 차지하는 '어떤지, 어땠는지(상태)'를 묻는 질문이다. (a)는 How are you doing?에 대한 답이며 (b)는 시제 오답이며 (d)는 interview만 응용한 오답이다. (C)가 정답이다.

[Possible Answers]

It went well. 잘됐어요.
Actually I bombed it. 망쳤어요.

❷ 방법을 묻는 How

M: How did you carry all these boxes?
W: ________________

   (a) My brother gave me a hand.
   (b) Well, I just have a few bucks.
   (c) It's a difficult question.
   (d) My friends will help.

M : 어떻게 이 모든 박스들을 옮겼죠?
W: ________________
(a) 오빠가 도와줬어요.
(b) 글쎄, 몇 달러 정도만 있어요.
(c) 어려운 질문이네요.
(d) 제 친구가 도와줄 거예요.

carry 운반하다 give somebody a hand ~를 도와주다 bucks 달러의 구어체 표현

[해 | 설]

Part 1 How 의문문 중 상태를 묻는 How (ex. How are you doing?) 다음으로 많이 출제되는 방법을 묻는 How 질문이다. box와 (b)의 bucks는 빈출되는 혼동 어휘이니 발음에 주의하여 구분할 수 있어야 한다. 과거의 일에 대한 질문에 (d)와 같은 미래 시점 대답은 정답이 될 수 없다. 시점 혼동 오답이 자주 출제되는 편이며 질문에서 과거인지 미래인지 잘 파악해야 한다. 정답은 (a)이다.

[Possible Answers]

Those were not that heavy. 그것들 그렇게 무겁지 않았어요.

❸ How do you like / How do you find

W: Has your new bed set arrived yet?

M: Yes, it has.

W: How do you find it?

M: ________________________

 (a) I found it in the garage.
 (b) It's ragged and smells bad.
 (c) It will arrive in two days.
 (d) It matches with my bed.

W: 새로 온 침구 세트 도착했어요?
M: 예, 왔어요
W: 어때요?
M: ________________________.
(a) 차고에서 찾았어요
(b) 너덜너덜하고 냄새 나요
(c) 이틀 후에 도착할 거예요
(d) 내 침대랑 잘 어울려요

bed set 침구 세트 **ragged** 너덜너덜한

[해 | 설]

How do you find ~? / How do you like ~? / What do you think of ~? 모두 상대방의 생각을 묻는 표현이다. How do you find ~의 find는 regard의 뜻이다 (ex. I found it interesting). 특히 Part 1, 2에서 새로 산 것에 대해 이 질문이 자주 나온다.(ex. How do you like your mew computer?) 새로 산 침구에 대한 생각을 묻기 때문에 정답으로 (d)가 어울리며 (a)는 초보자들이 find를 '찾다'로 이해했을 때 고를 수도 있는 오답이다.

[Possible Answers]

It's quite comfortable. 참 편해요.
I like the color. 색상이 좋아요.

❹ How far / How much

M: Can you tell me where the nearest subway station is?

W: Sure, keep going this way, and turn left at the corner.

M: How far is it from here?

W: ________________________

 (a) About 3 minutes.
 (b) I said in 10 minutes.
 (c) You can't miss it.
 (d) Sorry, I'm not local.

[Possible Answers]

It's a mile away. 1마일 거리예요.
It's a stone's throw away. 가까워요.

M: 가장 가까운 지하철 역이 어디 있는지 좀 알려 주시겠어요?
W: 예, 이 길로 쭉 가시다가 저쪽 코너에서 오른 쪽으로 돌아 가시면 돼요
M: 거리가 어느 정도 될까요?
W: ________________________
(a) 약 3분 거리예요.
(b) 10분 후라고 말씀드렸어요.
(c) 금방 찾으실 거예요.
(d) 죄송한데 저는 여기 살지 않아요.

turn left 좌회전하다 **You can't miss it.** 금방 찾으실 거예요.

LC Part 1, 2에서 2/3 이상은 기본적인 문제의 패턴만 외우면 답을 고를 수 있는 경우가 많다. 기본적인 기출 패턴을 명강사의 노하우로 미리 익혀두자.

Part 1

상태를 묻는 How

1 M: This fish isn't cooked properly. How is yours?

W: Mine is undercooked, too.

> How 문제 중 가장 많이 출제되는 '어때요?' 질문이다. '좋아, 안 좋아' 등 상태를 알려주는 답변을 고른다.

M: 이 생선 제대로 요리가 안 됐네요. 당신 건 어때요?
W: 제 것도 덜 익었어요.

2 M: Julie, how's everything going?

W: Couldn't be better.

> How 문제 중 인사 관련 문제는 상당히 많이 출제된다. How are you doing? / How's it going? / How have you been? / How are you getting along ~? 등 빈출 인사 표현을 미리 외워두자. Same as usual.(늘 똑같지.), I've seen better days.(그저 그래.), Couldn't be better.(정말 좋아요.) 등이 정답으로 나온다.

M: 줄리 어떻게 지내요?
W: 정말 좋아요.

3 W: How did you find it when you started your career?

M: I had a hard time at first.

> How do you find ~?는 How do you like ~?와 더불어 상대방의 '느낌'이나 '생각'을 묻는 표현이다.

W: 처음 일 시작했을 때 어땠어요?
M: 처음엔 정말 힘들었어요.

방법을 묻는 How

4 W: How am I supposed to work out the cost?

M: You can call the predecessor and ask about it.

> How am I supposed to~는 상대방의 조언을 구하는 문제이다. What should I do ~?와 같은 문제.

W: 원가계산을 도대체 어떻게 해야 하는 거죠?
M: 선임자에게 전화해서 물어보세요.

gwork out 해결하다 **predecessor** 전임자

5 W: St. Martin hospital, how can I direct your call?

M: Will you transfer me to room 805?

> 방법을 묻는 how 의문문. 특히 질문 How can I direct your call?(어디로 연결해 드릴까요?)에 대해서 부서(Marketing department)나 연결번호(extension 100) 등으로 답할 수 있다.

W: 성 마틴 병원입니다. 어디로 전화 연결해 드릴까요?
M: 805호 연결해주시겠어요?

6 M: How would you like your coffee?

W: With cream and sugar.

> 방법을 묻는 How would you like ~?는 대부분 '어떻게 해드릴까요?'로 해석한다. coffee외에도 steak, egg 등도 많이 출제된다

M: 커피 어떻게 드시겠어요?
W: 크림과 설탕을 넣어주세요.

가볍게 답을 고를 수 있는 'How+정도 부사' 문제

7 W: How much is a one-way bus ticket to LA?

M: I think it was twenty bucks.

　　⟳ How much는 양을 묻는 질문이며 특히 '금액'을 묻는다.

8 W: How often should I take this medicine?

M: You'd better check the label.

　　⟳ How often은 비교적 정해진 두 가지 유형의 답이 있다. Three times a day.(하루에 세 번) / Every six hours(6시간마다)

9 M: How come so many people are late?

W: There's a four-way collision on the highway.

　　⟳ How come ~은 이유를 묻는 문제.

제안의 How about

10 M: How about a drink after work?

W: I don't feel very well. Can I take a rain check?

　　⟳ How about ~(~합시다)은 전형적인 제안문. 답으로는 Sounds great!(좋아요!), I'm sorry, but ~(미안하지만 안 돼요.) 등이 대표적인 정답.

Part 2

11 M: Kate, you are finally back, where have you been?

W: I was in Italy on vacation.

M: Really? How was it?

W: It was great. I traveled to many impressive places.

　　⟳ 상태를 묻는 How 의문문. 여자가 앞서 말한 vacation이 어땠는지 묻는 문제.

12 W: What lovely flowers!

M: Oh, good. I'm glad you like them.

W: How did you know orchids are my favorite?

M: I just guessed it.

　　⟳ How did you know ~?는 '알게 된 방법'으로 답한다.

13 W: So you're leaving for the beach today.

M: Yes, in the afternoon.

W: How far is it from here?

W: It's an hour away.

　　⟳ How far~(얼마나 멀어요?)는 거리나 시간으로 답한다. It's a mile away.도 가능.

W: LA까지가는 버스 편도표가 얼마죠?

M: 20달러요.

W: 이 약을 얼마나 자주 먹어야 하죠?

M: 라벨을 보시는 게 낫겠네요.

M: 어떻게 많은 사람들이 그렇게 늦을 수 있나요?

W: 고속도로에 4중 추돌 사고가 있었어요.

M: 일 끝나고 한 잔 어때요?

W: 몸이 좀 안 좋아서요. 다음으로 미룰 수 있을까요?

M: 케이트, 드디어 돌아왔네요. 어디에 가 있었어요?

W: 이탈리아에 있었어요

M: 그래요? 어땠어요?

W: 좋았어요 인상깊은 멋진 곳을 많이 다녔어요.

W: 정말 예쁜 꽃이네요

M: 좋아하시니 다행이네요

W: 제가 난을 좋아하는 지 어떻게 아셨어요?

M: 그냥 추측했어요.

W: 오늘 해안으로 떠나신다고요?

M: 예, 오후에요

W: 거리가 얼마나 되죠?

M: 한 시간 정도 걸립니다.

Part 1

1   M: This fish ___________________. How is yours?
    W: ___________________________________.

2   W: Julie, how's everything going?
    M: ___________________.

3   W: How ___________________________________?
    M: ___________________________________.

4   W: How ___________________________________?
    M: You can ___________________________.

5   W: St. Martin hospital, ___________________________________?
    M: Will you transfer me to room 805?

6   M: ___________________ your coffee?
    W: With cream and sugar.

7   W: How much is ___________________________________?
    M: I think it was ___________________.

8   W: How often should I ___________________?
    M: You'd better check the label.

9   M: How come ___________________________?
    W: ___________________________________.

10 M: How about a drink after work?
    W: ___________________________________?

Part 2

11 M: Kate, you are finally back, _________________?

W: _________________________________.

M: Really? How was it?

W: It was great. I _________________________________.

12 W: What lovely flowers!

M: Oh, good. I'm glad you like them.

W: How did you know _________________________________?

M: _____________________.

13 W: So _________________________________ today.

M: Yes, in the afternoon.

W: _____________________ from here?

M: It's an hour away.

ACTUAL TRAINING

PART I•Choose the most appropriate response to the statement.

1 (A) (B)

2 (A) (B) (C) (D)

3 (A) (B) (C) (D)

4 (A) (B) (C) (D)

5 (A) (B) (C) (D)

PART II•Choose the most appropriate response to complete the conversation.

6 (A) (B)

7 (A) (B) (C) (D)

8 (A) (B) (C) (D)

9 (A) (B) (C) (D)

10 (A) (B) (C) (D)

위아텝스
LISTENING

Why, When, Where 등으로 시작하는 의문문은 이유, 시간, 장소 등의 세부적인 사항을 묻는 문제이다. 의문사가 아닌 주어, 동사, 목적어/보어 등에 이미 핵심적인 주제는 제시되고 있으며, 의문사는 구체적인 내용을 묻는다. 따라서 각각 이유, 시간, 장소 등의 구체성을 띈 내용을 정답으로 선택한다.

의문사 의문문 3 :
Why, When, Where

의문사 의문문 3 Why, When, Where

POINT

★ What, How 의문사 의문문 외 기타 의문사 의문문 why, when, where, which, who 등 대표 유형을 익힌다.
★ 기타 의문사 의문문의 예상 정답을 숙지한다.

1 출제 유형

의문사 의문문 중 What과 How 의문문이 가장 큰 비중을 차지하며 그 다음은 Why 의문문이다. Why 의문문은 크게 이유를 묻는 Why와 제안의 Why don't you~로 크게 나눌 수 있으며 종종 질책을 하는 Why didn't you~?도 출제된다. 그 외 시간을 묻는 When, 장소 혹은 물건을 얻게 된 경위를 묻는 Where 등 그 외 의문사는 사실 큰 비중을 차지하지 않기 때문에 기본 문형만 익혀도 무난히 답을 고를 수 있는 유형이다.

2 한 눈에 보는 기타 의문사 의문문 유형

❶ 이유를 묻는 Why

Why do you work so hard these days?
➡ I have to pay off my loan.

왜 이렇게 매일 열심히 일하시죠?
대출금을 갚아야 해요.

❷ 제안의 Why don't you ~?

Why don't we go out for a dinner?
➡ That's good idea.

저녁 먹으러 나갈까요?
좋죠.

❸ 질책의 Why didn't you ~?

Why didn't you tell me about the meeting?
➡ Sorry, it slipped my mind.

왜 회의에 대해 나한테 말을 안 했죠?
죄송해요. 깜빡 했어요.

❹ 장소를 묻는 Where

Where is the nearest bus stop?
➡ It's around the corner.

가장 가까운 버스정류장이 어디에 있죠?
저 모퉁이에 있어요.

3 1, 2 기타 의문사 의문문 대표 유형

❶ 이유를 묻는 Why의문문

M: Why weren't you at the hotel breakfast downstairs?

W: ___________________________________

   (a) My stomach was funny in the morning.

   (b) I usually don't skip breakfasts.

   (c) No, thanks, please.

   (d) Sure, I'd love to.

M: 왜 아침에 식사하러 내려 오지 않았죠?

W: ___________________________________

(a) 아침에 속이 좀 안 좋았어요.

(b) 전 아침을 거르신 않아요.

(c) 전 됐습니다.

(d) 그럼요, 좋죠.

funny 재미있는, 이상한
skip breakfast 아침을 거르다

[해 | 설]

Why ~?는 다양한 답이 나올 수 있는 질문이다. 호텔 같은 곳에서 묵는 동안 아침 식사를 거른 이유로는 정답 (a)처럼 속이 안 좋다가 가장 적당하며 funny는 구어체로 '이상하다'의 의미가 있다. (d)는 시점상 현재에 대한 대답이라 어색하다.

[Possible Answers]

I had breakfast in my room. 방에서 아침식사를 했어요.
I had breakfast before you came down. 당신이 내려오기 전에 아침식사를 했어요.

❷ 제안 Why don't you

M: You look tired. Why don't you lie down a bit?

W: ___________________________________

   (a) Because I stayed up all night.

   (b) No, I'm not going down.

   (c) I think I will.

   (d) No, I can't be a liar.

M: 피곤해 보이네요. 좀 눕지 그래요?

W: ___________________________________

(a) 어젯 밤 새워서 그래요.

(b) 아뇨, 내려 가지 않을 거예요.

(c) 그래야 할 것 같아요.

(d) 아뇨, 거짓말쟁이가 될 수는 없어요.

lie down 눕다, 자다 **stay up** 밤 새우다
liar 거짓말쟁이

[해 | 설]

Why don't you ~?는 How about ~? 등과 더불어 자주 출제되는 대표적인 제안문이다. 정답 (c)처럼 흔쾌히 '그럴게요'도 가능하고 부드럽게 거절할 수도 있다. Why 문제에서 (a)처럼 Because가 선택지에 등장하면 전형적인 오답으로 초보자를 위한 함정이다. (b)의 down과 (d)의 liar는 대화의 단어를 응용한 오답이다. 질문에 나온 단어가 귀에 들린다면 웬만해선 정답이 아니라는 점을 잊지 말자.

[Possible Answers]

Thanks, but I have to get this done in an hour. 고맙습니다만, 제가 이것을 한 시간 내에 마쳐야 해요.
Yeah, I couldn't sleep a wink last night. 네, 지난밤에 한숨도 못 잤어요.

❸ 장소를 묻는 Where

M: Hey Sara. Hurry, the movie is about to start.

W: Sorry, I got backed up.

M: Where's Ross? I thought he'd be with you.

W: _______________________________________

    (a) He's always been with me.

    (b) He will join us this weekend.

    (c) Ross left already.

    (d) He will be here at any minute.

M: 사라, 어서 서둘러. 영화가 곧 시작해.

W: 미안, 좀 일이 많았어.

M: 로스는 어디 있지? 같이 있을 거라 생각했는데.

W: _______________________________________

(a) 그는 항상 저와 함께 있어요.

(b) 그는 이번 주말에 우리와 함께 할 거예요.

(c) 로스는 이미 떠났어요.

(d) 금방 올 거예요.

get backed up 일이 밀리다
at any minute 지금 당장이라도, 금방

[해 | 설]

Where 의문문은 대부분 장소부사를 골라야 한다. 하지만 이와 같이 행방을 찾는 문제로 출제되거나 방법·경로(Where did you get it?) 등을 묻는 Where 의문문으로도 출제된다. 지금 어디 있는지를 묻고 있는데 (a), (b), (c)처럼 먼 과거나 미래 시제로 답하면 어색하다. 그래서 특정 장소를 언급하지는 않았지만 금방 올 거라는 (d)가 적절하다.

[Possible Answers]

He said he'd meet us here. 그는 여기서 우리를 만날 거라고 말했어요.

❹ When – 과거 혹은 미래 시점 찾기

W: When will you move to Seattle?

M: It will be next weekend.

W: And when does your new job start?

M: _______________________________________

    (a) Usually it starts at 9 a.m.

    (b) The Monday after that.

    (c) I started last month.

    (d) I run my own business.

W: 언제 시애틀로 가나요?

M: 다음 주말이요.

W: 그리고 일은 언제부터 시작하죠?

M: _______________________________________

(a) 보통 오전 9시에 시작해요.

(b) 가고 난 후 바로 다음 주 월요일이요.

(c) 지난 달에 시작했어요.

(d) 저는 사업을 운영해요.

run one's own business 사업을 운영하다

[해 | 설]

When은 미래를 묻는지 과거를 묻는지 구분해서 들어야 한다. 문장을 주의 깊게 못 들었다면 (c)의 last month를 듣고 정답으로 고를 수도 있다. (a)는 만약 첫 번째 남녀의 대화가 없었다면 가능한 오답이다. 새로운 일이 시작되는 시점은 반드시 next week 이후여야 하며 이를 잘 맞춘 (b)가 정답이다.

[Possible Answers]

Not until next month. 다음 달까지는 아니에요.
They are supposed to get back to me. 그들이 제게 다시 연락주기로 되어 있어요.

LC Part 1, 2에서 2/3 이상은 기본적인 문제의 패턴만 외우면 답을 고를 수 있는 경우가 많다. 기본적인 기출 패턴을 명강사의 노하우로 미리 익혀두자.

Part 1

이유를 묻는 Why

1 M: Why is the work behind schedule?

W: Sorry, I have had a lot of things to take care of.

🔵 가장 다양한 답이 가능한 Why 의문문. 주어와 동사부분까지 주의해서 듣는다. 질책에 가까운 질문이며 변명이 정답으로 적당하다.

M: 왜 일이 일정보다 늦어진 거죠?
W: 죄송하지만 처리할 일이 너무 많았어요.

제안의 Why don't you

2 W: Why don't you stay longer?

M: I want to but I have a paper due tomorrow.

🔵 Why don't you ~는 전형적인 제안문. '미안하지만 안 되겠어요'가 굳어진 하나의 답. (I want to, but ~ / I'm sorry, but ~ 등)

W: 좀 더 계시다 가시죠?
M: 그러고 싶지만 내일까지 내야 하는 보고서가 있어요

3 W: You look pale. Why don't you take a day off?

M: Thanks for your concern. I think I should.

🔵 제안의 Why don't you ~에 대한 가장 흔한 답은 흔쾌히 수락하는 Sounds great! 등

W: 안 좋아 보이시네요. 하루 쉬시는 게 어때요?
M: 걱정해주셔서 감사해요. 그렇게 해야겠네요.

질책의 Why didn't you

4 W: Hey, Ed, why didn't you say hi?

M: I'm sorry, I didn't recognize you.

W: 에드, 너한테 손 흔들었는데 왜 인사 안 했어?
M: 미안 못 알아 봤어.

장소 혹은 물건 등을 얻게 된 경위를 묻는 Where

5 W: That's a nice backpack. Where did you get it?

M: It's a present from my sister.

🔵 Where은 보통 장소를 묻지만 간혹 '얻게 된 경위(ex. 여동생에서 받은 선물)'를 묻는다.

W: 멋진 배낭이네요. 어디서 났어요?
M: 여동생이 선물로 사 줬어요.

6 W: I like your watch. Where did you get it?

M: Well, I don't really remember.

🔵 '얻게 된 경위'를 묻는 Where 문제. I don't remember, I'm not sure('잘 모르겠다)는 거의 모든 상황에서 어울리기 때문에 대부분 정답이 된다.

W: 시계 멋진데요. 어디서 났어요?
M: 글쎄, 잘 기억이 나질 않네요.

7 M: Excuse me, where can I transfer to the international flights?

W: Go to the terminal C.

  ◐ 공항이나 기차역에서 where로 시작하는 질문은 비행기 타는 곳, 기차 타는 곳을 묻기 때문에 terminal, gate 혹은 track 등이 답이 된다.

M: 죄송하지만 국제선을 어디서 갈아 타죠?

W: 터미널C로 가세요.

Part 2

8 M: What happened to my notebook computer?

W: I'm so sorry, I spilled water.

M: What? Why didn't you tell me earlier?

W: I was going to... but I've been trying to repair it by myself.

  ◐ Why didn't you ~는 '사과나 변명'이 보통 정답이다.

M: 도대체 내 노트북 컴퓨터 도대체 어떻게 된 거죠?

W: 정말 죄송해요. 물을 쏟았어요

M: 뭐라고요? 왜 진작 말을 안 했죠?

W: 하려고 했는데… 제가 어떻게든 고치려고 애쓰고 있었어요.

9 M: Do you know Emma Taylor?

W: Yes. She works in my department.

M: Where is her office?

W: Well, it's across from mine.

  ◐ 실내에서의 장소(사무실)를 묻는 where – across from ~ / next to ~ / ~ on the 5th floor 등이 보통 정답이다.

M: 엠마 테일러 아세요?

W: 예, 우리 부서에 있어요.

M: 그녀의 사무실은 어디죠?

W: 제 사무실 바로 건너편이요.

10 W: I need to take my computer in for a repair.

M: Do you need a ride?

W: That would be great! When's a good day for you?

M: Any day next week is fine.

  ◐ when은 '미래' 혹은 '과거'를 결정해야 한다. When's good day for you?는 미래로 답을 해야 한다.

W: 컴퓨터 수리를 하러 가야겠어요.

M: 차 태워 줄까요?

W: 좋죠! 언제가 괜찮으세요?

M: 다음 주 아무 때나 상관없어요.

11 M: Do you still take golf lessons?

W: Yes, three times a week

M: Really, which days?

W: Monday, Wednesday, and Saturday

  ◐ Which는 what과 유사한 개념이나 what이 불특정한 것을 묻는다면 which는 범위가 정해져 있는 것 중에서 또는 이미 알고 있는 선택 범위에서 '몇 개 중의 하나'를 묻는다. 여기서는 한정된 일 주일 내의 날짜를 고른다. Which는 길을 물을 때 Which way, which one 등으로 가장 많이 출제된다.

M: 아직 골프 레슨 받고 있나요?

W: 예, 일 주일에 세 번이요.

M: 그래요, 어느 어느 날이요?

W: 월요일, 수요일, 토요일이요.

Part **1**

이유를 묻는 Why

1 M: Why is the work behind schedule?
    W: Sorry, I have had a lot of things to take care of.

제안의 Why don't you ~?

2 W: Why don't you stay longer?
    M: I want to but ________________.

3 W: You look pale. Why don't you take a day off?
    ________________.

질책의 Why didn't you ~?

4 M: Hey, Ed, I was waving at you, why didn't you say hi?
    W: I'm sorry, I didn't recognize you.

장소 혹은 얻게 된 경위를 묻는 Where

5 W: That's a nice ________________. ________________?
    M: It's a present from my sister.

6 W: I like your watch. Where did you get it?
    M: Well, I don't really remember.

7 M. Excuse me, ________________?
    W: Go to the terminal C.

Part 2

8 M: _________________________ my notebook computer?

W: I'm so sorry, _________________ .

M: What? Why didn't you tell me earlier?

W: I was going to... but _________________________________ .

9 M: Do you know Emma Taylor?

W: Yes. She works in my department.

M: Where is her office?

W: Well, it's across from mine.

10 W: I need to _________________________________ .

M: Do you need a ride?

W: ____ ?

M: Any day next week is fine.

11 M: Do you still _________________________ ?

W: Yes, three times a week.

M: Really, which days?

M: Monday, Wednesday, and Saturday.

ACTUAL TRAINING

PART I • Choose the most appropriate response to the statement.

1 (A) (B)

2 (A) (B) (C) (D)

3 (A) (B) (C) (D)

4 (A) (B) (C) (D)

PART II • Choose the most appropriate response to complete the conversation.

5 (A) (B)

6 (A) (B) (C) (D)

7 (A) (B) (C) (D)

8 (A) (B) (C) (D)

9 (A) (B) (C) (D)

10 (A) (B) (C) (D)

위아텝스
LISTENING

조동사 Do 혹은 Be 동사 의문문의 전통적인 답변은 Yes/No이지만, 텝스 시험에서 이러한 답변 방식은 일부에 불과하며, 다양한 답변 유형이 제시된다. 따라서 조동사 Do와 Be 동사 유형이 질문으로 제시되면, Yes/No로 시작하는 1차적인 답변 유형을 고려할 수 있지만, 질문하는 화자의 의도에 초점을 맞추는 것이 중요하다.

조동사 의문문 1 :
Do 의문문 / Be 의문문

조동사 의문문 1 Do 의문문 / Be 의문문

POINT

★ 조동사와 Be동사 의문문 중 가장 많이 출제되는 Do, Be 동사 의문문 기출 유형을 익힌다.

★ Do, Be조동사 의문문의 예상 정답을 숙지한다.

Do동사와 Be동사 의문문은 반드시 주어와 동사 부분까지 들어야 답을 고를 수 있다는 공통적인 특징이 있다. 다시 말해 Do와 Be동사가 포함된 덩어리로 된 기출문형을 외워야 한다. ex. Do you mind ~? / Are you sure ~? 등 Be동사의 대표 유형으로는 1. 미래나 현재진행형으로 묻는 Are you going to ~? / Are you doing ~? 2. 있는지 없는지를 묻는 Is there ~? 3. 그런지 안 그런지 진위를 묻는 Is + 주어 ~? 등이 있다.

1 한눈에 보는 Do, Be 동사 유형

❶ '주어 + 동사'까지 덩어리로 들어야 하는 질문

Do you exercise regularly, Carl?
➡ Yes, two or three times a week.

칼, 정기적으로 운동을 하시나요?
예, 일주일에 두세 번이요.

❷ 상대방의 생각을 묻는 Do you think ~?

Do you think stock prices will go down again?
➡ I guess all indicators say so.

주가가 또 떨어질까요?
모든 지표를 보면 그럴 것 같아요.

❸ 정중한 부탁, 허락의 Do you mind ~?

Do you mind if I sit here?
➡ No, not at all.

여기 좀 앉아도 될까요?
네, 앉으세요.

❹ 제안의 Do you want to ~?

Do you want to play tennis with me?
➡ Not now. My tennis is pretty rusty.

저랑 테니스 치시겠어요?
지금 말구요. 테니스 실력이 녹슬었어요.

❺ Do you know + 의문사 ~?

Do you know why Richard left early?
➡ He had an important meeting.

리차드가 왜 그렇게 일찍 떠났는지 아세요?
중요한 회의가 있었어요.

❻ 과거를 묻는 Did you ~?

Did you read the newspaper this morning?
➡ No, Is there any particular news?

오늘 아침 신문 읽었어요?
아뇨, 특별한 뉴스라도 있나요?

❼ Yes를 원하는 Are you sure ~?

Are you sure Billy got fired?
➡ Unfortunately it is.

정말 빌리가 해고당했나요?
안타깝게도 그렇군요.

❽ 그렇지 않나요? Isn't it ~?

Isn't David home from work, yet?
➡ He said he'll back around 9.

데이비드가 아직 직장에서 오질 않았죠?
그는 9시경에 올 거라고 했어요.

2 Part 1, 2 Do, Be 동사 의문문 대표유형

❶ '주어 + 동사' 까지 들어야 하는 'Do + 주어 + 동사 ~?'

W: Do you like to grow plants?
M: ________________________

  (a) Yes, I grew up in the country.
  (b) Yes, I planted seeds in Spring.
  (c) Yes, I think I have a green thumb.
  (d) No, I have other plans.

W: 화초 기르는 거 좋아하세요?
M: ________________________
(a) 예, 저는 시골에서 자랐어요.
(b) 예, 봄에 씨를 뿌렸어요.
(c) 예, 저는 원예에 소질이 있나 봐요.
(d) 아뇨, 다른 약속이 있어요.

plant 화초, 공장, 심다
have a green thumb 원예에 소질이 있다

[해 | 설]

Do 의문문은 뒤이어 나오는 주어와 동사까지 잘 들어줘야 한다. (b)와 (d)는 plants와 유사한 발음을 이용한 오답이므로 주의해야 한다. 정답 (c) have a green thumb은 '화초를 잘 가꾸다', '원예에 소질이 있다' 란 관용표현이다. Do you ~? 의문문 중 Do you mind ~?에 허락의 의미로 답할 경우 Yes로 대답하지 않도록 주의하자.

[Possible Answers]
Sure, I'm into gardening. 물론이에요. 전 정원 가꾸기에 빠져 있어요.
Not exactly. I just like watching. 별로에요. 그냥 바라보는 것만 좋아해요.

❷ 제안의 Do you want to ~?

M: Are you going to the jazz concert tonight?
W: I'd love to, but the tickets are all sold out.
M: Well, I've got an extra ticket. Do you want to come along?
W: ________________________

  (a) That sounds great, thanks.
  (b) Thanks, but I don't like jazz.
  (c) Sure, I played tennis, golf, and all that jazz.
  (d) Yes, I go in for you.

M: 오늘 밤 재즈 콘서트에 갈 거예요?
W: 그러고 싶은데 표가 다 팔렸데요.
M: 제가 하나 있는데 같이 가실래요?
W: ________________________
(a) 좋죠, 고마워요.
(b) 고맙지만, 전 재즈를 좋아하지 않아요.
(c) 물론이요, 전 테니스, 골프 기타 등등을 해요.
(d) 네, 당신과 함께 할게요.

sold out 다 팔린 **and all that jazz** 기타 등등

[해 | 설]

Do you want to ~는 '~을 원하세요?' 의 제안의 뜻으로 출제된다. 마지막 문장 Do you want to come along?은 제안이며 Part 2의 일관성 원칙에 따라 (a)와 같이 흔쾌히 동조할 것을 예상할 수 있다. (b)와 (c)는 jazz를 응용한 오답이다.

[**Possible Answers**]

Sure, I'd love to. 물론이요, 그렇게 하고 싶어요.
That would be great! Thank you. 좋죠! 고마워요.

❸ Isn't it ~? 그렇지 않니?

M: Wasn't the last scene of the play touching?
W: _______________________________________.

    (a) Yes, I was really moved to tears.
    (b) At long last, we could put up the play.
    (c) We need to touch up on the last scene.
    (d) Yes, he is playing hard to get.

M: 그 연극 정말 감동스럽지 않았나요?
W: _______________________________________
(a) 그래요, 저 정말 감동으로 눈물까지 흘렸어요.
(b) 결국은 우리가 연극을 올릴 수 있었어요.
(c) 마지막 장면을 마무리해야겠어요.
(d) 예, 그가 흥미 없는 척 하네요.

at long last 결국, 마침내 put up the play 연극을 상연하다

[**해 | 설**]

Be 동사 의문문은 주어와 술어부까지 같이 들어줘야 한다. Be동사의 대표 유형으로는 ① 미래나 현재진행형으로 묻는 Are you going to ~? / Are you doing ~? ② 있는지 없는지를 묻는 Is there ~? ③ 그런지 안 그런지를 묻는 'Is + 주어 ~?' 등이 있다. 특히 이러한 부정 의문문 Wasn't it ~?은 상대방의 동의를 강하게 구하는 질문이며 대부분은 정답 (a)와 같이 동의를 한다. (b)의 play, (c)의 last scene, (d)의 playing은 질문의 발음을 응용한 오답이다.

[**Possible Answers**]

You are telling me. 맞아요.
Well, it was dull for me. 글쎄요, 전 지루했어요.

❹ Is there ~?

W: You're leaving tomorrow, right?
M: Yes, I won't be back until next weekend.
W: Is there anything you need to take care of while you are away?
M: _______________________________________

    (a) I hope you can join me.
    (b) Don't forget a souvenir for me.
    (c) Could you receive packages for me?
    (d) Let me take a look at it when I get back.

W: 내일 떠나는 거죠?
M: 예, 다음 주 주말에나 돌아올 거예요.
W: 집을 비우는 동안 도와줄 일이 없나요?
M: _______________________________________
(a) 당신이 저와 함께 할 수 있었으면 좋겠어요.
(b) 선물 잊지 말아요.
(c) 소포를 좀 받아주시겠어요?
(d) 제가 돌아오면 한번 봅시다.

souvenir 기념품 take a look at it 한번 보다

[**해 | 설**]

Is there ~? 문제는 장소를 물어보는 문제도 많이 나오지만 추상적인 내용을 묻는 경우도 꽤 많다. 집을 떠나는 사람이 도움을 청한다면 '집 좀 봐주세요(watch my house)', '애완동물 좀 봐주세요(look after my dog)', '화초에 물 좀 주세요(water my plants)' 등을 예상할 수 있다. 소포를 대신 받아달라는 (c)가 가장 적절하다.

[**Possible Answers**]

Thanks, but nothing that I can think of. 고맙지만 생각나는 게 없네요.

LC Part 1, 2에서 2/3 이상은 기본적인 문제의 패턴만 외우면 답을 고를 수 있는 경우가 많다. 기본적인 기출 패턴을 명강사의 노하우로 미리 익혀두자.

Part 1

Do you ~?

1 W: Do you have a spare umbrella?

M: No, but we can share this one.

W: 여분의 우산이 있으신가요?
M: 아뇨, 하지만 이걸 같이 쓰시죠.

○ Do동사의 기본은 주어와 동사까지 같이 듣기. Do you have a spare umbrella?는 비가 오는데 도움을 바라는 질문이다. 도움을 주는 답이 바람직하다.

2 W: Excuse me, do you know what floor Dr. Williams' office is on?

M: I think there's a directory near the entrance.

W: 윌리엄 박사님 사무실이 몇 층에 있는지 아세요?
M: 입구 근처에 층별 안내판이 있을 거예요.

○ 'Do you know + 의문사'는 의문사를 중점적으로 들어야 한다. what floor에 대한 답을 해야 한다. On the 5th floor. 등으로 답할 수 있지만 이보다는 '저기 가서 한번 알아보세요', '층별 안내판이 있을 거예요'도 좋은 답이 될 수 있다.

3 W: Do you think it's worth getting these old suit altered?

M: Why don't you get a new one?

W: 이 양복 수선해서 입을 가치가 있을까요?
M: 그냥 하나 사는 게 어떨까요?

○ 상대방의 생각을 묻는 Do you think ~? 의문문이다. Get a new one.(새로 사세요.)보다는 Why don't you ~?로 좀 더 부드럽게 제안 형태로 대답할 수 있다.

4 W: Don't you think our boss is picking on us recently?

M: You took the words right out of my mouth.

W: 우리 사장님이 요새 우릴 너무 괴롭히는 것 같지 않아요?
M: 누가 아니래요.

○ Don't you think ~?는 상대방의 생각을 강요한다. 대부분 동의하는 내용이 답이다. You took the words right out of my mouth.(당신 말이 맞아요.)

Do I ~?

5 W: Do I have to declare these items to customs?

M: I'm afraid so.

W: 이 품목들을 세관에 신고해야 할까요?
M: 죄송하지만 그러셔야겠네요.

○ Do I have to ~?(~해야 하나요?)는 기정 사실을 묻기 때문에 거의 Yes류의 답변이 정답이다.

6 W: Don't I know you from somewhere?

M: Yes, I think we took the same class before.

W: 우리 어디서 본 적 있지 않나요?
M: 예, 우리가 같은 수업을 전에 들은 적이 있었던 것 같네요.

○ Do I know you ~?는 Have we met before?와 더불어 많이 출제되며, We met at a housewarming party.(파티 등에서 만났다.) 혹은 I don't think so.(만난 적이 없다.) 등 두 가지 답이 있다.

Is + 주어 ~?

7 W: Is Peter coming to the party?

M: Not that I am aware of.

◐ Be ~ing는 가까운 미래를 묻기 때문에 답변으로 미래형이 어울린다.

8 W: Is purple the only color you have in stock?

M: No, it also comes in black and blue.

◐ Be동사 의문문은 '그래? 안 그래?' 양단간의 결정(Yes, No)을 묻는다. come in 은 '어떤 제품으로 출시되다' 라는 의미로 쓰인다.

9 W: Is there any convenient store around here?

M: Well, not that know of.

◐ Is there ~?은 '있어요? 없어요?'를 묻는다. Not that know of는 Is there ~? 질문에 가장 어울리는 정답이다. Not that I'm aware of. / Not as far as I know. 도 꼭 같이 외우자.

10 W: Do you happen to know Michael is lining his pocket?

M: Yes. but we should turn a blind eye to that.

W: Don't you think we should tell the boss?

M: He already knew and Michael will be sacked.

◐ Don't you think ~?는 상대방의 생각을 강요한다. '상사에게 얘기해야 하지 않을까?'에는 이미 '당연히 그래야죠' 라는 어감이 담겨 있다.

11 W: Thank you for the ride.

M: No problem. It's just on my way.

W: Do you mind if I stop off at the subway station on our way?

M: Not at all. It's just two blocks away.

◐ Do you mind ~?는 Yes로 답하기 어렵다. 어렵게 부탁하는 질문이라 Not at all. / Of course not. / Certainly not.(그럼요, 괜찮아요) 등이 대부분 답이 된다.

12 M: There's word going around some employees will be laid off.

W: Yes. The management already let a few in the Sales go.

M: Are you sure?

W: I'm positive.

◐ Are you sure?은 '정말?' 이미 알고 있는 이야기를 확인한다. 긍정이 정답이다. I'm certain. / I'm sure. / I'm positive. / Definitely. 등을 모범정답으로 기억하자.

W: 피터가 파티에 오나요?
M: 제가 알기론 못 올 것 같아요.

W: 보라색이 갖고 계신 전부인가요?
M: 아뇨, 검정과 파란 색도 있습니다.

W: 이 근처에 편의점이 있나요?
M: 글쎄요, 제가 알기론 없어요.

W: 혹시 마이클이 자금을 유용하고 있 는 거 알고 있어요?
M: 예, 그렇지만 모르는 척 해야 해요.
W: 상사에게 얘기해야 하지 않을까 요?
M: 벌써 알고 계시고 마이클은 이제 해고당할 거예요.

W: 태워줘서 고마워요.
M: 괜찮아요, 가는 길인데요.
W: 가다가 지하철역에서 세워주시겠 어요?
M: 예, 두 블록만 가면 돼요.

M: 직원 몇 명이 해고당할 거란 소문 이 있던데요.
W: 맞아요. 경영진이 이미 영업팀 몇 명을 해고했어요.
M: 정말이에요?
W: 틀림없습니다.

Part **1**

Do you ~?

1　W: Do you have a ________________?
　　M: No, but we can share this one.

2　W: Excuse me, do you know ________________?
　　M: I think there's a ________________.

3　W: Do you think ________________?
　　M: Why don't you get a new pair?

4　W: ________________?
　　M: ________________.

Do I ~?

5　W: Do I have to ________________?
　　M: I'm afraid so.

6　W: ________________?
　　M: Yes, I think we ________________ before.

Is + 주어 ~?

7　W: Is Peter coming to the party?
　　M: ________________.

8　W: Is purple ________________?
　　M: No, ________________ black and blue.

9　W: Is there any convenience store around here?
　　M: Well, ________________.

Part 2

10 W: Do you ___________________________________?

M: Yes, ___________________.

W: Don't you think we should tell the boss?

M: He already knows and Michael ______________.

11 W: Thank you for the ride.

M: No problem. ______________________________.

W: ______________________________________?

M: Not at all. It's just two blocks away.

12 M: ______________________________________.

W: Yes. The management already ______________________________.

M: Are you sure?

W: ___________________.

ACTUAL TRAINING

PART I•Choose the most appropriate response to the statement.

1 (A)   (B)

2 (A)   (B)   (C)   (D)

3 (A)   (B)   (C)   (D)

4 (A)   (B)   (C)   (D)

5 (A)   (B)   (C)   (D)

6 (A)   (B)   (C)   (D)

PART II•Choose the most appropriate response to complete the conversation.

7 (A)   (B)

8 (A)   (B)   (C)   (D)

9 (A)   (B)   (C)   (D)

10 (A)   (B)   (C)   (D)

위아텝스
LISTENING

조동사 Do 혹은 Be 동사 이외에도 다양한 형태의 조동사 can, will, should 등의 형태가 제시될 수 있다. 이러한 조동사의 의미는 일반 동사의 의미를 강조하고 있는 형태이기 때문에 각 조동사의 기본 의미를 파악하고, 질문의 의도를 파악해야 한다. 각각의 조동사가 실제 응용되는 측면과 그에 맞추어 답변하는 유형 학습을 통해 해결해야 한다.

조동사 의문문 2 :
기타 조동사 의문문

조동사 의문문 2 기타 조동사 의문문

POINT

★ Will/Would, Can/Could 의문문, Have 의문문의 종류와 대표 유형을 익힌다.

★ 기타 조동사 의문문의 예상 정답을 숙지한다.

최근 2년간 다른 조동사에 비해 Will, Can, Have 등은 많이 출제되지 않았다.
Have – 문법에서는 완료형과 과거가 명확하게 구분되어야 하지만, 청해에서는 Have와 과거를 구분하지 않고 답으로 할 수 있다.
Can/Could – Can you ~?는 부탁으로 주로 쓰이며, Can I ~?는 허락 구하기로 주로 쓰인다.
Will/Would – '하실래요?', '하시겠어요?' 의 제안으로 주로 쓰인다.

1 한눈에 보는 기타 조동사 의문문 유형

❶ 경험 · 완료 상태에 대한 질문 Have you been -ing? '~하고 있었나요?'

Have you been waiting here long?
➡ No, I just got here.

여기에서 오래 기다렸나요?
아뇨, 저도 지금 방금 왔어요.

❷ 경험 · 완료 상태에 대한 질문 Have you ~? '~했나요?'

Have you seen my jacket?
➡ It's on the chair, I think.

제 재킷 봤어요?
의자 위에 있는 것 같아요.

❸ May I speak to ~? '~와 통화할 수 있어요?'

Hello, may I speak to Susan Taylor, please?
➡ I'm afraid you have the wrong number.

수잔 테일러와 통화할 수 있을까요?
전화 잘못 하신 것 같네요.

❹ 제안의 Can you ~? '~할 수 있어요?'

Can you come to my birthday party this weekend?
➡ I won't miss it for the world.

이번 주말 제 생일 파티에 올 수 있어요?
절대 빠질 수 없죠.

❺ 정중한 부탁의 Would you ~?

Tim, would you take the phone?
➡ No problem. I'll get it.

팀, 전화 좀 받아줄래요?
그래요. 제가 받을게요.

❻ 의향을 묻는 Would you like to ~?

Sara, would you like to join me for lunch?
➡ Sure, I'd love to.

사라, 점심 같이 먹을래요?
좋죠, 그러죠.

❼ 제안의 Shall I ~? '제가 ~해드릴까요?'

Shall I make some coffee for you?
➡ That would be nice.

커피를 좀 만들어드릴까요?
좋죠.

05-1

2 Part 1, 2 Can/Could, Will/Would, Have 조동사 대표 유형

❶ Can you ~?

W: I'm throwing a party this Saturday at seven. Can you come?
M: ______________________

(a) Please let me know.
(b) How many in your party?
(c) Sorry, I was busy.
(d) Let me check my schedule.

W: 이번 주 토요일 7시에 파티를 열려고 하는데 올 수 있어요?
M: ______________
(a) 저에게 알려주세요.
(b) 일행이 몇 분이나 되세요?
(c) 죄송해요. 바빴어요.
(d) 제 스케줄을 한번 보고요.

throw[have, hold] a party 파티를 열다
party 파티, 일행

[해 | 설]

Can you ~?는 주로 제안(Can you come to the party?), 부탁(ex. Can you do me a favor?), 가능(ex. Can you swim?)을 물어볼 때 쓰인다. 특히 Could you ~?는 정중한 제안이나 부탁이다. 될 수도 있고(Sure, I can.), 혹은 미안하지만 안 된다(I'm afraid I can't.)도 가능하나 정답 (d)처럼 '스케줄을 확인해보겠다.' 도 많이 나오는 정답이다.

[Possible Answers]

Sure. What should I bring? 물론이요. 뭘 가져와야 하죠?
Yes, is there any dress code? 네. 특별한 옷차림이 있나요?
No, I have a test next week, Sorry. 아뇨, 다음 주에 시험이 있어서요. 죄송해요.

❷ 과거를 묻는 Have

M: Hi, my name is Sam Jackson. Have the books I ordered arrived yet?
W: ______________________

(a) Sorry, they are out of stock right now.
(b) They're 20% off the marked price.
(c) Just a minute. Let me check.
(d) You placed an order a week ago.

M: 저는 샘 잭슨인데요. 제가 주문한 책이 도착했나요?
W: ______________
(a) 죄송하지만, 지금 재고가 없습니다.
(b) 그 책들은 표시 가격에서 20% 할인입니다.
(c) 잠깐만요. 확인해보죠.
(d) 일주일 전에 주문하셨네요.

out of stock 재고가 없는
marked price (제품에) 표시된 가격
place an order 주문하다

[해 | 설]

Have는 과거부터 현재까지의 경험이나 완료 상태에 대한 질문이다. 과거나 현재 상태가 보통 정답으로 제시되며 오답으로는 주로 미래 시제가 나온다. (a)는 현재 특정 책을 찾고 있을 때 어울리는 답이며, 정답 (c)처럼 Let me check ~(알아보겠다)이 선택지에 나오면 대부분 정답이다.

[**Possible Answers**]

Sorry, sir. They will be arrived tomorrow. 죄송합니다, 손님. 그 책은 내일 입고될 예정입니다.
Can you tell me the titles? 책 제목을 말씀해주시겠어요?

❸ 제안 Would you like to ~?

M: What a semester! I finally turned in my paper.

W: We really deserve a break.

M: Right. Would you like to take in a movie tonight?

W: ________________________________

    (a) Sounds good! There's a funny play showing.

    (b) Yeah, we were taken in by flattery.

    (c) That would be great! Make a reservation.

    (d) The movie has good reviews.

M: 와! 정말 힘든 한 학기였어! 마침내 보고서를 제출했어.

W: 우리 정말 제대로 휴식을 취해야겠어.

M: 그래. 영화라도 볼래?

W: ________________________________

(a) 좋아! 재미있는 연극이 있어.

(b) 그래, 우리가 아침에 넘어갔어.

(c) 좋아. 예약해.

(d) 그 영화는 평이 좋아.

turn in 제출하다
deserve ~할 자격(가치)이 있다
take in a movie 영화를 보다   flattery 아부

[**해 | 설**]

Would you like + 명사 / Would you like to부정사 ~?(~을 하시겠어요?)는 제안할 때 쓰이며 Would 의문문 중 가장 큰 비중을 차지한다. 답으론 That would be nice. / I'd love to. / I'm sorry, but~. 등을 예상할 수 있다. 둘 다 힘든 학기를 끝내고 휴식을 취하려는데 영화를 보자고 제안한다면 당연히 정답 (c)처럼 좋다고 해야 한다. (a)는 play를 movie로 바꾸면 답으로 가능하며, (b)는 take in을 응용한 오답이다.

[**Possible Answers**]

I'd love to. It's been a long time since I watched a movie. 좋아. 영화 본 지 오래 됐다.

❹ 허락 혹은 제안 Can I ~

M: What are you doing tomorrow?

W: Why? I'm expecting my folks to stop by.

M: Can I see you the day after tomorrow, then?

W: ________________________________

    (a) I'll see to it.

    (b) Give my best regards to your family.

    (c) Sure, what do you want to see me about?

    (d) I'll be available tomorrow.

M: 내일 뭐 하세요?

W: 왜요? 우리 부모님이 내일 오시기로 했어요.

M: 그럼 내일 모레 볼 수 있을까요?

W: ________________________________

(a) 제가 알아서 할게요.

(b) 가족에게 안부 전해줘요.

(c) 그럼요. 그런데 무슨 일로 보자는 거죠?

(d) 내일은 가능할 거예요.

folks 사람들, 가족, 부모님
give one's best regards 안부를 전하다

[**해 | 설**]

Can I ~?는 텝스에 대부분 '허락 구하기(~해도 될까요?)' 문제로 출제되며(ex. Can I use your pen?), 간혹 '제안'으로 쓰이기도 한다. (ex. Can I get you anything to drink?) 내일온 사정이 있어서 안 된다고 했으므로 정답 (c)처럼 '내일 모레는 가능하다'가 적절하다. (d)는 tomorrow를 then으로 바꾸면 가능하다.

[**Possible Answers**]

Sure, I'll be free then. 그럼요, 그때는 시간이 되요.
Yes, I'll be available in the afternoon. 네, 오후에는 가능할 거예요.

4 기타 조동사 의문문 기출 유형 정답 예상하기

LC Part 1, 2에서 2/3 이상은 기본적인 문제의 패턴만 외우면 답을 고를 수 있는
경우가 많다. 기본적인 기출 패턴을 명강사의 노하우로 미리 익혀두자.

Part 1

과거를 묻는 Have

1　W: Have the police caught the robbers?

　　M: No, they are still at large.

　　○ Have 혹은 Has 완료형은 LC에서는 단순히 과거 취급한다. 답으로 과거,
have+p.p., 때로는 현재도 가능하다.

W: 경찰이 강도를 잡았나요?
M: 아뇨, 그들은 아직 잡히지 않았어요.

be at the large 수배 중이다

Have you (ever) seen ~? / Have you met ~?

2　W: Have you seen Dale lately?

　　M: No, I heard he's in the hospital.

　　○ Have you seen ~?은 '누구 본 적 있나요? 혹은 Have you seen my wallet?
'내 지갑 봤어요?' 등 사람이나 물건을 찾을 때 주로 많이 쓰인다. Have you seen
the movie? (영화 본 적 있나요?')도 가끔 출제된다.

W: 요새 데일 본 적 있나요?
M: 아뇨, 병원에 입원했다고 들었어요.

May I ~? 정중한 부탁 혹은 제안

3　M: May I see your ID, please?

　　W: Sorry, but I lost it.

　　○ May I ~?는 정중하게 부탁할 때 주로 쓰인다.

M: 신분증을 좀 볼 수 있을까요?
W: 죄송하지만 잃어 버렸어요.

제안의 Can you ~?

4　W: Can you come to my birthday party this weekend?

　　M: I wouldn't miss it for the world.

　　○ Can you~?는 부탁할 때 혹은 제안할 때 주로 쓰인다. I won't miss it for the
world.는 '절대 안 빠지고 가겠다.'란 뜻이다. 혹은 '미안하지만 안 되겠다.(ex. I'm
sorry, but I can't.)'도 또 하나의 답이다.

W: 이번 주말 내 생일 파티에 올 수 있어요?
M: 절대로 놓치지 않을 거예요.

5　M: Can you tell me where the Personnel Department is?

　　W: It's on the sixth floor.

　　○ 'Can you tell me + 의문사' 는 Can you tell me보다는 의문사에 초점을 맞춰
듣는다. 'Do you know + 의문사'도 같은 형태의 문제이다.

M: 인사부가 어디에 있는지 좀 알려주실래요?
W: 6층에 있어요.

6 W: Can I see you at the party tonight?

M: Sorry, I have a prior engagement.

⟳ '가능'의 Can I ~?(~할 수 있을까요?) 문제이다.

W: 오늘 밤 파티에서 당신을 볼 수 있는 건가요?

M: 죄송한데 제가 선약이 있어요.

Will you ~? / Would you ~?

7 M: Would it be all right if I skip the class tomorrow?

W: No way. You've already missed twice.

⟳ 허락을 구하는 Would it be all right ~? 문제이다. Would it be okay ~?(괜찮을까요?)도 더불어 기억하자.

M: 제가 내일 수업을 빠져도 될까요?

W: 안 돼요. 두 번이나 빼 먹었잖아요.

8 M: Would you do me a favor?

W: What is it? Tell me.

⟳ Would you do me a favor?(부탁해도 될까요?) 대신 Can I ask you a favor? / Could you do me a favor?도 가능하다. 답변은 What is it?이 대부분 정답으로 나온다.

M: 부탁 좀 들어주시겠어요?

W: 뭔데요? 말해보세요.

9 M: Would you like me to go with you?

W: I'd appreciate it if you would.

⟳ Would you like me to ~?(제가 해드릴까요?)는 꼭 외워야 할 '제안' 표현이다. 이 질문에 I'd appreciate it if you would.는 모범 정답이다.

M: 제가 같이 가드릴까요?

W: 그래 주시면 감사하죠.

Should I ~? / Shall I ~?

10 M: Should I take my car downtown?

W: I don't think it is great idea.

⟳ Should I ~?(~해야 될까요?)는 의무 혹은 '~할까요?'란 의견 구하기 문제이다.

M: 차를 시내에 가져가야 할까요?

W: 별로 좋은 생각이 아닌 것 같아요.

11 W: Jeff, the boss asked me to see you about my business trip to Seoul.

M: Sure, what can I do for you?

W: Could you make the flight arrangements? I will leave this Saturday morning.

M: I'll get on it right away.

⟳ Can you ~?보다 정중한 부탁의 Could you ~? 의문문이다. 직장에서의 부탁은 업무와 관련된 일이라 '무조건' Yes로 대답한다.

W: 제프, 상사가 서울 출장 건에 대해서 당신에게 물어보라고 하네요.

M: 예, 어떻게 도와드리면 되죠?

W: 비행기 일정을 잡아주실래요? 이번 주 토요일 아침에 떠나거든요.

M: 바로 조치를 취할게요.

12 M: What can I get for you?

W: Two large cokes, please.

M: Will that be all?

W: Yes, that's it.

⟳ Will that be all?(그게 다인가요?)은 식사 주문을 하는 상황에서 웨이터가 주로 하는 질문이다.

M: 뭘 드릴까요?

W: 콜라 큰 걸로 두 개요.

M: 그게 다인가요?

W. 에, 그렇습니다.

Part 1

1 W: Have the police ______________?
M: No, they ______________.

2 W: Have you seen Dale lately?
M: No, I heard he's in the hospital.

3 M: May I see your ID, please?
W: Sorry, but ________.

4 W: Can you come to my birthday party this weekend?
M: ______________.

5 M: ______________ is?
W: It's on the sixth floor.

6 W: Will I see you at the party tonight?
M: Sorry, ______________.

7 M: ______________ tomorrow?
W: No way. ______________.

8 M: ______________ ?
W: What is it? Tell me.

9 M: ______________ ?
W: ______________.

10 M: Should I take my car downtown?
W: ______________.

Part **2**

11 W: Jeff, the boss ______________________________ to Seoul.

   M: Sure, what can I do for you?

   W: Could you ______________________? I will leave this Saturday morning.

   M: ______________________.

12 M: What can I get for you?

   W: Two large cokes, please.

   M: ______________________?

   W: Yes, that's it.

ACTUAL TRAINING

PART I • Choose the most appropriate response to the statement.

1 (A) (B)

2 (A) (B) (C) (D)

3 (A) (B) (C) (D)

4 (A) (B) (C) (D)

5 (A) (B) (C) (D)

PART II • Choose the most appropriate response to complete the conversation.

6 (A) (B)

7 (A) (B) (C) (D)

8 (A) (B) (C) (D)

9 (A) (B) (C) (D)

10 (A) (B) (C) (D)

PART I•Choose the most appropriate response to the statement.

1 (A)   (B)   (C)   (D)

2 (A)   (B)   (C)   (D)

3 (A)   (B)   (C)   (D)

4 (A)   (B)   (C)   (D)

5 (A)   (B)   (C)   (D)

6 (A)   (B)   (C)   (D)

7 (A)   (B)   (C)   (D)

8 (A)   (B)   (C)   (D)

9 (A)   (B)   (C)   (D)

10 (A)   (B)   (C)   (D)

PART II•Choose the most appropriate response to complete the conversation.

11 (A)   (B)   (C)   (D)

12 (A)   (B)   (C)   (D)

13 (A)   (B)   (C)   (D)

14 (A)   (B)   (C)   (D)

15 (A)   (B)   (C)   (D)

16 (A)   (B)   (C)   (D)

17 (A)   (B)   (C)   (D)

18 (A)   (B)   (C)   (D)

19 (A)   (B)   (C)   (D)

20 (A)   (B)   (C)   (D)

앞에서 제시한 What, How, Why, When, Where 이외에도 다양한 의문사가 제시될 수 있다. 그만큼 문제 출제 의도는 구체성을 띤 단편적인 사실이다. 따라서 다양한 형태로 제시되는 의문사를 익혀두어야 하며, 각각의 의문사가 제시될 때 답변하는 유형까지 연결하여 학습해야 한다.

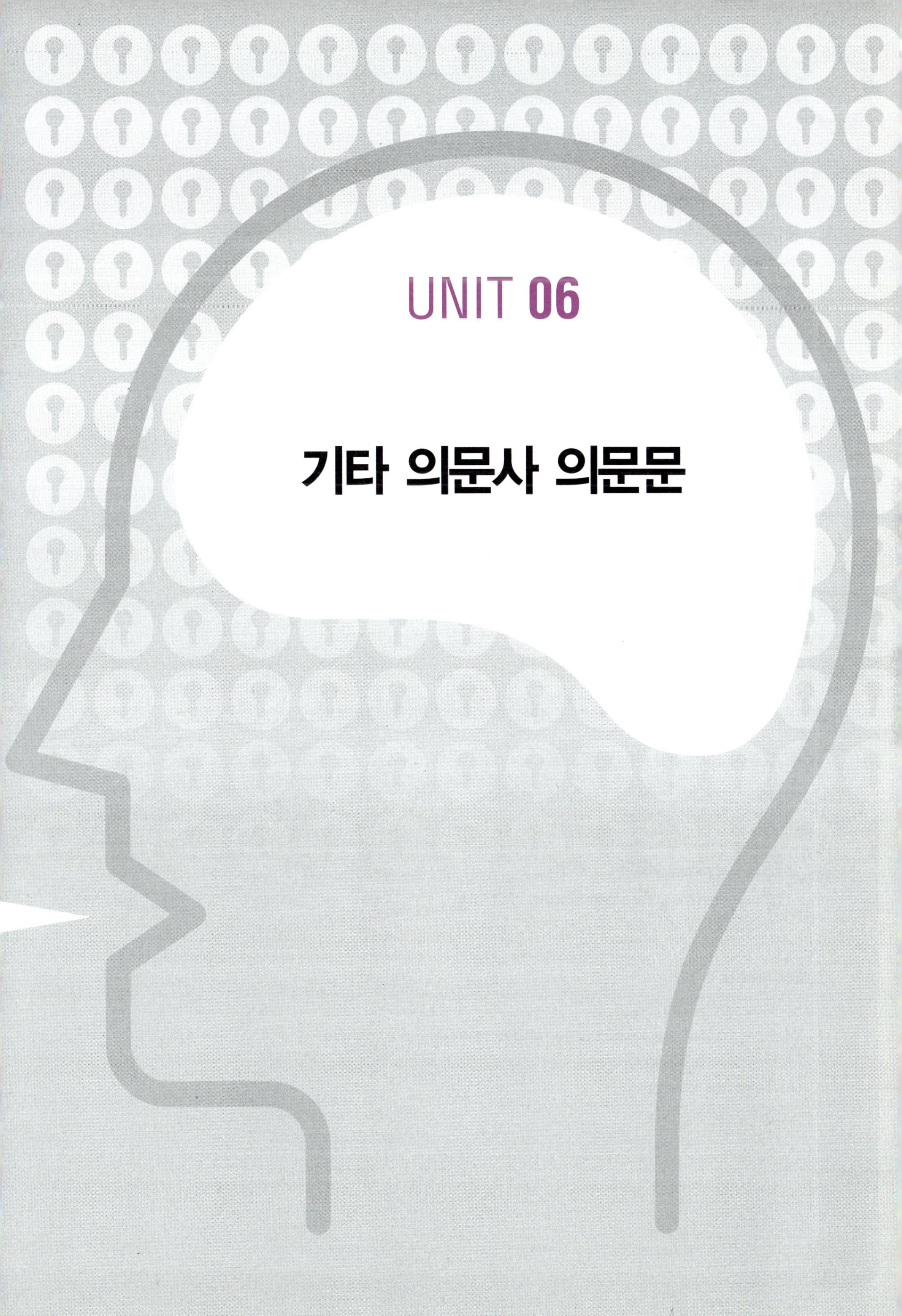# UNIT 06

기타 의문사 의문문

UNIT 06

기타 의문사 의문문

1 출제 유형

❶ 선택의문문 (A or B A할래, B할래?)

선택의문문(A or B)은 A나 B중에 선택해서 답변해야 하며, 혹은 어느 쪽이든 좋겠다(Either one is fine.) 또는 어느 쪽도 아니다(Neither~) 등이 예상할 수 있는 답이다. Yes나 No는 대부분 답으로 불가능하다.

❷ 부가의문문 / Don't you think? (그지~ 맞지?)

Don't you think? 혹은 is it? / Doesn't it? 등의 부가의문문 또는 문장 끝에 right?으로 상대방의 동의를 구한다.

2 한눈에 보는 기타 의문문 유형

❶ 두 개 중 하나를 골라야 하는 선택의문문

Do you have an automatic or stick shift?
➡ I have an automatic car.

차가 오토매틱이에요, 아니면 스틱형인가요?
오토매틱이에요.

❷ 상대방의 강한 긍정을 이끌어내는 부가의문문

Angela is the most talented singer, isn't she?
➡ No question about it.

앤젤라가 가장 노래를 잘 하죠, 그렇죠?
말할 필요도 없죠.

❸ For here or to go?

M: May I help you?
W: Yes, I'd like a chicken burger and a medium coke, please.
M: For here or to go?
W: Take out, please.

M: 도와드릴까요?
W: 치킨 햄버거랑 중간 사이즈 콜라 주세요.
M: 여기서 드실 건가요, 가지고 가실 건가요?
W: 가지고 갈 거예요.

3 Part 1, 2 선택의문문, 부가의문문 대표 유형

❶ 선택의문문 (A or B) – Yes, No로 답변 불가

M: Who should I take to the prom, Judy or Sandy?

W: ______________________________

    (a) I promised to take Judy.
    (b) Why not take both to the party?
    (c) You'd better stay home instead.
    (d) I know you have Sandy in mind.

M: 누구를 졸업 무도회에 데려가야 할까? 주디 혹은 샌디?

W: ______________________________

(a) 내가 주디를 데려가기로 했어요.
(b) 두 명을 다 파티에 데려가는 건 어떨까요?
(c) 차라리 집에 있는 게 낫겠네요.
(d) 샌디를 맘에 두고 있는 것 알고 있어요.

prom 졸업 무도회 **have person in mind** ~를 마음에 두다

[해 | 설]

선택의문문(A or B)은 A나 B중 선택해야 한다. 이 문제에선 줄리나 정답 (d)처럼 샌디 둘 중 하나를 선택해서 말할 수도 있고, Either one is fine.(어느 쪽이든 좋겠다.) 등의 대답이 가능하다. 선택의문문은 Yes나 No로 답하는 건 기본적으로 불가능하다. (a)는 주체를 혼동시킨 오답이며, (b)처럼 졸업 파티에 두 명을 데리고 가는 건 현실적으로 불가능한 일이다. 정답 (d)는 상대방의 선택을 알고 있다는 의미이다.

[Possible Answers]

I'd take Judy if I were in your place. 내가 너라면, 난 주디를 데려가겠어.
Either one would be fine. 어느 쪽이든 괜찮지.

❷ 선택의문문 (A or B)

M: Excuse me, is there a post office nearby?

W: Yes, there's one on the next block.

M: Is it on the left or the right?

W: ______________________________

    (a) Whatever is fine.
    (b) Now you've got it.
    (c) You'll find it on the left, end of the block.
    (d) No, you should go straight ahead.

M: 죄송한데 우체국이 이 근처에 있나요?

W: 예, 다음 블록에 하나 있어요.

M: 왼쪽에 있나요, 오른쪽에 있나요?

W: ______________________________

(a) 무엇이든 좋아요.
(b) 이제 이해를 했군요.
(c) 왼쪽이고, 블록 끝 부분에 있어요.
(d) 아뇨, 앞으로 직진해야 해요.

You've got it. 이해를 했군요.

[해 | 설]

선택의문문(A or B)은 A나 B중 선택해야 하며, Either one is fine.(어느 쪽이든 좋다.) 혹은 Neither of them is available.(둘 다 불가능하다.) 등도 대답으로 가능하다. Yes나 No는 대부분 답으로 불가능하다. 왼쪽 혹은 오른쪽 두 개 중 하나를 정답 (c)와 같이 정해야 하며, (a)는 coffee or tea?라고 질문했다면 답으로 가능하다.

[Possible Answers]

It's on the right, next to a gas station. 주유소 옆, 오른편에 있어요.

❸ 맞지? ~ don't you think?

M: This painting captures the beauty of Spring, don't you think?

W: _______________________________________

(a) Yes, I love those hot springs.
(b) I don't really see it the way you do.
(c) I prefer fall to Spring.
(d) I'm afraid it is a little pricey.

M: 이 그림이 봄의 아름다움을 잘 나타내고 있는 것 같아요, 그렇죠?

W: _______________________________________

ⓐ 예, 저는 온천을 정말 좋아해요.
ⓑ 저는 당신과는 다르게 보는데요.
ⓒ 저는 봄보다는 가을을 더 좋아해요.
ⓓ 죄송하지만 그게 좀 비싸요.

capture 붙잡다, (표현) 등을 담아내다 hot springs 온천 pricey 비싼

[해 | 설]

부가의문문은 앞 문장이 긍정이면 부정으로, 부정이면 긍정으로 되묻는다. 부가의문문 혹은 ~ don't you think?는 상대방의 동의를 구하는 질문으로 대부분 정답으로 '그래요'가 나오지만 좀 어렵게 출제할 경우 (b)처럼 반대하는 경우도 있을 수 있다. ~ don't you think? 혹은 ~ is it? / ~ doesn't it? 등의 부가의문문 혹은 문장 끝에 right이 나올 때는 모두가 상대방의 동의를 다시 한 번 구하는 형태의 문제이다.

[Possible Answers]

Tell me about it. 그러게 말이에요.
I totally agree with you. 전적으로 동감이에요.

❹ 그랬죠? didn't you?

W: Why didn't you come to Ann's housewarming party?
M: Sorry, something came up at the last minute.
W: Your boss made you work overtime again, didn't he?
M: _______________________________________

(a) No, I usually work a double shift.
(b) Yes, I enjoyed every minute of the party.
(c) You guessed right. I couldn't help it.
(d) He's taking it out on us, actually.

W: 앤 파티에 왜 안 왔어요?
M: 미안해요. 막판에 무슨 일이 생겼어요.
W: 상사가 또 초과근무하게 했죠? 그렇죠?
M: _______________________________________

ⓐ 아뇨, 전 보통 2교대 근무를 해요.
ⓑ 네, 파티의 매 순간을 즐겼어요.
ⓒ 맞아요. 어쩔 수 없었어요.
ⓓ 사실 그가 우리에게 화풀이하고 있는 거예요.

come up ~일이 생기다 work overtime 초과근무하다 double shift 2교대 근무 take it out on~ ~에게 화풀이 하다

[해 | 설]

~ didn't he? / ~ doesn't it? 등의 부가의문문이나 문장 끝에 ~ right? / ~ don't you think?(그렇지~?)로 끝나는 질문은 상대방의 동의를 강하게 구하는 표현이다. 더더욱 Part 2에서는 남녀가 앞 대화에서 단서를 주기 때문에 마지막으로 여자가 '상사가 초과근무시킨 거 맞지?'라고 확신의 질문을 했을 때 정답 (c)처럼 '그래요'가 답으로 적당하다.

[Possible Answers]

Not really, but I had to get things done in time. 아니에요, 하지만 시간 내에 해야 할 일이 있었어요.

LC Part 1, 2에서 2/3 이상은 기본적인 문제의 패턴만 외우면 답을 고를 수 있는
경우가 많다. 기본적인 기출 패턴을 명강사의 노하우로 미리 익혀두자.

Part 1

선택의문문 (A or B) – Yes 혹은 No 물가

1 W: Do you have an automatic or stick shift?
M: I have an automatic car.

◐ 선택의문문은 두 개 중 하나(A 혹은 B)를 선택해 답하는 게 기본이다.

W: 차가 오토매틱이에요, 아니면 스틱
형인가요?
M: 오토매틱이에요.

2 M: Would you prefer a window seat or an aisle seat?
W: Don't you have a seat with leg room?

◐ 비행기는 선택할 수 있는 자리가 크게 window seat과 aisle seat이 있다. 이것
외에 시험에 많이 출제되는 것이 다리를 뻗을 수 있는 자리인 leg room이다.

M: 창 쪽에 앉으시겠어요, 통로 쪽에
앉으시겠어요?
W: 다리를 뻗을 수 있는 자리가 있나
요?

3 W: Which do you prefer, coffee or tea?
M: Whichever is fine for me.

◐ 선택의문문은 두 개 중 하나를 답하는 기본이나, Whatever is fine.(어느 것이든
좋아요.) 등도 좋은 정답이다.

W: 커피와 차 중 어느 쪽으로 하시겠
어요?
M: 아무거나 주세요.

부가의문문 (그렇죠?)

4 W: The copier downstairs was repaired today, wasn't it?
M: Yes, it's running much better.

◐ 부가의문문 '그렇죠?'는 상대방의 동의를 구하는 것이다. 답의 대부분은 Yes ~.

W: 아래층에 있는 복사기 오늘 수리됐
죠, 그렇죠?
M: 예, 작동이 잘 돼요.

5 M: You just love these chocolates, right?
W: Absolutely, I just can't resist chocolates.

◐ ~ right?은 주어 동사에 구애받지 않고 편하게 쓸 수 있는 부가의문문이다. 이와
같이 Yes에 해당하는 Absolutely.도 좋은 정답이다.

M: 당신 정말 이 초콜릿 좋아하네요.
그렇죠?
W: 맞아요. 전 정말 초콜릿이 좋아요.

6 M: I think we've already met. It's Lauren Thomas, isn't it?
W: Actually, it's Laura, not Lauren.

◐ 부가의문문은 대부분 상대방의 긍정이 답이다. 하지만 Actually.는 반대의 상황을
설명할 때 좋은 표현이다.

M: 우리 만난 적이 있는 것 같은데요.
로렌 토마스 양이죠?
W: 아뇨, 로라에요. 로렌이 아니고요.

7 M: May I help you?

W: Yes, I'd like a chicken burger and a medium coke, please.

M: For here or to go?

W: Take out, please.

○ fast food restaurant에서 주로 묻는 질문이다. 반드시 here 혹은 to go 중 하나를 골라야 하는데, to go를 take out으로 바꿔 쓴 답변이다.

M: 도와드릴까요?

W: 치킨 햄버거랑 중간사이즈 콜라 주세요.

M: 여기서 드실 건가요, 가지고 가실 건가요?

W: 가지고 갈 거예요.

8 W: Excuse me, I'm looking for the ticket counter.

M: It's down the hall on the left.

W: Thanks, it's still open, isn't it?

M: Maybe, but you'd better hurry.

○ 부가의문문 isn't it?은 상대방의 긍정을(문이 열려 있기를) 바라는 표현이다. Maybe, but ~에서 '열려 있다'는 것을 인정함을 알 수 있다.

W: 죄송하지만 매표소를 찾고 있어요.

M: 아래 층 왼편에 있어요.

W: 고맙습니다. 아직 열려 있는 것 맞죠?

M: 그럴 거예요, 하지만 빨리 서두르시는 게 좋을 것 같네요.

Part **1**

1 W: Do you have ____________________ ?
M: I have an automatic car

2 M: ________________________________ ?
W: ________________________________ ?

3 W: Which do you prefer, coffee or tea?
M: ____________________ .

4 W: ________________________________ ?
M: Yes, it's ________ much better.

5 M: You just love these chocolates, don't you?
W: Absolutely, ____________________ .

6 M: ____________________ . It's Lauren Thomas, isn't it?
W: Actually, it's Laura, not Lauren.

Part 2

7 M: May I help you?

W: Yes, _________________________ , please.

M: _________________ ?

W: Take out, please.

8 W: Excuse me, I'm looking for the ticket counter.

M: _________________ .

W: Thanks, it's still open, isn't it?

M: Maybe, but _________________ .

ACTUAL TRAINING

PART I•Choose the most appropriate response to the statement.

1   (A)   (B)

2   (A)   (B)

3   (A)   (B)   (C)   (D)

4   (A)   (B)   (C)   (D)

PART II•Choose the most appropriate response to complete the conversation.

5   (A)   (B)   (C)   (D)

위아텝스
LISTENING

평서문 유형이 제시될 때 그에 상응하는 답변을 선택하는 것은 쉽지 않다. 그러나 작별 인사, 사과, 감사, 칭찬, 위로를 전달하는 의미가 나올 때, 그에 상응하는 답변은 어느 정도 정해져 있다. 따라서 각각의 상황에 맞는 표현을 학습하고, 대화의 흐름에서 의미하는 바를 이해하는 것이 중요하다.

평서문 1 : 일상대화

평서문 1 〈일상대화〉

POINT

★ 평서문에 일정한 비율로 반드시 출제되는 일상대화 – 인사, 사과, 감사, 축하 등의 기출 유형을 익힌다.

★ 일상대화의 정해진 예상 정답을 숙지한다.

1 출제 유형

❶ 처음 만났을 때 인사

Nice to meet you.(반갑습니다.) / I haven't had the pleasure.(초면입니다.) 등이 정답이다.

❷ 아는 사람을 만났을 때의 인사

How are you? / How are you doing? / How's it going?에는 Couldn't be better.(좋아요.), Same as usual.(그저 그래요.) 등이 기본적인 정답이다.

❸ 작별인사

Catch you later! / talk to you later! / Take care!

❹ 사과

사과는 크게 본인이 잘못한 경우와 의례적인 사과가 있으며, 잘못해서 사과하는 경우에는 대개 That's OK. / No problem.(괜찮아요.) 등으로 응답한다.

❺ 질책

변명이나 사과하는 답변을 정답으로 고른다.

2 한눈에 보는 평서문 (일상대화) 유형

❶ 처음 만났을 때

Hi, John, it's good to see you.
➡ Same here.

존, 만나서 반가워요.
저도요.

❷ 보통 인사

Wendy, How are you today?
➡ Great. How about you?

웬디, 오늘 어때요?
좋아요. 당신은요?

❸ 사과

I'm sorry. I broke your MP3 player.
➡ You should be more careful.

죄송해요. 제가 당신 MP3 플레이어를 망가뜨렸어요.
좀 조심하셔야죠.

❹ 감사

Thanks for the ride.

➡ No problem.

태워줘서 고마워요.

별 거 아니에요.

❺ 질책

Your final grades aren't very good.

➡ I'll do better next time.

당신 기말고사 성적이 좋질 않네요.

다음엔 더 잘할게요.

(07-1) **3 Part 1, 2 평서문 (일상대화)의 대표 유형**

❶ 인사

M. Excuse me. I don't think I've had the pleasure.

W: ___________________________

   (a) Oh, my name is Sophia.

   (b) Then, join us and have fun.

   (c) The pleasure is all mine.

   (d) It was nice meeting you.

M: 죄송하지만 처음 뵌 것 같아요.

W: ___________________

(a) 예, 제 이름은 소피아입니다.

(b) 그러시면 저희와 함께 즐기세요.

(c) 천만에요.

(d) 만나서 반가웠습니다.

I don't think I've had the pleasure. 초면입니다.

The pleasure is all mine. 천만에요.

[해 | 설]

인사는 Part 1에서 빠지지 않고 출제된다. 크게 1. 처음 만났을 때 2. 아는 사람을 만났을 때의 일반인사 및 작별인사 3. 오랜만에 만났을 때(It's been a while.) 4. 우연히 만났을 때(Fancy meeting you here!)의 대화로 정리할 수 있다. 이 문제는 관용표현 I haven't had the pleasure.(초면입니다)를 모른다면 답을 고르기 힘들다. 상대방과 통성명하길 원하는 표현이며 답으로 정답 (a)처럼 자기소개가 나와야 한다. 뜻을 모른다면 (b)를 고를 수도 있으므로 주의하자. (c)는 pleasure을 응용한 오답이며, (d)는 과거 표현 was 때문에 답이 될 수 없다.

[Possible Answers]

My name is Eugene. Nice to meet you. 제 이름은 유진이에요. 만나서 반갑습니다.

❷ 감사

W: Thanks a lot for sending me the flowers.

M: ___________________________

   (a) How did you know I like flowers?

   (b) Don't worry about it.

   (c) I'm glad you like that.

   (d) I didn't mean it.

W: 꽃 보내주셔서 정말 감사해요.

M: ___________________

(a) 제가 꼭 좋아하는 거 어떻게 아셨어요?

(b) 걱정 마세요.

(c) 좋아하시니 다행이네요.

(d) 그럴 생각이 아니었어요.

I didn't mean it. 그럴 생각이 아니었어요.

[해 | 설]

감사와 관련된 다양한 기출 표현과 이에 대한 응답을 미리 정리해두자. 상대방이 좋아하거나 맘에 들어 할 때 할 수 있는 답변으로 많이 출제되는 (c) I'm glad you like it. 을 기억해두자. (a)는 남자의 응답이 아닌 여자가 이어서 할 말이며, (d) I didn't mean it.은 사과할 때 쓰는 표현이다.

[**Possible Answers**]

My pleasure. 천만에요. / No problem. 괜찮습니다.

❸ 사과

W: I'm sorry to have troubled you.

M: That's alright. It was fortunate I was free then.

W: I assure you, nothing like this will happen again.

M: ______________________________

   (a) That's okay. Think nothing of it.

   (b) I'm tired of your lame excuses.

   (c) I saw it coming.

   (d) I didn't mean it. It just slipped out.

W: 귀찮게 해드려 죄송해요.

M: 괜찮습니다. 그때 시간이 있어서 그나마 다행이었어요.

W: 다음부터는 절대 이런 일이 없을 겁니다.

M: ______________________________

(a) 괜찮아요. 괘념치 마세요.

(b) 궁색한 변명에 지쳤어요.

(c) 그럴 줄 알았어요.

(d) 그런 뜻이 아니었어요. 무심코 한 말이에요.

[**해 | 설**]

사과에 대해선 대부분 괜찮다는 That's okay. / No problem. / It happens. 등의 답을 하며, 때론 화를 낼 수도 있다.(You should be more careful!) 남자가 첫 반응에서 괜찮다(That's alright.)고 했기 때문에 일관성 있는 응답인 (a)를 정답으로 고를 수 있다.

[**Possible Answers**]

No problem. I'm glad I could be of help. 괜찮아요.

Think nothing of it. 괘념치 마세요.
lame excuse 궁색한 변명
It just slipped out. 실수로 무심코 한 말이에요.

❹ 칭찬

W: Daniel, is that you? I didn't recognize you.

M: Yeah, I've lost a lot of weight in the last few months.

W: You sure have. You look in shape!

M: ______________________________

   (a) I'm trying to put on some muscles.

   (b) You are also in top shape.

   (c) Thanks. I've been working out hard these days.

   (d) Well, you haven't changed a bit.

W: 다니엘, 당신 맞아요? 당신을 못 알아봤어요.

M: 그래요, 지난 몇 달 간 체중이 많이 줄었어요.

W: 정말 그러네요. 건강해 보여요!

M: ______________________________

(a) 근육을 키우려고 노력하고 있어요.

(b) 당신도 정말 건강해 보여요.

(c) 고마워요. 요새 정말 열심히 운동했거든요.

(d) 글쎄요, 당신은 하나도 안 변했네요.

[**해 | 설**]

상대방의 칭찬엔 Thank you.가 기본 답변이다. '살이 빠졌다, 건강해 보인다' 는 칭찬에 대해 정답 (c)와 같이 Thank you에 이어질 문장으론 그렇게 된 사연(열심히 운동했다)이 나오는 게 가장 자연스럽다. '살이 빠져서 건강해 보인다.' 는 여자에 말에 (a)와 같이 근육을 키우고 있다는 답변은 상당히 어색하며, (b)는 shape을 응용한 오답이다.

[**Possible Answers**]

I've gone for a run everyday. 매일 달리기를 해왔어요.

lose weight 살 빼다 in shape 건강한
put on muscles 근육을 키우다
work out 운동하다
You haven't changed a bit.
하나도 안 변했네요.

LC Part 1, 2에서 2/3 이상은 기본적인 문제의 패턴만 외우면 답을 고를 수 있는 경우가 많다. 기본적인 기출 패턴을 명강사의 노하우로 미리 익혀두자.

Part 1

처음 만났을 때 인사

1 W: Hi, I'm Janet Smith, nice to meet you!

M: The pleasure is mine.

⚙ 처음 만났을 때 다양한 표현과 응답을 기억해두자. The pleasure is mine. / I'm glad to meet you, too. / Same here. 등의 표현도 가능하다.

W: 저는 제닛 스미스입니다. 만나서 반갑습니다.

M: 오히려 제가 반갑습니다.

2 W: Dan, I'd like to introduce you to our new staff, Edith Peterson.

M: Nice to meet you, welcome aboard.

⚙ '누굴 소개시켜줄게요'에 대해 제3자에게 직접 '반갑습니다.'라고 답한다.

W: 여기 새로 온 직원 에디스 피터슨 소개시켜드릴게요.

M: 반가워요. 환영합니다.

오랜만에 만났을 때

3 M: Ann Patrick, I haven't seen you for ages.

W: Yeah, what have you been up to lately?

⚙ '오랜만이네요.'란 표현의 문제이다. I haven't seen you in ages. / It's been a while. 등을 같이 기억해둔다.

M: 앤 패트릭, 오랜만이네요.

W: 그래요. 어떻게 지내셨어요?

4 M: It was nice meeting you. Talk to you later!

W: Same here. Take it easy!

⚙ Talk to you soon!/Catch you later!/Take care! 등도 작별인사 표현이다.

M: 만나서 반가웠어요. 나중에 봐요!

W: 저도요, 잘 가요!

사과

5 M: I'm sorry to have kept you waiting.

W: It's okay. I just got here myself.

⚙ '기다리게 해서 죄송해요.'란 사과의 표현 문제이다. 응답으로는 '괜찮아요.' 혹은 You should have at least called me.(전화라도 했었어야지.) 등이 가능하다.

M: 기다리시게 해서 죄송해요.

W: 괜찮습니다. 저도 여기에 방금 왔어요.

6 W: I'm sorry. I didn't mean to offend you.

M: No problem, let bygones be bygones

⚙ I didn't meat to ~는 사과할 때 쓰는 표현. 대부분 '괜찮아요.'가 정답이다.

W: 죄송해요. 그렇게 기분 나쁘게 할 생각은 아니었어요.

M: 괜찮아요. 지나간 일은 잊읍시다.

감사

7 M: Thank you for helping me out with the chores.

W: Think nothing of it.

M: 집안일을 도와주셔서 감사해요.

W: 괘념치 마세요.

○ Thank you ~에 대한 다양한 응답을 외워두자. The pleasure is mine. / What are friends for? / Anytime. / No problem. 등의 표현이 있다.

경고

8 M: Hey, you've been on that phone for half an hour.

W: Sorry, but this is an important client.

○ 질책에 대한 기본적인 응답으로 '죄송해요.'와 사정 설명이 나오는 것이 적당하다.

M: 전화를 30분 이상 붙들고 있네요.

W: 미안해요. 하지만 중요한 고객이라서 그래요.

9 W: I like your jokes, but you'd better not be out of line.

M: I see. I didn't realize that.

○ You'd better ~은 강한 경고의 표현이다. I didn't realize that.(미처 몰랐어요.)는 변명으로 가장 좋은 표현이다.

W: 당신 농담은 재미있지만 정도를 넘지 않도록 하세요.

M: 알겠어요. 제가 미처 몰랐어요.

10 W: You should know better than to do that.

M: Don't put the blame on me alone.

○ You know better ~는 '알 만한 사람이 왜 그래?'의 의미이다. 기분 나쁠 정도로 질책을 하면 반발도 정답이 된다. put the blame on ~은 '~를 탓하다'란 뜻이다.

W: 철 좀 들어야겠네요.

M: 저한테만 나무라지 마세요.

모임에서의 작별

11 M: I really wish I didn't have to leave early.

W: Me, too. I've enjoyed staying with you.

M: Maybe we should get together sometime again.

W: Definitely, I will.

○ '꼭 또 만나요.'라고 한다면 의례적으로 Definitely, I will.(네, 그래요.)라고 한다.

M: 정말 이렇게 일찍 떠나기 싫어요.

W: 나도요. 함께 있어서 정말 즐거웠어요.

M: 우리 또 다시 모여요.

W: 꼭 그럴게요.

위로

12 M: Mary, you look frustrated.

W: I am. I lost the ring my boyfriend gave me.

M: Come on, it's not the end of the world.

W: But he will be upset if he knows that.

○ 위로의 표현 it's not the end of the world.에 Thank you! 혹은 But he will be upset if he knows that.(그래도 걱정이네요.)란 표현이 가능하다.

M: 메리, 안 좋아 보이네요.

W: 맞아요, 내 남자친구가 준 반지를 잃어버렸어요.

M: 그렇다고 세상이 끝난 게 아니잖아요.

W: 하지만 그가 알면 화 낼 거예요.

칭찬

13 W: Wow, your presentation was gorgeous.

M: You think so? I think I haven't prepared enough.

W: No way! Everyone seems to feel caught up in the moment.

M: Thank you, I'm relieved to hear that.

○ feel caught up은 '매료되다'의 뜻이나 순간 해석하기 힘들다면 No way!에 이어지는 다음 문장이 의미상 칭찬일 것이라 유추한다.

W: 프레젠테이션 정말 훌륭했어요.

M: 정말이요? 준비를 잘 못한 것 같은데요.

W: 아니요. 모두가 발표에 매료되었어요.

M: 고마워요, 안심이네요.

Part 1

1 W: Hi, I'm Janet Smith, nice to meet you!
M: ________________ ________________.

2 W: Dan, ________________________ our new staff, Edith Peterson.
M: Nice to meet you, welcome to the team.

3 M: Ann Patrick. ________________________.
W: Yeah, ________________________?

4 M: It was nice meeting you. ____________!
W: Same here. ____________!

5 M: ________________________.
W: It's okay. I just got here myself.

6 W: I'm sorry. ________________________.
M: No problem, ________________________.

7 M: Thank you for ________________________.
W: ________________________.

8 M: Hey, ________________________.
W: Sorry, but this is an important call.

9 W: I like your jokes, but ________________________.
M: I see. ________________________.

10 W: ________________________.
M: ________________________.

Part 2

11 M: _______________________.

    W: Me, too. I've enjoyed staying with you.

    M: Maybe you can come visit me sometime.

    W: _______________________.

12 M: Mary, _______________________.

    W: I am. _______________________.

    M: Come on, _______________________.

    W: But nothing in the world can substitute for that.

13 W: Wow, your presentation was _______________________.

    M: You think so? _______________________.

    W: No way! Everyone seems to _______________________.

    M: Thank you, I'm relieved to hear that.

PART I • Choose the most appropriate response to the statement.

1 (A) (B)

2 (A) (B) (C) (D)

3 (A) (B) (C) (D)

4 (A) (B) (C) (D)

5 (A) (B) (C) (D)

PART II • Choose the most appropriate response to complete the conversation.

6 (A) (B)

7 (A) (B) (C) (D)

8 (A) (B) (C) (D)

9 (A) (B) (C) (D)

10 (A) (B) (C) (D)

위아텝스
LISTENING

대화하는 두 화자의 관계에서 동의를 구하는 유형은 의사전달의 기본적인 형태이다. 이때 대화의 주제를 파악해야 하며, 서로 동의하는 부분과 동의하지 않는 부분에 대한 이해가 선행되어야 한다. 따라서 어떤 주제로 대화를 전개하고 있는지를 파악하고, 이에 필수적인 표현들을 익혀두어야 한다.

UNIT 08

평서문 2 :
동정 · 동의 구하기

평서문 2 〈동정·동의 구하기〉

POINT
★ 평서문 중 가장 많이 출제되는 동의, 동정 구하기 문제의 대표유형을 익힌다.
★ 동의, 동정 구하기 문제의 예상 정답을 숙지한다.

1 출제 유형

❶ 동의·맞장구 구하기
Part 1에서 평서문이 반 이상을 차지하며 그 중 가장 많은 유형은 '상대방의 맞장구를 구하는' 문제이다. You can say that again. / I couldn't agree with you more. / Tell me about it. 등 텝스에 자주 나오는 동의 표현을 기억해두자.

❷ 동정 구하기
동정 구하기는 대표적으로 '나 아파요.', '시험 망쳤어요.' 등 아프거나 사회생활에서 좌절했을 때 상대방에게 푸념을 하고 위로나 동정을 구하는 유형이다. 최대한 상대방의 기분을 맞추거나 위로해주는 내용이 정답이다.

2 한눈에 보는 평서문 동의, 동정 구하기 유형

❶ 맞장구 구하기

I just can't take the stress here.
➡ Me, neither.

정말 이곳에서의 스트레스 못 참겠어요.
저도 그래요.

I can't believe Tom is suffering from cancer.
➡ Neither can I. How can we help him?

톰이 암이라니 믿을 수가 없네요.
그러게요. 어떻게 도와주면 될까요?

The sky is looking pretty dark.
➡ Oh, no! I'm supposed to go camping today.

하늘이 어두워 보이는데요.
어쩌죠? 오늘 캠핑 가기로 했는데.

❷ 동정 혹은 조언 구하기

I blew the exam. I should've studied harder.
➡ Don't worry. you will do well next time.

내가 시험을 망쳤어요. 좀 더 열심히 했어야 했는데.
걱정 마세요. 다음엔 잘 할 거예요.

I twisted my ankle.
➡ Sorry to hear that.

발목을 삐었어요.
그거 참 안됐네요.

I can't meet the deadline.
➡ Come on! I know you can do it.

마감기한을 못 맞추겠어요.
당신이 할 수 있으리라 믿어요.

3 Part 1, 2 평서문 – 동정, 동의 구하기

❶ 맞장구 구하기

W: I have been pleased with Mark lately.

M: ______________________

    (a) I agree, he is kind of sharp.
    (b) I'm pleased to hear that.
    (c) Right. He is quite competent.
    (d) Yes, he hasn't made efforts recently.

W: 요새 마크가 맘에 들지 않아요.

M: ______________________

(a) 맞아요. 그는 영민해요.
(b) 그 말을 들으니 기쁘네요.
(c) 맞아요. 그는 능력 있어요.
(d) 네, 그가 노력을 하질 않네요.

pleased with ~가 마음에 드는
sharp 날카로운, 영리한 competent 유능한

[해 | 설]

텝스 Part 1에서 평서문이 1/3 이상을 차지하며 그 중 가장 많은 유형은 상대방에 맞장구를 치는 문제이다. 여자는 마크에 대한 불평을 하며 정답 (d)는 이에 대한 '적당한 동의'를 구하고 있다. not이 들어 있는 haven't의 발음을 주의해서 듣지 않으면 잘 들리지 않는다. (a)의 I agree와 (c)의 Right는 각각의 뒷문장과 어울리지 않으며, (b)는 pleased를 응용한 오답이다.

[Possible Answers]

I guess he has family problems these days. 그는 요즘 가족에게 문제가 있는 거 같아요.
Why don't you talk with him? 그와 얘기를 해보는 게 어때요?

❷ I heard ~

M: I heard the company is cutting employees by half in the Sales Department.

W: ______________________

    (a) Right. Our department might be also restructured.
    (b) Yeah, the department is hiring people every year.
    (c) In that case, I'll move to the Sales Department.
    (d) Their sales figures are more than expected.

M: 우리 회사가 영업부 직원을 반으로 줄인다고 하네요.

W: ______________________

(a) 맞아요. 우리 부서도 구조조정 될 수도 있어요.
(b) 그 부서는 매년 직원들을 고용하고 있어요.
(c) 그러시다면 제가 영업부로 갈게요.
(d) 그들 판매 수치가 예상 이상입니다.

Sales Department 영업부
restructure 구조조정하다
sales figure 판매 수치

[해 | 설]

I heard ~ 혹은 I was told ~(내가 듣기론)은 상대방의 설명이나 확신을 바라는 표현이다. 듣기에 영업부 인원을 반으로 줄인다고 했다면 이에 대해 보충 설명이나 정답 (a)와 같은 적절한 맞장구를 쳐야 적절한 답이 된다. (b)는 hiring을 firing으로 바꾼다면 답이 될 수도 있고, (c)와 (d)는 sales를 응용한 오답이다.

[Possible Answers]

Luckily, our department isn't laying people off. 다행히, 저희 부서는 사람들을 해고하지 않네요.
I think it's because of recent merger. 그건 최근의 합병 때문인 거 같아요.

❸ 동정 구하기

M: I shouldn't have changed my job.

W: The new job doesn't suit you?

M: I like it, but it doesn't pay very well.

W: ___________________________

    (a) Hang in there! Your job is promising.
    (b) You will get the knack of it in the meantime.
    (c) You pulled strings to get the job.
    (d) Right. Decent jobs are hard to come by.

M: 회사를 옮기지 말아야 했어요.

W: 새로운 일이 안 맞아요?

M: 좋긴 한데 월급을 많이 주질 않아요.

W: ___________________________

(a) 참고 견디세요. 당신 일은 유망해요.

(b) 그동안 요령을 익히게 될 거예요.

(c) 그 일을 구하려고 연줄을 이용했잖아요.

(d) 맞아요. 버젓한 직장은 구하기 힘들어요.

Hang in there! 참고 견디세요!
promising 유망한
get the knack[hang] of it 요령을 익히다
pulled string 연줄을 이용하다
come by 얻다

[해 | 설]

평서문 중 많은 부분을 차지하는 '동정 구하기' 문제이다. 내용은 주로 힘들고 어려운 점에 대해 상대방이 적당히 위로해주길 바라는 표현이다. 회사가 월급을 많이 주지 않아서 불평을 하면 이에 대한 위로 및 동정도 가능하지만, 예외적으로 직장에서 힘든 일은 토로할 땐 (먹고 살아야 하는 문제라) 정답 (a)처럼 참으라고 충고를 많이 한다. (b)는 직장 생활에 금방 적응하지 못하겠다고 할 때 가능한 대답이다.

[Possible Answers]

Ask for a raise, then. 그럼, 임금 인상을 요구하세요.
You should've listened to my advice. 제 충고를 들었어야 했어요.

❹ I think ~

W: I can't believe some people are strongly supportive of nuclear weapons.

M: Why not? One country has the right to defend themselves, you know.

W: I think It will lead to a great amount of weapons of mass destruction.

M: ___________________________

    (a) That's exactly why nuclear weapons should be allowed.
    (b) The nuclear power industry is in a slump these days.
    (c) I always banned nuclear weapons.
    (d) I guess we are on opposite sides, then.

W: 핵무기를 강하게 지지하는 사람들이 있다니 믿을 수가 없어요.

M: 왜 안 되죠? 어떤 나라든 스스로 방어할 권리는 있어요.

W: 결국 그렇게 되면 대량 살상 무기를 양산하게 되겠죠.

M: ___________________________

(a) 바로 그게 핵무기가 허용되어야 하는 이유지요.

(b) 핵무기 산업은 요즘 침체된 상태에요.

(c) 전 항상 핵무기를 거부했어요.

(d) 우리는 아무래도 의견이 반대인 것 같네요.

be supportive of ~를 지지하는
nuclear weapons 핵무기
weapons of mass destruction 대량살상무기

[해 | 설]

I think ~. 표현에서는 나의 생각을 주장하기 때문에 대부분의 대화에서는 동의를 해준다. 이런 사회적 이슈는 Part 2 후반부에 자주 출제되며 기본적인 관련 어휘를 먼저 숙지해야 한다. 두 사람이 완전 반대 의견을 펼치고 있어서 정답도 남자의 말과 일관성이 있는 (d)를 골라야 한다.

[Possible Answers]

I know your point, but many countries voice their rights with them.
당신이 말하는 요지를 알지만, 많은 국가들이 자신의 권리를 표현합니다.

LC Part 1, 2에서 2/3 이상은 기본적인 문제의 패턴만 외우면 답을 고를 수 있는 경우가 많다. 기본적인 기출 패턴을 명강사의 노하우로 미리 익혀두자.

Part 1

맞장구 구하기

1 M: The details in this painting are really exceptional.

W: Yes, it certainly is impressive.

M: 이 그림의 세부 표현이 정말 놀라워요.

W: 맞아요, 정말 대단하네요.

⊙ really ∼(정말∼)는 상대방의 맞장구를 구하는 전형적인 표현이다. Yes, it certainly is. / Same here.도 전형적인 응답표현이다.

2 M: Anna was late again.

W: I know, I'm really tired of her habitual lateness.

M: 애나가 다시 늦었어요.

W: 그러게요, 그녀의 습관적인 지각이 아주 지겨워요.

⊙ 걱정(큰일 났네.)에 대한 맞장구 구하기 표현이다. I know. 또는 Tell me about it. 등의 응답을 기본적으로 기억해두자.

동정 · 위로 구하기

3 M: I'm so frustrated that I haven't found a job yet.

W: You're well qualified, so you'll find one soon.

M: 아직 일자리를 못 구해서 정말 좌절감을 느껴요.

W: 충분한 자질이 있으니 금방 찾을 거예요.

⊙ '좌절' 하는 사람에겐 성의껏 '위로' 의 말을 전해야 한다. 일자리를 구하지 못해서 좌절할 때, 학교에서 낙제했을 때(not pass the exam) 등의 상황에는 '다음엔 잘 할 거야.' 등의 위로를 한다.

4 W: Ah! I got something in my eye.

M: Try these eye drops.

W: 아! 눈에 뭐가 들어갔어요.

M: 이 안약을 한번 넣어봐요.

⊙ '나 아파요.(기침이 심해요.)' 란 표현의 문제에서 1. 심할 때는 You should see a doctor.(병원에 가 보세요.) 2. 심하지 않을 때는 You should take medicine.(약 드세요.) 혹은 You should take a rest.(쉬세요.)가 정답이다.

5 W: I got a speeding ticket.

M: That's the second time, isn't it?

W: 나 속도위반 딱지 뗐어요.

M: 이번이 두 번째 아닌가요, 그렇죠?

⊙ 상대방의 동정을 구하는 I'm sorry to hear that.(딱지 뗐어) 등의 표현에는 동정의 응답을 한다.

조언 구하기

6 W: I have no idea how to fill out this form.

M: Let me have a look at it.

W: 이 양식을 어떻게 채워야 할지 모르겠어요.

M: 제가 한번 볼게요.

⊙ I have no idea how ∼ 혹은 I don't know how to ∼는 상대방의 도움을 구하는 표현이다. 확실히 도움을 주지는 못하더라도 성의 있게 응답하는 Let me take[have] a look at it.이 모범 정답이다.

7 M: I overslept and missed the English test in the morning.

W: Well, maybe you should take a make up test.

◐ 자신의 실수나 과오에 대해 얘기하면 상대방은 응답으로 Maybe you should ~ 혹은 You'd better 등으로 방법을 제시한다.

8 W: I have nothing to wear to the party.

M: But your wardrobe is full of dresses.

◐ 조언을 구하지만 지나친 내용이라면 But you ~ 등으로 적절한 질책도 종종 정답이 된다.

맞장구 구하기

9 M: Don't you think cell phones are a great annoyance?

W: Why do you say that?

M: When I was on the subway today, some people talked on the cell phone loudly.

W: That must have been so irritating.

◐ Don't you think ~?로 시작하는 상대방의 맞장구를 구하는 문제이다. 여자의 과거 내용에 맞춰 That must have been ~.(정말 그랬겠어요.)라는 전형적인 응답이 정답이다.

후회

10 M: How can I been such a fool?

W: What happened?

M: I wasted my money on lotteries.

W: Well. Let bygones be bygones.

◐ 어떤 잘못을 해도 '후회'하면 응답으로 '괜찮다' 등으로 용서를 한다. 후회에 대표적으로 많이 나오는 구문은 I should've + p.p.(그랬어야 했는데…)와 Let bygones be bygones.(지나간 일은 잊읍시다.)이다.

조언 구하기

11 M: Oh, my god! I forgot about dinner with my girl friend.

W: You mean you stood her up?

M: Yes, we were supposed to meet half an hour ago.

W: I hope you have a good excuse.

◐ 남자의 '우리가 ~하기로 했었는데'란 실수의 표현에 대해 위와 같은 답 외에도 You'd better call her. / You should run. 등의 조언이 가능하다.

W: 늦게까지 자서 아침에 영어 시험을 못 봤어요.

M: 그럼 재시험을 봐야겠네요.

W: 파티에 입고 갈 게 없어요.

M: 하지만 옷장에 드레스가 가득 있잖아요.

M: 휴대전화가 정말 짜증난다고 생각되지 않나요?

W: 왜 그러는데요?

M: 오늘 지하철을 탔는데 어떤 사람들이 휴대전화로 시끄럽게 얘기하더라고요.

W: 짜증났겠네요.

M: 어쩜 내가 이렇게 바보 같을 수 있죠?

W: 무슨 일인데요?

M: 복권에 돈을 다 날렸어요.

W: 이미 끝난 일은 잊으세요.

M: 이런! 여자 친구와의 점심 약속을 깜빡 잊었네요.

W: 바람 맞혔단 소린가요?

M: 네, 우리가 30분 전에 만나기로 했거든요

W: 아무래도 그럴 듯한 변명을 준비해야겠어요.

Part 1

1 M: The details in this painting are __________________ .
   W: Yes, it certainly is impressive.

2 M: Anna was late again.
   W: I know, __________________________ .

3 M: ____ .
   W: You're well qualified, so you'll find one soon.

4 W: Ah! ________________________ .
   M: Try these eye drops.

5 W: I ____________________________ .
   M: That's the second time, isn't it?

6 W: I have no idea how to ______________ .
   M: Let me have a look at it.

7 M: ____ in the morning.
   W: Well, maybe you should __________________ .

8 W: I have ____________________ .
   M: But your __________________ .

Part 2

9 M: Don't you think cell phones are a great annoyance?

W: Why do you say that?

M: When I was on the subway today, some people talked on their cell phons loudly.

W: That must have been so irritating.

10 M: _______________________?

W: What happened?

M: _____________________.

W: Well, _____________________.

11 M: Oh, my god! I forgot about lunch with my girlfriend.

W: You mean _______________?

M ; Yes, we were supposed to meet half an hour ago.

W: I hope you have a good excuse.

ACTUAL TRAINING

PART I•Choose the most appropriate response to the statement.

1 (A) (B)

2 (A) (B) (C) (D)

3 (A) (B) (C) (D)

4 (A) (B) (C) (D)

5 (A) (B) (C) (D)

PART II•Choose the most appropriate response to complete the conversation.

6 (A) (B)

7 (A) (B) (C) (D)

8 (A) (B) (C) (D)

9 (A) (B) (C) (D)

10 (A) (B) (C) (D)

위아텝스
LISTENING

대화에서 제시하는 상황은 다양하므로 상황별 대화 유형을 학습해야 한다. 대화에서 두 화자의 관심사는 다양한 주제를 포괄하고 있다는 점을 염두에 두어야 한다. 따라서 각각의 상황에서 이용할 수 있는 표현을 학습하고 익혀두자.

평서문 3 :
유형별로 익히는
다양한 평서문

UNIT 09

평서문 3 〈유형별로 익히는 다양한 평서문〉

POINT

★ 평서문 중 가장 많이 출제되는 동의, 동정 구하기 문제의 대표 유형을 익힌다.

★ 동의, 동정구하기 문제의 예상 정답을 숙지한다.

1 출제 유형

❶ 후회

후회하고 반성하는 사람에겐 '위로'를, 자랑을 하면 '축하'를, 축하나 칭찬 혹은 위로에 대해선 Thank you가 기본적인 답이다.

❷ 소망

I hope ~ / I want ~ / I need ~ / I wish ~ 등의 소망문은 상대방의 적절한 맞장구나 조언, 혹은 해결책을 답으로 고른다.

❸ 정보 제공 및 조언하기

어떤 특정 정보 제공, 특히 상대방에게 도움이 되는 정보를 제공했을 때 Thank you, ~ 혹은 상황에 맞는 적절한 대응을 답으로 고른다.

❹ 주장 및 경고

You should ~ / You'd better ~ / You need to ~ / You must ~ 등의 주장 및 경고는 대부분 그에 따르는 게 정답이다.

❺ 불만 제기

불만 제기는 주로 가게 혹은 식당 등 물건을 사거나 서비스를 받을 때 상황이 주로 출제되며 '손님이 왕' 이기 때문에 대부분 손님이 원하는 쪽으로 맞춰주거나 친절하게 답변한다.

❻ 전화

전화는 1. 통화하고자 하는 사람이 없는 경우(He's not in.) 2. 본인일 경우(Speaking.) 3. 바꿔줄 테니 기다리라는 경우(I'll put you through.)의 세 가지 응답이 중심을 이룬다.

❼ 명령문

명령문 혹은 부정 명령문 모두 상대방의 '네 알겠습니다.' 린 순종을 원한다. '~해라' 명령문 외에 상대방을 생각해주는 명령문(Be careful!) 패턴도 기억하자.

❶ 축하

I became a father today!
➡ Wow! Congratulations!

나 아빠 됐어요.
와! 축하해요!

❷ 정보제공

You got something on your pants
➡ Oh, no! I hope it doesn't stain.

바지에 뭐가 묻었네요.
어머! 얼룩이 남질 말아야 하는데.

❸ 명령문

We'll be taking off soon, please fasten your seat belt.
➡ Oh, I didn't realize. Thank you.

손님, 곧 이륙하니 벨트를 매주세요.
예, 미처 몰랐네요. 고마워요.

(09-1) 3 Part 1, 2 기타 평서문의 대표 유형

❶ 후회

M: I should have studied harder for the test.
W: ___________________________

(a) It's not the end of the world. You can get a job!
(b) Never mind. I'm sure you did fine.
(c) It's been rescheduled for next week.
(d) Come on! The test is still a week away.

M: 시험 공부를 좀 더 열심히 할 걸 그랬어요.
W: ___________________________
(a) 세상이 끝난 게 아니에요. 취직할 수 있어요!
(b) 신경 쓰지 말아요. 분명히 잘 했을 거예요.
(c) 다음 주로 연기됐어요.
(d) 아직 시험이 일주일이나 남았어요.

It's not the end of the world. 세상이 끝난 게 아니에요.(걱정 말아요.) **reschedule** 일정을 변경하다

[해 | 설]

should've + p.p.는 대표적인 '후회(~할 걸)' 문제이다. 후회나 반성을 하는 사람에겐 위로를 해준다. 시험 공부를 더 열심히 할 걸 후회한다면 정답 (b)처럼 마음의 위로가 가장 좋은 정답이다. (a) It's not the end of the world.는 괜찮은 답이나, 뒷부분 job 이 어울리지 않으며, (d)와 같이 시점을 혼동시키는 오답도 주의한다.

[Possible Answers]

You did your best. Don't worry any more. 당신은 최선을 다했어요. 더 이상 걱정하지 말아요.
You always say that when tests are over. 항상 시험이 끝나면 그런 소리를 하는군요.

❷ 명령문

M: Please turn down the stereo, it's too loud.
W: ___________________________

(a) I can't stand it, either.
(b) I will turn off the heat.
(c) OK, I will keep it down.
(d) It drives me crazy.

M: 스테레오 소리 좀 낮춰주세요. 너무 시끄러워요.
W: ___________________________
(a) 저도 못 참겠어요.
(b) 제가 히터를 끌게요.
(c) 예, 낮추겠습니다.
(d) 그것 때문에 미치겠어요.

[해 | 설]

명령문 혹은 부정명령문(~해라. 혹은 ~하지 마)은 대부분 상대방의 순종(네, 알겠습니다.)을 원한다. 명령문 외에 상대방을 생각해주는 명령문(Be careful!)은 Thank you. / I will. 등이 답으로 어울린다. 상대방에게 (소음 등으로) 피해를 줄 경우에는 특히 정답 (c)처럼 원하는 대로 행동해주어야 한다. (b)는 히터가 아니므로 turn if off로 바꾼다면 답이 될 수 있고, (d)는 남자가 아닌 여자가 할 말이다.

[**Possible Answers**]

Sorry, I didn't realize it. 죄송해요, 그걸 깨닫지 못했어요.
I will turn it off, sorry. 제가 끌게요. 죄송해요.

❸ 소망

W: I hear the stock prices are going up.

M: Don't think of selling your shares, though.

W: Actually I could use some extra money to pay off my loan.

M: ________________________________

    (a) Don't put all your eggs in one basket.
    (b) I'd just keep that if I were in your place.
    (c) We can expect a bull market.
    (d) Then you should take out a loan.

[해 | 설]

I hope ~ / I want ~ 등의 '~했으면 좋겠다.'란 소망문은 상대방의 적절한 맞장구나 조언이 정답으로 가능하다. 돈이 필요해서 주식을 팔겠다는 여자에게 첫 번째 대답에서 팔지 말라고 했기 때문에 일관성을 잘 지킨 정답 (b)가 가장 어울린다. (a) Don't put all your eggs in one basket.은 분산 투자하라는 관용표현이며, (d)는 loan을 응용한 오답이다.

[**Possible Answers**]

-You'd probably regret it if you would. 당신 그러면 아마 후회하게 될 거에요.

❹ 주장 및 경고

W: You look beat. Why don't you get some sleep?

M: I'd love to, but I have so many things to do.

W: You should at least take a catnap.

M: ________________________________

    (a) I think I should. Can you wake me up in an hour?
    (b) I am allergic to cats, though.
    (c) I'm feeling fine, thank you.
    (d) Don't let the cat out of the bag.

turn[keep] down 낮추다 drive ~ crazy ~를 미치게 하다

W: 주가가 계속 올라가고 있다고 하네요.

M: 하지만 주식을 팔 생각은 하지 말아요.

W: 사실 융자를 갚을 돈이 좀 필요해서요.

M: ________________________________

(a) 분산투자를 하세요.

(b) 나라면 그냥 가지고 있겠어요.

(c) 강세시장을 기대할 수 있겠네요.

(d) 그럼, 융자를 얻어야 해요.

shares 주식 pay off the loan 빚을 갚다 bull market 강세시장 take out a loan 융자를 내다

W: 피곤해 보이네요. 좀 자는 게 어때요?

M: 그러고 싶은데 할 일이 너무 많아요.

W: 적어도 잠깐 눈은 붙이세요.

M: ________________________________

(a) 그래야 할 것 같아요. 한 시간 후에 깨워줄래요?

(b) 그래도, 저는 고양이 알레르기가 있어요.

(c) 기분이 좋아졌어요, 고마워요.

(d) 비밀을 말하지 마세요.

[해 | 설]

명령문은 아니지만 상대방에게 강한 경고나 주장을 하는 문제도 자주 등장한다. You should ~ / You'd better ~ / You need to ~ / You must ~ 등이 이에 해당하며, 대부분은 그 의견대로 따르는 게 정답이다. 상대방을 위해 잠깐 잠 좀 청하라는 권유에 정답 (a)가 가장 어울린다. (b)나 (d)는 cat을 응용한 오답이다.

[Possible Answers]

Thanks for your concern, but I should meet the deadline.
걱정해주셔서 고맙지만, 마감 시한을 맞춰야 해요.

4 다양한 평서문 기출유형 정답 예상하기

LC Part 1, 2에서 2/3 이상은 기본적인 문제의 패턴만 외우면 답을 고를 수 있는 경우가 많다. 기본적인 기출 패턴을 명강사의 노하우로 미리 익혀두자.

Part 1

자랑, 축하, 사과하기

1 W: I really like your new notebook computer.

M: It's a present from my father.

◑ 'I like + 물건'(ex. I like your watch.)은 '그것 멋지네요.'란 칭찬이다. 이에 대해서는 보통 '얻게 된 경위(~가 사 줬어요.)'가 정답이다.

W: 당신 노트북 정말 맘에 들어요.
M: 아빠가 선물해주셨어요.

2 M: Guess what! I got accepted to Yale university.

W: Really? I'm happy for you.

◑ Guess what!이라는 문장 다음에는 축하할 만한 내용이 나온다. 그래서 Congratulations! / I'm happy for you! / Good for you! (축하해요!)가 정답이다.

M: 있잖아요! 나 예일대 합격했어요.
W: 정말요? 정말 잘 됐네요.

3 W: You did a great job on this project.

M: I couldn't have done it without your help.

◑ You did a good job!(참 잘했어요!)란 말에 대해 Thank you! / I couldn't have done it without your help. / It was not easy, though. 등이 기출 정답이다.

W: 이 프로젝트 정말 잘 했어요.
M: 당신 없었으면 불가능했을 거예요.

4 M: I'm sorry for your loss. Please accept my deepest condolences.

W: Thank you for your kind words.

◑ 누군가가 돌아가셨을 때 쓰는 위로의 표현. 대답도 전형적인 표현인 Thank you for kind words. / Thank you for coming. 등을 기억하자.

M: 상심이 크시겠어요. 심심한 위로를 드립니다.
W: 고마운 말씀 감사합니다.

take a catnap 잠시 잠을 자다 let the cat out of the bag 비밀을 누설하다

명령문

5 W: Make sure to pull out the cord after ironing.

   M: Okay, I'll make sure to do that.

   ◑ 명령문의 기본은 '네, 알겠습니다!' 이다. 특히 Make sure ~.(확실히 하세요.) 표현에는 I'll make sure to do that.(네, 알겠습니다.)가 정답이다.

W: 다림질하고 코드 꼭 뽑으세요.

M: 예, 꼭 그렇게 할게요.

6 M: Please help yourself to some dessert.

   W: No thanks, I'm full.

   ◑ 명령문 '편히 드세요'란 표현에 대한 응답으로는 Thank you. 혹은 No thanks, I'm full. 둘 중 하나이다.

M: 편하게 디저트를 좀 드세요.

W: 감사한데 배가 불러요.

7 W: Don't forget to bring your camera.

   M: Don't worry, I won't.

   ◑ 부정 명령문 '~하지 마세요'의 기본 응답은 I won't ~(~하지 않겠습니다)이다.

W: 카메라 가져 오는 거 잊지 마세요.

M: 걱정 마세요, 잊지 않을게요.

I hope / I wish

8 M: I like Professor Wilson so much.

   W: Right. His lecture is great and he is always nice to the students.

   M: I wish every professor were that friendly.

   W: Yeah, that's for sure.

   ◑ I wish ~ / I hope ~(~하면 좋겠는데)이란 표현은 무엇을 소망할 때 쓰인다. 보통 좋은 걸 바랄 때 쓰기 때문에 대답도 '네, 맞아요.' 등이 정답이다.

M: 윌슨 교수님 정말 좋아.

W: 맞아. 강의도 훌륭하고 언제나 학생들에게 잘 해주셔.

M: 모든 교수님이 그랬으면 좋겠는데.

W: 정말 그래.

I heard ~ 정보 제공

9 W: Any special plans for the weekend?

   M: Actually, I'm heading to Chicago.

   W: Oh, I heard that they are expecting snow flurries, though.

   M: Oh, no. I wanted to do some sightseeing.

   ◑ I heard ~ 혹은 Did you hear ~은 상대방에게 특정 정보를 알려준다. 이에 대해 '그래요?' 등으로 적절한 맞장구를 쳐야 한다.

W: 주말에 특별한 계획이 있나요?

M: 사실, 뉴욕으로 가요.

W: 그런데 그쪽에 폭설이 온다고 들었거든요.

M: 이런. 관광을 하려고 했는데.

불만 제기

10 M: Excuse me. This bill can't be right.

   W: What's the problem, sir?

   M: I think I was overcharged.

   W: Here, let me take a look at it.

   ◑ 식당 등에서의 불만 제기는 반드시 '죄송합니다.' 혹은 Let me take a look at it.(한번 확인해보겠습니다.) 등이 정해진 답이다.

M: 죄송한데요. 이 계산서 틀린 것 같네요.

W: 뭐가 문제죠, 손님?

M: 청구가 더 된 것 같아요.

W: 제가 한번 보겠습니다.

Part **1**

1 W: I really like your new notebook computer.
M: _______________________________.

2 M: Guess what! I got accepted to Yale university.
W: Really? _______________________________.

3 W: You did a great job on this project.
M: _______________________________.

4 M: _______________. _______________.
W: Thank you for kind your words.

5 W: _______________________________ after ironing.
M: Okay, I'll make sure to do that.

6 M: _______________________________ some dessert.
W: No thanks, I'm full.

7 W: _______________ bring your camera.
M: _______________________________.

Part 2

8 M: I like Professor Wilson so much.

W: Right. His lecture is great and he is always nice to the students.

M: I wish every professor were that friendly.

W: Yeah, _________________________________ .

9 W: Any special plans for the weekend?

M: Actually, I'm heading to Chicago.

W: Oh, I heard _________________________ .

M: Oh, no. I wanted to do some sightseeing.

10 M: Excuse me. This bill can't be right.

W: What's the problem, sir?

M: _________________________ .

W: Here, _________________________ .

ACTUAL TRAINING

PART I•Choose the most appropriate response to the statement.

1 (A) (B)

2 (A) (B) (C) (D)

3 (A) (B) (C) (D)

4 (A) (B) (C) (D)

5 (A) (B) (C) (D)

PART II•Choose the most appropriate response to complete the conversation.

6 (A) (B)

7 (A) (B) (C) (D)

8 (A) (B) (C) (D)

9 (A) (B) (C) (D)

10 (A) (B) (C) (D)

PART I•Choose the most appropriate response to the statement.

1 (A)　(B)　(C)　(D)

2 (A)　(B)　(C)　(D)

3 (A)　(B)　(C)　(D)

4 (A)　(B)　(C)　(D)

5 (A)　(B)　(C)　(D)

6 (A)　(B)　(C)　(D)

7 (A)　(B)　(C)　(D)

8 (A)　(B)　(C)　(D)

9 (A)　(B)　(C)　(D)

10 (A)　(B)　(C)　(D)

PART II•Choose the most appropriate response to complete the conversation.

11 (A)   (B)   (C)   (D)

12 (A)   (B)   (C)   (D)

13 (A)   (B)   (C)   (D)

14 (A)   (B)   (C)   (D)

15 (A)   (B)   (C)   (D)

16 (A)   (B)   (C)   (D)

17 (A)   (B)   (C)   (D)

18 (A)   (B)   (C)   (D)

19 (A)   (B)   (C)   (D)

20 (A)   (B)   (C)   (D)

WE'RE TEPS
LISTENING
TEPS

PART III

Part 3에서는 질문 유형별 그리고 상황 · 주제별로 나누어 연습한다

Part 3의 문제 유형은 크게 전반부(31~37번) 대의파악 문제와 후반부(38~45번) 진위, 추론 문제로 구분할 수 있다.
이외에 특별히 기억해야 할 문제 유형은 특정한 사실을 골라 묻는 문제와 다음에 무엇을 할지를 묻는 추론 문제이다.
Part 3 주제별 유형 중 비중이 높은 성황 · 주제별 유형과 내용을 빈출 순위별로 파악한다.

Part 3 질문유형별

Part 3 상황 · 주제별

위아텝스
LISTENING

대화를 들을 때 가장 먼저 파악해야 하는 것이 대의파악 문제이다. 이러한 유형에서는 두 사람이 무엇에 관한 대화를 나누고 있는가를 묻고 있으므로, 대화의 주제와 상황을 파악하는 데 집중해야 한다. 먼저 제시되는 주제를 파악하며, 나머지 대화 내용은 이 주제를 뒷받침하는 구체적인 사항이라는 점을 기억한다.

대의파악 문제

대의파악 문제

1 출제 형태와 대비법

❶ Part 3의 대의파악 문제는 전반부 (31~37)에 출제된다.

❷ 주제문은 대부분 대화의 초반부에 있으며 첫 대화가 가장 중요하다.

2 정답 고르기와 오답 피하기 비법

❶ 정답은 주제문을 paraphrasing, 오답은 핵심어를 응용한다.

정답은 지문에 나온 표현을 그대로 쓰지 않고 가능한 다른 어휘로 간단히 바꿔 쓴다. 반대로 오답은 초보자들이 혼동할 수 있게 대화의 핵심어를 많이 응용한다.

❷ 정답은 대화 전체를 대변해야 하며 지엽적인 부분만 강조하면 오답이다.

대의파악 문제는 대화 전체의 흐름을 잡아야 한다. 대화에서 가장 비중 있고 중심이 되는 내용이 주제가 되며 반대로 주제가 되기 부족한 지엽적이고 부분적인 내용을 오답으로 많이 제시한다.

3 어떤 질문이 있을까?

❶ 전체 대화의 중심을 찾아야 하는 질문

What is the topic of the conversation?

What is the conversation about?

What are they talking about?

What are the speakers doing?

What is taking place/happening in this conversation?

② 남녀를 중심으로 한 질문

What is the man doing in the conversation?

What is the woman complaining in the conversation?

What does the man want in the conversation?

4 대의 파악 문제 선택지 (a), (b), (c), (d)의 유형

① 명사 혹은 명사구

A highly promoted film 홍보가 많이 된 영화

Traffic problem the man encounter 남자가 직면하게 되는 교통 문제

② 분사형 혹은 동명사형

Visiting the dentist's 치과 방문하기

Buying medicine for her son 아들에게 약 사주기

③ 의문사형

Why the woman had a terrible day 왜 여자의 하루가 안 좋았는지

Which team will win the game 어느 팀이 경기에서 이길지

(10-1) 5 구조로 파악하는 Part 3 대의 파악 문제

① 주제가 첫 부분에 있는 경우 – Part 3 문제의 대부분

W: John, have you gotten your test scores yet?

M: Actually, I received them two days ago.

W: Sounds like the scores weren't so great.

M: They were good enough to pass, but not up to my expectations.

W: Why don't you just take the test again?

M: I would if I didn't have to take the course again next year.

Q. What is the main topic of the conversation?

    (a) What the man heard about the test
    (b) Why the man took the test
    (c) What score the man received on the test
    (d) When the man received the test scores

W: 존, 시험 점수 받았어?

M: 사실 이틀 전에 받았어.

W: 시험 점수가 별로 안 좋았나 보구나.

M: 시험에 통과할 정도는 되는데, 예상보다 낮았어.

W: 시험 한 번 더 쳐봐.

M: 내년에 이 수업을 재수강하지 않아도 된다면 시험 한 번 더 보려고.

Q. 대화의 주제는 무엇인가?

(a) 남자가 시험에 대해서 들은 것
(b) 남자가 시험을 친 이유
(c) 남자가 받은 시험 점수
(d) 남자가 시험 점수를 받은 때

---

up to ~까지 **take the test** 시험 치다 **take the course** 수강하다

[해 | 설]

1. 주제는 대부분 대화의 초반부에 나온다.

첫 두 줄의 John이 성적을 받은 사실이 전체의 주제가 된다. 대화 중반과 후반부에 있는 세부 사항(가령, 기대보다 못하다 혹은 시험을 더 보겠다)은 대의 파악 문제에서 그다지 중요하지 않다.

2. 선택지의 정답은 주제문을 바꿔 쓴 문장

정답 (c) What score the man received on the test.는 네모 안에 있는 주제문 대화를 간단히 바꿔쓴 문장이다. 선택지는 여러 형태로 출제될 수 있으나 어떤 의문사(What, Which)가 중심이 되는지 잘 살피자. (b)는 take the test를 그대로 이용한 오답이며, (d)에서 남자가 성적을 받은 시점이 나오긴 하지만 주제가 될 수 없다.

❷ 대화의 2/3 정도만 주제로 봐야 하는 경우

W: This spaghetti is so great!

M: I know. I'm glad we finally ate here.

W: Yea, and remember. I'll pay for everything.

M: Are you sure? It's pretty expensive here. Let's go Dutch.

W: No, I'll pick up the tab. You can return the favor next time.

M: Okay, that's fine with me.

Q. What are the man and woman mainly discussing?

    (a) How the food is tasty
    (b) How they will handle the bill
    (c) What they would like to eat
    (d) Which spaghetti they liked

W: 이 스파게티 정말 맛있네요.

M: 그래요. 결국 여기서 먹게 되어 정말 기쁘네요.

W: 아, 제가 다 낼게요.

M: 정말이요? 꽤 비싼데요. 우리 반반씩 내요.

W: 아뇨. 제가 낼게요. 다음에 보답하시면 되요.

M: 그래요. 좋아요.

Q. 남자와 여자가 무엇에 대해 이야기하고 있는가?

(a) 얼마나 음식이 맛있는지
(b) 어떻게 청구서를 처리할 것인지
(c) 무엇을 먹을지
(d) 어떤 스파게티가 좋았는지

[해 | 설]

1. 대화의 내용 2/3 정도를 차지하면 주제!

Part 3은 주제의 대부분이 초반부에 나온다. 하지만 대화의 모든 문장을 대변하는 주제를 찾기 힘들 때도 있다. 질문 What are the speakers mainly discussing?은 대화에서 주로 말하고자 하는 부분을 찾아야 한다. 이 대화는 '스파게티가 맛있다'로 시작했으나 대화의 중심은 '누가 낼 것인가'로 옮겨갔다. 평소에 대화를 한 번 들어본 다음, 머릿속으로 요약하는 연습을 하면 큰 도움이 된다.

2. 질문 What are the man and woman mainly discussing?

What is the conversation mainly about? / What is the main topic? 등이 대표적인 질문이다. 전체 대화를 대변할 수도 있지만 '주로 말하고자 하는 요지'를 잡는 문제이다.

3. 선택지 – 의문사 명사구 (How they will handle the bill)

(a) How the food is tasty는 대화의 첫 부분만 요약한 내용으로, 고르기 쉬운 오답이며, 주로 말하고자 하는 것은 정답 (b) How they will handle the bill임을 알 수 있다.

❸ 대화 중간에 있는 조각을 맞춰 주제를 찾아야 하는 경우

M: What time does your flight leave? ①

W: It takes off at 8:00 in the morning.

M: So you'll get to Seattle at about 1:00 p.m.?

W: That's right. Then I'll have a meeting with a contractor. ②

M: Are you supposed to do anything after the meeting?

W: No, I have a 10 o'clock flight back. ③

Q. What is the main topic of the conversation?

    (a) What the woman will do in Seattle - ②
    (b) Why the woman goes to Seattle - ②
    (c) The woman's flight schedule - ①, ③
    (d) The woman's business trip to Seattle by plane - ①+②+③

M: 떠나는 비행기 시간이 몇 시죠?

W: 아침 8시에요.

M: 그러면 10시쯤 시애틀에 도착하겠네요.

W: 맞아요. 그 다음에 하청업자와 회의가 있어요.

M: 회의 후 뭔가 할 예정인가요?

W: 아뇨, 10시에 돌아오는 비행기라서요.

Q. 대화의 주제는 무엇인가?

(a) 여자가 시애틀에서 무엇을 할 것인지

(b) 여자가 왜 시애틀을 가는지

(c) 여자의 비행기 스케줄

(d) 여자의 비행기를 타고 가는 시애틀 출장

[해 | 설]

1. 대화의 조각들을 합쳐서 주제를 잡는다. – 최고 난이도의 문제

대화의 부분 부분을 종합 판단해 주제를 골라야 하는 문제도 꽤 출제된다. 주제문이 따로 없고 전체의 흐름은 '여자의 출장 일정' 이다. ① 떠나는 시간, ② 여자의 방문 목적, ③ 돌아오는 시간 등을 모두 합친다면 정답 (d) '여자의 비행기를 타고 가는 시애틀 출장' 을 고를 수 있다.

2. 의문사 명사구와 명사구로 이루어진 선택지

(a) What the woman will do in Seattle와 (a) Why the woman goes to Seattle은 본문 중에서 contractor와 만날 약속이 있다는 ②만을 말하기 때문에 주제로는 한참 부족하다. (c) The woman's flight schedule은 ①과 ③만 해당되며, 가장 중요한 ② 부분이 빠졌기 때문에 역시 주제로는 부족하다.

⑩-1 6 남자나 여자를 중심으로 묻는 문제

❹ 남자 혹은 여자를 중심으로 묻는 질문

What is the man doing in the conversation?

What is the woman complaining in the conversation?

What does the man want in the conversation?

W: Good morning. How can I help you?

M: I've purchased this watch from you, and it's got a problem.

W: Could you be more specific, sir?

M: It suddenly stopped. Can you take a look at this?

W: I see. I'll get one of our service people to look at it.

M: Okay, good. I hope it won't take too long.

W: 안녕하세요? 어떻게 도와드릴까요?

M: 이 시계를 여기서 샀는데 문제가 있네요.

W: 좀 더 자세히 얘기 좀 해주시겠어요?

M: 갑자기 작동을 멈췄어요. 잠시 봐주시겠어요?

Q. What is the man mainly doing in the conversation?

    (a) Asking why his watch stopped
    (b) Asking where he can get his watch repaired
    (c) Returning the watch he bought
    (d) Complaining about the watch he bought

[해 | 설]

1. 남자 혹은 여자가 무엇을 하고 있는지를 묻는 대의 파악 문제

대의 파악 문제 중 남자 혹은 여자가 무엇을 하는지 행동을 중심으로 한 질문이 상당히 많이 출제되는 편이다. 질문의 대상인 남자 혹은 여자의 말만 주의해서 들으면 된다. (위의 대화에서는 남자의 말)

2. 선택지는 항상 주어 + 현재진행형(complaining)의 형태로만 가능하다.

남자의 말만 요약해서 정답 (d) Complaining about his watch he bought를 고를 수 있다.

W: 알겠습니다. 서비스 담당하시는 분을 불러서 봐드릴게요.

M: 그래요. 오래 걸리지 않으면 좋겠네요.

Q. 남자는 주로 무엇에 대한 대화를 하고 있는가?

(a) 왜 시계가 멈췄는지

(b) 어디서 그의 시계를 수리 받을 수 있는지 물어보기

(c) 남자가 산 시계 반품하기

(d) 남자가 산 시계에 대해 불평하기

ACTUAL TRAINING

PART I•Choose the most appropriate response to the statement.

1 (A)　(B)

2 (A)　(B)　(C)　(D)

3 (A)　(B)　(C)　(D)

4 (A)　(B)　(C)　(D)

5 (A)　(B)　(C)　(D)

PART II•Choose the most appropriate response to complete the conversation.

6 (A)　(B)

7 (A)　(B)　(C)　(D)

8 (A)　(B)　(C)　(D)

9 (A)　(B)　(C)　(D)

10 (A)　(B)　(C)　(D)

위아텝스
LISTENING

대의파악과는 상관없이 대화에서 제시되는 다양한 세부적인 사항과 이러한 세부사항을 통한 추론을 요구하는 문제 유형이다. 세부사항의 경우 구체적인 내용을 다양하게 묻기 때문에 대화 속에서 세부사항을 파악해야 한다. 또한 추론 문제는 세부사항을 확장하고 패러프레이즈하여 제시하므로, 평소 추론 문제유형을 학습할 때 염두해 두는 것이 중요하다.

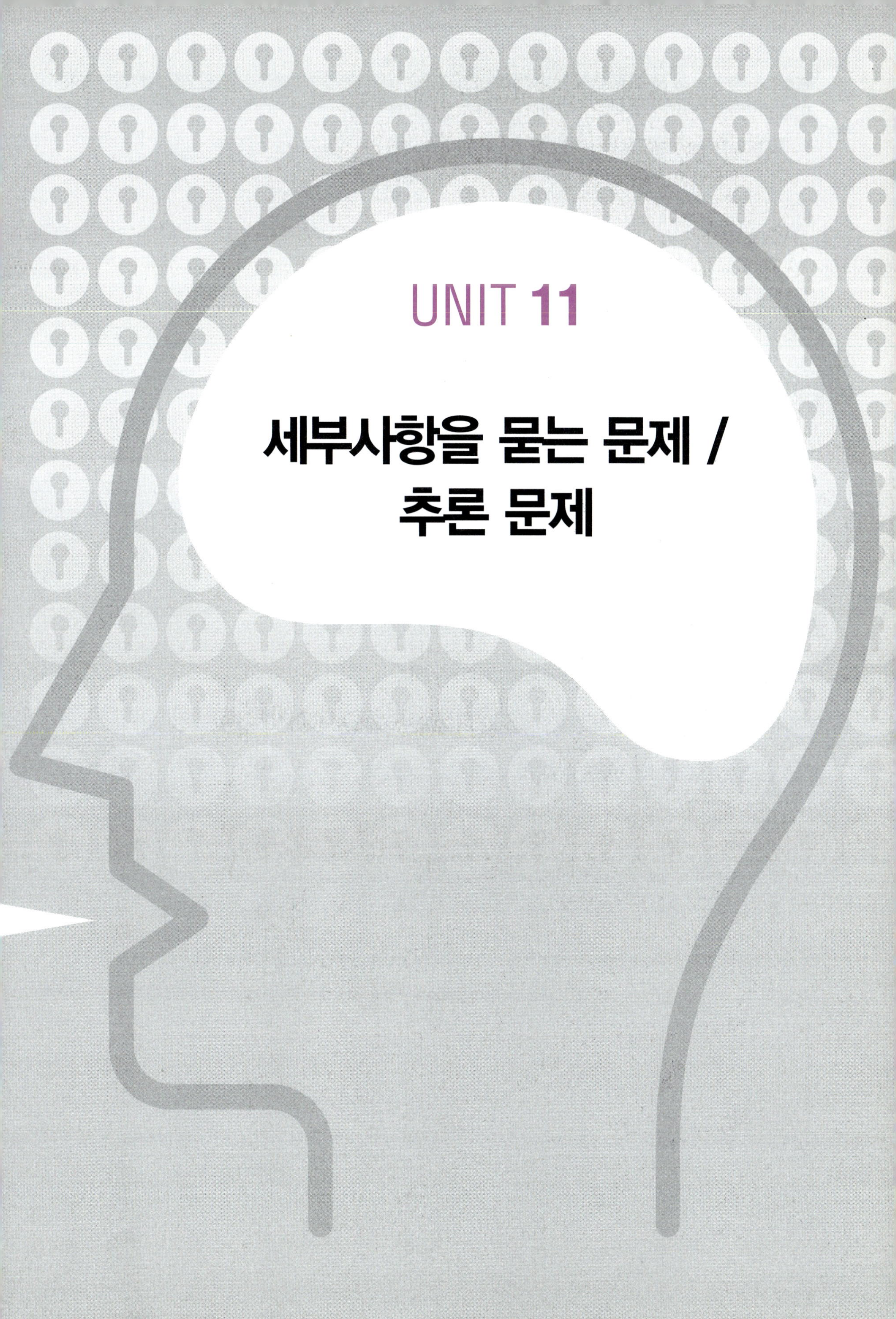
UNIT 11
세부사항을 묻는 문제 /
추론 문제

UNIT 11

세부사항을 묻는 문제 / 추론 문제

POINT

★ Part 3 Question 유형 중 후반부에 해당하는 진위, 추론 문제의 대표 유형과 대비법을 익힌다.

★ Part 3의 correct, infer 문제의 종류를 분석하여 정확하게 정답을 고를 수 있는 방법을 제시한다.

---

1 출제 형태와 대비법

❶ Part 3의 후반부(38~45)에는 맞는 것 고르기 문제와 추론 문제가 출제된다.

❷ 진위 문제 Which is correct ~?는 대화의 세부적인 내용을 묻는 문제이고 추론 문제 What can be inferred ~?는 세부적인 내용과 더불어 종합 추론 문제이다.

2 정답 고르기와 오답 피하기 비법

❶ 세부사항을 묻기 때문에 필요에 따라 문제를 들으며 메모를 한다.

❷ 대화의 내용으로 알 수 없으면 오답이다.

❸ (a)~(d) 중에서 답을 고르기 어려울 땐 확실한 오답부터 소거해 나간다.

❶ 맞는 것 고르기 문제 (38~42)

Which is correct according to the conversation?

➡ 대화 전체에서의 세부사항을 묻는 질문

Which is correct about the man(woman) according to the conversation?

➡ 남자 혹은 여자를 중심으로 세부사항을 묻는 질문

Which is correct about the monthly report?

➡ 특정 핵심어에 대해 세부사항을 묻는 질문

❷ 추론문제 (43~45)

What can be inferred from the conversation?

➡ 대화 전체에서 추론하기 문제

What can be inferred about the man(woman) from the conversation?

➡ 여자 혹은 남자를 중심으로 추론하기 문제

The man will need a real estate agent.

The man and the woman cannot afford the house.

5 맞는 것 고르기 문제 Which is correct ~?

❶ 메모가 필요한 Which is correct ~?

W: Jason, did you put the camping gear in the car?

M: Yea, I packed our tents and sleeping bags. ①

W: What about my parka, the one you gave me for my birthday? ②

M: Oh yeah. I put that in too.

W: What else should we take? Oh, I know. Flashlight! ③

M: Of course. We can't forget that.

Q. Which is correct according to the conversation?

  (a) The woman forgot to buy a flashlight.

  (b) The woman got the parka as a gift.

  (c) The woman packed sleeping pills.

  (d) The man is reluctant to go camping.

W: 제이슨, 캠핑 장비 차에 다 실었어?

M: 응, 텐트와 침낭을 쌌어.

W: 내 파카는? 내 생일선물로 줬던 거?

M: 아, 그것도 넣었지.

W: 뭘 더 싸야 하지? 맞아, 손전등.

M: 맞아. 그걸 잊을 수는 없지.

Q. 대화에 의하면 무엇이 옳은가?

(a) 여자는 손전등 사는 걸 잊었다.

(b) 여자는 선물로 파카를 받았다.

(c) 여자는 수면제를 챙겼다.

(d) 남자는 캠핑 가기를 꺼려 한다.

[해 | 설]

1. 첫 번째 들을 땐 전체 개요 듣기, 두 번째 들을 땐 세부사항 잡기

Which is correct ~? 문제는 Part 3 전반부 대의파악 문제와 달리 주제보다 세부사항에 주력해야 한다. 캠핑 갈 준비에 따른 본문의 ①, ②, ③ 세부사항까지 신경 써서 듣는다.

2. 필요에 따라 메모하기

잘 듣는다고 선택지를 잘 고를 수 있는 건 아니다. 시간, 숫자 등을 비롯해서 간단히 쓸 수 있는 단어(가령 본문 중의 tents, parka, flashlight 등)를 메모한다면 비교적 쉽게 (b)를 고를 수 있다.

❷ 여자나 남자에 대해 묻는 Which is correct ~?

M: I haven't seen you at work for a couple of days. Where were you?

W: Oh, I came down with a terrible flu. ①

M: Was it serious?

W: Yeah, I ached all over and stayed in bed.

M: How do you feel now? Better?

W: Yea, two days of rest did me good. ②

Q. Which is correct about the woman according to the conversation?

   (a) She is irresponsible for her work.
   (b) She took a few days off work.
   (c) She is still feeling sick.
   (d) She needs more rest.

M: 며칠 동안 회사에서 못 본 것 같은데 어디 있었어요?

W: 심한 독감에 걸렸어요.

M: 심각한 것이었나요?

W: 네, 몸살 기운이 심했고 누워만 있었어요.

M: 지금은 괜찮아요?

W: 네, 이틀 쉬었더니 좋아졌어요.

Q. 여자에 대해 옳은 것은 무엇인가?
(a) 여자는 자신의 일에 책임감이 없다.
(b) 여자는 며칠 회사를 쉬었다.
(c) 여자는 아직 아프다.
(d) 여자는 휴식이 더 필요하다.

[해 | 설]

1. 여자나 남자만 잘 들으면 해결되는 Which is correct about the woman(man)?
대화 전반에 대해 꼼꼼히 들어야 하는 Which is correct according to the conversation?과 달리, 특정 주제어를 골라 묻는 경우도 있고(Which is correct about the monthly report?), 이 문제처럼 여자나 남자에 대해서 묻는 correct 문제도 종종 출제된다. (correct 문제 중 20% 정도) 여자의 말 ①, ②에서 독감에 걸려 이틀을 쉬었다는 사실을 알 수 있고, ②를 바꾼 (b)가 정답이다.

❸ 종합 유추 문제 What can be inferred ~?

W: I can't find an apartment for the life of me.

M: You can't find anything in your price range?

W: Yes, but my problem is the location. I don't want to move to downtown.

M: Then why don't you check out Rex Square? It has many decent places. ①

W: I will, but I have many friends in my neighborhood.

M: I'm sure you will make friends with people there. ②

Q. What can be inferred from the conversation?

    (a) The woman cannot find an affordable apartment.
    (b) The man is a real estate agent.
    (c) The woman is reluctant to leave downtown.
    (d) The man knows about Rex square.

[해 | 설]

1. correct 문제보다 세부사항을 더 꼼꼼히 듣는다.
추론은 correct 문제를 풀 때처럼 세부사항을 메모해가며 꼼꼼히 듣고 세부사항 속에 숨은 내용을 추론하거나 세부사항을 종합적으로 판단하며 추론하는 문제이다.

2. 행간의 뜻을 읽는다.
①, ②에서 Rex square에 좋은 집이 많다는 것, 친구들을 잘 사귈 수 있다고 하는 것으로 보아, 그 안에 숨은 사실인 남자가 그 지역을 잘 알고 있다는 것을 알 수 있다. 따라서 정답은 (d).

W: 나에게 맞는 아파트를 도저히 찾을 수가 없어요.

M: 원하는 가격대에서 아직 못 찾았어요?

W: 찾았어요. 그런데 문제는 장소인데 시내로 영 가기가 싫어요.

M: 그러면 Rex Square쪽으로 알아볼래요? 그쪽은 좋은 곳이 많던데.

W: 그래야겠네요. 그런데 전 이웃에 친구들이 많아서요.

M: 틀림없이 그쪽에서도 사람들과 잘 사귈 수 있을 거예요.

Q. 대화에서 추론할 수 있는 바는 무엇인가?

(a) 여자는 적당한 가격대의 아파트를 찾을 수 없다.
(b) 남자는 부동산 중개인이다.
(c) 여자는 시내를 떠나기 싫어한다.
(d) 남자는 Rex Square에 대해 잘 알고 있다.

PART III•Choose the option that best answers the question.

1 (A) (B) (C) (D)

2 (A) (B) (C) (D)

3 (A) (B) (C) (D)

4 (A) (B) (C) (D)

5 (A) (B) (C) (D)

위아텝스
LISTENING

대의파악, 세부사항, 추론 유형의 문제 이외에도, 구체적인 질문이 출제되는데, 때로는 글의 분위기 등을 묻는 문제들이 출제되기도 한다. 이러한 유형의 문제는 Question을 듣기 전까지 파악하기가 어려우므로, 기본적으로 대의파악과 세부사항에 대한 1차 정리를 하고, 2번째 청해를 할 때 문제가 요구하는 것을 정리할 수 있도록 대비하는 학습 요령이 필요하다.

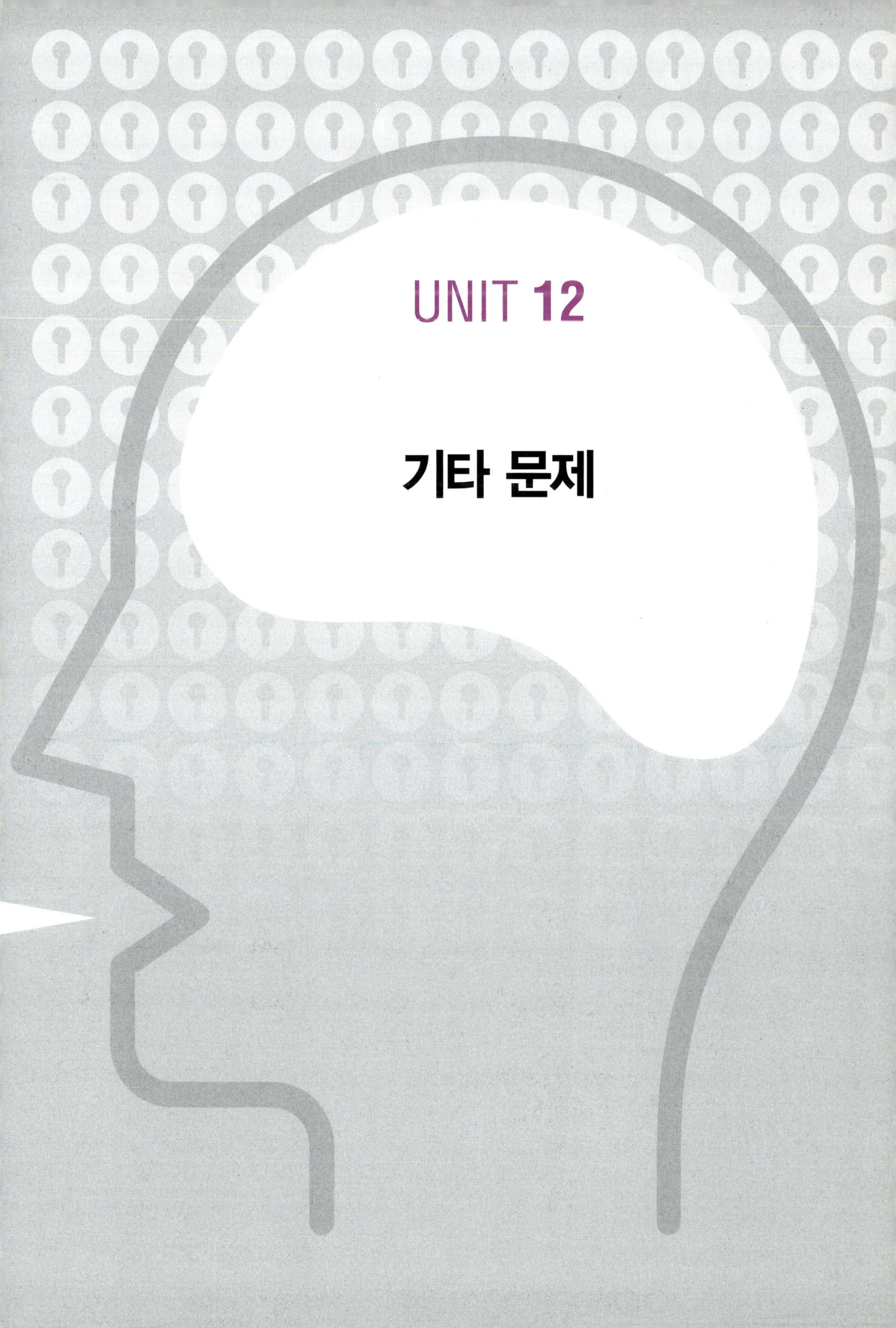

UNIT 12

기타 문제

UNIT 12

기타 문제

POINT

★ Part 3 Question 유형 중 대의파악 문제와 진위, 추론 문제를 제외한 기타 문제의 대표 유형과 대비법을 익힌다.

★ 전혀 다른 종류의 기타 문제를 분석하여 정확하게 정답을 고를 수 있는 방법을 제시한다.

Part 3 Question 유형은 크게 전반부(31~37번) 대의파악 문제와 후반부(38~45번) 진위, 추론 문제로 구분할 수 있다. 이외에 특별히 기억해야 할 문제 유형은 특정한 사실을 골라 묻는 문제와 다음에 무엇을 할지를 묻는 추론 문제이다.

1 특정한 사실을 콕! 찍어 묻는 문제 (38~42번)

특정한 사실에 대해 이유를 묻는 문제 (Question 해석 필수)

❶ Why is the woman unhappy with her new blouse?
  ▸ 특정한 이유에 대해 묻는 why 문제

❷ What is stopping the woman from going bike riding?
  ▸ 특정한 부분에 대해 묻는 what 문제

2 다음 행동을 묻는 문제 (43~45번)

다음 행동이나 일어날 상황을 묻는 문제. 마지막 두 문장이 결정적 단서이다.

❶ What will the woman/man do next?

❷ What will happen next?

3 구조로 파악하는 Part 3 기타 문제

❶ 특정한 사실을 콕! 찍어 묻는 문제

W: What do you want to do this weekend?

M: How about playing golf? The weather is perfect.

W: I wish I could, but I lent my golf clubs to my sIster. ①

M: Perhaps we could get them from her.

W: We can't. Unfortunately, she moved to Florida with them. ②

M: Well, we should do something else then.

Q. What is stopping the woman from playing golf this weekend?

  (a) She is not up for golf.

  (b) She lent the clubs to her sister.

  (c) She is going to Florida.

  (d) She has not practiced enough.

W: 이번 주에 뭐하고 싶어?

M: 골프 치는 게 어떨까? 날씨도 참 좋은데.

W: 나도 그러고 싶지만 동생한테 골프채를 빌려줬어.

M: 그럼 우리 동생한테 가져오자.

W: 그럴 수가 없어. 안타깝게도 그걸 가지고 플로리다에 가져갔어.

W: 어쩔 수 없지. 그렇다면 다른 걸 해야겠다.

Q. 여자가 주말에 골프를 칠 수 없는 이유는 무엇인가?

(a) 골프할 마음이 나질 않아서.

(b) 골프채를 동생에게 빌려줘서.

(c) 플로리다에 가기 때문에.

(d) 연습을 충분히 못 해서.

[해 | 설]

1. 원하는 질문에 맞춰서 골라 듣는 특정 세부사항 질문

특정한 부분에 대해 묻는 문제는 질문만 해석할 수 있다면 비교적 쉽게 답을 고를 수 있다.

크게 이유를 묻는 Why 문제, 세부사항을 묻는 What 문제가 출제된다. 하지만 근래에는 기출문제에서 거의 보기 드물다.

2. Question 해석 후 두 번째 들을 때 답을 찾기

질문의 '여자가 주말에 골프를 칠 수 없는 이유'를 해석할 수 있다면 ①, ②의 여자가 동생에게 골프채를 빌려주는 부분만 골라 듣고도 정답 (b)를 고를 수 있다.

❷ **다음 행동을 묻는 문제**

M: Helen, has the 1:00 p.m. staff meeting been called off?

W: Not that I know of. I haven't been notified of any change.

M: But I went to the meeting room and no one was there.

W: Are you sure of the time and the place?

M: As far as I know. I checked the message this morning.

W: One moment, maybe Michael can explain it. He arranged this meeting.

Q. What will the woman likely do next?

(a) Check Michael's schedule.
(b) Inquire about staff meeting.
(c) Call her boss on his cell phone.
(d) Explain why the meeting was canceled.

M: 헬렌, 1시 직원회의가 취소됐나요?

W: 제가 알기론 그렇지 않은데요. 어떤 통고도 받질 못 했어요.

M: 하지만 회의실에 가보니 아무도 없어요.

W: 시간과 장소 확실한가요?

M: 제가 알기로는 그래요. 아침에 메시지를 확인했어요.

W: 잠깐만요. 아마 마이클이 알 거예요. 그가 회의일정을 잡았거든요.

Q. 여자는 다음에 무엇을 할 것인가?
(a) 마이클의 일정을 확인한다.
(b) 직원회의에 대해 문의한다.
(c) 상사의 휴대전화로 전화한다.
(d) 왜 회의가 취소되었는지 설명한다.

[해 | 설]

1. 마지막 두 문장만 잘 들으면 답을 고를 수 있는 문제

남자 혹은 여자를 중심으로 다음 행동을 묻는 문제(What will the woman/man likely do next?) 혹은 다음에 일어날 상황을 묻는 문제(What will happen next?)는 세부사항을 따로 들을 필요 없이 마지막 두 문장을 주의 깊게 듣고 논리적으로 이어질 행동을 추론하면 된다. 전반적인 내용이 '회의가 취소됐는지에 대한 질문'이며 결정적으로 마지막 문장 One moment, maybe Michael can explain it ~에서 정답 (b)를 유추할 수 있다.

ACTUAL TRAINING

PART III•Choose the option that best answers the question.

1 (A)   (B)   (C)   (D)

2 (A)   (B)   (C)   (D)

3 (A)   (B)   (C)   (D)

4 (A)   (B)   (C)   (D)

5 (A)   (B)   (C)   (D)

PART III•Choose the option that best answers the question.

1 (A)   (B)   (C)   (D)

2 (A)   (B)   (C)   (D)

3 (A)   (B)   (C)   (D)

4 (A)   (B)   (C)   (D)

5 (A)   (B)   (C)   (D)

6 (A)   (B)   (C)   (D)

7 (A)　(B)　(C)　(D)

8 (A)　(B)　(C)　(D)

9 (A)　(B)　(C)　(D)

10 (A)　(B)　(C)　(D)

11 (A)　(B)　(C)　(D)

12 (A)　(B)　(C)　(D)

위아텝스
LISTENING

학교와 직장 등에서 발생하는 다양한 상황들을 이해할 필요가 있다. 대부분의 유형이 학교에서 발생할 수 있는 상황들이므로, 평소 학교에서 경험할 수 있는 상황을 유형별로 분류할 필요가 있다. 또한 직장에서 발생하는 상황도 전개되므로, 다양한 사무실, 직장에서 발생하는 상황을 표현과 함께 익혀두어야 한다.

빈출순위 1 :
사회생활 - 학교와 직장

UNIT 13-1

사회생활 〈학교〉

1 출제 유형

1. 학교 문제는 입학, 수강신청, 수업에 대한 평, 보고서, 성적에 대해 다양하게 출제된다.

2. 수강신청과 관련된 대화는 어떤 수업을 들어야 할지에 대한 조언, 혹은 수강하고자 하는 과목이 다 찼을 때의 곤란한 상황 등이 출제된다.

3. 학교생활은 특정 수업에 대한 남녀의 평, 논문이나 보고서에 대한 상의, 교수와의 상담, 시험·성적에 대한 고민 나누기, 도서관에서의 대출·반납 등이 출제된다.

13-1 2 기초 다지기

대화를 한 번 듣고 다음 질문에 답하세요.

1 남자가 수강하고자 하는 과목은 무엇인가?

(a) Mathematical theory (b) Advanced mathematics

2 Advanced mathematics는 어느 요일에 개설되어 있는가?

(a) Tuesday, Thursday (b) Tuesday, Friday

3 What does the man want to do?

(a) He wants to drop Mathematics.
(b) He wants to register for Mathematical Theory Class.

M: **I'd like to sign up for Mathematical Theory Class.**

W: I'm sorry, but that class is now full.

M: Are there any other similar classes that are available?

W: Have you heard of Advanced Mathematics? It's very similar.

M: Similar? Really? What's the course like?

W: It's a three month course on Tuesdays and Thursdays from 3 to 6.

M: I think that might work out just fine for me.

(13-2) **3** 기출예제 분석

Choose the option that best answers to the question.

1 (A)   (B)   (C)   (D)

M: **I'd like to sign up for Mathematical Theory Class.**

W: I'm sorry, but that class is now full. ①

M: Are there any other similar classes that are available?

W: Have you heard of Advanced Mathematics? ② It's very similar.

M: Similar? Really? What's the course like?

W: It's a three month course on Tuesdays and Thursdays from 3 to 6.

M: I think that might work out just fine for me. ③

Q. What can be inferred about the man from the conversation?

(a) He got decent grades in mathematics.
➡ 수강신청이 이 대화의 주제이다. decent grade와는 상관없다.

(b) He is busy on Tuesday and Thursday afternoons.
➡ 단지 Tuesday and Thursday를 응용한 오답이다.

(c) He cannot decide between the two classes.
➡ 고심할 여지없이 원래 수강하고자 하는 과목은 ①과 같이 마감되었다.

(d) He will enroll in Advanced Mathematics.
➡ ②에서 고등수학을 수강신청할 것임을 추측할 수 있다.

M: "수학이론" 시간 수강 신청이 아직 가능할까요?

W: 어쩌죠, 수업 정원이 다 찼어요.

M: 비슷한 수업 중에 수강 신청이 가능한 수업이 있을까요?

W: "고등수학"은 생각해보셨어요? 거의 같은 수준이에요.

M: 비슷한 수준이라고요? 정말이에요? 수업이 어떻게 진행되죠?

W: 3개월 과정이고, 매주 화요일과 목요일, 3시부터 6시까지입니다.

M: 정말 저에게 딱 맞는 수업인 것 같네요.

Q: 이 대화에서 남자에 관해 알 수 있는 것은 무엇인가?

(a) 남자는 수학에서 좋은 성적을 받았다.

(b) 남자는 매주 화요일과 목요일 오후에는 바쁘다.

(c) 남자는 두 가지 수업 중 무엇을 선택할지 고심하고 있다.

(d) 남자는 "고등수학" 수강신청을 할 것이다.

---

work out 잘 되어 가다, 잘되다
decent grade 좋은 성적 **enroll in** 등록하다

[해 | 설]

1. I'd like to ~ / I want to ~ / I need to ~ 뒤에 주제가 있다.

첫 문장에서 무엇을 수강하고자 하는지 주제문이 제시되었다.

2. but 다음에 나오는 문장을 주의해서 듣자.

①에서 but 이하에 마감이 되었다는 사실과 여자가 이를 대신할 수 있는 Advances Mathematics를 대신 제안하고 있다.

3. I think 다음 중요한 결론이 나온다.

Part 3에서 주제가 주로 제시되는 첫 문장 외에도 마지막 문장(I think ~) 또한 중요하다. 남자는 Mathematical theory가 마감되어서 Advances Mathematics를 들을 것이라는 결론을 내린다.

[정 | 답 | 의 | K | E | Y]

1. 주제 : 남자의 수강 신청

2. 세부사항을 정확히 들어야 고를 수 있는 추론 문제로 ③에서 정답 (d)를 유추할 수 있다.

[꼭 들어야 할 세부사항]

① 듣고자 하는 과목이 마감되었다.

② 여자가 다른 과목을 권한다.

③ 결국 남자는 여자의 제안을 받아들인다.

(13-3) CHECK UP ●●●

Choose the option that best answers to the question.

1 (A)   (B)   (C)   (D)

M: Professor Hill, could I get an extension on this assignment?

W: The assignment is due today. I can't grant an extension.

M: But could you please make an exception? I'm almost done.

W: How close are you to finishing the assignment?

M: I've already written 20 pages. ①

W: Then hand in what you have already written, but you'll be penalized for not finishing. ②

M: 힐 교수님, 과제 제출 기한을 연장해주실 수 없을까요?

W: 과제 제출 기한은 오늘까지입니다. 기한을 연장해줄 수는 없어요.

M: 하지만, 이번만 예외로 해주시면 안 될까요? 거의 다했거든요.

W: 과제 마치려면 얼마나 남았죠?

M: 20페이지까지 작성했습니다.

W: 그럼 지금까지 작성한 것이라도 제출하세요. 하지만 과제를 다 마치지 못한 것에 대해서는 불이익이 있을 것입니다.

Q. Which is correct according to the conversation?

(a) The woman will not allow a late submission.
➡ 마지막 문장 ②를 보면 지금까지 한 부분이라도 내라고 결론짓기 때문에 늦게 내는 것을 용납하지 않는다는 사실을 알 수 있다.

(b) The woman will allow a late submission, but with a penalty.
➡ 찍기 쉬운 오답. 마지막 문장 ①에서 허락하지 않는다.

(c) The man must write 20 more pages.
➡ 20페이지만 듣고 고를 수 있는 오답. 20페이지를 쓴 상태이다.

(d) The man is confused about the due date.
➡ 마감기한을 혼동한다는 사실은 알 수 없다.

[해 | 설]

1. '부탁' Could I ~로 시작되는 첫 문장이 주제가 된다.

Could you ~, Could I ~, I wonder if you ~ 등은 상대방에게 부탁을 하는 대표 구문이며 글의 주제 자체가 부탁인 경우가 상당히 많이 출제된다.

2. 대화의 마지막 문장도 첫 부분 못지않게 중요하다.

학생의 과제연장 부탁에 대해 교수는 마지막 문장에서 지금 내라고 결론을 내린다. 또한 명령문(Then hand in ~)은 강한 결론을 이끄는 대화의 주축을 이루는 중요한 부분이다.

3. 추론문제(Which is correct ~)는 숫자, 세부사항이 중요하다.

20페이지를 쓴 것이지 남은 것이 아니기 때문에 (c)번은 오답으로 처리한다. (b)는 대화의 penalize를 염두에 두고 penalty로 교묘히 응용했다.

[정 | 답 | 의 | K | E | Y]

1. 주제 : 남자의 과제연장 요청

2. 세부사항을 묻는 진위 문제로 ②에서 정답 (a)를 유추할 수 있다.

[꼭 들어야 할 세부사항]

① 남자는 20쪽을 썼으며

② 교수는 지금까지 마친 상태로 제출하라고 권한다.

Q: 이 대화에 따르면 다음 중 맞는 것은 무엇인가?

ⓐ 여자는 과제를 늦게 제출하는 것을 허락하지 않을 것이다.

ⓑ 여자는 과제를 늦게 제출하도록 허락했지만, 그에 따른 불이익도 있을 것이다.

ⓒ 남자는 반드시 과제를 20페이지 이상 작성해야 한다.

ⓓ 남자는 마감기한을 혼동하고 있었다.

---

receive an extension on ~의 마감 기한을 연장하다, 제출 기한을 연장하다
be due ~예정이다 **hand in** 제출하다

사회생활 〈직장〉

POINT

★ Part 3 주제별 유형 중 가장 비중이 높은 취업·회사 관련 기출문제 유형과 내용을 파악한다.

★ 관련 표현을 미리 익히며 대의파악 문제와 진위, 추론 문제에 따른 정답 고르기 연습을 한다.

1 출제 유형

1. 취업, 회사 문제는 가장 빈출도가 높은 문제이다.

2. 취업 관련 문제는

① 인터뷰하는 대화

② 취업이 잘 안 돼서 좌절하는 내용의 대화가 주로 출제되었다.

3. 직장문제는 토익처럼 실제 업무내용이 잘 출제되지 않는다. 주로 회사의 근무
환경(Working condition)에 대해 대화를 나눈다.

① 회사의 구조조정으로 실직에 관한 불안감이 담긴 대화

② 승진 혹은 봉급인상으로 기뻐하는 대화

③ 보고서 및 프레젠테이션에 관한 상의

④ 직장상사에 대한 평 혹은 상사로부터의 질책 등이 주로 출제되었다.

(13-4) 2 기초 다지기

대화를 한 번 듣고 다음 질문에 답하세요.

1 일자리를 찾고 있는 사람은 누구인가?

(a) 여자　　　(b) 남자

2 여자의 현재 감정은?

(a) excited　　　(b) discouraged

3 What is the man doing?

(a) encouraging the woman
(b) advising how to get a good job

M: **So have you found a job yet, Rachel?**

W: I've had a couple interviews so far.

M: Any luck on those interviews?

1. (a) 2. (b) 3. (a)

W: No, none yet, but I hope my luck turns soon.

M: Give it a little more time and I'm sure you'll find a job.

W: Yes, but I'm getting frustrated.

(13-5) 3 기출예제 분석

Choose the option that best answers to the question.

1 (A)   (B)   (C)   (D)

M: So have you found a job yet, Rachel?

W: I've had a couple interviews so far. ①

M: Any luck on those interviews?

W: No, none yet, but I hope my luck turns soon.

M: Give it a little more time and I'm sure you'll find a job.

W: Yeah, but I'm getting frustrated. ②

Q. What is the main topic of the conversation?

  (a) The woman's new job
     ➡ job만 응용한 오답. 아직 job을 찾지 못한 상태이다.

  (b) The woman's stress about finding a job
     ➡ 주제문 첫 문장과 마지막 문장 ②를 합쳐서 생각한다면 주제로서 흠잡을 곳이 없다.

  (c) The woman's fear of interviews
     ➡ interview만 응용한 오답이다.

  (d) The woman's luck in her life
     ➡ luck을 응용한 오답이다.

M: 레이첼, 아직 직장 못 구했어요?

W: 지금까지 면접을 몇 번 봤어요.

M: 그 중에 잘 본 면접이 없어요?

W: 네, 아직은 없어요. 하지만 곧 좋은 결과가 있겠죠.

M: 여유를 좀 가져봐요. 꼭 취직하게 될 거에요.

W: 예, 하지만 점점 좌절감을 느껴요.

Q: 이 대화의 주제는 무엇인가?

(a) 여자의 새 직업

(b) 취직 때문에 여자가 받는 스트레스

(c) 여자의 면접에 대한 공포

(d) 여자의 삶에서 일어나는 행운

have an interview 면접시험을 보다
find a job 직장을 구하다

[해 | 설]

1. 취업에 관한 주제는 좌절하는 내용이 많이 등장한다.

Part 3 대화에서 상당 부분이 절망, 혹은 안 좋은 결과의 내용이며, 취업문제도 역시 취업의 어려움과 관련된 내용이 주를 이룬다.

2. 주제는 보통 첫 문장에 많이 제시되나 처음과 끝, 전체를 봐야 하는 경우도 있다.

이 대화는 첫 문장과 마지막 문장 ②를 같이 합쳐서 주제문 (b)를 고를 수 있다.

3. 대화에서 제시된 단어를 많이 응용하면 의심하자.

(c)와 (d)는 각각 interview, luck을 응용한 오답이다.

[정 | 답 | 의 | K | E | Y]

1. 주제 : 여자의 취업에 대한 스트레스

2. 대의파악 문제로 주제문 첫 문장과 마지막 문장 ②를 합치면 전체의 주제가 되는 정답 (b)를 고를 수 있다.

[**꼭 들어야 할 세부사항**]

① 여자가 취업을 위해 여러 군데 인터뷰를 보지만
② 아직 구하질 못해 좌절하고 있다.

13-6 CHECK UP • • •

Choose the option that best answers to the question.

1 (A)   (B)   (C)   (D)

2 (A)   (B)   (C)   (D)

3 (A)   (B)   (C)   (D)

---

1   M: Mrs. Stevens, do you have a minute?

W: Sure. How may I help you?

M: **I heard that our company will soon be laying employees off.**

W: What? Who told you that?

M: I just heard overheard someone talking about it.

W: Well, it's only a rumor. **Actually**, we'll be increasing our headcount. ①

M: I'm relieved to hear that.

Q. Which is correct according to the conversation?

(a) The company will begin hiring more employees.
➡ ①의 increasing our headcount를 바꿔서 쓴 정답이다.

(b) The rumor the man overheard is true.
➡ ①에서 rumor라고 밝혀졌다.

(c) The company will lay off only a few employees.
➡ ①에서 rumor라고 밝혀졌다.

(d) The company will count how many employees it has.
➡ ①의 count를 응용한 오답이다.

M: 스티븐스 씨, 시간 좀 내주실 수 있으세요?

W: 그럼요. 무엇을 도와드릴까요?

M: 회사에서 곧 몇몇 직원들을 해고한다고 들었어요.

W: 뭐라고요? 누가 그러던가요?

M: 다른 사람들이 이야기하는 것을 엿들었어요.

W: 음, 그냥 소문일 뿐이에요. 실제로는, 직원 수를 늘릴 거예요.

Q: 이 대화에서 알 수 있는 것은 무엇인가?

(a) 회사는 더 많은 직원들을 채용할 것이다.

(b) 남자가 들은 소문은 사실 진실이다.

(c) 회사는 단지 몇 명의 직원만을 해고할 것이다.

(d) 회사는 직원 수를 파악할 것이다.

lay off 해고하다   **overhear** 엿듣다
headcount 인원수, 머릿수

[**해 | 설**]

1. I heard ~ 뒤에 중요한 대화의 주제가 나온다.
회사의 구조조정에 대한 이야기가 대화의 주제가 된다.
2. 대화의 마지막 결론이 중요하며 Actually, In fact 등이 나오면 중요한 사실을 언급한다.
남자의 주장과는 다른 여자의 결론(더 고용할 것이다)이 중요하다.
3. **추론(Which is correct ~, What can be inferred ~)은 끝까지 세부사항을 잘 들어야 정답을 고를 수 있다.**

남자가 들은 소문이며 결론적으로 직원 수를 늘린다는 마지막 문장의 내용을 주의해서 듣자.

[정 | 답 | 의 | K | E | Y]

1. 주제 : 회사의 구조조정에 대한 오해
2. 결론까지 잘 들어야 하는 맞는 것 고르기 문제로, 마지막 문장 ①을 바꿔 쓴 (a)가 정답이다.

[꼭 들어야 할 세부사항]

남자는 회사가 구조조정을 할 것이라는 소문을 들었지만 ①에서 여자가 루머라고 밝힌다.

---

2 W: **I've finally been rewarded for my hard work.**

M: What? You got a promotion?

W: Yes, and I'll also get a raise and a corner office. ①

M: That's wonderful!

W: Thanks. I really feel that I deserve this. ②

M: Congratulations! Let's celebrate! ③

Q. What is mainly happening in the conversation?

  (a) The woman feels satisfied with her promotion.
    ➡ 주제문과 문장 ②에서 여자가 만족하고 있음을 알 수 있다.

  (b) The man is envying the woman for her promotion.
    ➡ 남자가 질투한다는 사실을 전혀 유추할 수 없다.

  (c) The man is thanking the woman for her hard work.
    ➡ 남자가 고마워 한다는 사실을 전혀 알 수 없다.

  (d) The woman wants to celebrate her promotion.
    ➡ woman이 아닌 man으로 바꾼다면 어느 정도 답으로 가능하다.

W: 드디어 열심히 일한 것에 대해서 보상을 받게 되었어요.

M: 그래요? 승진했어요?

W: 예, 그리고 봉급도 오르게 될 것이고, 자리도 사무실 안쪽 자리를 갖게 되었어요.

M: 정말 잘 됐군요!

W: 고맙습니다. 이 정도는 대우를 받을 정도로 열심히 했다고 생각해요.

M: 축하해요! 축하할 시간을 가져요!

Q: 대화에서 어떤 일이 일어나고 있는가?

(a) 여자는 진급된 것에 대해 만족하고 있다.

(b) 남자는 여자가 진급한 것에 대해 질투하고 있다.

(c) 남자는 여자가 열심히 일해서 감사해 하고 있다.

(d) 여자는 진급된 것을 축하해주고 싶어 한다.

be rewarded for ~ ~에 대한 상을 받다, 보상 받다 get a promotion 진급하다, 진급되다 get a raise 봉급인상이 되다 deserve 마땅히 ~할 만하다 satisfied with ~에 만족하는

[해 | 설]

1. 승진과 봉급인상 자랑하기
승진, 봉급인상, 학교입학, 시험합격 등이 자랑 문제로 많이 출제된다.

2. What is mainly happening in the conversation?은 대의파악 문제이다.
(a), (b), (c), (d)는 대부분 〈주어+분사〉 형태로 제시된다. 그래서 주어와 동사 부분 모두 신경 써서 들어야 하며 (d)와 같이 남녀를 바꿔서 오답을 만들기도 한다.

[정 | 답 | 의 | K | E | Y]

1. 주제 : 여자의 승진 자랑
2. 초반에 주제가 언급되는 대의파악 문제로 첫 문장 주제문과 ②를 합치면 정답 (a)를 쉽게 고를 수 있다.

[꼭 들어야 할 세부사항]

① 여자는 봉급인상과 사무실도 갖게 될 것이며

② 이러한 보상을 여자는 스스로 당연히 여기며
③ 남자는 축하할 시간을 갖자고 제안한다.

---

3 M: Do you have a moment to talk about your report for the meeting?

W: You mean the annual stockholder's meeting? Sure, is there a problem?

M: No, not at all. I just wanted to say that the report was excellent. ①

W: Wow, thank you. I really wasn't sure how I had done on that report.

M: Relax. It was a success and you seemed to enjoy doing your presentation, too.

W: I sure did. I hope to do another one as soon as possible. ②

Q. What is taking place in the conversation?

(a) The woman is being assigned another presentation.
➡ 마지막 문장 ②에서 I hope to ~ 다른 일 맡기를 희망하고 있지 맡지는 않았다.

(b) The man is complimenting the woman's work.
➡ 주제문 ①을 잘 바꿔 쓴 정답이다.

(c) The woman is preparing for the stockholder's meeting.
➡ stockholder's meeting을 응용한 오답이며 이미 과거의 일이다. 시제 주의!

(d) The man is introducing himself to the woman.
➡ 자신의 소개가 아닌 '칭찬' 이다.

M: 회의에 제출한 보고서에 관해 이야기하고 싶은데 시간 되세요?

W: 정기 주주총회에 관한 보고서 말씀이세요? 네, 무슨 문제가 있나요?

M: 아뇨, 그런 게 아니고 보고서 아주 훌륭했다는 말을 하고 싶었어요.

W: 와, 고맙습니다. 제 보고서가 어떤지는 정말 확신할 수 없었거든요.

M: 긴장하지 마세요. 정말 잘했고 그리고 정말 즐겁게 발표하는 것 같았어요.

W: 그럼요, 즐거웠죠. 다음 발표도 정말 기다려집니다.

Q: 이 대화에서 일어나고 있는 일은 무엇인가?

(a) 여자는 또 다른 프레젠테이션을 맡게 되었다.

(b) 남자는 여자가 일을 잘 해서 칭찬하고 있다.

(c) 여자는 주주총회를 준비하고 있다.

(d) 남자는 여자에게 자신을 소개하고 있다.

have a moment 잠시 시간 내다
stockholder's meeting 주주 총회
[stockholder 주주]
take place 일어나다, 개최되다
assign 할당하다, 정하다
compliment 칭찬하다

[해 | 설]

1. I wanted to ~ / I need to ~ / I'd like to ~ 뒤에 주제가 있다.

이 대화도 I just wanted to say ~ 문장에 주제가 들어 있다. 주제는 대부분 초반부에 나오지만 이 대화처럼 중간에 나오는 경우도 종종 있다.

2. What is taking place ~?는 대의파악 문제이며 (a), (b), (c), (d)는 분사 형태로 나온다.

이 질문은 추상적인 동사가 아닌(가령 like) '행동' 을 나타내는 동사이어야 한다. 주제문 I just wanted to ~를 바꿔 쓴 (c)가 정답이다.

[정 | 답 | 의 | K | E | Y]

1. 주제 : 여자의 보고서에 대한 남자의 칭찬
2. 대의파악 문제로 주제문 ①을 paraphrasing한 (b)가 정답

[꼭 들어야 할 세부사항]

① 여자의 리포트가 훌륭하다고 남자가 칭찬을 하며
② 여자는 다음 발표를 기꺼이 기다린다.

〈시험에 반드시 나오는 학교와 직장 관련 필수 표현〉

[입학 · 수강]

What are the entrance requirement?
입학조건이 어떻게 되나요?

He was accepted into a prestigious university.
그는 명문대에 입학했다.

take the course = sign up for the course = register for the course = enroll in the course
(과목을) 수강하다

drop the course 수강 취소하다

When can I add or drop the course?
언제 과목을 변경할 수 있죠?

required[mandatory, compulsory] course 필수과목

elective[optional] course 선택과목

prerequisite 선수과목(고급과목을 듣기 위해 미리 듣는 과목)

The course is all filled. 그 과목은 마감되었어요.

How many courses do you take? 몇 과목 수강합니까?

How many credits do you take? 몇 학점 수강합니까?

(academic) advisor 지도교수

[전공 · 학위]

major in 전공하다 | **minor in** 부전공하다

double-major in 복수전공하다

BA(= Bachelor's Degree) 학사학위

MA(= Master's Degree) 석사학위
master's thesis 석사학위논문

doctoral degree 박사학위
doctoral dissertation 박사학위논문

diploma 졸업장

transcript 전 학년 성적표 | **report card** (학기) 성적표

take[get] a degree 학위를 받다

scholarship 장학금 | **tuition fee** 등록금

[수업 관련]

The lecture is boring / flat. 강의가 지루해 / 따분해.

The class is way over my head.
수업내용이 (어려워서) 잘 이해가 안 가요.

take notes 강의 노트하다

Can I borrow your notes? 노트 좀 빌려줄래?

take attendance 출석 체크하다

miss the class 수업에 빠지다

Can I audit your class? 청강을 좀 해도 될까요?

[보고서]

I turn my paper in late. 보고서를 늦게 냈다.

I have a paper due tomorrow.
내일까지 내야 할 보고서가 있다.

Can you give me an extension on this paper?
보고서 연장을 해주시겠어요?

[시험 · 성적]

What's on the test? 시험에 뭐가 나오죠?

cram for the exam 벼락치기를 하다

bomb[blow] the test 시험을 망치다

flunk the test 낙제하다

My grades are failing. 내 성적이 떨어지고 있어요.

I did well on the exam. 시험을 잘 봤어.

I aced it. 내가 일등을 했어.

She's on the dean's list. = She is on the honor roll. 그녀는 우등생이야.

He graduated with honor. 그는 우등으로 졸업했다.

I took a year from school. 1년 휴학했어.

I dropped out of school. 학교를 그만 뒀어.

He was kicked out of school. 그는 퇴학당했다.

[도서관]

I'd like to take out this book.
이 책을 대출하고 싶어요. (반납하다 return)

You have to pay a fine after 10 days.
10일이 넘으면 연체료를 지불해야 합니다.

[구직 관련 표현]

employment agency 직업소개소

resume = CV (= Curriculum Vitae) 이력서

applicant 지원자

fill out the application form 지원서를 작성하다

cover letter 자기소개서

reference 추천서

job fair 취업박람회

temp[probationary] employee 임시직

secretarial job 비서직 | managerial job 관리직

seek employment 일자리를 찾다

Are there any positions[openings] available?
혹시 사람 구하시나요?

Do you have any job openings[vacancy] at the moment? 현재 일자리가 있나요?

We're sorry, but the position has been filled.
죄송하지만 그 자리는 이미 채워졌습니다.

How's the job hunting going?
일자리 찾는 건 어떻게 돼 가요?

He pulled strings to get the job.
그 사람은 연줄로 취직했어요.

[인터뷰 관련 표현]

Do you have any special qualification?
어떤 자격증이 있나요?

Do you have work experience? 경력은 있으신가요?

What fields did you work in? 어느 분야에서 일하셨어요?

What made you choose this job?
왜 이 일을 택하게 됐죠?

What was your GPA(grade point average) in you major? 전공 평균학점이 어떻게 되죠?

What are you looking for in a starting salary?
초봉은 어느 정도 기대하시나요?

I have experience in the (marketing / sales) field. 저는 (마케팅/영업) 분야에 경력이 있습니다.

I'm on time. 저는 시간을 잘 지킵니다.

I'm easy to get along with. 저는 사람들과 잘 어울립니다.

[승진 · 봉급인상]

I got a promotion[advancement]. 나 승진했어요.

I got promoted to manager. 매니저로 승진했어요.

I got transferred to L.A. LA로 전근 갔어요.

I got a (pay) raise. 봉급이 인상됐어요.

[해고 · 실직]

I got fired[dismissed]. = I got laid off. = I got let go. = They let me go. 나 해고됐어요.

I got a pink slip. 해고통지서를 받았어요.

I lost my job. = I'm out of job. 저는 실직했어요.

I'm between jobs. 전 실직 상태예요.

I want to tender my resignation.
사직서를 제출하겠습니다.

I will give you my two weeks notice.
퇴직 전 2주 일찍 통보를 드립니다.

[출퇴근 · 회사일상]

What time do you usually go to work? = What time do you want to punch in? 몇 시에 출근하시죠?

He was late for work. 그는 직장에 늦었어요.

He called in sick. 그가 아파서 직장에 못 온다고 전화했어요.

He went for the day. = He left for the day.
그는 퇴근했어요.

I have a presentation to give[make].
나는 프레젠테이션 해야 해.

We're shorthanded. = We're understaffed.
우린 일손이 모자라요.

Today is his day off. 오늘 그 사람 휴무에요.

I want to take[get] time off. 휴가를 내고 싶어요.

take a leave of absence 휴가를 내다

Will you sit[fill] in for me while I'm out?
제가 없는 동안 업무를 대신 봐주시겠어요?

[기타]

Could you come to my office later?
잠시 제 사무실에서 볼 수 있을까요?

Your performance needs to improve.
좀 더 일의 성과를 높이도록 해야겠어요.

The new boss seems fair / tough / easy-going.
새로 온 상사는 공정해 / 엄격해 / 느긋해.

We are being taken over. = The company is bought out. 회사가 인수되었습니다.

Our company is merging with an overseas company. 회사가 외국계 회사와 합병 중입니다.

ACTUAL TRAINING

PART III •Choose the option that best answers to the question.

1 (A) (B) (C) (D)

2 (A) (B) (C) (D)

3 (A) (B) (C) (D)

4 (A) (B) (C) (D)

5 (A) (B) (C) (D)

6 (A) (B) (C) (D)

7 (A) (B) (C) (D)

위아텝스
LISTENING

여행 및 휴가 등은 준비 과정부터 실제 휴가 기간 등에 발생할 수 있는 다양한 상황이 제시된다. 특히 준비 과정에서 경험할 수 있는 것, 그리고 실제 여행 과정에서 경험하는 다양한 내용이 전개되므로, 각각의 상황에서 주로 제시되는 내용과 표현들을 학습해야 한다.

빈출순위 2 :
여행 – 공항, 항공 예약, 호텔, 휴가 계획

여행 〈공항, 항공 예약〉

POINT

★ Part 3 주제별 유형 중 빠지지 않고 출제되는 공항, 여행 관련 기출문제 유형과 내용을 파악한다.

★ 관련 표현을 미리 익히며 대의파악 문제와 진위, 추론 문제에 따른 정답 고르기 연습을 한다.

1 출제 유형

1. 공항은 크게 출국수속 Check-in desk, 출입국심사대 Immigration, 세관 Customs 등이 출제되었으며 각 장소에 따라 정형화된 표현이 정해져 있다.

2. Check-in desk에서는 주로 짐 보내기, 짐 초과여부, 좌석배정의 대화가 이루어진다.

3. Immigration에서는 주로 방문 목적, 시기, 체제 장소를 묻는다.

4. Customs에서는 주로 신고할 것이 있는지를 묻는다.

2 기초 다지기 (14-1)

한 번 듣고 다음 질문에 대답하세요.

1 여자가 앉고 싶어 하는 자리는?

(a) aisle seat   (b) seat with leg room

2 짐의 무게 제한은?

(a) 20 pounds   (b) 30 pounds

3 How many baggage does the woman have?

(a) One   (b) More than two

W: Here are my passport and e-ticket.

M: Do you have any seating preference?

W: An aisle seat with leg room if it is possible?

M: OK, your seat is 10C and this is your boarding pass.

W: Thank you. What's the weight limit on luggage?

M: You can't exceed 20 pounds for each bag.

W: Okay. Can you check this bag? I will carry the other on board.

1. (b) 2. (a) 3. (b)

Choose the option that best answers to the question.

1 (A)　(B)　(C)　(D)

W: Here are my passport and e-ticket.

M: Do you have any seating preference?

W: An aisle seat with leg room if it is possible? ①

M: OK, your seat is 10C ② and this is your boarding pass.

W: Thank you. What's the weight limit on luggage?

M: You can't exceed 20 pounds for each bag. ③

W: Okay. Can you check this bag? I will carry the other on board. ④

Q. Which is correct according to the conversation?

  (a) The woman will pay an extra charge.
    ➡ 100% 단정할 수 없으나 정황으로 보아 추가요금을 내지 않을 것이며 그렇지 않다 하더라고 정확히 알 수 없는 사실이기 때문에 오답으로 처리한다.

  (b) The woman doesn't get the seat she wants.
    ➡ ②에서 An aisle seat with leg room을 얻는 걸 알 수 있다.

  (c) The woman's bags are more than two pieces.
    ➡ ④에서 부치는 짐, 가지고 들어가는 짐까지 2개 이상임을 알 수 있다.

  (d) The woman is a business class passenger.
    ➡ 어디에도 비즈니스석이 언급되지 않았다.

W: 여기 여권과 전자티켓이 있습니다.

M: 선호하시는 좌석이 있으십니까?

W: 가능하면 다리를 뻗을 수 있는 통로 쪽 좌석을 주세요.

M: 예, 손님 자리는 10C이고 탑승권을 드리겠습니다.

W: 고맙습니다. 짐 무게제한이 어떻게 되죠?

M: 가방 하나에 20파운드가 넘으면 안 됩니다.

W: 좋습니다. 이 가방을 좀 보내주시겠어요? 나머지는 기내에 가지고 가겠습니다.

Q. 대화에 의하면 무엇이 옳은가?

(a) 여자가 추가요금을 낼 것이다.

(b) 여자가 원하는 자리를 얻지 못한다.

(c) 여자의 가방은 2개 이상이다.

(d) 여자는 비즈니스석 손님이다.

on board 기내에

[해 | 설]

1. Check-in counter는 좌석배정과 짐 부치기(Check in the bag)가 주 업무이다.
이 대화는 주제문이 따로 없으며 Check-in counter의 주 업무만 알고 있으면 어떤 세부사항을 들어야 할지 알 수 있다.

2. 추론(Which is correct ~) 문제에서 정확히 유추할 수 없으면 오답이다.
(a)에서 손님이 extra charge를 낼지 안 낼지는 확실히 알 수 없다. 확실히 알 수 없다면 오답으로 처리하자.

[정 | 답 | 의 | K | E | Y]

1. 주제 : 출국수속하기

2. ④에서 여자의 짐이 2개 이상임을 알 수 있으며, (c)를 정답으로 고를 수 있다.

[꼭 들어야 할 세부사항]

① 여자는 통로 쪽 다리를 뻗을 수 있는 자리(leg room)를 원한다.

② 원하는 자리를 받는다.

③ 짐은 20파운드를 넘으면 안 된다.

④ 여자의 짐은 2개 이상이다.

여행 〈호텔, 휴가 계획〉

POINT

★ Part 3 주제별 유형 중 빠지지 않고 출제되는 호텔, 휴가 관련 기출문제 유형과 내용을 파악한다.

★ 관련 표현을 미리 익히며 대의파악 문제와 진위, 추론 문제에 따른 정답 고르기 연습을 한다.

1 출제 유형

❶ 호텔

- 전화로 예약하기 (make a hotel reservation / reserve a room)
- Front desk에서 Check-in, Check-out하기
- 호텔방에서 불평하기
- 호텔에 관한 정보를 외부(Information center)에서 문의하기

❷ 휴가

- 사전에 휴가계획 세우기
- 휴가 후 어땠는지에 대한 대화

(14-3) 2 기초 다지기

한 번 듣고 다음 질문에 대답하세요.

1 남자가 원하는 방은?

(a) non-smoking room   (b) smoking room

2 Suite room은 얼마인가?

(a) 130 달러   (b) 230 달러

3 Which room is more expensive, suite or deluxe?

(a) suite   (b) deluxe

M: Hi, is there a room available for two people?

W: We have a few rooms left. Were you looking for a deluxe or a suite?

M: I have no preference, but I would like a non-smoking room.

W: How about a non-smoking suite with a view of the river?

M: That sounds great. What's the rate of the room though?

W: Two hundred thirty dollars per night for the suites, and the deluxe rooms are forty dollars less.

1. (a) 2. (b) 3. (a)

Choose the option that best answers to the question.

1 (A)   (B)   (C)   (D)

M: Hi, is there a room available for two people?

W: We have a few rooms left. Were you looking for a deluxe or a suite?

M: I have no preference, but I would like a non-smoking room. ①

W: How about a non-smoking suite with a view of the river? ②

M: That sounds great. What's the rate of the room though?

W: Two hundred thirty dollars per night for the suites, and the deluxe rooms are forty dollars less. ③

Q. Which is correct according to the conversation?

(a) The man does not want to stay in a smoking room.
➡ 문장 ①을 바꿔 쓴 정답이다.

(b) The man will book one suite and one deluxe room.
➡ ②에서 남자는 suite room에서 묵는 사실을 알 수 있다.

(c) Deluxe rooms have poor views.
➡ 디럭스룸이 전망이 다 좋지 않다고는 말할 수 없다.

(d) Deluxe rooms are more expensive than suites.
➡ ③에서 가격비교를 잘 들었다면 어렵지 않게 오답처리 할 수 있다.

M: 안녕하세요, 두 사람이 묵을 수 있는 방이 있을까요?

W: 남은 방이 몇 개 있습니다. 디럭스룸과 스위트룸 중 어느 객실을 찾으십니까?

M: 선호하는 객실이 있는 것은 아닙니다. 하지만, 비 흡연 객실이면 좋겠습니다.

W: 비 흡연실에 강이 보이는 객실은 어떠십니까?

M: 그거 괜찮겠군요. 그럼 그 객실 요금이 어떻게 됩니까?

W: 스위트룸은 하룻밤에 230달러고, 디럭스룸은 가격이 스위트룸 보다 40달러 더 쌉니다.

Q: 이 대화에 따르면 다음 중 맞는 것은 무엇인가?

(a) 남자는 흡연실에서 묵기를 싫어한다.

(b) 남자는 스위트룸과 디럭스룸 각각 하나씩 예약할 것이다.

(c) 디럭스룸은 전망이 좋지 않다.

(d) 디럭스룸이 스위트룸보다 비싸다.

have a preference ~을 더 좋아하다. 선택하다

[해 | 설]

1. 호텔에서 Check-in 하는 상황이며 손님의 선호 및 어떤 조건의 방을 얻는지를 듣는다.

남자가 특히 ① non-smoking room을 원하며 ② 호텔직원은 강이 보이는 suite room을 제안하며 ③ 스위트룸이 디럭스룸 보다 비싸다는 비교를 정리하자.

2. 추론 문제(Which is correct ~)에서 숫자를 신경 써서 들어야 하며 숫자의 크고 작은 비교도 선택지에서 자주 제시된다.

③ '디럭스룸이 40달러 싸다'는 정보를 이용해 (d)를 오답 처리 해야 한다.

[정 | 답 | 의 | K | E | Y]

1. 주제 : 호텔 예약하기

2. ①을 바꿔 쓴 (a)가 정답이다.

[꼭 들어야 할 세부사항]

① 남자는 금연실을 원한다.

② 직원은 강이 보이는 금연 스위트룸을 제안한다.

③ 스위트룸이 디럭스룸 보다 비싸다.

Choose the option that best answers to the question.

1 (A)　(B)　(C)　(D)

---

1 W: What are your plans for Summer Vacation?

M: I'm spending my vacation in Hawaii for a few weeks. ①

W: That sounds like fun. What will you do there?

M: Probably just relax on the beach and have fun.

W: I wish I could go with you. I've never been to Hawaii. ②

M: Well, if you start saving now, maybe you can go with me.

Q. Which is correct according to the conversation?

(a) The woman has been to Hawaii before.
➡ ②에서 여자는 한 번도 가본 적이 없다고 한다.

(b) The man is going to visit Hawaii for one week.
➡ One week이 아닌 a few weeks이다.

(c) The woman has already saved for her vacation.
➡ save만 응용한 오답이다.

(d) The man will lay around on the beach during his vacation.
➡ ①과 just relax on the beach and have fun 문장을 바꿔 쓴 정답이다.

W: 여름휴가 어떻게 보낼 계획이야?

M: 몇 주 동안 하와이에 있을 예정이야.

W: 그거 재미있겠는 걸. 하와이에서 뭐 할 거야?

M: 그냥 해변 가에서 휴식을 취하면서 즐겁게 보낼 거야.

W: 너와 같이 갔으면 좋겠다. 한 번도 하와이에 간 적이 없어.

W: 글쎄, 지금부터 돈을 모으면 나와 함께 갈 수 있을지도 모르지.

Q: 이 대화에 따르면 다음 중 맞는 것은 무엇인가?

(a) 여자는 이전에 하와이에 간 적이 있다.

(b) 남자는 하와이에 1주일 동안 하와이에 갈 예정이다.

(c) 여자는 휴가를 대비해서 이미 돈을 모으고 있다.

(d) 남자는 휴가 동안 해변 가에서 휴식을 취하며 휴가를 보낼 것이다.

lay around 누워서 뒹굴다

[해 | 설]

1. 맞는 것 고르기 문제이며, 세부사항을 잘 정리하며 들어야 (a)~(d) 중에서 효율적으로 정답을 고를 수 있다.

필요하면 '남자가', '미래에', '몇 주 동안 for a few weeks', '해변에서 지낼 것 relax on the beach' 등의 세부사항을 메모하자.

2. 추론 문제에서 경험은 중요하다.

②번 하와이에 다녀왔는지 아닌지의 경험은 오답으로 만들기 좋다. 오답 (a)처럼 가본 적이 있는지 없는지 여부를 가리는 선택지를 주의하자.

[정 | 답 | 의 | K | E | Y]

1. 주제 : 남녀의 휴가 계획

2. just relax on the beach and have fun을 바꿔 쓴 (d)가 정답이다.

[꼭 들어야 할 세부사항]

① 남자는 하와이에서 몇 주 동안 휴가를 보낼 예정이지만

② 여자는 이를 부러워한다.

〈 시험에 반드시 나오는 여행 관련 필수 표현 〉

[비행 예약]

customs declaration form
세관 신고서

one-way[single] ticket
편도 티켓

round-trip[return] ticket
왕복 티켓

direct[non-stop] flight
직항

connecting flight
연결비행기

stopover = layover
중간 기착지

overhead compartment[rack, bin]
(머리 위) 짐칸

How long is the layover?
중간 기착지에 있는 시간이 얼마나 되나요?

I'd like to book a flight to L.A. on the 22nd.
22일 LA에 가는 비행기를 예약하고 싶어요.

I'm afraid we're all booked up.
죄송하지만 예약이 끝났습니다.

Can you put me on the waiting list?
그럼 대기자 명단에 올려주세요.

[check-in[ticket] counter 출국수속 데스크]

Do you have any baggage to check in?
보내실 짐 있으신가요?

No, I'll carry this on board.
아니요, 이건 기내에 가지고 갈게요.

Your baggage is over the weight limit.
손님 짐은 제한 초과입니다.

What's the weight limit on luggage?
짐 무게 제한이 어떻게 되나요?

Do you have any seating preference?
원하는 자리가 있으신가요?

Window seat.
창문 쪽이요.

Aisle seat.
통로 쪽이요.

I'd like a seat with leg room.
다리를 뻗을 수 있는 자리로 주세요.

boarding pass
탑승권

[Immigration 출입국 심사대]

What's the purpose of your visit?
방문하신 목적이 뭡니까?

I'm here on business.
사업차 왔습니다.

I'm here for sightseeing.
관광하러 왔습니다.

How long will you be staying?
얼마나 계실 겁니까?

[customs 세관]

Do you have anything to declare?
신고할 물건 있으신가요?

Only inexpensive souvenirs
비싸지 않은 기념품만 있습니다.

Can I go through your bag?
가방을 확인해도 될까요?

You cannot bring in any perishables.
음식물은 반입할 수 없습니다.

customs declaration form
세관 신고서

[그 외 공항 주요 장소]

security checkpoint
보안검색대

baggage claim area = carrousel
짐 찾는 곳

[호텔에서의 직업]

bellboy = bellman = bellhop
방을 안내하거나 짐을 들어주고 간단한 심부름을 하는 직원

housekeeper
청소와 세탁·정리정돈을 하는 직원

concierge
여행안내 등을 해주는 직원, 접수계 직원

receptionist
호텔 프런트데스크 직원

BASIC TRAINING

〈 시험에 반드시 나오는 항공 예약, 공항 관련 필수 표현 〉

[호텔]

concourse
사람들이 자주 드나드는 넓은 홀

amenities
여러 가지 편의시설

accommodation
숙박시설

Bed & Breakfast
잠자리와 아침을 제공하는 민박시설

[호텔의 객실]

single room 1인실

double room 2인실

double occupancy 2인용실

twin room
싱글침대가 두 개인 2인실

triple room
3인실

suite room = deluxe room
고급 객실

[자주 쓰이는 표현]

Do you have a vacancy?
빈 방 있나요?

I'd like to book a room.
방을 예약하고 싶어요.

I'd like to make a reservation for two nights next week.
다음 주에 이틀을 예약하고 싶습니다.

I'd like a room with a view.
전망 좋은 방으로 예약하고 싶어요.

Sorry, we're booked up. It's the peak season.
죄송합니다. 예약이 다 찼습니다. 성수기라서요.

Do you have a reservation?
예약을 하고 오셨나요?

I have a reservation under (the name of) Claire Jones.
클레어 존스라는 이름으로 예약했습니다.

What's the rate (per night)?
하룻밤에 얼마죠?

Can you give me a wakeup call at seven?
7시에 모닝콜 해주시겠어요?

I'd like to check my valuables.
귀중품을 맡길게요.

Does the room have Internet access?
인터넷 연결이 되어 있나요?

Please fill out the check-in slip.
숙박부를 작성해주세요.

[불만사항]

The hot water isn't running.
뜨거운 물이 나오질 않아요.

The sink is all clogged up.
세면대가 막혔어요.

[휴가 관련 표현]

travel agency
여행사

tourist attractions
관광명소

take a vacation
휴가를 내다

He's on vacation[leave].
휴가 중이다.

go hiking
하이킹하러 가다

go sailing
요트 타러 가다

PART III•Choose the option that best answers to the question.

1 (A)　(B)　(C)　(D)

2 (A)　(B)　(C)　(D)

3 (A)　(B)　(C)　(D)

4 (A)　(B)　(C)　(D)

5 (A)　(B)　(C)　(D)

6 (A)　(B)　(C)　(D)

7 (A)　(B)　(C)　(D)

위아텝스
LISTENING

여가 및 개인적인 취미 등의 주제는 가벼운 주제이지만, 대화 관계와 장소, 향후 계획 등을 포함하고 있으므로 주의 깊게 들어야 한다. 특히 개인적인 관심사 등도 포함하고 있으므로 선호도, 향후 계획 등에 대한 세부적인 사항들을 파악하고 있어야 한다.

빈출순위 3 :
여가생활 – 영화, 스포츠, 모임, 약속

UNIT 15-1

여가생활 〈영화, 스포츠〉

POINT

★ Part 3 주제별 유형 중 빠지지 않고 출제되는 영화, 공연, 경기 관련 기출문제 유형과 내용을 파악한다.

★ 관련 표현을 미리 익히며 대의파악 문제와 진위, 추론 문제에 따른 정답 고르기 연습을 한다.

1 출제 유형

❶ 영화

- 어떤 영화를 볼지 혹은 보고 난 후 느낌이 어땠는지가 많이 출제된다.
- 보고 난 후 영화의 평에선 서로 다른 남자의 생각과 여자의 생각을 각각 정리한다.

❷ 스포츠 경기

- 다가오는 경기에 대한 예측
- 끝난 경기에 대한 평 (특히 우리가 지지하는 팀이 졌을 때)
- 어느 팀이 이길지 혹은 어느 팀이 이겼는지부터 먼저 파악해야 한다.

(15-1) 2 기초 다지기

한 번 듣고 다음 질문에 대답하세요.

1 영화에 대한 남자의 생각은?

(a) artistic　　　　(b) artificial　　　　(c) romantic

2 영화에 대한 여자의 생각은?

(a) good　　　　　　　　(b) bad

3 Why does the man think the movie wasn't good?

(a) The movie was too emotional.
(b) The movie was not his type.

M: That movie was way too artificial.

W: Come on, I didn't think it was that bad.

M: We just wasted our money.

W: No, we didn't. You just don't like romantic movies.

M: Actually, I do like romantic movies, but this one was spurious.

W: Because it was too emotional?

M: Yeah, the characters' emotions seemed forced.

W: Perhaps you're just being overly critical.

3 기출예제 분석

Choose the option that best answers to the question.

1   (A)   (B)   (C)   (D)

M: That movie was way too artificial.

W: Come on, I didn't think it was that bad.

M: We just wasted our money.

W: No, we didn't. You just don't like romantic movies.

M: Actually, I do like romantic movies, but this one was spurious. ①

W: Because it was too emotional?

M: Yeah, the characters' emotions seemed forced. ②

W: Perhaps you're just being overly critical. ③

Q. Why didn't the man like the movie?

  (a) He believed the acting was stellar.
➡ 남자는 연기에 대해 계속 부정적으로 얘기한다.

  (b) He thought the characters were too critical.
➡ ③의 critical과 characters를 적당히 조합한 오답이다.

  (c) He felt the emotions were unnatural.
➡ ①과 ②의 spurious와 forced emotions를 unnatural로 바꿔서 정답을 만들었다.

  (d) He doesn't like romantic movies.
➡ ①에서 romantic movies를 좋아한다고 분명히 밝혔다.

1. (b) 2. (a) 3. (b)

M: 그 영화 정말 억지스러웠어.

W: 이봐, 그 정도로 나쁜 것 같지 않았잖아.

M: 우리 그냥 돈 낭비만 한 거야.

W: 아냐, 넌 그냥 로맨틱한 영화를 싫어하는 거야.

M: 사실, 로맨틱한 영화 정말 좋아하는데, 이번에 본 영화는 정말 어색했어.

W: 너무 감성적이어서 그래?

M: 응, 배우들의 감정연기가 너무 부자연스러웠어.

W: 아마 넌 너무 부정적이어서 그래.

Q: 남자가 영화를 좋아하지 않는 이유는 무엇인가?

(a) 남자는 연기가 아주 좋았다고 생각했다.

(b) 남자는 배우들이 너무 부정적이라고 생각했다.

(c) 남자는 배우들의 감정이 부자연스럽다고 느꼈다.

(d) 남자는 로맨틱한 영화를 좋아하지 않는다.

artificial 인위적인, 부자연스러운
spurious 가짜의, 모조의

[해 | 설]

1. Why ~ 질문은 특정한 부분만을 골라서 묻는다. 두 번째 들을 때 그 부분만 집중하자.

Why didn't the man like the movie?라는 질문의 내용에 초점을 두고 남자가 영화를 좋아하지 않는 이유만 걸러서 들으면 된다.

2. 영화를 보고 난 후 느낌을 교환하는 대화이며 남자, 여자의 각각의 생각을 구분해서 정리하자.

남자의 느낌이 ①과 ②에, 남자의 생각이 지나치다는 여자의 생각은 ③에 담겨 있다.

[정 | 답 | 의 | K | E | Y]

영화에 대한 남녀의 다른 견해

[꼭 들어야 할 세부사항]

① 남자는 영화가 인위적이며

② 감정표현이 부자연스럽다고 생각하는 반면에

③ 여자는 그렇지 않다고 생각한다.

[세부사항을 콕! 찍어 묻는 특정 세부사항 문제]

질문을 듣고 ①과 ③을 합쳐 (c)를 고를 수 있다.

15-3 CHECK UP •••

Choose the option that best answers to the question.

1 (A) (B) (C) (D)

2 (A) (B) (C) (D)

---

1 W: Would you like to go to a jazz concert next Thursday?

M: Um. Who is performing that night?

W: According to the flier Marshall's Troupe.

M: Actually, I think I'll have to pass. I have to finish my school project. ①

W: That's too bad. You can't finish the project on another night?

M: No, sorry. The project's due date is the next day. ②

W: 다음 주 목요일에 있는 재즈 콘서트 갈래?

M: 음, 누가 공연하는 거야?

W: 광고에서 마샬 악단이라고 하던데.

M: 사실, 이번에는 못 가겠어. 학교 과제를 끝내야 하거든.

W: 아쉽네. 꼭 내일까지 끝내야 하는 거야?

M: 응, 미안해. 과제 제출 날짜가 그 다음 날이라서.

Q. What is mainly happening in the conversation?

    (a) The man is turning down the invitation.
       ➡ ①, ②에서 남자가 제안에 대해 거절하고 있다.

    (b) The woman is extending the due date.
       ➡ ②의 due date를 응용한 오답이다.

    (c) The woman is asking for help with her project.
       ➡ 주제문에서 여자는 재즈 콘서트에 가자고 제안하고 있다.

    (d) The man is being asked not to complete the project.
       ➡ ①의 finish my school project를 응용한 오답이다.

[해 | 설]

1. 영화관 혹은 콘서트 가자는 제안 문제가 자주 출제된다.

Would you like ~? / Why don't we ~ 등으로 초반부터 시간이 있는지, 갈 수 있는지를 묻는다.

2. I think ~, I have to ~ 구문은 강한 주장이라 잘 들어야 한다.

I think ~, 혹은 I have to ~ 구문은 주제에 가까운 중요한 내용이 언급된다. ①에서 갈 수 없는 이유가 제시되었다.

3. What is mainly happening in the conversation?은 What is taking place ~?와 더불어 완전한 문장으로 대답을 해야 하는 대의파악 문제다.

선택지가 주어와 분사구문으로 구성되어 있다. (The man is turning down the invitation.)

[정 | 답 | 의 | K | E | Y]

콘서트에 가자는 여자의 제안에 남자가 거절하고 있다.

[꼭 들어야 할 세부사항]

① 학교 프로젝트 때문에 거절한다.

② 프로젝트 마감 기한은 콘서트 다음날이다.

[전반적인 흐름을 듣는 대의파악 문제]

①로 정답 (a)를 유추할 수 있다.

Q: 대화에서 주로 어떤 일이 일어나고 있는가?

(a) 남자는 초대를 거절하였다.

(b) 여자는 과제 제출 날짜를 연기하였다.

(c) 여자는 과제를 도와달라고 부탁하고 있다.

2 W: Would you like to catch the soccer game tonight?

M: Yeah, I wouldn't miss it for the world. I bet it will be fun.

W: I agree. Germany versus Brazil. I've been looking forward to this for a long time. ①

M: So who do you think will win the game?

W: Brazil! There's no question about it! ②

M: Well, Germany has the best players. I'll be rooting for the German team. ③

Q. Which is correct according to the conversation?

   (a) The woman is pulling for the German team.
     ➡ ②에서 여자는 브라질 팀을 응원한다는 사실을 알 수 있다.

   (b) They have different opinions about the result.
     ➡ ②와 ③에서 남녀가 각각 다른 팀을 응원하는 것을 알 수 있다.

   (c) The Brazilian team has more of the best players than the German team.
     ➡ 남자의 말 ③에서 오히려 독일에 훌륭한 선수들이 많다고 했다.

   (d) The Brazilian team is a cut above the German team.
     ➡ 브라질 팀이나 독일 팀이 어디가 우위일지는 대화로는 알 수 없다.

catch the game 경기를 보다 I wouldn't miss it for the world. 절대 놓치지 않을 거야. root for = pull for 응원하다 a cut above ~보다 한 수 위인

[해 | 설]

1. 다가오는 경기에 대한 예상에 관한 대화
스포츠 문제는 다가오는 경기, 혹은 끝나고 난 후 남녀의 각각 다른 평이 주를 이룬다.

2. 남녀의 생각이 다를 땐 상반된 입장을 잘 정리하자.
여자는 브라질, 남자는 독일을 응원하고 있으며 이를 (a), (c), (d) 등에서 융용한 오답에 주의하자.

[정 | 답 | 의 | K | E | Y]
축구경기를 보자는 제안과 경기에 대한 예상

[꼭 들어야 할 세부사항]
① 여자는 오랫동안 경기를 고대해왔다.
② 여자는 브라질이 이길 것이라 장담한다.
③ 남자는 독일이 이길 것이라고 생각한다.

[남녀의 상반된 주장을 잘 정리해야 하는 맞는 것 고르기 문제]
②와 ③에서 정답 (b)를 유추할 수 있다.

여가생활 〈모임, 약속〉

POINT

★ Part 3 주제별 유형 중 빠지지 않고 출제되는 약속, 모임 기출문제 유형과 내용을 파악한다.

★ 관련 표현을 미리 익히며 대의파악 문제와 진위, 추론 문제에 따른 정답 고르기 연습을 한다.

1 출제 유형

❶ 약속 · 모임

Part 1, 2, 3 모두 골고루 많이 출제된다.

❷ 약속잡기

병원 진료 예약과 비행기, 호텔, 식당 예약 등이 매번 빠지지 않고 출제된다.

❸ 약속 연기 및 취소

보통 직장 일 혹은 개인의 사정 때문에 약속을 못 지키며 어떻게 보상(make up) 해줄지에 대한 결론도 언급된다.

❹ (파티) 초대

저녁식사, 집들이, 생일파티 등에 초대를 하면 흔쾌히 좋다고 하거나, 미안하지만 사정이 있어서 못갈 것 같다는 내용이 주를 이루며 선물로 뭘 사갈지 고민하는 내용도 종종 출제된다.

15-4 2 기초 다지기

한 번 듣고 다음 질문에 대답하세요.

1 남자는 친구들과 몇 시에 밥을 먹을 예정인가?

(a) 6시 30분   (b) 7시

2 여자는 모임 전 어디에 들를 예정인가?

(a) 어머니 댁   (b) 남자의 집

3 When is the woman likely to arrive the dinner?

(a) before 7 o'clock   (b) after 7 o'clock

M: Hi, Jessica. Do you want to come with me to eat dinner with some friends this Thursday?

W: Sure, I'd love to. What time will we have dinner?

M: At seven o'clock.

W: Oh my. I have to stop by my mother's house at 6:30. I might a little late then.

M: We'll be eating for a few hours so I don't think you should worry. Just come by.

W: Wonderful, then I'll be sure to be there.

3 기출예제 분석

Choose the option that best answers to the question.

1 (A)   (B)   (C)   (D)

M: Hi, Jessica. Do you want to come with me to eat dinner with some friends this Thursday?

W: Sure, I'd love to. What time will we have dinner?

M: At seven o'clock. ①

W: Oh my. I have to stop by my mother's house at 6:30. I might a little late then. ②

M: We'll be eating for a few hours so I don't think you should worry. Just come by.

W: Wonderful, then I'll be sure to be there.

Q. What is the woman mainly doing?

  (a) Delaying her appointment with her mother
    ➡ 여자의 어머니와는 예정대로 보기 때문에 오답이다.

  (b) Asking the man out on a date
    ➡ 여자가 아닌 남자가 식사 초대를 하고 있다.

  (c) Scheduling a dinner on Thursday evening
    ➡ 모든 대화를 통합해 고를 수 있는 정답이다.

  (d) Offering to buy dinner on Thursday evening
    ➡ 여자가 아닌 남자가 제안하고 있다.

1. (b) 2. (a) 3. (b)

M: 안녕, 제시카. 이번 주 목요일에 친구들과 저녁 먹으러 갈 건데 같이 갈래?

W: 물론이지, 같이 가자. 몇 시에 저녁 먹기로 했어?

M: 7시에.

W: 이런, 나 6시 30분에 어머니 댁에 들러야 해. 그럼 조금 늦을 것 같은데.

M: 저녁 식사 몇 시간 동안 할 테니까, 걱정하지 않아도 돼. 갔다 와

W: 좋아, 꼭 갈게.

Q: 여자가 무엇을 하고 있는가?

(a) 어머니와의 약속을 늦추고 있다.

(b) 남자와 데이트하자고 물어보고 있다.

(c) 목요일 저녁에 식사 약속을 잡고 있다.

(d) 목요일 저녁에 식사를 사달라고 물어보고 있다.

stop by 들르다 come by 들러서 오다
I'll be sure to be there. 꼭 갈게.

[해 | 설]

1. 여자를 중심으로 묻는 대의파악 문제

여자를 중심으로 묻는 What is the woman mainly doing? 혹은 남자 중심의 질문
What's the man complaining about? 등은 그 성性의 대화만 골라 듣고 답을 고르
면 된다.

2. 모든 대화를 종합해 정답을 고를 수 있는 문제

주제문과 ①, ②와 결론 then I'll be sure to be there까지 정리해서 들어야 정답
(c) Scheduling a dinner on Thursday evening을 유추할 수 있다.

[정 | 답 | 의 | K | E | Y]

남자가 여자에게 저녁을 같이 먹자고 제안한다.

[꼭 들어야 할 세부사항]

① 저녁약속은 7시이다.

② 여자는 어머니에게 들린 다음 남자에게 갈 것이다.

[여자를 중심으로 묻는 대의파악 문제]

여자가 무엇을 하고 있는가를 묻고 있으므로 해당하는 성의 대화에 초점을 두어 듣고
답을 고른다.

(15-6) CHECK UP •••

Choose the option that best answers to the question.

1 (A)   (B)   (C)   (D)

2 (A)   (B)   (C)   (D)

1

M: I'm sorry, but I have to cancel tonight's plans.

W: So you're going to bail on me again?

M: No, it's not that. It's because...

W: Yes, I've heard it before. You have to work late. ①

M: But I promise to take you out somewhere nice tomorrow night. ②

W: Really? Where?

M: How about I buy us some steaks and go to a jazz club?

W: Somehow I don't believe you. ③

Q. Which is correct according to the conversation?

 (a) The man is asking the woman to wait at a jazz club.
  ➡ Jazz club만 응용한 오답이다.
 (b) The man is apologizing for canceling tomorrow's dinner.
  ➡ tomorrow가 아닌 tonight이다.
 (c) The woman wants to cancel tonight's dinner.
  ➡ man을 woman으로 바꾸면 답으로 가능하다.
 (d) The woman is not placated by the man's promises.
  ➡ ③에서 유추할 수 있다.

[해 | 설]

1. 맞는 것 고르기 문제는 세부사항을 잘 듣자.

tonight과 tomorrow, jazz club 등을 교묘히 섞은 오답 (a), (b), (c)를 주의하자.

2. 남녀 바꿔치기를 주의하자.

남자와 여자의 입장을 잘 정리하지 않으면 오답 (c)를 정답으로 고르기 쉽다.

[정 | 답 | 의 | K | E | Y]

남자는 저녁 약속을 취소하고자 한다.

[꼭 들어야 할 세부사항]

① 남자는 늦게까지 일해야 한다.

② 대신 멋진 곳으로 데려가기로 약속한다.

③ 하지만 여자는 만족하지 못한다.

[맞는 것 고르기]

③에서 정답 (d)를 유추할 수 있다.

M: 미안한데, 오늘 밤 약속 취소해야 할 것 같아.

W: 그럼 또 날 바람맞히겠다는 얘기야?

M: 아니, 그런 게 아니라. 왜냐하면……

W: 알겠어, 전에도 들었던 얘기야. 밤 늦게까지 일해야 한다는 거지.

M: 하지만, 내일은 좋은 곳에 데려간다고 약속할게.

W: 정말? 어디?

W: 스테이크 먹고 그리고 재즈 클럽을 가는 건 어때?

M: 아무래도 믿을 수 없는 걸.

Q: 대화에 따르면 맞는 것은 무엇인가?

(a) 남자는 여자에게 재즈 클럽에서 기다려 달라고 부탁한다.

(b) 남자는 내일 저녁 약속을 취소한 것에 대해 사과하고 있다.

(c) 여자는 오늘 밤 저녁 약속을 취소하길 원한다.

(d) 남자의 약속에 만족하지 않는다.

---

bail on (casual) 바람맞히다. 데이트 약속을 어기다 **take out** 데리고 나가다, 가지고 나가다 **somehow** 아무래도, 다소, 그럭저럭 **apologize for** 사과하다, 사죄하다 **placate** 달래다, 진정시키다

2 W: Jeremy, aren't you worried that it might rain this Sunday?

M: I'm not too worried. We can still have the barbecue. ①

W: But we might need to have the barbecue inside the house then.

M: That's a possibility. Or we could just have it on the porch too. ②

W: You really aren't worried, are you?

M: No, I wouldn't lose sleep over it.

Q. Which is correct about the man according to the conversation?

(a) He will have a barbecue on Sunday.
➡ 주제문에서 어떻게 하든 일요일에 파티를 할 것이라고 했다.

(b) He is concerned about canceling the barbecue.
➡ 남자는 어떤 것에 대해서도 '걱정' 하고 있지 않다.

(c) He believes it will be too rainy to have a barbecue.
➡ ②에서 비가 와도 진행하겠다고 밝히고 있다.

(d) He thinks the rain might damage the porch.
➡ rain과 porch를 적당히 조합한 오답이다.

W: 제레미⋯ 이번 주 일요일에 비가 올까 봐 걱정하고 있구나?

M: 크게 걱정하는 건 아니야. 그래도 바비큐 파티를 할 수 있을 거야.

W: 그러면, 파티를 실내에서 해야 할 것 같은데.

M: 그것도 한 방법이지. 아니면 베란다에서 바비큐 파티를 할 수도 있어.

W: 정말 걱정하지 않는 거지, 그렇지?

M: 그래, 크게 걱정하진 않아.

Q: 대화에 따르면 남자에 관해 맞는 것은 무엇인가?

(a) 일요일에 바비큐 파티를 할 것이다.

(b) 바비큐 파티가 취소될까 걱정한다.

(c) 비가 와서 바비큐 파티 하기가 힘들 것이라고 생각한다.

(d) 비 때문에 베란다가 피해를 입을 것이라고 생각한다.

---

have the barbecue 바비큐 파티를 열다
porch 베란다 lose sleep over 크게 염려하다, 많이 걱정하다

[해 | 설]

1. 맞는 것 고르기 문제는 요일, 날짜 등 세부사항을 잘 들어야 한다.

'일요일' 에 파티를 할 예정이나 비가 오면 어떻게 할지에 대한 내용이다. 모든 대화를 종합해서 남자가 파티를 강행할 것을 유추하는 정답 (a)를 골라야 한다.

2. We can ~, We could ~ 등은 중요한 대안을 제시한다.

① We can ~에서 무슨 일이 있어도 바비큐 파티를 진행한다고 했으며, ② we could에서 porch에서 할 수 있다고 제시하고 있다.

[정 | 답 | 의 | K | E | Y]

일요일 바비큐 파티에 비가 올까 봐 걱정하고 있는지를 여자가 남자에게 묻고 있다.

[꼭 들어야 할 세부사항]

① 남자는 비가 와도 파티를 할 것이며

② 남자는 베란다에서라도 하겠다고 한다.

[맞는 것 고르기]

①과 ②에서 (a)를 유추할 수 있다.

〈시험에 반드시 나오는 영화, 스포츠 관련 필수 표현〉

[영화 관련 표현]

box-office 매표소 / box-office movie 흥행작

admission 입장료 / advance ticket 예매권

movie buff
영화광

sci-fi movie 공상과학영화 / classic movie 고전영화 /
chick flick 소녀들이 좋아할 만한 영화

tearjerker 슬픈 영화 / cliff-hanger 긴장이 연속되는 영화 /
downer 지겨운 영화

sequel 속편 / trilogy 3부작

trailer = previews 영화예고편

intermission 중간 휴식 시간

concession stand 매점

usher 좌석 안내해주는 사람 / ticket taker 표 받는 사람 /
calper 암표상

media hype 과대 과장광고

Let's catch a movie tonight. 오늘 밤 영화보자.

It's dubbed in Korean. 그것은 한국어로 더빙됐다.

It has English subtitles. 그것은 영어로 자막처리가 되다.

What 's starring in the movie?
그 영화는 누가 주연인가요?

Let's go to the movies.
우리 영화 보러 가요.

Why don't we rent a movie[video]?
비디오 빌려 볼까요?

What's showing[playing] now?
지금 어떤 영화를 상영하죠?

I'd like two seats next to each other.
같이 붙어 있는 좌석 두 장 주세요.

The seats are sold out. = We have a full house tonight.
오늘 밤은 좌석이 매진됐습니다.

[스포츠 관련 표현]

win the game[race, championship]
경기에 이기다

lose the game[race, championship]
경기에 지다

A beat B = A defeat B
A가 B를 이기다

neck-and-neck = too close to call 막상막하

winning streak 연승 / losing streak 연패

pull[root] for the team 응원하다

It's a draw[tie]. 무승부였다.

best players 주전선수

referee = umpire 심판

final 결승 / semifinal 준결승 / quarterfinal 준준결승

How did the game turn out?
경기가 어떻게 됐죠?

We came from behind and beat them.
우리 팀이 역전승으로 그들을 이겼다.

Our team is still ahead of the game.
우리 팀이 아직 앞서고 있어요.

We're still in the running.
우리가 아직 승산이 있어요.

The score was two to one in our favor.
우리 팀이 2대 1로 이겼어요.

Korea defeated[beat] Japan by three to one.
한국이 일본을 3대 1로 이겼어요.

Tigers edged out Dodgers.
타이거즈가 다저스를 간신히 이겼어요.

pull off a win
승리를 이끌어 내다

throw in the towel
경기를 포기하다

I'm an armchair athlete.
난 그저 경기를 보는 것만 좋아해요.

〈시험에 반드시 나오는 약속, 모임 필수 표현〉

[약속 Appointment]

appointment는 사람과 만날 약속이며, 텝스 시험에선 의사와의 진료 약속이 주를 이룬다.

make an appointment 약속을 잡다

confirm the appointment 약속을 확인하다

reschedule the appointment 약속을 변경하다

Can I make an appointment with Dr. Bush for today? 오늘 부시 선생님과 약속을 잡을 수 있을까요?

[예약 Reservation]

reservation은 주로 비행기 예약(reserve a flight), 호텔 예약(reserve a room), 식당 예약(reserve a table) 등 공간 확보를 뜻한다.

make a reservation 예약하다

confirm the reservation 예약을 확인하다

cancel the reservation 예약을 취소하다

I have a reservation under the name of Jack Shepherd. 존 스미스라는 이름으로 예약했습니다.

[약속 정하기]

What time shall we make it? 몇 시에 볼까요?

How does three sound? 3시는 어떠세요?

I can't make it at three. 도저히 3시에는 못 맞춰요.

I will work around your schedule.
당신 스케줄에 맞출게요.

I've taken up a lot of time. 시간을 너무 많이 뺏었네요.

He's on time. = He's punctual. = He's prompt.
그는 시간을 잘 지킨다.

[시각 표현하기]

Do you have the time? = What time is it now? = What time do you have? 지금 몇 시예요?

It's three twenty. 3시 20분입니다.

It's a quarter after[past] one. 1시 15분입니다.

It's five to three. 3시 5분전입니다.

It's 8 o'clock sharp. = It's 8 o'clock on the dot[nose]. 8시 정각입니다.

He arrived in time. 그는 시간 안에 도착했어요.

He arrived on time. 그는 정확하게 도착했어요.

He arrived in the nick of time.
그는 간신히 시간 안에 도착했어요.

[파티 종류 및 표현]

potluck party 참가자가 각각 음식을 해오는 파티

end-of-semester party 종강 파티

costume party 복장 파티

cocktail party 칵테일 파티

bridal shower 예비 신부를 위해 열어주는 파티

baby shower 태어날 아기를 위해 임산부에게 열어주는 파티

farewell party 송별회

housewarming party 집들이

surprise party (주로 생일) 깜짝 파티

invitation 초대장

RSVP (= Repondez sil vous p'lait) = Please reply. (파티 참석 여부를) 회신 바람.

Regrets only. 못 올 사람만 연락 바람.

dress code 복장규정

We're supposed to throw a reception party.
환영파티를 열 계획이에요.

We're having a barbecue this Sunday.
이번 일요일에 바비큐 파티를 할 거예요.

Who's the guest of honor? 주빈이 누구죠?

He's life of the party.
그는 파티에 활력을 불어 넣는 사람이에요.

He's a wet blanket. 그는 파티를 김새게 하는 사람이에요.

Can you come to Jane's housewarming party this weekend? 이번 주말 제인 집들이에 올 수 있어요?

I'd love to come. Thanks for inviting.
좋죠. 초대 감사해요.

I wouldn't miss it for the world.
무슨 일이 있어도 반드시 갈게요.

I'm afraid I can't make it. Something's come up.
죄송하지만 안 되겠어요. 일이 생겼어요.

I'm sorry, but I have to work on my paper this weekend. 죄송하지만 제가 주말에 보고서 작성할 게 있어서요.

I was held up at work. 직장에서 꼼짝도 못 했어요.

I have a paper due tomorrow.
내일까지 내야하는 보고서가 있어요.

How can I make it up to you?
어떻게 마음을 풀어줄 수 있을까요?

ACTUAL TRAINING

PART III • Choose the option that best answers to the question.

1 (A)　(B)　(C)　(D)

2 (A)　(B)　(C)　(D)

3 (A)　(B)　(C)　(D)

4 (A)　(B)　(C)　(D)

5 (A)　(B)　(C)　(D)

6 (A)　(B)　(C)　(D)

7 (A)　(B)　(C)　(D)

위아텝스
LISTENING

생활편의와 관련된 자동차, 교통, 쇼핑 등의 주제들은 실제 도로 위에서 겪게 되는 상황과 쇼핑 과정에서 경험하는 내용들이 주된 것들이다. 따라서 대화가 어떤 상황에서 이루어지고 있는지를 파악해야 하며, 화자들이 처한 환경을 구별해야 한다. 또한 각각의 상황에서 주로 이용되는 표현을 숙지한다.

빈출순위 4 :
생활편의 1 – 자동차, 교통, 쇼핑

생활편의 1 〈자동차, 교통〉

POINT

★ Part 3 주제별 유형 중 많이 출제되는 자동차, 교통 관련 기출문제 유형과 내용을 파악한다.

★ 관련 표현을 미리 익히며 대의파악 문제와 진위, 추론 문제에 따른 정답 고르기 연습을 한다.

---

1 출제 유형

❶ 자동차
- 주로 자동차 점검이나 문제가 생겨 정비소의 정비공과 대화하는 문제가 많이 출제되었다.
- 사고로 인한 자동차 문제도 자주 출제된다.

❷ 교통
- 신호위반 혹은 과속으로 인해 딱지를 떼는 상황
- 교통체증 등 자동차와 관련한 다양한 내용이 출제되었다.

(16-1) 2 기초 다지기

한 번 듣고 다음 질문에 대답하세요.

1 여자의 교통사고 원인은?

(a) 아이가 갑자기 뛰어들어서   (b) 사슴이 갑자기 뛰어들어서

2 Which part of the car is damaged?

(a) front bumper   (b) rear bumper

3 How is the woman's condition?

(a) Serious   (b) Okay

W: Ted, I have some bad news. I got into an accident with your car.

M: What happened?

W: It happened so suddenly. A deer jumped out in front of me.

M: Oh no. I hope the car isn't smashed up.

W: It's not that bad. Only the front bumper is slightly dented.

M: And how about you? Are you okay?

W: Oh, I'm fine. I'm more worried about fixing your car.

 3 기출예제 분석

Choose the option that best answers to the question.

1 (A)　(B)　(C)　(D)

W: Ted, I have some bad news. I got into an accident with your car.

M: What happened?

W: It happened so suddenly. A deer jumped out in front of me. ①

M: Oh no. I hope the car isn't smashed up.

W: It's not that bad. Only the front bumper is slightly dented. ②

M: And how about you? Are you okay?

W: Oh, I'm fine. I'm more worried about fixing your car. ③

Q. Why did the accident most likely occur?
(a) The woman did not expect to see the deer.
　➡ ①에서 유추할 수 있다.
(b) The woman was attacked by a deer.
　➡ ② deer만 듣고 고를 수 있는 오답이다. 공격attack이라곤 할 수 없다.
(c) The woman was not good at driving.
　➡ 여자가 운전을 못 한다고는 유추할 수 없다.
(d) The woman was injured before the accident.
　➡ 대화의 내용으로는 전혀 알 수 없다.

1. (b) 2. (a) 3. (b)

W: 테드, 안 좋은 소식이 있어. 네 차에 사고가 났어.

M: 무슨 일이 있었어?

W: 너무 순식간에 사고가 났어. 사슴 한 마리가 갑자기 앞으로 뛰어들었어.

M: 이런. 차가 너무 부서지지 않아야 하는데.

M: 그렇게 심한 건 아니야. 앞 범퍼가 약간 찌그러진 것뿐이야.

W: 넌 어때? 괜찮은 거야?

M: 난 괜찮아. 차 수리하는 것이 더 걱정이야.

Q: 사고가 발생한 원인은 무엇인가?
(a) 여자는 사슴이 나타날 것이라고 예상하지 못했다.
(b) 여자는 사슴에게 공격받았다.
(c) 여자는 운전에 익숙하지 못하다.
(d) 여자는 사고가 나기 전에 부상을 입었다.

---

get into an accident with ~ ~에 사고 나다, 사고를 당하다 jump out in front of ~ ~앞으로 뛰어들다, ~앞에 튀어나오다 smash up 부서지다, 망가지다, 박살나다 bumper 범퍼, 완충기 slightly 약간, 조금 dent 움푹 들어가다, 들어가게 하다 intentionally 고의적으로, 일부러 be injured 부상 입다, 다치다

Why ~? 문제는 질문하고자 하는 부분만 잘 골라 듣는다.

이유를 묻는 질문은 주제보다는 질문(Why did the accident most likely occur?)
에 맞추어 두 번째 들을 때에 필요한 ①번만 잘 정리해서 답을 고른다.

[정 | 답 | 의 | K | E | Y]

여자가 남자의 차로 사고를 냈다.

[꼭 들어야 할 세부사항]

① 사슴이 갑자기 뛰어들어 사고가 났다.

② 다행히 범퍼만 살짝 찌그러졌다.

③ 여자는 다친 곳이 없고, 차 수리 걱정을 한다.

[필요한 것만 골라듣는 Why ~?]

Why ~? 질문에 대한 답은 ①에 있으며 정답 (a)를 고를 수 있다.

16-3 CHECK UP •••

Choose the option that best answers to the question.

1 (A)   (B)   (C)   (D)

W: Why are there so many cars on the road?

M: I know. It's terrible. If only people car-pooled more.

W: Yeah, then you wouldn't have to drive all of the time.

M: And you wouldn't spend so much money on gas.

W: So are you going to look for someone to car pool with?
①

M: I think I will. I'll have to start asking around.

W: Well, you could always ask me. ②

M: Of course! You're right!

Q. Which is correct according to the conversation?
(a) The woman intends to car-pool with the man.
➡ ②에서 여자가 카풀 하길 제안하고 있다.
(b) The man believes car-pooling saves time.
➡ time을 money로 바꾼다면 답으로 가능하다.
(c) The woman doesn't have a car.
➡ 이 대화에선 알 수 없다.
(d) The woman will look for someone to carpool with.
➡ ②에서 여자는 남자에게 카풀을 제안하고 있다.

W: 도로에 왜 이렇게 차가 많죠?

M: 그러게 말이에요. 정말 많군요. 더 많은 사람들이 카풀에 참여만 했다면 좋겠는데요.

W: 예, 그렇게 되면 매일 운전할 필요도 없고요.

M: 그리고 연료비도 절약되고요.

W: 그렇다면, 카풀 할 사람 찾을 거에요?

M: 그럴 거 같아요. 주위 사람들에게 물어봐야겠어요.

W: 그럼, 저는 어때요?

M: 예, 그게 좋겠네요.

Q: 대화에 따르면 맞는 말은 무엇인가?

(a) 여자는 남자와 카풀하기를 원한다.

(b) 남자는 카풀하면 시간을 아낄 수 있다고 생각한다.

(c) 여자는 차가 없다.

(d) 여자는 카풀 할 사람을 찾을 것이다.

----

spend money on ~에 돈을 쓰다
car-pool 카풀하다
ask around 여기저기 물어보다

[해 | 설]

맞는 것 고르기 문제(Which is correct ~)는 초반의 주제보다는 세부사항이 중요하다.

교통이 막히자 카풀에 대한 이야기로 발전되어 결국 여자와 남자가 카풀을 할 것을 유추할 수 있는 대화이며, 초반의 화두보다는 중간 중간 세부사항(여자와 남자의 카풀)을 잘 잡는 것이 훨씬 중요하다.

[정 | 답 | 의 | K | E | Y]

교통체증으로 남자가 카풀을 할 생각을 한다.

[꼭 들어야 할 세부사항]

① 여자는 남자가 카풀 할 의향이 있는지 궁금해 한다.

② 본인이 같이 할 수 있다고 밝힌다.

[맞는 것 고르기 문제]

②를 바꿔 쓴 (a)가 정답이다.

생활편의 1 〈쇼핑〉

POINT

★ Part 3 주제별 유형 중 많이 출제되는 쇼핑 관련 기출문제 유형과 내용을 파악한다.

★ 관련 표현을 미리 익히며 대의파악 문제와 진위, 추론 문제에 따른 정답 고르기 연습을 한다.

1 출제 유형

1. 물건을 사면서 흥정하는 대화

2. 기념일 등에 어떤 선물을 사줄지에 대한 내용

3. 물건이 맘에 들지 않아 반품하는 내용

(16-4) 2 기초 다지기

한 번 듣고 다음 질문에 대답하세요.

1 카메라를 사려고 하는 사람은 누구인가?

(a) 여자　　　　　　　　　　(b) 남자

2 카메라를 사면 서비스로 받을 수 있는 것은?

(a) Camera case　　　　　(b) Tripod

3 Is the woman going to buy the camera?

(a) Yes　　　　　　　　　　(b) No

W: How may I help you?

M: Can you tell me about this camera, please?

W: Sure. The model is the top of the line, and for the price, it comes with a tripod.

M: Does it come with anything else? A camera case?

W: No, just the tripod. But for the price, it's a really good deal.

M: Alright. I think I'll take it then.

1. (b) 2. (b) 3. (a)

Choose the option that best answers to the question.

1　(A)　(B)　(C)　(D)

W: How may I help you?

M: Can you tell me about this camera, please?

W: Sure. The model is the top of the line, and for the price, it comes with a tripod. ①

M: Does it come with anything else? A camera case?

W: No, just the tripod. But for the price, it's a really good deal. ②

M: Alright. I think I'll take it then.

Q. According to the woman, why is the camera a good buy?

　(a) It is on sale at a large discount.
　　➡ 어디에도 언급되지 않았다.
　(b) It is a state-of-the-art camera model.
　　➡ top of the line model이라고 했지만 ②에서 삼각대를 주기 때문에 좋은 가격임을 알 수 있다.
　(c) Its price includes accessories.
　　➡ ①의 tripod를 accessories로 바꿔 썼다.
　(d) It has many useful functions.
　　➡ 언급되지 않았다.

W: 무엇을 도와드릴까요?

M: 여기 이 카메라에 대해서 설명해주시겠어요?

W: 물론이죠. 이 모델은 최신 모델이고, 카메라 가격에 삼각대도 함께 드립니다.

M: 추가적으로 포함되는 것 중에 다른 것은 없습니까? 카메라 케이스는요?

W: 아니요, 삼각대만 포함됩니다. 하지만 정말 좋은 가격에 사시는 거예요.

M: 알겠습니다. 그럼 그걸로 할게요.

Q. 여자에 따르면, 카메라가 왜 좋은 가격인가?

(a) 큰 할인 폭으로 세일 중이다.
(b) 가장 최신식 모델의 카메라이다.
(c) 카메라 가격에 부속품이 포함되어 있다.
(d) 쓸모 있는 기능이 많다.

come with (물건이) 포함되다
tripod 삼각대　top of the line 최고급품의
state-of-the-art 최신식의

[해 | 설]

1. 쇼핑 문제는 어떤 조건으로 어떻게 사는지를 듣자.
남자가 카메라를 삼각대 포함 가격으로 사게 되는 흥정의 내용을 물어볼 수 있다.

2. 콕 찍어 묻는 Why ~?
좋은 가격인 이유는 ①과 ②에서 밝혔고, tripod를 바꿔 쓴 (c)가 정답이다.

[정 | 답 | 의 | K | E | Y]
카메라를 사려는 남자

[꼭 들어야 할 세부사항]
삼각대를 서비스로 받을 수 있어서 남자는 카메라를 사기로 결정한다.

[정확히 해석을 해야 하는 Why ~?]
'왜 싸게 사는가?'에 대한 답은 ①에 언급되었으며, 이를 바꿔 쓴 (c)가 정답이다.

Choose the option that best answers to the question.

1　(A)　(B)　(C)　(D)

M: Can I get a refund for this DVD please?

W: May I ask the reason?

M: The DVD's picture quality is very poor. ①

W: I'm sorry, but we can't give a refund, but we can give you an exchange for another DVD. ②

M: But I would like a refund.

W: I'm sorry, sir, but we can only refund a DVD if it is unopened. ③

Q. Which can be inferred from the conversation?

(a) The man wants to get a refund because the DVD is opened.
➡ get a refund와 open을 적절히 응용한 오답이다.

(b) The store never gives refunds on DVDs.
➡ ③에서 unopened의 경우에만 환불이 가능하다고 했다.

(c) The man broke the seal of the DVD already.
➡ ③에서 알 수 있다.

(d) The woman believes the man is poor.
➡ ①의 poor를 응용한 오답이다.

M: 이 DVD 환불할 수 있을까요?

W: 무엇 때문에 그러시죠?

M: DVD 화질이 너무 안 좋아서요.

W: 죄송하지만, 환불은 해드릴 수가 없어요. 하지만 다른 DVD로 교환 해드릴 수는 있어요.

M: 그런데 전 환불을 받고 싶어요.

W: 죄송합니다, 손님. 저희는 DVD를 개봉하지 않은 경우에만 환불 해드 립니다.

Q: 이 대화에서 추론할 수 있는 것을 무엇인가?

(a) 남자는 DVD가 개봉되어 있어서 환불을 원한다.

(b) 이 가게는 DVD에 대해 절대 환불을 안 해준다.

(c) 남자는 DVD를 이미 개봉했다.

(d) 여자는 남자가 가난하다고 믿고 있다.

---

get a refund 환불 받다 give someone an exchange for ~ ~에게 ~을 교환해주다 unopened 개봉하지 않은, 열지 않은

[해 | 설]

1. 반품(return)을 원하는 문제에선 환불은 잘 안 해주려고 한다.

반품 문제에선 왜 반품을 하는지 영수증을 지참했는지를 물어보며, 쉽게 반품을 해주기보다는 교환만 가능하다고 하거나 영수증이 있어야만 처리해줄 수 있다고 한다.

2. 핵심어를 조합한 오답을 주의하자!

대화의 핵심어를 응용한 선택지 (a)와 (d)를 섣불리 고르지 않도록 주의하자. 오히려 (c)처럼 유사한 의미로 바꿔 쓴 선택지가 정답이다.

[정 | 답 | 의 | K | E | Y]

여자가 DVD를 환불 받으려 한다.

[꼭 들어야 할 세부사항]

① 화질이 안 좋아서 환불을 받으려 한다.

② 하지만 환불은 안 되며 교환만 가능하다.

③ 개봉을 하면 환불이 불가능하다.

[추론 문제]

③에서 남자가 이미 DVD를 개봉했음을 유추할 수 있고, (c)를 정답으로 할 수 있다.

〈시험에 반드시 나오는 자동차 · 교통 · 쇼핑 관련 필수 표현〉

[차 구조]

rear-view mirror 백미러 / side-view mirror 사이드미러

windshield 앞 유리 / steering wheel 운전대

driver's seat 운전석 / passenger seat 조수석

dashboard 계기판 / speed meter 속도계 / gas gauge 연료계 / odometer 주행거리 표시기

horn = honk 경적 / hood 자동차 엔진뚜껑(보닛)

brakes 브레이크 / gas pedal 엑셀 / parking brake 사이드브레이크

glove compartment
(자동차 앞좌석 앞에 있는) 장갑 따위를 넣는 작은 칸

automatic (transmission) car 오토형 차

manual (transmission) car 스틱형 차

[차의 종류]

subcompact car 경차 / compact car 소형차 / mid-sized car 중형차 / full-sized car 대형차

convertible 지붕을 접을 수 있는 차, 오픈카 / pickup truck 소형트럭

SUV (= Sports Utility Vehicle)
스포츠 활동에 적합한 차

[정비소]

body shop = repair shop = service station 정비소

mechanic 정비공

tune-up 차 정비 / check-up 차 점검 / estimate 견적서

The engine keeps overheating.
엔진이 계속 과열됩니다.

You need more radiator fluid.
냉각수를 더 넣으셔야 해요.

When can I pick up my car? 언제 차를 찾을 수 있죠?

[차 사고]

rear-end collision 추돌 사고 / head-on collision 정면충돌 사고 / fender-bender 가벼운 접촉 사고

I rear-ended his car. 그 사람 차를 뒤에서 박았어요.

I got into a car accident. = I got involved in a car accident. 차 사고를 당했어요.

I crashed into the truck. 트럭을 박았어요.

I crashed into the median. 중앙 분리선을 박았어요.

My car has a flat tire. 내 차가 펑크 났어요.

My car is dented. – There's a dent in my car.
차가 푹 들어갔어요.

My car is wrecked[totaled]. 차가 박살났어요.

The car was towed away. 차가 견인됐어요.

Three-way collision 3중 추돌 사고

The car overturned. = The car tipped over.
차가 전복되다.

[교통체증]

bumper-to-bumper traffic 꼬리에 꼬리를 무는 교통 체증

The traffic is backed up. 교통이 많이 밀리다.

The traffic is at a standstill. 길이 주차장이다.

The traffic is heavy. 교통량이 많다.

I'm caught[stuck] in traffic. 교통체증에 걸렸어요.

How can we beat[avoid] traffic?
어떻게 하면 교통체증을 피할까요?

alternate road = detour 대체도로

take a detour 우회도로로 가다

[태워 주기]

Can you give me a ride[lift]? 차 좀 태워주시겠어요?

I'll pick you up at the airport. 공항에 데리러 갈게요.

Let me drop you off there. 저기에서 내려드릴게요.

[자동차 구입 · 렌트]

car lot = car dealership 자동차 판매소

Can I test-drive it? 시승을 해봐도 될까요?

Can you take trade-in?
제 헌차 가격을 쳐 주고 새 차를 살 수 있을까요?

rent-a-car agency = rental car agency 렌터카(지점)

[딱지떼기]

Pull over to the shoulder. 갓길에 차를 세우세요.

You ran a red light. 신호위반하셨습니다.

May I see your driver's license and vehicle registration? 면허증과 차량등록증을 보여주시겠어요?

give[issue] a ticket 교통위반딱지를 발부하다 / get a ticket 딱지 떼다 / illegal parking ticket 불법주차딱지 / speeding ticket 과속딱지 / lane 차선

[자동차 성능]

What year and make is your car?
당신 차는 몇 년형 어느 회사 차죠?

My car has good fuel efficiency. = My car has good gas mileage 연비가 좋다.

My car is a gas guzzler. 제 차는 연료를 많이 먹어요.

My car won't start. = My car isn't starting.
제 차 시동이 걸리지 않아요.

Maybe the battery is dead. 차 배터리가 다 됐나 봐요.

Why not jump-start it? 점프시켜 보시죠?

[주유소]

gas station attendant 주요소 직원

I'm running out of gas. 기름이 다 떨어져가요.

Fill it[her] up! 가득 채워주세요.

[세일 종류]

clearance sale 재고정리 세일 / moving sale 이전 세일

back-to-school sale 신학기 세일 / buy-one-get-one-free sale 하나 사면 하나 더 주는 세일 / one-price sale 균일가 세일 / going-out-of business sale = Closing-down sale 폐업 세일

[자주 쓰이는 표현]

Are you being helped? = May I help you?
도와드릴까요?

I'm just looking around. = I'm just browsing.
그냥 둘러보고 있어요.

Can I try it on? 입어 봐도 될까요?

Sure, the dressing room is over there.
네, 탈의실이 저기 있어요.

It's 50 percent off. 50% 할인입니다.

It's on sale. 할인판매중이에요.

It's for sale. / It's up for sale. 판매용입니다.

It's 30% off the marked price.
표시된 가격에서 30% 할인입니다.

It's 30% off the normal price.
정상가격에서 30% 할인입니다.

I'll take it. 그걸로 살게요.

go shopping 쇼핑하러 가다

[흥정]

How much do I owe you? = How much altogether? 다 합해서 얼마죠?

Could you ring this up? 계산 좀 해주시겠어요?

Can you come down a little? = Can you give me a discount? = Can you make it cheaper? = Can you lower the price? 좀 깎아주세요.

It's steep. = It's pricey. 좀 비싸요.

It's out of my price range. = It's beyond my budget. 생각하는 가격대가 아니에요.

What's your price range?
생각하는 가격대가 어떻게 되시나요?

I can't go down any lower. = That's the best I can offer. = I can't take a penny off the price.
더 이상은 못 깎아드려요.

It's already marked down. 이미 할인이 됐어요.

It's a good deal. = It's a good buy. = It's a real bargain. 싸게 잘 샀어요.

It's a steal. 거저나 마찬가지에요.

I got ripped off. = I got overcharged. 바가지 썼어요.

Can you wrap this up please? 이걸 써주시겠어요?

Can you gift-wrap it? 선물포장 해주시겠어요?

Plastic or paper bag? 비닐로 하실래요, 종이가방으로 하실래요?

[반품]

I'd like to return this jacket. 이 재킷을 반품하고 싶어요.

I want to get a refund. 환불 받고 싶어요.

I want to exchange this for another one.
다른 걸로 바꾸고 싶어요.

[반품할 때]

This is too fancy[flashy, gaudy]. 너무 화려해요.

This too conservative. 너무 점잖아요.

It's too tight / small. 너무 끼여요 / 작아요.

It's a gift, but he didn't like it.
선물로 샀는데 맘에 들어 하질 않아요.

It gave me a rash. 그걸 썼더니 발진이 났어요.

PART III•Choose the option that best answers to the question.

1   (A)   (B)   (C)   (D)

2   (A)   (B)   (C)   (D)

3   (A)   (B)   (C)   (D)

4   (A)   (B)   (C)   (D)

5   (A)   (B)   (C)   (D)

6   (A)   (B)   (C)   (D)

7   (A)   (B)   (C)   (D)

위아텝스
LISTENING

집을 구하거나, 전화 가설, 기타 생활을 위해 필요한 편의시설을 확충하는 내용들이 주된 대화 주제이다. 이때 각각의 편의시설을 확충하는 과정에서 직면하게 되는 문제들, 그리고 이를 해결할 수 있는 대안 등 구체적인 내용들이 주로 제시되므로, 각각의 상황을 기본적인 사항으로 파악하고, 세부적인 내용까지 정리하는 연습이 필요하다.

빈출순위 5 :
생활편의 2 – 집구하기, 전화 및 기타

생활편의 2 〈집 구하기〉

POINT

★ Part 3 주제별 유형 중 자주 출제되는 집 구하기, 은행 등 기출문제 유형과 내용을 파악한다.

★ 관련 표현을 미리 익히며 대의파악 문제와 진위, 추론 문제에 따른 정답 고르기 연습을 한다.

1 출제 유형

❶ 집 구하기
- 부동산 중개인(Real estate agent)에게 문의하는 대화
- 이사를 가려고 하는데 상대방에게 조언을 구하는 대화

❷ 은행
- 통장 개설하기, 대출, 혹은 송금에 관한 대화

❸ 우체국
- 등기 혹은 속달우편으로 우편을 보내는 문제

17-1 | 2 기초 다지기

한 번 듣고 다음 질문에 대답하세요.

1 남자는 어떤 집을 구입했는가?

(a) 본인 능력 이상의 집　　　　　(b) 편하고 아늑한 새집

2 여자는 왜 새집을 샀는가?

(a) 교통이 가까운 곳에 살고 싶어서
(b) 큰 집에 살고 싶어서

3 How will the woman plan to pay off the loan?

(a) He plans to cut back on living cost.
(b) He plans to work part time job.

M: Wow, you have a nice house but I bet it cost you an arm and a leg.

W: Yeah, tell me about it. I really had to stretch my finances to buy it.

M: So do you regret buying the house then?

W: Not really. I've always wanted to buy a big house of my own.

M: Yes, I know, but I'm concerned about your house's maintenance costs.

W: If I just cut back on living costs, I should be okay.

17-2 3 기출예제 분석

Choose the option that best answers to the question.

1 (A)   (B)   (C)   (D)

M: Wow, you have a nice house but I bet it cost you an arm and a leg.

W: Yeah, tell me about it. I really had to stretch my finances to buy it. ①

M: So do you regret buying the house then?

W: Not really. I've always wanted to buy a big house of my own. ②

M: Yes, I know, but I'm concerned about your house's maintenance costs.

W: If I just cut back on living costs, I should be okay. ③

Q. What is the conversation mainly about?

(a) The woman's remorse at buying a house
➡ ②에서 여자는 늘 큰 집을 갖고 싶다고 한다. regret을 remorse로 유추하게 한 오답이다.

(b) The difficulty of saving enough to buy a house
➡ 자칫 고르기 쉬운 오답이다. 비싼 집을 산 사실이 대화의 요지이지 돈을 모으는 어려움(The difficulty of saving ~)을 주제로 하기엔 무리가 있다.

(c) The woman's preference for a house
➡ ②에서 큰 집을 좋아한다고 했지만 집에 대한 선호 자체를 주제로 고르기엔 무리가 있다.

(d) The high cost of the woman's new house

M: 우와, 정말 좋은 집이군요. 하지만, 이 집 사는 데 정말 어마어마한 돈이 들었겠군요.

W: 예, 누가 아니래요. 융자를 더 내야만 했어요.

M: 그래서, 이 집 산 것에 대해 후회하세요?

W: 그렇지는 않아요. 언제나 제 소유의 큰 집을 사고 싶었거든요.

M: 맞아요. 하지만 집 관리 비용이 걱정되는군요.

W: 외식비만 줄인다면, 괜찮을 것 같습니다.

Q: 이 대화에서 주로 이야기하는 것은 무엇인가?

(a) 집을 구입한 것에 대한 여자의 후회
(b) 집을 구입하기 위한 돈을 모으는 어려움
(c) 집에 대한 여자의 선호도
(d) 여자가 새로 구입한 집의 높은 가격

cost someone an arm and a leg 큰 비용이 들다, 어마어마한 돈이 들다 break the bank 파산하게 하다, 무일푼이 되게 하다 regret ~ing ~한 것을 후회하다 of one's own 자기 소유의, 자기 자신의 be concerned about ~에 대해 걱정[염려]하다 maintenance 유지, 관리, 보수 cut back on 줄이다, 절감하다 eat out 외식하다. remorse at[for] 후회

[해 | 설]

1. 어려운 주제잡기 문제 – 대화의 중심을 잡자!

주제를 고르는 문제가 항상 쉬운 건 아니다. 초반의 주제문과 더불어 중요한 세부사항 ①, ②, ③도 종합해서 판단해야 한다.

2. 끌리는 대의파악 문제의 오답을 주의하자.

(b)와 (c)도 고르기 쉬우나 대화의 지엽적이고 부분만을 강조했고 (d)만큼 전체 대화를 대변하지는 않는다.

[정 | 답 | 의 | K | E | Y]

여자는 비싼 큰 집을 사기 위해 무리를 한다.

[꼭 들어야 할 세부사항]

① 여자는 비싼 집을 사기 위해 융자를 내야 했다.

② 늘 큰 집을 갖고 싶어 했다.

③ 생활비를 줄여서 감당할 것이다.

[대화의 중심을 잡아야 하는 대의파악 문제]

주제문에서 정답 (d)를 유추할 수 있다.

(17-3) CHECK UP •••

Choose the option that best answers to the question.

1 (A)　(B)　(C)　(D)

2 (A)　(B)　(C)　(D)

1　M: I'd like to open an account here.

　W: What kind of account do you want, savings or checking?

　M: I need to write checks, so a checking account, please. ①

　W: OK, fill out this form, please. And you need to keep a minimum balance of 300 dollars in your checking account. ②

　M: What happens if I go below that amount?

　W: We will have to charge you a 30-dollar service fee every month. ③

　M: I see. Let me deposit 500 dollars first.

M: 계좌를 개설하고 싶습니다.

W: 자유예금을 원하시나요? 아니면 당좌예금이요?

M: 제가 수표를 사용해야 하기 때문에 당좌예금을 개설하고 싶습니다.

W: 그러시면 이 양식을 채워주세요. 그리고 적어도 300달러의 잔고를 넣어두셔야 합니다.

M: 그 이하가 되면 어떻게 되는 거죠?

W: 매달 30달러의 수수료를 부과하게 됩니다.

M: 알겠습니다. 우선 500달러를 입금하죠.

Q. Which is correct according to the conversation?

    (a) The man is working at the bank.
       ➡ man을 woman으로 바꿔 쓴다면 답으로 가능하다. 남녀 바꿔치기를 주의하자.

    (b) The man will make out personal checks.
       ➡ ①의 write checks를 바꿔 쓴 정답이다.

    (c) The man needs to deposit a minimum balance of 30 dollars.
       ➡ ②에서 30달러가 아닌 300달러 이상이라고 했다. 추론 문제는 숫자를 주의해야 한다.

    (d) The man pay a 30-dollar service fee to open a checking account.
       ➡ 핵심 구문 30 dollars service fee와 open a checking account를 조합한 오답이다.

open an account 계좌를 개설하다
write(make out) a check 수표를 발행하다
fill out the form 양식을 채우다 balance 잔고 deposit 입금하다

[해 | 설]

1. I'd like to ~ / I need to ~ / I want to ~ 다음 주제문이 나온다.
남자가 Checking account를 개설하고자 하는 내용이 전체의 주제이다.

2. You need to ~ / We will have to ~ 뒤에 들어야 할 주요 세부사항이 나온다.
300달러 이상의 잔고를 유지해야 하며 그렇지 않으면 30달러의 수수료를 내야 한다는 세부사항을 듣는다.

3. 선택지 (a), (b), (c), (d)에서 남녀 바꿔치기를 주의하자.
(a)에서 man을 woman으로 듣는다면 고를 수 있는 오답이다. 남녀의 행동이나 주장을 잘 정리하자.

[정 | 답 | 의 | K | E | Y]

남자가 계좌를 개설하고자 한다.

[꼭 들어야 할 세부사항]

① 남자는 당좌예금을 원한다.

② 개설을 하려면 잔고 300달러를 유지해야 한다.

③ 잔고를 유지 못하면 30달러의 수수료를 내야 한다.

[맞는 것 고르기 문제]

①을 바꿔 쓴 (b)가 정답이다.

2 W: May I help you, sir?

M: Yes, I really need to send this package to Hawaii ASAP.

W: If you send it by Overnight, it will arrive by tomorrow morning. ①

M: That would be fantastic. I need to send my son his wallet. He forgot to take it before leaving on vacation this morning. ②

W: Oh no! Then we had better get this package sent out right away. It'll only be $45.89.

M: Thank you. I'm so relieved now.

Q. What can be inferred about the man according to the conversation?

(a) He needs to send his wallet to his son.
➡ his wallet이 아닌 his son's wallet으로 바꾸면 답이 될 수 있다.

(b) He is flying to Hawaii this evening.
➡ 우체국에서 익일 배달로 보내고 있다.

(c) He knows his son will need the wallet right away.
➡ ②에서 언급되었다.

(d) He is relieved that the wallet will arrive in Hawaii this morning.
➡ this morning을 응용한 오답이다. this morning으로 next morning으로 바꾸면 가능하다.

W: 도와드릴까요?

M: 네, 이 소포를 하와이로 가능한 빨리 보내야 해요.

W: 익일 배달로 보내면 내일 아침 즈음에 도착할 거예요.

M: 그거 괜찮은데요. 제 아들에게 지갑을 보내야 해요. 오늘 아침에 휴가 차 떠났는데 지갑을 안 갖고 갔거든요.

W: 오, 이런. 그렇다면 이 소포를 당장 보내야겠네요. 45.89달러 밖에 안 될 거예요.

M: 고마워요. 이제 좀 안심이 되네요.

Q: 이 대화에 따르면 남자에 대해 알 수 있는 것은 무엇인가?

(a) 남자는 아들에게 그의 지갑을 보내야 한다.

(b) 남자는 오늘 저녁에 비행기를 타고 하와이로 갈 것이다.

(c) 남자는 아들이 지금 당장 지갑이 필요할 거라는 것을 알고 있다.

(d) 남자는 그 지갑이 오늘 아침 하와이에 도착할 거라는 것에 안심하고 있다.

package 소포 ASAP (= as soon as possible) 가능한 빨리 Overnight 익일 배달 서비스 relieve (고통 · 중압 등을) 경감하다

1. I need to ~ / I need 문장은 거의 주제문이다.

화자의 강한 의지가 담긴 I'd like to ~ / I need to ~ / I want to ~ 문장은 거의
주제문이다.

**2. 맞는 것 고르기 문제(Which is correct ~?)와 추론 문제는 대화중에 시간을 잘
들어야 한다.**

①의 tomorrow morning, ②의 this morning, right now를 잘 정리하지 않으면 (b),
(c), (d) 모두 헷갈리는 신택지이나.

[정 | 답 | 의 | K | E | Y]

남자는 하와이로 소포를 가능한 빨리 보내려 한다.

[꼭 들어야 할 세부사항]

① 익일 배달로 보내면 내일 아침까지 도착한다.

② 아들이 휴가를 가는데 지갑을 두고 갔다.

[추론 문제]

모든 대화를 종합해서 정답 (c)를 유추할 수 있다.

생활편의 2 〈전화 및 기타〉

POINT

★ Part 3 주제별 유형 중 자주 출제되는 전화 등의 기출문제 유형과 내용을 파악한다.

★ 관련 표현을 미리 익히며 대의파악 문제와 진위, 추론 문제에 따른 정답 고르기 연습을 한다.

1 출제 유형

1. 전화 문제는 Part 1~3까지 골고루 출제되며 주로 통화하고자 하는 당사자가 없을 때의 대화이다. 부재중일 때의 다양한 표현과 어떻게 메시지를 전달할 것인지를 듣는다.

2. 일반적으로 전화를 거는 사람, 받는 사람, 통화하고자 하는 대상 3명이 등장하므로 이름을 기억해야 추론 문제에서 어렵지 않게 정답을 고를 수 있다.

2 기초 다지기

한 번 듣고 다음 질문에 대답하세요.

1 Jenna는 누구와 통화하고 싶어 하는가?

(a) Jim　　　　　　　　　(b) Helen

2 Jenna가 전화한 이유는?

(a) 쇼핑을 갈 수 있는지 알아보려고

(b) 쇼핑을 잘 갔다 왔는지 물어보려고

3 How often do the Helen and woman go shopping?

(a) every week　　　　　　　(b) every month

M: This is Jim. Who's calling, please?

W: Hi, it's Jenna. Is Helen in?

M: I'm sorry, Jenna, but Helen is still at the office. Can I take a message?

W: Please ask her to let me know if she still wants to go shopping tomorrow.

M: Tomorrow? I wasn't aware that she planned on shopping tomorrow.

W: Oh, yes. We usually go shopping every weekend together.

1. (b) 2. (a) 3. (a)

Choose the option that best answers to the question.

1 (A)　(B)　(C)　(D)

M: This is Jim. Who's calling, please?

W: Hi, it's Jenna. Is Helen in?

M: I'm sorry, Jenna, but Helen is still at the office. Can I take a message?

W: Please ask her to let me know if she still wants to go shopping tomorrow. ①

M: Tomorrow? I wasn't aware that she planned on shopping tomorrow.

W: Oh, yes. We usually go shopping every weekend together. ②

Q. What can be inferred from the conversation?

(a) Helen works too late on the weekends.
➡ 헬렌이 늦게까지 일한다는 사실은 대화의 내용으로는 전혀 알 수 없다.

(b) Jim and Helen often go shopping weekends.
➡ Jim을 Jenna로 바꾼다면 답으로 가능하다.

(c) Helen and Jenna will probably see each other tomorrow.
➡ 두 사람이 만날 것을 100% 확신할 수 없으나 가장 답에 가깝다.

(d) Jim wants Jenna to buy him something.
➡ 남자가 뭘 사주길 바라는 내용은 어디에도 나오지 않았다.

M: 예, 짐입니다, 누구시죠?

W: 안녕하세요, 저는 제나라고 하는데요, 헬렌 있으면 바꿔주시겠어요?

M: 어쩌죠, 헬렌은 아직 회사에 있어요. 전하실 말씀이라도 있으세요?

W: 헬렌이 아직 내일 쇼핑을 가고 싶어 하는지 저에게 알려달라고 전해 주시겠어요?

M: 내일요? 헬렌이 내일 쇼핑 갈 계획이 있었는지 몰랐어요.

W: 아, 그러세요, 저희 매주 주말마다 쇼핑을 가거든요.

Q: 이 대화에서 알 수 있는 것은 무엇인가?

(a) 헬렌은 주말마다 늦게까지 일한다.

(b) 짐과 헬렌은 주말에 종종 쇼핑을 간다.

(c) 헬렌과 제나는 내일 만날 것이다.

(d) 짐은 제나가 무엇인가 사주기를 원한다.

be at the office 근무 중이다, 회사에 있다
take a message 메시지를 남기다
go shopping 쇼핑하러 가다

[해 | 설]

1. 전화 문제는 찾는 사람이 없는 경우가 대부분이다.

그래서 부재중(안 계세요.) 표현이 응답으로 나오며(Helen is still at the office.) 전화한 사람이 어떻게 연락을 취할지 방법이 나올 수 있다.

2. 추론 문제 What can be inferred ~?는 세부사항까지 자세히 들어야 한다.

이 질문은 43~45번에만 나오기 때문에 세부사항 특히, 전화 하는 사람, 받는 사람, 찾는 당사자 세 사람 이름을 전부 기억한다. 선택지 (a)~(d)에서 이름을 기억하지 못하면 정답 (c)를 고르기 힘들다.

[정 | 답 | 의 | K | E | Y]

1. 헬렌과 통화하고자 하는 제나

2. 마지막 문장에서 정답 (c)를 유추할 수 있다.

[꼭 들어야 할 세부사항]

① 제나와 헬렌은 매 주말마다 쇼핑을 한다.

② 헬렌이 내일 쇼핑을 가고 싶어 하는지 묻고 있다.

Choose the option that best answers to the question.

1 (A)   (B)   (C)   (D)

W: Roger, do you mind helping me?

M: Not at all. How can I help?

W: The computer screen just went out.

M: What did you do? What were you doing?

W: Nothing. I was just playing a computer game. ②

M: Maybe the computer is just restarting itself.

W: I hope that's the only reason.

M: I'm sure it is. The computer does this sometimes.

Q. What are the speakers discussing?

    (a) How to turn off the computer
    (b) An interesting computer game
       ➡ playing computer games만 응용한 오답이다.
    (c) How to restart the computer
       ➡ 본문의 restart만 응용한 오답이다.
    (d) A problem with the computer
       ➡ 주제문 The computer screen just went out.을 간단히 바꿔 쓴 구문이다.

[해 | 설]

주제를 고르는 문제이며 초반에 나오는 주제문을 바꿔 쓴 선택지를 정답으로 고르자.
주제문인 The computer screen just went out.을 바꿔 쓴 (d)가 정답이다.

[정 | 답 | 의 | K | E | Y]

여자는 컴퓨터 화면이 꺼져서 도움을 청한다.

[꼭 들어야 할 세부사항]

① 여자는 컴퓨터 게임을 하고 있었다.

② 남자는 재부팅되고 있다고 설명해준다.

[대의파악 문제]

주제문을 바꿔 쓴 (d)가 정답이다.

W: 로저, 절 조금만 도와주시겠어요?

M: 그럼요, 어떻게 도와드리면 되죠?

W: 컴퓨터 모니터가 그냥 꺼졌어요.

M: 어떻게 하셨어요? 무슨 일을 하고 있었어요?

W: 아무것도 안 했어요. 그냥 컴퓨터 게임 하던 중이었어요.

M: 아마 컴퓨터가 저절로 재시작하는 중인 것 같아요.

W: 다른 이유가 없었으면 좋겠어요.

M: 그럼요. 컴퓨터가 종종 그럴 때가 있어요.

Q. 남자와 여자는 무엇에 관해 논의 중인가?

(a) 컴퓨터 끄는 방법

(b) 재미있는 컴퓨터 게임

(c) 컴퓨터를 재시작하는 방법

(d) 컴퓨터와 관련된 문제

Do you mind ~? ~해도 될까요? **go out** 꺼지다, (불이) 나가다 **play a computer game** 컴퓨터 게임을 하다 **restart** 재시작하다, 재개하다 **turn off / on** ~을 끄다 / 켜다

〈시험에 반드시 나오는 집 · 은행 · 우체국 관련 필수 표현〉

[집 구하기 및 이사]

real estate agent = realtor 부동산 중개인

landlord 진주인 / landlady 여지 집주인

tenant 세입자

sign the lease[contract] 임대계약하다

renew the lease 임대계약을 갱신하다

The leases expired. 임대기간이 끝나다.

security deposit = down payment 보증금

rent 임대료 / utilities 공과금

Are the utility fees included in the rent?
집세에 공과금이 포함되나요?

Is the heating system central? 중앙난방식인가요?

Is public transportation near here?
대중교통이 가까이에 있나요?

Is subletting permitted? 재임대가 가능한가요?

studio (single) 원룸아파트

One bedroom apartment 방이 하나 있는 아파트 / Two bedroom apartment 방이 두 개 있는 아파트

Furnished house[unit] 가구가 딸린 집

movers 이사 대행업체

maintenance 관리실

vacate the house 집을 비우다

Can you install gas? 도시가스를 설치해주세요.

The tap is leaking. 수도가 새요.

There is no water. 물이 나오질 않아요.

The drain is clogged. 하수도가 막혔어요.

The toilet doesn't flush. 변기 물이 내려가지 않아요.

[은행 관련 표현]

teller 은행창구 직원

ATM (= Automated Teller Machine) 은행 자동화기기

savings account 자유 저축 예금

checking account 당좌 예금

bank statement 입출금 내역서

balance 통장 잔고

returned[bounced] check / rubber[bad] check
부도수표

mortgage loan 담보 대출 / collateral 담보물

credit standing 신용 상태 / credit reference 신용 조회

credit lines 대출 한도(액) / credit terms 대출 조건

I want to open an account. 계좌를 개설하고 싶어요.

Fill out this form. 이 양식을 작성해주세요.

May I see some proof of ID? 신분증 좀 보여주실래요?

I want to make a deposit. = I'd like to deposit money. 입금하고 싶습니다.

I want to make a withdrawal. = I'd like to withdraw money. = I want to take money out.
출금하고 싶습니다.

How would you like your money?
돈을 어떻게 드릴까요?

Could you endorse the check? 이서해주시겠어요?

Can you cash this check?
이 수표를 현금으로 바꿔주시겠어요?

Can you break a 100? 100달러를 잔돈으로 바꿔주시겠어요?

Could you change this to dollars?
달러로 바꿔주시겠어요?

What's the exchange rate today?
오늘 환율이 얼만가요?

I'd like to get a cash advance.
현금서비스를 받고 싶습니다.

I'd like to apply for a loan. 융자를 신청하고 싶어요.

I want to mortgage my house. 집을 담보로 하겠습니다.

[우체국 관련 표현]

stamp 우표 / a roll of stamps 우표 한 줄

postage 우편요금 / mail carrier 우편배달부

registered mail 등기우편 / express mail 속달

I'd like to send this registered letter.
이 편지를 등기로 부쳐주세요.

What is the postage for this letter?
이 편지에 얼마짜리 우표를 붙일까요?

I'd like to airmail this package.
이 소포를 항공편으로 부치고 싶습니다.

airmail 항공우편 / surface mail 일반우편

I'd like to insure this package for 100 dollars.
이 소포에 100달러의 보험을 들고 싶습니다.

The contents are fragile. 내용이 파손되기 쉽습니다.

〈시험에 반드시 나오는 전화·컴퓨터 관련 필수 표현〉

I'd like to send 1,000 by money order.
우편환으로 1,000달러를 송금하고 싶습니다.

Please forward my mail to my new address.
제 우편물을 새로운 주소지로 보내주세요.

Do you have custom packaging?
포장서비스가 되나요?

package = parcel 소포

courier service 택배회사

[전화 걸기·전화응대]

May I speak(talk) to Tom? 탐 바꿔주시겠어요?

Is Tom in[there, available]?

▶ 바꿔 줄 때

Hold on, please. = Hold the line. = Stay on the line. 잠시 기다리세요.

I'll put you through (to him) right away.
바로 바꿔 드릴게요.

I'll get him for you. = I'll connect you to him.
바꿔드릴게요.

I'll transfer you to his department.
그분이 계신 부서로 연결해드리겠습니다.

He will be right with you. 금방 받으실 겁니다.

▶ 부재중일 때

He's not in[available] at the moment.
지금 안 계신데요.

He's just stepped out. 방금 나가셨어요.

He's out for lunch. 점심 식사하러 나가셨어요.

He's out of town. 출타 중이세요.(출장 중이세요.)

He won't be back until the afternoon.
오후에나 들어오십니다.

▶ 통화중일 때

He's on another line. = The line is busy.
지금 통화중이십니다.

▶ 본인일 경우

This is he speaking. = Speaking. 접니다.

▶ 잘못 건 전화일 때

You have the wrong number. 전화 잘못 하셨어요.

There's no one here by that name.
여기엔 그런 분 안 계세요.

[전화 받기]

Can you get[take, answer] the phone?
전화 좀 받아주실래요?

Hello, (this is the) Thomson residence.
여보세요, 윌슨 씨 댁입니다.

Who's calling, please? = Who am I speaking to?
누구세요?

May I ask what this is about? = What is this regarding? 어떤 일 때문에 전화를 하셨나요?

[메시지 남기기]

When do you expect him? 언제 그분이 돌아오실까요?

Will you leave a message? = May I take you message? 메시지를 남기시겠어요?

Will you have him call me back?
전화를 달라고 해주시겠어요?

Will you give me a call[ring, buzz]?
전화주시겠어요?

I will call back. 다시 전화 드리겠습니다.

[기타 전화 관련 문제]

May I have extension 10? 내선 10번 연결해주세요.

Directory service. May I help you?
전화번호 안내입니다. 어떻게 도와드릴까요?

I can't get a dial tone. 통화음이 안 들리네요.

It's off the hook. 수화기가 내려져 있어요.

The connection is bad. 연결 상태가 안 좋아요.

There's too much static. = The line is noisy.
잡음이 심해요.

Call me on my cell phone. 휴대폰으로 전화주세요.

I'd like to have a phone installed[connected].
전화를 새로 가설하고 싶습니다.

[컴퓨터 관련 표현]

It keeps crashing. 계속 다운돼요.

It froze. 다운됐어요.

save 저장하다

insert 삽입하다

table 표

PART III•**Choose the option that best answers to the question.**

1 (A) (B) (C) (D)

2 (A) (B) (C) (D)

3 (A) (B) (C) (D)

4 (A) (B) (C) (D)

5 (A) (B) (C) (D)

6 (A) (B) (C) (D)

7 (A) (B) (C) (D)

위아텝스
LISTENING

인간관계를 나타내는 유형에서는 애정 및 갈등 관계를 제시하는 내용이 주로 출제된다. 특히 대화를 전개하는 두 사람의 관계와 상황을 파악해야 한다. 따라서 가장 먼저 두 사람의 관계를 파악하고, 두 사람의 대화 속에서 나타나는 심리적 상태를 파악한다. 두 사람이 호의적인 관계인지 적대적인 관계인지에 따라 질문의 유형과 답변이 달라진다.

빈출순위 6 :
인간관계 – 부탁, 조언, 애정, 갈등

인간관계 〈부탁, 조언, 애정〉

POINT

★ Part 3 주제별 유형 중 빠지지 않고 출제되는 부탁, 감정 관련 기출문제 유형과 내용을 파악한다.

★ 관련 표현을 미리 익히며 대의파악 문제와 진위, 추론 문제에 따른 정답 고르기 연습을 한다.

1 출제 유형

❶ 부탁

Part 3에서 가장 많이 나오는 주제 중의 하나이다. 숙제도움 요청, 집 봐주기, 업무협조 요청 등 다양한 내용이 나온다.

❷ 축하

직장에서의 승진축하, 대학 · 대학원 입학 등의 내용이 나온다.

❸ 칭찬

직장에서의 업무(특히 프레젠테이션을 잘 했을 때)와 관련된 내용이 나온다.

❹ 애정 문제

약혼, 결혼초청, 남녀의 헤어짐 등에 관한 문제가 출제되었다. 특히 남녀가 제 3, 제4의 인물에 대해 언급하는 경우도 많기 때문에 언급되는 이름을 신경 써서 들어야 한다.

(18-1) 2 기초 다지기

한 번 듣고 다음 질문에 대답하세요.

1 결혼초대장을 준 사람은 누구인가?

(a) 여자　　　　　　　　　(b) 남자

2 John Smith는 누구인가?

(a) Woman's fiancee　　　　　(b) Man's close friend

3 John Smith의 직업은 무엇인가?

(a) lawyer　　　　　　　　(b) stock broker

M: What's this? Are you getting married?

W: Sure I am. That's an invitation. I'd be happy if you could come.

M: Wow! Congratulations! Who's the lucky guy?

W: Maybe you know him. We all went to the same University.

M: You're saying John Smith? The stock broker?

W: Right. We went out from time to time.

M: I didn't know that. I think you two are right for each other.

(18-2) **3 기출예제 분석**

Choose the option that best answers to the question.

1 (A)   (B)   (C)   (D)

M: What's this? Are you getting married?

W: Sure I am. That's an invitation. I'd be happy if you could come.

M: Wow! Congratulations! Who's the lucky guy?

W: Maybe you know him. We all went to the same University. ①

M: You're saying John Smith? The stock broker? ②

W: Right. We went out from time to time.

M: I didn't know that. I think you two are right for each other.

Q. Which is correct according to the conversation?
  (a) The man and John went to the same school.
    ➡ ①에서 유추할 수 있다.
  (b) The man hasn't seen the woman for a long time.
    ➡ 오랜만에 만났다고 보기는 어렵다.
  (c) The woman introduced her fiancee to the man.
    ➡ 모두 대학동창이며 소개한 사실까지는 알 수 없다.
  (d) The speakers and John majored in the same subject.
    ➡ 같은 학교를 다녔지 같은 과목을 전공했는지는 알 수 없다.

M: 이게 뭐죠? 결혼하세요?

W: 예, 그래요. 초대장이에요. 오시면 좋을 것 같아요.

M: 와! 축하해요! 신랑은 누구죠?

W: 아마 알 걸요. 우리 모두 같은 대학 다녔어요.

M: 존 스미스 말인가요? 주식중개인이요?

W: 예, 가끔 만나곤 했죠.

M: 몰랐네요. 두 사람이 천생연분인 듯해요.

Q. 대화에 의하면 무엇이 옳은가?

(a) 남자와 존은 같은 학교에 다녔다.

(b) 남자는 여자를 오랜만에 만났다.

(c) 여자는 약혼자를 남자에게 소개시켜주었다.

(d) 남녀와 존은 같은 과목을 전공했다.

invitation 초청장 go to the same school 동창이다 stock broker 주식중개인 go out 데이트하다 be right for each other 천생연분이다

[해 | 설]

제3의 인물이 등장하면 서로의 관계를 잘 정리하자.

남녀와 신랑 세 명 모두가 동창인 사실, 신랑이 주식중개인인 점, 여자와 신랑이 오래 전부터 때때로 데이트를 한 세부사항을 (a)~(d)에서 섞어서 오답을 만들 수 있으니 메모하면서 듣도록 한다.

[정 | 답 | 의 | K | E | Y]
여자는 남자를 결혼식에 초대한다.

[꼭 들어야 할 세부사항]
① 남녀와 여자의 신랑은 모두 동창이다.
② 신랑은 주식중개인이다.

[맞는 것 고르기 문제]
①에서 유추해서 정답 (a)를 고를 수 있다.

18-3 CHECK UP•••

Choose the option that best answers to the question.

1 (A) (B) (C) (D)

2 (A) (B) (C) (D)

3 (A) (B) (C) (D)

---

1 M: Thanks again for working during your vacation.

W: Don't mention it. So what do you need me to do?

M: I'm short of a waitress tonight, so I need you to fill in.

W: Wait tables? But I've never done that before. ①

M: It's okay. You'll be fine. I'll train you right now. ②

W: Alright, but please go easy on me if I make a mistake.

M: Of course, no one's perfect.

Q. Which is correct according to the conversation?
(a) The man expects the woman to be a perfect waitress.
➡ ②에서 여자가 경험이 없어도 무방하다고 했다.
(b) The woman has experience as a waitress.
➡ ①에서 여자가 경험이 없다고 했으며 has를 doesn't have로 바꾼다면 답으로 가능하다.
(c) The woman is a short waitress.
➡ 대화의 short를 응용한 오답이다.
(d) The man needs one more waitress tonight.
➡ 주제문을 바꿔 쓴 정답이다.

M: 휴가 기간 동안 일을 해줘서 다시 한 번 고마워요.

W: 천만에요. 제가 무엇을 해드리면 좋을까요?

M: 오늘 밤 웨이트리스가 부족한데, 그 자리를 채워줬으면 하는데, 괜찮겠어요?

W: 웨이터 말입니까? 근데, 저 해본 적이 없어서요.

M: 괜찮습니다. 잘 하실 수 있을 겁니다. 지금 가르쳐드릴게요.

W: 알겠습니다. 하지만, 실수하더라도 너그러이 봐주세요.

M: 당연하죠. 완벽한 사람이 어디 있겠습니까.

Q: 이 대화에 따르면 맞는 것은 무엇인가?

(a) 남자는 여자가 최고의 웨이트리스가 되길 기대한다.

(b) 여자는 웨이트리스 경험이 있다.

(c) 여자는 키가 작은 웨이트리스이다.

(d) 남자는 오늘 밤 웨이트리스가 한 명 필요하다.

---

fill in 메우다, 채워 넣다 **wait table** 식사 시중을 들다, 웨이터(웨이트리스)일을 하다 **go easy on** 관대히 대하다, 너그러이 대하다.

1. I need you to ~ / I want you to ~는 명령에 가까운 부탁이며 주제문이 된다.
남자는 비교적 강한 어투의 I need you to ~로 여자가 식당일 도와주길 부탁하고 있다.

2. 과거의 경험(여자가 식당일 경험이 있는지 없는지)을 잘 듣자.
①에서 여자가 식당일을 해본 적이 없다는 과거의 경험 유무는 선택지 (b)처럼 오답으로 자주 언급된다.

[정 | 답 | 의 | K | E | Y]
남자가 여자에게 웨이트리스 일을 도와주길 요청하고 있다.

[꼭 들어야 할 세부사항]
① 여자는 웨이트리스 일을 해본 적이 없다.
② 남자는 괜찮으니 해달라고 요청한다.

[맞는 것 고르기 문제]
주제문에서 (d)를 유추할 수 있다.

2

M: Why is Arabic so difficult to learn? Isn't there an easy way?

W: How about watching television programs in Arabic? ①

M: But are there any Arabic television stations in our area?

W: Not really, although Channel 5 sometimes has shows in Arabic. ②

M: Really? At what time are the shows on?

W: I think every weekend at seven in the evening. ③

Q. What can be inferred from the conversation?
  (a) The man doesn't have time to learn Arabic.
    ➡ 전혀 언급되지 않았다.
  (b) The man might begin to watch Arabic television shows.
  (c) The woman is an expert at speaking Arabic.
    ➡ 여자가 권하기만 했지 아랍어 구사 여부는 알 수 없다.
  (d) The man needs to get cable to learn Arabic.
    ➡ 케이블을 신청해야 한다는 사실은 언급되지 않았다.

M: 왜 이렇게 아랍어 배우기가 힘들지? 쉬운 방법이 없을까?
W: 아랍어 TV 방송을 보는 건 어때?
M: 이 지역에 아랍어 방송국이 있어?
W: 없어, 하지만 채널 5번에서 아랍어 방송을 보여줘.
M: 정말이야? 그럼 몇 시에 그 방송을 볼 수 있지?
W: 매주 주말 저녁 7시인 것 같아.

Q: 이 대화에서 알 수 있는 것은 무엇인가?
(a) 남자는 아랍어 배울 시간이 없다.
(b) 남자는 아마 아라비아 방송을 보기 시작할 것이다.
(c) 여자는 아랍어에 능숙하다.
(d) 여자는 아랍어를 배우기 위해 케이블 방송을 신청해야 한다.

a television station TV 방송국

[해 | 설]

1. 대화에서 How about ~? 뒤에는 중요한 제안이 나오기 때문에 신경 써서 듣자.
아랍어를 쉽게 배울 수 있는 방법에 대한 조언을 구하는 문제이며 제안문 How about ~? 혹은 Why don't you ~? 문장에 대부분의 단서가 있다.

2. 선택지에서 might, may, some 등이 있으면 정답일 가능성이 많다.
추론 문제는 특정한 부분보다 전체를 통합해서 답을 골라야 하는 경우가 많다. 정답 (b)는 전반적인 대화를 듣고 여자가 상당히 관심 있어 한다는 걸 종합 유추해서 고를 수 있으며 might, may 혹은 some 등은 확실한 단정을 피하는 단어라 추론 문제의 답에서 자주 등장한다.

[정 | 답 | 의 | K | E | Y]
남자는 아랍어를 쉽게 배울 수 있는 방법에 대해 조언을 구한다.

[꼭 들어야 할 세부사항]
① 여자는 TV 프로그램을 볼 것을 제안한다.
② 채널 5번에서 아랍어방송을
③ 매 주말 저녁 7시에 방영한다고 한다.

[추론 문제]
남자의 제안에 여자가 상당한 관심을 보이고 있기 때문에 (b)를 고를 수 있다.

---

3 M: Wow! What a nice award!

W: Oh, it's really nothing, but thanks.

M: You are way too modest. Who else has received the First Civilian's Award?

W: But I'm not that pleased with the publicity. ①

M: I wouldn't let that put a damper on your achievement.

W: I guess you're absolutely right.

Q. Why is the woman embarrassed?
(a) She has not received any money.
(b) The award is too big for her.
(c) She is uncomfortable in the limelight.
➡ 문장 ①에서 유추할 수 있다.
(d) The man does not want to speak to the woman.

M: 우와! 굉장한 상을 받았네!

W: 오, 별거 아니야, 아무튼 고마워.

M: 너는 너무 겸손해. 최고 시민상을 너 말고 누가 받겠어?

W: 그런데 사람들에게 알려지는 건 기쁘지는 않아.

M: 나라면 공개하지 않는 것 때문에 너의 공적이 바래게 하지 않을 거야.

W: 그래. 너의 말이 맞아.

Q: 여자가 부끄러워한 이유는 무엇인가?
(a) 여자는 돈을 받지 못해서
(b) 상이 여자에겐 너무 과해서
(c) 여자는 주목 받는 것을 불편해 해서
(d) 남자가 여자와 말하고 싶지 않아해서

put a damper on ~에 찬물을 끼얹다
modest 겸손한 pleased with ~을 기뻐하는
publicity 공개, 공시

[해 | 설]
Why ~? 문제는 특정한 부분만을 골라 묻는 문제이다.
질문에 맞춰(Why is the woman embarrassed?) 두 번째 대화를 들을 때 그 부분만 듣도록 한다. ① I'm not pleased ~에서 답을 유추할 수 있으며, 이를 바꿔 쓴 (c)가 정답이다.

[정 | 답 | 의 | K | E | Y]
여자가 상을 받아 남자가 축하해주고 있다.

[꼭 들어야 할 세부사항]
① 여자는 사람들에게 알려지는 걸 그다지 좋아하지 않는다.

[특정한 부분을 골라 묻는 Why ~? 질문]
①을 바꿔 쓴 (c)가 정답이다.

인간관계 〈갈등〉

POINT

★ Part 3 주제별 유형 중 빠지지 않고 출제되는 갈등 관계 기출문제 유형과 내용을 파악한다.

★ 관련 표현을 미리 익히며 대의파악 문제와 진위, 추론 문제에 따른 정답 고르기 연습을 한다.

1 출제 유형

❶ 이웃 소음

개 짖는 소리, 음악소리, 시끄러운 파티, 아파트 위층에서 쿵쾅거리는 소리 등으로 고민을 털어놓는 대화. 소음으로 여러 번 직접 이야기해 봤으나 소용이 없고 결국은 경찰에 신고하는 결론이 나올 수도 있다.

❷ 특정인에 대한 불평을 토로하기

직장에서의 힘든 점, 집이나 기숙사와 관련된 불평 등이 많이 출제됐으며 대화 당사자는 위로해주거나 적절한 조언을 해준다.

❸ 갈등과 다툼

Part 3에서 남녀가 말다툼을 하는 대화도 있으나 대부분은 제3자 혹은 제4자 가의 다툼 등의 소문을 근거로 원인과 과정을 묻는 대화가 주를 이룬다.

❹ 불만 제기

주로 서비스를 제공하는 곳(식당, 가게에서 반품)에서 주로 출제되었다. 불만을 제기하는 원인과 어떤 처리를 원하는지를 듣도록 한다.

❺ 경고

- 직장에서 상사가 부하에게 하는 지각 혹은 근무태만에 대한 경고
- 학교에서 교수가 학생에게 하는 지각 · 결석 혹은 성적저하에 대한 경고
- 자동차 등 안전에 대한 경고

2 기초 다지기

한 번 듣고 다음 질문에 대답하세요.

1 시끄러운 이웃은 어디에 사는가?

(a) upstairs   (b) downstairs

2 남자는 시끄러운 이웃에 대해 불만을 직접 말해본 적이 있는가?

(a) 많다   (b) 없다

3 How will the woman take care of the noisy neighbor?

(a) She will yell at them.   (b) She will call the police.

M: What's with that racket downstairs again?

W: Well, why don't you go down and talk to him about it?

M: I've tried many times before without success.

W: So maybe you should yell at him this time.

M: I don't want to breed ill will between us.

W: Okay then, let's just call the police this time.

1. (b) 2. (a) 3.(b)

Choose the option that best answers to the question.

1 (A)   (B)   (C)   (D)

M: What's with that racket downstairs again?

W: Well, why don't you go down and talk to him about it?

M: I've tried many times before without success. ①

W: So maybe you should yell at him this time.

M: I don't want to breed ill will between us.

W: Okay then, let's just call the police this time. ②

Q. What is the main topic of the conversation?

  (a) Why the person downstairs is so loud
  (b) How to handle a noisy neighbor
  (c) How to avoid a confrontation
  (d) Why the man dislikes the noise

[해 | 설]

1. 이웃 소음 – 정해진 스토리

각종 이웃 소음으로 ①처럼 가서 이야기해 봤으나 소용없어서 고민을 토로하며 ②와 같이 경찰을 부르자는 결론. 거의 똑같은 내용의 대화가 매번 출제된다.

2. 의외로 어려운 의문사 의문문 선택지 고르기

정답 (b)는 주제문과 ②를 종합해서 고를 수 있는 정답이다. 의문사로 시작되는 선택지는 주로 대의파악 문제의 선택지로 제시되며 가능한 전체 대화 내용을 다 고려해야 한다.

[정 | 답 | 의 | K | E | Y]

이웃소음으로 고민하는 남자

[꼭 들어야 할 세부사항]

① 남자는 소음으로 여러 번 이야기해 보았으나 소용없다.

② 여자는 경찰을 부를 것을 제안한다.

[대의파악문제]

주제문과 ②의 결론 문장을 종합하면 정답 (b)를 고를 수 있다.

M: 아래층에 도대체 무엇 때문에 이렇게 시끄럽죠?

W: 음, 아래층에 내려가서 애기를 해 보는 게 어때요?

M: 이전에 몇 번이나 해봤지만 소용이 없었어요.

W: 그럼 이번에는 소리라도 질러야겠는걸요.

M: 아래층 사람과 악감정이 생기는 것은 원치 않아요.

W: 그럼, 알겠어요. 이번에는 그럼 경찰에 신고해요.

Q: 이 대화에 주제는 무엇인가?

(a) 아래층에 사는 사람이 시끄러운 이유

(b) 시끄러운 주민을 대하는 방법

(c) 대면하는 것을 피하는 방법

(d) 남자가 소음을 싫어하는 이유

racket(= noise) 소동, 소음 downstairs 아래층에 take yell at 큰소리치다, 소리 지르다 brood 골똘히 생각하다 (on, over) ill will(⇔ good will) 적의, 악감정 call the police 경찰에 신고하다 handle(= deal with, cope with, treat) 다루다 confrontation 대면, 대립

Choose the option that best answers to the question.

1 (A)　(B)　(C)　(D)

2 (A)　(B)　(C)　(D)

3 (A)　(B)　(C)　(D)

1　M: It is just too hot in my apartment.

　　W: Didn't you say that the entire building's air conditioner was broken? ①

　　M: I thought so. What about your place? Is it hot too?

　　W: No, my air conditioner is working just fine. ②

　　M: You are so lucky. I heard my air conditioner won't be repaired until next week. ③

　　W: Well, you can always stay at my place until your air conditioner is fixed.

　　Q. What can be inferred from the conversation?

　　(a) The man and woman live in different buildings.
　　　➡ ①과 ②를 미루어 보아 다른 건물에 살고 있음을 알 수 있다.
　　(b) The woman will repair the man's air conditioner.
　　　➡ repair만 응용한 오답이다.
　　(c) The man will stay at the woman's place next week.
　　　➡ 여자 집에서 지낼 것을 제안한 내용과 다음 주를 조합한 오답이다.
　　(d) The woman fixed her air conditioner recently.
　　　➡ 대화로는 알 수 없는 내용이다.

M: 아파트 너무 더워.

W: 아파트 전체 에어컨이 고장 났다고 하지 않았어?

M: 그렇게 말했던 것 같아. 너희 집은 어떠니? 너희 집도 덥니?

W: 아냐, 우리 집 에어컨은 잘 작동돼.

M: 정말 운 좋다. 다음 주까지 우리 집 에어컨은 고칠 수 없다고 들었어.

W: 그럼, 너희 집 에어컨이 고쳐질 때까지 우리 집에서 지내도 돼.

Q: 이 대화에서 알 수 있는 것은 무엇인가?

(a) 남자와 여자는 서로 다른 건물에 살고 있다.

(b) 여자는 남자의 에어컨을 수리해줄 것이다.

(c) 남자는 다음 주에 여자의 집에서 지낼 것이다.

(d) 여자는 최근 그녀의 에어컨을 고쳤다.

be broken 고장 나다, 부서지다
be repaired, be fixed 고쳐지다, 수리되다

[해 | 설]

1. 추론 문제의 답은 세부사항을 모두 종합해서 정답을 유추해야 한다.

두 사람이 다른 건물에 산다고는 어디에도 언급되지 않았지만 ①과 ②에서 추론할 수 있다.

2. 대화에 알 수 없는 내용은 오답처리 한다.

선택지 (c)와 (d)는 대화로는 추론하기 힘든 오답이다.

[정 | 답 | 의 | K | E | Y]

남자는 아파트가 너무 더워 불평을 하고 있다.

[꼭 들어야 할 세부사항]

① 남자쪽 건물 전체가 냉방이 잘 안 된다.

② 여자쪽은 냉방이 잘 된다.

③ 냉방은 다음 주나 돼야 정상이 될 것이다.

[추론 문제]

①과 ②에서 정답 (a)를 추론해낼 수 있다.

---

2 M : Hey, Amy. Are you and Kate upset with each other?

W : Well, kind of.

M : Why? What happened?

W : Well, I heard she was seeing my boyfriend, Jack. So I had it out with her. ①

M : So, what did she say?

W : She denied it, then I found out I was wrong. But now she is mad at me.

Q. What is the conversation mainly about?

(a) Kate and Amy's disagreement
➡ 대화의 첫 부분만 들었을 때 고를 수 있는 오답이다.

(b) Amy's break-up with her boyfriend
➡ 남자친구와 헤어졌다는 사실은 전혀 언급되지 않았다.

(c) Kate's secret date with Amy's boyfriend
➡ ①만 들으면 자칫 고를 수 있는 오답이다.

(d) Amy's misunderstanding about Kate
➡ 마지막 주제 문장에서 (d)를 유추해 고를 수 있다.

M: 에이미, 케이트와 서로 싸웠어요?

W: 예, 좀 그래요.

M: 무슨 일이죠?

W: 내 남자 친구 잭을 만나고 있다고 들어서 케이트와 한바탕 했어요.

M: 케이트는 뭐라고 하던가요?

W: 그녀는 아니라고 했고 내가 잘못 알고 있다는 걸 알게 됐어요. 하지만 케이트가 나에게 화가 났어요.

Q. 무엇에 관한 대화인가?

(a) 케이트와 에이미의 의견 불일치

(b) 에이미의 남자 친구와의 결별

(c) 에이미 남자 친구와 케이트의 비밀 데이트

(d) 에이미의 케이트에 대한 오해

---

upset with ~ ~에게 화가 난
see somebody 교제하다
have it out with ~ ~와 한바탕하다
mad at ~ ~에 화가 난

[해 | 설]

1. 마지막에 주제가 있는 대화이다.

보통의 Part 3 대화는 초반부에 있지만 위의 대화에서는 끝에 대화 전체의 주제가 있다.

2. 제3의 인물 혹은 제4의 인물(Kate, Jack)이 등장할 땐 메모를 해가며 듣자.

선택지 (a)~(d)를 고를 때 이름이 언급되기 때문에 꼭 주의하며 들어야 한다.

[정 | 답 | 의 | K | E | Y]

여자와 케이트와의 다툼

[꼭 들어야 할 세부사항]

① 여자는 케이트가 남자 친구와 만난다고 오해를 해서 케이트와 다툰다.

② 결국은 여자의 오해였음이 밝혀진다.

[주제문이 마지막에 있는 대의파악 문제]

마지막 문장에서 추론하여 정답 (d)를 고를 수 있다.

M: Please slow down. You are driving way too fast.

W: Am I? Isn't the speed limit only 55 miles an hour on this road?

M: Yes, but it is raining right now and the roads are slick. ①

W: It's only a drizzle. There's no need to worry. ②

M: But we're the only car that hasn't slowed down due to the rain.

W: If you're so worried, why don't you drive instead? ③

M: Maybe I will. Stop at the next gas station and we'll switch seats.

Q. What can be inferred from the conversation?

  (a) The weather conditions are extremely poor.
    ➡ ②에서의 이슬비(drizzle)를 날씨가 매우 나쁘다고 말할 수는 없다.

  (b) The car has a serious malfunction.
    ➡ 고장과는 상관없는 날씨이다.

  (c) The woman doesn't want to listen to the man's advice.
    ➡ ②와 ③을 종합해서 유추할 수 있다.

  (d) The man is at the wheel at the moment.
    ➡ 남자를 여자로 바꾼다면 답이 된다.

M: 속도 좀 줄이세요. 너무 빨리 운전하고 있어요.

W: 제가요? 이 도로에서 제한 속도가 시속 55마일까지 아닌가요?

M: 네, 하지만 지금 비가 와서 길이 미끄러워요.

W: 그냥 이슬비인데요. 걱정할 필요 없어요.

M: 하지만, 비 때문에 속력을 줄이지 않는 차는 우리 차뿐이에요.

W: 그렇게 걱정이 되면 대신 운전하시겠어요?

M: 그래야겠어요. 다음 주유소에 차를 세우세요, 그리고 자리 바꿔요.

Q: 이 대화에서 추론할 수 있는 것은 무엇인가?

(a) 날씨가 매우 나쁘다.

(b) 자동차가 심하게 고장 났다.

(c) 여자는 남자의 충고를 들으려 하지 않는다.

(d) 남자가 현재 운전을 하고 있다.

---

drizzle 이슬비 **speed limit** 제한 속도 **slick** 미끄러운 **due to** ~ 때문에 **slow down** 속도를 줄이다 **gas station** 주유소 **at the wheel** 운전 중인

[해 | 설]

1. 명령문, 제안문(Why don't you ~?)은 대화의 중요한 뼈대를 이룬다.
첫 문장 주제문에서 Slow down만으로 대의파악을 할 수 있으며, 마지막 결론 ③에서 여자는 남자의 충고를 듣고 싶지 않다는 사실을 알 수 있다.

2. 추론문제는 대화의 느낌을 잘 파악하자.
②와 ③에서 여자는 충고에 대한 반발심이 많음을 알 수 있으므로 정답 (c)를 유추해 낼 수 있다.

[정 | 답 | 의 | K | E | Y]

여자가 속도를 너무 내기 때문에 남자가 주의를 주고 있다.

[꼭 들어야 할 세부사항]

① 비가 와서 길이 미끄럽다.

② 여자는 보슬비라 걱정할 필요가 없다고 한다.

③ 남자가 잔소리를 계속하자 그럼 차라리 대신 운전을 하라고 한다.

[추론 문제]

②와 ③을 종합하여 정답 (c)를 고를 수 있다.

〈시험에 반드시 나오는 인간관계 관련 필수 표현〉

[애정 관계 필수 표현]

He is single. 그는 애인이 없어요.

Are you seelng (dating) anyone these days'?
요즘 만나는 사람 있니?

Is he spoken for? 저 사람 임자 있니?

I'll set you up with a friend of mine.
내 친구 소개팅 시켜줄게.

I have a crush on her. 나는 그녀에게 홀딱 반했어.

He asked her out on a date.
그가 그녀에게 데이트 신청을 했어요.

I went out with him last night.
난 그 사람과 어제 데이트했어요.

Mr. Right / Miss Right
결혼상대로 이상적인 남자 / 여자

We're engaged. 우리 약혼했어요.

He proposed to me. 그가 결혼신청을 했어요.

pop the question 결혼신청하다

When is your big day? 결혼식이 언제죠?

tie the knot 결혼하다

He married Jane. 그는 제인과 결혼했다.

He got married to the first girl he went out with.
그는 처음으로 사귄 여자와 결혼을 했다.

Prince Charming 백마 탄 왕자님

We're through. = We broke up. = We split up.
우리 끝났어요.

I got dumped. 나 채였어요.

She's giving me th cold shoulder.
그녀가 나에게 차갑게 대해요.

[부탁 표현]

Can you watch my house?
집 좀 봐주실래요?

Can you babysit my son?
우리 아들 좀 봐주실래요?

Can you tape the show?
그 쇼를 녹화해주실래요?

Can you give me an extension on this paper?
이 보고서를 연장 좀 해주시겠어요?

[조언 구하기 표현]

I failed the test again. What should I do?
또 시험에 떨어졌는데 어떻게 하죠?

My boss is giving me a hard time.
상사가 날 힘들게 하고 있어요.

I didn't get a promotion again. 또 승진을 못 했어요.

[축하]

Congratulations! = Congrats! 축하해요!

Good for you! 잘 됐네요!

I'm happy for you! 저도 기쁘네요!

Best wishes on your wedding. 결혼 축하해요.

Best of luck. = I wish you all the best.
행운을 빌어요.

I'll keep my fingers crossed for you.
행운을 빌어요.

Happy anniversary! 기념일 축하해요!

Congratulations on becoming the valedictorian.
수석 졸업 축하해요.

I hope things always work out for you.
모두 잘 되실 바래요.

[칭찬]

Good job! = Well done! = Way to go!
잘 했어요!

You're out of this world. 당신 최고예요.

You deserve it. = You earned it.
당신은 그럴 만한 자격이 있어요.

You've earned the award.
당신은 상 받을 만한 자격이 있어요.

I've got to hand it to you.
정말 대단하네요.

You're step above me.
당신이 나보다 한 수 위군요.

You're a jack-of-all-trades.
팔방미인이시네요.

Let's give him a big hand.
그에게 큰 박수를 보내줍시다.

[칭찬에 대한 응답]

Thank you for the compliment.
칭찬 감사합니다.

Thank you for the kind words.
친절한 말씀 감사합니다.

I'm flattered. 과찬이세요.

I'll keep on trying my best.
앞으로 더욱 열심히 할게요.

I don't deserve it.
칭찬 받을 자격이 없어요.

I couldn't have done it without you.
당신 없이는 하기 힘들었을 거예요.

[이웃 소음]

I can't stand the barking dogs.
개 짖는 소리를 참을 수 없어요.

The noise drives me crazy.
소음 때문에 미칠 것 같아요.

I'm fed up with the deafening music.
귀가 찢어질 것 같은 음악소리가 지긋지긋해요.

Can you keep(turn) it down?
소리 좀 낮춰주실래요?

[집 · 기숙사 불평]

The food in the dormitory is terrible.
기숙사 음식이 끔찍해.

My roommate is messy.
내 룸메이트가 지저분해.

The faucet is leaking.
수도가 새다.

We'll send someone you soon.
곧 사람을 올려 보내서 봐드릴게요.

maintenance 관리실(관리)

[경고]

You're late for work again.
또 직장에 늦었네요.

Don't make personal calls at work.
직장에서 사적인 전화는 하지 마세요.

You missed the class again.
또 수업을 빠졌군요.

ACTUAL TRAINING

PART III•Choose the option that best answers to the question.

1 (A) (B) (C) (D)

2 (A) (B) (C) (D)

3 (A) (B) (C) (D)

4 (A) (B) (C) (D)

5 (A) (B) (C) (D)

6 (A) (B) (C) (D)

7 (A) (B) (C) (D)

LISTENING

사회적인 이슈와 문제들을 제시하는 대화에서는 최근 문제가 되는 주변적인 일을 주제로 한다. 따라서 두 사람의 대화에서 제시하는 주제가 무슨 문제를 다루고자 하는지를 먼저 파악하고, 그에 대한 대안이나 두 사람의 입장을 정리하는 것이 필요하다. 두 사람의 입장에 따라 질문의 의도와 답변이 달라질 수 있으므로 대화의 흐름을 놓치지 않도록 유의하자.

UNIT 19
빈출순위 7 :
사회 이슈 및 기타

사회 이슈 및 기타 〈사회 이슈〉

POINT

★ Part 3 주제별 유형 중 빠지지 않고 출제되는 사회 이슈 관련 기출문제 유형과 내용을 파악한다.

★ 관련 표현을 미리 익히며 대의파악 문제와 진위, 추론 문제에 따른 정답 고르기 연습을 한다.

1 출제유형

❶ 선거

- 상대방에게 출마를 권유하는 내용
- 대통령 · 시장 선거 등에 대해 남녀가 상반된 의견을 나누는 대화

❷ 불만 제기

서비스를 제공하는 곳(식당, 가게에서 반품)에서 주로 출제되었다. 불만을 제기하는 원인과 어떤 처리를 원하는지를 듣도록 한다.

❸ 사회 문제에 대한 토론

공공요금 인상, 세금인상, 파업에 관한 문제에 대해 남녀가 상반된 의견을 펼치기 때문에 각각의 주장을 잘 정리해야 한다.

(19-1) 2 기초 다지기

한 번 듣고 다음 질문에 대답하세요.

1 남자가 여자에게 무엇을 권하고 있는가?

(a) 회사에 빨리가기　　　　　　(b) 출마하기

2 What does the woman think of Richard?

(a) good for president　　　　　(b) bad for president

3 여자는 결국 어떻게 할 것인가?

(a) 남자의 충고대로 한다.　　　　(b) 남자의 제안을 거절한다.

M: Carol, perhaps you should consider running for the office again.

W: No, I've already thought about it and I don't think I will this year.

M: But did you hear that Richard wants to be nominated?

1. (b) 2. (b) 3. (a)

W: Oh my, but he would make an awful President.

M: And you'd make such a better President than him.

W: Now that he may be nominated, I should reconsider.

 3 기출예제 분석

Choose the option that best answers to the question.

1 (A)　(B)　(C)　(D)

M: Carol, perhaps you should consider running for the office again.

W: No, I've already thought about it and I don't think I will this year.

M: But did you hear that Richard wants to be nominated ①

W: Oh my, but he would make an awful President.

M: And you'd make such a better President than him.

W: Now that he may be nominated, I should reconsider. ②

Q. What is the conversation mainly about?

　(a) The man is persuading the woman to run for President.
　　➡ 주제문을 바꿔 쓴 정답이다.

　(b) The woman wants Richard to go to work with her.
　　➡ run for the office의 뜻을 모르면 고를 수 있는 오답이다.

　(c) The woman thinks Richard would make a bad President.
　　➡ 분명히 언급되었으나 주제로 볼 수는 없다.

　(d) The man wants to help the woman become President.
　　➡ 출마를 하라고 설득을 하고 있지 '돕는' 건 아니다.

M: 캐롤, 이번에 다시 회장 선거에 출마해야 해요.

W: 아니에요, 이미 생각해봤는데 올해에는 출마하지 않을 거예요.

M: 하지만, 리차드가 회장 후보로 지명되길 원하고 있다는 얘기 들었어요?

W: 오, 이런. 그런데 리차드는 형편없는 회장이 될 거예요.

M: 당신이 리차드보다 더 나은 회장이 될 것 같아요.

W: 리차드가 후보로 지명될지도 모르니까, 한번 생각해봐야겠군요.

Q: 대화에서 주로 이야기하는 것은 무엇인가?

(a) 남자가 여자에게 회장 선거에 출마하라고 설득하고 있다.

(b) 여자는 리차드가 직장에 그녀와 같이 갈 것을 원하고 있다.

(c) 여자는 리차드가 좋지 않은 회장이 될 것이라 생각한다.

(d) 남자는 여자가 회장에 선출되도록 돕고자 한다.

run for President 회장 선거에 출마하다
nominate (선거 · 임명의 후보자로서) 지명하다,
임명하다 awful 심한, 지독한 wait and see
서두르지 않고 지켜보다 persuade 설득하다

[해 | 설]

1. You should ~ / I should ~ 등은 강한 권유 혹은 의지를 나타내며, 주제 혹은 결론을 알려준다.

첫 문장 주제문에서 You should ~로 후보 출마를 강하게 권유하며 ②의 I should ~에선 고려해보겠다는 강한 결론을 보여준다.

2. 대의파악 문제에서 지엽적인 사실은 오답이다.

선택지 (c)는 대화의 내용에 분명히 언급이 됐으나 주제가 될 수는 없다. 주제는 전체를 대변해야 한다.

[정 | 답 | 의 | K | E | Y]

남자가 여자에게 회장 출마를 권유하고 있다.

[꼭 들어야 할 세부사항]

① 리차드가 후보로 나올 것이다.

② 리차드가 후보로서 별로라고 생각하는 여자는 본인이 출마를 고려하겠다고 한다.

[대의파악 문제]

주제문을 바꿔 쓴 (a)가 정답이다.

19-3 CHECK UP ● ● ●

Choose the option that best answers to the question.

1 (A) (B) (C) (D)

2 (A) (B) (C) (D)

---

1 M: I don't believe it. They're raising subway fares again.

W: So what? It's not really big news, is it?

M: Not if they hadn't already raised fares last winter. ①

W: It's just a 3 percent raise.

M: Why would they need more money anyway?

W: Maybe the subway system needs an overhaul.

Q. What is the main topic of the conversation?

(a) The building of a new subway line.
(b) Ticket discounts for the winter season.
(c) Public transport fare increases.
(d) Mismanagement of the subway system.

M: 믿을 수가 없어요. 지하철 요금이 또 오른다고 합니다.

W: 그래서요? 그렇게 대단한 소식은 아닌 것 같은데요.

M: 이미 지난겨울에 요금을 올리지만 않았다면 나쁜 소식은 아니겠죠.

W: 단지 3%만 올렸는데요.

M: 왜 요금을 더 받으려고 할까요?

M: 아마 지하철 시스템을 손봐야겠죠.

Q: 이 대화의 주제는 무엇인가?

(a) 새 지하철 노선 건설
(b) 겨울 동안 지하철 요금 할인
(c) 대중교통 요금 인상
(d) 지하철 시스템의 관리 허점

---

fare 요금, 통행료 raise[increase] ~을 인상하다 overhaul 수리, 정비, 총 점검/정비 subway line 지하철 노선 mismanagement 관리상의 허점, 실수, 과오

[해 | 설]

사회 이슈 문제는 남녀의 상반된 주장을 잘 정리해야 한다.
대부분 남녀가 다른 의견을 가지고 토론을 하므로 각각의 다른 입장을 잘 정리해야 어렵지 않게 답을 고를 수 있다.

[정 | 답 | 의 | K | E | Y]

지하철 요금 인상에 대한 논쟁

[꼭 들어야 할 세부사항]

① 작년에 이미 한 번 인상을 했다.

[대의파악 문제]

주제문을 간단히 바꿔 쓴 (c)가 정답이다.

2 W: What is the reason for filing suit against the city?

M: I believe the city is responsible for my wife's broken leg. ①

W: And for what reason do you believe this?

M: There was a crack in the sidewalk and she tripped on it. ②

W: Well, the city is responsible for maintaining the sidewalks. ③

M: Correct. So the city should compensate my wife for her medical expenses.

Q. What can be inferred from the conversation?

  (a) The man will file a lawsuit against the man's wife.
    ➡ 주제문의 file suit against를 응용한 오답이다.

  (b) The man and his wife often go walking.
    ➡ 남자부부가 종종 같이 산책한다고는 대화에서 알 수 없다.

  (c) The man's wife is admitted to the hospital at the moment.
    ➡ 대화로는 알 수 없다.

  (d) The woman may agree with the man's argument.
    ➡ ③에서 어느 정도 수긍한다는 것을 알 수 있다.

[해 | 설]

추론 문제가 어렵다면 소거법을 쓰자.

43~45번까지 출제되는 추론 문제는 상당히 어려운 문제가 출제된다. 정답 (d)는 금방 답으로 고르기엔 망설여질 수 있다. 이럴 땐 너무 똑같은 구문을 그대로 쓴 (a) 소거, 도저히 대화로는 유추할 수 없는 (b)와 (c) 역시 먼저 소거를 하고, 나머지 (d)를 고르자.

[정 | 답 | 의 | K | E | Y]

남자가 시市를 상대로 소송을 하는 이유

[꼭 들어야 할 세부사항]

① 남자는 시가 아내의 부러진 다리에 책임이 있다고 주장한다.

② 금간 보도가 원인이며

③ 이는 시의 관리라고 생각한다.

[추론 문제]

③에서 여자가 남자의 주장에 동의하는 것을 알 수 있다.

bring[file, enter, start] a suit against ~ 을 상대로 소송을 제기하다 be responsible for ~에 책임이 있다 crack 갈라진 틈 sidewalk 인도, 보도 trip 걸려 넘어지다, 헛디디다 compensate for ~에 대해 보상하다, 배상하다 medical expense[cost] 의료비

사회 이슈 및 기타 〈기타 문제〉

POINT

★ Part 3 주제별 유형 중 간헐적으로 중요하게 출제되는 기타 기출문제 유형과 내용을 파악한다.

★ 관련 표현을 미리 익히며 대의파악 문제와 진위, 추론 문제에 따른 정답 고르기 연습을 한다.

1 출제유형

❶ 길 묻기

- 주제는 목적지 찾기이며 목적지를 주의해서 듣는다.
- 길 묻기 문제에서 가는 방향 등은 거의 출제되지 않는다.
- 대의파악 문제에서 Giving[Asking] directions / How to get to ~ 등이 대부분 정답이다.

❷ 책에 관한 비평

- Part 3와 Part 4에 골고루 많이 출제되었다.
- 책을 읽고 남녀가 책이 어땠는지(좋은지 아닌지)를 토론한다.
- 대화 중 형용사(unnatural, deep, common)를 중심으로 책의 전반적인 평을 잘 정리한다.

❸ 물건 찾기

- 없어진 물건에 대해 상대방에게 본 적이 있는지 묻는 대화이다. 마지막에 어디에 뒀는지 혹은 찾을 만한 장소 등이 여러 곳 언급되며 같이 고민하는 내용이다.
- 분실물 보관소(Lost&Found)에서 분실한 물건에 대해 문의하는 대화도 종종 출제되었다.

❹ 제3자에 대한 평

- 학교 교수님 (주로 수업이 어떤지)
- 직장 상사 (주로 불만)
- 직장 동료 (주로 험담)

❺ 비평

- 새로 나온 영화, 공연, 앨범 등에 대한 남녀의 비평.
- 두 사람의 의견이 같은지 다른지를 먼저 파악하자.

2 기초 다지기

한 번 듣고 다음 질문에 대답하세요.

1 남자는 어디를 찾고 있는가?

(a) post office   (b) bank

2 How long does it take to the post office?

(a) Two blocks   (b) Three blocks

M: Excuse me. Is there a post office in the neighborhood?

W: Um, there's one on the next street.

M: Would you mind giving me directions?

W: Turn left on Lincoln Avenue and go three blocks.

M: Three blocks, okay. Which side of the street is it on?

W: You'll find it on the right side. You can't miss it.

1. (a) 2. (b)

3 기출예제 분석

Choose the option that best answers to the question.

1 (A)   (B)   (C)   (D)

M: Excuse me. Is there a post office in the neighborhood?

W: Um, there's one on the next street.

M: Would you mind giving me directions?

W: Turn left on Lincoln Avenue and go three blocks. ①

M: Three blocks, okay. Which side of the street is it on?

W: You'll find it on the right side. You can't miss it.

Q. What can be inferred according to the conversation?

(a) The man wants to mail his package.
➡ 소포를 부치려는 것인지 어떤 업무인지는 알 수가 없다.

(b) The post office is six minutes away.
➡ ①의 three blocks를 잘못 들으면 고를 수 있는 오답이다.

(c) The woman is familiar with this area.
➡ 모든 정황으로 미루어 보아 여자가 이 지역을 잘 알고 있다.

(d) The woman is on her way to the post office.
➡ 우체국에 가는 방향을 알려주고 있지 가는 길이라는 건 알 수 없다.

M: 실례합니다. 근처에 우체국이 있나요?

W: 글쎄요, 바로 다음 길에 하나 있어요.

M: 괜찮으시면 어떻게 가는지 알려주시겠어요?

W: 링컨가에서 왼쪽으로 세 블록 가시면 되요.

M: 세 블록이요, 알겠습니다. 길 어느 쪽에 있죠?

W: 오른편에 있어요. 금방 찾으실 거예요.

Q: 이 대화에 따르면, 맞는 것은 무엇인가?

(a) 남자는 소포를 부치려 한다.

(b) 우체국은 3분 거리에 있다.

(c) 여자는 이 지역을 잘 알고 있다.

(d) 여자는 우체국에 가는 길이다.

give directions 길을 알려주다, 안내하다
You can't miss it. 금방 찾으실 거예요.

1. 길 묻기 문제

How can I get to ~ / Is there a ~ / Can you tell me how to ~? 등은 길을 물어볼 때 주로 나오는 질문이며, ①의 찾아가는 방법보다는 큰 맥락을 잡도록 한다. (가령 '걸어서' 가야 하는지 '차로 가는지' 혹은 시간이 어느 정도 걸리는지 등)

2. 선택지에서 '잘 알고 있다, 잘 모른다'는 답이다.

정답 (c)를 고르려면 대화 중 특정 부분만 봐서는 안 된다. 대화 전체를 종합해서 정답 (c)를 고를 수 있으며, '잘 모른다', '잘 알고 있다'는 정답이 되는 경우가 많다.

[정 | 답 | 의 | K | E | Y]

길 묻기

[꼭 들어야 할 세부사항]

① 세 블록 정도 가면 우체국을 찾을 수 있다.

[겉으론 쉽게 알 수 없는 추론 문제]

모든 정황을 종합해 정답 (c)를 유추할 수 있다.

19-6 CHECK UP • • •

Choose the option that best answers to the question.

1　(A)　　(B)　　(C)　　(D)

2　(A)　　(B)　　(C)　　(D)

3　(A)　　(B)　　(C)　　(D)

4　(A)　　(B)　　(C)　　(D)

1 M: Excuse me. May I ask what you are reading?

W: It's a Tom Clancy novel.

M: Hmm. The Hunt for Red October. I've seen that movie before. ①

W: Then you are familiar with the story. It's a story, isn't it?

M: It sure is. I'd always hoped to read the actual book though. ②

W: Even though you already know the ending?

M: Yea, I heard that the books are always better than the movies. ③

Q. Which is correct according to the conversation?

(a) The man has watched the movie based on the novel.
➡ ①에서 유추할 수 있다.

(b) The man is disappointed with the ending.
➡ ③에서 남자는 실망보다는 기대가 크다는 것을 알 수 있다.

(c) The woman enjoys reading novels.
➡ 대화로는 알 수 없다.

(d) The man will tell the woman the ending of the book.
➡ ending을 응용한 오답이다.

M: 실례합니다. 읽고 계시는 것이 무엇이에요?

W: 탐 클랜시의 소설이에요.

M: 음. The Hunt for Red October군요. 전 예전에 영화로 봤어요.

W: 그럼 내용을 알고 있겠군요. 소설과 영화의 내용이 같죠?

M: 맞아요. 하지만 실제 소설을 항상 읽어보고 싶었어요.

W: 어떻게 끝나는지 이미 알면서도 읽고 싶다고요?

M: 네, 항상 원작이 영화보다 더 낫다고 들었거든요.

Q: 이 대화에 따르면 맞는 것은 무엇인가?

(a) 남자는 대화에서 나오는 소설을 각색한 영화를 봤다.

(b) 남자는 소설의 결말에 실망했다.

(c) 여자는 소설 읽는 걸 즐긴다.

(d) 남자는 대화에서 나오는 소설의 결말을 말할 것이다.

be familiar with ~에 익숙하다, 알고 있다
ending 결말 based on ~에 근거한, 바탕을 둔

[해 | 설]

1. 맞는 것 고르기 문제에서 '화자의 경험'을 주의해서 듣자.

①에서 남자는 영화는 봤지만 ②에서 원작소설을 읽어보지 못했음을 알 수 있으며, 이를 오답에서 많이 응용한다.

2. 대화에서 알 수 없으면 오답이다.

선택지 (c)에서 여자가 소설을 읽는 걸 좋아하는지는 알 수 없다. 알 수 없다면 오답 처리 한다.

[정 | 답 | 의 | K | E | Y]

소설에 관한 평

[**꼭 들어야 할 세부사항**]

① 남자는 여자가 읽고 있는 소설을 영화로 본 적이 있다.

② 원작소설을 읽고 싶어 한다.

③ 남자는 원작소설이 영화보다 더 낫다고 생각한다.

[**맞는 것 고르기 문제**]

①에서 정답 (a)를 유추할 수 있다.

2 M: Erica, have you seen my car keys?

W: No, did you look on your desk?

M: Yea, but they weren't there. They weren't on my study, either.

W: Why don't you check your coat pockets?

M: Good idea, but where is my coat?

W: I put it in the wardrobe.

M: Okay, I'll check.

Q. What is mainly taking place in the conversation?

    (a) The man is looking for his keys.
       ➡ 주제문을 바꿔 쓴 정답이다.

    (b) The man is locked out of his car.
       ➡ 차가 잠겼는지는 알 수 없는 사실이다.

    (c) The man is asking where his coat is.
       ➡ 분명히 대화 후반부에 언급되었으나 차 열쇠를 찾는 게 주제이다.

    (d) The man is asking which key is for his study.
       ➡ key와 study를 적절히 조합한 오답이다.

study 서재 wardrobe 옷장 be locked out of the car 차가 잠겨 못 들어가다

[해 | 설]

1. What is taking place ~?는 주제를 묻는 문제이다.

What is happening ~?도 역시 주제를 묻는 문제이며, (a)~(d)의 형태는 보통 분사형(looking / asking)으로 제시된다.

2. 대의 파악 문제에서 너무 지엽적인 단어는 무시하자.

study(서재), coat pocket, wardrobe 등의 핵심어는 정답을 고를 때는 전혀 중요하지 않다. 대략 31~35번 문제는 초반의 주제문만 들어도 답을 고를 수 있는 경우가 대부분이다.

[정 | 답 | 의 | K | E | Y]

차 열쇠를 찾는 남자

[꼭 들어야 할 세부사항]

책상과 서재에도 차키가 없으며 옷장에 있는 코트에서 찾아보라고 권한다.

[대의파악 문제]

주제문을 바꿔 쓴 (a)가 정답이다.

3 W: Hey, Timothy. How's your new boss?

M: She has a very different style from my last boss. ①

W: But will she be able to handle her new position?

M: We'll have to wait and see. ② She really wants to shake things up though. ③

W: Who knows? Maybe those changes might actually help.

M: Perhaps, but we won't know until the changes have taken effect.

Q. Which is correct according to the conversation?

(a) The new boss does not want to make big changes.
➡ ③에서 알 수 있으며 does not을 빼면 가능하다.

(b) The man is wary of the new Director's plan to make changes.
➡ ②의 Let's wait and see를 바꿔 쓴 정답이다.

(c) The woman is strongly supportive of the new boss.
➡ strongly 때문에 답으로 하기엔 거리가 멀다.

(d) The previous Director was similar to the new Director.
➡ ①에서 매우 다르다고 했다.

W: 티모시, 새로운 사장님 어때요?

M: 전 사장님이랑 전혀 다른 분이세요.

W: 그런데 새롭게 맡은 사장직을 잘 할 수 있을 것 같아요?

M: 시간을 두고 지켜보려고 합니다. 그런데 사장님은 많은 것을 변화시키려고 해요.

W: 누가 알겠어요? 사장님께서 말씀하시는 변화를 주면 도움이 될지도 모르죠.

M: 그럴 수도 있죠. 하지만 그 변화가 효과가 있기 전까지는 모르죠.

Q: 이 대화에 따르면 맞는 것은 무엇인가?

(a) 새로 온 사장은 큰 변화를 원하지 않는다.

(b) 남자는 새로 온 사장님이 회사를 변화시키려는 계획을 조심스레 관망하고 있다.

(c) 여자는 현 사장님을 지지하고 있다.

(d) 전 사장님은 새로 온 사장님과 비슷하다.

---

wait and see 지켜보다, 여유를 가지고 두고 보다 shake things up ~의 큰 변화를 주다 take effect 효과가 나타나다 be wary of ~을 조심스럽게 지켜 보다, 경계하다

[해 | 설]

1. We'll[I'll] ~은 주로 결론을, I[She] want to ~는 주제를 이끈다.
② We'll ~에서 '두고 보자'란 결론을, ③에서 주제에 해당하는 대화의 가장 중요한 내용이 언급되었다.

2. 맞는 것 고르기 문제에서 정답을 고르기 어렵다면 오답부터 소거하자.
(b)를 고르기가 꽤 까다롭기 때문에 비교적 오답처리 하기 좋은 (a), (c), (d)를 소거시켜 나가자.

[정 | 답 | 의 | K | E | Y]
상사에 대한 평

[꼭 들어야 할 세부사항]
① 현 상사는 전 상사와 많이 다르며
② 많은 것을 변화시키려 한다.

[맞는 것 고르기 문제]
②에서 (b)를 유추할 수 있다.

4

M: Have you listened to the new album yet?

W: The one by The Morgans? Yes, it wasn't that good.

M: I know. The group sure did change their style, didn't they?

W: Absolutely. They were a Jazz band before but now they sound different. ①

M: I don't think their fans will be happy. ②

W: I agree. They had better go back to their original style on the next album. ③

Q. Which is correct about The Morgan's new album according to the conversation?

(a) The man and woman have different views.
➡ ③에서 두 사람의 의견이 같다는 사실을 알 수 있다.

(b) It has exceeded the woman's expectations.
➡ has not exceeded로 바꾼다면 어느 정도 가능하다.

(c) It sounds too much like a Jazz album.
➡ ①에서 재즈풍이 아니라는 걸 알 수 있다.

(d) The speakers like the Morgans as a jazz band.
➡ ③에서 유추할 수 있다.

M: 새 앨범 들어봤니?

W: 모건의 노래 말하는 거니? 그럼, 그렇게 좋지는 않더라.

M: 맞아. 그 그룹 확실히 스타일을 바꾼 것 같아, 그렇지?

W: 당연하지. 이전에는 재즈 밴드였어, 근데 지금은 다른 음악을 하고 있어.

M: 팬들이 좋아하지 않을 것 같아.

W: 나도 그렇게 생각해. 다음 앨범에서는 이전 그들의 원래 스타일로 돌아가는 것이 좋을 것 같아.

Q: 이 대화에서 모건의 새 앨범에 대해 무엇이 맞는가?

(a) 남자와 여자는 견해가 다르다.

(b) 여자의 기대보다 더 좋았다.

(c) 노래가 재즈 앨범 같다.

(d) 남녀는 재즈밴드로서의 모건을 좋아한다.

---

go back to 돌아가다 **sure do verb** 틀림없이 ~하다, 꼭 ~하다(강조)

1. 영화, 앨범 등에 대한 평은 남녀가 생각이 같은지 다른지를 잘 듣자.

이 대화는 ③에서 여자가 남자의 생각에 동의하고 있다.

2. 선택지에서 Not 여부를 주의하자.

선택지 (b)에 not을 넣어 It has not exceeded ∼로 쓴다면 어느 정도 가능하다.
not 여부에 따라 선택지의 정답인지 오답인지 의외로 쉽게 판단되는 경우가 있다.

[정 | 답 | 의 | K | E | Y]

새로 나온 앨범에 대해 평하는 남녀

[꼭 들어야 할 세부사항]

① 옛날엔 재즈 밴드였지만 새 앨범은 크게 달라져서

② 팬들이 좋아하지 않을 것이며

③ 남녀는 과거 재즈풍을 원하고 있다.

[맞는 것 고르기]

③에서 유추하여 정답 (d)를 고를 수 있다.

〈시험에 반드시 나오는 기타 필수 표현〉

[선거 관련 표현]

run for the office 출마하다

running mate 하위 출마자 (부통령 후보)

front runner 선두주자

landslide victory 압승

win by a narrow margin 근소한 차로 이기다

neck and neck 막상막하

vote for ~ ~를 찍다

[길안내 관련 표현]

Can you give me some directions?
길을 좀 알려주시겠어요?

Could you tell me how to get to the museum?
박물관까지 어떻게 가야 하죠?

Could you show me where we are on this map?
우리가 지도상에 어디 있는지 알려주시겠어요?

Is there a shortcut? = Is there a quicker way?
지름길이 있나요?

I think I'm lost. 길을 잃은 것 같아요.

Go straight ahead. 쭉 가시면 됩니다.

It's across the street. 길 건너편에 있어요.

Take[Make] a right turn at the next light.
다음 신호등에서 우회전하세요.

It's around the corner. 모퉁이 돌면 있어요.

It's a stone's throw away. 엎어지면 코 닿을 곳에 있어요.

As the crow flies, it's on your left.
직진하면, 왼편에 있습니다.

It's within the walking distance.
걸어 갈만한 거리예요.

This is a dead end. 막다른 길입니다.

You can't miss it. 금방 찾으실 수 있을 겁니다.

I'm not local. = I'm not from around here.
전 여기 사는 사람이 아닙니다. 잘 모릅니다.

I'm a stranger here myself. = I'm new here.
전 여기 처음이에요.(잘 모릅니다.)

I know this place like the back of my hand.
여기 곳곳을 다 알고 있습니다.

Take Maxon Boulevard and get on the highway.
맥슨대로로 가다가 고속도로를 타세요.

[건물 안에서 위치를 물을 때]

Where is the Personnel department?
인사과가 어디 있나요?

Take the elevator to the third floor.
엘리베이터를 타시고 3층으로 가세요.

It's on the third floor, to your left as you exit the elevator.
3층에 있고 엘리베이터를 타고 나가시면 왼쪽에 있습니다.

[분실 관련 표현]

Have you seen my key?
열쇠 봤어요?

I misplaced my files.
파일을 어디에 뒀는지 모르겠어요.

What does it look like?
어떻게 생겼죠?

I'm racking my brain / to remember it.
기억하려고 애쓰고 있어요.

lost and found 분실물 보관소

PART III•Choose the option that best answers to the question.

1 (A)   (B)   (C)   (D)

2 (A)   (B)   (C)   (D)

3 (A)   (B)   (C)   (D)

4 (A)   (B)   (C)   (D)

5 (A)   (B)   (C)   (D)

6 (A)   (B)   (C)   (D)

7 (A)   (B)   (C)   (D)

PART III•**Choose the option that best answers to the question.**

1 (A)   (B)   (C)   (D)

2 (A)   (B)   (C)   (D)

3 (A)   (B)   (C)   (D)

4 (A)   (B)   (C)   (D)

5 (A)   (B)   (C)   (D)

6 (A)   (B)   (C)   (D)

7 (A) (B) (C) (D)

8 (A) (B) (C) (D)

9 (A) (B) (C) (D)

10 (A) (B) (C) (D)

11 (A) (B) (C) (D)

12 (A) (B) (C) (D)

WE'RE TEPS
LISTENING
TEPS

PART IV 잘 듣기

PART 4 잘 듣기 WARMING-UP

Part 4는 TEPS LC의 정복에 있어 가장 큰 장벽이다. 사실 Part 4만 해결할 수 있다면 LC 점수는 단기간에 급상승할 수 있다. 하지만 Part 4는 독해보다 더 어렵기 때문에 많은 수험자들이 쉽게 좌절한다. 저자는 텝스 LC만 전문적으로 가르친 지 8년. 그 누구보다 Part 4 기출을 면면히 분석하고 있으며 학생들이 무엇을 어려워하고 어떻게 하면 쉽게 다가갈 수 있는지를 잘 알고 있다. 그리고 가장 많이 받는 질문은 늘 똑같다.

1. '어떻게 하면 Part 4를 잘 할 수 있을까?'
2. 조금 공부한 학생들이 묻는 질문은 'Part 4 지문은 들리는데 (a), (b), (c), (d)에서 늘 막혀요.'

그렇다면 지금부터 1, 2, 3단계로 나누어 어떻게 하면 효율적으로 Part 4를 잘 할 수 있는지 소개한다.

STEP ❶ 충분한 어휘 외우기와 문장 독해력

PART 4를 잘 하기 위한 체력 강화 '단어 중요한 사실은 나도 알아요.' 라고 대부분 생각할 것이다. 하지만 중요한 사실은 PART 4 답을 못 고르는 이유의 반은 바로 어휘 부족이다. 그래서 학원에서는 매일 학생들에게 100개씩의 단어를 강제로 외우게 한다. 텝스는 몇 년의 여유를 두고 보는 시험이 아니기 때문에 단어를 매일 적어도 50개에서 100개까지는 외워야 본인의 목표 점수에 다가갈 수 있다. 또 하나는 해석 능력이다. 기본적인 해석 능력이 LC 능력까지 좌우한다. 그래서 평소에 한 문장씩 끊어서 해석해보는 연습을 많이 해야 한다.

STEP ❷ 이동 시간에 매일 PART 4, 다섯 문제만 듣자!

실질적인 노출을 늘려 친숙해지기 이 책엔 여러 비법과 요령이 소개되었지만 이 STEP 2가 가장 중요하다. 다른 파트(PART 1, 2, 3)는 학원에서 2달만 수업을 듣고 성실히 준비하면 점수를 바로 올릴 수 있다. 하지만 PART 4는 절대 단기간에 해결되지 않는다. 따라서 가장 좋은 방법은 본인이 하루에 할 수 있는 양을 정해놓고 편하게 듣는 방법이다. 초보자들은 2~3문제, 중급자는 5~10문제 정도를 정해놓고 반드시 그만큼의 분량을 하루에 끝내는 것이다. 하지만 듣는 것도 요령이 있다. PART 4 듣기가 그다지 즐거울 리는 없다. 하지만 의무적으로만 한다면 오래 공부할 수 없다. 따라서 이동 시간 등 자투리 시간에만 듣도록 한다. 일요일을 빼고 25일치의 폴더를 미리 만들어 MP3에 넣어둔다면 가장 좋은 방법!

STEP ❸ 한 문단은 괴롭다. 한 문장씩 정복한다!

쉽게 다가갈 수 있는 가장 쉬운 방법 초보자의 PART 4 학습 중 가장 잘못된 부분은 문제를 통째로 정복하려고 하는 자세이다. 일단 PART 4 문제가 있으면 일단 전체를 들어보고 대충 무슨 뜻인지 대의파악이 될 때까지 들어본다. 그 다음엔 한 문장씩 들어보며 문장 안에서 대략 무슨 뜻인지를 파악한다. 깔끔한 해석을 할 필요는 없다. 논지만 파악하면 된다. 한 문장 연습만 잘 하면 한 문단도 문제없다. 한 문단은 대략 4~5문장으로 이루어져 있기 때문에 가능한 문장 연습으로 즐겁게 공부한다.

위아텝스
LISTENING

대의파악 문제는 글의 전체적인 주제를 요약하는 문제 유형이다. 따라서 화자가 전달하고자 하는 지문의 내용을 파악할 필요가 있다. 주로 제시되는 주제는 앞 문장에 나오기 때문에 첫 번째 들을 때 주제를 1차적으로 선별하고, 두 번째 듣는 부분에서 정답을 어느 정도 확정하여 선택지를 볼 필요가 있다. 전체 지문의 내용 속에서 주제를 선별해내는 연습이 필요하다.

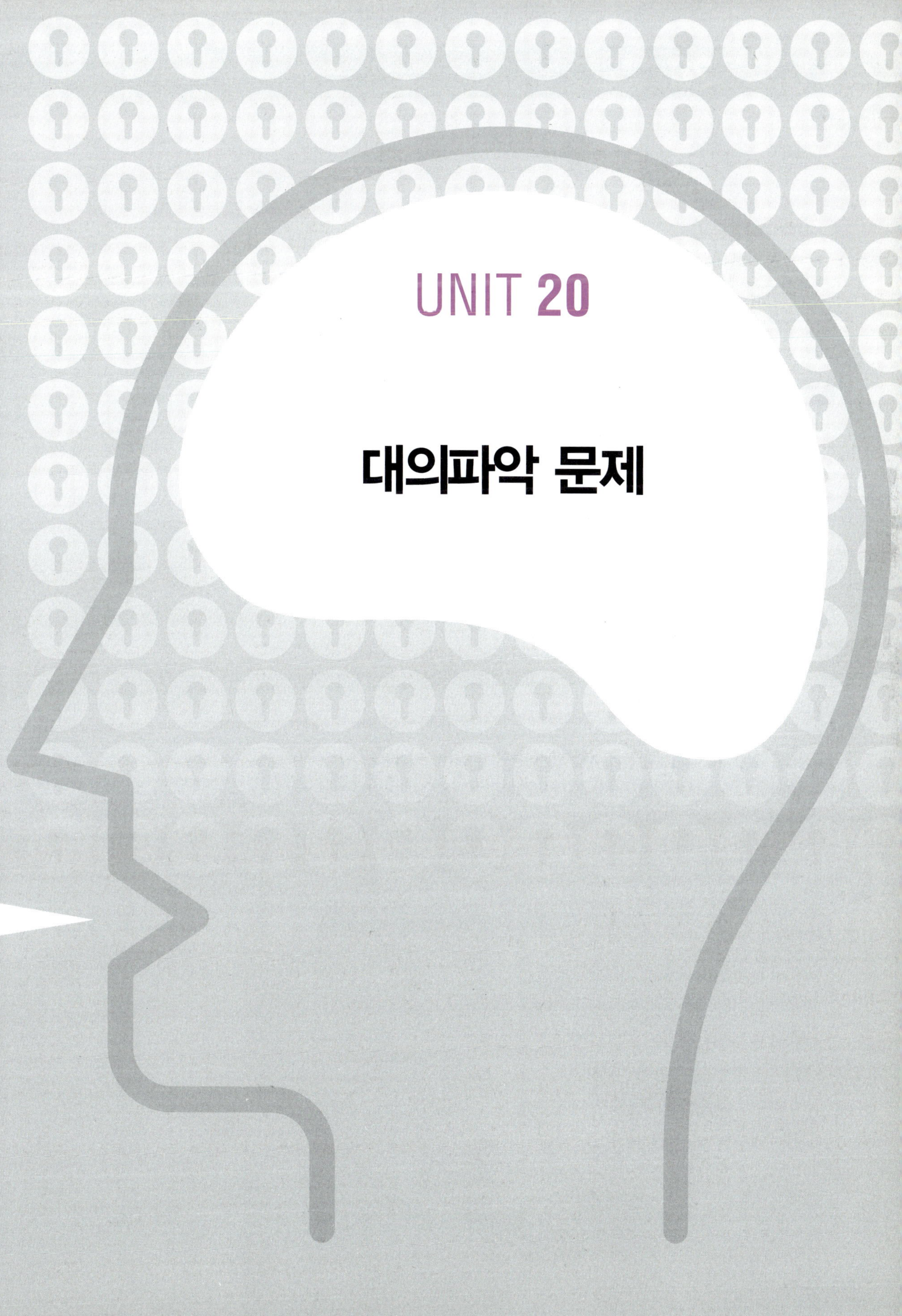
UNIT 20
대의파악 문제

UNIT 20

대의파악 문제

1 출제 유형와 대비법

❶ Part 4의 전반부(46~52)는 대의파악 문제가 출제된다.

❷ 주제문은 대부분 글의 초반부에 있다. 하지만 글 전체의 흐르는 주제를 잡자.

2 정답 고르기와 오답 피하기 비법

❶ 정답은 주제문을 paraphrasing하며, 오답은 핵심어를 응용한다.

정답은 지문에 나온 표현을 그대로 쓰지 않고 가능한 다른 어휘로 간단히 바꿔 쓴다. 반대로 오답은 초보자들이 혼동할 수 있게 대화의 핵심어를 많이 응용한다.

❷ 정답은 글 전체를 대변해야 하며, 지엽적인 부분만 강조하면 오답이다.

대의파악 문제는 글 전체의 흐름을 잡아야 한다. 가장 비중 있고 중심이 되는 내용이 주제가 되며 반대로 주제가 되기 부족한 지엽적이고 부분적인 내용을 오답으로 많이 제시한다.

3 어떤 질문이 있을까?

What is the main topic of this talk?

What is the main subject of this talk?

What is the purpose of this talk?

What is the talk mainly about?

What best summarizes this talk?

❶ 명사 혹은 명사구

Alcohol abuse among male teens 10대 소년들의 알코올 남용

The difference between emailing and fax 이메일과 팩스의 차이점

❷ To 부정사형

To arrange the job interview 인터뷰 일정을 잡기 위해

To get people to join a fundraising event 기금조성 행사에 사람들을 모으기 위해

❸ 의문사형

How the speaker will organize the talk 연사가 어떻게 발표를 구성할지

5 구조로 파악하는 Part 4 대의파악 문제

❶ 주제가 첫 부분에 있는 경우 – Part 4 문제의 대부분

Record droughts in the country are the main story on tonight's news report. The droughts have been caused by the boiling summer heat along with the lack of rainfall over the past few years, a tag-team force that has afflicted the West. While the North has not been exempt from the effects of the drought, *the Western region has suffered the brunt of the disaster as evidenced by the nearly 120 deaths in the area due to the heat.*

Q. Which statement best summarizes this report?

    (a) Majority of deaths due to heat are in the West.
    (b) The entire nation has been affected by the droughts.
    (c) Agriculture is the greatest concern in the droughts.
    (d) The Western has suffered the most from the drought.

[해 | 설]

1. Part 4의 약 80~90%가 앞부분에 주제가 있다.

Part 4의 대부분이 앞부분에 대화에서 말하고자 하는 글의 요지가 있다. 초보자일수록 세세히 듣는 것보다 앞부분에 집중해서 듣는 연습을 하면 의외로 쉽게 답을 고를 수 있다.

2. 전체를 요약하는 문제 Which statement best summarizes this report?

전국적인 가뭄 소식 중 서부지역이 심각하다는 사실이 전체적으로 요약된 (d)가 정답으로 가장 잘 어울린다. (a)는 사실이긴 하나 전체의 주제로서는 (d)보다는 많이 부족하다.

오늘의 주요 뉴스는 전국에 걸친 기록적인 가뭄에 관한 보도입니다. 이번 가뭄은 과거 몇 년간 부족한 강우량과 함께 찌는 듯한 무더위에 의해 발생하였고, 이 두 가지 요인이 합쳐져 서부지역 주민들을 괴롭히고 있습니다. 북부지역의 가뭄의 영향이 사라지지 않고 머무는 동안, 서부지역이 가뭄으로 인해 이 지역 주민의 120명이 사망한 사고가 발생한 것으로 알 수 있듯이, 서부지역이 이번 가뭄 재해에 직접적으로 피해를 입게 되었습니다.

Q. 뉴스를 가장 잘 요약한 문장은?

(a) 서부지역의 주요 사망원인은 더위 때문이다.

(b) 나라 전체가 가뭄의 영향을 받았다.

(c) 농업 부문이 가뭄에서 가장 우려되는 부분이다.

(d) 서부지역은 가뭄에 가장 큰 피해를 입었다.

---

record 기록적인 **drought** 가뭄
the lack of ~의 부족, 결핍
afflict 괴롭히다, 고통 받게 하다
be exempt from ~의 면제, 면세 받다
the brunt of ~의 정면으로, 직접적으로

❷ **주제가 중간에 있는 경우**

These days most people are encompassed by a variety of advertisements in many places. Of them, many children-oriented TV advertisements are criticized harshly in some countries. Especially, several senators in the U.S. submitted a bill to prevent advertising to younger children. However, I suggest we reconsider that type of overprotection. Though it is true that children are easily influenced by outside impacts, they should try to cope with any advertising images as they grow older. Once they distinguish between the positive effects of advertising and the negative ones, they will become wise consumers when they become adults.

Q. What is the speaker trying to emphasize in the talk?

    (a) People around the world should be very critical of most advertisements.

    (b) The government should get rid of negative advertisements on TV.

    (c) Most of the countries should ban advertising to younger children.

    (d) It might often be better for children to experience various advertisements.

오늘날 대부분의 사람들은 많은 장소에서 다양한 광고에 둘러싸여 있습니다. 그것들 가운데, 많은 아이들을 목표로 한 TV 광고들은 몇몇 국가에서 가혹한 비판을 받고 있습니다. 특히, 미국의 몇 명의 상원의원들은 어린 아이들에 대한 광고를 금지하는 법안을 제출하기도 했습니다. 그러나 나는 우리가 이러한 형태의 과보호를 재고해야 한다고 생각합니다. 아이들이 외부의 충격에 쉽게 영향을 받는 것이 사실이지만, 그들은 나이가 들어가면서 광고 이미지에 대처하도록 노력해야 합니다. 그들이 광고의 긍정적인 영향과 부정적인 영향을 구분할 때, 그들은 성인이 되었을 때 현명한 소비자가 될 것입니다.

Q. 대화에서 올바른 것은?
(a) 전 세계의 대부분의 사람들은 대부분의 광고에 대해 비판적이다.
(b) 정부는 TV에서 부정적인 광고를 없애야 한다.
(c) 대부분의 국가들에서 아이들에 대한 광고를 금지해야 한다.
(d) 아이들이 다양한 광고를 경험하는 것이 때로는 더 나을 수도 있다.

encompass 둘러싸다 harshly 가혹하게 bill 법안 cope with 대처하다

[해 | 설]

1. 주제를 강조하기 위한 서론이 길 때는 중간에 주제가 있다.

LC Part 4 및 독해 문제의 대부분은 주제문이 첫 부분에 있다. (간혹 마지막 부분.) 하지만 주제에 대한 설명이 많이 필요할 때, 혹은 초반부의 논지에 대해 반박을 할 땐 주제문이 중간에 있을 수도 있다.

2. However, but 이후가 글의 진짜 주제이다.

어린이에 대한 TV 광고에 대해 부정적인 부분을 인정하지만, 진짜 말하고 싶은 부분은 However 뒤에 놓여 있다. 그 뒤 they should try to cope with any advertising images as they grow older. 부분만 자세히 듣는다면 정답 (d)를 고를 수 있다.

❸ **주제가 마지막에 있는 경우**

For centuries, there have been many controversies on human nature among scholars, philosophers, and natural scientists. Even ancient Greek philosophers contemplated the subject as a main source of philosophical debates, and many religions and cultures have dealt with human nature as a central concept for a long time. Many philosophers still ask the question: What is human nature? If you watch our program on Channel 9 this Thursday, you will understand a little bit of human nature through the discussion among world-wide renowned philosophers.

Q. What is the speaker trying to do in the talk?

    (a) Ask people to donate funds for a TV program.

    (b) Introduce a TV program on philosophical discussion.

    (c) Suggest new kinds of philosophical theories on human nature.

    (d) Meet promising, rising famous philosophers.

[해 | 설]

1. 약 10% 정도는 글의 마지막에 주제가 있다.

대부분의 논리적인 담화문은 서론 – 본론 – 결론의 구성으로 앞과 뒤에 주제문과 결론이 있다. 하지만 '주장이 강한 글', 혹은 논리적으로 많은 설명이 필요할 경우 마지막에 주제가 있는 경우도 종종 있다.

2. 질문 What will speaker talk about next?(다음에 어떤 이야기를 할 것인가?)도 마지막 부분을 주제로 보고 다음에 올 내용을 예상해야 한다.

이 글의 주제는 What is human nature?(인간의 본성에 대한 물음)이 아닌 그 뒤에 나오는 관련 프로그램을 봐달라는 내용이 결론이다. 끝까지 잘 듣는 습관을 가져야 고득점을 받을 수 있다.

수세기 동안, 학자들, 철학자들, 그리고 자연과학자들 사이에 인간의 본성에 대한 많은 논쟁이 진행되었습니다. 고대 그리스의 철학자들도 철학적 논쟁의 주요 요인으로서 그 주제를 심사숙고했으며, 많은 종교 및 문화들도 오랫동안 인간의 본성을 주요 개념으로 다뤄왔습니다. 많은 철학자들이 여전히 "인간의 본성은 무엇인가?"와 같은 질문을 던지기도 합니다. 이번 주 목요일 9번 채널에서 우리 프로그램을 본다면, 당신은 전 세계의 저명한 철학자들 사이의 논쟁을 통해 인간의 본성에 대해 어느 정도 이해할 수 있을 것입니다.

Q. 대화에서 화자는 무엇에 대해 말하고 있는가?

(a) 사람들에게 TV 프로그램을 위한 기금을 기부하도록 요청하는 것

(b) 철학적 논쟁에 대한 TV 프로그램을 소개하는 것

(c) 인간의 본성에 대한 새로운 유형의 철학적 이론을 제시하는 것

(d) 전도 유망한 신진 유명 철학자들을 만나는 것

controversy 논란, 논쟁 human nature 인간의 본성 contemplate 숙고, 응시하다 deal with 다루다 renowned 유명한

ACTUAL TRAINING

PART IV • Choose the option that best answers to the question.

1 (A) (B) (C) (D)

2 (A) (B) (C) (D)

3 (A) (B) (C) (D)

4 (A) (B) (C) (D)

5 (A) (B) (C) (D)

위아텝스
LISTENING

대의파악이 끝나면 세부적인 사항을 나열하면서 파악하고, 그에 따라 추론해야 할 부분까지 준비할 필요가 있다. 세부적인 사항은 순차적인 배열, 중요도에 따른 배열 등으로 다양하게 전개되므로, 구체성을 띈 사항들을 어떻게 배열할 것인지, 그리고 문제에 어떻게 적용할 것인지를 파악할 필요가 있다. 또한 추론 영역은 내용 일치와 유사하게 파악하며, 패러프레이즈를 염두에 두고 학습해야 한다.

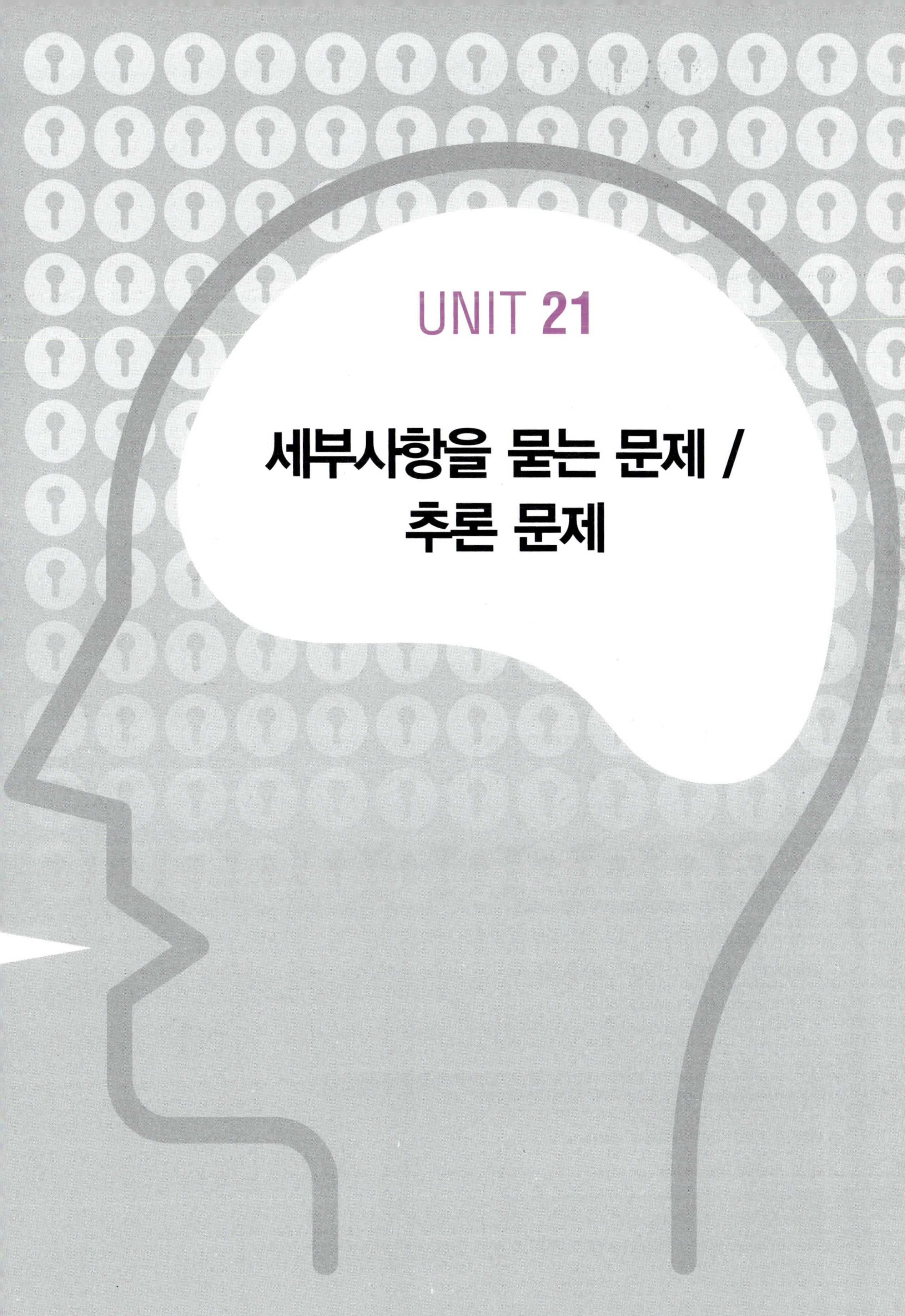

UNIT 21
세부사항을 묻는 문제 /
추론 문제

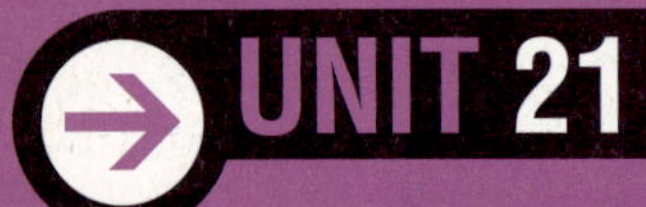

UNIT 21

세부사항을 묻는 문제 / 추론 문제

POINT

★ Part 4 Question 유형 중 후반부에 해당하는 진위, 추론 문제의 대표 유형과 대비법을 익힌다.

★ Part 4의 correct, infer 문제의 종류를 분석하여 정확하게 정답을 고를 수 있는 방법을 제시한다.

1 출제 유형와 대비법

❶ Part 4의 후반부(53~60번)에는 맞는 것 고르기 문제와 추론 문제가 출제된다.

❷ 진위 문제 Which is correct ~?는 담화문의 세부적인 내용을 묻고, 추론 문제 What can be inferred ~?는 세부적인 내용과 더불어 유추 문제를 묻는다.

2 정답 고르기와 오답 피하기 비법

❶ 세부사항을 묻기 때문에 필요에 따라 문제를 들으며 메모를 한다.

❷ 대화의 내용으로 알 수 없으면 오답이다.

❸ (a)~(d) 중 답을 고르기 어려울 땐 확실히 아닌 오답부터 소거해 나간다.

3 어떤 질문이 있을까?

Which is correct according to the talk?

Which is correct about ○○○ according to the talk?

What can be inferred from the talk?

What can be inferred about ○○○ from the talk?

21-1 4 구조로 파악하는 Part 4 진위 · 추론 문제

❶ 맞는 것 고르기 문제 Which is correct ~?

And finally we have an interesting report about Yetis, which are called abominable snowmen. The creatures are believed to have been ape-like and inhabited the Himalayan region. ① There is no scientific evidence that proves their existence ②

그리고 마지막으로 예티에 대한 흥미로운 보도가 있습니다. 예티는 독특한 설인입니다. 예티는 원숭이와 비슷하며, 히말라야 지역에 살았다고 믿어지고 있습니다. 수많은 기사, 목격, 그리고 설명에도 불구하고, 그들의 존재를

despite numerous articles, sightings, and accounts. However, a week ago, some zoologists discovered mysterious footprints ③ in a part of the Himalayan region, and they are now investigating them to find the origin and existence of the Yetis.

Q. Which is correct according to the lecture?

    (a) Many people in the Himalayan region have seen the Yetis several times.

    (b) Much information and evidence support the existence of the Yetis.

    (c) Scientists have found the origin and existence of the Yetis.

    (d) Scientists uncovered extraordinary footprints a week ago.

증명하는 어떠한 과학적 증거는 없습니다. 하지만, 일주일 전, 몇몇 동물학자들이 히말라야 지역에서 신비한 발자국을 발견했으며, 그들은 예티의 기원과 존재를 찾기 위하여 그것들을 조사하고 있다고 합니다.

Q. 강의에서 올바른 것은?

(a) 히말라야 지역의 많은 사람들은 수차례에 걸쳐 예티를 목격했다.

(b) 많은 정보와 증거가 예티의 존재를 지지한다.

(c) 과학자들은 예티의 기원과 존재를 발견했다.

(d) 과학자들은 일주일 전 특이한 발자국들을 발견했다.

[해 | 설]

첫 번째 들을 땐 전체 개요 듣기, 두 번째 들을 땐 세부사항 잡기

Which is correct ~? 문제는 Part 4 전반부 대의파악 문제와 달리 주제보다 세부사항에 주력해야 한다. 처음에 들을 때 첫 부분과 끝부분을 중심으로 무엇을 말하고자 하는지 전체적인 개요에 신경 써야 하며, 두 번째 들을 땐 필요에 따라 메모를 하며 세부사항을 잡는다. 본문의 ① 예티가 유인원과 비슷한 점, ② 과학적 증거 부재, ③ 일주일 전 과학자들이 발자국을 발견한 점 등 세부사항까지 신경 써서 듣는다. ③번에 해당하는 세부사항을 살짝 바꾼 (d)가 정답이다.

abominable snowaman 설인 creature 피조물, 생물 ape-like 유인원과 같은 inhabit 살다 articles 기사 sighting 관찰, 목격 account 설명 zoologist 동물학자 footprint 발자국

❷ 메모가 중요한 Which is correct ~?

Today I'll talk about how to make a Christmas tree in your home. I'll give you some tips for selecting your tree, making it stand, keeping it fresh, and decorating it. First of all, you should choose your perfect Christmas tree around you. Second, cut the stump of the tree and set it up in a compound of 1 liter of water, a half cup corn syrup, and 1 teaspoon liquid bleach. The mixture will keep the tree fresh until you discard your Christmas tree. Finally, when decorating your tree, put on lights first, then garlands, and then the ornaments. But don't hang your ornaments once for all on the branches.

Q. Which is correct according to the speaker?

    (a) The mixture of water, corn syrup, and liquid bleach may harm the Christmas tree.

    (b) You may purchase your Christmas tree at any store near your house.

    (c) You had better not adorn the tree with all the ornaments at once.

    (d) Lights, garlands, and ornaments can be arranged regardless of the decorating process.

오늘 당신의 집에서 크리스마스트리를 만드는 법에 대해 이야기하고자 합니다. 당신의 나무를 선택하고, 그것을 세우고, 신선하게 유지하고, 그리고 그것을 장식하는 것에 대한 조언을 해드리고자 합니다. 먼저, 당신 주변에서 완벽한 크리스마스트리를 선택해야 합니다. 두 번째로 나무 그루터기를 잘라서, 1리터의 물, 반 컵의 옥수수 시럽, 그리고 한 스푼의 액체 표백제의 혼합물 속에 세웁니다. 그 혼합액은 당신이 크리스마스트리를 버릴 때까지 나무를 싱싱하게 유지시켜줄 것입니다. 마지막으로, 트리를 장식할 때, 먼저 조명을 달고, 다음으로 꽃 장식을, 그리고 그 다음으로 장식품을 설치하면 됩니다. 하지만 나무 가지에 한 번에 모든 장식품을 달면 안 됩니다.

Q. 화자에 따르면 올바른 것은?

(a) 물, 옥수수 시럽, 그리고 액체 표백제 혼합액은 크리스마스트리에 좋지 않을 수도 있다.

(b) 집 주변에 있는 어느 가게에서라도 크리스마스트리를 구입해도 된다.

(c) 한 번에 모든 장식품을 나무에 장식하지 않는 것이 좋다.

[해 | 설]

Part 4 Correct 문제의 대부분은 메모의 기술이 필요하다.

Part 4의 지문을 듣기도 버거운데 메모는 더더욱 힘들다. 하지만 숫자, 날짜, 귀에 들리는 핵심 명사 등을 평소에 정리하는 연습을 하면 오히려 쉽게 답을 고를 수 있다. 글의 첫 부분부터 1, 2, 3 순서대로 핵심어(1. choose, tree 2. cut, set up, water, syrup 3. Don't hang, once)를 메모한다면 의외로 쉽게 정답 (c)를 고를 수 있다.

❸ 행간의 뜻을 묻는 추론 문제 What can be inferred ~?

First of all, I'm really delighted to be here and speak about the homeless around the city. All the efforts of the government and non-governmental organizations have been essential to our society under these unstable economic circumstances. But they aren't sufficient yet, I think. Now I'm sure that we should take the opportunity to show wisdom and create prolonged ideas to solve the problem. And I'd really like the public to make every effort to make the ideas put into action as quickly as possible.

Q. What can be inferred about the speaker?

(a) He thinks only the government responsible for the homeless.
(b) He feels that the present efforts are effective.
(c) He doesn't think public have made a lot of efforts to help the homeless.
(d) He hopes the non-governmental organizations will invest more money for the homeless.

[해 | 설]

1. Correct 문제보다 세부사항을 더 꼼꼼히 듣는다.

추론은 correct 문제를 풀 때처럼 세부사항을 꼼꼼히 듣고 세부사항 속에 숨은 뜻을 파악하거나 세부사항을 종합적으로 판단하여 추론하는 문제이다.

2. 행간의 뜻을 읽어내고 어려우면 소거법을 적극 활용한다.

But they aren't sufficient yet, I think.에서 정답 (c)를 유추할 수 있다.
(a)는 정부 외에 일반인들에게도 비난을 하고 있기 때문에 오답이다.
(b)는 현재의 노력이 효과가 없기 때문에 오답이다.
(d)는 돈을 더 투자해야 한다고는 명시되지 않았기 때문에 오답이다.

(d) 조명, 꽃 장식, 장식품 등은 장식 과정과는 상관없이 배치될 수 있다.

stump 그루터기 set up 세우다
compound 울안, 구내 bleach 표백제
discard 버리다 put on light 불을 켜다
garland 화환 ornament 꾸밈, 꾸미다

무엇보다도, 제가 여기에서 도시 주변의 홈리스들에 대해 연설할 수 있게 되어 대단히 기쁩니다. 정부와 NGO 단체의 모든 노력은 현재의 불안정한 경제적 상황에서 우리 사회에 필수적인 것이었습니다. 하지만 그러한 노력들은 아직까지는 불충분하다고 생각합니다. 이제 우리가 이러한 문제를 해결하기 위하여 지혜를 보여주고 다양한 아이디어를 만들어낼 기회를 가져야 한다고 확신합니다. 또한 저는 일반 대중들이 그러한 생각들이 가능한 빨리 실행되도록 하기 위해 모든 노력을 다 하기를 진심으로 바랍니다.

Q. 화자에 대해 추론할 수 있는 것은?
(a) 그녀는 정부만이 홈리스들에 대한 책임이 있다고 생각한다.
(b) 그녀는 현재의 노력들이 효과가 있다고 생각한다.
(c) 그녀는 홈리스를 돕기 위한 사람들의 노력이 충분하지 않다고 생각한다.
(d) 그녀는 정부가 홈리스들을 위해 더 많은 돈을 투자하기를 바란다.

non-governmental organizations 비정부기구 sufficient 충분한 prolonged 장기의, 오래 끄는 put into action 행동에 옮기다 implement 이행하다

ACTUAL TRAINING

PART III•Choose the option that best answers to the question.

1 (A)   (B)   (C)   (D)

2 (A)   (B)   (C)   (D)

3 (A)   (B)   (C)   (D)

4 (A)   (B)   (C)   (D)

5 (A)   (B)   (C)   (D)

위아텝스
LISTENING

대의파악, 세부사항, 추론 문제 유형 이외에도, 구체적인 사항을 묻는 문제가 출제되기도 한다. 이러한 문제 유형은 Question에 따라 달라지므로, 세부적인 사항을 묻는 Question 타입을 다양하게 학습하면서 익혀둘 필요가 있다. 또한 이러한 문제 유형들은 구체적인 사항을 본문에서 찾을 필요가 있으므로, 청해 학습시 Question과 본문의 흐름 따라가기 훈련을 할 필요가 있다.

UNIT 22

기타 문제

기타 문제

POINT

★ Part 4 Question 유형 중 대의파악 문제와 진위, 추론문제를 제외한 기타 문제의 대표 유형과 대비법을 익힌다.

★ 전혀 다른 종류의 기타 문제를 분석하여 정확하게 정답을 고를 수 있는 방법을 제시한다.

Part 4 Question 유형은 크게 전반부(46~52번) 대의파악 문제와 후반부(53~60번) 진위·추론 문제로 구분할 수 있다. 이외에 특별히 기억해야 할 문제 유형은 특정한 사실을 골라 묻는 문제와 다음에 논리적으로 어떤 내용이 이어질지를 묻는 추론 문제이다.

1 특정한 사실을 콕! 찍어 묻는 문제 (38~42번)

❶ 특정한 사실에 대해 이유를 묻는 문제 (Question 해석 필수)

Q1. What does the speaker mainly want those completing the survey to do?

Q2. What type of exercise is good for busy people?

2 논리적으로 이어질 다음 내용을 묻는 추론 문제 (43~45번)

❶ 논리적으로 부드럽게 이어질 내용 유추하기

➡ 마지막 두 문장이 결정적 단서

Q1. What will the speaker most likely talk about next?

Q2. What will the speaker agree with most?

❶ 특정 세부사항을 묻는 문제

We will really appreciate your completing this questionnaire. Please answer the questions freely and honestly since each individual may well have different answers. It is designed to help you decide what type of occupation would suit you best. After receiving and looking over the questionnaire, we will contact you as soon as possible. We will talk with you about what we see, and if you like, we will tell you about our business activities and systems.

Q. What does the speaker mainly want those completing the survey to do?

    (a) Submit the answers to the business center as soon as possible.
    (b) Help other people design their future occupation.
    (c) Frankly respond to the inquiry related to vocational aptitude.
    (d) Call the authorities concerned and talk about the questions.

설문지를 작성해주셔서 정말 감사드립니다. 개인들이 다른 답변을 갖는 것이 당연하기 때문에 질문에 자유롭고 정직하게 답변해주시기 바랍니다. 이 설문지는 어떤 종류의 직업이 당신에게 가장 적당한지를 결정하도록 돕기 위해 만들어졌습니다. 설문지를 받고 검토한 이후에, 당신에게 가능한 빨리 연락드리겠습니다. 저희가 검토한 것을 당신과 이야기할 예정이며, 당신이 원한다면 당신에게 우리의 사업 활동과 체계에 대해 알려드리도록 하겠습니다.

Q. 화자는 설문지를 작성한 사람들이 무엇을 하기를 원하고 있는가?

(a) 가능한 빨리 비즈니스 센터에 답변서를 제출해야 한다.
(b) 다른 사람들이 그들의 미래의 직업을 계획하도록 도와주어야 한다.
(c) 직업 적성과 관련된 설문지에 솔직하게 답변해야 한다.
(d) 관계자들에게 전화하여 그 문제에 대해 이야기해야 한다.

[해 | 설]

1. Question 이해하기

Part 4의 특정 세부사항을 묻는 질문은 해석이 중요하다. 질문만 이해하면 답을 비교적 쉽게 고를 수 있지만 시험장에서는 의외로 용이하지 않다. 평소에 해석 연습을 꾸준히 해두자.

2. 특정 세부사항 중 빈도수가 높은 문제 What does the speaker want ○○○ to do?

공지 관련 문제에서 '화자는 듣는 사람이 무엇을 하길 바라는가?' 질문이 자주 출제되었다. 명령문 볼드체 표시된 문장 Please answer ~를 잘 듣는다면 정답 (c)를 고를 수 있다.

❷ 다음에 무엇이 나올지를 묻는 Do-Next 문제 (58~60번)

Today we will discuss the caste system, which describes the social stratification and social restrictions found in India. On the basis of the system, social classes are defined by thousands of endogamous hereditary groups. Each caste group has retained their own styles of living, especially concerning living rules and traditions. Although caste barriers have mainly vanished in most large cities, the vestiges of the caste system, in various forms, last in modern India.

Q. What will the speaker likely talk about next?

  (a) Several social classes and their life in the modern Indian society

  (b) A variety of traces of the caste system in the modern Indian society

  (c) Another distinctive inherited class system unlike the caste system

  (d) Constitutional abrogation of the caste system in India

[해 | 설]

마지막 두 문장만 잘 들으면 답을 고를 수 있는 추론 문제이다.

다음에 어떤 내용이 나올지를 묻는 문제 What will the speaker likely talk about next?는 58~60번 사이에 출제되는 추론 문제이기 때문에 다소 어렵게 출제된다. 하지만 의외로 대화의 마지막 두 문장만 들으면 비교적 쉽게 답을 고를 수 있다. 마지막 문장 Although caste barriers have mainly vanished in most large cities ~에서 정답 (b)를 유추할 수 있다.

오늘 우리는 카스트 제도에 대해 논의할 예정입니다. 이 제도는 인도에 존재하는 사회적 계층, 즉 사회적 제약을 말합니다. 이 제도에 근거하여, 사회적 계급들이 수천가지 동족 형태의 세습적인 집단들로 정의됩니다. 각각의 카스트 집단들은 특히 삶의 규칙과 전통과 관련하여 그들 자신의 삶의 방식을 가지고 있습니다. 카스트 제도에 의한 장벽들이 대부분의 대도시에서 주로 사라졌지만, 카스트 제도의 흔적들은 다양한 형태로 오늘날 인도 사회에서 지속되고 있습니다.

Q. 화자는 다음에 무엇에 대해 말할 것인가?

(a) 현대 인도 사회에 존재하는 몇 가지 사회적 계급과 그들의 삶

(b) 현대 인도 사회에 존재하는 카스트 제도의 다양한 흔적들

(c) 카스트 제도와 다른 또 하나의 독특한 세습적인 계급 제도

(d) 인도에서의 카스트 제도의 헌법상의 폐지

PART III•Choose the option that best answers to the question.

1 (A)   (B)   (C)   (D)

2 (A)   (B)   (C)   (D)

3 (A)   (B)   (C)   (D)

4 (A)   (B)   (C)   (D)

5 (A)   (B)   (C)   (D)

REVIEW TRAINING

PART IV • Choose the option that best answers to the question.

1   (A)   (B)   (C)   (D)

2   (A)   (B)   (C)   (D)

3   (A)   (B)   (C)   (D)

4   (A)   (B)   (C)   (D)

5   (A)   (B)   (C)   (D)

6   (A)   (B)   (C)   (D)

7 (A)   (B)   (C)   (D)

8 (A)   (B)   (C)   (D)

9 (A)   (B)   (C)   (D)

10 (A)   (B)   (C)   (D)

11 (A)   (B)   (C)   (D)

12 (A)   (B)   (C)   (D)

위아텝스
LISTENING

빈출순위 1 :
공지 및 광고

공지 및 광고 〈공지 및 지시〉

POINT

★ Part 4 주제별 유형 중 실용문에서 가장 많이 출제되는 공지, 지시 기출문제 유형과 내용을 파악한다.

★ 공지, 지시 표현을 미리 익히며 대의파악 문제와 진위, 추론 문제에 따른 정답을 고를 수 있는 능력을 키운다.

1 출제 유형

1. 공지는 학교, 직장에서의 공지, 공항 혹은 기내에서의 공지, 이벤트 공지 등이 주로 출제되었다.

2. 비행 관련 공지는 비행기 도착 혹은 출발 지연 안내, 탑승 안내 등이 주로 출제되었다.

3. 행사 안내 글은 행사의 참여유도를 목적으로 한다.

   가령 암 퇴치 달리기 대회를 개최한다면

   ① 의의 (암 퇴치 기금조성을 위해)

   ② 내용 (시내 20마일 달리기)

   ③ 장소 및 시기

   ④ 참가비 등의 형식으로 출제된다.

4. 공지와 유사한 지시사항(Instruction) 문제는 회사에서 경영진이 직원들에게 공지 형식으로 내리는 명령, 학교에서의 전달사항 등이 많이 출제되었다. 다소 딱딱하며 명령문이 주를 이룬다.

2 기초 다지기

두 번씩 듣고 다음 질문에 대답하세요.

1 탑승할 비행기의 목적지는 어디인가?

(a) LA   (b) Chicago

1. (a)

2 지금 탑승해도 되는 승객은?

(a) Teenagers   (b) Handicapped people

2.(b)

We are now boarding passengers for Oceanic Airlines Flight 994 for flight to LA. Those passengers with first class tickets or who are traveling with children or who require assistance may now proceed to board.

두 번씩 듣고 다음 질문에 대답하세요.

3 What passengers will board next?

(a) passengers between rows 1 through 20
(b) passengers between rows 20 through 40

3. (b)

We will begin boarding passengers between rows 20 through 40 shortly but at this time please remain seated and we will board all passengers in a timely manner.

Choose the option that best answers to the question.

1 (A) (B) (C) (D)

We are now boarding passengers for Oceanic Airlines Flight 994 for flight to LA. Those passengers with first class tickets or who are traveling with children or who require assistance may now proceed to board.① We will begin boarding passengers between rows 20 through 40 shortly ② but at this time please remain seated and we will board all passengers in a timely manner.

Q. Who may board right after the announcement?

(a) Passengers who are not children
(b) Passengers without first class tickets
(c) Passengers in rows 20 through 40
(d) Passengers who don't need assistance

지금 오세아닉 항공사 LA행 994편 탑승을 시작하도록 하겠습니다. 일등석 승객이나 어린이 동반 승객, 혹은 저희 직원의 도움이 필요하신 승객들의 탑승이 진행되고 있습니다. 좌석 20열에서 40열 승객의 탑승을 곧바로 시작하겠습니다. 잠시만 자리에 앉아 기다려 주시면 모든 승객들이 곧 탑승하실 수 있도록 하겠습니다.

Q. 이번 안내 방송 이후 곧 바로 탑승할 승객은 누구인가?

ⓐ 아동을 동반하지 않은 승객
ⓑ 일등석 티켓을 가지고 있지 않은 승객
ⓒ 좌석 20열과 40열 사이의 승객
ⓓ 도움이 필요 없는 승객

passenger 승객 first class 일등석 assistance 도움 proceed to ~하기 시작하다 row 열, 줄 in a timely manner 적절한 시기에

[해 | 설]

1. 탑승 안내는 매번 똑같이 출제된다.

비행 관련 공지는 거의 내용이 정해져 있다. 특히 탑승 안내는 일등석, 비즈니스석, 장애인, 일반석의 순서로 비슷하게 정해져 있다.

2. 특정한 부분을 골라 묻는 질문

질문(Who may board ~?)에 초점을 맞춰 두 번째 들을 때 밑줄 친 부분을 듣는다면 정답 (c)를 쉽게 고를 수 있다. 특정 세부사항 문제는 15문제 대비 1~2문제가 출제된다.

[정 | 답 | 의 | K | E | Y]

탑승 안내

[꼭 들어야 할 세부사항]

① 현재 일등석, 아동동반 승객, 장애인 등이 탑승 가능하다.
② 20~40번열은 곧 탑승할 것이다.

Choose the option that best answers to the question.

1 (A)   (B)   (C)   (D)

2 (A)   (B)   (C)   (D)

---

1 Mount Rainier at Rainer Park has been chosen as our starting location for our 17th annual hike by The Mountain Hikers Association, which will be held next Sunday. For those hikers who need directions to the park, please inquire with Roger Forester who will provide you with maps and other information.① Please be reminded that we'll meet at the Northeast gate of Rainier Park at 6:30 a.m. and the hike will begin at 7:00 a.m. Hikers must also bring their own snacks and water for the hike.

Q. What are the club members advised to do?

  (a) Choose the starting location of the hike.
  (b) Provide water for other hikers.
  (c) Ask Roger Forester for more information.
  (d) To not eat or drink before the hike.

레이니어 국립공원에 위치한 레이니어 산이 다음 주 일요일에 열릴 '산악자전거협회'의 17번째 연례 하이킹 출발지로 선정되었습니다. 레이니어 국립공원으로 가는 방법을 알고 싶은 하이킹 참가자들은 로저 포레스터 씨께 물어보시면 지도와 추가적인 정보를 제공할 것입니다. 집결 장소는 레이니어 국립공원 북동쪽 문이고, 시간은 오전 6시 30분이며, 하이킹은 7시에 시작될 것이라는 점을 명심하시길 바랍니다. 하이킹 참가자들은 하이킹에 필요한 간단한 식사와 물을 꼭 지참하십시오.

Q. 클럽 회원들에게 무엇을 권고하는가?
(a) 하이킹 출발지를 선정하시오.
(b) 다른 하이킹 참가자에게 물을 제공하시오.
(c) 로저 포레스터에게 추가 정보에 대해 물어보시오.
(d) 하이킹 이전에 음식을 먹거나 마시지 마시오.

direction to 방향, ~에 가는 방법
Association 협회 be held 열리다, 개최하다

[해 | 설]

1. 행사 안내 공지

행사 안내는 행사의 내용, 장소와 시간 등이 꼭 언급이 되며 이를 중심으로 들어야 한다.

2. 공지를 듣는 대상이 해야 할 일을 묻는 질문

What are the club members advised to do?

드물게 출제되는 문제 유형으로서 듣는 사람이 해야 할 일을 묻는다. 보통 공지 및 지시 사항 문제에서 출제되며 명령문을 잘 들으면 대부분 무난하게 정답을 고를 수 있다. What are the audiences (passengers) asked to do?의 질문으로 주로 출제되었다.

[정 | 답 | 의 | K | E | Y]

행사 공지

[꼭 들어야 할 세부사항]

① 가는 길과 기타 정보는 로저 포레스터 씨에게 문의하기

[공지의 대상자가 해야 할 일을 묻는 질문]

명령문에 단서가 있다.

2 As of May 1st, our company's new Financial Security Advisor will begin investigating corporate accounts. This is due to our responsibility to adhere to new federal guidelines on fiscal management and corporate accountability. As such, managers are required to submit reports on any suspicious activity in any accounts. ①

Q. According to the instructions, what should managers do?

    (a) Submit reports on all company employees.
    (b) Provide reports on new federal guidelines.
    (c) Investigate procedures on corporate accountability.
    (d) Provide reports on suspicious account activities.

[해 | 설]

1. 공지 및 지시사항은 지문의 제일 앞 혹은 뒷부분에 주제가 있다.

공지 및 지시사항은 군더더기가 없고 명령문 형태가 많다. 이 글의 주제문은 첫 문장에 명시되어 있으며 마지막 문장 As such ~에서 자세한 지시를 하고 있다. are required to ~ 구문은 전형적인 지시문이다.

2. 세부사항을 묻는 질문이라 잘 듣고 두 번째 들을 때 승부를 건다. (매니저가 해야 할 일은?)

콕 찍어서 질문을 하기 때문에 두 번째 들을 때 마지막 문장에서 managers are required to ~을 듣고 어려움 없이 (d)를 고를 수 있다. 그 외 선택지는 모두 지문의 부분 부분을 응용했다.

[정 | 답 | 의 | K | E | Y]

회계처리 전반에 걸친 조사 공지

[꼭 들어야 할 세부사항]

① 매니저는 수상한 회계 항목에 대해 보고서를 제출할 것

[특정한 부분을 골라 묻는 질문]

질문의 핵심이 무엇인지 파악하여 그 부분에 초점을 두고 다시 듣는다.

4월 1일부로, 새로 부임한 재무 안전 담당자가 회사 회계처리 전반에 대해 조사를 실시할 것입니다. 이번 조사의 이유는 회계 관리와 기업 책임에 관한 연방 정부의 새로운 지침을 따라야 하는 사측의 책임이기 때문입니다. 이에 따라, 간부급 사원들은 모든 회계 처리와 관련한 불법 혐의가 포착되는 활동에 관해 보고서를 작성해야 합니다.

Q. 지시사항에 따르면 매니저가 해야 할 일은?

(a) 회사의 모든 직원들에 관한 보고서 제출하기

(b) 연방 정부의 새 지침에 관한 보고서 제출하기

(c) 기업책임 절차에 관해 조사하기

(d) 회계 관련 불법 혐의가 있는 활동에 대한 보고서를 제출하기

---

investigate (into) 조사하다 **due to** ~ 때문에 (= because of, owing to) **adhere to** 고수하다, (물리적으로) 들러붙다, 접착하다 **federal** 연방정부의 **guideline** 지침, 정책 **fiscal** (기업) 회계의, 회계 관련의, (정부) 재정상의, 재정의 **suspicious** 혐의가 있는, 의심스러운 **as such** 그러한 것으로써, ~에 따라서 **be required to** (~의 요구)에 따르다, ~해야 한다 **submit** 제출하다 (= hand in)

공지 및 광고 〈광고〉

POINT

★ Part 4 주제별 유형 중 실용문에서 많이 출제되는 광고 관련 기출문제 유형과 내용을 파악한다.

★ 관련 표현을 미리 익히며, 대의파악 문제와 진위, 추론 문제에 따른 정답을 고를 수 있는 능력을 키운다.

1 출제 유형

광고는 제품 혹은 서비스 광고가 주를 이루며 이외에 회사 컨설팅 광고, 홍보성 광고 등도 가끔 출제되었다.

1. 전반부(46~52번 대의파악 문제)에선 무엇을 광고하는지를 묻는다. 질문은 주로 What is being advertised?

2. 후반부(53~60번 맞는 것 고르기 문제)에선 제품의 주 특징(Selling point)을 묻는다.

23-4 2 기초 다지기

두 번씩 듣고 다음 질문에 대답하세요.

1 algae bandage의 주요 효능은?

(a) 지혈   (b) 상처 치유

The Algae bandage is the latest in emergency medical technology. Developed by Acme Medical Company, the bandage can stop bleeding almost instantly. While it is used for only emergency situations, it will soon have other uses.

1. (a)   2. (a)

두 번씩 듣고 다음 질문에 대답하세요.

2 Algae bandage는 어떤 성분을 사용했는가?

(a) complex carbohydrate   (b) carbon dioxide

The bandage works by using a complex carbohydrate mixture made by algae to speed up blood clotting and can reduce bleeding time by sixty-six percent.

Choose the option that best answers to the question.

1　(A)　(B)　(C)　(D)

The Algae bandage is the latest in emergency medical technology. Developed by Acme Medical Company, the bandage can stop bleeding almost instantly. ① While it is used for only emergency situations, it will soon have other uses. The bandage works by using a complex carbohydrate mixture made by algae to speed up blood clotting ② and can reduce bleeding time by sixty-six percent.

Q. What is mainly being discussed in the talk?

(a) A new medical product for emergencies
➡ 첫 문장의 주제문을 바꿔 쓴 정답이다.

(b) The blood clotting caused by a new medical product
➡ ②를 바꿔 쓴 그럴 듯한 선택지. 광고문이기 때문에 혈액 응고가 답이 될 수 없다.

(c) The lives saved by a new medical product

(d) The many uses of Algae in medical products

[해 | 설]

1. 제품광고는 '무엇을 광고하는지'를 듣는다.

이 광고는 해초류가 첨가된 붕대를 광고하고 있다. 46∼52번까지는 무엇을 광고하는지를 묻는다. 주로 What is being advertised?로 묻는다.

2. 무엇을 광고하는지를 들었다면 특징도 추가로 듣는다.

bandage를 들었다면 추가로 ① 순간지혈 ② 복합탄수화물성분이란 점도 듣는 연습을 하자. 주된 논지를 묻는 문제(무엇을 광고하는지의 문제)이며 첫 문장 The Algae bandage is the latest in emergency medical technology를 바꿔 쓴 (a)가 정답.

[정 | 답 | 의 | K | E | Y]

최신 기술이 결합된 붕대 광고

[꼭 들어야 할 세부사항]

① 바로 지혈 가능
② 해조류에서 추출된 복합탄수화물 성분

[대의파악 문제]

주제문을 바꿔 쓴 (a)가 정답이다.

앨지 밴드는 응급 의료 기술 분야에서 가장 최신 기술입니다. 애크미 메디컬 사에서 개발된 앨지 밴드는 사용 즉시 출혈을 막을 수 있습니다. 앨지 밴드가 응급 상황에서만 사용되고 있지만, 곧 다른 용도로도 사용될 것입니다. 앨지 밴드는 해초류로 만들어진 복합 탄수화물 혼합물을 이용해 혈액응고 속도를 높이고, 출혈이 진행되는 시간을 66%까지 줄이는 효과가 있습니다.

Q. 이 글에서 주로 이야기하는 것은 무엇인가?

(a) 응급 상황에 사용되는 새로운 의료 제품

(b) 새로운 의료 제품에 의한 혈액응고

(c) 새로운 의료 제품 사용으로 인해 목숨을 구한 사례

(d) 의료 제품에서 널리 이용되는 많은 해초류들

---

alga 해초류, 조류 (pl.) algae
carbohydrate 탄수화물 clot 응고시키다, 굳어지게 하다

Choose the option that best answers to the question.

1   (A)   (B)   (C)   (D)

Are you tired of diet products that don't work? Mastics is the answer! It works while you sleep and you won't have to change your lifestyle or spend your free time exercising. ① Mastics activates the fat burning processes in your body while you sleep, so there is nothing else that you need to do except try our supplements free for one month. Call Now!

Q. How is the product different from other diet products?

    (a) It contains magical natural ingredients.
    (b) It works well even though you don't exercise.
    (c) It keeps you awake.
    (d) It is reasonably priced.

효과 없는 다이어트 제품에 지치셨습니까? 그렇다면 매스틱스가 답입니다. 매스틱스는 잠을 잘 동안도 약효가 나타나며 여러분께서는 생활 방식을 굳이 바꾸거나 여가시간에 운동할 필요가 없습니다. 매스틱스는 당신이 잠자는 동안 당신 몸의 지방 연소 과정을 활성화시키기 때문에, 한 달 동안 자사가 무료로 제공하는 보충제를 먹어보는 것 외에는 해야 할 일이 아무것도 없습니다. 지금 전화하십시오!

Q. 광고의 제품이 다른 다이어트 제품과 다른 점은 무엇인가?
(a) 신비로운 천연성분을 함유하고 있다.
(b) 운동을 안 해도 효과가 있다.
(c) 늘 깨어 있게 한다.
(d) 가격이 합리적이다.

weight loss 체중 감량 (제품, 식품 등) fat burning 지방 연소 try ~ free for ~간 무료 체험하다, 무료로 먹어보다, 해보다 supplement 보충제, 보완제 natural ingredient 천연성분

[해 | 설]

1. 제품의 특징(Selling Point)을 묻는 광고

Part 4의 후반부(53~60번)에 주로 출제되며 소비자라면 살 만한 제품이나 서비스의 두드러진 특징을 잡는다. 이 광고문에선 운동할 필요가 없이 잠잘 때 살 빼는 효과가 있다는 점 ①이 가장 큰 특징이며 이를 짧게 바꿔 쓴 (b)가 정답.

2. 무엇을 광고하는지를 물을 때와 제품의 특징을 묻는 Question 익히기

무엇을 광고하는지를 물을 때는 What is being advertised?(46~52번), 제품의 특징을 물을 때는 Which is correct ~?(53~60번)가 대세이다.

[정 | 답 | 의 | K | E | Y]

자면서도 살을 뺄 수 있는 제품

[꼭 들어야 할 세부사항]

① 잠 잘 때도 약효가 있으며 굳이 운동을 할 필요가 없다.

[광고 제품의 특징을 물어보는 질문]

①을 종합해서 정답 (b)를 고를 수 있다.

〈시험에 반드시 나오는 공지 및 광고 관련 필수 표현〉

[비행기 관련 표현]

We apologize for the delay.
연착(출발지연)에 대해 사과드립니다.

Flight to Chicago has been rescheduled for
5 p.m.
시카고 행 비행기가 5시로 시간이 변경되었습니다.

[강의 공지]

Attention everyone. I am pleased to announce
that author Mr. James Brown will be delivering
a lecture.
모두 집중해주세요. 저자 제임스 브라인 씨의 강의 공지 안내를 하게
되어 기쁘게 생각합니다.

[세일 공지]

Attention shoppers!
손님 여러분 잘 들어주세요.

Our supplies are running out fast.
우리 물건이 빠르게 소진되고 있습니다.

50% off the normal price.
정상가격에서 50% 세일입니다.

Buy one and get one free.
한 개 구매하면 한 개 더 드려요.

[주민에 대한 공지]

Residents are advised to control the pests by
eliminating dirty water.
주민 여러분은 더러운 물을 제거함으로서 병충해를 제거해주세요.

Call 519-4433 now for more information.
더 자세한 안내는 519-4433으로 전화주세요.

[광고 기출 표현]

Visit our houseboat park in Florida or call 1-800-
572-5701 for an information packet.
플로리다에 있는 집배 항구로 찾아주시거나 1-800-572-5701로 정보
지 신청을 해주세요.

If you are worried about future medical bills,
look no further than A&P Health for help.
미래 의료비가 걱정되신다면 A&P Health 외엔 더 찾지 마세요.

We're proud to introduce the newly improved
Ator cleaner.
새롭게 개선된 Ator 세제를 소개시켜드려 기쁩니다.

The Apollo travel pack is now available at
Simpsons.
아폴로 여행 가방를 심슨즈에서 현재 구입할 수 있습니다.

The Apollo travel pack is normally priced at
$300 but for a limited time only, you can save
40% on this quality product.
아폴로 여행 가방은 보통 300달러지만 한정된 시간 안에 이 좋은 제
품을 40% 할인 받을 수 있습니다.

Visit Thriftway Offices Supplies for all your back
to school needs.
신학기에 필요한 제품을 Thriftway 사무용품점으로 방문해서 구입해주
세요.

Sign up today as spaces are limited.
공간이 한정되어 있기 때문에 오늘 등록해주세요.

Experience the aromatic coffee blends of
Keystone Premium.
향기 가득한 키스톤 프리미엄 커피 블렌드를 경험하세요.

PART III • Choose the option that best answers to the question.

1   (A)   (B)   (C)   (D)

2   (A)   (B)   (C)   (D)

3   (A)   (B)   (C)   (D)

4   (A)   (B)   (C)   (D)

5   (A)   (B)   (C)   (D)

6   (A)   (B)   (C)   (D)

7   (A)   (B)   (C)   (D)

위아텝스
LISTENING

비즈니스나 뉴스에서는 새로운 경제 상황에 직면하게 되는 문제나 조건 등이 제시되며, 뉴스에서는 다양한 유형의 사건이 제시된다. 따라서 비즈니스 환경에서 직면하는 인수 합병, 통화 문제 등에 대한 주제에 해당하는 내용에 익숙해져야 한다. 또한 뉴스 프로그램에서 흔히 접할 수 있는 다양한 상황을 이해하고, 주로 제시되는 주제, 세부사항 등에 대한 연관 관계를 학습해야 한다.

UNIT 24

빈출순위 2 :
비즈니스 및 뉴스

비즈니스 및 뉴스 〈비즈니스〉

POINT

★ Part 4 주제별 유형 중 실용문에서 많이 출제되는 비즈니스 관련 기출문제 유형과 내용을 파악한다.

★ 관련 표현을 미리 익히며 대의파악 문제와 진위, 추론 문제에 따른 정답을 고를 수 있는 능력을 키운다.

1 출제 유형

텝스 LC에 출제되는 회사, 비즈니스 관련 문제는 대략 공지 위주로 출제된다.

1. 합병에 관한 공지

   우리 회사가 다른 회사에 합병이 되니 구조조정이 있을 수 있다는 내용

2. 직원들의 협력을 바라는 공지

   전기절약 등 직원들의 협조를 바라는 내용

3. 영업회의

   매출을 올리기 위한 영업전략 제시

4. 노동조합회의

   파업여부에 관한 토론

두 번씩 듣고 다음 질문에 대답하세요.

1 우리 회사에 어떤 변화가 있을 예정인가?

(a) merger   (b) layoff

2 What the speaker emphasize in the talk?

(a) Employees may be laid off.
(b) Employees may be relocated.

Let us now begin our meeting regarding the proposed merger with Maxon. We want to disclose as much information as is available regarding our discussions with Maxon executives. Please be confident that during our negotiations we will make it a top priority that our workforce is not downsized.

1. (a) 2. (b) 3. (b)

두 번씩 듣고 다음 질문에 대답하세요.

3 합병으로 인해 어떤 변화가 예상되는가?

(a) 대량해고될 것이다.
(b) 업무가 바뀔 수 있다.

However, it is possible that your role in the newly formed company may change, as we will have no control over this.

Choose the option that best answers to the question.

1 (A) (B) (C) (D)

Let us now begin our meeting regarding the proposed merger with Maxon. We want to disclose as much information as is available regarding our discussions with Maxon executives. Please be confident that during our negotiations we will make it a top priority that our workforce is not downsized ①. However, it is possible that your role in the newly formed company may change ②, as we will have no control over this.

Q. What is the speaker mainly doing in the talk?

(a) Asking for support for the merger
➡ 지지를 구하는 게 아닌 공지에 가까운 글이다.

(b) Seeking petitions against the merger
➡ 언급된 바가 없다.

(c) Persuading employees to change jobs
➡ 언급된 바가 없다.

(d) Pledging to protect employee jobs
➡ ①에서 구조조정은 없을 것이라고 했다. 주제로 하기엔 부족한 답이나 (a), (b), (c) 모두 완벽한 오답이라 주저하지 말고 골라야 한다.

맥슨 사와 합병안에 관해 전하면서 회의를 시작하도록 하겠습니다. 저희 사측에서는 맥슨 사 경영진과 논의한 것에 관해 가능한 범위에서 많은 정보를 여러분께 알리고자 합니다. 협상 중 인원 축소는 없도록 하는 것이 사측의 최우선순위임을 믿어주시기 바랍니다. 하지만, 협상 후 새롭게 구성된 회사에서 여러분들의 직위가 변동될 가능성이 있고, 이 부분에 대해서는 사측도 조절할 수 없는 부분입니다.

Q. 화자는 무엇에 관한 이야기를 주로 하고 있는가?
(a) 합병에 관한 지지 구하기
(b) 합병 반대에 대한 탄원하기
(c) 직원들에게 이직 권유
(d) 직원들 자리 보존에 대한 약속

---

regarding ~에 관해서, ~의 점에서 **merger** 합병 **M&A**(mergers and acquisitions) 기업 인수 합병 **disclose** 알리다, 폭로하다 **executives** 임원진, 경영진 **negotiation** 협상 **top priority** 최우선순위 **workforce** 직원(전체) **downsize** 인원을 축소/삭감하다 **seek petition** 탄원하다 **pledge** 공약하다

[해 | 설]

1. 직원들에 대한 합병 안내문
늘 비슷하게 나오는 형식이 정해져 있는 글이다. '우리 회사가 다른 회사에 합병이 되니 직원 여러분의 자리가 변동된다거나 구조조정이 있을 수 있다.'가 주 내용이다.

2. 주로 말하고자 하는 것을 묻는 질문
What is the speaker mainly doing in the talk?는 주로 Part 3의 대의파악 문제의 질문 형태나 가끔 다소 쉬운 Part 4의 대의파악 문제에서도 종종 등장한다. (a)~(d)는 doing처럼 분사 형태를 취한다.

[정 | 답 | 의 | K | E | Y]
합병에 관한 공지

[꼭 들어야 할 세부사항]
① 인원축소는 없지만
② 역할 등은 바뀔 수 있다.

[가장 중점적으로 말하고자 하는 것을 묻는 질문]
여러 가지 열거된 것 중 가장 핵심이 되는 부분을 골라내야 하는 질문이다.

Choose the option that best answers to the question.

1 (A)   (B)   (C)   (D)

I called this meeting to handle the issue of company travel expenses first in our meeting. Our current procedure is that employees are responsible to determine the legitimacy of a travel expense and we believe that nobody has abused this responsibility. However, there have been instances where an employee and management disagreed about whether an expense was legitimate.① To ensure that there are no more future disagreements, we will draft an expense policy that clarifies what can be reimbursed.②

Q. What can be inferred about the company from the talk?

(a) Its employees cannot be trusted.
➡ ①에서 견해 차이가 있다고 했지 신뢰의 문제는 아니다.

(b) It prefers clear rules about reimbursements.
➡ 마지막 결론 문장 ②에서 유추할 수 있다.

(c) Previous reimbursements will be investigated.
➡ 전혀 언급되지 않았다.

(d) It will reduce employee traveling.
➡ 전혀 언급되지 않았다.

이번 회의에서는 회사의 출장 경비에 관한 문제를 다루도록 하겠습니다. 현행 절차에서, 출장 경비의 합리성을 결정할 책임이 직원에게 있으며, 이러한 책임을 그 누구도 남용하지 않았다고 믿고 있습니다. 하지만, 직원 측과 사측에서 이러한 경비가 합리적인지에 관해 의견이 다른 경우가 몇몇 있었습니다. 더 이상의 의견 차이가 없다는 것을 확실히 하기 위해, 저희는 어떠한 비용이 상환되는지를 확실히 하는 비용 정책을 마련할 것입니다.

Q. 이 글에서 회사에 대해 알 수 있는 것은 무엇인가?

(a) 이 회사의 직원들을 믿을 수 없다.

(b) 회사는 상환에 대한 확실한 규칙을 선호한다.

(c) 이전의 상환 사례들은 조사를 받을 것이다.

(d) 회사는 곧 직원 출장을 줄일 것이다.

travel expenses 출장 경비 legitimacy 합리성, 합법성 abuse 남용하다, 오용하다 (adjective) legitimate reimburse 상환하다, 배상하다, 갚다 (n.) reimbursement

---

[해 | 설]

1. 업무 협조를 구하는 회의

회사 내의 다양한 업무 협조를 구하는 회의 내용이다. 이외에도 직원들이 지켜야 할 수칙을 알리는 내용이 자주 출제되는 편이다. (주차협조, 전기절약, 컴퓨터사용 안내 등)

2. We will ~, We should ~ 등에 글의 결론이 있다.

회의는 구어체 문장을 사용하기 때문에 다소 쉬운 편이며 결론에 Part 3에 주로 등장하는 구어체 결론 We will / we should가 나온다. 이 부분에 보통 가장 중요한 내용이 담겨 있다.

[정 | 답 | 의 | K | E | Y]

여행경비 처리에 관한 공지

[꼭 들어야 할 세부사항]

① 회사경비에 대해 직원과 사측의 견해 차이가 있었기 때문에

② 이에 대한 기본 정책을 마련할 것이다.

[추론문제]

②를 짧게 바꿔 쓴 정답 (b)를 유추할 수 있다.

비즈니스 및 뉴스 〈뉴스〉

1 출제 유형

뉴스는 대부분 첫 문장에 뉴스보도의 개요를 알려주는 주제문이 언급된다.

❶ 리포트 식 뉴스

경제, 사회 전반적인 분석 보도

❷ 사건사고 뉴스

비행기 추락사고(사고), 은행 강도(사건) 등의 뉴스. 최근 범죄 관련 뉴스가 많이 출제된다.

❸ 스포츠 뉴스

매치 형(A와 B의 경기에서 누가 어떻게 이겼는지에 대한 보도), 올림픽 형(다양한 경기의 내용 전달)

❹ 일기예보

일반 일기예보, 재해형 일기예보(특히 허리케인) 두 가지가 주를 이룬다.

❺ 교통 안내 뉴스

막히는 곳, 막히는 이유(주로 사고), 교통이 원활해지는 시점을 들어야 한다.

❻ 신기하고 재미있는 뉴스

간혹 황당하고 재미있는 뉴스도 출제된다.

2 기초 다지기

두 번씩 듣고 다음 질문에 대답하세요.

1 누가 누구를 기소했는가?

(a) Pro-Mark Financial Services가 경쟁사를
(b) 소비자가 Pro-Mark Financial Services를

A class action law suit has been filed against Pro-Mark Financial Services after months of public outcry against the company for its new Investment Retirement Account services.

두 번씩 듣고 다음 질문에 대답하세요.

2 Pro-Mark Financial Services가 집단 소송을 당한 이유는?

(a) false advertising
(b) poor services

According to the court documents, lawyers claim that more than five hundred clients were victims of false advertising that misled consumers regarding the amount of the Investment Retirement Account's services and maintenance costs. Pro-Mark has yet to provide a statement on the law suit.

1. (b) 2. (a)

Choose the option that best answers to the question.

1 (A)　(B)　(C)　(D)

A class action law suit has been filed against Pro-Mark Financial Services after months of public outcry against the company for its new Investment Retirement Account services. According to the court documents, lawyers claim that more than five hundred clients were victims of false advertising that misled consumers① regarding the amount of the Investment Retirement Account's services and maintenance costs. Pro-Mark has yet to provide a statement on the law suit.②

Q. Why is Pro-Mark Financial Services being sued?
　(a) They refused to allow clients to retire.
　(b) Their failure to provide a statement
　(c) Their deceptive marketing techniques
　(d) They did not maintain accounts.

[해 | 설]

1. 사건 관련 뉴스는 누가 왜 어떤 피해를 입었는지를 듣는다.

기출문제 사건 뉴스 중에선 강도, 절도 등이 주로 출제되었으며 누가 왜 그랬으며 피해 상황이 어떤지를 듣는다.

2. Why ~질문은 두 번째 들을 때 그 부분만 골라 듣는다.

질문에 주의해서 두 번째 들을 때 ①을 잘 골라내어 듣는다면 이를 바꿔 쓴 (c)를 무난하게 고를 수 있다.

[정 | 답 | 의 | K | E | Y]

투자자들이 회사에 집단소송을 함

[꼭 들어야 할 세부사항]

① 잘못된 광고로 투자자를 현혹했으며

② 이에 대해 회사 측은 언급을 피하고 있다.

[이유를 묻는 질문]

왜 소송을 당했는지 ①에서 알 수 있으며 이를 바꿔 쓴 (c)가 정답이다.

몇 개월 간 '프로마크 투자 정보 회사(Pro-Mark Financial Services)'에서 새로이 제공하는 '은퇴투자예금(Investment Retirement Account)'에 대한 소비자들의 항의가 빗발친 후, 회사를 상대로 집단소송이 제기되었습니다. 법원의 공식문서에 따르면, 변호사 측에서는 500명 이상의 의뢰인들이 '은퇴투자예금'의 모든 서비스와 관리 비용을 잘못 판단하게 하는 허위 광고의 피해자라고 주장하고 있습니다. Pro-Mark사에서는 아직도 소송에 관한 공식 성명을 발표하지 않고 있습니다.

Q. 프로마크 투자 정보 회사가 고소당한 이유는 무엇인가?
(a) 의뢰인들이 퇴직하지 못하게 하였다.
(b) 공식 성명 발표를 제대로 하지 않았다.
(c) 허위 마케팅 기술
(d) 적립 통장을 유지하지 않았다.

class action law suit 집단소송 (= class action/ law suit 소송, 고소)
file (against) (고소, 소송 등을) 제기하다
financial services 투자 정보 서비스 기관, 회사 **outcry (against)** 강력한 항의
retirement account 퇴직금 적립 통장 **false advertising** 허위 광고 **client** 의뢰인
mislead 잘못 ~하게 하다, 오도하다
regarding ~에 관해서, ~에 대해서는
have yet to verb 아직 ~하지 않다, 아직 ~해야 한다 **provide a statement on** ~에 대한 성명을 발표하다, 성명서를 제출하다 **sue** 소송을 제기하다, 고소하다 (sue A for B: B를 이유로 A를 고소하다, 소송을 제기하다) **deceptive** 현혹시키는, 속이는

Choose the option that best answers to the question.

1 (A)   (B)   (C)   (D)

2 (A)   (B)   (C)   (D)

3 (A)   (B)   (C)   (D)

---

1 The Federal Environmental Protection Agency, or EPA, has published a new finding that shows high levels of lead contamination of tap water in the Phoenix area. In fact, fifteen of the fifty homes tested had lead levels high enough ① to be tasted in the water with parts per billion, or PPB, far exceeding the limit of 20 PPB.② One of the homes had a lead level of fifty thousand PPB. What is more disturbing, according to the EPA, is that local government officials may already have been aware of the problem for some time.③

Q. Which is correct according to the report?

    (a) High lead levels were detected in only one home.
    (b) All homes in Phoenix have high lead levels.
    (c) Lead levels at or below 15 PPB are satisfactory.
    (d) Even very low lead levels can be tasted.

미 연방 환경 보호국, EPA에서는 피닉스 지역의 수돗물에서 납 성분이 다량 검출되었다는 새로운 연구 결과를 발표하였습니다. 사실상, 테스트에 포함된 50가구 중 15가구 정도에서 수돗물에 포함된 납 성분의 맛으로 느껴질 정도로 심각한 수준이었고, 이 수돗물에는 기준치인 20 PPB를 훨씬 넘어선 수치의 납 성분이 포함되어 있었습니다. 한 가정에서는 PPB수치가 50,000에 달하기도 했습니다. 환경 보호국에 따르면, 더욱 심각한 것은 해당 지역 지방 자치 단체 관계자가 이미 이러한 문제점을 알고 있었다는 것입니다.

Q. 보고서에 따르면 다음 중 옳은 것은 무엇인가?

(a) 높은 수준의 납 성분이 단 한 가구에서만 검출되었다.

(b) 피닉스 지역의 모든 가정 납 성분이 검출되었다.

(c) 납 성분 포함 수준이 15 PPB 이하인 경우는 합격 기준에 맞는 수치이다.

(d) 심지어 매우 낮은 수준의 납이 포함되었더라도 맛으로 느낄 수 있다.

Environmental Protection Agency (EPA) 미 환경 보호국 lead 납, 납 성분 contamination 오염 tap water 수돗물

[해 | 설]

1. 뉴스는 첫 부분엔 항상 주제가 있다.

특히 사건 관련 뉴스는 육하원칙에 의거해 첫 문장에 대부분의 사건의 개요가 다 담겨 있다. (피닉스의 수돗물에서 납 성분이 발견된 사실)

2. 맞는 것 고르기 문제는 숫자를 정확히 들어야 한다.

① 조사대상 50가구 중 15가구에서 납 성분 발견 ② 기준치는 20 PPB 등 간단한 숫자를 메모해야 정답 (C)를 고를 수 있다.

[정 | 답 | 의 | K | E | Y]

1. 피닉스지역의 수돗물에서 납 성분 발견

2. 기준치 20 PPB, 15가구 등 숫자를 정확히 메모해야 정답 (C)를 골라낼 수 있다.

[꼭 들어야 할 세부사항]

① 15가구에서 납 성분 발견

② 기준치는 20 PPB

③ 수도 관계자는 알고 있을 가능성이 많다.

2 The President's proposed tax cuts have incited uproar amongst Democrats who argue that the plan will only eat into the already dwindling government budget. The Democrats contend that the tax cuts are infeasible and are nothing more than a political maneuver to draw attention away from more serious issues. Instead, the Democrats are calling for a new tax cut that is both feasible and will not hamper the nations's budget.① The President has responded by stating that the Democrats have incorrectly calculated the cost of implementing his tax cuts.②

Q. Which is correct about the news report?

(a) The Democrats insist the President is insincere about his tax plan.
(b) The President rejects the idea of eliminating a tax cut.
(c) The Democrats are opposed to all of the President's political stands.
(d) The President rejects the sincerity of the Democratic organization.

대통령이 제안한 감세조치로 민주당 내부가 발칵 뒤집혔습니다. 민주당에서는 이번 감세조치가 이미 줄어들고 있는 정부 예산을 더욱 더 갉아 먹을 뿐이라고 주장합니다. 민주당은 이번 감세 조치가 실행 불가능하며, 더욱 심각한 문제들로부터 사람들의 관심을 돌리려는 정치적 책략일 뿐이라고 주장하고 있습니다. 그 대신, 민주당은 실행 가능하며 정부의 예산안 시행에 방해가 되지 않는 새로운 감세조치를 요구하고 있습니다. 대통령은 민주당에서 대통령이 내놓은 감세 조치의 실행 비용을 잘못 계산하고 있다며 이에 대응하고 있습니다.

Q. 뉴스의 주제는 무엇인가?
(a) 민주당은 대통령이 조세 정책에 대해 불성실한 태도를 보인다고 주장하고 있다.
(b) 대통령은 감세조치를 철회하자는 주장을 거부하고 있다.
(c) 민주당은 대통령의 모든 정치적 입장을 반대하고 있다.
(d) 대통령은 민주당의 성실성을 받아들이지 않고 있다.

tax cuts 감세 **uproar** 소동, 소란 **eat into** 조금씩 써버리다 **dwindle** 점차 감소하다 **contend that ~** ~라고 주장하다 **infeasible** 실행 불가능한 **maneuver** 책략, 술책, 교묘한 조작 **call for** 요구하다 **hamper** 방해하다, 훼방 놓다 **implement** 이행하다, 수행하다

[해 | 설]

1. 뉴스는 누가, 무엇을, 왜 했는지 전체 개요가 첫 문장에 언급된다.
① 대통령의 감세안이 ② 예산안 악화 때문에 ③ 민주당원의 반발을 일으켰다는 주요 골자가 첫 문장에 모두 언급되었다.

2. 메모하기
President's tax cut, Democrats 양쪽 주체를 중심으로 서로의 의견을 나타내는 핵심어(uproar, feasible)를 메모해야 혼동되지 않고 답을 고를 수 있다. 첫 문장부터 ①번 문장까지 민주당의 반발에 관한 내용으로 정답 (a)를 추론할 수 있다.

[정 | 답 | 의 | K | E | Y]
대통령의 감세정책이 민주당으로부터 강한 반발을 일으키고 있다.

[꼭 들어야 할 세부사항]
① 민주당 측은 실행 가능하고 예산에 맞는 감세정책을 요구한다.
② 대통령은 민주당 측이 잘못 산정하고 있다고 반박한다.

3 Good evening. This is Emily Davis at BBC news. Today we experienced an extended sunny day in most areas of the country. Only some southern parts of the country have been a little murky with a cloud. Tonight, however, we will have occasional showers around the country all through the night. Tomorrow, fair weather is expected throughout the country followed by sudden heavy rainfall in the morning.

Q. Which is correct according to the weather forecast?

(a) Tomorrow a downpour is likely all day long.
(b) Most areas experienced intermittent rainfall in the morning.
(c) Some southern areas have been overcast with clouds.
(d) Tonight we will have clear weather throughout the country.

[해 | 설]

일기예보는 메모가 필수

일기예보는 크게 지역별, 시간대별 예고와 동시에 기온 및 하늘의 상태(비, 구름, 눈 등)를 보도한다. 논리적으로 해석이 어려운 문장은 거의 나오지 않기 때문에 이와 관련된 단어만 골라 메모를 하면 된다. 순서대로 본문의 밑줄 친 부분 sunny day in most areas → southern parts cloud → Tonight, showers → Tomorrow, fair weather → heavy rainfall만 메모한다면 쉽게 정답 (c)를 고를 수 있다.

안녕하세요. BBC 뉴스의 에밀리 데이비스입니다. 오늘 전국적으로 지속적으로 날이 맑았습니다. 단지 남부지역만이 구름이 낀 채로 날씨가 흐린 상태였습니다. 하지만 오늘 밤, 전국적으로 밤새 간헐적인 소나기가 오겠습니다. 내일은 오전에 기습적인 소나기가 온 이후에 전국적으로 맑은 날씨가 예상됩니다.

Q. 일기예보에 대하여 올바른 것은?

(a) 내일 하루 종일 소나기가 올 것 같다.
(b) 오전에 대부분 지역에서 간헐적으로 비가 왔다.
(c) 일부 남부 지역에서 구름 때문에 잔뜩 흐린 상태였다.
(d) 오늘 밤 전국적으로 날씨가 맑을 예정이다.

murky 어두운 downpour 호우 intermittent 때때로 중단되는 overcast 흐린, 우중충한

〈시험에 반드시 나오는 비즈니스 및 뉴스 관련 필수 표현〉

[회의 용어]

Let's call this meeting to order.
회의를 시작하겠습니다.

I called this meeting to ~
~하기 위하여 회의를 소집했습니다.

What's on the agenda for today's meeting?
오늘의 안건이 뭡니까?

presider 사회자

preside over the meeting 회의를 주재하다

take the floor 발언권을 갖다

I second the motion. 발의에 재청합니다.

adjourn the meeting 정회하다, 휴회하다

[회사 공지]

Union meeting 노동조합 회의

low pay 낮은 임금

expenditure 비용

failing company 파산하는 회사

poor working condition 열악한 근무환경

It's time to take action. 조치를 취할 때이다.

board of directors 이사회

I am worried about our company's proposed merger.
회사의 예정된 합병이 우려됩니다.

Thank you for attending this shareholders' meeting for Vista Technologies.
주주총회에 참석해주셔서 감사합니다.

Thanks for attending this impromptu employee meeting.
즉석 직원회의에 참가해주셔서 감사합니다.

There will be zero tolerance for this sort of conduct at this company.
회사 내에서 이러한 행위는 절대 용납되지 않을 겁니다.

Monthly budgets should now be prepared according to the revised method.
월간예산이 개정된 방식으로 준비되어야 합니다.

Although we started off the year well, 4th quarter's sales dropped dramatically.
우리가 이번 해는 잘 시작했으니 4분기 판매는 극적으로 떨어졌습니다.

We would like to have an open discussion about this problem.
이 문제에 대해 열린 토론을 하고자 합니다.

[뉴스 관련]

And now for local news. 이제 지역뉴스입니다.

An 65 year old New York man has suffered a punctured lung after being attacked with a knife.
뉴욕에 사는 65세의 남성이 칼로 찔려 폐에 천공이 생겼습니다.

The victim is now in stable condition after surgery. 희생자는 현재 수술 후 안정된 상태입니다.

Police are asking any witnesses to come forward. 경찰은 목격자가 나와 주기를 요구하고 있습니다.

Basketball star Rick Jordan is sued for making false claims for medicine he endorsed.
농구스타 릭 조던은 그가 광고한 약에 대한 거짓 주장에 고소당했습니다.

consumer advocacy group 소비자 보호단체

[일기예보]

The chance of rain 비 올 확률

rainfall, precipitation 강수량

drizzle 이슬비

inclement (rain and windy) 날씨가 험한

sleet 진눈깨비

blizzard, flurry 눈보라

breeze 산들바람

gale 강풍

gust 돌풍

the high 최고기온 / the low 최저기온

heat wave 혹서 / cold wave 혹한 / dry spell 건기

cold front 한랭전선 / warm front 온난전선

high pressure system 고기압

The ridge of high pressure system 고기압 등성

PART III•Choose the option that best answers to the question.

1 (A)   (B)   (C)   (D)

2 (A)   (B)   (C)   (D)

3 (A)   (B)   (C)   (D)

4 (A)   (B)   (C)   (D)

5 (A)   (B)   (C)   (D)

LISTENING

전화자동응답 등은 주로 실용문을 다루는 내용 중에서 생활 주변에서 일어나는 일상을 주제로 다룬다. 주로 행사 안내, 약속, 안부 등의 내용이므로 전화를 하는 목적부터, 변경 사항에 대한 세부적인 사항까지 고려해야 한다. 또한 그 외에 발생하는 여러 가지 문제들이 제시되기도 하므로 어떠한 문제가 있는지, 화자의 의도를 정확하게 인지할 필요가 있다.

UNIT 25

빈출순위 3 :
전화자동응답 및 기타 문제

전화 자동응답 및 기타 문제

POINT

★ Part 4 주제별 유형 중 실용문에서 빠지지 않고 출제되는 전화 메시지 기출문제 유형과 내용을 파악한다.

★ 관련 표현을 미리 익히며 대의파악 문제와 진위, 추론 문제에 따른 정답을 고를 수 있는 능력을 키운다.

1 출제 유형

❶ 영업시간 안내

병원, 도서관 등 영업시간 외의 안내 전화이다. 주로 영업시간을 알려주며 급한 용무일 경우 어떻게 연락을 할 수 있는지에 대한 안내를 한다.

❷ 다이얼 1, 2, 3번 누르기 유형

회사나 기관에 전화를 할 경우 안내 내용에 따라 각각 다이얼 1, 2, 3번을 눌러야 하는 경우이다. 메모만 하면 다소 쉽게 정답을 고를 수 있는 문제이다. (53번 이후에만 출제된다.)

❸ 개인 메시지

토익에서 많이 출제되는 개인 메시지와 비슷한 형태로 약속을 못 지킬 경우, 약속에 늦는 경우 이를 알리는 메시지이다.

❹ 비즈니스 메시지

최근에 자주 등장하는 형태로 업무에 관한 전달사항이 주로 출제되었다.

❺ 주장

주장은 여타 설명문(Lecture)과는 글의 성격이 다르다. 화자(speaker)의 주장이나 사적인 의견이 글의 중심을 이룬다. 특히 In my opinion ~ / In my view ~ / I think ~ / We need to ~ / We should ~ 등의 구문이 나온다면 거의 주제문이다.

두 번씩 듣고 다음 질문에 대답하세요.

1 전화를 한 사람은 누구인가?

(a) Mark Scofield from Ace Computers
(b) James Parker from Ace Computers

2 전화 메시지를 남기는 이유는?

(a) 송장(Invoice)이 도착하지 않아서
(b) 송장과 관련된 주문착오

Good afternoon, this is Mark Scofield from Ace Computers Inc. This message is for James Parker regarding our most recent order with invoice number 576. There is a problem with the order.

1. (a) 2. (b) 3. (a)

두 번씩 듣고 다음 질문에 대답하세요.

3 Ace computers로부터 실제로 주문한 개수는?

(a) sixty hard drives   (b) eighty hard drives

I have checked with our Procurement Department and they have confirmed that we only ordered and received sixly hard drives. However, your invoice states that you have charged us for the delivery of eighty hard drives. Please return my call by this afternoon to work out the problem.

Choose the option that best answers to the question.

1　(A)　(B)　(C)　(D)

Good afternoon, this is Mark Scofield from Ace Computers Inc. This message is for James Parker regarding our most recent order with invoice number 576. There is a problem with the order. I have checked with our Procurement Department and they have confirmed that we only ordered and received sixty hard drives.① However, your invoice states that you have charged us for the delivery of eighty hard drives.② Please return my call by this afternoon to work out the problem.

Q. What can be inferred from the recorded message?

  (a) James Parker made a mistake with the invoice.
    ➡ ② 제임스 파커가 실수했음을 어느 정도 유추할 수 있다.

  (b) The caller made an erroneous order.
    ➡ ①에서 정확히 주문, 수령했음을 알 수 있다.

  (c) Ace Computers Inc. will give a call this afternoon.
    ➡ 에이스컴퓨터를 제임스 파커로 바꾼다면 가능하다.

  (d) The caller wants to order more items.
    ➡ 어디에도 언급되지 않았다.

안녕하십니까, 에이스컴퓨터 주식회사 마크 스코필드입니다. 저희 측에서 최근 주문한 송장번호 576번 주문에 관해 제임스 파커 씨께 메시지를 남깁니다. 주문에 관한 문제가 발생하였습니다. 저희 측의 물품 조달 부서에 확인해본 결과, 저희가 하드 드라이브 60개만 주문하였고, 그 수량만 받았다고 합니다. 하지만, 당사 측의 송장에서는 80개의 하드 드라이브를 운송하기로 되어 있습니다. 이 메시지를 받고 오후 내로 전화를 주셔서 이 문제를 해결해 주시기 바랍니다.

Q. 녹음된 메시지로부터 알 수 있는 것은 무엇인가?

(a) 제임스 파커는 송장에 실수를 했다.

(b) 발신자는 잘못된 주문을 했다.

(c) 에이스컴퓨터는 오늘 오후 전화를 할 것이다.

(d) 발신자는 더 많은 물품을 주문하길 원한다.

regarding ~에 관하여　**invoice** 송장
procurement 물품 조달, 획득

[해 | 설]

1. 비즈니스 전화메시지
최근 출제되는 전화 메시지 형태로 계약이나 주문에 대한 확인 등을 요청한다.

2. 정확한 메모를 요구하는 추론 문제
메모를 남기는 쪽(Ace computer), 받는 쪽(James Parker), ① 정확히 60개를 주문하고 받은 사실, ② 송장에 이상이 있는 점 등을 정확히 듣는다면 추론하여 정답 (a)를 고를 수 있다.

[정 | 답 | 의 | K | E | Y]
주문착오에 대한 문의

[꼭 들어야 할 세부사항]
① 제품을 정확히 60개 주문하고 수령했으나
② 송장엔 80개로 기록되어 있다.

Choose the option that best answers to the question.

1   (A)   (B)   (C)   (D)

2   (A)   (B)   (C)   (D)

---

1   Hi, Jennifer. This is David. I'm calling to remind you of the seminar regarding HIV and AIDS viruses from a social and political perspective. It is supposed to be held at 2 P.M. this Saturday.① You have to be at the conference hall on the fourth floor of the Library Building.② Several scholars will present their new findings and results of their research. If you won't be able to attend the seminar, please let me know as quickly as possible.③

Q. Which is correct according to the phone message?
  (a) David wants to change the time and place of the seminar.
  (b) Every attendee should contact David to reschedule their presentation.
  (c) The seminar is scheduled to begin at 4 o'clock in the afternoon.
  (d) Jennifer doesn't have to reach David if she attends the seminar.

안녕하세요. 제니퍼. 데이비드입니다. 사회적이고 정치적인 견해로 HIV와 AIDS 바이러스에 대해 논의하는 세미나에 대해 알려드리기 위해 전화 드렸습니다. 그것은 이번 주 토요일 오후 2시에 개최될 예정입니다. 도서관 건물의 4층에 있는 회의실로 오시면 됩니다. 몇 명의 학자들이 연구의 새로운 발견물과 결과를 발표할 예정입니다. 세미나에 참석할 수 없으면, 가능한 빨리 알려주시기 바랍니다.

Q. 전화 메시지와 관련하여 올바른 것은?
(a) 데이비스는 세미나의 시간과 장소를 변경하기를 원한다.
(b) 모든 참가자들은 발표 시간 조정을 위해서 데이비드에게 연락을 해야 한다.
(c) 세미나는 오후 4시에 시작할 예정이다.
(d) 제니퍼가 참가하면 데이비드에게 연락할 필요 없다.

perspective 측면 attend the seminar

[해 | 설]

1. 개인 전화 메시지는 약속 변경 등 중요한 사항을 알리기 위함이 대부분
글의 주제는 HIV와 AIDS 바이러스 관련 세미나 안내 전화이다. 개인적으로 남기는 메시지의 대부분은 급한 약속 변경, 약속 확인, 주요사항에 대해 연락을 바라는 내용이다. 또한 개인 메시지의 끝은 '가능한 빨리 연락주세요.' 로 마무리한다.

2. I'm calling to ~ 이하에 전화의 목적을 알 수 있다.
I'm calling to ~는 늘 전화하는 사람의 용건을 말하기 때문에 글 전체의 주제를 바로 알 수 있다. 회의는 ① 2시, ② 도서관 회의실에서 열리며, ③ 불참하면 David에게 연락을 해야 하므로 의미상 같은 (d)를 정답으로 할 수 있다.

[정 | 답 | 의 | K | E | Y]
HIV와 AIDS 바이러스에 관한 세미나 알림을 위한 전화 안내

[꼭 들어야 할 세부사항]
① 토요일 2시, 도서관 4층 회의실에서 하며
② 세미나 불참 시 빨리 알려줄 것을 당부

2 I find it necessary to emphasize a point that has been overlooked: while it is true that globalization has led to greater wealth and standards of living, these benefits have been limited to only a select few, and thus, have encouraged inequality throughout the world. This disproportion has incited many of the overlooked individuals to hold violent protests, a phenomenon that will grow unless we recognize the problems with globalization and deal with them. All of us here at this conference are charged with this responsibility.

Q. What is the speaker's main point about globalization?

   (a) Its shortcomings are being acknowledged and dealt with.
> 고르기 쉬운 오답이다. 너무 일반적이고 당연한 주장은 의심할 필요가 있다.

   (b) It has increased standards of living for everyone in the world.
> 분명히 언급됐으나 전체의 요지가 될 수 없다.

   (c) It is responsible for new phenomena and trends.
> new phenomena and trends를 주제어로 잡기엔 무리가 있는 오답이다.

   (d) It has evoked angry objections from people around the world.
> 주제문에서 유추할 수 있다.

Q. 세계화에 대한 화자가 말하는 요점은 무엇인가?

(a) 세계화의 단점을 인식하고 해결해야 한다.

(b) 세계 모든 사람들의 생활수준을 올렸다.

(c) 새로운 사회적 현상과 추세에 대한 책임이 세계화에 있다.

(d) 세계 곳곳의 사람들로부터 심한 반감이 생기게 했다.

---

overlook 간과하다, 그냥 지나치다 **lead to verb** ~하도록 유도하다, ~하게 하다 **standard of living** 생활수준 **inequality** 불평등, 불균형 **disproportion** (비율상의) 불균형 **incite someone to verb** (나쁜 일을 하도록) 선동하다, ~하도록 유도하다 **hold a violent protest** 폭력 시위를 일으키다 **phenomenon** 사회적 현상 **be charged with** ~에 책임이 있다, ~로 기소 당하다, ~의 혐의가 있다 **shortcoming** 결점, 단점 **evoke** 일깨우다, 환기시키다

[해 | 설]

1. 주장을 강하게 하는 글은 'I' 화법을 주의하자.

주장은 '나'의 주장과 논리가 곧 글의 요지이다. 첫 문장 I find it necessary to emphasize ～에서 객관적인 논리보다는 주관적인 본인의 생각을 펼치고 있다.

2. While 뒤 주어 · 동사는 무시, 뒤의 주절을 신경 써서 듣자.

While, although절에서 바로 뒤의 주절보다는(it is true that ～) 콤마 뒤의 주절 (these benefit ～)에 글의 요지가 담겨 있다. While, although 바로 뒤는 버리자!

[정 | 답 | 의 | K | E | Y]

세계화가 불평등을 조장하며 소외된 사람들에게 반감을 살 수 있다.

[꼭 들어야 할 세부사항]

① 반감으로 인해 폭력시위 등이 일어날 수 있으며

② 이는 세계화에 그 원인이 있다.

[대의파악 문제]

주제문을 바꿔 쓴 (d)가 정답이다.

〈시험에 반드시 나오는 전화 메시지 · 주장 관련 필수 표현〉

[전화 메시지]

You have reached Ace computer.
에이스컴퓨터에 전화하셨습니다.

You have reached the office of Professor Miller.
밀러 교수 사무실에 전화하셨습니다.

I'm currently abroad and will not be able to take your call.
현재 저는 해외에 있으며 전화를 받을 수 없습니다.

I will respond as soon as possible.
가능하면 바로 연락드리겠습니다.

Our regular business hours are from 9:00 a.m. to 6:00 p.m. weekdays.
우리 영업시간은 오전 9시부터 오후 6시까지입니다.

We are closed on weekends and holidays.
우리는 주말과 공휴일에는 문을 닫습니다.

If your call is not urgent, please leave a message after the beep.
전화가 급하지 않으시다면 삐 소리 후에 메시지를 남겨주세요.

In case of an emergency, please call our 24 hour hotline at 528-5187.
급하시다면 24시간 직통전화 528-5187로 전화주세요.

[주장]

We need reforms that can counteract this imbalance.
이러한 불균형을 해소하기 위하여 개혁이 필요하다.

This is nothing short of outrageous.
이는 모욕적인 일이나 마찬가지입니다.

It is my opinion that genetic science is overly concerned with getting rich.
제 생각에 유전과학은 부의 축적에 지나치게 관심을 갖고 있습니다.

PART III•Choose the option that best answers to the question.

1 (A)   (B)   (C)   (D)

2 (A)   (B)   (C)   (D)

3 (A)   (B)   (C)   (D)

4 (A)   (B)   (C)   (D)

5 (A)   (B)   (C)   (D)

PART IV•Choose the option that best answers to the question.

1 (A)   (B)   (C)   (D)

2 (A)   (B)   (C)   (D)

3 (A)   (B)   (C)   (D)

4 (A)   (B)   (C)   (D)

5 (A)   (B)   (C)   (D)

6 (A)   (B)   (C)   (D)

7 (A)   (B)   (C)   (D)

8 (A)   (B)   (C)   (D)

9 (A)   (B)   (C)   (D)

10 (A)   (B)   (C)   (D)

11 (A)   (B)   (C)   (D)

12 (A)   (B)   (C)   (D)

위아텝스
LISTENING

학술문의 유형 중에서 빈도가 높은 의학 및 환경 문제 유형이다. 특히 이와 같은 학술문 주제 영역은 전문 어휘 등이 출제되므로, 자주 언급되는 질환, 의학용어, 환경용어 등에 대해 대비해야 한다. 또한 환경 및 기후 문제는 최근 자주 언급되는 주제이므로 사회적으로 주목받는 문제 중에 어떤 것이 있으며, 이에 대한 대비책이 어떤 것인지를 연관시켜 파악해야 한다.

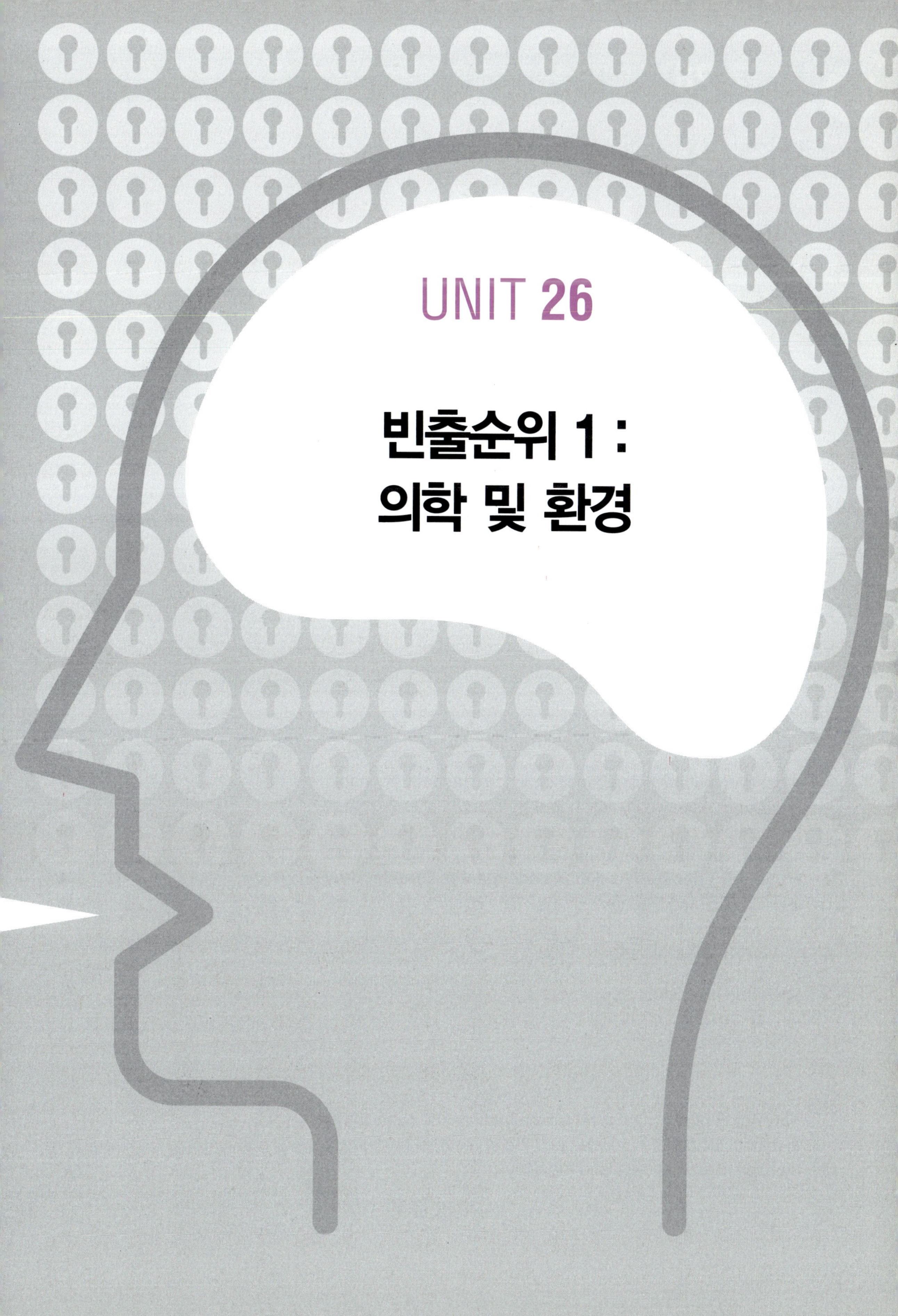
UNIT 26
빈출순위 1 :
의학 및 환경

UNIT 26-1

의학 및 환경 〈의학, 건강〉

POINT

★ Part 4 주제별 유형 중 학술문에서 어렵게 출제되는 의학 관련 기출문제 유형과 내용을 파악한다.

★ 관련 표현을 미리 익히며 대의파악 문제와 진위, 추론 문제에 따른 정답을 고를 수 있는 능력을 키운다.

1 출제 유형

건강에 대한 충고(일상생활에서 운동하기, 심호흡법, 다이어트법 등) 혹은 좀 더 어렵게 의학에 관한 설명문이 출제된다. 의학 관련 용어를 외워야 어느 정도 들을 수 있다.

 ### 2 기초 다지기

두 번씩 듣고 다음 질문에 대답하세요.

1 당뇨란 어떻게 생기는 병인가?

  (a) 인슐린 (insulin)이 너무 많이 생겨서
  (b) 인슐린을 못 만들기 때문에

What is diabetes? It is a condition where the body is unable to make or use insulin, which is a hormone that is crucial in the process of providing sugar, or energy, to the body's cells. In the absence or ineffectiveness of insulin in the body, the unabsorbed sugar accumulates to unhealthy levels in the bloodstream.

1. (b) 2. (b)

두 번씩 듣고 다음 질문에 대답하세요.

2 당뇨로 인한 신체의 피해는?

  (a) 고혈압이 생긴다.
  (b) 주요 장기에 손상이 온다.

This rise in blood sugar level is what defines the condition of diabetes. Diabetes is serious and it can result in permanent damage to all vital organs in the body.

Choose the option that best answers to the question.

1 (A)　(B)　(C)　(D)

What is diabetes? It is a condition where the body is unable to make or use insulin, which is a hormone that is crucial in the process of providing sugar, or energy, to the body's cells. In the absence or ineffectiveness of insulin in the body, the unabsorbed sugar accumulates to unhealthy levels in the bloodstream.① This rise in blood sugar level is what defines the condition of diabetes. Diabetes is serious and it can result in permanent damage to all vital organs in the body.②

Q. Which is correct according to the talk?
 (a) Insulin causes sugar to become unabsorbed.
 (b) Diabetes results because of eating too much sugar.
 (c) High blood sugar levels can damage the liver.
 (d) Insulin is not needed in the body.

[해 | 설]

의학(당뇨)에 관한 백과사전식 설명문

대표적인 백과사전식 설명문이다. 텝스 지문은 어떤 특정한 논지를 펼치는 형식이 가장 일반적이지만 어려운 전문용어를 중심으로 친절한 설명을 하는 지문도 가끔 등장한다. 사실 이런 설명문은 관련 기본상식만 알아도 쉽게 풀 수 있다. 마지막 ②번 문장을 잘 들었다면 liver가 organ의 한 종류인 걸 이해하고 정답 (c)를 고를 수 있다.

[정 | 답 | 의 | K | E | Y]

당뇨에 대한 설명

[꼭 들어야 할 세부사항]

① 인슐린의 부족은 혈액순환에 지장을 줄 수 있다.

② 당뇨는 장기적으로 주요 장기에 손상을 줄 수 있다.

당뇨병이란 무엇인가? 이는 인체가 인슐린을 만들지 못하거나 인슐린이 인체 내에서 작용하지 못하는 질병입니다. 인슐린은 체내 세포에 당 성분이나 에너지를 제공하는 과정에서 매우 중요한 호르몬입니다. 체내에서 인슐린이 없거나, 있어도 그 역할을 제대로 못할 경우, 흡수되지 않은 당분은 혈액 순환에 악영향을 줄 정도의 수준까지 축적됩니다. 이렇게 혈액 내 당 함유량 수준이 증가한 것을 당뇨병이라고 정의합니다. 당뇨병은 인체의 주요 장기에 장기적인 손상을 주는 결과를 낳을 수 있기 때문에 매우 심각한 병입니다.

Q. 이 글에 따르면 옳은 것은 무엇인가?

(a) 인슐린은 당 성분을 흡수되지 못하게 하는 원인이 된다.

(b) 당뇨병은 당분을 너무 많이 섭취한 결과로 발생한다.

(c) 혈액 내 당분 함유량이 높은 수준일 때 간이 손상을 입을 수 있다.

(d) 인슐린은 인체에 필요 없다.

diabetes 당뇨병 **condition of** 인체의 건강상태, 질병 **insulin** 인슐린 **hormone** 호르몬 **in the process of** ~의 과정에서, ~하는 동안 **In the absence of** ~이 없을 때에는, ~이 없어서 **ineffectiveness** 무효, 효과가 없음 **unabsorbed** 흡수되지 못한 **accumulate** 모으다, 축적하다 **bloodstream** 혈액의 흐름, 혈류 **result in[from]** ~의 결과로 끝나다, ~의 결과로서 생기다[일어나다] **liver** 간장, 간

Choose the option that best answers to the question.

1 (A) (B) (C) (D)

Periodontal disease is a disease of the gums and bones of the teeth. It is easily treatable if detected early and can be dealt with by root cleaning and scaling.① However surgery may be needed if the disease is not spotted in time.② Surgery is often painful and includes repairing damaged bone, slicing open the gums and eliminating underlying plaque. In serious cases, the tooth may be removed.

Q. Which is correct about periodontal disease according to the lecture?
(a) The disease can safely be left untreated.
(b) Root cleaning is rarely used to treat the disease.
(c) Treatment in the early stages involves scaling.
(d) Surgery to treat the disease is a simple process.

[해 | 설]

몰라도 되는 전문용어, 꼭 알아야 하는 분야별 어휘

Periodontal(치주 질환)은 비교적 어려운 의학용어이다. 어려운 단어가 나온다면 반드시 추가적인 설명이 따른다. Periodontal은 몰라도 'gums와 bones에 생기는 병' 에서 기본어휘이기 때문에 바로 추론해내야 한다. '치주 질환' 에 대한 설명과 치료법인 ① 스케일링과 ② 수술을 설명한 글로, ①번 글을 다시 요약한 (c)가 정답이다.

[정 | 답 | 의 | K | E | Y]

1. 치주 질환의 원인과 치료법

2. 세부사항을 묻는 문제

[꼭 들어야 할 세부사항]

① 스케일링 등으로 치료가능

② 심하면 수술

치주 질환은 치아의 잇몸과 치아 자체에 발생하는 질병입니다. 조기에 발견하고 질병의 원인을 깨끗하게 해주고 스케일링 한다면 이 질병은 쉽게 치료할 수 있는 병입니다. 하지만 병이 제 시간에 발견되지 않으면 수술이 필요합니다. 수술에는 손상 입은 치근을 복구하고, 잇몸을 절개하며, 내부에 있는 치석을 제거하는 시술이 포함되어 있어 다소 고통이 따릅니다. 병이 심각한 경우에는 치아를 제거하기도 합니다.

Q. 강의에 따르면 치주 질환에 관해 맞게 설명한 것은 다음 중 무엇인가?

(a) 이 병은 치료하지 않고 놔두어도 괜찮다.

(b) 이 병을 치료하기 위해 치근을 깨끗이 하는 방법은 잘 이용하지 않는다.

(c) 조기 치료에는 스케일링이 포함되어 있다.

(d) 이 병을 치료하기 위한 수술은 단순한 시술이다.

periodontal disease 치주 질환 gum 잇몸 treatable 치료할 수 있는, 치료 가능한 (↔ untreatable) plaque 치석, 플라크 spot 발견하다, 알아내다

UNIT 26-2

의학 및 환경 〈환경, 기후〉

POINT

★ Part 4 주제별 유형 중 학술에서 많이 출제되는 환경 관련 기출문제 유형과 내용을 파악한다.

★ 관련 표현을 미리 익히며 대의파악 문제와 진위, 추론 문제에 따른 정답을 고를 수 있는 능력을 키운다.

1 출제 유형

지구 온난화, 지구의 대기오염, 기후변화 등의 주제는 빠지지 않고 출제된다.

 ### 2 기초 다지기

두 번씩 듣고 다음 질문에 대답하세요.

1 Composting의 의미는?

(a) producing organic products
(b) natural recycling system

Composting is fast becoming a popular environmental-friendly way to combat global pollution. It's a process by which earth's own natural recycling system is used to convert organic wastes into materials commonly used by the public.

두 번씩 듣고 다음 질문에 대답하세요.

2 grass clipping은 무엇으로 사용될 수 있는가?

(a) fertilizer   (b) Food for animals

For example, grass clippings and leaves can be turned into fertilizer which is then used by homeowners in their gardens. And the fertilizers are actually much more effective than traditional fertilizers. As an added benefit, those who buy the fertilizer will also help reduce waste.

1. (b) 2. (a)

3 기출예제 분석

Choose the option that best answers to the question.

1 (A) (B) (C) (D)

Composting is fast becoming a popular environmental-friendly way to combat global pollution. It's a process by which earth's own natural recycling system is used to convert organic wastes into materials commonly used by the public. For example, grass clippings and leaves can be turned into fertilizer ① which is then used by homeowners in their gardens. And the fertilizers are actually much more effective ② than traditional fertilizers. As an added benefit, those who buy the fertilizer will also help reduce waste.

Q. What is the purpose of this talk?

  (a) To increase sales of compost fertilizer
    ➡ sale은 어디에도 언급되지 않았다.

  (b) To increase awareness about global pollution
    ➡ 지구환경이 언급됐으나 퇴비사용이 빠졌기 때문에 오답.

  (c) To emphasize the advantages of composting

  (d) To promote the recycling of synthetics
    ➡ 화학비료가 아닌 퇴비사용으로 바꾸면 답으로 가능.

전 세계 환경오염을 방지기 위한 방안으로, 친환경적 방법인 퇴비사용이 급속도로 인기를 끌고 있습니다. 퇴비사용은 유기 폐기물을 일반적으로 사용할 수 있는 물질로 바꿀 수 있는 자연 고유 순환 시스템의 한 과정입니다. 예를 들자면, 잔디를 깎고 난 후 잘려나간 잔디나 낙엽은 정원에 필요한 자연 비료로 변하게 됩니다. 그리고 이러한 자연비료는 기존에 사용하던 화학비료보다 훨씬 효과적입니다. 이러한 추가적 이득뿐 아니라, 비료를 구입한 사람은 쓰레기를 줄이는 데 한몫을 하게 됩니다.

Q. 이 글의 목적은 무엇인가?
(a) 부산물 퇴비의 판매를 증가시키기 위해
(b) 지구 환경 오염에 대한 경각심을 높이기 위해
(c) 퇴비사용의 이점을 강조하기 위해
(d) 합성 화학물의 재활용을 촉진하기 위해

Compost 퇴비, 퇴비를 주다 environmental-friendly 환경 친화적인, 친환경적인 organic wastes 유기 폐기물 clip (털, 나뭇가지, 잔디 등을) 깎다, 자르다 fertilizer 비료 compost fertilizer 부산물 퇴비 synthetics 합성화학, 합성 화학 산업

[해 | 설]

1. 어려운 단어가 들리면 주변의 쉬운 단어를 조합해서 단서를 찾는다!
Composting의 정의와 이에 대한 예를 설명한 글이다. composting은 쉬운 단어는 아니다. 그렇다면 바로 뒤에 쉽게 설명하는 'combat global pollution 오염방지', 'natural recycling system 자연 순환 시스템', 'grass 잔디' 등의 기본적인 어휘를 조합하면 Composting이 퇴비와 관련된 단어임을 유추할 수 있다.

2. 글의 목적을 묻는 글 What is the purpose of this talk?
이 질문은 글의 가장 중요한 요지만을 묻기 때문에 주제문 첫 문장을 간단히 paraphrasing한 (c)가 정답이다.

[정 | 답 | 의 | K | E | Y]

친환경적 방법인 퇴비사용이 급속도로 인기를 끌고 있다.

[꼭 들어야 할 세부사항]

① 자른 잔디를 재활용

② 효과적이며 쓰레기도 줄일 수 있다.

Choose the option that best answers to the question.

1 (A)   (B)   (C)   (D)

2 (A)   (B)   (C)   (D)

---

1 While the Mountain Gorillas of Congo were once nearly extinct, their population's recent rebound is cause for celebration. Research shows that their population grew by ten percent within the last fifteen years, and that this occurred in the midst of a genocide, poaching, the transmission of human diseases and deforestation.① With the gorilla population now at more than three hundred fifty, it is increasingly likely that the species will have a great chance at survival into the future.②

Q. What is the main idea of the talk?

    (a) Congo gorillas are killing themselves.

    (b) Human beings are the least of the gorilla's worries.

    (c) Human beings have limited the poaching of gorillas.

    (d) Congo gorillas are staging a comeback.

콩고의 마운틴 고릴라가 과거 멸종 위기에 처한 적이 있었지만, 콩고 마운틴 고릴라 개체 수가 다시 증가하게 된 것은 축하할 만한 일입니다. 한 연구 조사에서는 지난 15년 내에 콩고 마운틴 개체수가 10%까지 증가하였다는 연구 결과와, 대학살 사건, 밀렵, 인간에 의한 전염병과 산림개간이 빈번한 시기에 개체수가 증가했다는 결과를 발표하였습니다. 고릴라 개체수가 현재 350마리 이상인 상황에서, 고릴라 종이 미래에도 살아남을 수 있는 절호의 기회를 맞이한 듯합니다.

Q. 이 글의 주제는 무엇인가?

ⓐ 콩고 고릴라가 자살하는 현상이 발생하고 있다.

ⓑ 인류가 콩고 고릴라에 대해 걱정하고 있지 않다.

ⓒ 인류는 고릴라 밀렵을 제한시켰다.

ⓓ 콩고 고릴라 수가 다시 증가하는 단계에 있다.

extinct 멸종된, 사라진 rebound 반등, 반향 genocide 대량 학살 *cf.* holocaust 전쟁에 의한 대량학살 poach 밀렵하다 transmission 전염 deforestation 산림 개간, 개발

[해 | 설]

1. 동물 관련 문제

동물 문제는 1. 인간의 잘못으로 멸종위기에 처한 동물에 관한 뉴스 2. 동물의 고유의 특성을 묻는 문제가 출제된다. 1번 콩고 고릴라 멸종에 관한 뉴스이다.

2. While 혹은 although 뒤 절은 살짝 버리고 주절만은 집중해서 듣는다.

while 혹은 although 절이 있는 문장은 상당히 긴 편이다. 하지만 실제 들을 때는 문장 뒷부분에 있는 가장 중요한 주절(their population's recent rebound is cause for celebration)만 들어도 전체 대의파악에 문제가 없다.

[정 | 답 | 의 | K | E | Y]

1. 콩고 고릴라가 멸종의 위기에서 다시 개체수가 회복되고 있다

2. 대의파악 문제

[꼭 들어야 할 세부사항]

① 여러 악조건 속에서도

② 생존 가능성이 높아져 가고 있다

2 Global warming has concerned us most these days. So I'd like to talk about a new way of trying to solve the problem, called 'carbon sequestration,' capturing and storing the emissions of carbon dioxide in the air. It is a means of mitigating the contribution of fossil fuel emissions to global warming ① and storing it away from the atmosphere by different methods. This method is expected to be an alternative to scrubbing CO_2 ② from ambient air because of its cost-effectiveness and useful byproducts.

Q. What is the lecture mainly about?

  (a) Practical principles of carbon dioxide sequestration process

  (b) A new way of reducing pollution by storing carbon emissions

  (c) Influence of fossil fuel emissions on global warming

  (d) How to turn carbon dioxide to ocean water

[해 | 설]

1. 생소한 전문용어에 기죽지 말고 주변을 잘 듣자.

carbon sequestration이란 단어를 아는 일반인은 거의 없다. 초보자들은 이럴 때 급 좌절 모드가 되지만 전문용어를 말할 때 반드시 주위에서 이해할 수 있는 단서가 있다는 점을 잊지 말자. 특히 called 뒤엔 항상 전문용어가 나오기 때문에 미리 예측할 수도 있다. 좀 더 쉬운 단어로 이루어진 뒷부분capturing and storing the emissions of carbon dioxide in the air(이산화탄소 배출을 제어저장)에서 대략의 뜻을 이해할 수 있다.

2. 선택지 해석이 더 어렵다. 평소에 꼭 해석하는 연습!

본문의 난이도도 난이도지만 (a)~(d)를 듣고 말끔하게 해석하기가 쉽지 않다. 특히 명사구는 더더욱 어렵기 때문에 평소의 (a)~(d) 해석연습이 고득점을 좌우한다. So, I'd like to~문장을 paraphrasing한 (b)가 정답.

[정 | 답 | 의 | K | E | Y]

1. 지국 온난화 문제 해결을 위한 '탄소격리' 방법

2. 대의파악 문제

[꼭 들어야 할 세부사항]

① 탄소격리는 화석연료 배출을 약화, 대기중에서 제거하는 방법

② 이산화탄소를 정화시키는 대안

Q. 강의는 무엇에 관한 글인가?

(a) 이산화탄소 격리 과정에 대한 실제적인 원리

(b) 탄소 방출 물질을 저장하여 오염을 줄이는 새로운 방식

(c) 지구 온난화에 미친 화석 연료 방출 물질의 영향

(d) 이산화탄소를 바닷물로 바꾸는 방법

---

carbon sequestration 탄소격리 emissions of carbon dioxide 이산화탄소 배출 mitigate 누그러뜨리다 fossil fuel 화석 연료 atmosphere 대기권 scrub 제거하다 ambient air 주변공기 byproducts 부산물

〈시험에 반드시 나오는 건강 · 의학 관련 필수 표현〉

alcohol abuse 마약중독

high blood pressure 고혈압

low blood pressure 저혈압

checkup 건강 진단

complexion 안색

contagion 전염, 감염

contraceptive 피임약

cramp 경련

He is diagnosed with diabetes.
그는 당뇨로 진단 받았다.

diagnosis 진단

indigestion 소화불량

the disabled 장애인

dizzy 현기증 나는, 어질어질한

epidemic 전염병

genetics 유전학

germ 병원균, 세균

handicapped 장애가 있는

hereditary 유전하는; 세습의, 물려받은

hygiene 위생학, 위생법; 위생

infection 감염, 전염

inoculate 예방 접종하다

intensive care unit 중환자실

over-the-counter drug 의사의 처방 없이 판매할 수 있는

perspiration 발한, 땀

pharmacist 약제사

plague 페스트, 흑사병

plastic surgery 성형수술

pro-choice 낙태의 합법화에 찬성하는

pro-life 낙태의 합법화에 반대하는

relieve the pain[stress] 고통을 완화하다

respiration 호흡

respiratory illness 호흡기질환

sanitation (쓰레기 · 하수처리) 공중위생

soothe (고통을) 덜어 주다

sore (상처가) 아픈, 쑤시는

spasm 경련, 쥐

stroke 발작, 뇌졸중

symptom (병의) 증상, 증후

the disabled 장애인들

transplant surgery 이식 수술

treatment 치료; 취급, 대우

vaccination 백신(예방) 접종

vomit 토하다

acupuncture 침술

acute disease 급성 질환

alternative medicine 대체 의학

Alzheimer's disease 알츠하이머병, 노인성치매

amnesia 기억상실증

anemia 빈혈

anesthesia 마취

antibiotic 항생제

antidote 해독제

appendicitis 맹장염

artery 동맥

vein 정맥

arthritis 관절염

asthma 천식

breast cancer 유방암

bruise 타박상

cardiologist 심장 전문의

cardiovascular 심혈관의

chronic disease 만성 질환

circulation 혈액순환

colon cancer 결장암

coma 혼수상태

complication 합병증

constipation 변비

nerve damage 신경손상

organ failure 장기손상

substance abuse 마약남용

→ BASIC TRAINING

〈시험에 반드시 나오는 환경 · 기후 관련 필수 표현〉

atmosphere 대기

barren 불모의

bio diversity 생물학적 다양성

catastrophe 재난

carbon dioxide 이산화탄소

carbon monoxide 일산화탄소

climatic change 기후변화

cold front 한파

deforestation 산림벌채[파괴]

disaster 재앙

drought 가뭄

ecosystem 생태계

endangered species 멸종위기에 처한 생물

emission (배기가스) 배출

exhaust 배기가스

exhaustible 고갈되는

extinction 멸종

fertile 비옥한

glacier 빙하

global warming 지구 온난화

greenhouse effect 온실효과

heat wave 혹서

ice cap 만년설

inundation 범람

irrigation 관개, 물을 끌어들임

life expectancy 평균수명

natural resources 천연자원

oil spill 기름유출

ozone layer 오존층

rain forest 열대우림

sea level 해수면

shortage of water 물 부족

sulfur 황

water pollution 수질오염

wildlife 야생생물

whaling 포경, 고래잡이

ultraviolet ray 자외선

avalanche 눈사태

blizzard 눈보라

calamity 재난, 불행

casualties 사상자

cataclysm 재난

catastrophe 재난, 참사

death toll 사망자수

deluge 대홍수

dormant volcano 휴화산

drought 가뭄

earthquake 지진

ebb 썰물

epicenter 진원지

erupt 폭발하다

extinct volcano 사화산

famine 기근

flurry 돌풍

food shortage 식량난

gust 돌풍, 강풍

heat wave 혹서

inundation 범람

isolated 고립된

issue a warning 경보를 발행하다

landslide 산사태

lava 용암

marsh 늪, 습지

measure 측정하다

mobilize 동원하다

mudslide 진흙사태

natural disaster 자연재해

contamination 오염

disposal 처리 폐기

environmentalist 환경(보호)론자

exploit 개발하다; 착취하다

fossil fuel 화석 연료

fume 매연, 가스

garbage disposal 쓰레기 처리

greenhouse effect 온실효과

incinerator (쓰레기의) 소각로

natural resources 천연자원

nuclear fusion 핵융합

nuclear waste 핵폐기물

ozone layer 오존층

pollutant 오염 물질

radiation (빛 · 열 등의) 반사, 복사

red tide 적조

refinery (금속 · 원유) 정제소

resource (국가의) 자원; 부, 재원

skin cancer 피부암

solar power 태양 에너지

tropical rain forest 열대우림

windfarm 풍력발전소

water treatment system 물 정화 시스템

Arsenic contamination 비소오염

PART III•Choose the option that best answers to the question.

1 (A)   (B)   (C)   (D)

2 (A)   (B)   (C)   (D)

3 (A)   (B)   (C)   (D)

4 (A)   (B)   (C)   (D)

5 (A)   (B)   (C)   (D)

위아텝스
LISTENING

역사 및 문학 영역은 인문학적 소양이 갖추어져 있는가를 파악하기 위한 주제이다. 역사 영역에서는 주로 역사적 사건을 다루고 있으므로, 각 연대별로 전개된 사건의 흐름을 파악해야 한다. 철학 영역에서는 제시되는 철학자와 그의 철학적 업적, 인간의 사고 구조에 대한 내용을 다룬다. 언어 영역에서는 언어에 대한 연구와 성과, 그리고 향후 발전 전망들을 다루기도 한다. 또한 문학 영역에서는 작가론, 작품론, 비평 등을 주로 다룬다.

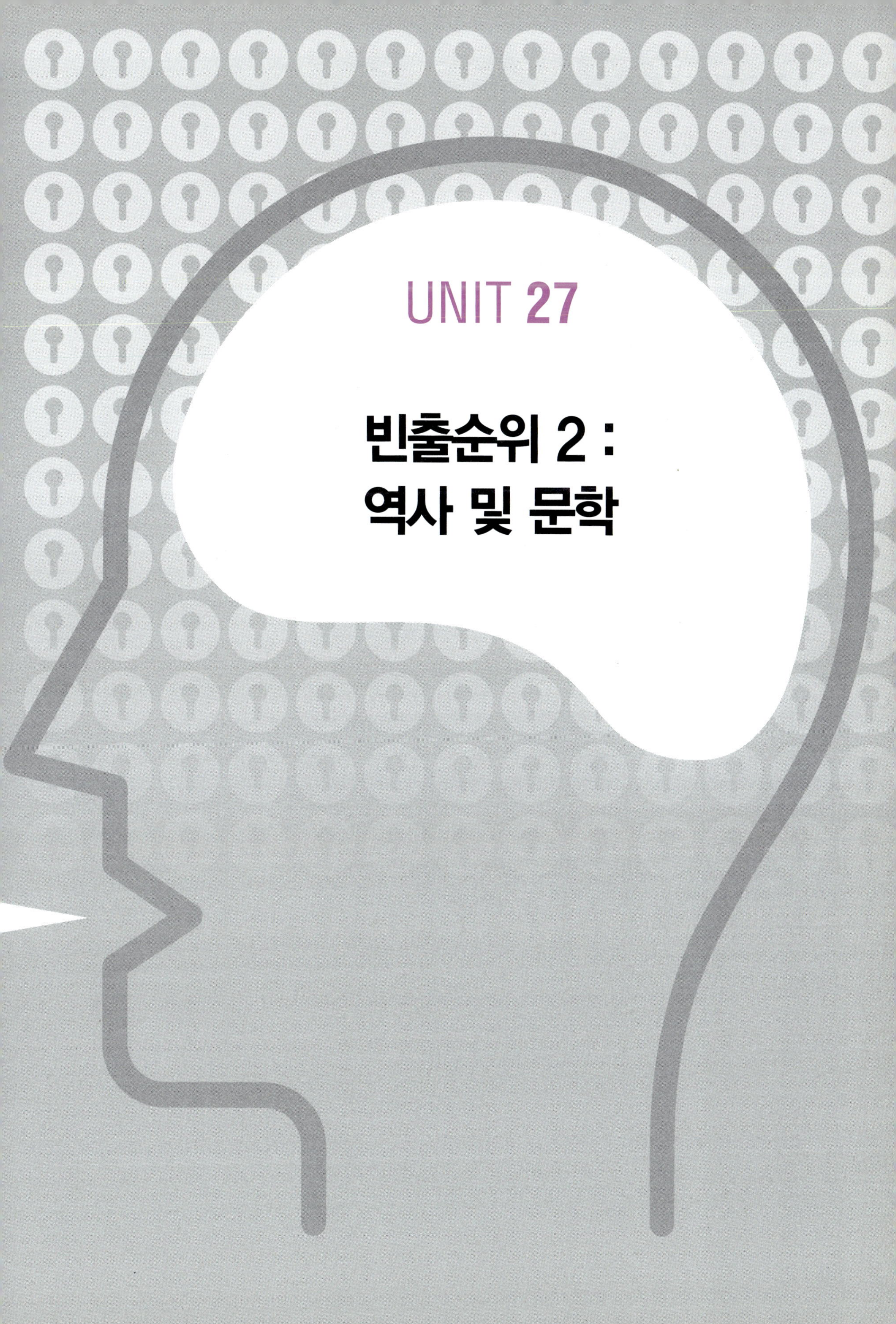

UNIT 27

빈출순위 2 :
역사 및 문학

UNIT 27-1

역사 및 문학 〈역사, 철학〉

POINT

★ Part 4 주제별 유형 중 학술문에서 가장 어렵게 출제되는 역사 및 철학 기출문제 유형과 내용을 파악한다.

★ 관련 표현을 미리 익히며 대의파악 문제와 진위추론 문제에 따른 정답을 고를 수 있는 능력을 키운다.

1 역사 분야 출제 유형

텝스에서 역사 문제는 미국 역사가 주로 출제된다. 미국 역사의 큰 분기점이 되는 독립전쟁(The Revolutionary War)과 가장 많은 비중을 차지하는 남북전쟁 (The Civil War)이 주로 출제되었다. 특히 미 남북전쟁 문제는 노예제를 쟁점으로 북부군(Union Army)과 남부군(Confederate Army)과의 대치가 꼭 언급된다. American Indian의 역사 혹은 문화에 대해서도 종종 출제되었다.

2 철학 분야 출제 경향

텝스 LC에 출제된 철학 문제는 모두 그리스 철학이다. 서양 철학은 그 뿌리가 그리스 철학이며 그리스 시대에 서양 철학의 대부분의 토대가 마련되었다. 그 예로 과거 기출문제에 서양 철학은 그리스 로마시대에 대부분 완성이 되었기 때문에 더 이상의 연구할 'idea가 없다는 주제가 나왔다. 서양 철학의 '주연배우' 는 소크라테스(Socrates), 플라톤(Plato), 아리스토텔레스(Aristotle)로 가장 시험에 빈번하게 출제된다. 소크라테스는 '대화법' 플라톤은 최초의 대학(Academy)을 세운 이로 하지만 이 유명한 철학자를 전후로 우리 귀에 익숙한 철학자도 시험에 출제되었다. 기계 역학의 아버지인 아르키메데스(Archimedes), 수로 철학을 이해한 피타고라스(Pythagoras) 등도 있으며 최근엔 칼 마르크스(Karl Marx)의 변증법적 유물론이 출제되기도 했다.

두 번씩 듣고 다음 질문에 대답하세요.

1 Pythagoreans는 어떤 학파인가?

(a) 논리적인 방법(rational manner)과 과학적인 방법을 가장 우선시한 학파
(b) 미신(superstition)보다는 논리적인 방법(rational manner)으로 세상을 이해한다.

Our lecture will proceed with a discussion about the Pythagoreans of the sixth century B.C. The Pythagoreans were the first Greek philosophers that discovered how to view the world in a rational manner rather than through superstition.

1. (b) 2. (b)

두 번씩 듣고 다음 질문에 대답하세요.

2 피타고라스학파(Pythagoreans)를 대표할 수 있는 단어는?

(a) Mathematics, humanity
(b) Mathematics, regularity order

They achieved this breakthrough by dedicating themselves to Pythagoras's philosophy which stipulated that the entire world, including its yet unknown facets, abided by the rules of mathematics. This stipulation came to be known as the regularity order and it pressed for humanity to live in accordance with this regularity.

Choose the option that best answers to the question.

1 (A) (B) (C) (D)

Our lecture will proceed with a discussion about the Pythagoreans of the sixth century B.C. The Pythagoreans were the first Greek philosophers that discovered how to view the world in a rational manner rather than through superstition. They achieved this breakthrough by dedicating themselves to Pythagoras's philosophy which stipulated that the entire world, including its yet unknown facets, abided by the rules of mathematics.① This stipulation came to be known as the regularity order ② and it pressed for humanity to live in accordance with this regularity.

Q. Which is correct according to the lecture?
- (a) Greek philosophers were the first to stipulate about fundamental axioms of life.
- (b) Philosophy originated within the borders of the Ancient Greek republic.
- (c) Ancient philosophers predicated the essence of superstitious thought.
- (d) Pythagoreans were the first philosophers to aspire for ratiocinative thought.

[해 | 설]

텝스 청해에 나오는 철학 문제는 99%가 그리스 시대의 철학자
중학교 수학시간에 배웠던 피타고라스는 유명한 수학자인 동시에 철학자이다. Part 4 Lecture는 상식이 중요하다. 수로 철학을 이해한 피타고라스에 대한 상식이 조금만 있다면 피타고라스 ⇒ 수학을 연상할 수 있다.

[정 | 답 | 의 | K | E | Y]

피타고라스 학파에 대한 설명문

[꼭 틀어야 할 세부사항]

① 수학으로 세계를 이해

② 균형적 질서로

본 수업은 기원전 16세기의 피타고라스 학파에 관한 토론과 함께 진행되겠습니다. 피타고라스 학파는 미신보다는 이성으로 세계를 바라보는 방법에 대해 깨달은 최초의 그리스 철학자들이었습니다. 피타고라스 학파는 수학적 법칙에 따라, 그 당시에는 알려지지 않은 측면을 포함한 전 세계를 규명하고자 했던 피타고라스의 철학에 전념함으로써 이러한 기념비적 업적을 이룩하였습니다. 이렇게 전 세계를 규명하고자 했던 피타고라스 학파의 노력은 균형적 질서라는 용어로 알려졌고, 사람들에게 이러한 균형에 따라 살아야 한다고 주장하였습니다.

Q. 이 강의에 따르면 맞는 것은 무엇인가?
(a) 그리스 철학자들은 삶의 기본 원리를 처음으로 규명하였다.
(b) 철학은 고대 그리스 국가 내에서 시작되었다.
(c) 고대 철학자들은 미신적 사상의 본질을 예견하였다.
(d) 피타고라스 학파 철학자들은 추론적 사상에 큰 뜻을 둔 첫 번째 철학자들이었다.

Pythagorean 피타고라스 학파 철학자, 피타고라스의 **philosopher** 철학자 **rational** 이성적인, 합리적인 **superstition** 미신 **breakthrough** 큰 발전, 새로운 발견 **dedicate oneself to** ~에 전념하다, 몸 바치다 **stipulate** 규정하다, 명문화하다 **facet** 면, 국면 **abide by** 고수하다, 약속을 지키다 **humanity** 인류, 인간 **in accordance with** ~와 일치하여, ~에 따라서 **ratiocinative** 추론적인, 이론을 캐기 좋아하는

Choose the option that best answers to the question.

1 (A)　(B)　(C)　(D)

There is much debate in the academic world about what years divide the exact periods between the Middle Ages and the Renaissance. The Middle Ages is loosely defined as the indistinct period of time between the Classical and Modern eras of civilization. Similarly, the Renaissance, which occurred after the Middle Ages, is regarded as the time between the fourteenth and sixteenth centuries when the world reemerged from the senselessness of the Middle Ages and charged into the rediscovery of rational thought. These antiquated definitions of the Middle Ages and the Renaissance are scoffed at by historians today.①

Q. What would the lecturer agree with most?
    (a) The idea of the Classical civilization is a farce.
    (b) Previous historians misjudged the time period of the Middle Ages.
    (c) The Renaissance and the Middle Ages are too similar to distinguish.
    (d) Modern historians disagree with the idea of a modern civilization.

학계에는 중세와 르네상스가 정확하게 구분되는 연도가 언제인 지에 대한 많은 논란이 있습니다. 중세는 고전시대와 현대사이의 불확실한 시기로 막연하게 정의됩니다. 유사하게도, 중세 이후에 발생한 르네상스도 중세의 무분별함에서 다시 출현하고 이성적 사고로의 재발견으로 돌입하던 시기인 14세기와 16세기 사이의 시기로 간주됩니다. 이러한 중세와 르네상스에 대한 구시대적 정의가 오늘날의 역사학자들에게 조롱거리가 되었습니다.

Q. 강의에서 가장 동의하는 것은 무엇인가?
(a) 고전 문명에 대한 개념은 웃음거리일 뿐이다.
(b) 이전 역사학자들은 중세 시대의 시기를 잘못 판단하였다.
(c) 르네상스와 중세시대를 구별하기에 너무 유사하다.
(d) 근대 역사학자들은 근대 문명이라는 개념에 동의하지 않는다.

debate 논란 the academic world 학계 the Middle Ages 중세 the Classical age 고전시대 the Modern age 근대 be defined as ~로 정의되다 loosely 막연하게 indistinct 불확실한, 희미한 be regarded as ~로 여겨지다, 간주되다 reemerge 다시 나타나다 senselessness 몰상식, 무감각 charge into ~로 들어가다, 돌입하다 rational 이론적인, 이성적인, 합리적인 antiquated 구시대적인, 옛날의 scoff at ~비웃다, 조롱하다 farce 우스개, 어리석은 짓

[해 | 설]

1. 첫 문장 주제 – 마지막 문장 결론만으로 정답 유추

중세와 르네상스 시대 구분에 관한 어려운 글이다. 대부분의 LC Part 4와 독해는 첫 부분과 마지막 부분에 주제와 결론이 담겨 있다. 이 부분을 집중해서 듣는다면 정답 (c)를 의외로 쉽게 고를 수 있다.

2. What would the lecturer agree with most?는 58~60번까지 출제되는 추론 문제

What can be inferred~? 문제와 더불어 숨은 부분까지 묻는 문제이다.

[정 | 답 | 의 | K | E | Y]

중세시대와 르네상스시대와의 구분이 모호하다.

[꼭 들어야 할 세부사항]

① 중세와 르네상스 시대는 고전시대와 현대의 모호한 중간시기

UNIT 27-2

역사 및 문학 〈언어, 문학〉

1 출제 유형

언어 및 문학문제는 Part 4 문제 중 가장 어렵게 출제된다. 주로 추상적이고 어려운 글들로 많이 구성되기 때문에 평소에 독해력을 키운다면 상당히 도움이 된다.

2 기초 다지기 (27-4)

두 번씩 듣고 다음 질문에 대답하세요.

1 Old English와 Modern English의 가장 큰 변화는 무엇인가?

(a) Grammar   (b) Vocabulary

If you traveled back in time to the days when people used Old English, you probably would not be able to understand what is being said. This is because Old English has undergone many changes to become Modern English. The most dramatic of the changes is in vocabulary.

두 번씩 듣고 다음 질문에 대답하세요.

2 Where did the Modern English vocabulary come from?

(a) Old English   (b) Foreign langauges

Surprisingly, eighty percent of Modern English vocabulary is actually derived from foreign languages and not Old English.

1. (b) 2. (b)

Choose the option that best answers to the question.

1 (A) (B) (C) (D)

If you traveled back in time to the days when people used Old English, you probably would not be able to understand what is being said. This is because Old English has undergone many changes to become Modern English. The most dramatic of the changes is in vocabulary. Surprisingly, eighty percent of Modern English vocabulary is actually derived from foreign languages and not Old English.

Q. What is the main topic of the lecture?
(a) Where Old English originated from
(b) The most frequently used words in English
(c) The inability to understand Old English
(d) How Modern English vocabulary has changed

당신이 예전 고대 영어가 쓰였던 시대로 돌아간다면, 아마도 사람들이 하는 말을 잘 이해할 수 없을 것이다. 이는 고대영어에서 현대영어까지 오면서 많은 변화가 일어났기 때문이다. 가장 큰 변화는 어휘부분이다. 놀랍게도 현대 영어 어휘의 80%가 이전 영어가 아닌 다른 외국어에서 유래됐다.

Q. 이 강연의 주제는 무엇인가?
(a) 고대 영어의 유래
(b) 영어에서 가장 자주 쓰이는 단어
(c) 고대 영어 이해의 어려움
(d) 현대 영어의 어휘의 변화

be derived from ~에서 비롯되다. **Inability** 무능, 무력

[해 | 설]

도입 → 주제 → 부연

간혹 주제가 중간에 위치하는 글의 대부분은 주제문을 설명하기 위한 도입부분이 긴 편이다. 주제는 '현대 영어는 어휘에서 가장 많은 변화가 생겼다'이다. 그 뒤로는 주제를 자세히 설명하기 위한 부연 설명글이며 중간에 위치한 주제문을 바꿔 쓴 (d)가 정답이다.

[정 | 답 | 의 | K | E | Y]

현대 영어의 어휘변천

[꼭 들어야 할 세부사항]

① 고대와 현대영어는 큰 차이가 있으며

② 이는 외래어휘의 유입이 상당부분 차지

CHECK UP ●●● ·

Choose the option that best answers to the question.

1 (A) (B) (C) (D)

Story papers and dime novels became popularized in England and in America just before the turn of the twentieth century. Both story papers and dime papers had topics ranging from mystery to action to romance. However, story novels were more oriented with a family friendly theme ① while dime novels were tailored with an adult theme to appeal to an energetic working class.②

Q. Which is correct according to the talk?
    (a) Dime novels were popular only in England.
    (b) Story papers were inferior to dime novels.
    (c) Dime novels and story papers shared topics.
    (d) Story novels were more popular than dime novels.

Storypaper와 dime paper(싸구려 소설)은 20세기로 들어서기 직전 미국과 영국에서 널리 퍼졌습니다. 이 둘은 미스터리에서부터 액션 및 로맨스까지 다양한 주제를 다루었습니다. 하지만, 흥미위주 소설이 노동계층 위주와 성인주제를 다룬 반면, 동화책은 좀 더 가족애를 다룬 것이었습니다.

Q. 이 글에 관하여 옳은 것은 무엇인가?
ⓐ 흥미위주 소설은 영국에서만 널리 퍼졌다.
ⓑ 동화책은 흥미위주 소설보다 수준이 떨어진다.
ⓒ 흥미위주 소설과 동화책은 주제를 서로 달리한다.
ⓓ 동화책은 흥미위주 소설보다 더 널리 퍼졌다.

Popularize 대중화하다, 보급시키다 **orient** (특정 방향으로) 맞추다

[해 | 설]

1. 문학관련 문제
문학은 저자 중심으로 작품과 저자에 관한 평이 주로 출제되며 문학 장르나 특정 소설장르에 대한 시대적 설명하는 문제도 출제된다.

2. A와 B 비교하기
Part 4에서 종종 A와 B 비교하기가 종종 등장한다. (dove 와 pigeon의 차이 등) 이 글도 story novel와 dime novel에 관한 비교 글이며, 간단한 메모(Story papers는 가족중심, dime novel은 노동자 중심)를 통해 정답 (c)를 쉽게 고를 수 있다.

[정 | 답 | 의 | K | E | Y]

story novel와 dime novel에 관한 설명

[꼭 들어야 할 세부사항]

① Story papers는 가족중심

② dime novel은 노동자중심

〈시험에 반드시 나오는 역사 관련 필수 표현〉

[역사]

archaeology 고고학

armistice 휴전, 정전

Bronze Age 청동기 시대

carnage 대학살, 살육

Civil War 남북전쟁

colony 식민지

crusade 십자군

diggings 발굴물

emancipation 해방

excavate 발굴하다

extinct 멸종한

Fall of Berlin 베를린 장벽붕괴

feudal system 봉건제도

fossil 화석

hierarchy 계급제도, 조직

Ice Age 빙하기

Industrial Revolution 산업혁명

Iron Age 철기시대

monument 기념비, 기념관

prehistoric times 선사시대

Reformation 종교개혁

regime 정체, 제도

relics 유물

resurgency 폭동

revolution 혁명

ruins 유적

saga 중세 북유럽 전설, 무용담

sage 현자, 현인

slavery 노예제

slave trade 노예무역

social reform 사회개혁

Stone Age 석기 시대

tribute 공물

turmoil 소란, 소동, 소요

undermine 기반을 약화시키다

unearth 발굴하다

uprising 폭동

ups and downs 영고성쇠

Before talking about the American civil war in more detail, I'll give you some background.
미국 남북전쟁에 대해 좀 더 자세히 말하기 전 배경지식을 알려드리겠습니다.

While it's true that the Aztecs had an advanced culture, many of those advances were borrowed.
아즈텍 문명이 앞선 문명이긴 하지만 상당부분 차용된 것입니다.

In this lecture, I'll be discussing the origins of the slave trade.
이 강의에서 노예제도의 기원에 대해 말씀드리겠습니다.

〈시험에 반드시 나오는 철학·인물 관련 필수 표현〉

[철학]

egocentrism 자기중심(주의)

empiricism 경험론

epistemology 인식론

metaphysics 형이상학

hypothesis 가설, 가정

idealism 관념주의

nihilism 허무주의

philanthropy 박애주의, 자선

stereotype 고정관념

utilitarianism 공리주의

[인물]

The next American novelist I want to discuss is Richard Yates.
다음으로 말씀드리고 싶은 소설가는 리차드 예이츠입니다.

In today's lecture I want to discuss William Harvey, the 17thcentury English physiologist.
오늘 강의에서 토의하고자 하는 인물은 17세기 영국의 생리학자 윌리엄 하비입니다.

ACTUAL TRAINING

PART III•Choose the option that best answers to the question.

1 (A) (B) (C) (D)

2 (A) (B) (C) (D)

3 (A) (B) (C) (D)

4 (A) (B) (C) (D)

5 (A) (B) (C) (D)

6 (A) (B) (C) (D)

7 (A) (B) (C) (D)

위아텝스
LISTENING

사회 및 교육을 다루는 주제는 사회적 현상과 문제 등을 다루며, 또한 교육 제도의 발달 과정과 현실 교육의 문제 등을 다룬다. 특히 사회 현상과 문제는 최근 이슈로 등장하는 내용들이 자주 등장하고 있다. 이러한 문제에서는 현상적 특징과 대책을 주로 다루므로 어떤 문제가 있고 그에 대한 대책이 어떻게 논의되고 있는지 잘 살펴야 한다. 또한 교육 영역에서는 교육의 당면 문제와 대책, 아동 발달 등의 문제를 제시하므로 자주 등장하는 내용을 파악하고, 그에 맞추어 대비하는 것이 중요하다.

빈출순위 3 :
사회 및 기타 Lecture

사회 및 기타 Lecture 〈사회, 교육〉

POINT

★ Part 4 주제별 유형 중 학술문에서 빈번하게 출제되는 사회, 교육 기출문제 유형과 내용을 파악한다.

★ 관련 표현을 미리 익히며 대의파악 문제와 진위추론 문제에 따른 정답을 고를 수 있는 능력을 키운다.

1 출제 유형

사회 전반적으로 이슈가 되는 범죄, 차별문제 등이 1~2문제 이상 출제되고 있으며 사회문제와 연계되는 소수민족 자녀의 교육소외 등 교육문제도 많이 출제가 되었다. 유아교육, 이중언어교육 등 교육 관련 문제 역시 1~2문제는 꼭 출제된다.

2 기초 다지기

(28-1)

두 번씩 듣고 다음 질문에 대답하세요.

1 화자가 시장(mayor) 에 대한 태도는?

(a) positive　　　　　　　(b) negative

1. (b) 2. (b)

Are we choosing highways over our children? This is the question that we should ask our mayor regarding his most recent speech about the costs of education. The mayor failed to answer the reasons for the skyrocketing costs of education.

두 번씩 듣고 다음 질문에 대답하세요.

2 시장이 역점을 두는 부분은 무엇인가?

(a) 교통체증 완화　　　　　　　(b) 고속도로 건설

Yet, his political decisions within the past year show he has prioritized spending on building new highways while ignoring the more and more burdensome cost of securing a future for our children.

Choose the option that best answers to the question.

1 (A)   (B)   (C)   (D)

Are we choosing highways over our children? This is the question that we should ask our mayor regarding his most recent speech about the costs of education. The mayor failed to answer the reasons for the skyrocketing costs of education. Yet, his political decisions within the past year show he has prioritized spending on building new highways while ignoring the more and more burdensome cost of securing a future for our children.

Q. Which statement will the speaker most likely agree with?
(a) Low standards of education have nothing to do with building freeways.
(b) Highways are not important in modern life.
(c) Politicians are unwilling to tackle difficult issues.
(d) Private funds are the answer to the costs of education.

우리 아이들보다 고속도로를 선택할 것인가? 이것은 시장의 연설 중 교육비 지출에 관해 짚고 넘어가야 할 문제입니다. 시장은 치솟는 교육비의 원인을 명확히 대답하지 못했습니다. 불행히도 지난 몇 년 간 그의 정치적 견해는 아이들의 안전한 미래를 보장하기 위한 높은 비용보다는 새로운 고속도로 건설이 더 중요하다는 것을 보여 주는 것입니다.

Q. 다음 중 화자가 동의하는 것은?
(a) 낮은 교육수준이 고속도로 건립과는 상관이 없다.
(b) 고속도로는 현대 삶에서 중요하지 않다.
(c) 정치인들이 난제를 해결하려 하지 않는다.
(d) 개인 재산이 교육비 문제에 해결책이 된다.

skyrocket (비용, 물가) 치솟다, 급등하다
prioritize ~을 우선시 하다, 우선순위를 매기다
burdensome 어려운, 부담되는

[해 | 설]

1. Yet, But, However 뒤에 주제가 오는 미괄식 글

글의 전반부보다는 Yet 뒤에 확실히 주제를 알 수 있는 글이다. 처음에 추상적인 내용이라 잘 듣지 못했어도 yet, however, still 뒤에 정작 말하고자 하는 주요논지가 담겨있으므로 정답을 찾을 수 있다.

2. 추론 문제 Which statement will the speaker most likely agree with?

58~60번에 출제되는 문제로 What can be inferred~? 문제와 거의 유사하게 논리적으로 추론해야 하는 문제이다. '시장이 교육보다는 고속도로건설에만 관심이 있다'는 사실을 정리했다면 이를 확장 추론한 (c)를 정답으로 고를 수 있다.

[정 | 답 | 의 | K | E | Y]

교육 대신 고속도로설치에 더 관심이 있는 시장에 대한 비방

[꼭 들어야 할 세부사항]

① 시장은 치솟는 교육비에 대한 해명을 하지 않고

② 고속도로건설에만 관심을 가지고 있다

CHECK UP ● ● ●

Choose the option that best answers to the question.

1 (A)   (B)   (C)   (D)

2 (A)   (B)   (C)   (D)

---

1 Most scholars believe in the effect of positive role models and moral training to raise children with strong moral fiber. Parents have punished children for years to provide a positive atmosphere but new research suggests that a child's moral inclinations may be based more on their genetics than on the training and discipline imposed by their parents. This controversial research poses that some children, despite their education, are unable to decipher the difference between right and wrong.

Q. According to the speaker, what does the new research show about children?

(a) Some children may not be affected by parents' discipline.
(b) A child's conscience depends greatly on their environment.
(c) Positive role models are ineffective on all children.
(d) Parents are failing at teaching their children moral values.

대부분의 학자들은 긍정적 역할 모델과 도덕적 수양이 어린이 세대의 견고한 도덕성을 높인다고 믿었습니다. 수년 간 부모들은 자녀들을 바람직한 환경을 만들기 위하여 꾸짖었지만, 새로운 연구 조사에 따르면, 아이들의 도덕적 상황이 부모들이 강요하는 수양이나 규율에 의해서라기보다 유전적 요인이 더 크게 작용한다고 합니다. 논란이 되고 있는 이번 조사는 몇몇 아동들이 교육을 받았음에도 옳고 그름을 판단할 수 없다고 주장하고 있습니다.

Q. 화자에 의하면, 새로운 연구 조사가 아이들에 관한 무엇을 보여주는가?
(a) 어떤 어린이들은 부모의 규율에 영향을 받지 않는다.
(b) 아동의 양심은 환경에 크게 영향을 받는다.
(c) 긍정적 역할 모델은 아동들에게 영향을 주지 못하고 있다.
(d) 부모들은 자신들의 자녀에게 도덕적 가치를 잘 가르쳐주지 못하고 있다.

moral fiber 도덕심 chastise 벌하다, 혼내다
inclination 기질, 성향

[해 | 설]

1. 연구결과를 밝힌 Research, Study, Reports에 주제문이 있다.

Part 4는 유난히 연구결과에 대한 보도가 많이 출제된다. New research suggests 등으로 시작한다면 가장 중요하게 들어야 할 주제문이다. 특히 new research~ 문장에서 접속사 than 뒤보다는 바로 앞 genetics 핵심어를 들어야 대의파악을 쉽게 할 수 있으며 정답 (a)를 유추할 수 있다.

2. 세부질문은 정확한 해석연습이 필요하다.

Part 4의 대부분은 대의파악하기 혹은 진위여부를 묻는 질문이지만 질문을 잘 들어야 답을 고를 수 있는 경우도 종종 있다. 질문 what does the new research show about children?에서 특히 강조부분인 문장 끝 about 부분을 더 세심히 듣자.

[정 | 답 | 의 | K | E | Y]

아이들의 도덕성은 부모의 규율 보다는 유전적인 요소가 더 중요하다는 새로운 연구 결과

[꼭 들어야 할 세부사항]

① 도덕적 환경이 어린이의 도덕성을 높인다고 믿었으나

② 연구조사에 의하면 유전적 요소가 더 큰 것을 알 수 있다.

2 These days more children are learning their values on the streets and not at home. This alarming trend is likely caused by the increase of single working parents struggling to maintain a family by themselves. Working single parents leave their children unsupervised and this leads to more juvenile delinquency. The solution to this proliferating problem is for society to advocate the traditional family where children are properly cared for.

Q. Which is correct according to this talk?

(a) The rise of the single parent family has increased juvenile delinquency.
(b) Children raised by a single parent want companionship.
(c) Society is to blame for children's actions.
(d) Unsupervised children cause most problems in society.

[해 | 설]

문제제기 – 원인 – 해결방안

청소년비행(문제제기) → 편부, 편모 가정의 증가로 인한 문제(원인) → 전통 대가족의 육성이 바람직(해결책)의 구조를 가진 글로 Part 4나 독해에 많이 나오는 구조이다. Working single parents ~에서 정답 (a)를 유추할 수 있다.

[정 | 답 | 의 | K | E | Y]

편부, 편모 가정의 증가로 인한 문제

[꼭 들어야 할 세부사항]

① 청소년 비행이 증가

② 이유는 편부, 편모의 증가

③ 사회가 대가족 제도를 지원함으로써 문제해결

최근 들어 점점 더 많은 학생들이 가정이 아니라 길거리에서 자신들의 가치를 찾고 있습니다. 이러한 추세는 부모나 친인척의 도움 없이 스스로 가정을 꾸려 나가는 편부, 편모 가정이 증가한 데서 그 이유를 찾을 수 있습니다. 이들은 자녀들을 통제하지 않은 채 일터로 향하고, 이로 인해 더 많은 비행 청소년을 양성하게 됩니다. 이렇게 급증한 비행 청소년 문제의 해결책은 자녀들을 올바르게 키울 수 있는 전통적 대가족 제도를 사회적 차원에서 장려해야 합니다.

Q. 이 글에 대한 설명으로 옳은 것은?

(a) 편부, 편모 가정의 증가가 비행 청소년 문제를 증가시켰다.

(b) 편부, 편모 가정에서 자란 아이들은 친구들과 어울리려는 경향이 있다.

(c) 사회가 아이들의 행동에 대한 책임이 있다.

(d) 통제받지 않은 아이들은 사회에서 많은 문제를 일으킨다.

alarming (부정적인 의미에서) 놀라운, 걱정스러운 single parent (이혼, 미혼, 사별 등 다양한 이유로 인한) 편부나 편모 unsupervised 통제, 규제 받지 않는, 관리, 감독이 없는 juvenile delinquency 비행 청소년, 청소년 범죄 proliferating 급증한 advocate 지지하다, 옹호하다 (noun) proponent

사회 및 기타 Lecture 〈기타 Lecture〉

POINT

★ Part 4 주제별 유형 중 학술문의 기본인 Lecture 기출문제 유형과 내용을 파악한다.

★ 관련 표현을 미리 익히며 대의파악 문제와 진위, 추론 문제에 따른 정답 고르기 연습을 한다.

1 출제 유형

최근 텝스 Part 4에서 토플식의 문제가 더 증가하고 있으며 각종 학문 분야에 대해 심층적인 문제의 이해가 필요하다. 고고학, 천문학, 철학, 역사 등 다소 어려운 부문의 소재를 다루기 때문에 관심을 가지고 먼저 독해 중심으로 많은 지문을 대하도록 하자.

28-4 2 기초 다지기

두 번씩 듣고 다음 질문에 대답하세요.

1 Sue는 무엇을 가리키는가?

(a) The person who found Tyrannosaurus skeleton
(b) The most complete Tyrannosaurus skeleton

Have you ever heard of Sue? If you have, you probably know that Sue is not a person but the name of the most complete and largest Tyrannosaurus skeleton ever unearthed.

1. (b) 2. (a)

두 번씩 듣고 다음 질문에 대답하세요.

2 'Sue'에서 wishbone이 발견됨으로 알 수 있는 것은?

(a) 조류가 공룡의 후예임을 알 수 있다.
(b) 조류는 공룡의 돌연변이의 일종이다.

Paleontologists discovered a surprising fact that Sue's skeleton has a furcula, or a wishbone, which has only ever been found in birds. The discovery of Sue's wishbone lends further support for the idea that birds are the descendants of dinosaurs.

Choose the option that best answers to the question.

1 (A)   (B)   (C)   (D)

Have you ever heard of Sue? If you have, you probably know that Sue is not a person but the name of the most complete and largest Tyrannosaurus skeleton① ever unearthed. Paleontologists discovered a surprising fact that Sue's skeleton has a furcula, or a wishbone②, which has only ever been found in birds. The discovery of Sue's wishbone lends further support for the idea that birds are the descendants of dinosaurs.

Q. Which is correct according to the lecture?
- (a) Sue's skeleton is entirely complete.
- (b) Sue regularly feasted on birds.
- (c) Sue is a proponent of evolutionary theory.
- (d) Sue's skeleton has similarities to birds.

'Sue'에 대해 들어 보셨습니까? 만약 들어 보셨다면, 'Sue'는 사람이 아니라 지금까지 발굴된 가장 온전하고 가장 큰 티라노사우루스 뼈의 이름이라는 것을 아실 것입니다. 'Sue'로 인해 조류에서만 발견되던 창사골이 'Sue'에도 있다는 놀라운 사실을 포함한 매우 귀중한 과학적 정보를 얻을 수 있었습니다. 이번 'Sue'의 창사골 발견이 조류가 공룡의 후예라는 사실을 더욱 뒷받침해주고 있습니다.

Q. 이 강의에 의하면 무엇이 옳은가?
(a) Sue의 뼈는 훼손되지 않고 온전하다.
(b) Sue는 보통 새를 잡아먹었다.
(c) Sue는 진화론 지지자이다.
(d) Sue의 뼈는 새의 뼈와 비슷하다.

[해 | 설]

1. 어려운 단어는 주위에서 단서를 찾는다.

②번 문장에서 furcula(창사골)은 그다지 외울 필요 없는 전문용어이다. 하지만 바로 뒤 wishbone(닭에서 발견되는 얇은 모양의 V자 모양의 뼈)에서 단서를 찾아야 한다. 하지만 wishbone도 어렵다면 '새에서만 발견 된다(only ever been found in birds)'를 듣고 단서를 찾는다.

2. 비교적 추가 설명이 많이 필요한 경우 미괄식 문장이 많다.

Part 4에서 미괄식 지문은 약 10% 정도 출제된다. 그 중 화자의 주장이 강한 글, 혹은 이렇게 학술적으로 어려운 글들에서 많이 찾아볼 수 있다. 마지막 문장에서 birds are the descendants of dinosaurs.를 들었다면 paraphrasing한 정답 (d) Sue's skeleton has similarities to birds.를 고를 수 있다.

[정 | 답 | 의 | K | E | Y]

새는 공룡의 후손일 가능성이 있다는 학설

[꼭 들어야 할 세부사항]

① Sue는 가장 큰 티라노사우루스의 이름

② Sue에서 새에서만 발견되는 wishbone 발견

unearth 발굴하다, 파내다 skeleton 골격, 뼈 **invaluable** 매우 귀중한, 값을 헤아릴 수 없는 **furcula** 창사골 (= wishbone) **descendant** 자손, 후예 **feast on** ~을 먹다, ~먹기를 즐기다 **proponent** 지지자

CHECK UP • • •

Choose the option that best answers to the question.

1   (A)   (B)   (C)   (D)

2   (A)   (B)   (C)   (D)

---

1   Our lecture will talk about the importance of Archimedes on the science of modern mechanics. Archimedes is not only important but he is known as the father of mechanics.① While he lived two thousand years ago in Greece, he was the first person to understand the uses of mechanical devices such as the lever.② With his new found knowledge of levers, he was able to amaze crowds by moving large ships by himself.

   Q. What is the topic of the lecture?
     (a) The infallibility of Greek mathematicians
     (b) Archimedes' influence on mechanics
     (c) The physics of moving a ship
     (d) The biography of Archimedes

본 수업에서는 현대 기계역학 분야에서 아르키메데스가 차지하는 중요성에 대해 이야기 할 것입니다. 아르키메데스는 중요한 인물 일뿐만 아니라 또한 기계역학의 아버지로도 알려져 있습니다. 아르키메데스가 2천년 전 그리스에 존재했던 인물이지만, 지렛대와 같은 기계 장치의 사용을 처음으로 알아낸 인물입니다. 아르키메데스가 지레의 원리를 찾아내면서, 그는 자신의 힘으로 큰 배를 움직여서 많은 사람들을 놀라게 할 수 있었습니다.

Q. 이 강의의 주제는 무엇인가?
(a) 그리스 수학자들의 이론적 완전함
(b) 아르키메데스가 역학에 미치는 영향
(c) 배의 이동에 관한 물리학적 이론
(d) 아르키메데스의 일대기

mechanics 역학, 기계학   lever 지레, 지렛대, 레버   infallibility 무과실성, 절대 확실

[해 | 설]

1. 아르키메데스에 대한 설명문

아르키메데스에 대한 지식(mechanics 기계역학의 아버지)을 조금이라도 갖추고 있으면 어렵지 않게 이해할 수 있는 문제이다. 문학, 주요발명, 역사적으로 의의가 있는 인물에 대해 Part 4에 자주 출제되므로 기본적인 인물에 대한 상식이 있다면 잘 듣지 못한다 하더라도 고득점으로 연결될 수 있다.

2. 최상급은 늘 중요!

② the first person to~ 문장은 그 인물에 대한 주요 특징을 알려 준다. 이 외에도 최상급은 담화문에서 가장 잘 들어야 할 부분이다. 첫 문장의 주제문을 간단히 쓴 (b)가 정답이다.

[정 | 답 | 의 | K | E | Y]

1. 현대기계역학의 아버지인 고대그리스의 아르키메디스

2. 대의파악 문제

[꼭 들어야 할 세부사항]

① 기계역학의 아버지

② 지렛대의 원리를 개발

2 The definition of the purity of a substance differs between the scientific community and the rest of the world. To a scientist, the definition of purity states that a substance is made of only one type of atom. However, commercial beverage entities have distorted this scientific truth by claiming that their drinks are pure juice although they are truly made from multiple substances such as water and sugar.

Q. What is the main topic of the lecture?
(a) How scientists disagree with each other
(b) The importance of the atom
(c) The true definition of purity in science
(d) How juices are produced

[해 | 설]

A와 B의 차이점(물질의 순수성에 대한 해석 차이)에 대한 설명문

주제문 아래 A(과학계의 정의)와 B(광고업계)의 차이에 대해 설명을 하는 단순비교 글이다. 주제는 과학에서의 정의를 중심으로 광고업계의 해석이 잘못됐다는 점을 (distorted this scientific truth) 강조하고 있으며 (c)가 주제로 보기에 가장 적당하다.

[정 | 답 | 의 | K | E | Y]

1. 물질의 순수성에 대한 개념 차이

2. 주제를 묻는 문제

[꼭 들어야 할 세부사항]

① 과학계는 하나의 원자로 이루어져야 순수한 물질

② 상업적으로는 다르게 해석

〈시험에 반드시 나오는 사회 · 정치 관련 필수 표현〉

[사회]

the marginalized
소외된 계층

economically deprived
경제적으로 박탈당한 사람들

institutionalized discrimination
제도화된 차별

justice system
사법시스템

immoral and illegal means
비윤리적이고 불법적인 방법

middle-class citizens
중산층 시민

social upheaval
사회동요

the struggle for survival
생존을 위한 투쟁

[정치]

administration 행정

autocracy 독재정치

ballot box 투표함

by-election 보궐선거

cabinet 내각

candidate 후보자, 지원자

demagogue 선동정치가

egalitarian 평등주의

inauguration 취임, 개시

independent 무소속

plebiscite 국민투표

plurality 과반수

referendum 국민투표

reign 통치(기간)

totalitarianism 전체주의

ACTUAL TRAINING

PART III • Choose the option that best answers to the question.

1　(A)　(B)　(C)　(D)

2　(A)　(B)　(C)　(D)

3　(A)　(B)　(C)　(D)

4　(A)　(B)　(C)　(D)

5　(A)　(B)　(C)　(D)

PART IV•Choose the option that best answers to the question.

1   (A)   (B)   (C)   (D)

2   (A)   (B)   (C)   (D)

3   (A)   (B)   (C)   (D)

4   (A)   (B)   (C)   (D)

5   (A)   (B)   (C)   (D)

6   (A)   (B)   (C)   (D)

7 (A) (B) (C) (D)

8 (A) (B) (C) (D)

9 (A) (B) (C) (D)

10 (A) (B) (C) (D)

11 (A) (B) (C) (D)

12 (A) (B) (C) (D)

위아텝스
VOCABULARY
TEPS

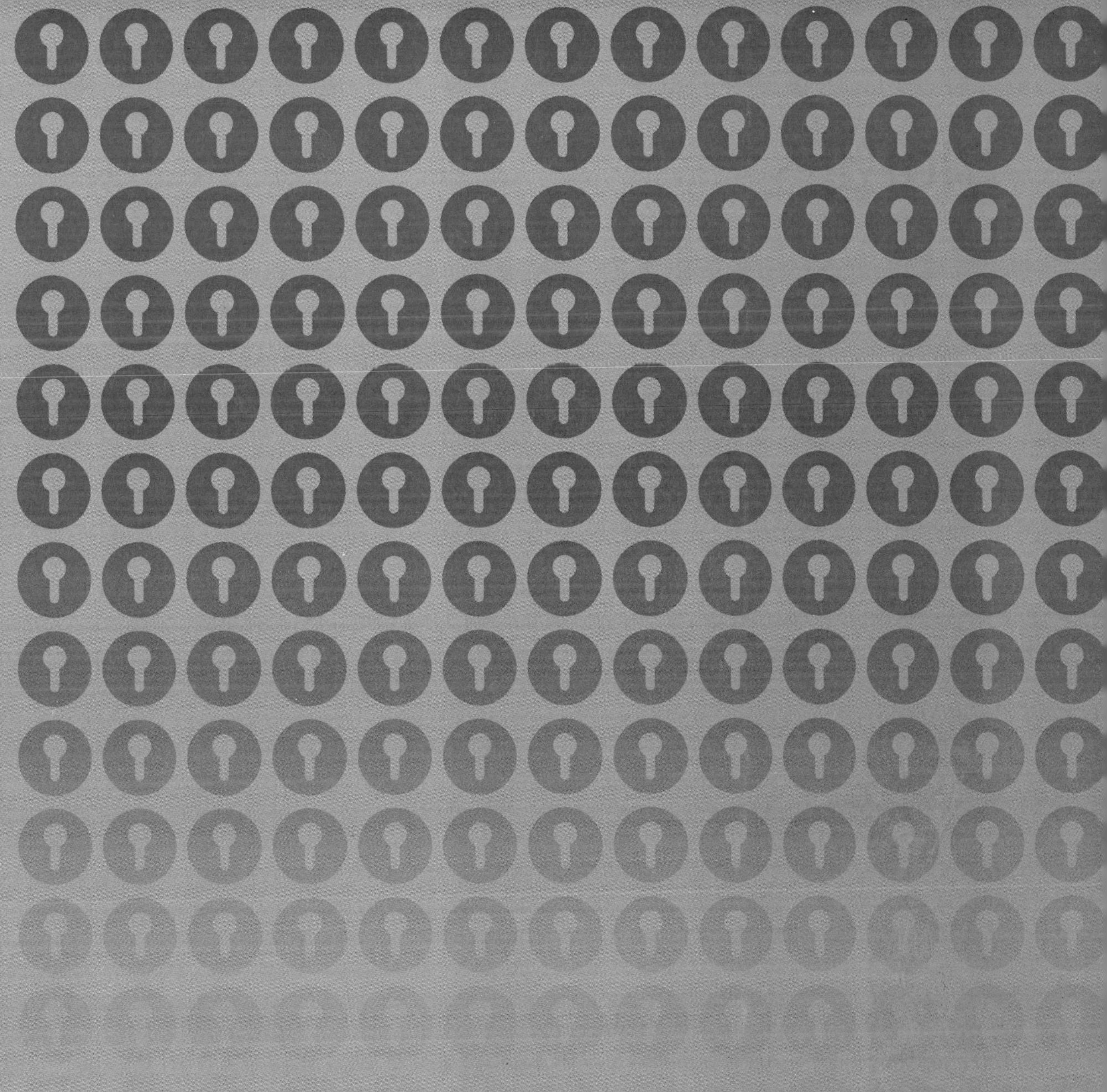

위아텝스
VOCABULARY

텝스 어휘 문제 영역 중 가장 많은 문제수를 포괄하는 것이 동사 유형이다. 대부분의 동사 문제들은 가장 낮은 난이도부터 가장 높은 난이도의 문제까지 포괄적으로 출제되는 경향을 보이고 있다. 따라서 난이도에 따라 접근방법이 달라져야 하는데, 낮은 난이도의 문제는 청해 대화문과 문법 문제를 통해 해결하는 학습 방법이 중요하며, 어려운 난이도의 문제는 청해 파트 4와 독해 영역을 통해 보완하는 것이 중요하다. 특히 각 동사가 나타내는 의미와 더불어 문장 속에서 나타내는 의미 영역을 함께 학습하는 것이 중요하다.

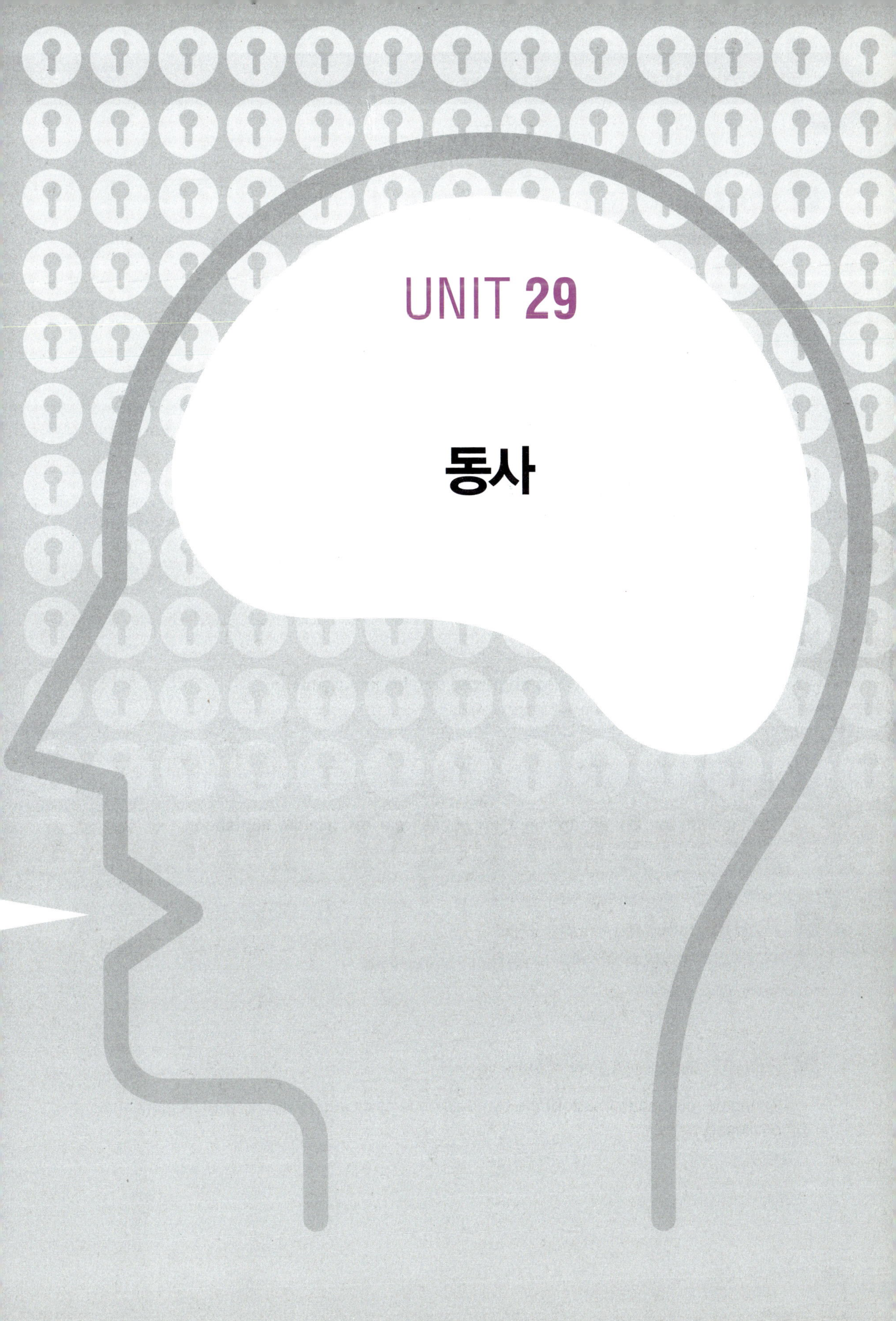
UNIT 29
동사

1 **arouse** [əráuz] 깨우다, 자극하다

Not only the painting method but also the colors have **aroused** the interest of art critics.
회화 기법뿐 아니라 색채 역시 미술 비평가들의 관심을 자아냈다.

2 **nominate** [námənèit] 지명하다, 임명하다

Most of the staff **nominated** him manager.
대부분의 직원들이 그를 과장으로 지명했다.

3 **instill** [instíl] 주입시키다, 스며들게 하다, 조금씩 가르치다

Someone at home **instilled** in this lad, at an early age, the importance of being respectful and kind to his elders.
집에서 누군가 어린 시절 이 소년에게 어른에 대한 공경과 친절한 마음씨의 중요성을 가르쳤을 겁니다.

4 **engrave** [engréiv] (금속 · 나무 · 돌 등에) 조각하다, 새기다

The shining, golden trophy was **engraved** with his father's name.
그 빛나는 황금빛 트로피에는 그의 아버지 이름이 새겨져 있었다.

5 **vanish** [vǽniʃ] 사라지다

Eight months into our engagement, my hopes for a loving family **vanished**.
약혼 8개월 만에 행복한 가정을 꾸리려던 제 꿈은 사라졌습니다.

6 **retain** [ritéin] 보유하다, 계속 유지하다

The company made an effort to **retain** its workers.
회사는 직원들을 유지하려고 노력했다.

7 **adopt** [ədápt] 받아들이다, 채용하다, 채택하다

Young people began to **adopt** the symbols once associated with the very wealthy and privileged.
젊은이들은 한때 이것을 대단한 부와 특권의 상징으로 받아들이기 시작했다.

8 ## implement [ímpləmənt] (약속, 계획, 계약 등을) 실시하다, 실행하다

The biggest obstacle to **implementing** the new bill is the lack of available funds.
새로운 법안을 시행하는 데 가장 큰 걸림돌은 이용 가능한 자금의 부족이다.

9 ## switch [switʃ] 바꾸다, 교환하다

You suggested that the boy **switch** to the piccolo.
당신은 그 남자 아이에게 피콜로로 바꾸라고 제안했습니다.

10 ## deter [ditə́:r] (겁먹어) 그만두게 하다, 단념시키다

This will not necessarily **deter** war, but it might make it more humane, if such a thing is possible.
이것이 꼭 전쟁을 막아주지는 않지만, 그런 일들이 가능해진다면, 전쟁을 좀 더 인간적으로 만들어 줄 것이다.

11 ## attain [ətéin] 획득하다, 달성하다, 성취하다, 도달하다

We will be working hard to **attain** your goals of becoming better public speakers.
우리는 당신이 더 나은 연설가가 되고자 하는 목표를 달성할 수 있도록 최선을 다 할 것입니다.

12 ## deploy [diplɔ́i] 배치하다, 전개하다

As you might already know, you are now in the most forward **deployed** U.S military base in the world.
이미 알고 있다시피, 여러분은 세계에서 최전선에 배치된 미 육군기지에 와 있습니다.

13 ## assess [əsés] 평가하다

Interviewers will **assess** your ability to communicate in English.
면접관들은 당신의 영어 의사소통 능력을 평가할 것이다.

14 ## discard [diskɑ́:rd] 버리다, 해고하다

When the total amount has been paid, the "sperm parents" may then reenter the life of the child they **discarded**.
전액을 지불한 후에, '친부모' 는 자기들이 버린 아이의 양육권을 다시 갖게 되는 것입니다.

15 alter [ɔ́ːltər] 바꾸다, 고치다, 제거하다

Being more organized in your personal life is one of the common techniques for **altering** stress.

개인의 삶을 더욱 체계적으로 정리하는 것은 스트레스를 없애는 가장 흔한 방법들 중 하나이다.

16 promote [prəmóut] 촉진시키다, 후원하다

We prepared an extensive advertising campaign to **promote** our new product.

우리는 신제품 판촉을 위해서 대대적인 광고 행사를 준비했다.

17 confront [kənfrʌ́nt] 직면하다, 마주하다, 대면하다

When he returned to his office he was **confronted** by a great pile of work.

그가 사무실로 돌아왔을 때 그는 많은 일더미에 직면하게 되었다.

18 enhance [enhǽns] 높이다, 강화하다

Training programs will be set up for those employees who wish to **enhance** their skills.

기술 향상을 원하는 사원들을 위해 연수 프로그램이 마련될 예정입니다.

19 exert [igzə́ːrt] (힘 등을) 쓰다, (위력을) 발휘하다

Convenience products are relatively inexpensive, frequently purchased items for which buyers **exert** only minimal purchasing effort.

일용 잡화 식품은 상대적으로 값이 싸고, 소비자들은 종종 최소한의 노력을 들여 이런 물품을 구입한다.

20 maintain [meintéin] 유지하다

The body is like a car and needs to be well-oiled and **maintained** to run smoothly.

신체는 자동차와 같아서 매끄럽게 잘 굴러가려면 기름도 잘 쳐야 하고 유지도 해야 한다.

21 lessen [lésn] 줄이다, 적게 하다

The pioneers found it easier to travel by water because it **lessened** their losses.

개척자들은 손실이 줄었기 때문에 수상으로 다니는 것이 더 쉽다는 것을 알게 되었다.

22 perceive [pərsíːv] 지각하다, 감지하다, 이해하다

Things would be a lot easier if everyone considered for a moment how the other gender **perceives** the world.

남녀 모두가 잠시 이성이 세계를 어떻게 이해하는지를 생각한다면 상황은 훨씬 더 쉬워질 것이다.

23 distribute [distríbjuːt] 분배하나, 배포하다

My secretary will **distribute** the documents after she completes reorganizing the materials.

제 비서가 자료들을 다시 정리한 후에 문서를 나누어 드릴 겁니다.

24 interrupt [ìntərʌ́pt] 가로막다, 중단시키다, 도중에 방해하다

I wish you would stop **interrupting** me when I talk.

내가 말할 때 당신이 나를 가로막지 않으면 좋겠어요.

25 pertain [pəːrtéin] 속하다, 관계하다, 알맞다

Some of the more significant events that we give occasion to usually **pertain** to military actions or observance of birthdays.

더 큰 중요성을 부여하는 몇몇 기념일에는 대개 군사적 행동이나 탄생일이 속해 있다.

26 boost [buːst] 밀어 올리다, 경기를 부양하다, 증대시키다

This new technology will **boost** productivity in the biotechnology industry in the near future.

이 신기술은 가까운 미래에 생명과학 산업의 생산성을 증대시킬 것이다.

27 chase [tʃeis] 뒤쫓다, 추적하다

A : You look nervous. What's wrong?

A : 긴장해 보인다. 무슨 문제라도 있어?

B : I feel like we're being **chased** by somebody.

B : 누가 우리를 미행하는 것 같아.

28 suspend [səspénd] 중지하다, 일시 정지하다

Sales of this drug have been **suspended** until more tests have been performed.

이 약의 판매는 임상실험을 더 할 때까지 중단되었다.

29 dissolve [dizálv] 용해하다, 분해하다

Wax polish is beeswax **dissolved** in turpentine.
왁스 광택제는 송진에 밀랍을 녹여 만든 것이다.

30 abandon [əbǽndən] 그만두다, 단념하다

The pilots had to **abandon** the plane before it went in flames.
조종사는 비행기가 화염에 휩싸이기 전에 비행기를 버려야 했다.

31 charge [tʃɑːrdʒ] 요금을 부과하다

Should you wish to leave a message on this system, you will be **charged** the regular rate for a phone call.
이 시스템에 메시지를 남기시려면 정식 전화 요금이 부과될 것입니다.

32 appreciate [əprí:ʃièit] 고맙게 생각하다, 진가를 인정하다

No truly great artist has ever been **appreciated** in his own lifetime.
자신의 생애에 진가를 인정받았던 예술가는 없다.

33 settle [sétl] 정하다, 해결하다, 안정시키다

I'd like to get this matter **settled** once and for all.
이 문제를 완전히 매듭지었으면 좋겠어.

34 enclose [enklóuz] 동봉하다, 넣다, 에워싸다

Our illustrated catalogue **enclosed** shows various types of bathroom fittings and the sizes.
동봉된 저희 일러스트 카탈로그는 다양한 욕실 비품과 크기를 보여줍니다.

35 impair [impέər] 손상시키다, 해치다

Drinking will also **impair** your ability to drive a car or operate machinery.
음주는 또한 운전 능력이나 기계 작동 능력을 감퇴시킵니다.

36 **recognize** [rékəgnàiz] 알아보다, 인식하다

I don't know whether you can **recognize** her from here, but the girl reading the newspaper is Jennifer.

네가 여기서 그녀를 알아볼 수 있는 지 모르겠지만, 신문을 읽고 있는 소녀는 제니퍼이다.

37 **negotiate** [nigóuʃièit] 협상하다, 교섭하다

Because of the continuing fall in prices, small businesses are starting to consider **renegotiating** their supply contracts.

계속되는 가격 하락 때문에, 소규모 기업들은 그들의 공급 계약을 재협상하는 것을 고려하기 시작하고 있다.

38 **pursue** [pərsú:] 추구하다

Individuals have the right to **pursue** their own happiness.

누구나 자신만의 행복을 추구할 권리가 있다.

39 **cherish** [tʃériʃ] 고이 간직하다

I **cherished** the moment and I wouldn't miss the opportunity to celebrate this day for anything in the world.

난 그 순간을 마음속에 고이 간직하고 있고 무슨 일이 있어도 이 날을 기념할 기회를 놓치지 않을 것이다.

40 **designate** [dézignèit] 임명하다, 선정하다, 명시하다

Designating the right person to a position is not an easy task.

직책에 딱맞는 사람을 임명하는 것은 쉬운 일이 아니다.

PART I • Choose the best answer for the blank.

1 A: Did you see Jack quarrelling with a woman this morning?

B: Yeah. The sight ______________ my curiosity.

(a) excited   (b) aroused
(c) awakened   (d) arose

2 A: Wow! The players are playing better today.

B: I think so. Supporters' presence seem to ______________ faith into them.

(a) dislodge   (b) diffuse
(c) instill   (d) impair

3 A: Do you think this garment is durable?

B: Sure. It will ______________ its original shape even after many washings.

(a) retain   (b) absorb
(c) detain   (d) restrain

4 A: I think we should improve our assembly line.

B: You're right. We should ______________ a new technique.

(a) accept   (b) adopt
(c) maintain   (d) ratify

5 A: This seat seems too hard for me.

B: Then, would you ______________ places with me for a while?

(a) turn   (b) switch
(c) divert   (d) substitute

6 A: Did you enjoy the picnic yesterday?

B: No. The cold ______________ us from going out.

(a) deterred   (b) dissuaded
(c) deflected   (d) supported

7 A: I'd like to use your Internet service.

B: Thank you, sir. I'll have our clerks to ______________ new cables as soon as possible.

(a) banish   (b) deploy
(c) eliminate   (d) repel

8 A: These clothes look new. Why did she throw them away.

B: Well, she always ______________ any garments which are no longer fashionable.

(a) relinquishes   (b) abdicates
(c) discards   (d) renounces

9 A: Doctor, how can I maintain my health?

B: Well, proper exercise will ______________ your health. Keep working out every day.

(a) advocate   (b) subsidize
(c) endorse   (d) promote

10 A: The competition among colleges is too harsh.

B: Yeah. But it will ______________ the quality of education.

(a) enlarge   (b) enhance
(c) exaggerate   (d) appreciate

11 Most animals can _______________ a relatively constant body temperature regardless of outdoor temperature.

(a) maintain   (b) prolong
(c) persevere   (d) perpetuate

12 Since our pamphlets are very expensive to issue, we want every employee to _______________ them to customers with much care.

(a) apply   (b) designate
(c) distribute   (d) regulate

13 All the details of this report _______________ directly to the agenda under discussions.

(a) pertain   (b) concern
(c) regard   (d) combine

14 The government is trying to find methods so as to stimulate trade and _______________ the economy of the country.

(a) boost   (b) thrust
(c) amplify   (d) hinder

15 The management should make concrete methods to ________ their hostile confrontations.

(a) evaporate   (b) diffuse
(c) dissolve   (d) perish

16 Because of pessimistic points of view from various walks of life, the department will _______________ the project.

(a) abandon   (b) vacate
(c) usurp   (d) defend

17 Anything that you could do to settle the affair amicably would be very much _______________.

(a) realized   (b) comprehended
(c) inflated   (d) appreciated

18 The ignominious behavior recently released in the newspaper will _______________ his reputation around the country.

(a) amalgamate   (b) impair
(c) invalidate   (d) maltreat

19 After entering into manhood, everyone wants to _______________ their precious memories of their childhood.

(a) idolize   (b) cherish
(c) approve   (d) fondle

20 Due to prevalent opinions on the importance of art, the school was _______________ as a model for art education.

(a) constituted   (b) described
(c) designated   (d) allocated

동사에 이어 두 번째 많은 빈도를 나타내는 영역이다. 명사의 경우 각 단어의 의미가 실제 문장에 적용되는 유형을 기억하는 것이 중요하다. 각각의 명사는 문장 속에서 목적어나 보어로 등장하는 경우가 많기 때문에 단어 자체의 의미를 1차적으로 학습한 이후에, 동사와의 관계 속에서 보강하는 과정이 필요하다. 따라서 명사를 학습할 때에는 문장 속에 등장하는 동사와 함께 파악하는 것이 중요하며, 뒤에 이어질 연어, 구어체, 그리고 이디엄 등에서도 등장할 수 있다는 점을 유념해야 한다.

UNIT 30
명사

시험에 반드시 나오는 **명사**

1 **pastime** [pǽstàim] 기분전환, 오락, 놀이

Football, often called the national **pastime** of the U.S., deserves this designation.

종종 미국에서 국민적인 오락거리로 불리는 축구는 이 호칭을 얻을 자격이 있다.

2 **reserve** [rizə́ːrv] 예비량, 보유량, 적립금

The oil **reserves** of the United States is on the same level they are before ten years ago.

미국의 석유 예비량은 10년 전 수치와 같은 수준이다.

3 **consensus** [kənsénsəs] 일치, 여론

New York has long been a mosaic of grand contradictions, a city for which there has never been – nor ever will be – a clear **consensus**.

뉴욕은 오랫동안 모자이크 식의 거대한 모순 덩어리로, 결코 단 한 번도 깨끗하게 일치된 모습을 보여준 적이 없고 앞으로도 그럴 일이 없을 도시이다.

4 **attitude** [ǽtitʃùːd] 태도

A considerable number of people object to the government's **attitude** to immigration.

상당수 사람들이 정부의 이민 정책에 대한 태도에 반대한다.

5 **renewal** [rinjúːəl] 재개, 다시 하기, 갱신

You can take advantage of our low **renewal** rate!

저렴한 구독 갱신 요금의 혜택을 받으실 수 있습니다!

6 **commodity** [kəmádəti] 상품

Semiconductors and automobiles are Korea's most important export **commodities**.

반도체와 자동차는 한국의 가장 중요한 수출품이다.

7 **aptitude** [ǽptitùːd] 소질, 적성

No one who has seen him work in the laboratory can deny that Anderson has an interest in and an **aptitude** for chemical experimentation.

앤더슨이 실험실에서 일하는 모습을 본 사람이라면 아무도 그가 화학 실험에 흥미가 있고 소질이 있음을 부정하지 못한다.

8 downturn [dáuntə:rn] 하락

Despite Volvo's reputation for building safe cars, it has been experiencing a **downturn** in sales.

볼보는 안전한 차를 만드는 것으로 유명함에도 불구하고 판매가 하락세를 겪어왔다.

9 proficiency [prəfíʃənsi] 능숙, 능란

Proficiency in one or more East European languages as well as German is required.

독어뿐만 아니라 한 개 이상의 동유럽 언어에도 능숙해야 합니다.

10 monopoly [mənápəli] 독점, 전매

The analysts say that the trade **monopoly** in itself is not the problem.

분석가들은 무역 독점 그 자체는 문제가 아니라고 말한다.

11 resolution [rèzəlú:ʃən] 결의, 결심

The **resolution** that was passed was a wish list that nobody could deliver.

지나간 결심은 어느 누구도 돌려줄 수 없는 희망 사항이다.

12 habitat [hǽbətæt] 서식지

Alligators can be considered extremely dangerous as far as we are concerned when we are in their **habitat**.

우리가 악어 서식지에 있는 한 악어는 아주 위험한 동물입니다.

13 additive [ǽdətiv] 첨가제

Ethanol does not function as a primary fuel source, but is an increasingly-used **additive** to unleaded gasoline.

에탄올은 주 연료원은 아니지만, 무연 휘발유에 점점 더 많이 사용되고 있는 첨가제이다.

14 modesty [mádisti] 겸손, 수줍음, 정숙, 얌전함

She does a lot of work for charities, but **modesty** forbids her to talk about it.

그녀는 자선 사업을 많이 하지만 겸손해서 그걸 얘기하지 않는다.

15 **recession** [riséʃən] 불경기, 경기 후퇴

More people are dining in because the country is in **recession**.
나라 경제가 불경기라서 많은 사람들이 집에서 식사를 하고 있다.

16 **subordinate** [səbɔ́ːrdənit] 하급자, 부하

If everyone agrees to the revised regulation, it should be signed and then all
subordinates notified.
모두가 개정된 규정에 동의를 한다면, 서명을 한 후 부하 직원들에게 통지해야 한다.

17 **competition** [kàmpətíʃən] 경쟁

International **competition** has forced many companies to rethink how they do business.
국제 경쟁은 많은 회사들에게 사업을 어떻게 하고 있는지 다시 생각하게 했다.

18 **flexibility** [flèksəbíləti] 유연성, 굴곡성

Any successful fitness program must include exercises working on **flexibility**, strength,
and endurance.
잘 짜여진 체력 단련 프로그램에는 유연성과 체력, 지구력을 기를 수 있는 운동이 포함되어야 한다.

19 **privilege** [prívəlidʒ] 특권, 혜택

You do not owe your children baby-sitting **privileges**.
당신은 자식들에게 손주를 돌보는 특권을 빚지지 않았습니다.

20 **imposition** [ìmpəzíʃən] 부담, 부과

Others, who have busier lives, consider baby-sitting an **imposition** and have the courage
to refuse to do it.
바쁘게 사는 다른 사람들은 아이 돌보는 것을 부담으로 생각하고 용기 있게 거절한다.

21 **flaw** [flɔː] 결점, 약점, 결함

They fall in love quickly and out of love just as fast, when the beloved proves to have
some human **flaw**.
그들은 금새 사랑에 빠지고, 사랑하는 이에게 어떤 인간적인 결함이 있다는 것이 증명되면 또 그만큼 빨리 사랑에서 헤어난다.

22 obligation [ɑ̀bləgéiʃən] 의무, 책무

If you are experiencing financial difficulties in making your payments, it is your **obligation** to contact us to discuss the matter.
만약 귀하가 재정상의 어려움을 겪고 있다면, 그 문제를 의논하기 위해 저희에게 알려주실 의무가 있습니다.

23 impatience [impéiʃəns] 인달, 조바심

Responses to upset customers should include neither anger nor **impatience**.
화가 난 고객들에 대한 반응은 짜증이나 조바심이 섞여 있어서는 안 된다.

24 intensity [inténsəti] 강렬, 격렬, 집중, 전심

We keep our employees well trained through our Special **Intensity** Training.
우리는 직원들이 특별 강화 교육을 통해 잘 훈련될 수 있도록 한다.

25 consumption [kənsʌ́mpʃən] 소비, 소비량

Many health experts state that people must limit their fat **consumption**.
많은 보건의들은 사람들이 지방 섭취를 제한해야 한다고 말한다.

26 dedication [dèdikéiʃən] 헌신

We appreciate all your hard work and **dedication** to the firm.
이 회사에 쏟아주신 여러분들의 노고와 헌신에 감사드립니다.

27 insight [ínsàit] 통찰력, 간파력, 식견

Recently, historians have used medical **insights** to reevaluate several important European figures.
최근 역사학자들은 유럽의 몇몇 인물을 재평가하는 데 의학적인 소견을 사용하고 있다.

28 notification [nòutəfikéiʃən] 통지(서), 공고문

You need to submit the form within a week of receiving this **notification**.
이 통지서를 받은 후 일주일 이내로 양식을 제출해야 합니다.

29 revenue [révənjùː] 수입, 세입

France brings in far more tourism **revenue** than any other country in Europe.
프랑스는 유럽의 다른 어떤 나라보다 훨씬 많은 관광 수익을 벌어들인다.

30 session [séʃən] 회기

A : Why did you only buy one hundred shares of stocks during the last trading **session**?
A : 아니 왜 지난 회기에 주식을 겨우 100주밖에 사지 않은 거니?

B : If I had had enough money, I would have bought more.
B : 돈이 충분히 있었으면 더 샀을 거야.

31 attribute [ətríbjuːt] 특성, 속성

A background in English-language publishing, an incisive writing style and a demonstrated interest in business are essential **attributes**.
영어권 출판 경력, 예리한 문체, 업무에 대한 관심은 필수 요소입니다.

32 consideration [kənsìdəréiʃən] 존중, 경의, 고려, 숙고, 고찰

Could you turn your music down and show a little **consideration** for the neighbors!
음악 소리 좀 줄여서 이웃들에게 좀 더 사려깊은 모습을 보여줄 수 없겠어요!

33 intake [íntèik] 섭취량, 빨아들이는 양

A high **intake** of saturated fat has been scientifically linked with higher risks of high blood pressure, heart disease, diabetes, and cancer.
포화지방의 섭취량이 많아지면 과학적으로 고혈압, 심장 질환, 당뇨, 암의 발병률도 높아진다.

34 casualty [kǽʒuəlti] 사상자, 희생자

It is believed that in the future, technology will mean a reduced number of war **casualties**.
미래에는 과학 기술이 전쟁으로 인한 사상자 수를 감소시킬 것이라고 생각된다.

35 exploitation [èksplɔitéiʃən] 착취, 개발

Although the Japanese occupation era may have brought some modern developments, the **exploitation** of Korea was unforgivable.
비록 일본 식민지 시대가 얼마간 근대적인 발전을 가져왔다지만 한국에 대한 착취는 용서할 수 없는 일이었다.

36 **replacement** [ripléismənt] 교체자, 교환, 교체

I wanted to let you know as soon as possible so you won't have any problem finding a **replacement**.

후임자를 찾는 데 문제가 생기지 않도록 가능한 한 빨리 알려드리고 싶었습니다.

37 **legacy** [légəsi] 유산, 유증, 물려받은 깃

This is not the **legacy** he had hoped to leave at the end of his eight years in office.

이것은 그가 8년간의 공직 생활을 마무리하고 떠날 때 바랐던 유산은 아니다.

38 **substitute** [sʌ́bstitjùːt] 대용(식)품, 대리인, 대역

Even a buyer who prefers a specific brand will readily choose a **substitute** if the preferred brand is not conveniently available.

특정 브랜드를 선호하는 소비자들조차도 선호하는 브랜드의 제품을 간편하게 구입할 수 없다면, 서슴없이 대체품을 고른다.

39 **abundance** [əbʌ́ndəns] 풍부, 다수, 다량

Children in the school district have complained about the over **abundance** of homework they are being assigned.

그 학군에 살고 있는 학생들은 과다한 양의 과제물을 배당받는 데 불평했다.

40 **supervision** [sùːpərvíʒən] 감독, 관리, 지휘

Children should be taught to use electric toys under adult **supervision**.

아이들은 어른의 감독 하에 전기 장난감을 가지고 노는 방법을 배워야 할 것이다.

PART I • Choose the best answer for the blank.

1 A: What do you usually do at your free time?

B: Well, my favorite _____________ is to watch movies at home.

(a) endeavor (b) pastime
(c) diversion (d) avocation

2 A: What's the result of the discussion?

B: Nothing. The members didn't reach _____________.

(a) rapport (b) affinity
(c) consensus (d) tranquility

3 A: Jacob always looks happy content with his life.

B: Yeah. He has a complacent _____________ toward life.

(a) attitude (b) belief
(c) prejudice (d) performance

4 A: Why did you visit the police station yesterday?

B: Because my licence needed yearly _____________.

(a) aid (b) remission
(c) justice (d) renewal

5 A: I don't know what to do after graduation.

B: Then you'd better take a(n) _____________ test before deciding your career.

(a) incapacity (b) intelligence
(c) aptitude (d) tendency

6 A: What should I prepare before I start my job?

B: You should increase your typing speed and _____________ as well.

(a) ingenuity (b) clumsiness
(c) accomplishment (d) proficiency

7 A: Do you have any _____________ for next year?

B: Yeah. I'd like to quit smoking.

(a) intention (b) resolution
(c) analysis (d) compliance

8 A: How do you like the soup?

B: It tastes salty. What _____________ did you put it in?

(a) additive (b) element
(c) supplement (d) reinforcement

9 A: How's your business this year?

B: Not good. This economic _____________ is killing me.

(a) unemployment (b) delay
(c) dilation (d) recession

10 A: Our company seems to be in financial trouble.

B: You're right. We should have improved the financial _____________.

(a) density (b) resistance
(c) flexibility (d) perplexity

11 All the volunteers helped the charity because they wanted to, not out of any sense of ______________.

(a) attachment   (b) homage
(c) dedication   (d) obligation

12 The research team attained perfection after a struggle of ceaseless effort and unwavering ______________.

(a) intensity   (b) anxiety
(c) severity   (d) tension

13 This prize will be awarded to members who have demonstrated excellence in leadership and ______________ to the organization.

(a) dedication   (b) inscription
(c) glorification   (d) obedience

14 Several religious canons offer people some great ______________ into many of life's problems.

(a) observations   (b) judgments
(c) insights   (d) attentions

15 Advertising ______________ is the foundation of media business such as newspaper and television.

(a) acquirement   (b) resource
(c) reward   (d) revenue

16 The hands of great artists and sculptors can make the lump of inanimate clay rctain all the ______________ of a living thing.

(a) aspects   (b) attributes
(c) symbols   (d) specialties

17 In a recent study, those who cut their food ______________ in half for six months became depressed and irritable.

(a) retention   (b) admission
(c) intake   (d) effect

18 Colonization is a specific form of cultural and economic ______________ that progressed with the expansion of the Western world for a long time.

(a) exploitation   (b) corruption
(c) perversion   (d) fraudulence

19 After a long-standing colonial experience, former colonies wanted to overcome their colonial ______________.

(a) allocation   (b) subsidy
(c) extraction   (d) legacy

20 With more mothers working outside, their kids are often left alone with less ______________ than in the past.

(a) instruction   (b) supervision
(c) regulation   (d) influence

위아텝스
VOCABULARY

대부분의 형용사는 명사 수식어구와 보어로 이용된다. 따라서 형용사 자체의 의미도 중요하지만, 명사를 수식하는 과정에서 등장하는 기본 의미와 의미 변환 관계를 기억해야 한다. 또한 문장 속에서 동사와 관계속에서 보어의 역할을 할 때의 의미를 구분해야 한다. 형용사 문제 유형은 대부분 난이도가 낮게 출제되는 경향이 있지만, 때때로 가장 난이도 높은 문제를 구성할 때 이용되기도 한다. 따라서 기본 학습에서는 난이도가 낮게 출제되는 유형에 초점을 맞추어 학습하고, 고득점으로 점수가 상승할 때 난이도 높은 문제에 접근하는 방식이 필요하다.

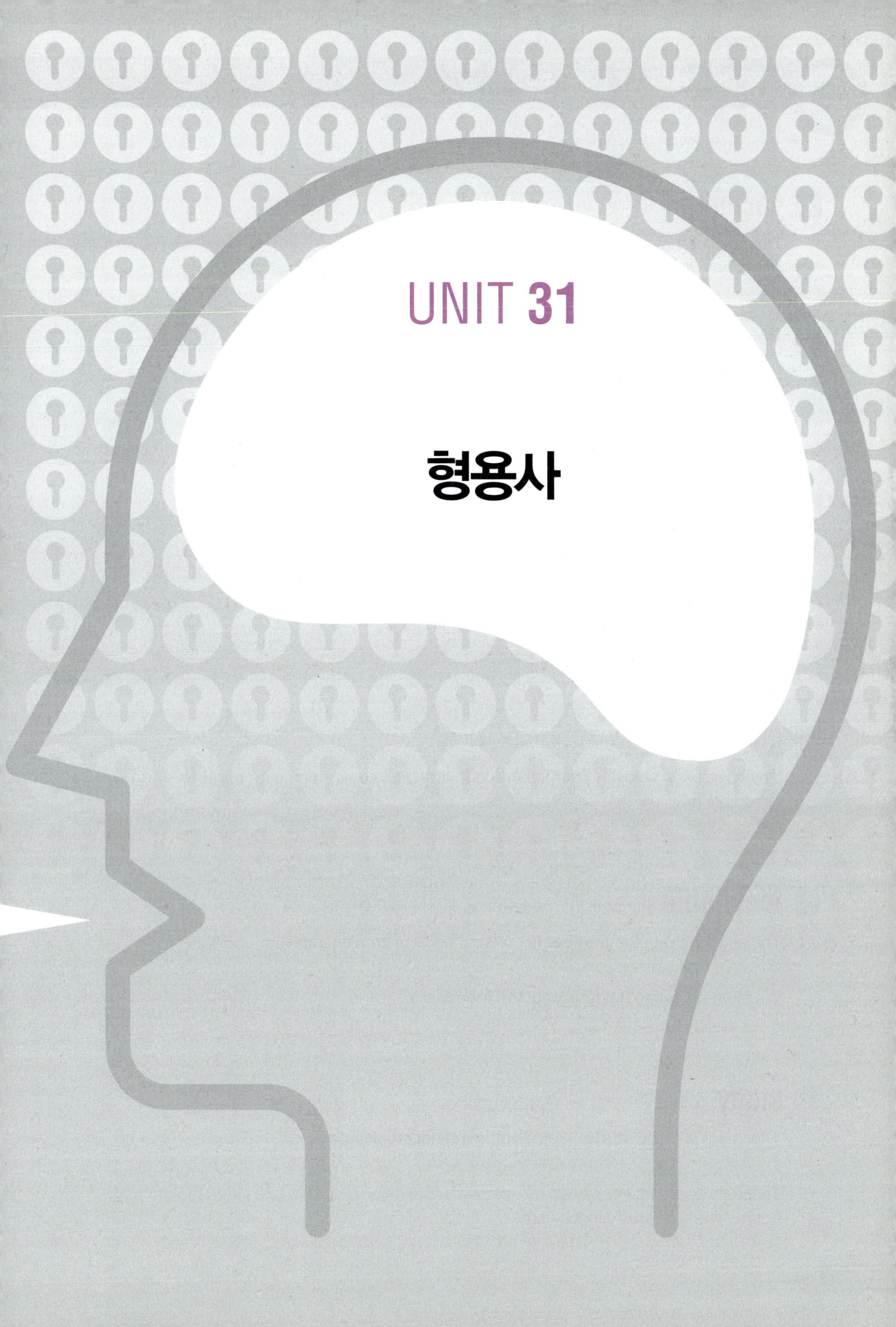

UNIT 31
형용사

1 **vacant** [véikənt] 빈, 사람이 없는, 공석인

The position has remained **vacant** since Mr. Roy retired.
그 직위는 로이 씨가 퇴직한 이후로 공석으로 남아 있다.

2 **critical** [krítikəl] 비평적인, 흠을 잘 잡는, 위기의

If you continue to be so **critical**, then you will have no friends around you.
네가 계속 그렇게 트집을 잡으면, 네 주위에 남아 있는 친구가 하나도 없을 거야.

We arrived at the **critical** moment.
우리는 아슬아슬하게 도착했다.

3 **delicate** [délikət] 연약한, 섬세한, 정교한, 까다로운

The Handy offers the most **delicate** handmade leather goods in the area.
핸디는 이 지역에서 가장 정교한 수제 가죽 제품을 제공합니다.

Because these plants are very delicate, they must be handled with extreme care.
이 식물들은 아주 섬세하기 때문에 극도로 조심해서 다뤄야 한다.

4 **eligible** [élidʒəbəl] 적격의, 적임의, 바람직한

You have been selected from among our very best customers to be **eligible** for an incredible new low rate on all purchases.
귀하는 새로 책정된 엄청나게 저렴한 가격으로 모든 제품을 구입할 자격이 있는 최고 고객 중 한 분으로 선정되셨습니다.

5 **inevitable** [inévitəbəl] 부득이한, 피할 수 없는, 면할 수 없는

The accident was the **inevitable** consequence of carelessness.
그 사고는 부주의의 당연한 결과였다.

We have no option but to accept the **inevitable**.
우리는 어쩔 수 없는 상황을 받아들일 수밖에 달리 방도가 없다.

6 **stuffy** [stʌ́fi] 숨막히는, 무더운, 통풍이 안 되는

This room is really **stuffy**. Would you mind not smoking?
이 방은 정말 숨이 꽉꽉 막히는군. 담배 좀 피우지 않을 수 없어요?

Those days are now replaced by exercises that involve staring into video monitors for hours on end in **stuffy** indoor areas.
그 시절은 현재 숨막히는 실내에서 몇 시간이고 계속 모니터를 뚫어지게 쳐다보는 것과 관련된 놀이들로 대체됐다.

7 **acute** [əkjúːt] (아픔 · 감정 등이) 심한

Immediately after lifting the desk, David felt an **acute** pain in his lower back.
책상을 들어올리자 데이비드는 바로 허리에 심한 통증을 느꼈다.

8 **harsh** [hɑːrʃ] 거친, 까칠까칠한, 거센

Our carpet cleaner is also completely safe: it contains no **harsh** chemicals, bleaches or solvents.
우리의 카펫 세정제는 또한 완전히 안전합니다. 거센 화학물질이나 표백제, 용제 따위가 전혀 들어있지 않습니다.

cf. bleach 표백제, 표백 solvent 용제, 용매

9 **mandatory** [mǽndətɔ̀ːri] 강제의, 의무적인, 명령의

The question was undoubtedly part of the legal procedure and **mandatory** for the record.
그 질문은 분명히 법 절차의 한 부분이고, 기록상 필수적인 질문이었다.

Participating in the workshop is **mandatory**.
워크숍에 참석하는 것은 의무적이다.

10 **overdue** [òuvərdjúː] 지불 기한이 넘은, 늦은

To continue as a member of the health club, please send your **overdue** payment to our office no later than August 30th.
헬스 프로그램의 회원 자격을 유지하려면 연체된 회비를 8월 30일까지 우리 사무실에 보내주십시오.

11 **superb** [supə́ːrb] 최고[최상]의, 훌륭한

The cigars produced from Honduras are **superb**, with rich flavors and aromas and they're available in the U.S. at popular prices.
온두라스산 시가는 풍부한 맛과 향기가 나는 최상품으로 미국에서 저렴한 값에 구입할 수 있습니다.

12 **arbitrary** [ɑ́ːrbitrèri] 멋대로인, 마음대로 하는, 변덕스러운

The English language has a much more **arbitrary** relation between number words and written numbers.
영어에서는 숫자와 문자로 쓰인 숫자 사이의 관계가 훨씬 더 임의적이다.

13 **competent** [kɑ́mpətənt] 유능한, 적당한

It's so hard these days to find a **competent** nanny.
요즘엔 좋은 유모를 구하기가 아주 어려워요.

13 superficial [sùːpərfíʃəl] 표면상의, 외면의

Fortunately, he only suffered **superficial** cuts and bruises in the accident.

운이 좋아서, 그는 그 사고에서 단지 겉으로 자상과 타박상만 입었을 뿐이다.

14 enchanting [entʃǽntiŋ] 매혹적인

She wore a dress to the party that was far more **enchanting** than those of the other girls.

그녀는 다른 여자 아이들의 것보다 훨씬 매혹적인 파티 드레스를 입었다.

15 evolutionary [èvəlúːʃənèri] 진화적인

Evolutionary changes sometimes occur rapidly in responses to sudden changes in the environment.

진화론적인 변화는 때로 갑작스런 환경 변화에 대한 반응으로 빠르게 진행되는 경우가 있다.

16 preliminary [prilímənèri] 준비의, 임시의, 예비적인

All applicants who successfully completed their **preliminary** interviews will be notified within the next week.

사전 인터뷰를 성공적으로 끝마친 모든 지원자들은 다음 주 안에 통지를 받을 것입니다.

17 rigorous [rígərəs] 엄격한, 호된

Because of the **rigorous** training involved, not everyone can become a ballet dancer.

호된 훈련이 포함돼 있기 때문에 모든 이들이 발레리나[발레리노]가 될 수는 없다.

18 primitive [prímətiv] 원시의, 초기의, 발달되지 않은

Despite their great size, alligators have quite **primitive** brains which function only in terms of food and survival.

거대한 몸집에도 불구하고, 악어는 단지 먹이와 생존에 필요한 기능만을 소화해낼 수 있는 아주 원시적인 뇌를 갖고 있습니다.

19 dominant [dámənənt] 지배적인, 가장 유력한

Sometimes parents are afraid that teachers may take over as the **dominant** figure in the child's life.

때로 부모는 교사가 이이의 일생에 지대한 영향력을 끼치는 인물이 될지도 모른다고 염려한다.

cf. take over 대신하다, 떠맡다

20 ## supplementary [sÀpləméntəri] 보충하는, 추가(부록)의, 보유의

Supplementary documents will be attached to let you know terms and conditions in detail.

약관을 자세히 알 수 있도록 추가 서류가 첨부될 것입니다.

21 ## unprecedented [Ànprésɔdèntid] 전례 없는

Scientists are witnessing **unprecedented** destruction of the ozone layer over the northern hemisphere.

과학자들은 북반구 상공에서 전례 없는 오존층의 파괴를 목격하고 있다.

22 ## available [əvéiləbəl] 이용할 수 있는, 쓸모 있는, 유효한

Is this dress **available** in a larger size?

이 드레스의 더 큰 치수가 있나요?

23 ## plain [plein] 평범한

Abraham Lincoln didn't mind staying in a **plain** hotel.

아브라함 링컨은 평범한 호텔에 머무르는 것을 개의치 않았다.

24 ## authentic [ɔ:θéntik] 믿을 만한, 출처가 분명한, 근거 있는

The professor insisted that everything about his teaching should be **authentic**.

교수는 자신이 가르치는 모든 것이 사실적이어야 한다고 주장했다.

25 ## hostile [hάstil] 적의 있는, 적대하는

Before we continue our tour, I would like to remind you that this area is still a sensitive and potentially **hostile** environment.

여행을 계속하기에 앞서 이 지역은 아직까지도 민감하고 적대적 환경이 잠재된 곳임을 상기시켜 드리고 싶습니다.

26 ## candid [kǽndid] 솔직한, 숨김없는

A good wedding photographer will capture moments in the reception and ceremony that are un-posed, **candid** and revealing, and communicate the tone of the wedding.

훌륭한 결혼 전문 사진사들은 자연스럽고 솔직하고 숨김없는 모습이 드러난 피로연이나 결혼식의 순간들을 포착하고, 결혼식의 분위기를 전달할 것이다.

27 **invaluable** [invǽljuəbəl] 매우 귀중한

The knowledge of idioms can be **invaluable** to the English-learner who wants to obtain native-speaker proficiency.

숙어에 대한 지식은 원어민처럼 능숙하게 언어를 구사하고자 하는 영어 학습자에게 매우 요긴할 수 있다.

28 **laborious** [ləbɔ́:riəs] 힘드는, 귀찮은

One of the most **laborious** and endless household chores is doing the laundry.

가장 힘들고 끝이 없는 가사 허드렛일 중의 하나는 빨래이다.

29 **remarkable** [rimá:rkəbəl] 주목할 만한, 두드러진, 현저한

Her device is original and **remarkable**.

그녀의 고안품은 독창적이고 주목할 만하다.

An experimental drug has produced **remarkable** results when tested on a wide range of cancers.

임상 실험 중인 의약품이 여러 종류의 암 치료에 시험해 봤을 때 놀라운 결과를 낳았다.

30 **intimate** [íntəmit] (지식이) 깊은, 정통한, 친밀한, 친숙한

She has an **intimate** knowledge of Tuscany, where she has lived for twenty years.

그녀는 자신이 20년간 살고 있는 투스카니에 관해서 깊은 지식을 갖고 있다.

cf. intimation 암시, 통고, 발표

31 **passionate** [pǽʃənit] 정열적인

Passionate love is a strong emotional reaction.

정열적인 사랑은 강력한 감정적인 반응이다.

32 **decorative** [dékərèitiv] 장식적인, 장식의

Careful studies must be done before moving flowers, trees, and bushes to a new place, even if just for **decorative** purposes.

장식적인 목적일지라도 꽃, 나무, 덤불을 새로운 곳으로 옮기기 전에 신중한 검토를 반드시 해야 한다.

33 **consistent** [kənsístənt] 일관성이 있는

His high performance is **consistent** day after day.

그의 고매한 행동은 날이 갈수록 한결같았다.

34 **perceptual** [pə:rséptjuəl] 지각의, 지각에 의한

Acousticians focus on the **perceptual** effects of various sounds, and attempt to build theories based on the responses of many subjects.
음향학자들은 다양한 소리의 효과를 지각하는 데 초점을 맞춰 많은 실험 대상의 반응에 기반을 둔 이론을 제시하려 한다.

35 **mutual** [mjú:tʃuəl] 서로의, 상호 관계가 있는

When the wedding is canceled by **mutual** agreement, the ring should be returned.
결혼이 서로의 합의로 취소되었다면 반지는 돌려줘야만 한다.

Both countries are acting to their **mutual** advantage.
두 나라는 공동의 이익을 위해 행동하고 있다.

36 **crucial** [krú:ʃəl] 중대한, 결정적인

As the race draws closer, you must also prepare a **crucial** aspect of the training, your mind.
경기가 가까워오면, 훈련의 중요한 측면 중 하나인 마음의 준비도 해야 한다.

37 **monotonous** [mənátənəs] 단조로운, 지루한

The **monotonous** scenery all looked alike.
반복적인 풍경이 모두 같아 보였다.

38 **alert** [əlá:rt] 방심하지 않는, 경계하는

To stay awake during the flights, pilots are advised to chew gum or eat sugar cubes and stay **alert**.
비행 중 졸지 않기 위해 조종사들은 껌을 씹거나 각설탕을 먹어서 방심하지 않도록 해야 한다.

39 **immune** [imjú:n] 면역의

A : What do you know about chicken pox?
A : 수두에 관해서 뭘 알고 있니?

B : I'm not sure, but if you've had it as a kid, you're **immune** to it for life.
B : 잘 모르지만, 어릴 때 걸렸으면 평생 면역을 갖게 되지.

cf. chicken pox 수두

40 **indicative** [indíkətiv] 표시하는, 지시하는, 암시하는

His depressed expression is **indicative** of her refusal to marry him.
그의 의기소침한 표정은 그녀가 그의 청혼을 거절한 것을 암시하고 있다.

PART I • Choose the best answer for the blank.

1 A: Why do you look so tired?

B: Well, there was no ___________ seat, so I had to stand on the way.

(a) barren   (b) vacant

(c) sufficient   (d) desolate

2 A: How should I treat the glass jar?

B: It is very ___________, so you should treat it with care.

(a) delicious   (b) delicate

(c) feeble   (d) deft

3 A: Who will be starting players next time?

B: I don't know. Only the coach is ___________ to decide who will play.

(a) preferable   (b) advisable

(c) eligible   (d) covetable

4 A: Would you mind my opening the window?

B: Of course not. It's kind of ___________ inside.

(a) monotonous   (b) reluctant

(c) conventional   (d) stuffy

5 A: It seems that Brian is angry with me.

B: Right. His tone of voice was too ___________.

(a) harsh   (b) polite

(c) strict   (d) nasty

6 A: Should I attend the conference?

B: Sure. It's ___________ for all students.

(a) oppressive   (b) mandatory

(c) spontaneous   (d) sovereign

7 A: Cynthia's clothes look so great today.

B: You're right. Her outfit was a(n) ___________ choice but was just perfect.

(a) absolute   (b) arbitrary

(c) reasonable   (d) volatile

8 A: Can Mary baby-sit our children this weekend?

B: I think not. She is not ___________ to look after young children.

(a) satisfactory   (b) discerning

(c) competent   (d) mediocre

9 A: I heard many species of animals have returned to the forest.

B: Yeah. Now, thanks to ___________ protection, the species are recovering.

(a) rigorous   (b) brutal

(c) ascetic   (d) righteous

10 A: Your company seems to have a(n) ___________ power in the market.

B: It sure does. It is grabbing 71% of the market around the country.

(a) radical   (b) assertive

(c) dominant   (d) unique

PART II • Choose the best answer for the blank.

11 If the same quality product is not _______________ at your store, I would really appreciate your sending us samples of the second best quality.

(a) susceptible   (b) convenient
(c) available   (d) accessible

12 These days many fair trade retailers are trying to sell _______________ souvenirs made by African artisans.

(a) counterfeit   (b) authentic
(c) exact   (d) concrete

13 Because of the decreasing number of police officers in the city, the city has changed from a safe environment to a dangerous, _______________ one.

(a) opposite   (b) sympathetic
(c) solitary   (d) hostile

14 Today more and more people look on the dark side of the future, which is still more _______________ among young people.

(a) splendid   (b) crucial
(c) remarkable   (d) desperate

15 The expiry of the bilateral security treaty between the countries will have a negative influence on their _______________ relations.

(a) intimate   (b) internal
(c) innate   (d) intrinsic

16 Though the purpose of a box may be mainly functional, boxes can also be very _______________ and artistic.

(a) cosmetic   (b) sensitive
(c) complicated   (d) decorative

17 It is usually believed that cooperation is the _______________ endeavor of two or more persons to perform a task.

(a) distinct   (b) mutual
(c) universal   (d) divergent

18 In most cases, families are the most _______________ instrument of overcoming poverty.

(a) crucial   (b) trivial
(c) serious   (d) urgent

19 Since mismanagement may lead to the failure of a firm, supervisors should be _______________ to what is raised by the workers.

(a) intelligent   (b) lethargic
(c) alert   (d) morose

20 Because lack of appetite may be _______________ of a major mental or physical disorder, you'd better see a doctor as soon as you feel strange.

(a) appropriate   (b) indicative
(c) diagnostic   (d) persuasive

VOCABULARY

다른 품사 영역에 비해 빈출도는 낮은 편이다. 부사의 역할이 형용사, 부사, 동사, 문장 전체의 수식에 있기 때문에 그 자체의 용법보다는 수식을 받는 단어와의 관련성을 파악할 필요가 있다. 또한 전체 문장의 해석이 부사의 의미를 결정하는 중요 단서가 되기 때문에 문장을 빠르게 읽으면서 부사의 의미를 판단해야 한다. 또한 대부분의 부사들은 형용사에서 파생하고 있기 때문에 형용사의 기본 의미를 판단하여 부사로 확장하는 훈련을 할 필요가 있다.

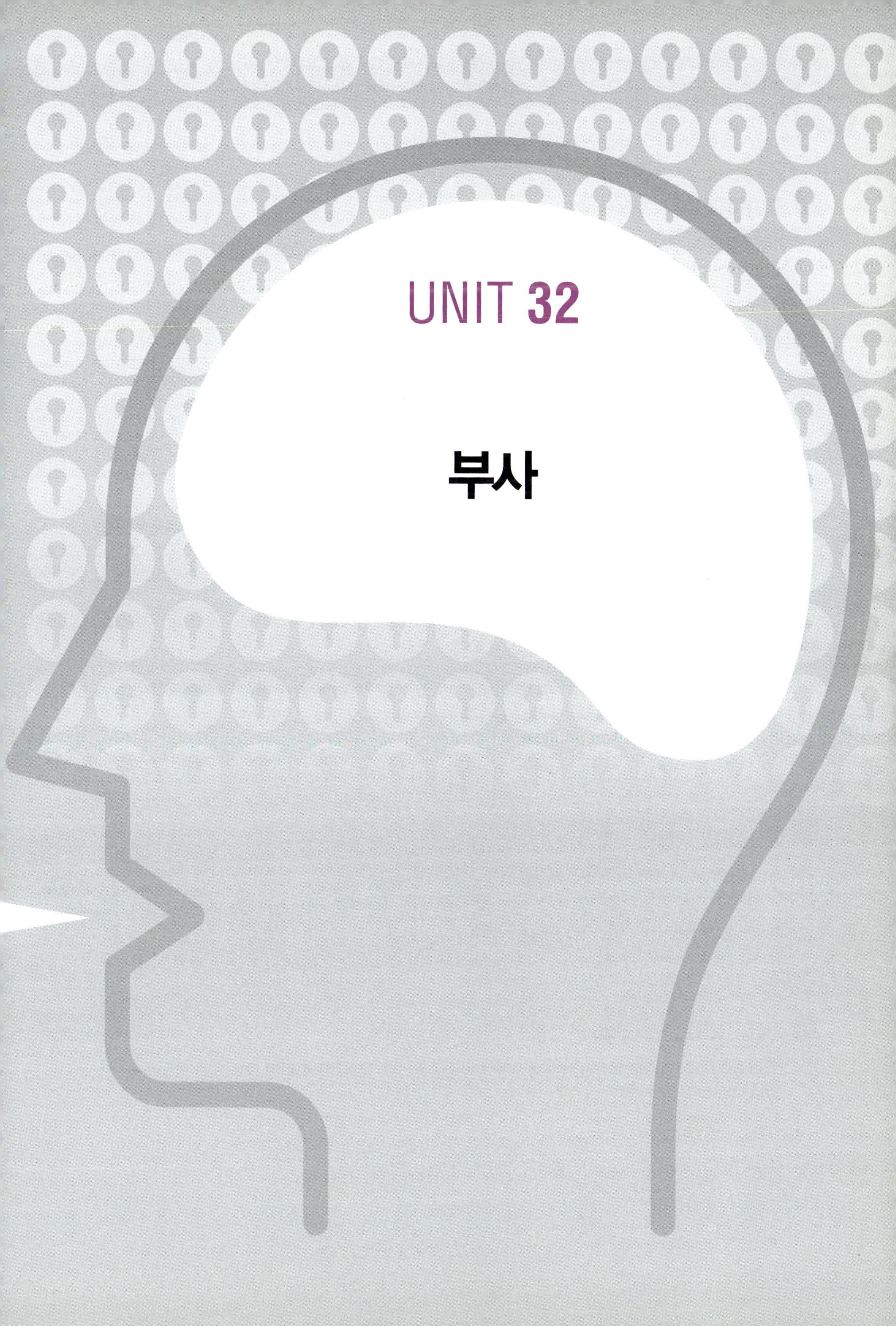

UNIT 32
부사

1 constantly [kánstəntli] 끊임없이

My thoughts were **constantly** racing.
생각이 머리 속에서 끊임없이 맴돌고 있었습니다.

2 tightly [táitli] 단단히, 팽팽하게

Please tie this package more **tightly** than the first one.
처음 것보다 이 상자를 더 단단하게 묶으세요.

3 relatively [rélətivli] 비교적

Although the nuclear family it is a **relatively** new family structure, it has been spreading rapidly.
핵가족은 비교적 새로운 형태의 가족 구조이긴 하지만, 급속하게 확산됐다.

4 cordially [kɔ́ːrdʒəli] 진심으로, 정성껏

Mr. and Mrs. Kevin Simpson **cordially** invite you to the wedding of their daughter, Melissa Jane Simpson, to Walter Francis Williams, son of Mr. and Mrs. Samuel Williams.
케빈 심슨 부부의 딸인 멜리사 제인 심슨과 사무엘 윌리엄스 부부의 아들인 월터 프란시스 윌리엄 군의 결혼식에 당신을 진심으로 초대합니다.

5 briskly [brískli] 활발하게

A : I think this new product will be very popular.
A : 이 제품은 아주 인기가 많을 것 같아.

B : You're right. I think it will sell **briskly**.
B : 맞아. 날개 돋친 듯 팔릴 것 같아.

6 firsthand [fɔ́ːrsthǽnd] 직접, 바로, 직접 체험에 의해서

You will have a chance to speak with people who know **firsthand** the Russian political and economic climate.
러시아의 정치와 경제 사정을 직접적으로 아는 사람들과 이야기할 기회도 있습니다.

7 **endlessly** [éndlisli] 끊임없이

Mom gave **endlessly** to family, friends and neighbors.

어머니는 가족, 친구들과 이웃들에게 끊임없이 주셨습니다.

8 **sternly** [stə́:rnli] 엄하게

I **sternly** warned him against smoking in the computer room.

난 그에게 전산실에서 담배를 피지 말라고 엄중하게 경고했다.

9 **sharp** [ʃɑːrp] 정각에

He wants to see you and me in his office at 9 a.m. **sharp** tomorrow morning.

그가 우리를 내일 아침 9시 정각에 사무실에서 보길 원해.

10 **ultimately** [ʌ́ltəmitli] 결국, 최후로, 근본적으로

Ultimately, the success of the product depends on good marketing.

결국, 이 제품의 성공은 영업을 얼마나 잘하느냐에 달려 있다.

11 **unwittingly** [ʌ̀nwítiŋli] 부지불식간에, 의식하지 않은

Your daughter is **unwittingly** setting herself up to fail, and you've become an enabler.

댁의 따님은 의식하지 못한 채 자신을 실패자로 만들어가고 있고, 댁은 딸을 그렇게 하도록 만들어 버렸군요.

12 **roughly** [rʌ́fli] 어림잡아

He makes **roughly** half a million dollars for each film.

그는 각각의 영화로 어림잡아 50만 달러씩 벌었다.

13 **effectively** [iféktivli] 효과적으로

Employees seem to work less **effectively** on Mondays and Fridays.

직원들은 월요일과 금요일에는 덜 효과적으로 일하는 것 같다.

14 **promptly** [prɑ́mptli] 즉시, 신속히

Please inform your supervisor **promptly** if there are any changes in the plan.

계획에 변경이 있다면 상관에게 즉시 알리기 바랍니다.

15 chronically [kránikəli] 만성적으로

My daughter is driving me crazy. She is **chronically** late for everything.

제 딸 때문에 미칠 것 같습니다. 걔는 모든 일에 만성적으로 늦어요.

16 willingly [wíliŋli] 자발적으로

This would include charges for the adoptive parents who gave so **willingly**.

여기에는 양부모가 자발적으로 쓴 비용도 포함되어야 합니다.

17 acutely [əkjúːtli] 날카롭게, 격렬하게

There's not a driver alive in the city who isn't **acutely** aware of the problems related to driving and parking in practically every part of the city.

도시에서 생활하고 있는 운전자들은 실제로 도시 내 어떤 지역에서건 운전과 주차 관련 문제가 심각하다는 것을 날카롭게 인식한다.

18 breathlessly [bréθlisli] 숨가쁘게

At 3 a.m., I called him at home and **breathlessly** started to discuss the idea as if I had just awakened with it.

새벽 3시에 사장님 집에 전화를 걸어서 마치 방금 좋은 아이디어가 떠올라 잠에서 깨어난 것처럼 숨을 헐떡이며 그 아이디어를 의논하기 시작했습니다.

19 exactly [igzǽktli] 정확하게

The insurance company said it needed a complete report on **exactly** how the accident happened.

보험회사 측은 정확한 사고 경위에 관해 완벽한 보고서가 필요하다고 밝혔다.

20 considerably [kənsídərəbli] 상당히, 꽤

The design of the building changed **considerably** after it was examined by the board of directors.

이사회에서 검토한 후에 건물의 디자인은 상당히 바뀌었다.

21 steadily [stédili] 지속적으로, 꾸준히

In the last four months, sales of products related to health were rising **steadily**.

지난 4개월 동안 건강 제품의 판매가 지속적으로 증가했다.

22 incredibly [inkrédəbli] 대단히, 매우

I don't understand how anyone, especially casual business acquaintances, could be so **incredibly** insensitive.

어떻게 특히 사업상 알고 지내는 사람들이 믿을 수 없을 정도로 그렇게 둔할 수 있을까?

23 unfailingly [Ànfeiliŋli] 변함없이, 틀림없이, 믿을 수 있는, 충신하게

The thing I noticed about the people was how **unfailingly** polite they were.

그 사람들에 대해 알게 된 사실은 항상 예의바르다는 것이다.

24 vehemently [ví:əməntli] 격렬하게, 맹렬하게

In his statement to the media, President Yeltsin of Russia, **vehemently** disagreed with the NATO attacks on Serbia.

언론에 발표한 성명에서 러시아의 옐친 대통령은 세르비아에 대한 북대서양조약기구의 공격에 강력히 이견을 표명했다.

25 literally [lítərəli] 글자 뜻대로

All languages around the world possess phrases that cannot be understood **literally**.

전 세계의 언어에는 글자 뜻대로는 이해할 수 없는 구문이 있다.

26 reluctantly [rilʌ́ktəntli] 마지못해, 싫어하면서

I **reluctantly** agreed, but on the way down I lost my balance and broke my leg.

마지못해 동의하고 내려오는 도중 나는 균형을 잃고 다리가 부러졌다.

27 obviously [ábviəsli] 분명히, 명백히

A : I wonder why the manager changed his mind.

A : 부장이 마음을 바꾼 이유가 뭔지 모르겠어.

B : **Obviously** something happened.

B : 분명히 무슨 일이 생겼어.

28 thoroughly [θɔ́:rouli] 완전히, 철저하게, 충분히

The nuclear power plant will not become operational until all the safety equipment has been **thoroughly** tested.

그 핵발전소는 모든 안전 장비가 철저하게 테스트되기 전까지는 가동되지 않을 것이다.

29 **solidly** [solidli] 견고하게

The apartment building down the street may be larger and modern, but ours is much more **solidly** built.

길 아래 아파트 건물이 우리 아파트보다 더 넓고 현대식일지 모르지만, 우리 아파트는 더욱 견고하게 지어졌다.

30 **barely** [bέərli] 거의 ~아니다, 간신히, 겨우, 가까스로

I'm so angry I can **barely** see to type this letter.

너무나 화가 나서 이 편지를 간신히 타이핑하고 있습니다.

31 **totally** [tóutəli] 전적으로, 아주, 완전히, 모조리, 전혀

This was **totally** unplanned, they said.

이것은 전혀 계획에 없던 일이라고 그들이 말했습니다.

32 **undoubtedly** [ʌndáutidli] 의심할 여지없이

There are **undoubtedly** moments that arrive when we know we cannot endure alone.

우리가 혼자서 견딜 수 없다는 것을 알게 되는 순간이 확실히 있게 마련이다.

33 **unanimously** [juːnǽnəməsli] 만장일치로

The executives **unanimously** agreed that the first suggestion was the better of the two.

경영진은 만장일치로 두 제안 중 처음 것이 더 낫다고 동의했다.

34 **moderately** [mάdəritli] 적당히, 알맞게

Owing to the high rate of unemployment and widespread crisis awareness, wages rose **moderately** in the early years of the 1990s.

높은 실업률과 확산된 위기 의식으로 인해 1990년대 초반에는 임금이 적당히 올랐다.

35 **initially** [iníʃəli] 처음의, 최초의

Company losses have gotten worse than financial advisors had **initially** predicted.

회사의 손실은 재정 고문들이 처음에 예상했던 것보다 더 악화되었다.

36 virtually [və́:rtʃuəli] 사실상, 실은

Perhaps the best way to deal with test anxiety is to realize that **virtually** no test is the end of the world.

아마도 시험에 대한 걱정에 대처하는 가장 좋은 방법은 시험이 없는 세상은 없다고 인식하는 것이다.

37 utterly [ʌ́tərli] 안전히

We have recently conducted an investigation into The Sisco Co. and have concluded that it is **utterly** reliable.

우리는 최근에 시스코 사에 대해서 조사를 했고 그 회사는 아주 믿을 만하다는 결론을 내렸다.

38 intentionally [inténʃənəli] 고의로, 계획된

Though the whale shark is the largest shark in the world, it wouldn't **intentionally** hurt a fly.

고래상어는 세상에서 가장 큰 상어이지만, 고의로 해를 입히지는 않는다.

39 publicly [pʌ́blikli] 공공연하게, 공개적으로, 대중 앞에서

Ophrah Winfrey began speaking **publicly** in church at the age of two.

오프라 윈프리는 2살 때 교회에서 대중 앞에서 연설하기 시작했다.

40 consistently [kənsístəntli] 시종 일관하여, 견실히

Nutritionists agree that if you **consistently** eat food high in fat, you could develop heart disease.

영양학자들은 지속적으로 고지방 음식을 먹으면 심장 질환이 발병할 수 있다는 데 의견을 같이 한다.

PART I • Choose the best answer for the blank.

1 A: The rope is tied too loosely.

B: Why don't you tie it again more ________________?

(a) flexibly　　(b) tightly
(c) soundly　　(d) stiffly

2 A: I heard Jack is going to have a birthday party this Friday.

B: Yeah. We are ________________ invited to the party. Let's go together.

(a) unfavorably　　(b) cheerfully
(c) cordially　　(d) sociably

3 A: Why do you always look depressed?

B: I'm so worried about everything ________________.

(a) endlessly　　(b) usually
(c) regularly　　(d) briefly

4 A: Your dog is so aggressive. Why are you so lenient with your dog?

B: Don't worry. I'm trying to treat and speak to my dog ________________.

(a) lightly　　(b) intentionally
(c) sedately　　(d) sternly

5 A: Are we late? When does the class start?

B: Hurry up. We have only 5 minutes. The professor calls the roll at 10 o'clock ________________.

(a) sharp　　(b) acutely
(c) frankly　　(d) lively

6 A: Where is your son, Simon? Is he here right now?

B: Yeah. He is next to Kate. He is ________________ half her size.

(a) practically　　(b) extremely
(c) tamely　　(d) roughly

7 A: Why did you call me? I was in a meeting.

B: Please come home ________________ after you leave the office.

(a) promptly　　(b) presently
(c) slowly　　(d) eventually

8 A: The traffic is kind of heavy on the street.

B: Most roads are ________________ jammed due to the increasing number of cars.

(a) firmly　　(b) chronically
(c) stubbornly　　(d) indefinitely

9 A: How about this bag? It suits you very well.

B: That's good. That's ________________ what I have wanted to buy.

(a) carefully　　(b) carelessly
(c) exactly　　(d) directly

10 A: I think the price of this product is much higher than before.

B: Yeah. We had to raise the price ________________ because of the increase of cost.

(a) rarely　　(b) copiously
(c) primarily　　(d) considerably

11 Recently life expectancy has improved ______________ over the years largely due to the declining number of deaths during childhood.

(a) steadily   (b) freely
(c) readily   (d) abruptly

12 After the death of his parents, these last few months have been ______________ difficult for Antonio.

(a) strangely   (b) incredibly
(c) excessively   (d) abundantly

13 As curative powers, there are ______________ millions of plants, shamanistic traditions and household remedies in Asian traditional medicine.

(a) literally   (b) completely
(c) severely   (d) faithfully

14 Under these economic circumstances, our company has ______________ decided to accept your proposal to raise the price of raw materials.

(a) daintily   (b) delicately
(c) reluctantly   (d) willingly

15 The charity's success is ______________ the fruit of all the members' coordinated and tireless efforts.

(a) dubiously   (b) vaguely
(c) obviously   (d) easily

16 The firm has ______________ redesigned the assembly line in line with suggestions raised from the field.

(a) profoundly   (b) thoroughly
(c) prudently   (d) anxiously

17 Since all the board members were satisfied with the proposal, every member agreed on it ______________.

(a) unanimously   (b) harmoniously
(c) concurrently   (d) exhaustively

18 The river is landlocked, ______________ being unable to cleanse itself.

(a) basically   (b) solely
(c) morally   (d) virtually

19 Over the past years, many students have ______________ protested the poor financial situation of the university, which has changed their previous policies.

(a) rarely   (b) conventionally
(c) publicly   (d) naively

20 The director was the only person who was ______________ successful in the field of film direction in the United States in the late 1900s.

(a) consistently   (b) divergently
(c) uniformly   (d) recurrently

위아텝스
VOCABULARY

혼동하기 쉬운 어휘는 먼저 '형태를 혼동시키는 유형(acquire 얻다 / inquire 묻다)'이 먼저 제시될 수 있다. 이러한 형태 혼동 유형은 각각의 단어들의 유사한 형태를 취하고 있기 때문에 각각의 단어가 이용되는 문장을 함께 학습해야 한다. 또한 '의미를 혼동시키는 유형(colleague 직장동료 / peer 또래집단)'으로 출제되기도 한다. 이런 문제는 어휘 자체가 난해하거나 아예 몰라서 틀린다기보다는 문장 전체의 의미와의 조화를 놓치기 때문에 어렵게 느껴진다. 따라서 각각의 단어들이 문장 속에서 어떤 의미를 나타내는지 확인해야 한다.

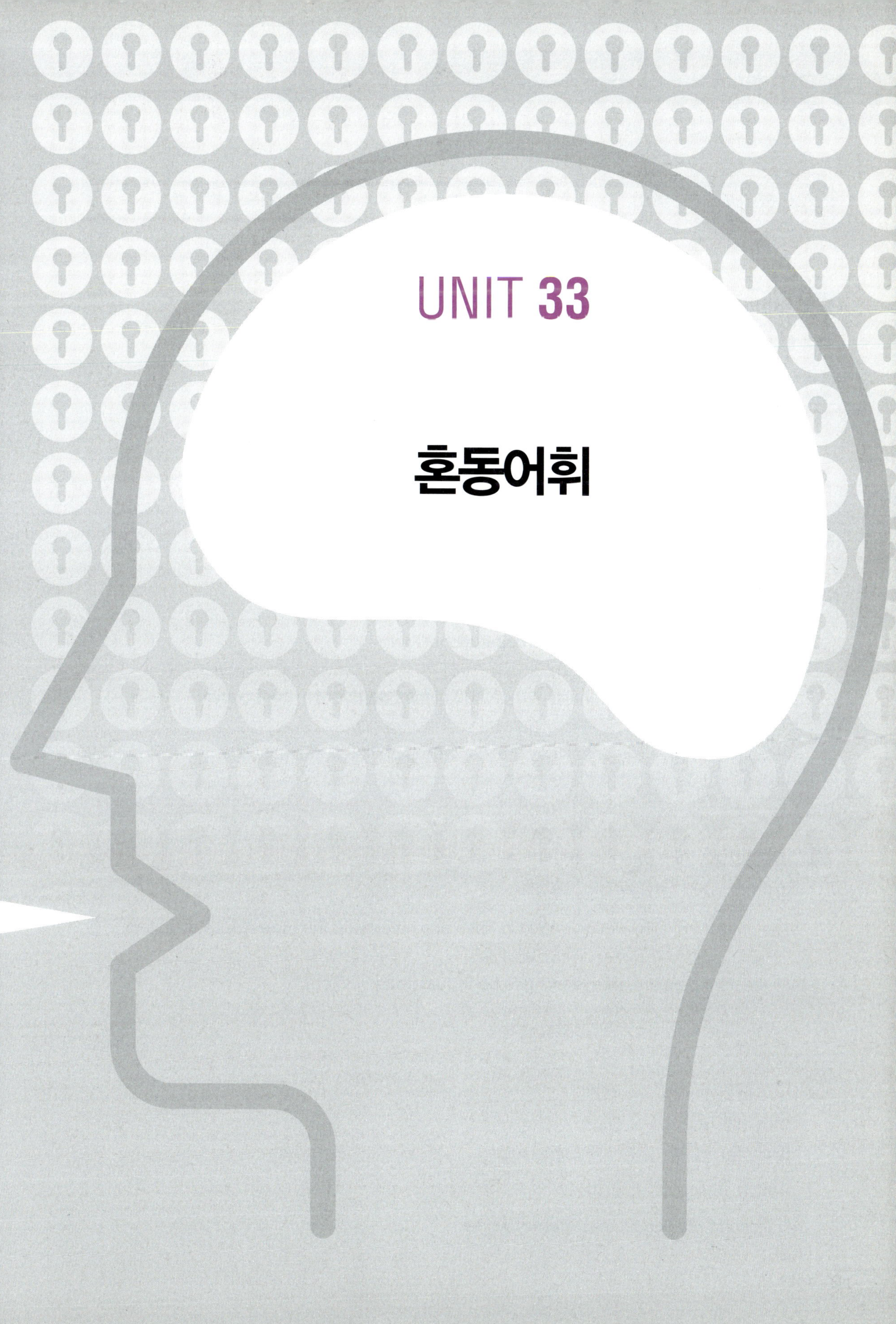
UNIT 33
혼동어휘

유사형태 / 다른 의미

1 **childish** [tʃáildiʃ] *a.* 어린이 같은, 유치한, 어린애 같은

childlike [tʃáildlàik] *a.* 어린이다운, 순진한

Jenny, don't make such **childish** mistakes any more.
제니야, 더 이상 그런 유치한 실수를 저지르지 마라.

She looked at me in the eye with her big, **childlike** eyes.
그녀는 크고 순진한 눈으로 내 눈을 쳐다보았다.

2 **definite** [défənit] *a.* 명확한, 한정된

deficient [difiʃənt] *a.* 부족한, 불충분한

definitive [difínətiv] *a.* 한정적인, 결정적인

I can't give him a **definite** date of departure.
저는 그에게 명확한 출발 일자를 알려줄 수 없다.

Due to his perverse personality, I regarded him as **deficient** in cooperation.
그의 괴팍한 성격 때문에, 나는 그를 협력하기에 부족한 사람이라고 여겼다.

Without **definitive** evidence, they are just relying on tips from the public.
결정적인 증거가 없는 상태로, 그들은 대중들로부터 얻은 조언에 의존하고 있을 뿐이다.

3 **industrial** [indʌ́striəl] *a.* 산업의

industrious [indʌ́striəs] *a.* 부지런한

The problem of air pollution is said to have originated with the **Industrial** Revolution.
대기 오염의 문제는 산업혁명에서 기원했다고 말해지고 있다.

All the members are always trying to be **industrious** workers.
모든 구성원들은 항상 근면한 직원이 되기 위해 노력하고 있다.

4 **literary** [lítərèri] *a.* 문학의

literacy [lítərəsi] *n.* 읽고 쓸 수 있는 능력

literate [lítərit] *a.* 읽고 쓸 수 있는

literal [lítərəl] *a.* 문자 그대로의

I'm fond of reading famous **literary** works.

나는 유명한 문학 작품들을 읽는 것을 좋아한다.

Media **literacy** is the ability to access and use the media.

미디어 능력은 미디어에 접속하고 그것을 이용하는 능력을 말한다.

Only half the children in my class are **literate**.

우리 반의 단지 절반의 아이들만이 글을 읽고 쓸 수 있다.

The **literal** meaning of the word 'Hanbok' is clothing.

'한복'이라는 단어의 문자적 의미는 옷이다.

5　**sensible** [sénsəbəl] *a.* 분별 있는, 현명한(= wise)

sensitive [sénsətiv] *a.* 민감한, 신경과민의, 감수성이 예민한

sensory [sénsəri] *a.* 감각(상)의, 지각기관의

sensual [sénʃuəl] *a.* 관능적인

sensuous [sénʃuəs] *a.* 감각적인

All the students need to be more **sensible** in choosing a university.

모든 학생들은 대학을 결정할 때 더 분별력이 있을 필요가 있다.

Because he is **sensitive** to religious issues, I can't talk with him about religion.

그가 종교적 문제에 대해 민감하기 때문에, 나는 그와 종교에 대해 이야기를 나눌 수 없다.

The blind usually have other highly developed **sensory** organs.

시각 장애인들은 다른 고도로 발달된 감각 기관을 가지고 있다.

The woman was so selfish, **sensual**, and corrupt.

그 여성은 매우 이기적이고, 관능적이고, 부패한 사람이었다.

He tried to balance the spiritual and **sensuous**.

그는 정신적인 것과 감각적인 것의 균형을 맞추려고 노력했다.

6　**considerate** [kənsídərit] *a.* 사려깊은, 이해심 많은

considerable [kənsídərəbəl] *a.* 상당한, 대단한

My teacher is a really nice and **considerate** person.

내 선생님은 매우 훌륭하며 사려 깊은 사람이다.

There is **considerable** divergence of opinion as to the matter among the members.

회원들 사이에 그 문제에 대해서는 의견이 상당히 여러 갈래이다.

7　**successful** [səksésfəl] *a.* 성공적인

successive [səksésiv] *a.* 연속적인

I am sure that the plan will be **successful**.

나는 그 계획이 성공할 것이라고 확신한다.

Our soccer team has won five **successive** games.
우리 축구팀은 5회 연속으로 게임을 이겼다.

8 **sacred** [séikrid] *a.* 신성한

scared [skɛərd] *a.* 무서워하는, 겁먹은

scarce [skɛərz] *a.* 부족한; 드문, 진귀한

Sacred objects of a family were usually under the control of the oldest female.
한 가족의 신성한 물건들은 보통 가장 나이든 여성의 관리하에 있었다.

I was **scared** when I heard the sound of thunder after the flash of lightning.
나는 번개가 친 이후의 천둥 소리를 들었을 때 무서워졌다.

Some species of animals in the region are **scarce**.
그 지역의 몇 가지의 종의 동물들은 희귀한 것들이다.

9 **competitive** [kəmpétətiv] *a.* 경쟁의, 경쟁적인

competent [kámpətənt] *a.* 유능한, 충분한 자격을 갖춘

His suggestion will help make our company more **competitive**.
그의 제안은 우리 회사가 더 경쟁력이 있도록 도와줄 것이다.

He is more **competent** than any other worker in the company.
그는 그 회사에서 어떤 직원보다도 더 유능하다.

10 **imaginative** [imædʒənətiv] *a.* 상상력이 풍부한

imaginable [imædʒənəbəl] *a.* 상상할 수 있는

imaginary [imædʒənèri] *a.* 가상의, 가공의

He is considered to have contributed theatrical, **imaginative** movements to modern choreography.
그는 현대 안무에 공연적이고 상상력이 풍부한 동작을 기여했다고 여겨진다.

I think that the department can solve every problem **imaginable**.
나는 그 부서가 상상할 수 있는 모든 문제를 해결할 수 있다고 생각한다.

Children usually spend a great deal of time thinking about **imaginary** worlds.
아이들은 보통 가상의 세계에 대해 생각하면서 많은 시간을 보낸다.

11 **beneficial** [bènəfíʃəl] *a.* 유익한, 유리한

beneficent [bənéfəsənt] *a.* 자선심이 많은, 인정이 많은

These kinds of birds are believed to be **beneficial** to human beings.
이러한 종류의 새들은 인간들에게 이로운 것이라고 믿어지고 있다.

Under such a night sky, everyone will be able to believe in a **beneficent** god.
이렇게 멋진 하늘 아래에서, 모든 사람들은 자애로운 신을 믿을 수 있을 것이다.

12 **healthy** [hélθi] *a.* 건강한
healthful [hélθfəl] *a.* 건강에 도움이 되는

Organic foods will help make people **healthy**.
유기농 제품들은 사람들이 건강하게 해줄 것이다.

Many people usually eat fast food, even though they know it isn't **healthful**.
많은 사람들은 패스트 푸드가 건강에 좋지 않다는 것을 알고 있지만, 그것들을 먹는다.

13 **comparable** [kámpərəbəl] *a.* 비교될 만한
comparative [kəmpǽrətiv] *a.* 비교적, 상대적인

The athlete's victory is **comparable** to those won by other great players in the past.
그 선수의 승리는 과거의 다른 위대한 선수들이 거둔 승리와 비교될 만한 것이다.

Comparative anatomy is concerned with the structural differences among creatures.
비교 해부학은 생명체들 사이의 구조적 차이와 관련되어 있다.

14 **intellectual** [ìntəléktʃuəl] *a.* 지적인
intelligent [intélədʒənt] *a.* 총명한, 영리한
intelligible [intélədʒəbəl] *a.* 명료한

Thomas Jefferson encouraged a wide range of scientific and **intellectual** research.
토머스 제퍼슨은 광범위한 과학적이고 지적인 연구를 촉구했다.

The student was very **intelligent**, but got low marks because of his laziness.
그 학생은 매우 지적인 학생이었지만, 게으름 때문에 성적이 낮았다.

Her pronunciation was so **intelligible** that every audience could understand it.
그녀의 발음은 매우 명료했기 때문에 모든 청중들이 그것을 이해할 수 있었다.

15 **social** [sóuʃəl] *a.* 사회적인
sociable [sóuʃəbəl] *a.* 사교적인

In feudal times, the rank of knighthood had no **social** restriction, so any man could become a knight.
봉건주의 시대에, 기사 계급은 어떠한 사회적 제약이 없었기 때문에, 누구나 기사가 될 수 있었다.

My daughter is **sociable** and mature for her age.
내 딸은 나이에 비해 사교적이고 성숙한 아이이다.

16 **luxurious** [lʌgʒúəriəs] *a.* 호화로운, 사치스러운

luxuriant [lʌgʒúəriənt] *a.* 풍요로운

The hotel I visited last week has **luxurious** accommodations.

내가 지난 주에 방문했던 그 호텔은 호화로운 숙박시설을 가지고 있다.

This land used to be covered with **luxuriant** forest, but is now bare.

이 땅은 과거 풍부한 숲으로 덮여 있었으나, 지금은 황량한 곳이다.

17 **momentary** [móuməntèri] *a.* 순간적인

momentous [mouméntəs] *a.* 중대한

The inner beauty of a person's personality lasts much longer than **momentary** attractions.

사람의 성격의 내적인 아름다움은 순간적인 매력보다 훨씬 더 오랜 지속된다.

The fund-raising is very **momentous** to the development of our economy.

기금 조성은 우리 회사의 발전에 매우 중요하다.

18 **credible** [krédəbəl] *a.* 믿을 만한

credulous [krédʒələs] *a.* 속기 쉬운

Most people knew that our party was more **credible** on the issue of health care.

대부분의 사람들은 우리 당이 건강 관리 문제에 대해 더 신뢰할만 하다는 것을 알고 있었다.

He was **credulous** enough to believe Jennifer.

그는 제니퍼를 믿을 정도로 속이기 쉬운 사람이었다.

19 **appreciable** [əprí:ʃiəbl] *a.* 감지할 수 있는, 분명한, 상당한

appreciative [əprí:ʃətiv] *a.* 감사하고 있는, 감상할 줄 아는

In the past, 10,000 won was an **appreciable** sum and was not spent lightly.

과거에 10,000 원의 돈은 상당한 액수의 돈이어서 가볍게 쓰이지 않았다.

The employee who was so **appreciative** of the opportunity for advancement worked overtime.

승진의 기회를 갖게 된 것에 너무 고마워 했던 그 직원은 잔업도 마다하지 않았다.

20 **confident** [kɑ́nfidənt] *a.* 확신하는, 자신 있는

confidential [kɑ̀nfidénʃəl] *a.* 은밀한, 신임이 두터운

I am **confident** that we are ready for any attacks our enemies may undertake.

나는 우리의 적이 취할 수 있는 어떠한 보복 행위에도 우리가 대비하고 있다고 확신한다.

All the members resolutely denied leaking any **confidential** information.

모든 구성원들은 어떠한 기밀 정보도 누설하지 않았다고 단호하게 말했다.

의미혼동어구

1 **acquire** [əkwáiər] *v.* 얻다, 획득하다
inquire [inkwáiər] *v.* 묻다, 문의하다
require [rikwáiər] *v.* 요구하다, 필요로 하다

Harmless snakes tend to **acquire** a resemblance to a poisonous species.
해가 없는 뱀들도 독이 있는 종들과 유사성을 가지고 있는 경향이 있다.

The tickets for the game were sold out like hot cakes when I **inquired** last week.
그 경기의 표들은 내가 지난 주에 문의했을 때 불티나게 팔려 마감되고 없었다.

Those who want to enter the university are **required** to submit some documents for admission.
그 대학에 입학하기를 원하는 사람들은 입학을 위해 몇 가지 문서를 제출해야 한다.

2 **adapt** [ədǽpt] *v.* 적응시키다　　**adopt** [ədɑ́pt] *v.* 채택하다, 양자로 삼다
adept [ədépt] *a.* 능숙한

Camels are properly **adapted** to the desert because of their ability to do without water for several days.
낙타는 몇 일 동안 물 없이 지낼 수 있는 능력 때문에 사막에 잘 적응되었다.

New regulations have been **adopted** to eliminate the possibility of such a problem happening again.
이러한 문제가 재발될 가능성을 없애기 위해 새로운 규칙들이 채택되었다.

The actor was **adept** in converting comedy to tragedy.
그 배우는 희극을 비극으로 바꾸는데 능숙했다.

3 **attribute** [ətríbjuːt] *v.* 탓으로 돌리다
contribute [kəntríbjut] *v.* 공헌하다, 기여하다
distribute [distríbjuːt] *v.* 분배하다

We can **attribute** these experiences to the fact that we are not grown up completely.
우리는 이러한 경험을 우리가 완전히 성장하지 않았다는 사실 탓이라 생각할 수 있다.

He **contributed** to the achievement along with all employees' dedicated efforts.
그는 모든 직원들의 헌신적인 노력과 함께 그 업적이 기여했다.

The company **distributed** all the leaflets despite their high costs.
그 회사는 리플릿의 가격이 비쌌지만 모든 리플릿을 분배했다.

4 **process** [práses] *n.* 과정, 절차, 처리　　**progress** [prágres] *n. v.* 진보(하다), 나아가다
procession [prəséʃən] *n.* 행진, 행렬　　**procedure** [prəsí:dʒər] *n.* 순서, 절차

For the special **process**, we ordered a minimum quantity of paint.
특수 처리를 위해서, 우리는 최소한의 페인트를 주문했다.

Please let me know if any **progress** has been made at the meeting.
회의에서 어떠한 진척된 것이 있다면 알려주시기 바랍니다.

The **procession** moved slowly up the hill to the church.
그 행렬은 천천히 언덕을 올라가 교회로 향했다.

They went through the departure **procedures** in the airport.
그들은 공항에서 출국 수속을 하였다.

5 **contempt** [kəntémpt] *n.* 경멸, 모욕　　**contemplate** [kántəmplèit] *v.* 숙고하다

His use of such words indicated his **contempt** for his audience.
그의 그러한 언어 사용은 청중에 대한 그의 경멸을 보여주었다.

My wife and I **contemplated** what the future would be like without our lovely children.
나의 아내와 나는 사랑스러운 아이들 없이 미래가 과연 어떻게 될까를 곰곰이 생각해 보았다.

6 **observe** [əbzə́:rv] *v.* 관찰하다, 준수하다
reserve [rizə́:rv] *v.* 예약하다, 보류하다
preserve [prizə́:rv] *v.* (손해, 위험) 보호하다, 지키다, 유지하다
conserve [kənsə́:rv] *v.* 보존하다, 유지하다, (자원, 에너지) 절약하다

Even within his family the man **observes** a certain formality.
가족 내에서도 그는 일정한 격식을 지킨다.

I'd like to **reserve** seats for three.
세 사람이 식사할 수 있는 자리를 예약하고 싶습니다.

Freezing in a refrigerator is one of the simplest ways of **preserving** food.
냉장고에서 얼리는 것은 음식을 저장하는 가장 간단한 방법중 하나이다.

The government will take steps immediately to **conserve** the water supply.
정부는 물 공급을 유지하기 위해 즉각적인 조치를 취할 것이다.

7 **inspire** [inspáiər] *v.* 영감을 주다
aspire [əspáiər] *v.* 열망하다, 격려하다, 고무시키다
perspire [pərspáiər] *v.* 땀을 흘리다, (땀날 정도로) 노력하다
respire [rispáiər] *v.* 호흡하다, 휴식하다

The plan was **inspired** by ignoble motives, so I will oppose it.

그 계획은 천박한 동기에 의해 고무된 것이기 때문에, 나는 그것에 반대하고자 한다.

He heartily aspired to high literary fame around the world.

그는 진심으로 세계적인 높은 문학적 명성을 갈망하였다.

When anyone perspire profusely, he or she becomes thirsty soon.

누구나 땀을 너무 많이 흘리면 곧 목이 탄다.

All animals need to respire to live.

모든 동물들은 살기 위해 호흡을 해야 한다.

8 **temperament** [témpərəmənt] *n.* 기질, 성질, 성미

temperance [témpərəns] *n.* 절제, 중용, 금주

There is much difference in behavior and temperament among Asians.

아시아인들 사이에 행동과 기질에 큰 차이가 있다.

He intended to preach temperance in alcohol.

그는 술에 대한 절제를 설교할 의도였다.

9 **expel** [ikspél] *v.* 쫓아내다, 추방하다

impel [impél] *v.* 재촉하다, 강요하다

compel [kəmpél] *v.* 억지로 ~시키다, 강요하다

propel [prəpél] *v.* 추진하다, 나아가게 하다, 몰아대다

Since my son was in a dangerous place, I gave a shout to him to expel.

내 아들이 위험한 장소에 있었기 때문에, 나는 그에게 나가라고 소리쳤다.

Her temperament impels her to think and behave freely.

그녀의 성격은 그녀가 자유롭게 생각하고 행동하도록 한다.

Hunger compels her to continue entering the farm.

배고픔이 그녀가 농장에 들어가도록 했다.

Her enthusiasm was enough to propel the dream into reality.

그녀의 열정은 꿈을 현실로 추진할 만큼 충분했다.

10 **invincible** [invínzəbəl] *a.* 무적의, 정복할 수 없는

vulnerable [vʌ́lnərəbəl] *a.* 상처(공격)받기 쉬운, 약점이 있는

The basketball team proved invincible with their competent players.

그 농구팀은 능력있는 선수들로 난공불락의 팀이라는 것을 증명했다.

Many animals are most vulnerable when they leave their nest.

많은 동물들은 그들의 둥지를 나설 때 가장 위험하다.

11 **revoke** [rivóuk] *v.* (법률이나 명령 등을) 취소하다

convoke [kənvóuk] *v.* (회의 등을) 소집하다

evoke [ivóuk] *v.* (기억이나 감정 등을) 불러일으키다, 환기하다

invoke [invóuk] *v.* (신에게) 도움을 빌다, (법령을) 발동하다

provoke [prəvóuk] *v.* 유발시키다(+to do), 자극시기다

His licence was **revoked** because of drunken driving.
음주 운전 때문에 그의 운전면허가 취소되었다.

The party couldn't **convoke** large gatherings yesterday.
그 정당은 어제 많은 군중을 소집하지 못했다.

His suggestion has **evoked** considerable opposition among board members.
그의 제안은 이사진들 사이에 상당한 반대를 불러 일으켰다.

The student **invoked** her teacher's aid in filling out his financial aid forms.
그 학생은 재정 지원서를 작성할 때 선생님의 도움을 받았다.

His latest novel was thought **provoking**.
그의 최근 소설은 많은 생각을 일으키는 책이었다.

12 **perspective** [pə:rspéktiv] *n.* 전망, 시각, 원근법, 통찰력, 객관적 시각

prospective [prəspéktiv] *a.* 예견되는, 선견지명이 있는

In the long-term **perspective** of history, the event was not important.
역사의 긴 안목에서 볼 때, 그 사건은 중요한 것이 아니었다.

The **prospective** students were opposed to the increase of tuition fee.
예비 학생들은 등록금의 인상에 반대했다.

13 **confirm** [kənfə́:rm] *v.* 확고히 하다, 확인하다

conform [kənfɔ́:rm] *v.* 순응하다, 따르다

perform [pərfɔ́:rm] *v.* 수행하다, 공연하다

I'd like to **confirm** my reservation.
예약이 되었는지 확인하고 싶습니다.

Many a student **conformed** to the pattern set by the teachers.
많은 학생들은 선생님들이 정한 형태대로 따랐다.

The children **performed** a play on stage.
그 아이들이 연극을 상연했다.

14 **compliment** [kámpləmənt] *v.* 칭찬하다

complement [kámpləmənt] *v.* 보충하다

implement [ímpləmənt] *v.* 실행하다, 수행하다

My teacher **complimented** me on my paintings.
내 선생님은 내 그림들을 칭찬하셨다.

The paintings **complement** my room very well.
그 그림들은 내 방을 아주 잘 보완해주고 있다.

All the members hoped to **implement** the new plan.
모든 회원들은 그 새로운 계획을 실행하기를 희망했다.

15　**status** [stéitəs] *n.* 지위, 사정, 상태　　**statue** [stætʃuː] *n.* 상(像), 조상(彫像)

stature [stætʃər] *n.* 신장, 키, (인격의)고매함　　**statute** [stætʃuːt] *n.* 법령

The **status** of the application was not known to all applicants.
지원서의 상태는 모든 지원자들에게 알려져 있지 않았다.

A **statue** is often made to commemorate a distinguished individual.
동상은 한 뛰어난 인물을 기념하기 위해서 만들어 지기도 한다.

Some people want to increase their **stature** by decrying their opponents.
어떤 사람들은 다른 사람들을 깎아 내림으로써 스스로를 높이기를 원한다.

The **statute** provides detailed guidance on how to build a new building.
그 법령은 새로운 건물을 건설하는데 필요한 구체적인 지침을 제공한다.

16　**oppress** [əprés] *v.* 억압하다, 압박하다, 괴롭히다

depress [diprés] *v.* 낙담시키다, 불경기로 만들다

compress [kəmprés] *v.* 압축(압착)하다, (말이나 사상 등을) 요약하다

The dictator **oppressed** all the people in the country.
그 독재자는 나라의 모든 국민을 억압했다.

He is always **depressed** after his parents passed away in a car accident.
그는 부모님이 교통 사고로 돌아가신 이후에 항상 낙심해 있다.

She **compressed** her bags under the seat.
그녀는 좌석 아래에 그녀의 가방을 밀어넣었다.

17　**observance** [əbzə́ːrvəns] *n.* (법률, 규칙) 준수, 축하

observation [àbzərvéiʃən] *n.* 관찰, 주시

The **observance** of Independence Day includes various forms of festivals.
독립기념일의 경축행사에는 다양한 형태의 페스티벌이 포함되어 있다.

They climbed the tower for **observation** of the whole city.
그들은 전체 도시를 관찰하기 위하여 교회탑으로 올라갔다.

18 **charge** [tʃɑːrdʒ] *n.* 책임, (배달/운송) 요금　　**fare** [fɛər] *n.* 운임, 통행료

fee [fiː] *n.* 요금, 수수료, 입장료, 수업료　　**fine** [fain] *n.* 벌금

price [prais] *n.* 가격, 대가, 값

Delivery is possible as soon as you pay freight **charges**.

운송 요금을 지불하자마자 배송이 가능하다.

The **fare** the driver was asking was higher than the meter.

운전사가 요구했던 요금은 미터기보다 훨씬 높았다.

This term the tuition **fee** is too high.

이번 학기에 등록금이 너무 높다.

The drivers were **fined** a lot for drunken driving.

그 운전자들은 음주 운전 때문에 많은 벌금을 냈다.

The item was offered in the best **price**.

그 제품은 최저가격으로 제공되었다.

19 **divert** [divə́ːrt] *v.* ~을 …으로 전환하다, (주의를) 딴데로 돌리다

convert [kənvə́ːrt] *v.* 변하게 하다, 전환하다, (종교)개종시키다

pervert [pəːrvə́ːrt] *v.* 오해(곡해), 오용하다, 배교자가 되게 하다

diversion [divə́ːrʒən] *n.* 전환, 기분전환, 오락

conversion [kənvə́ːrʒən] *n.* 전환, 변환 (당파. 종교 등의)전향, 변절

divergence [divə́ːrdʒəns] *n.* 분기, 일탈, 상이, (의견 등의) 차이

Many people **divert** their mood in singing.

많은 사람들은 노래로 기분 전환을 한다.

My wife was **converted** to christianity from buddhism.

내 아내는 불교에서 기독교로 개종했다.

Social education is often **perverted** by the government to protect political privilege.

사회 교육은 정치적 특권을 보호하기 위해 정부에 의해 때때로 악용된다.

There is considerable **divergence** of opinion as to the new policy.

새로운 정책에 대해서는 의견이 상당히 여러 갈래이다.

20 **legislation** [lèdʒisléiʃən] *n.* 법률, 법률 제정, 입법 행위

registration [rèdʒəstréiʃən] *n.* 기재, 등록, (우편물) 등기

Many senators are stuck in a cat's cradle of **legislation**.

많은 상원의원들은 복잡한 입법 문제에 빠져 있다.

Voters should check their voter **registration** so that they can vote.

투표자들은 그들이 투표하기 위해서 투표 입명부를 점검해야 한다.

PART I • Choose the best answer for the blank.

1 A: I'd like my boss to promote me as soon as possible.

B: Don't be greedy. Demanding something you can't have is _______________.

(a) childish (b) ridden
(c) childlike (d) parable

2 A: I heard Dave got an F in math this semester.

B: Really? He is a(n) _______________ and brilliant student.

(a) lovely (b) industrious
(c) industrial (d) identical

3 A: I can't read this magazine. It's too difficult for me.

B: I agree with you. It is published only for highly _______________ people.

(a) literate (b) literary
(c) liberal (d) literal

4 A: I want my wedding ceremony to be free and informal.

B: But marriage is a _______________ one. You had better follow the tradition.

(a) scared (b) scarce
(c) sacred (d) sarcastic

5 A: Can Jennifer deal with the contract well?

B: I don't think so. She is not _______________ enough.

(a) competitive (b) competent
(c) delinquent (d) deliberate

6 A: How was your final exam? Did you do well?

B: Yes. I finished it with _______________ ease.

(a) comparative (b) comparable
(c) proportional (d) ridiculous

7 A: How much is it to repair the window?

B: Well, we need to _______________ about the market price in advance.

(a) acquire (b) require
(c) squire (d) inquire

8 A: What's the _______________ for my opening an account?

B: Please fill out this form first of all.

(a) process (b) progress
(c) procession (d) procedure

9 A: What's the result of the experiment?

B: The scientists forcefully _______________ it, so they got a good result.

(a) expelled (b) impelled
(c) compelled (d) propelled

10 A: Resident Hotel. May I help you, sir?

B: Yes. I'd like to _______________ my reservation.

(a) conform (b) confirm
(c) perform (d) reform

11 The education for the whole makes a person complete, while the education for the part only leaves him or her

________________ .

(a) definite   (b) deficient
(c) decisive   (d) definitive

12 Our manager was ________________ enough to tell us all about his new plan before it was implemented.

(a) considerable   (b) competent
(c) contemplate   (d) considerate

13 After a harsh debate, the volunteers came to the conclusion that the contract would be ________________ to the poor.

(a) benevolent   (b) beneficent
(c) beneficial   (d) beneficiary

14 The ________________ decree was like hope to millions of people who had been seared in social prejudice.

(a) momentary   (b) momentous
(c) momentum   (d) indistinct

15 The scientists were accused of leaking ________________ information on military plans in 2000.

(a) confident   (b) disputable
(c) aromatic   (d) confidential

16 As a chief transportation center, the region has a lot of leading companies manufacturing and ________________ their products.

(a) attributing   (b) contributing
(c) ascribing   (d) distributing

17 The world is ________________ the working condition of the company, as it has been violating the labor law.

(a) observing   (b) preserving
(c) conserving   (d) reserving

18 The idea that there might be intelligent life on other planets has ________________ lots of novels and movies.

(a) inspired   (b) aspired
(c) perspired   (d) respired

19 ________________ consumers always tend to ask sales clerks to reduce the price.

(a) perspective   (b) prospective
(c) permanent   (d) prodigal

20 In most unstable societies, dictators have ________________ the ideological education to continue their dictatorship.

(a) diverted   (b) converted
(c) perverted   (d) reserved

위아텝스
VOCABULARY

구어체 표현을 나타내는 문제들은 단어의 기본적인 의미보다는 상황별 표현으로 암기하는 것이 중요하다. 대부분의 구어체 문제들은 선택지도 길게 나열되기 때문에 개별적인 단어의 암기는 의미가 없다. 특히 구어체 표현을 묻는 문제의 빈출도는 많지 않기 때문에 어휘 시험을 위한 구어체 연습보다는 청해의 대화문을 통해 학습하려는 전략이 필요하다. 즉 청해 대화문에서 등장하는 구어체 표현이 어휘 영역으로 확장된 것이기 때문에 각각의 구어체가 갖는 의미와 상황에 따른 용법을 기억해야 한다.

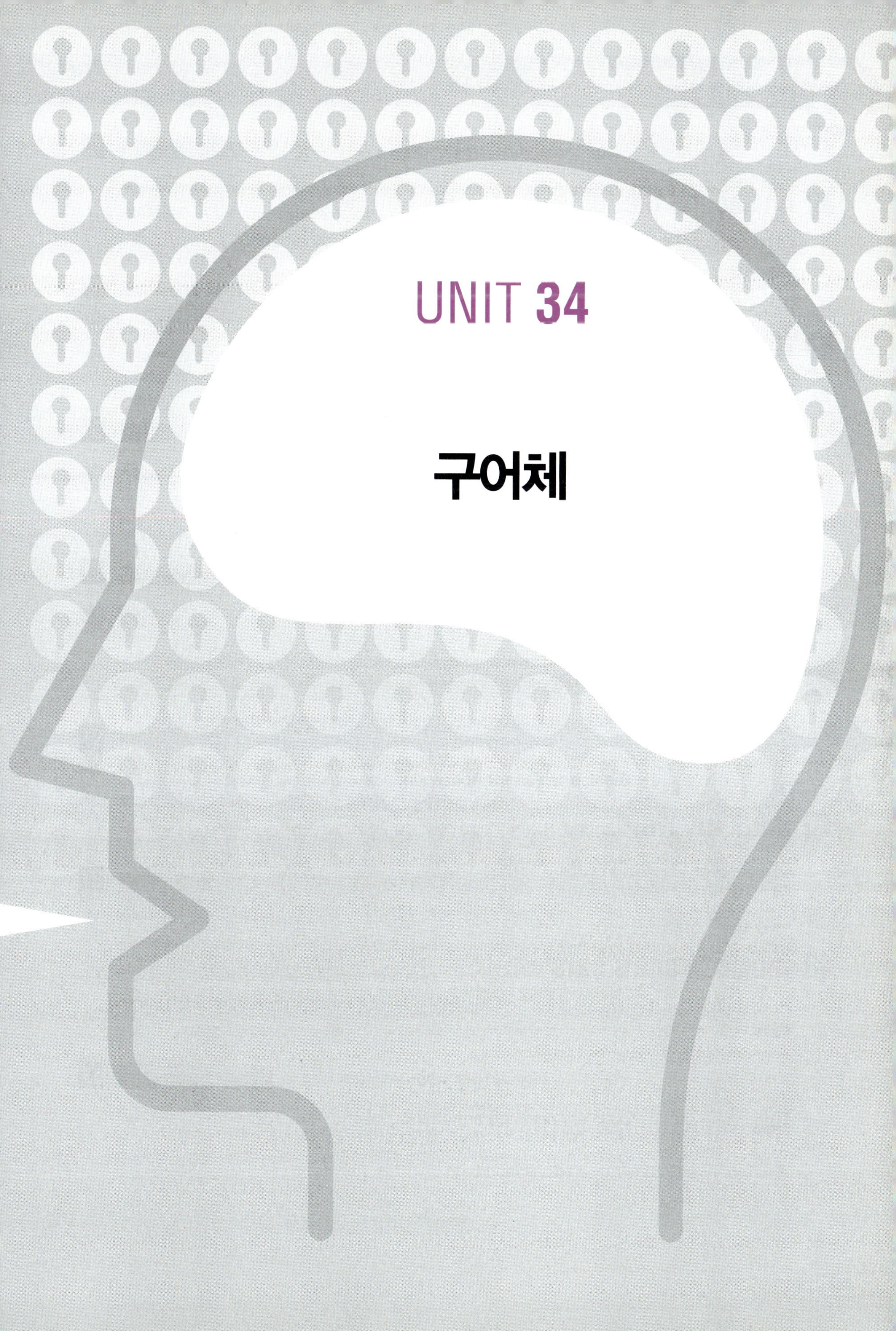
UNIT 34
구어체

1 **on second thoughts** 골똘히 생각한 뒤에, 다시 생각하여

I'd like a cup of coffee, please. **On second thought**, I'll have a beer.
커피로 주세요. 다시 생각해 보니까, 맥주가 좋겠군요.

2 **Hold your horses!** 잠깐만!

Hold your horses! We might get this cheaper somewhere else.
잠깐만! 다른 곳에서 싸게 살 수 있을 거야.

3 **a blessing in disguise** 불행 중 다행스런 일

A : I heard that you couldn't sell your house.
A : 집을 팔지 못했다면서요.

B : It was really **a blessing in disguise**. In fact, none of us were ready to move.
B : 정말 다행스러운 일이죠. 사실 식구들 누구도 이사할 준비가 돼 있지 않았거든요.

4 **wet behind the ears** 미숙한, 풋내기의

The boy thinks he has lots of experience, but he's still **wet behind the ears**.
그 애는 자신이 무척 경험이 많다고 생각하겠지만, 그는 아직 머리에 피도 안 마른 어린애이다.

5 **mark my words** 내 말 잘 들어

He'll cause trouble - **mark my words**!
그는 문제를 일으킬 거야 – 내 말이 맞는지 곧 알게 될 거야!

6 **music to one's ears** 반가운 소리

How I hated biology! Hearing the bell ring at the end of the lesson was **music to my ears**!
난 생물학이 싫어! 수업 끝나는 벨소리가 반갑게 들리는군!

7 **the pot calls the kettle black** 똥 묻은 개가 겨 묻은 개 나무라다

A : You haven't done any work all morning!
A : 아침 내내 한 일이 없단 말야?

B : Neither have you – talk about **the pot calling the kettle black**!

B : 너는 어떻고? 똥 묻은 개가 겨 묻은 개 나무라는구나!

8 be all ears 열심히 귀를 기울이다

Whenever the ruling party leader speaks, the newspapers **are all ears**.

여당 총재가 발언을 할 때마다 신문들은 열심히 귀를 기울인다.

9 all eyes and ears 신경을 곤두세우다

Nothing can escape my notice. I'm **all eyes and ears**.

누구도 내 눈에서 피할 수 없어. 온 신경을 곤두세우고 있으니까.

10 all Greek to someone 너무 어려운

She tried to explain her theories about modern poetry but it was **all Greek to** me.

그녀는 근대시에 관한 자신의 이론을 설명하려고 했지만 나에게는 너무나 어려웠다.

11 green with envy 질투하는

I was **green with envy** when I heard he'd been given the job.

그가 그 일을 맡았다는 것을 듣자 난 질투가 났다.

12 just what the doctor ordered 필요했던 바로 그것, 원했던 바로 그것

Oh thank you, a nice cup of tea, **just what the doctor ordered**.

아 고맙군요, 한 잔의 차, 원하던 바로 그것이었어.

13 right off the bat 즉시

You can't expect to be accepted in a new town **right off the bat**.

새로운 도시에서 즉시 받아들여지는 것은 기대할 수 없을 거야.

14 call it quits 그만두다, 서로 공평해졌다고 말하다

When Alex had painted half the garage, he **called it quits**.

알렉스는 차고를 절반 가량 칠하고 일을 그만두었다.

15 straight from the horse's mouth 직접 들은, 믿을 만한 소식통으로부터 들은

I know it's true! I heard it **straight from the horse's mouth**!

이건 사실이야! 본인한테서 직접 들었다고.

16 a blink of an eye 눈 깜짝할 사이

In **a blink of an eye** he had disappeared.

그는 눈 깜짝할 사이에 사라졌다.

17 with all due respect 다 이해합니다만, 다 좋은데

With all due respect, I can't agree with your last statement.

다 좋은데, 당신이 한 마지막 말에는 동의할 수가 없군요.

18 without a hitch 거침없이, 술술, 무사히

A : How did the grand opening of your new store go?

A : 새로 연 너희 가게의 개업식은 잘 마쳤니?

B : It went really well. Everything went off **without a hitch**.

B : 정말 잘 했어. 모든 게 거침없이 잘 풀렸으니까.

19 to each one's own 사람마다 좋고 싫은 게 다른

I'm sorry you hate my music, but **to each his own**.

내 음악을 싫어하다니 유감이군, 하지만 사람마다 좋아하는 게 다 다르니까.

20 by a long shot 단연, 전혀

Bert was the best swimmer in the race, **by a long shot**.

버트는 단연 수영 경기를 잘 했다.

21 caught red-handed 현행범으로 잡힌

A : Did he get away with it?

A : 그는 도망쳤니?

B : No, he got **caught red-handed**.

B : 아니, 현행범으로 잡혔어.

22 cut above sb/sth 한 수 위인

She thinks she's a **cut above** her neighbors.
그녀는 이웃들보다 자신이 한 수 위라고 생각한다.

23 dead tired 녹초가 되어

I am **dead tired**; I wish I could get some rest sometime today.
나는 녹초가 됐다. 오늘 중에는 좀 쉬었으면 한다.

24 dead set against sb/sth 한사코 반대하는

They are **dead set against** the plans to close the local hospital.
그들은 지방 병원을 닫겠다는 계획에 결사 반대한다.

25 down in the dumps 우울한, 풀이 죽어 있는

She's a bit **down in the dumps** because she's got to take her exams again.
그녀는 재시험을 쳐야했기 때문에 약간 풀이 죽어 있다.

26 fall flat on one's face 코가 납작해지다, 실패하다

The last time I wore high-heeled shoes I **fell flat on my face** outside a restaurant.
지난 번에 하이힐을 신었는데 식당 밖에서 코가 납작하게 넘어졌다.

27 fed up with 진절머리가 나는, 질린

Aren't you **fed up with** working at the same place for so long?
같은 곳에서 그렇게 오래 일하고도 지겹지 않나요?

28 for a change 여느 때와는 달리, 기분 전환으로

It's nice to see her smile **for a change**.
그녀가 오랜만에 웃는 것은 좋은 일이다.

29 for better or for worse 좋든 싫든

I decided to follow her advice, **for better or for worse**.
좋든 싫든 그녀의 충고를 따르기로 결정했다.

30 **for good measure** 덤으로

He sold me the car at a cheap price and included the radio **for good measure**.

그는 나한테 자동차를 싸게 팔았고 라디오를 덤으로 달아 주었다.

31 **out of one's shell** 이제는 수줍어하지 않는

A : Sara seems to be coming **out of her shell** lately.

A : 사라는 요즘 들어 수줍음을 타지 않더군요.

B : I know. She used to be so shy and now she's the life of the party.

B : 그래요. 그녀가 이전엔 그렇게도 수줍어하더니, 지금은 파티의 활력소가 되었어요.

32 **keep one in the dark** ~가 모르게 하다

I'm amazed to hear they're getting a divorce, I was completely **in the dark** about their problems.

그들이 이혼을 했다고 해서 놀랐어, 그들의 문제는 전혀 모르고 있었거든.

33 **not have a snowball's chance** 가능성이 전혀 없는

If he can't afford a good lawyer, he does**n't have a snowball's chance** in hell of winning the case.

유능한 변호사를 댈 여유가 없으면 소송에서 이길 기회가 전혀 없을 것이다.

34 **speak of the devil** 호랑이도 제 말하면 온다

A : Murphy is such a sweetheart. He helped me with my homework last night.

A : 머피는 너무 착해. 어젯밤에도 내 숙제를 도와줬거든.

B : Well, **speak of the devil** ... Here comes Murphy.

B : 음, 호랑이도 제 말하면 온다더니, 마침 머피가 오네.

35 **speak with a silver tongue** 설득력이 있는

Even though she **speaks with a silver tongue**, you should not believe what she says.

비록 그녀가 설득적인 투로 말하지만, 그녀가 한 말은 믿으면 안 돼.

36 **you can't win them all** 모든 것을 다 가질 수는 없다

A : My girlfriend left me for another guy.

A : 애인이 다른 남자가 생겨서 날 떠났어.

B : That's too bad. I guess **you can't win them all**.

B : 그것 참 안됐구나. 다 잘 되라는 법은 없는 것 같다.

37 **have a score to settle with** 앙갚음할 게 남아 있다

You **havc a score to settle with** her, I can tell you.

분명히 너는 그녀한테 앙갚음할 게 남아 있어.

38 **put one's head together** 머리를 맞대고 의논하다

I'm sure that if we **put our heads together**, we can think of a solution to the problem.

우리가 머리를 맞대고 의논하면, 이 문제에 대한 해결책을 생각해낼 수 있을 거라고 확신해.

39 **hard nut to crack** 다루기 힘든

Tom sure is a **hard nut to crack**. I can't make him out.

탐은 분명히 다루기 힘들어. 이해할 수가 없어.

40 **march to the beat of different drummer** 남들과 다르다

Jennifer certainly **marches to the beat of different drummer**.

제니퍼는 정말 남들과 다른 것 같아.

→ ACTUAL TRAINING

PART I • Choose the best answer for the blank.

1 A: Do you want to stay here tonight?

B: No. On _____________ thought, I'd better start now.

(a) primary   (b) second
(c) whole   (d) double

2 A: I had a car accident last night, but fortunately I wasn't injured at all.

B: Really? It was really a blessing in _____________.

(a) basket   (b) comparison
(c) disguise   (d) church

3 A: Dad, I don't want to continue studying any more.

B: Mark my _____________, Jane. You will get into trouble if you act like this.

(a) visits   (b) ballots
(c) pages   (d) words

4 A: Rachel, I'll give you some tips on your deciding your career.

B: OK. I'm _____________.

(a) all thumbs   (b) all ears
(c) up for it   (d) all of a glow

5 A: Did David understand the lecture?

B: Sure. He was _____________.

(a) all skin and bones
(b) all of a shake
(c) all eyes and ears
(d) all dressed up

6 A: Fortunately, I passed my entrance exam.

B: Really? I'm green with _____________.

(a) energy   (b) verdure
(c) stripe   (d) envy

7 A: Make sure you clean your room as quickly as possible.

B: OK. I'll do it _____________.

(a) out of the public eye
(b) beyond control
(c) right off the bat
(d) like a duck to water

8 A: How did you know Jennifer will leave the company?

B: I heard it straight from the _____________ mouth.

(a) heart's   (b) storm's
(c) horse's   (d) bottle's

9 A: Did the scientists succeed in launching the satellite?

B: Yes. The launch went off without a _____________ last Monday.

(a) peer   (b) bean
(c) break   (d) hitch

10 A: Did you mess up the house again?

B: No. I never did that by a long _____________!

(a) shot   (b) journey
(c) range   (d) time

PART II•Choose the best answer for the blank.

11 Since they got back home after a month's trip last night, they were _____________ .

(a) flap eared   (b) stiff bored
(c) dead pan   (d) dead tired

12 Because of the bad news that several tourists died in the car accident, people werc down in thc _____________ .

(a) sands   (b) depths
(c) dumps   (d) hearts

13 Despite all his efforts, the president fell _____________ on his face to reform the government and the society.

(a) flat   (b) dirt
(c) broad   (d) swelling

14 All the residents around the area are _____________ up with the noise caused by the construction.

(a) tied   (b) kindled
(c) fed   (d) puffed

15 Following the advice of his therapist, Robert moved to Los Angeles branch for a _____________ .

(a) resolution   (b) change
(c) moment   (d) workout

16 When Jennifer bought an original version of the song, the salesman threw in another CD for good _____________ .

(a) crops   (b) luck
(c) grades   (d) measure

17 Here comes Jane. Well, _____________ of the devil, we were just talking about her latest novel.

(a) possess   (b) limb
(c) speak   (d) chlld

18 No matter how hard you might try, you can't _____________ them all.

(a) win   (b) lose
(c) consume   (d) call

19 To overcome the financial crisis on a global level, the summits around the world put their _____________ together.

(a) hand   (b) finger
(c) head   (d) life

20 Despite the rapid development of the technology, engineering and physical science remain a hard nut to _____________ .

(a) care   (b) leave
(c) defend   (d) crack

위아텝스
VOCABULARY

동사와 목적어로 구성된 연어는 동사 및 명사의 개별적인 단어의 의미를 묻는 문제처럼 보이지만 실제로는 동사와 명사의 연관성을 묻는 문제이다. 따라서 개별적인 단어의 쓰임과 의미를 정확하게 구별하는 것도 중요하지만, 동사와 목적어를 하나의 의미 단위로 이해하면서 학습하는 것이 중요하다. 특히 때때로 혼동 어휘에서 출제되는 것과 같이 의미와 형태상의 구별이 중요할 수 있다. 따라서 연어 학습을 할 때에는 개별적 의미를 1차적으로 학습하고, 2차적으로 동사와 목적어의 의미 단위를 하나의 단어로 인식하면서 암기해야 한다.

UNIT 35

연어 : 동사 + 목적어

1 have the nerve to ~할 용기가 있다, 뻔뻔스럽게도 ~하다

I didn't **have the nerve to** tell him what I really thought of his suggestion.
난 그의 제안을 내가 어떻게 생각하는지 말할 용기가 없어.

2 make ends meet 살림을 꾸리다, 빚 안 지고 살아가다

She scarcely earns enough money to **make ends meet**.
그녀는 살림을 꾸릴 만큼 충분한 돈을 벌지 못한다.

3 see the light 갑자기 이해하게 되다, 사리를 알게 되다

The children struggled with the puzzle for a while, until one of them suddenly **saw the light**.
아이들이 퍼즐을 푸느라 한참 애쓴 후에 한 아이가 갑자기 답을 알아냈다.

4 slip one's mind/memory 깜박 잊다

I forgot I'd arranged to meet Richard last night – it completely **slipped my mind**.
어젯밤에 리처드를 만나기로 한 약속을 잊었어. 까맣게 잊었지 뭐야.

5 spill the guts 털어놓다, 실토하다

John decided to **spill his guts** about the illegal activities he had witnessed.
존은 자신이 목격한 불법 행위에 관해서 털어놓기로 결정했다.

6 miss the point 이해하지 못하다

I think you **missed the point** of what Bruce was saying.
브루스가 말한 것을 네가 잘 이해하지 못한 것 같아.

7 have a crack at sth 시도해 보다

It's not something I've done before, but I'll **have a crack at it**.
전에 해본 일은 아니지만, 한 번 해보도록 하겠습니다.

8 **have a heart** 친절해지다, 마음쓰다

Don't make me say it again! **Have a heart**!

또 다시 이런 말하게 하지 마! 좀 자상해지라고!

9 **have the guts** ~할 용기가 있다

A : How about asking her out?

A : 그녀에게 데이트 신청하는 게 어때?

B : I want to, but I don't **have the guts** to ask her.

B : 그러고 싶지만, 그럴 용기가 안 나.

10 **hit/touch a raw nerve** 아픈 데를 건드리다, 약점을 건드리다

Her remarks about his failure to get the job he wanted **touched a raw nerve**.

그가 원하는 직장을 갖는 데 실패한 것에 관해서 그녀가 한 말은 그의 아픈 데를 건드렸다.

11 **take something in one's stride** 수월하게 뚫고 나가다, 쉽게 해내다

Some people would have been shocked and unable to work, but he **takes everything in his stride**.

다른 사람이라면 충격을 받고 일하지 못하겠지만 그는 모든 것에 냉철하게 대처했다.

12 **take the bull by the horns** 용감하게 난국을 맞서다, 정면 돌파를 하다

He decided to **take the bull by the horns** and demand a raise in salary even though it might cost him his job.

그는 용감히 맞서기로 결정하고 직장을 잃을지도 모르지만 봉급을 올려 달라고 요구했다.

13 **throw a fit** 노발대발하다, 신경질 내다

A : Have you heard that Charlie **threw a fit** and yelled at Susan?

A : 찰리가 노발대발하면서 수잔에게 소리지른 얘기 들었어요?

B : Charlie is usually such a calm person. How out of character this sounds!

B : 찰리는 원래 조용한 사람인데. 그답지 않군요!

14 **make waves** 풍파를 일으키다, 일을 크게 만들다

Joe is the wrong man for the job; he is always trying to **make waves**.

조는 그 직책에 어울리지 않아. 언제나 일을 크게 만들려고 해.

15 poke one's nose in/into 참견하다, 간섭하다

I wish he'd stop **poking his nose into** my personal life!
그 사람이 제발 내 사생활에 간섭하지 않았으면 좋겠어!

16 press/push one's luck 무리한 모험을 하다, 위험을 무릅쓰다

You're okay for now, but don't **press your luck**.
지금까지는 좋았지만 운을 너무 믿지 마.

17 set one's minds on 열중하다, 전념하다

If he's **set his mind on** doing it, nothing will stop him.
그가 만약 그걸 하는 데 전념하면, 누구도 그를 막을 수 없을 것이다.

18 hate one's guts 꼴도 보기 싫어하다

I wish she'd die tomorrow. I **hate her guts**.
그녀는 내일 죽었으면 좋겠어. 꼴도 보기 싫어.

19 have a personal touch 정성이 담겨 있다

My hotel room totally **had a personal touch**.
내 호텔 객실은 완전히 정성이 담겨 있었다.

20 hit the roof/ceiling 격노하다

Dad will **hit the roof** when he finds out you've taken the car without asking first.
네가 허락 없이 차를 몰고 간 것을 아시면 아버진 노여워하실 거야.

21 hit the nail on the head 핵심/요점을 찌르다, 적절한 말을 하다

You really **hit the nail on the head** when you said there's no point training people for jobs that don't exist.
있지도 않은 일을 위해 사람들을 교육시킬 필요가 없다고 한 네 말은 정말 핵심을 찌르는 말이었어.

22 pull a stunt 멍청한 짓을 하나, 어리석은 잭략을 쓰다

What did you want to **pull a stupid stunt** like that for?
무엇 때문에 그처럼 어리석은 짓을 하려고 했니?

23 pull one's leg 놀리다, 속이다

Don't believe him. He's just **pulling your leg**.

그 사람 믿지 마. 널 속이는 거야.

24 pull one's own weight 몸값하다, 덩치값하다

A : That Greg sure contributes a lot to your household.

A : 그레그는 당신 식구들에게 많은 도움을 주고 있지요.

B : He sure does. He's young, but he certainly **pulls his own weight**.

B : 정말 그래요. 그는 젊지만 자기 몫은 충분히 해내죠.

25 make a difference 중요하다, 좋아지다, 차이가 나타나다

Exercise can **make a big difference** to your state of health.

운동을 하면 건강 상태를 좋게 할 수 있다.

26 ring a bell 생각나게 하다, 낯이 익다

The name **rang a bell** but I couldn't remember where I had heard it before.

그 이름은 낯이 익은 것 같은데 전에 어디서 들었는지 기억이 나지 않는군.

27 burn the midnight oil 밤늦게까지 공부/일하다

We'll be **burning the midnight oil** all week to complete all these projects.

우린 이 모든 프로젝트들을 마치기 위해 한 주 내내 늦게까지 일하게 될 거야.

28 draw the line 한도를 정하다, 제한을 두다

Of course I want to help you, but I **draw the line** at lying.

물론 도와주고는 싶지만, 거짓말에는 한계가 있어.

29 eat/swallow one's words 했던 말을 취소하게 하다

John had called Harry a coward, but the boys made him **eat his words** after Harry bravely fought a big bully.

존은 해리를 겁쟁이라고 불렀지만, 해리가 큰 덩치와 용감히 싸운 후에 아이들이 그가 한 말을 취소하게 했다.

30 **stretch the truth** 꾸며대다

It's **stretching the truth** to say Chris is a born leader, although he does manage people quite well.

크리스가 비록 사람들을 잘 다루지만, 타고난 지도자라고 말하는 건 말을 꾸며대는 것이다.

31 **wear the pants** 가장 역할을 하는, 주도권을 잡고 있는

Who **wears the pants** in your house – you or your wife?

자네 집에선 누가 가장인가 – 자넨가 자네 마누라인가?

32 **weigh (up) the pros and cons** 장단점을 따지다, 찬반 양론을 따지다

We **weighed all the pros and cons** very carefully before deciding to buy a bigger house.

우린 큰 집을 사는 것을 결정하기 전에 장단점을 아주 조심스럽게 따졌다.

33 **burst one's bubble** ~의 희망을 깨다, ~를 실망시키다

She was blissfully happy until one day, suddenly, **the bubble burst**.

그녀는 어느날 갑자기 희망이 깨지기 전까지 더 없이 행복했다.

34 **break one's neck** 몹시 노력하다, 전력을 다하다, 애쓰다

The taxi-driver almost **broke his neck** trying to get us to the airport on time!

택시 운전사는 우리를 공항에 정시에 도착하게 하려고 전력을 다했다!

35 **catch/follow one's drift** 취지/의향/뜻을 이해하다

I'm sorry, I don't **catch your drift**.

죄송하지만 무슨 뜻인지 이해하지 못하겠군요.

36 **clear the air** 의혹, 걱정 등을 일소하다

The President's statement that he would run for office again **cleared the air** of rumors and guessing.

대통령이 재출마하겠다는 성명서는 소문과 추측을 일소했다.

37 **crack a joke** 농담하다

He's got to **crack a joke** every other minute.
그는 매번 농담만 하죠.

cf. take a joke 놀려도 화내지 않다, 농담을 웃으며 받아들이다

38 **lose one's head** 자제력을 잃다, 당황하다, 흥분하나

Even though they were under threat, they didn't **lose their heads**.
비록 협박을 받고 있지만, 그들은 자제력을 잃지 않고 있다.

39 **hold one's tongue** 잠자코 있다

You must learn to **hold your tongue**, John. You can't talk to people that way.
존! 잠자코 있을 줄도 알아야 해. 사람들한테 그런 식으로 말해선 못 써.

40 **make a beeline for** 곧장 가다, 직행하다

The children ignored all the other food and **made a beeline for** the cakes.
아이들은 다른 모든 음식들은 무시하고 케이크로 곧장 달려들었다.

PART I • Choose the best answer for the blank.

1 A: Why don't you ask your boss to raise your basic wage?

B: No. I don't have the _____________ to do it.

(a) chance   (b) gift

(c) nerve   (d) advantage

2 A: Why are you in financial trouble?

B: It is difficult to make _____________ meet on my salary.

(a) ends   (b) standards

(c) savings   (d) changes

3 A: How do you know the fact?

B: Your mother _____________ the guts yesterday.

(a) spewed   (b) had

(c) brought   (d) spilled

4 A: Strange to say, I can't seem to start my car.

B: Then I'll have a _____________ at it.

(a) tongue   (b) crack

(c) fever   (d) loss

5 A: Why was Anderson so embarrassed with your advice?

B: Well, I seemed to hit a raw _____________.

(a) state   (b) egg

(c) wave   (d) nerve

6 A: I don't know how to cope with problems happening in my company.

B: Come on. Take the bull by the _____________.

(a) horns   (b) cries

(c) bells   (d) knobs

7 A: What about suggesting taking more break time?

B: I don't want to make _____________.

(a) lights   (b) waves

(c) errors   (d) plans

8 A: I didn't study a lot, but fortunately, the question I studied was in the exam.

B: But you should not _____________ your luck next time.

(a) turn   (b) change

(c) press   (d) meet

9 A: What do you think of the food?

B: Well, the dishes all have a _____________ touch.

(a) light   (b) personal

(c) lovely   (d) golden

10 A: I heard Jack suddenly quit his job.

B: Yeah. So his wife hit the _____________ when she knew it.

(a) mattress   (b) headlines

(c) jackpot   (d) ceiling

11 When Professor Stuart wrote a paper on the bank's problems around the world, he really hit the _______________ on the head.

(a) mark   (b) nail
(c) canvas   (d) market

12 When his teacher indicated errors in the report, James wondered if he was really angry with him or he's just _______________ his leg.

(a) pulling   (b) hurting
(c) itching   (d) crushing

13 Although Jennifer's parents have given her everything she has ever wanted, it doesn't seem to make a(n) _______________ in her daily life.

(a) inquiry   (b) retort
(c) difference   (d) face

14 All the board members were sure that they had ever heard of Smith, but the name didn't ring a _______________ .

(a) button   (b) clock
(c) phone   (d) bell

15 In any organization, every leader should know where to draw the _______________ between guidance and dominance.

(a) line   (b) longbow
(c) graph   (d) crabs

16 The governor repeatedly had promised to veto the bill, but she _______________ her words and approved it.

(a) fit   (b) articulated
(c) swallowed   (d) took

17 Last year's financial crisis around the world has burst the _______________ of perpetual industrial growth.

(a) flame   (b) bubble
(c) roar   (d) passion

18 Because the traffic was so heavy, they _______________ their neck to catch the train.

(a) touched   (b) risked
(c) broke   (d) pulled

19 All the members wanted to hear at firsthand from the reporters so that they could find the truth, _______________ the air or take other proper steps.

(a) pollute   (b) spoil
(c) fill   (d) clear

20 Surprised at a roar outside of the house, the family abruptly got up and made a _______________ for the door.

(a) reservation   (b) beeline
(c) search   (d) bid

위아텝스
VOCABULARY

명사구의 형태는 '명사 + 명사'로 이루어진 형태이다. 즉 tax reform(세금 개혁)과 같이 각각의 독립적인 명사들이 구를 형성하여 하나의 의미 단위를 나타내는 유형이다. 따라서 개별적인 명사의 의미를 기본 어휘로 학습한 이후에, '명사 + 명사'로 제시되는 하나의 의미 단위를 구별하여 암기할 필요가 있다. 따라서 개별적인 단어 학습 이후에는 반드시 하나의 의미로 제시되는 의미 유형과 실제 문장에서의 용법 및 실례를 활용하려는 학습 자세가 필요하다.

UNIT 36

명사구

1 **the bottom line** 핵심, 가장 중요한 점, 결과

If we make all the changes I am proposing, **the bottom line** is that the company will save $50,000.

내가 제시하는 모든 것을 바꾼다면, 결국 회사는 5만 달러를 절약할 수 있습니다.

2 **hereditary disease** 유전병

A **hereditary disease** is a disease which can be passed down through generations of the same family.

유전병은 같은 가족의 자손에게 물려줄 수 있는 병이다.

cf. chronic disease 만성 질환

　　acquired disease 후천성 질환

　　congenital disease 선천성 질환

3 **neck and neck** 막상막하(경마에서 유래)

The two parties are **neck and neck** in the opinion polls.

두 정당은 여론조사에서 막상막하였다.

4 **crank call** 장난 전화

I got a **crank call** last night.

간밤에 장난 전화가 걸려왔었어.

5 **cream of the crop** 최고의 것/사람

Naturally, our personnel department selects only the **cream of the crop**.

당연히, 우리 인사과는 최고만 뽑는다.

The May Queen candidates were all lovely, but Betsy and Nancy were the **cream of the crop**.

5월의 여왕 후보들은 모두 예뻤지만, 베시와 낸시가 단연코 으뜸이었다.

6 **crocodile tears** 거짓 눈물

When his rich uncle died, leaving him his money, John shed **crocodile tears**.

부자 삼촌이 유산을 남긴 채 죽자 존은 거짓 눈물을 흘렸다.

7 **elbow grease** 힘드는 일

They now need to put some real **elbow grease** into promoting the product.
그들은 이제 제품을 홍보하는 데 힘을 써야 할 필요가 있다.

8 **fat chance** 희박한 가망

A : Perhaps they'll invite you.
A : 아마 그들이 널 초대 할거야.

B : **Fat chance** of that!
B : 그럴리가 없어!

9 **haves and have-nots** 가진 자와 가지지 못한 자

Karl Marx called two classes the bourgeoisie and the proletariat, and they can be also called the **haves and the have-nots**.
칼 마르크스는 두 가지 계급을 부르주아와 프롤레타리아로 불렀는데, 가진 자와 가지지 못한 자로 불리기도 한다.

10 **couch potato** TV를 보면서 여가를 즐기는 사람

To prevent yourself from turning into a **couch potato**, you've got to get up and go outside for a walk.
TV나 보면서 시간을 허비하지 않으려면 일어나서 산책이라도 하는 게 나을 것이다.

11 **hard habit to kick** 버리지 못하는 습관

A : Do you still smoke after all the warnings?
A : 경고를 받고도 아직도 담배를 피우십니까?

B : It is such a **hard habit to kick**.
B : 버리기 어려운 습관입니다.

12 **snow job** 그럴 듯한 속임수, 감언이설

Joe gave Sue a **snow job** and she believed every word of it.
조는 수한테 그럴 듯한 속임수를 썼는데, 수는 모든 말을 그대로 믿었다.

13 **sob story** 눈물을 자아내는 이야기, 동정을 자아내는 변명

She came out with some **sob story** about not having enough money to go and see her father who was ill.
그녀는 아픈 아버지를 만나 뵈러 갈 충분한 돈이 없다고 동정을 자아내는 변명을 늘어놓았다.

14 **basket case** 무능력자, 구제불능

He has a lot of experience of turning **basket case** into profitable companies.

그는 구제불능의 회사를 수익이 나는 회사로 바꿔놓은 경험이 풍부하다.

※ 팔다리가 잘려 다른 사람이 바구니(basket)에 담아 다녀야 하는 환자(case)에서 유래

15 **bed of roses** 안락하고 편안한 생활/직업/지위

Life isn't always a **bed of roses**, you know.

인생이란 항상 편한 것만은 아니야.

I'm not disappointed because I never expected our marriage to be a **bed of roses**.

우리의 결혼이 행복할 것이라고 기대하지 않았기 때문에 실망하지 않는다.

16 **alternative medicine** 대체의학

Alternative medicine can sometimes provide a cure where conventional medicine cannot.

대체의학은 때때로 기존의 의학이 할 수 없는 치료법을 제공한다.

17 **circumstantial evidence** 상황 증거

The prosecutor relied entirely upon **circumstantial evidence** to prove the guilt of the defendant.

검사는 피고인의 유죄를 증명하기 위해서 상황 증거에 전적으로 의존했다.

18 **close call/shave** 위기일발, 구사일생

That was a **close call** – that car nearly hit us!

위기일발이었어 – 그 차가 우릴 거의 칠 뻔했거든.

19 **cosmetic surgery** 미용 수술, 성형 수술

After $3,000 worth of cosmetic surgery, she appears quite different from the woman we had known.

3천달러나 들여 성형 수술을 받은 후에, 그녀는 우리가 알고 있던 사람과 전혀 딴판으로 보인다.

20 **currency depreciation** 통화 가치 하락

Last year's **currency depreciation** is now beginning to feed through into higher raw material costs, thus squeezing our profit margins.

지난해 국내 통화의 평가 절하로 원자재 가격이 올라 회사의 이윤도 크게 줄었습니다.

21 **income level** 소득 수준

With a little homework, you should be able to find financial product that best suit your needs and **income level**.

조금만 검토해보면, 당신의 필요와 소득 수준에 가장 적합한 금융 상품을 찾을 수 있을 것이다.

22 **in-house sale** 실내 세일

For the next quarter of an hour, Speedy's will have a special **in-house sale** on all men's sportswear.

지금부터 15분간 스피디스에서는 남성 스포츠웨어 코너에서 특별 실내 세일을 실시합니다.

cf. yard sale, garage sale 마당(yard)이나 차고(garage)에서 싸게 처분하는 세일

　　fire sale 상점이 불에 타서 남은 물건들을 싸게 처분하는 세일

　　white sale 떨이 판매

　　going-out-of business sale 폐업 정리 세일

23 **old timer** 고참

Jackson's one of the **old-timers** in this department.

잭슨은 이 부서에 있는 고참 중에 한 사람이다.

24 **red tape** 형식적 절차

A : I'm glad that you made it to law school. Was it easy?

A : 로스쿨에 들어갔다니 기쁘구나. 어렵지는 않았니?

B : Well, I had to deal with a lot of **red tape**, but for the most part it wasn't too bad.

B : 형식적 절차가 많더군요. 하지만 대부분 그렇게 나쁘진 않았어요.

25 **no-win situation** 승산 없는 싸움

I find myself in a **no-win** situation again.

또 다시 승산 없는 싸움에 말려들었어.

26 **saturated fat** 포화지방

The amount of **saturated fat** in your diet can have a negative effect on your health.

일상 음식에 포함된 포화지방 함유량은 건강에 나쁜 영향을 줄 수도 있다.

27 **sexual harassment** 성희롱

I'll be sending a memo out via email later today advising all employees of our policy on **sexual harassment**.

오늘 성희롱에 관한 회사의 방침을 모든 임직원에게 알리도록 나중에 이메일로 메모를 보내겠습니다.

28 **spring chicken** 햇병아리

Mr. Brown is no **spring chicken**, but he can still play tennis well.

브라운 씨는 나이가 들었지만 여전히 테니스를 잘 친다.

29 **wisdom teeth** 사랑니

A : I've got a terrible toothache. I think one of my **wisdom teeth** has to come out.

A : 치통이 무척 심해요. 사랑니를 하나 빼야 할 것 같아요.

B : You should see someone. You can't let your teeth go.

B : 진찰을 받으세요. 혼자서 이를 뺄 수는 없거든요.

30 **mood swing** 술에 취해서 기분이 오락가락 하는 것

The next day is spent dealing with her hangover and **mood swings**.

다음날은 여자 친구의 숙취와 오락가락 하는 기분을 뒤처리나 하며 보내게 됩니다.

31 **con artist** 사기꾼

This **con artist** doesn't deserve your generosity, but be generous anyway.

이런 거짓말쟁이에게 당신의 아량은 가당치도 않지만, 아무튼 아량을 베푸세요.

32 **black sheep** 말썽꾸러기, 두통거리

I never heard anyone mention my uncle - I think he was a bit of a **black sheep**.

누구도 삼촌에 대해 말하는 것을 듣지 못했어 – 골칫거리였던 것 같아.

33 **quality time** 가족과 함께 보내는 시간

If you want to succeed with your family, you must make sure that you spend **quality time** with your family members.

가족과 잘 지내길 원한다면 가족과 함께 시간을 보내야 한다는 것을 명심해야 한다.

34 **regular customer** 단골 고객

The new mileage system is offered to **regular customers** only.
새로운 마일리지 시스템은 단골 고객에게만 제공된다.

35 **school reunion** 동창회

He was accompanying his girlfriend to her 20th high **school reunion**.
그는 여자 친구의 20회 고등학교 동창회에 함께 가는 길이었다.

36 **lion's share of** 가장 좋은 부분, 최대의 몫, 대부분

My older brother was always sure to get the **lion's share of** any treats our mother gave to us.
형은 언제나 엄마의 사랑을 독차지해.

37 **media coverage** 언론 보도

All the **media coverage** of the hurricane diverted public attention.
허리케인에 대한 모든 언론 보도는 대중의 관심을 전환시켰다.

38 **performance appraisal** 업무 평가

Several problems I recognize with the traditional **performance appraisal** system are the possibility of a reduction in productivity
전통적인 업무 평가 시스템에서 내가 깨닫게 된 몇 가지 문제점들은 생산성 감소의 가능성이다.

39 **product recognition** 제품 인지도

Concerning habitual use, consumers have stated that **product recognition** is the most important consideration when they purchase products.
반복적인 이용과 관련하여, 고객들은 그들이 제품을 구매할 때 제품 인지도가 가장 중요한 고려사항이라고 말해왔다.

40 **installment payment** 할부금

The result of a recent research shows that the **installment payment** profit is getting higher than the interest profit.
최근 연구의 결과는 할부금 수익이 이자율 수익보다 더 높아지고 있다는 것을 보여준다.

PART I•Choose the best answer for the blank.

1 A: I'll begin my presentation from now on.

B: Please skip long details and give me the ______________ line!

(a) toe   (b) bottom
(c) finish   (d) narrow

2 A: Today some people are in panic.

B: Yeah. Panic disorder is sometimes a ______________ disease inherited from their parents.

(a) inveterate   (b) infectious
(c) hereditary   (d) contagious

3 A: Who called you this morning?

B: I don't know. It seemed just a ______________ call.

(a) crank   (b) demand
(c) information   (d) boarding

4 A: I don't know where to start in order to clean my house.

B: Yeah. We need to use a lot of ______________ grease for that job.

(a) sweat   (b) cooking
(c) hot   (d) elbow

5 A: Is it possible that Paul can be promoted to the director?

B: No. He has a ______________ chance.

(a) fat   (b) last
(c) good   (d) fair

6 A: I'd like to quit smoking. But it's very hard.

B: I understand. It's a hard ______________ to kick.

(a) time   (b) habit
(c) work   (d) situation

7 A: Why are you so angry with Chris?

B: Well, he attempted to do a ______________ job on everyone here.

(a) snow   (b) market
(c) rain   (d) limited

8 A: How's your wife these days?

B: Well, she got much better. She's not a ______________ case any more.

(a) letter   (b) bribery
(c) basket   (d) dairy

9 A: Sometimes I can't believe in doctors and their practice.

B: I agree. So I often try ______________ medicine.

(a) geriatric   (b) counterfeit
(c) wonder   (d) alternative

10 A: What do you think of the economy next year?

B: I'm not sure, but the ______________ depreciation of the U.S. dollar might continue.

(a) account   (b) reserve
(c) currency   (d) quality

11 Most of the people in the region could not take advantage of the tax credit, as their income ___________ was very low.

(a) class   (b) level
(c) gap   (d) bracket

12 Most people around the world must go through a lot of ___________ tape to get a visa so as to visit another country.

(a) magnetic   (b) red
(c) audio   (d) plastic

13 Decreasing the amount of ___________ fat will keep your heart healthy and keep cholesterol levels down.

(a) edible   (b) saturated
(c) bacon   (d) drain

14 According to some research, last year four million people suffered sexual ___________ and 10 million were victims of intimidation and bullying.

(a) generation   (b) harassment
(c) reproduction   (d) selection

15 If you want to understand your girl friend's mood ___________ and emotions better, you should try to understand her mind.

(a) music   (b) drugs
(c) swings   (d) rings

16 Although Anderson has wanted to be thought of as a competent student, he is still the black ___________ of his family.

(a) sheep   (b) bag
(c) bear   (d) fly

17 With stress levels high, the holidays might not be beneficial to spending ___________ time for relaxation.

(a) compound   (b) curtain
(c) quality   (d) latency

18 The high school ___________ will remind you of good old memories in your high school years.

(a) committee   (b) reunion
(c) district   (d) report

19 The government said that it was always concerned that foreign media ___________ was exaggerating the financial situation of the government.

(a) coverage   (b) circus
(c) event   (d) hype

20 If a company wants to expand domestic and foreign markets, it should increase the brand and product ___________.

(a) cost   (b) concept
(c) recognition   (d) control

위아텝스
VOCABULARY

이어동사는 구동사라고도 하며 기본적으로 '동사 + 부사/전치사' 또는 '동사 + 부사 + 전치사' 로 이루어져 있다. 이러한 이어동사들은 동사 자체, 부사 자체, 그리고 전치사 자체의 의미를 기억하는 것은 큰 의미가 없다. 오히려 전체 이어동사구를 하나의 단어처럼 암기하는 것이 중요하다. 예를 들어 look forward to 는 각각 '보이다' '앞쪽으로' '~로' 라는 고유의 의미를 가지고 있지만, 실제 문장에서는 '~을 기대하다, 고대하다' 는 의미로 이용된다. 따라서 이어동사는 전체 영역을 하나의 의미단위로 판단하여 숙지한다.

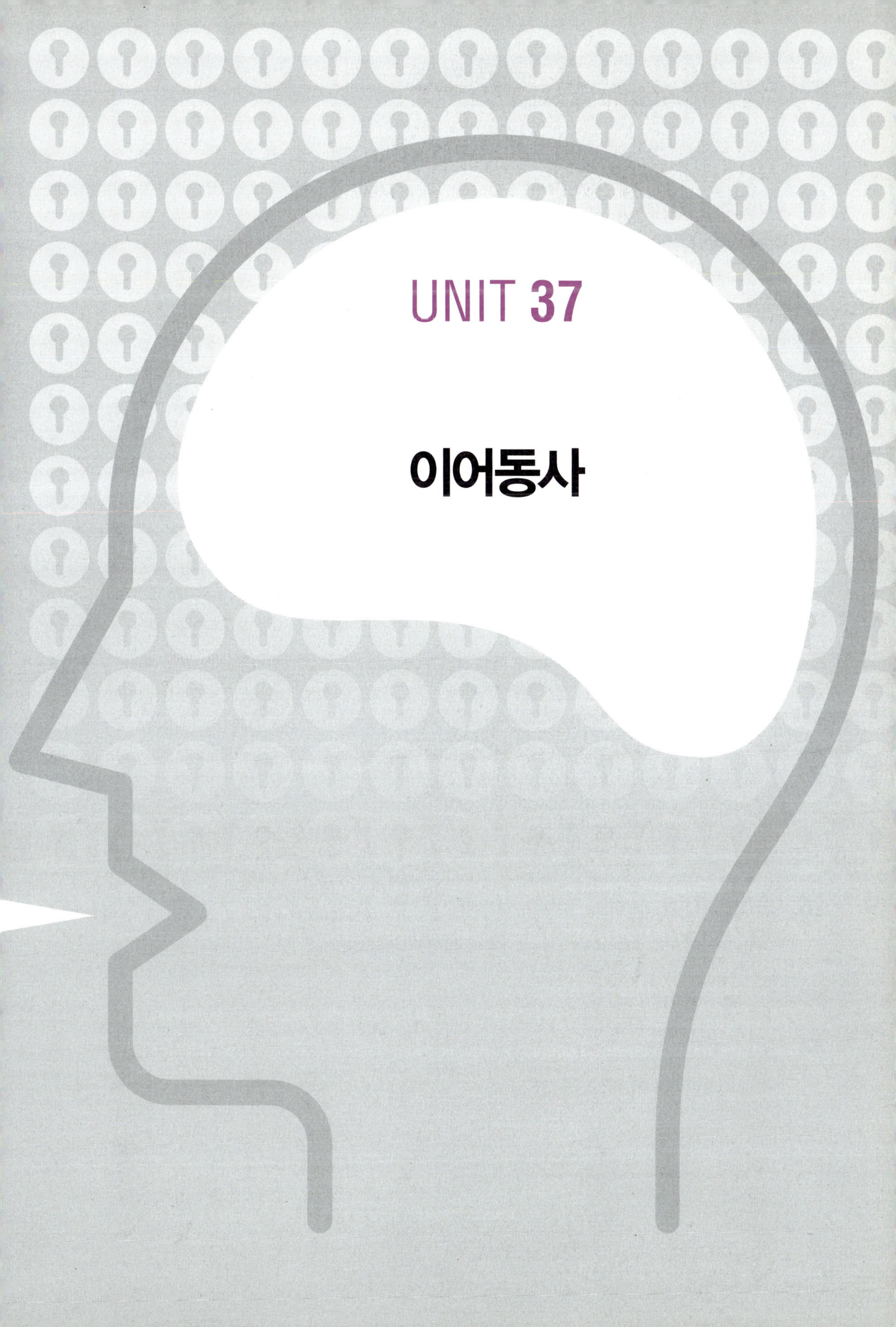

UNIT 37
이어동사

시험에 반드시 나오는 **이어동사**

1 **comply with** ~에 따르다, 응하다

Check if the voltage **complies with** that of your office.
전압이 사무실에 맞는지 확인하세요.

2 **catch on** 이해하다

He doesn't take hints very easily, but he'll **catch on** eventually.
힌트를 쉽게 받아들이지 못하지만, 결국 이해하게 될 거야.

3 **get away** 떠나다, 벗어나다

I'm sorry I'm late; I was in a meeting and couldn't **get away**.
늦어서 미안해. 회의가 있어서 빠져 나올 수가 없었어.

4 **give in** 굴복하다, 양보하다, 제출하다

She was determined not to **give in** until she received compensation for the accident.
그녀는 사고 보상금을 받을 때까지 굴복하지 않겠다고 결심했다.

5 **mess up** 망쳐 놓다

Her late arrival **messed up** our plans.
그녀가 늦게 와서 우리의 계획을 망쳐 놓았다.

6 **bump into** 오래간만에 마주치다, 부딪치다, 충돌하다

We **bumped into** Kate when we were in London last week.
우린 지난주 런던에 있을 때 케이트를 우연히 만났다.

7 **get over** 회복하다, 벗어나다, 미련을 버리다

He's just **getting over** an illness.
그는 방금 병에서 회복했다.

8 put aside 무시하다, 제쳐놓다, 저축하다

Many retired people have to live on the money they **put aside** when they were working.
은퇴한 많은 사람들은 그들이 일할 때 저축했던 돈으로 생활해야 한다.

9 sweep away 휩쓸다

The flooded river **swept away** dozens of houses.
범람한 강이 수십 채의 집을 휩쓸어 갔다.

10 take back 도로 찾다, 철회하다

The country should try to **take back** its lost territories down south.
그 나라는 남부 쪽에 잃어버린 영토를 되찾으려고 노력해야 한다.

11 account for ~의 원인이 되다

Research has shown that smoking **accounts for** more than one of every five deaths in Canada.
조사에 따르면 캐나다에서 5명 중 1명 이상이 흡연으로 사망한다고 밝혀졌다.

12 vouch for 보증하다, 보장하다, 단언하다, 따끔하게 타이르다

I've read this report carefully and I can **vouch for** its correctness.
제가 이 보고서를 주의 깊게 읽어보아서 정확성을 보장할 수 있습니다.

13 rule out 배제하다, ~의 가능성을 없애버리다

A : How do you feel about it?
A : 어떻게 생각하십니까?

B : I don't want to **rule out** any new idea.
B : 어떤 새로운 생각이 나올 수 있는 것을 배제하고 싶지 않습니다.

14 keep up with (사람, 시류 등) 뒤떨어지지 않다, 따라잡다

He had to work very hard to **keep up with** the others in the class.
그는 다른 학우들에게 뒤떨어지지 않으려면 열심히 공부해야 했다.

15 move up 승진하다

I believe that you will **move up** to a manager within the first five years.

자네는 처음 5년안에 매니저로 승진할 수 있을 거야.

16 stick around 머무르다, 떠나지 않고 기다리다

You go - I'll **stick around** here a bit longer and wait for Jane.

넌 가도록 해 – 난 여기 좀 더 남아서 제인을 기다리도록 할게.

17 tag along ~의 뒤에 따라가다, 붙어 다니다, 휴대하다

I don't know her, she just **tagged along** with our group.

나도 그녀가 누군지 몰라, 단지 우리 뒤를 따라왔을 뿐이야.

18 tie up 일에 몰두하다, 돈을 유용하지 못하게 하다

I can't come out tonight – I'm a bit **tied up** at work.

오늘밤은 나갈 수가 없어 – 회사 일로 꼼짝 못하거든.

19 allow for 고려하다, 참작하다

We have to **allow for** the possibility that we might not finish on schedule.

우린 계획대로 끝내지 못할 수 있다는 것도 고려해야만 한다.

20 come down with 병에 걸리다, (전염병을) 앓다

Before you **come down with** the measles, make sure you get a vaccination.

홍역을 앓기 전에 예방주사를 맞았는지 확인해라.

21 come through 요구에 응하다, 견디어내다, 헤쳐나가다

It was a miracle that he **came through** that car accident.

그가 차사고로부터 죽지 않고 살아난 건 기적이다.

22 let up (비 · 눈 따위가) 멎다, 가라앉다

After a continuous downpour for five days, the rain finally **let up**.

5일간 계속 비가 쏟아지더니 드디어 멈췄다.

23 **shoot down** 거절하다, 거부하다

So there's another of my bright ideas **shot down** by the chairman!

의장이 내 좋은 아이디어를 또 묵살했어!

24 **show off** 자랑하다, 과시하다

Before **showing off** your own ability, try to cooperate with your teammates first.

당신 자신의 능력을 자랑하기 전에, 당신의 팀원들과 먼저 협력해 보세요.

25 **figure out** 이해하다

I can't **figure out** why he did it.

그가 왜 그랬는지 이해할 수가 없어.

26 **turn down** 거절하다, 소리를 줄이다, (경기 등이) 쇠퇴하다

She applied for training as a commercial pilot, but they **turned her down** because of her poor eyesight.

그녀는 민간 항공기 조종사가 되는 훈련에 지원했지만 시력이 나빠서 거절당했다.

27 **turn up** 소리를 높이다, 모습을 나타내다

The trouble with Frank is that he never **turns up** on time for meetings.

프랭크의 문제점이라면 회의를 하면 제 시간에 오는 경우가 전혀 없다는 것이다.

28 **iron out** (견해차 등을) 타협하다, 해소하다

It merely remains to **iron out** the details of the plan.

단지 계획의 세부 사항을 타협할 일만 남았다.

29 **lay up** 앓아 눕게 하다, 드러눕다

She's been **laid up** with flu for a week.

그녀는 독감으로 1주일을 누워 있어야 했다.

30 **stay away** 가까이 가지 않다

Stay away from my daughter!

내 딸에게서 떨어져!

31 chew over 심사숙고하다, 생각해 보다

I'll **chew** it **over** for a few days and then let you have my answer.
며칠 생각해 보고 나서 대답을 알려줄게.

32 work out 운동하다, 합계가 나오다, 산정하다

Remember to eat a good breakfast, if you plan to **work out**.
운동할 생각이라면 아침 식사를 든든히 하는 걸 잊지 말아라.

33 come around 주위를 배회하다

A : If the prowler ever **comes around** your property again, then call the police immediately.
A : 부랑자들이 당신 집 주위에 한 번만 더 얼씬거리면, 그 때는 경찰에 즉시 연락하세요.

B : Okay, but let's hope that doesn't ever have to happen.
B : 알았어요. 하지만, 그런 일이 다시 일어나지 않았으면 좋겠네요.

34 come in on (계획 · 사업 등에) 참가하다

A : Would you like to **come in on** my business?
A : 내 사업에 참여할 생각 있니?

B : Well, I'll have to think about it. Is that okay with you?
B : 글쎄다, 생각해봐야겠는데. 넌 괜찮니?

35 throw in (말, 의견 등을) 끼워 넣다, 물건 살 때 공짜로 끼워 주다

He said nothing more, except to **throw in** a warning about the possible consequences of their decision.
그들의 결정으로 인한 있을 법한 결과에 대한 경고를 하려고 끼어든 걸 제외하고, 그는 더 이상 말을 하지 않았다.

36 act out 표시하다, 이야기하다

All his life he tried to **act out** his beliefs.
그는 온 일생을 자신의 신념을 표시하려고 노력했다.

37 get together 모이다, 만나다

Shall we **get together** on Friday and go for a drink or something?
우리 금요일에 모여서 한잔하거나 뭐 하려 가지 않을래?

38 **count on** 의지하다, 고려하다

You can **count on** me. I'll help you.
날 믿어. 내가 도와 줄께.

39 **mark down** 값이 내린 정가표를 달다, 적어 놓다

All pants, shirts, socks and hats will be **marked down** by 60%.
바지, 셔츠, 양말, 모자 등 모든 품목을 60% 할인하고 있습니다.

40 **put down** 헐뜯다, 깎아 내리다, 윽박지르다

A : You shouldn't have **put** him **down** like that.
A : 그에게 그렇게 윽박질러선 안돼.

B : I know, I'm going to apologize to him tomorrow.
B : 나도 알아. 내일 사과할거야.

PART I•Choose the best answer for the blank.

1 A: These goods have defects in the quality. I'd like you to refund it.

B: Sorry, but we can't ____________ with your request.

(a) agree　　　　(b) concur
(c) comply　　　　(d) fill

2 A: We made a wise decision to climb this mountain.

B: Yeah. It's nice to ____________ away from the bustle life of the city.

(a) take　　　　(b) get
(c) turn　　　　(d) pull

3 A: I don't know how to cope with my students' requests.

B: Don't ____________ to their demands.

(a) give in　　　　(b) give up
(c) leave off　　　　(d) put out

4 A: I'd like to invite my friends to my house.

B: Then you should not ____________ up the house.

(a) wrap　　　　(b) mess
(c) wind　　　　(d) round

5 A: Why did James resign from his job?

B: He wants to do something different. He has ____________ aside some money for his future.

(a) step　　　　(b) stand
(c) put　　　　(d) pull

6 A: I heard the storm in the region was so harsh.

B: Yeah. The storm ____________ away several houses.

(a) exorcised　　　　(b) faded
(c) swept　　　　(d) ran

7 A: I want to recommend Martin as a manager at your store.

B: Will you surely ____________ for him? I can't believe him yet.

(a) vouch　　　　(b) account
(c) long　　　　(d) leap

8 A: Can Janice accept such a job this time?

B: I can't completely ____________ out the possibility.

(a) carry　　　　(b) hold
(c) speak　　　　(d) rule

9 A: Why were you so late for the meeting this morning?

B: The traffic was all ____________ up.

(a) withered　　　　(b) tied
(c) stirred　　　　(d) loosened

10 A: My brother, Jensen, seems to make mistakes all the time.

B: Calm down. You must ____________ for his young age.

(a) tremble　　　　(b) argue
(c) crave　　　　(d) allow

11 Some employees' promotion didn't ___________ through continuously, even if they had enough qualifications for promotion.

(a) go (b) come
(c) break (d) pass

12 The president sure will ___________ down the financial plan passed by the Assembly last week .

(a) weigh (b) hand
(c) shoot (d) chop

13 Most of the panelists interested in the psychological program tried to ___________ out the talents of different subjects.

(a) figure (b) black
(c) watch (d) straighten

14 The government of the country has ___________ down the request from its neighboring country asking for financial aid.

(a) cut (b) slowed
(c) turned (d) bowed

15 If the company had wanted to achieve its business goal, it should have ___________ out its internal problems and external pressure.

(a) mailed (b) ironed
(c) shorted (d) set

16 Many of the students ___________ over what their teacher had said during the lecture.

(a) hung (b) chewed
(c) bent (d) domineered

17 Although most companies around this region wanted to ___________ the bid, only a few met the qualifications.

(a) get across (b) meet up with
(c) come in on (d) take out of

18 The criminal was forced to ___________ out abuse of drugs in the courtroom.

(a) act (b) come
(c) make (d) pitch

19 To protect the neighborhood community, people should ___________ on each other through the programs such as the institution of 'Neighborhood Watch'.

(a) put (b) repose
(c) hold (d) count

20 Animal control officials are concerned that pet owners tend to ___________ down their pets harshly.

(a) hang (b) put
(c) cut (d) fetch

위아텝스
VOCABULARY

이디엄은 구어체 및 이어동사와 유사한 경향을 보이고 있기 때문에 함께 학습하는 것이 중요하다. 대부분의 이디엄은 기본적으로 동사와 명사, 형용사, 전치사, 부사 등의 결합을 통해 구성되는 것이기 때문에, 구어체 표현에서와 같이 함께 암기하는 것이 중요하다. 이때 이디엄을 구성하는 각각의 단어들의 결합 관계와 결합 이후의 의미 변화 관계를 꼼꼼하게 분석하여 일상 생활에서 적용 가능하도록 활용하는 것이 중요하다.

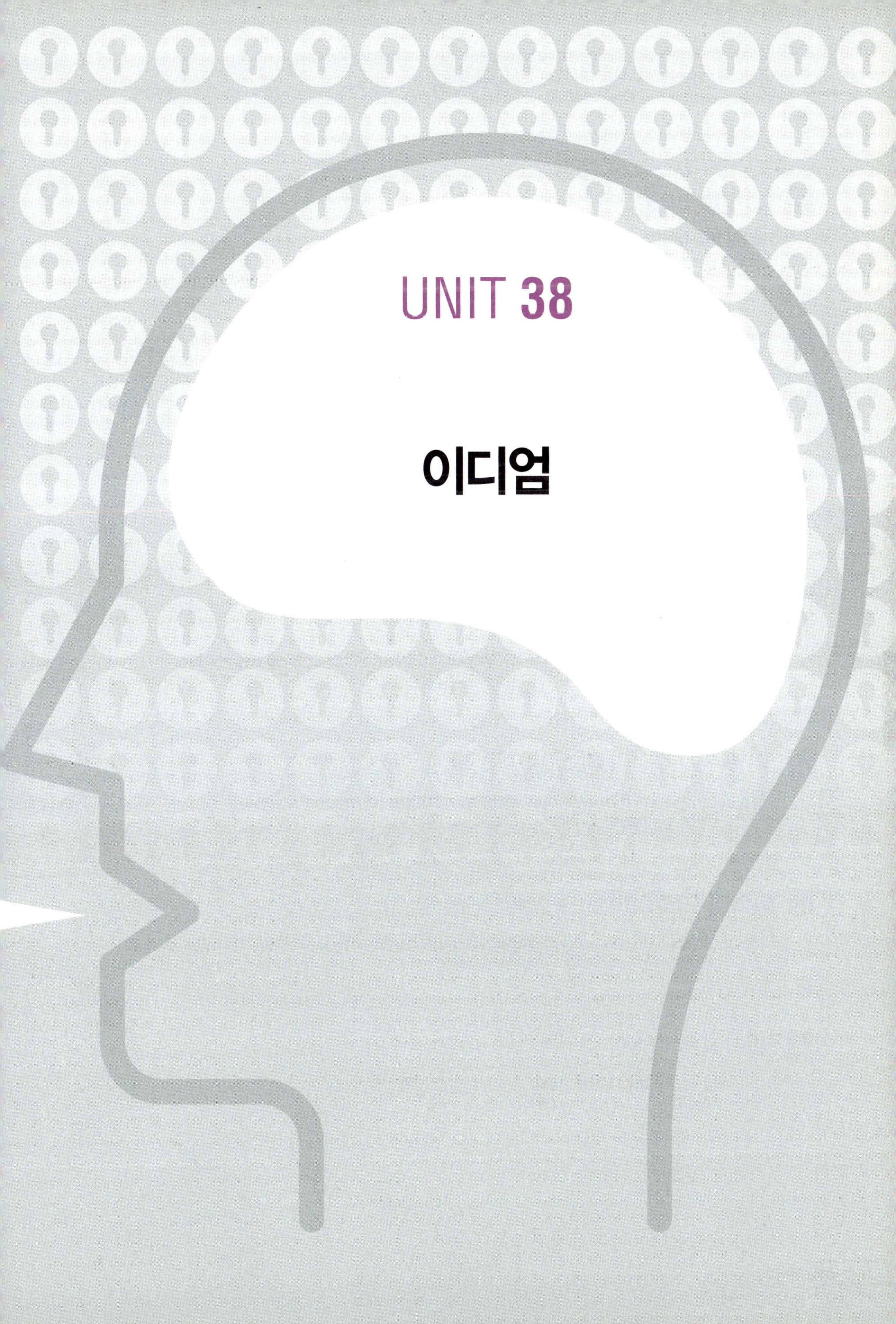

UNIT 38

이디엄

1 **hit the bottle** 마구 마시다, 곤드레만드레 취하다

He **hit the bottle** when he lost his job.
그는 직장을 잃자 술을 마구 마셨다.

2 **make heads nor tails of** 이해하다

Do this report again. I can't **make head nor tail of** it.
이 보고서 다시 해. 이해하지 못하겠어.

3 **speak the same language** 서로 말이 잘 통하다, 의견이 잘 맞는다

We both **speak the same language**. We have a sense of mutual understanding.
우리는 서로 잘 통하거든요. 우리는 서로를 잘 이해하는 편이죠.

4 **face the music** 과감히 맞서다, 응보를 달게 받다

The boy was caught cheating in an examination and had to **face the music**.
그 남자아이는 시험 시간에 커닝하다 들켜서 혼날 것을 감수해야 한다.

5 **stop at nothing to do sth** 어떤 일도 서슴지 않다

He's so ambitious that he would **stop at nothing to reach** the top.
그는 너무나 야심적이라 정상에 오르기 위해서라면 어떤 일이든지 서슴지 않았다.

6 **nip in the bud** 미연에 방지하다, 싹을 잘라 버리다

Many serious illnesses can be **nipped in the bud** if they are detected early enough.
많은 중병들은 초기에 발견하면 미연에 방지할 수 있다.

7 **take the cake** (비꼬는 투로) 보통이 아니다, 빼어나다

That joke really **takes the cake**. I wish I'd told it.
그 농담은 정말 보통이 아니야. 내가 말하고 싶었는데.

8 ask for trouble 화를 부르다, 사서 고생을 하다

Letting the children play with those matches was just **asking for trouble**!
어린애들이 성냥을 갖고 놀게 내버려두는 것은 화를 부르는 것이다.

9 lose one's cool 흥분하다, 울컥 치밀다

She **lost her cool** and started shouting at them.
그녀는 화가 치밀어서 그들에게 소리치기 시작했다.

10 make a clean break 새롭게 출발하다

You can **make a clean break** from your past.
당신은 완전히 새 출발할 수 있을 겁니다.

11 make a federal case out of it 야단법석을 떨다

Do you have to **make a federal case out of** everything?
넌 모든 일에 야단법석을 떨어야 하는 거니?

12 paint the town red 진탕 마시다, 야단법석을 떨다

Let's all go out and **paint the town red**!
모두 나가서 진탕 마시자구!

13 go for it 그냥 하다

Vicki never worried or hesitated about anything, she just went for it and did whatever she had to do.
비키는 걱정하거나 주저하는 게 전혀 없어. 해야 할 일이 있으면 그냥 해 버리지.

14 keep one's nose clean 말썽부리지 않다, 얌전하게 있다

I'm going to **keep my nose clean** even after probation.
집행유예가 끝난 후에도 사고는 치지 않겠어.

15 keep one's shirt on (성내지 않고) 침착성을 유지하다

Keep your shirt on, bud. I'll do it as soon as I can.
가만히 있어봐. 당장 할테니까.

16 **keep a straight face** 무표정한 얼굴을 하다, 정색을 하다

I could barely **keep a straight face**.
나는 웃음을 간신히 참았다.

17 **keep one's chin up** 낙담하지 않다

He's having a pretty rough time but he seems to be **keeping his chin up**.
그는 힘든 때를 겪고 있지만 낙담한 것 같지는 않다.

18 **serve one right** 꼴 좋다, 당해도 싸다, 고소하다

It **serves you right**. You shouldn't have been rude to him.
꼴 좋다. 그에게 무례하게 굴지 말았어야지.

19 **work one's fingers to the bone** 뼈빠지게 일하다

Mr. Brown **worked his fingers to the bone** to make enough money to buy a new car.
브라운 씨는 새차를 살 충분한 돈을 모으기 위해 뼈빠지게 일했다.

20 **spit it out** 털어놓다, 숨김없이 말하다

Come on, **spit it out**, who told you about this?
이봐, 숨김없이 말해, 누가 그런 얘길 한 거야?

21 **get in the way** 방해되다

Whenever I'm trying to get some yard work done, he's always **getting in the way**.
내가 정원에서 무슨 일을 할 때마다, 그는 항상 날 방해해.

22 **get one's blood flowing** 흥분시키다, 자극하다

Rock-climbing really **gets my blood flowing**.
암벽등반은 정말로 날 흥분하게 해.

23 **have butterflies in one's stomach** 마음이 두근거리다, 조마조마하다

I always **have butterflies in my stomach** before an exam.
난 시험 전에는 항상 마음이 두근두근거려.

24 **have sth under one's belt** 기억하고 있다, 소유하고 있다

Once you **have a degree under your belt**, you'll find it easier to get a job.

일단 학위를 갖게 되면, 직장 구하기가 쉽다는 것을 알게 된다.

25 **hit the jackpot** 땡잡다, 횡재하다, 크게 성공하다

He's really **hit the jackpot** with this new game – orders for it have been pouring in!

그는 이 새로운 게임으로 큰 성공을 거두었다 – 주문이 쇄도하고 있다.

26 **read between the lines** 행간을 읽다, 숨은 뜻을 알아내다

She said they were busy on that day but, **reading between the lines**, they just didn't want to come to the presentation.

그녀는 그들이 그날 바쁘다고 말했지만, 속뜻을 알아보면, 그들은 단지 프리젠테이션에 나오고 싶지 않았을 뿐이다.

27 **give sth one's best shot** 최선을 다하다

I know you're not feeling very confident, but **give it your best shot**.

네가 자신없다는 건 알고 있어, 하지만 최선을 다해봐.

28 **beat around the bush** 요점/핵심을 말하지 않다, 둘러대다

I wish you'd stop **beating around the bush** and tell me what you really want.

난 자네가 핵심을 요리조리 피하지 말고 원하는 게 무엇인지 말하기를 바라네.

29 **haul over the coals** 나무라다, 몹시 꾸짖다

I think we'll be **hauled over the coals** yet again by the boss for something that isn't our fault at all.

우리의 잘못도 아닌 것으로 사장님한테 또 다시 혼날 것 같아.

30 **pull the wool over one's eyes** 눈 가리고 아웅하다

Stop trying to **pull the wool over my eyes**! I know you're joking!

눈 가리고 아웅하려 들지마! 농담한 건지 알고 있어!

31 **rub someone the wrong way** ~를 화나게 하다, 신경을 건드리다

Mary **rubs me the wrong way** every time I run into her.

내가 Mary를 만날 때마다 그녀는 내 신경을 건드려요.

32 **give one the cold shoulder** 냉대하다, 무시하다, 차갑게 대하다

I can't understand why you're **giving me the cold shoulder** – what have I done wrong?

네가 날 무시하는 이유를 잘 모르겠어. 내가 뭘 잘못했지?

33 **walk in the shoes** 흉내내다, 따라 하다

He **walks in the shoes** of his father.

그는 자신의 아버지를 따라 한다.

34 **add fuel to the fire/flames** 불난 데 부채질하다

The discovery that the government was aware of the cover-up has really **added fuel to the fire**.

정부가 은폐 사건을 알고 있었다는 발표는 불난 데 부채질하는 것이었다.

35 **cut out for** ~에 적격이다, 적임이다, 어울리다

You're a really great guy, but I really don't think we're **cut out for** each other.

넌 정말 괜찮은 친구야, 하지만 난 우리가 서로 어울린다고 생각하지 않아.

36 **come to grips with** 잘 맞서다, 처리하다, 다루다

He found it difficult to **come to grips with** his grandmother's death.

할머니의 죽음에 잘 맞서기가 어렵다는 것을 알았다.

37 **turn one's back on** 등을 돌리다

He's always been kind to me – I can't just **turn my back on** him now that he needs my help.

그는 항상 친절하게 대해 주었어 – 내 도움을 필요로 하는 지금 등을 돌릴 수가 없어.

38 **leave a bad/bitter taste in one's mouth** 뒷맛이 씁쓸하다, 나쁜 인상을 남기다

The whole thing **leaves a bad taste in my mouth**.

전체적인 일이 영 뒷맛이 좋지 않습니다.

39 **lie through sb's teeth** 입술에 침도 안 바르고 거짓말을 하다

He's **lying through his teeth** – he says he's never cheated anyone, but I've seen him steal several times.

그는 입술에 침도 안 바르고 거짓말을 하더군. 더 이상 커닝하지 않겠다고 말했지만 여러 번 하는 걸 난 봤어.

40 **step on one's toes** 남의 발끝을 밟다, 기분을 상하게 하다

Thanks for the warning. I wouldn't want to **step on anyone's toes**.

미리 말해 줘서 고마워. 난 남의 신경을 건드리는 것은 하기 싫거든.

PART I • Choose the best answer for the blank.

1 A: You look so tired today. What's up?

B: We ______________ the bottle hard after work last night.

(a) made   (b) hit

(c) got   (d) took

2 A: Are you getting along with your boyfriend?

B: Sure. We have a lot in common, and even speak the same ______________ .

(a) sound   (b) diction

(c) language   (d) signal

3 A: Why is your teacher so angry with you?

B: I didn't submit my report. It's time to ______________ the music.

(a) tune   (b) face

(c) accept   (d) turn

4 A: How could you repair your computer?

B: My brother helped me. He ______________ other problems in the bud.

(a) bit   (b) dropped

(c) nipped   (d) caught

5 A: I heard Baker failed his test.

B: It ______________ him right. He didn't prepare for it at all.

(a) serves   (b) arranges

(c) delivers   (d) performs

6 A: I can't believe my house was stolen last night.

B: Don't ______________ your cool. Just be thankful anyone wasn't hurt.

(a) fail   (b) lose

(c) deplete   (d) get

7 A: I'm so worried about yesterday's interview. I didn't do well.

B: William, just keep your ______________ up. It will be good.

(a) eye   (b) chin

(c) finger   (d) nose

8 A: There seems to be a slim chance of success in the experiment.

B: Don't worry. Sink or swim, let's ______________ .

(a) get for nothing   (b) raise your head

(c) save your face   (d) go for it

9 A: Cohen, are you sure you can ______________ your nose clean from now on?

B: I will. I promise not to commit any problems.

(a) stay   (b) have

(c) blow   (d) keep

10 A: The comedy was so funny last night.

B: You're right. I couldn't keep a ______________ face.

(a) straight   (b) clean

(c) true   (d) cool

11 Most successful people don't allow their personal emotion to _____________ of their doing their job.

(a) hit the road　　(b) take it easy

(c) get in the way　　(d) raise your voice

12 Many students usually have butterflies in the _____________ whenever they take an exam.

(a) mouth　　(b) stomach

(c) intestine　　(d) head

13 Most analysts point out that small investors tend to try to _____________ the jackpot in a short period of time.

(a) turn　　(b) see

(c) break　　(d) hit

14 Every reader should read between the _____________ to understand the hidden meaning while reading books.

(a) letters　　(b) lines

(c) lessons　　(d) papers

15 True journalists should just begin every article with sincerity and not _____________ around the bush so much.

(a) go　　(b) beat

(c) keep　　(d) push

16 Mary didn't get along with Jacobs so well, so she gave him the _____________ shoulder.

(a) warm　　(b) cold

(c) hearty　　(d) calm

17 The truly most intelligent employee is the one who have tried to find a way to _____________ in the shoes of the president of the company.

(a) walk　　(b) step

(c) stand　　(d) fit

18 Because of the political scandal and bribery, many voters _____________ their back on the governor.

(a) showed　　(b) turned

(c) got　　(d) gave

19 High coffee and crop prices leave a bitter _____________ in the mouths of impoverished farmers since they can't get the benefits.

(a) smell　　(b) taste

(c) flavor　　(d) gusto

20 As traffic increases on the street, even expert drivers can _____________ on one another's toes.

(a) pace　　(b) rove

(c) stalk　　(d) step

PART I•Choose the best answer for the blank.

1 A: The idea seems to ___________ that a recession is coming.

B: You're right. Many factors are showing the precursor of economic depression.

(a) abound   (b) prevail

(c) overcome   (d) ponder

2 A: I really think highly of his accomplishment.

B: Yeah. It seems to ___________ all his previous efforts.

(a) transcend   (b) relent

(c) promote   (d) refine

3 A: I heard that singer released a new album.

B: You're right. It will ___________ her previous reputation.

(a) rejuvenate   (b) alleviate

(c) rehabilitate   (d) remedy

4 A: Scientists usually use pigeons in several experiments.

B: Right. Their excellent low-frequency hearing ___________ that of humans.

(a) amends   (b) reforms

(c) ameliorates   (d) surpasses

5 A: I heard there was a traffic accident on the street last night.

B: Yeah. There were three ___________ in the accident.

(a) disasters   (b) fatalities

(c) calamities   (d) misfortunes

6 A: Our building seems to become weaker and weaker.

B: You're right. The vibrations caused by passing traffic may result in structural ___________ .

(a) development   (b) adulteration

(c) contamination   (d) deterioration

7 A: How was the interview with Linden?

B: Oh, I was so impressed. He answered all the questions with ___________ .

(a) approval   (b) rudeness

(c) confidence   (d) impudence

8 A: What's the matter? You look sick.

B: This is ___________ . My body is cold.

(a) ridiculous   (b) normal

(c) bizarre   (d) natural

9 A: Thank you for your prompt, ___________ , thoughtful arrangement.

B: It's my pleasure that it's helpful to you.

(a) pertinent   (b) untimely

(c) invalid   (d) permissible

10 A: Do you know the word 'thy?' I can't understand it.

B: That word is ___________ . So don't use it any more.

(a) obsolete   (b) current

(c) contemporary   (d) primitive

11 After a big rainstorm, many volunteers are helping to ____________ dwellers in need.

(a) forsake   (b) eject
(c) evacuate   (d) abdicate

12 If you see a doctor because of your infection, he will prescribe medications to ____________ the causes of your infection.

(a) alleviate   (b) sustain
(c) intensify   (d) impede

13 After the accident, the airline said that it would ____________ their passengers for their tickets and accommodation costs.

(a) reimburse   (b) deprive
(c) adjust   (d) discharge

14 The new policy is likely to ____________ the authority of international human rights standards, so many human rights organizations are opposed to it.

(a) approve   (b) degrade
(c) dignify   (d) purify

15 His latest novel has definitely proved the author's ____________ as an author.

(a) versatility   (b) utility
(c) advantage   (d) mechanism

16 It was a(n) ____________ that Daniel met his ex-wife at the party right after he got married to another woman.

(a) collaboration   (b) incident
(c) coincidence   (d) intervention

17 Everyone should educate themselves and become an expert in some ____________, so that they can be in the right place.

(a) perforations   (b) ranges
(c) recesses   (d) niches

18 All the employees in the department flatly denied leaking any ____________ information.

(a) constant   (b) confidential
(c) exclusive   (d) redundant

19 Since Ivan has a ____________ occupation, he always wants to visit a gymnasium twice a week to work out.

(a) stable   (b) submissive
(c) tranquil   (d) sedentary

20 The actor's manner of speaking was so ____________ that even his commonplace remarks seemed to result in charm and excitement.

(a) adroit   (b) casual
(c) vivacious   (d) zealous

MEMO

MEMO

해설집

- 청해 6회, 어휘 4회, 최고의 유형으로 엄선된 총 596문제
- 1년 여의 베타테스트, 수천 명의 피드백으로 다듬은 단단한 기본서
- 단순 패러프레이징이 아닌, 완성도 100%의 문제만으로 구성

We're
위아북스

위아텝스 해설집

LC

전지현 지음

We're
위아북스

UNIT 01 의문사 의문문 1 What

Part 1

1 W: What's the **purpose** of your trip?
M: I'm **visiting my relatives**.

2 M: What's the **speed limit** on this highway?
W: Maybe under 60.

3 M: **What should I do** about the job offer?
W: You'd better **turn it down**.

4 W: **What do you think of** my new dress?
M: **It looks great on you**.

5 W: **What are you going to do** this weekend?
M: **I'm supposed to** go to a barbecue.

6 M: **What seems to be the problem**, ma'am?
W: You **overcharged me for this meal**.

Part 2

7 M: Where is Tracy Blare? She's late again.
W: Oh, she said she **would be delayed for half an hour**.
M: What's the excuse this time?
W: Her **car wouldn't start**.

8 M: **How did you like** the movie?
W: Well, it was a bit disappointing.
M: **What didn't you like about it**?
W: I thought it was the same old story.

9 M: Billy is all smiles these days.
W: Well, **I'd be happy too if I were in his place**.
M: What do you mean?
W: I heard **he'd get the promotion**.

10 W: **How did your play go** last night?
M: It was a disaster.
W: What happened?
M: **Both story and acting were terrible**.

11 M: **Look who's here! Fancy meeting you here**, Jenna.
W: What a nice surprise, Andrew. **It's been a while**.
M: Yeah, **what brings you here**?
W: **I'm registering for aerobic class**.

12 M: I heard **you're seeing someone**.
W: Right. **One of my colleagues set me up with his friend**.
M: Really? **What is he like**?
W: He's handsome and sweet.

1 W: Look who's here! What are you doing here, Tom?
M: _______________________
(a) I was working a double shift.
(b) I'm here for a business trip.

M: 이게 누구야! 탐, 여긴 어쩐 일이죠?
W: _______________________
(a) 2교대로 일을 하고 있었어요.
(b) 출장 때문에 왔어요.

☺ What are you doing here?는 단순히 '무엇을 하고 있느냐'라는 해석 외에 '여기 어쩐 일이세요?'로도 해석이 가능하다.

정답 (b)

2 M: What movie do you have in mind?
W: _______________________
(a) I'd prefer a thriller.
(b) Sorry, I have a previous engagement.
(c) I don't mind at all.
(d) Check the box office.

M: 어떤 영화를 보고 싶으세요?
W: _______________________
(a) 전 스릴러가 좋을 것 같아요.
(b) 죄송하지만 전 선약이 있어서요.
(c) 전 신경 쓰지 않아요.
(d) 매표소를 확인해보세요.

◐ 가장 답을 간단히 고를 수 있는 'What + 명사' 유형. What movie 부분만 잘 듣는다면 이에 해당하는 정답 (a)를 고를 수 있다. (b)는 영화를 보자고 제안할 때의 답이며, (c)는 mind를 응용한 오답이다.

정답 (a)

3 W: What should I write my paper about?

M: ________________________________

(a) I'd get it done if I were you.

(b) Well, I'm not the right person to ask.

(c) You should get a second opinion.

(d) If I were you, I wouldn't write about it.

W: 보고서를 뭐에 대해 써야 할까요?

M: ________________________________

(a) 내가 당신이라면 빨리 끝낼 거예요.

(b) 글쎄요, 나는 대답하기에 적당한 사람이 아니에요.

(c) 다른 의견을 들어보시는 게 낫겠네요.

(d) 내가 당신이라면 그것에 대해 안 쓸 거예요.

◐ What 의문문 중 상대방의 의견을 구하는 질문이 종종 나온다. What should I do? 혹은 What would you do ~? 등의 질문에 대해 가능한 성의 있는 대답을 골라야 하지만 정답 (b)처럼 '모른다'도 적절한 답이 될 수 있다. (c)가 혼동을 주는 보기이지만 second 때문에 오답 처리한다. (d)는 질문의 write를 응용한 오답이다.

[Possible Answers]
Why don't you surf the Internet on paper topics? 보고서 주제에 관해 인터넷을 찾아보는 게 어때요?

get a second opinion 다른 사람의 의견을 듣다

정답 (b)

4 W: What would you like on your pizza?

M: ________________________________

(a) I'll just have a coke.

(b) A piece will do.

(c) Thin crust would be better.

(d) The works, hold the onions.

W: 피자 토핑을 무엇으로 하시겠어요?

M: ________________________________

(a) 전 그냥 콜라만 마실게요.

(b) 한 조각이면 좋아요.

(c) 얇은 피자가 더 낫겠네요.

(d) 다 넣어주세요, 양파는 빼고요.

◐ What 의문문 중 가장 많이 출제되는 형태는 What do you do ~? What are you going to ~? 등으로 다양한 주어와 동사가 나올 수 있기 때문에 주어, 동사까지 주의해서 듣고 답을 고른다. What would you like ~?는 '무엇으로 하시겠느냐?' 특히 피자 토핑 선택에 관한 질문이며, 정답 (d)

는 구어체 관용표현으로 선택 가능한 것 중 전부를 말할 때 유용한 표현이다.

[Possible Answers]
I just want onion and pineapple. 전 양파와 파인애플로 할게요.
I will just have a plain pizza. 저는 그냥 플레인 피자로 할게요.

The works 전체, 전부 **hold** (식당 주문에서) ~를 빼다

정답 (d)

5 M: What happened to the antique chair that used to be in the living room?

W: ________________________________

(a) My sister took it the other day.

(b) Actually, I used to play with the chair.

(c) I bought a brand new one yesterday.

(d) I prefer a recliner to an armchair.

M: 여기 거실에 있던 오래된 의자 어떻게 됐어요?

W: ________________________________

(a) 요전 날 동생이 가져갔어요.

(b) 사실 그 의자를 가지고 놀곤 했죠.

(c) 어제 새 의자를 샀어요.

(d) 난 안락의자보다는 리클라이너가 좋아요.

◐ What happened ~?는 주로 안 좋은 일이 정답이며, 이 문제에서는 어떻게 됐는지를 묻는 문제이다. 긴 문장이나 What happened to the antique chair까지만 들어도 어느 정도 정답 (a)를 고를 수 있다. (b)는 chair를 응용한 오답. (c)는 언뜻 들었을 때 답으로 고를 수도 있으나 직접적인 답이 아니기 때문에 피한다.

[Possible Answers]
I threw it away. 버렸어요.

정답 (a)

6 M: Dr. Lauren's office. How can I help you?

W: I want to make an appointment.

M: What seems to be the problem?

(a) I broke up with my boyfriend.

(b) I have a high fever and ache all over.

M: 닥터 로렌 진료실입니다. 무엇을 도와드릴까요?

W: 예약을 하고 싶어요.

M: 어디가 아프세요?

(a) 내 남자 친구와 헤어졌어요.

(b) 열이 높고 온 몸이 쑤시고 아파요.

◐ make an appointment는 주로 의사와의 진료 약속을 뜻하며, What seems to be the problem?은 어디가 아픈지 물을 때 많이 쓰는 표현이다. 병원을 갈 만한 증상을 말해야 한다.

정답 (b)

7 W: How can I help you, sir?

M: I'd like a refund for this shirt.

W: What is it that you don't like about it?

(a) Here is the receipt.

(b) I got ripped off.

(c) It is too conservative for me.

(d) I returned this one, too.

W: 어떻게 도와드릴까요?

M: 이 셔츠 환불을 좀 해주세요.

W: 어떤 게 맘에 드시지 않나요?

(a) 여기 영수증이 있습니다.

(b) 내가 바가지 썼어요.

(c) 너무 점잖아요.

(d) 이것도 반품하고 싶어요.

✪ What 의문문 중 가장 간단한 What is it?(뭐죠?) 유형. 이 문제처럼 that 이하를 전부 들어줘야 하는 경우도 있고 단순히 보어만 들으면 답을 고를 수 있는 쉬운 문제도 있다. (ex. What's your position?) 환불의 이유로 정답 (c)처럼 너무 점잖거나 너무 화려해서(fancy, gaudy, loud) 바꿀 수도 있고, 하자(It's defective.)가 있어서 환불을 요청할 수도 있다.

[Possible Answers]

I don't like the color. 전 그 색깔이 안 좋아요.

It's too fancy for me. 제겐 너무 화려해요.

refund 환불 ripped off 바가지 쓰다 conservative 보수적인

정답 (c)

8 M: I was hoping to see you at Helen's party yesterday.

W: I had planned on going, but I couldn't make it.

M: What happened?

(a) Nothing much. Just getting by.

(b) I felt left out at the party.

(c) I was swamped with the project at work.

(d) The party was hilarious.

M: 어제 헬렌의 파티에서 볼 줄 알았는데요.

W: 그러려고 했는데 어쩔 수가 없었어요.

M: 무슨 일이 있었나요?

(a) 별 일 없었어요. 그럭저럭 지내고 있어요.

(b) 파티에서 소외감을 느꼈어요.

(c) 직장에서 일 때문에 너무 정신이 없었어요.

(d) 그 파티 너무나 재미있었어요.

✪ What's wrong?, What happened?, What's the problem?(뭐가 잘못됐나요?)는 답변 내용으로 좋지 않은 내용이나 정답 (c)처럼 어려움을 겪었다는 내용 등이 나온다. (a)는 How's it going? 등의 인사에 어울리는 답이며, (b)와

(c)는 문제의 party를 응용한 오답이다.

[Possible Answers]

I had a family emergency. 가족에게 급한 일이 생겼어요.

I ran into an old friend of mine on the way. 오늘 길에 오랜 친구 한 명을 우연히 만났어요.

get by 그럭저럭 지내다 feel left out 소외감을 느끼다 be swamped with ~에 압도되다, ~때문에 정신없이 바쁘다 hilarious 너무나 재미있는

정답 (c)

9 M: Why don't we see that new Harrison Ford movie tomorrow?

W: Sounds great. Will you come and pick me up?

M: Okay, it starts at 7:00. So... what if I come by at 6:00?

(a) Alright, I'll be there by 6:00.

(b) I think it's famous because of media hype.

(c) Okay, I'll pick you up at the movies.

(d) Make it half past five, so we'll have enough time to get there.

M: 우리 내일 해리슨 포드 새 영화 보는 것 어때요?

W: 좋아요. 차로 데리고 올래요?

M: 그래요. 7시에 시작하니까 6시에 가면 어떨까요?

(a) 그래요. 내가 6시까지 갈게요.

(b) 과대 광고 때문에 그 영화가 유명한 것 같아요.

(c) 그래요. 내가 영화관으로 데리러 갈게요.

(d) 5시 반으로 정하죠. 그래야 갈 시간이 충분하죠.

✪ What if ~는 '~이라면 어찌 될까?'의 뜻이며 보통 어떤 불안한 미래에 대해서 상대방의 조언을 구한다. 하지만 이 문제에서의 What if ~는 제안(어떨까요?)에 가까운 뜻이다. (c)는 pick up을 응용한 오답이다. 이어동사 등 두 단어 이상을 응용했다면 거의 오답이라 단정해도 좋다.

pick up ~를 차로 태우러 가다 come by 들리다 media hype 과대광고

정답 (d)

10 M: When are you going to Egypt for your holiday?

W: Next month.

M: What made you want to go there?

(a) I planned it a long time ago.

(b) I'm looking forward to the trip.

(c) I visited some relatives there.

(d) I was fascinated by its amazing ancient ruins.

M: 이번 휴가 때 이집트 언제 갈 거예요?

W: 다음 달이요.

M: 왜 이집트를 가는 거죠?

(a) 오래 전에 계획했어요.

(b) 여행을 고대하고 있어요.

(c) 친척을 방문했어요.

(d) 엄청난 고대 유적에 매료됐거든요.

◎ What 의문문 중 What makes you ~, What brings you ~는 이유를 묻는다. 이집트를 가고자 하는 이유를 묻기 때문에 이유가 되는 정답 (d)를 골라야 한다. (c)는 I'm going to visit some relatives there.로 바꾸면 답으로 가능하다.

[Possible Answers]
I like warm climate there. 저는 그곳의 따뜻한 날씨를 좋아해요.
There are many things to see. 볼거리가 많아요.

look forward to ~을 고대하다 **relatives** 친척 **be fascinated by** ~에 매료되다 **ancient ruins** 고대 유적

정답 (d)

UNIT 02 의문사 의문문 2 How

Part 1

1 M: This fish **isn't cooked properly**. How is yours?
  W: **Mine is undercooked, too.**

2 M: Julie, how's everything going?
  W: **Couldn't be better.**

3 W: How **did you find it when you started your career**?
  M: **I had a hard time at first.**

4 W: How **am I supposed to work out the cost**?
  M: You can **call the predecessor and ask about it.**

5 W: St. Martin hospital, **how can I direct your call**?
  M: Will you transfer me to room 805?

6 M: **How would you like** your coffee?
  W: With cream and sugar.

7 W: How much is **a one-way bus ticket to LA**?
  M: I think it was **twenty bucks.**

8 W: How often should I **take this medicine**?
  M: You'd better check the label.

9 M: How come **so many people are late**?
  W: **There's a four-way collision on the highway.**

10 M: How about a drink after work?
  W: **I don't feel very well. Can I take a rain check**?

Part 2

11 M: Kate, you are finally back, **where have you been**?
  W: **I was in Italy on vacation.**
  M: Really? How was it?
  W: It was great. I **traveled to many impressive places**.

12 W: What lovely flowers!
  M: Oh, good. I'm glad you like them.
  W: How did you know **orchids are my favorite**?
  M: **I just guessed it.**

13 W: So **you're leaving for the beach** today.
  M: Yes, in the afternoon.
  W: **How far is it** from here?
  M: It's an hour away.

1 M: How would you like your eggs?
  W: ___________________________
  (a) I want them medium-rare.
  (b) Overeasy will be fine.
  M: 계란을 어떻게 해서 드시겠어요?
  W: ___________________________
  (a) 중간보다 덜 익혀주세요.
  (b) 양쪽을 익혀주세요.

◯ 'How would you like + 명사?'는 '어떻게 해드릴까요?'로 주로 출제되며 시험에 나오는 구문은 어느 정도 정해져 있다. How would you like eggs? (계란 요리) / steak? (스테이크 익힘 정도) / coffee? (커피에 추가로 무엇을 탈지) / money? (잔돈을 어떻게 바꿔 줄지)가 주로 출제되었다. (a)는 steak로 물어봤을 때 답이 된다.

[Possible Answers]
Sunny side up. 한쪽만 익혀주세요.
Scrambled will do. 스크램블로 해주세요.
Poached. 계란을 물에 살짝 익혀주세요.
The usual, please. 늘 먹던 걸로 주세요.

overeasy 계란을 양 쪽으로 프라이한

정답 (b)

2 W: How do you like my haircut?
  W: ___________________________
  (a) I also got a haircut.
  (b) I'll go and check.
  (c) I think you're losing your hair.
  (d) You look much younger.
  W: 나 머리 자른 것 어때요?

W: ＿＿＿＿＿＿＿＿＿＿＿＿＿

(a) 나도 머리 잘랐어요.

(b) 제가 가서 확인해보죠.

(c) 머리카락이 빠진 것 같아요.

(d) 훨씬 젊어 보이네요.

💬 How do you like ~?는 크게 두 가지로 출제된다. 첫째, How do you like your coffee? (정중하게는 How would you like ~?) 어떻게 하시겠어요? '방법'을 묻는 질문, 둘째, How do you like your new job? '생각'을 묻는 질문이다. 생각을 묻는 How do you like ~?는 텝스 Part 1, 2에 자주 출제되며 '상대방의 생각'을 답으로 골라야 한다. 이외에 How do you find ~? What do you think of ~?도 같은 표현으로 정리해두자.

[Possible Answers]
It looks nice. 좋아 보이네요.
Actually I like your long hair. 사실 전 당신 긴 머리가 좋아요.

get a hair cut 머리자르다

정답 (d)

3 W: How much is in the budget for the reception party?

W: ＿＿＿＿＿＿＿＿＿＿＿＿＿

(a) It's in the ballroom.

(b) Around 1,000 dollars, I think.

(c) All ten of us will attend.

(d) It's at six o'clock.

W: 환영회에 드는 예산이 얼마나 들까요?
W: ＿＿＿＿＿＿＿＿＿＿＿
(a) 연회장에서요.
(b) 1,000달러 정도요.
(c) 우리 10명 모두 참가할 거예요.
(d) 6시에 열려요.

💬 유형 9, 10은 'How + 정도 부사' 의문문이다. How 유형 중 가장 답으로 고르기 쉬운 형태로 'How + 정도 부사' 덩어리만 들으면 답을 고를 수 있다. How many는 셀 수 있는 명사에 대해 How much는 셀 수 없는 명사에 대해 물어보며, 특히 How much는 '금액'이 주로 답으로 나온다. (c)의 ten, (d)의 six는 각각 How much 질문에 혼동될 수 있는 오답이다.

[Possible Answers]
Let's work it out together. 함께 해결해보죠.

budget 예산 staff party 회식 ballroom 연회장

정답 (b)

4 M: How often do the airport buses run into the city?

W: ＿＿＿＿＿＿＿＿＿＿＿＿＿

(a) Every twenty minutes.

(b) They should run more often.

(c) It's about 10 miles from here.

(d) They left early.

M: 공항버스가 얼마나 자주 시내로 다니나요?
W: ＿＿＿＿＿＿＿＿＿＿＿
(a) 20분에 한 번씩이요.
(b) 좀 더 자주 다녀야 해요.
(c) 10마일 정도 거리예요.
(d) 버스가 일찍 떠났어요.

💬 How often은 '얼마나 자주'를 묻는 질문이며 답은 크게 두 가지 형태로 나온다. 첫째, 정답 (a)처럼 Every ~형, 둘째, Three times an hour(얼마 동안 몇 번)형 두 가지를 기억해두자. (b)는 run을 응용한 오답이며, (c)는 질문 How far is it?에 어울린다. 이외에도 How often ~?은 How many times ~?로 변형되어 출제되기도 한다.

[Possible Answers]
Three times an hour. 한 시간에 세 번씩이요.
The next one will be here any minute. 다음 차가 금방 올 거예요.

정답 (a)

5 M: How come you know Sara Miller so well?

W: ＿＿＿＿＿＿＿＿＿＿＿＿＿

(a) She and I are related.

(b) I got to know her accidentally.

(c) I haven't met her recently.

(d) We don't have much in common.

M: 어떻게 사라 밀러를 잘 아세요?
W: ＿＿＿＿＿＿＿＿＿＿＿
(a) 그녀랑 저는 친척이거든요.
(b) 그녀를 우연히 알게 됐어요.
(c) 요새 만난 적이 없어요.
(d) 우리는 공통점이 없어요.

💬 How come은 모양은 How, 내용은 '이유'를 묻는다. How come 다음은 '주어 + 동사' 순으로 써줘야 하며 잘 알게 된 적절한 이유 정답 (a)를 고를 수 있다. related는 '관련 있는'의 뜻 외에 '친척 관계'란 뜻도 있다.

[Possible Answers]
She and I went to the same high school. 그녀와 전 같은 고등학교를 다녔어요.
She lives in my neighborhood. 그녀는 저희 집 근처에 살아요.

related 연관이 있는, 친척관계인 get to know 알게 되다
have much in common 공통점이 많다

6 W: Lexington Hotel, how may I help you?

M: I'd like to reserve a double room, please.

W: For how long, sir?

(a) Three nights, December 15th, 16th, and 17th

(b) In three days.

W: 렉싱턴 호텔입니다. 어떻게 도와드릴까요?

M: 더블 룸을 예약하고 싶습니다.

W: 어느 정도 기간이요?

(a) 3일이요, 12월 15일부터 17일이요.

(b) 3일후요.

✿ 기간을 묻는 How long ~? How long으로 묻는 의문문은 기간으로 답을 해야 한다. for나 about 등이 (for ten days) 이끄는 정답이 많은 편이다. (b)는 미래를 뜻하기 때문에 오답처리.

정답 (a)

7 W: What did you do over the weekend?

M: I went to a football game.

W: How was it?

(a) I managed to get the tickets.

(b) I prefer soccer to football.

(c) Actually, I'm not into football.

(d) It was more exciting than I expected.

W: 주말 동안 뭐 했어요?

M: 풋볼 경기 보러 갔어요.

W: 어땠어요?

(a) 티켓을 간신히 구했어요.

(b) 저는 풋볼보다 축구를 더 좋아해요.

(c) 사실, 전 풋볼 경기에 빠져 있지 않아요.

(d) 생각보다 훨씬 재미있었어요.

✿ How 의문문 중 가장 비중이 큰 상태를 묻는 문제. '좋다, 싫다' 혹은 '좋았다, 안 좋았다' 등의 대답을 구하는 문제이며 과거에 초점을 맞춰 정답 (d)를 찾는다. (b)와 (c)는 문제에 언급된 football과 weekend를 응용한 오답이며 (a)는 경기의 내용과는 상관없는 대답이다.

[Possible Answers]

It was not as much fun as I expected. 기대했던 것만큼 재밌지는 않았어요.

It was disappointing. 실망스러웠어요.

manage to부정사 간신히 ~하다 **be into** ~에 빠지다

정답 (d)

8 W: I'm sorry to hear about your mother.

M: Well, we were expecting it.

W: How's your family taking it?

(a) My father is on the move recently.

(b) They are managing to cope.

(c) I'll take care of it.

(d) They are not on good terms.

W: 어머님 소식은 정말 유감이네요.

M: 사실 예상하고 있었어요.

W: 가족 분들은 힘드실 텐데 어떻게 견디고 계신가요?

(a) 제 아버지는 최근에 여기저기 돌아다니세요.

(b) 다들 극복하려고 하고 있으세요.

(c) 제가 그것을 해결할게요.

(d) 그들은 좋은 관계가 아니에요.

✿ 방법을 묻는 How 의문문은 좋고 싫음으로 대답해야 하는 상태의 How 의문문과 더불어 많은 비중을 차지하는 의문문이다. How are you[is he/she] managing?은 '힘든데 어떻게 지내세요?'란 뜻이며, 어머니가 돌아가셨으니 (b) '극복하려고 노력한다'를 정답으로 고를 수 있다. (c)는 take을 응용한 오답이다.

[Possible Answers]

Actually they are having a hard time. 정말이지 그들은 힘든 시간을 보내고 있어요.

I think it will take time to get over it. 극복하려면 시간이 필요할 거 같아요.

take 받아들이다 **manage** 간신히 ~하다 **cope** 잘 대처하다 **be on good terms** 사이가 좋다

정답 (b)

9 W: Would you like to join us for dinner tonight?

M: Sure, what time shall we meet?

W: How about five thirty at Jane's place?

(a) Let's order in instead.

(b) Dinner started around six.

(c) Good! I'll bring wine.

(d) That's fine with me. See you there!

W: 오늘 밤 우리랑 저녁 같이 할래요?

M: 그래요, 우리 몇 시에 볼까요?

W: 제인의 집에서 5시 30분에 보는 게 어떨까요?

(a) 대신 물건을 주문하지요.

(b) 저녁식사를 6시 정도에 시작했어요.

(c) 좋아요! 제가 와인을 가져올게요.

(d) 좋아요. 그곳에서 보죠!

✿ How about ~?은 제안할 때 쓰이며 동명사를 뒤에 넣어 How about going to the movies? 형태로도 많이 출제된다. 이와 같이 단순한 (시간) 명사형도 자주 등장한다. 정답 (d)처럼 흔쾌히 좋다고 할 수도 있고, 안 된다고 할 수도 있다.(Sorry, I can't make it at five thirty.)

[Possible Answers]

Sounds good. Thank you for inviting me. 좋아요, 저

를 초대해주셔서 감사합니다.

order in 물건을 주문하다

정답 (d)

10 W: Have you decided on a ring, sir?

M: Yes, I'll take the saphire one, please.

W: Good choice, and how are you paying?

(a) Put it on my credit card.

(b) A personal check would be better.

(c) I'd prefer pearl to saphire.

(d) I wrote a check to pay for the ring.

W: 반지 정하셨어요, 손님?

M: 네, 사파이어 반지로 하겠습니다.

W: 결정 잘 하셨습니다. 어떻게 지불하시겠어요?

(a) 제 카드로 하겠습니다.

(b) 개인수표가 나을 것 같네요.

(c) 전 사파이어보다 진주가 낫겠네요.

(d) 반지를 지불하는 데 수표를 써서 줬어요.

○ 지불 방법을 묻는 How. 상점에서의 지불 방법은 대부분 카드나 개인수표를 선호한다. (a) Put it on my credit card.(카드로 지불할게요.)는 시험에 자주 출제되는 표현이다.

write a check 수표를 쓰다, 끊어 주다

정답 (a)

UNIT 03 의문사 의문문 3 Why, When, Where

→ BASIC TRAINING

Part 1

1 M: **Why** is the work behind schedule?

W: Sorry, I have had a lot of things to take care of.

2 W: Why don't you stay longer?

M: I want to but **I have a paper due tomorrow**.

3 W: You look pale. **Why don't you take a day off**?

M: **Thanks for your concern, I think I should**.

4 W: Hey, Ed, I was waving at you, why didn't you say hi?

M: I'm sorry, I didn't recognize you.

5 W: That's a nice **backpack. Where did you get it**?

M: It's a present from my sister.

6 W: I like your watch. Where did you get it?

M: Well, I don't really remember.

7 M. Excuse me, **where can I transfer to the international flights**?

W: Go to the terminal C.

Part 2

8 M: **What happened to** my notebook computer?

W: I'm so sorry, **I spilled water**.

M: What? Why didn't you tell me earlier?

W: I was going to... but **I've been trying to repair it by myself**.

9 M: Do you know Emma Taylor?

W: Yes. She works in my department.

M: Where is her office?

W: Well, it's across from mine.

10 W: I need to **take my computer in for a repair**.

M: Do you need a ride?

W: **That would be great! When's a good day for you**?

M: Any day next week is fine.

11 M: Do you still **take golf lessons**?

W: Yes, three times a week.

M: Really, which days?

M: Monday, Wednesday, and Saturday.

→ ACTUAL TRAINING

1 M: When is your term paper due?

W: _______________________

(a) I'm supposed to write it tomorrow.

(b) It should be handed in by next Friday.

M: 기말 리포트 마감이 언제죠?

W: _______________________

(a) 내일 쓸 예정이에요.

(b) 다음 주 금요일까지 제출해야 해요.

❂ 시간을 묻는 when 문제. when은 대부분 미래 혹은 과거를 묻는다. (a)는 시간 부사 tomorrow를 응용한 오답

hand in 제출하다

정답 (b)

2 W: Why are you looking for a new place?

M: _______________________

(a) I looked everywhere but I can't find one.

(b) My lease ends in two weeks.

(c) I'm getting along well with my roommates.

(d) I was out of place at the party.

W: 왜 새 집을 찾고 있죠?

M: _______________________

(a) 모든 곳을 찾아봤지만 찾을 수가 없어요.

(b) 임대 계약이 2주 후에 끝나요.

(c) 내 룸메이트와 잘 지내고 있어요.

(d) 파티에서 소외감을 느꼈어요.

❂ 새 집을 찾는 적절한 이유로는 임대기간이 끝난다는 (b)가 적절하다. (c)가 답이 되려면 I'm not getting along well with my roommates.(룸메이트와 잘 지내고 있지 않다.)로 바꿔야 한다. (d)는 place를 응용한 오답이다.

out of place 어울리지 않은

정답 (b)

3 W: Why didn't you show up at the party yesterday?

M: _______________________

(a) I was sick in bed.

(b) I will be there on time.

(c) I had a ball at the party.

(d) I was free all afternoon.

W: 어제 왜 파티에 오지 않았죠?

(a) 아파서 누워 있었어요.

(b) 정확하게 도착할게요.

(c) 파티에서 정말 즐거웠어요.

(d) 오후 내내 한가했어요.

✿ Why don't you ~?는 제안문이고 Why didn't you ~? 는 질책이기 때문에 변명이나 사과가 답으로 나와야 한다. 아파서 못 왔다는 정답 (a)가 가장 무난하며 (b)처럼 시제를 맞추지 못하는 오답을 주의한다. 과거는 과거로, 미래는 미래로 대답하는 게 원칙! (c)는 party를 응용한 오답이다.

[Possible Answers]
I was swamped with my work. 일에 몰려 정신이 없었어요.
I had an important previous engagement. 중요한 선약이 있었어요.

show up (turn up) 나타나다 sick in bed 아파서 누워 있다 have a ball 아주 즐거운 시간을 갖다

정답 (a)

4 W: Where are you taking me out tonight?

M: _______________________

(a) I was somewhere else.

(b) I will pick you up at the mall.

(c) I will take you out to lunch.

(d) Some great place.

W: 오늘밤 저 어디로 데려갈 거예요?

M: _______________________

(a) 딴 생각을 했어요.

(b) 제가 쇼핑몰로 데리러 가죠.

(c) 점심을 사주려고요.

(d) 멋진 곳이요.

✿ Where 의문문은 이 문제와 같이 보통 장소부사를 고르는 문제가 출제되며, 이외에도 얻게 된 경위를 묻는 Where 문제도 나온다. (ex. Where did you get it?) (b)는 장소부사 mall로 혼동 오답을 만들었으며, (c)는 lunch를 dinner로 바꾼다면 답으로도 가능하다.

[Possible Answers]
A place you couldn't expect. 당신이 기대하지 못했던 곳이요.
You will know when we get there. 가보면 알게 될 거예요.

I was somewhere else. 딴 생각을 했어요 pick

somebody up ~를 차로 태우러 가다

정답 (d)

5 M: Have you ever been to Spain?

W: Yes, a couple of years ago.

M: Which city would you recommend if I traveled?

(a) I'm planning to visit Seattle next year.

(b) I really enjoyed Barcelona.

M: 스페인 가본 적 있어요?

W: 예, 몇 년 전에요.

M: 내가 여행한다면 어떤 도시를 추천하시겠어요?

(a) 저는 내년에 시애틀을 방문할 계획이에요.

(b) 전 정말 바르셀로나가 좋았어요.

✿ Which는 대부분 'Which +명사' 형태로 출제된다. (a)의 Seattle도 도시이긴 하나 미래에 방문할 예정이므로 오답처리 해야 한다.

정답 (b)

6 W: Why is Irene so upset today?

M: I'm not sure, maybe she got up on the wrong side of the bed.

W: Why don't you go ask her what's wrong?

(a) Good idea! She will certainly tell you.

(b) I don't think it's a good idea. Let's give her room.

(c) I guess she doesn't like her new bed.

(d) I know she got a raise.

W: 왜 아이린이 오늘 화가 났어요?

M: 모르겠어요, 아침에 기분이 안 좋은 것 같아요.

W: 가서 한번 무슨 일인지 물어보는 게 어떨까요?

(a) 좋은 생각이에요! 그녀는 당신한테는 확실히 말할 거예요.

(b) 별로 좋은 생각이 아닌데요. 그냥 두죠.

(c) 그녀는 새 침대가 맘에 들지 않나 봐요.

(d) 그녀의 봉급이 인상된 걸로 알고 있는데요.

✿ Why don't you ~는 제안이며, '좋다 혹은 미안하지만 싫다'가 기본 답이다. Irene이 왜 기분이 안 좋은지 가서 알아보라는 제안에 좋다고 할 수도 있지만 분위기상 정답 (b)처럼 건드리지 말자가 더 어울린다. 전체적인 분위기를 읽는다면 Part 2는 비교적 쉽게 답을 고를 수 있다. (a)는 인칭 오답이다. She will certainly tell me.로 바꾼다면 답으로 가능하며, (c)는 bed를 응용한 오답이다.

[Possible Answers]
Let's wait until she tells us. 그녀가 얘기할 때까지 기다려보죠.
Okay, I will have a talk with her. 좋아요, 제가 그녀에게 말을 걸어 볼게요.

get up on the wrong side of the bed 꿈자리가 나쁘다, 아침부터 기분이 사납다 room 방, 공간 get a raise 봉급

인상을 받다

정답 (b)

7 W: Excuse me, where can I find the milk please?

M: It's in Aisle 10 right next to the Deli corner.

W: Okay, but which way is Aisle 10?

(a) Turn left at the next light and it's on your left.

(b) I don't know where the milk is.

(c) It's over there, on the shelf.

(d) I'm not the right person to ask.

W: 죄송하지만 우유가 어디에 있죠?

M: 통로 10 델리 코너 바로 옆에 있어요.

W: 네, 그런데 통로 10이 어느 방향인가요?

(a) 다음 신호등에서 좌회전하시면 왼편에 있어요.

(b) 우유가 어디 있는지 몰라요.

(c) 바로 저기요, 선반에 있어요.

(d) 전 직원이 아니에요.

○ Which는 what에 비해 선택의 폭이 좁은 의문문이며, 대부분 'Which + 명사'의 형태로 출제되기 때문에 이 부분만 들으면 쉽게 답을 고를 수 있다. 슈퍼마켓 내에서 aisle 10의 방향을 물어보는 문제이며 간단히 위치를 알려주는 (c)가 어울린다. (a)는 슈퍼마켓 내에 신호등(light)이 있을 수 없기 때문에 함정으로, 일반적으로 위치나 장소를 물을 때 고르기 쉬운 오답이다.

[Possible Answers]
Turn right at that corner and it's on you right. 코너에서 오른쪽으로 도시면 오른쪽에 있어요.
It's right behind this aisle. 이 통로 뒤 오른쪽에 있어요.

aisle 통로 shelf 선반

정답 (c)

8 W: Do you happen to know what Jane is up to these days?

M: Well, I heard she got married and moved to LA.

W: That's news to me. When did she get married?

(a) Not until next month.

(b) She got engaged several months ago.

(c) You'd better ask Betty, Jane's old friend.

(d) They finally tied the knot.

W: 혹시 요새 제인이 어떻게 지내는지 알아요?

M: 글쎄요. 결혼해서 LA로 이사 갔다고 들었어요.

W: 금시초문이네요. 언제 결혼했대요?

(a) 다음 달이나 돼야 해요.

(b) 몇 달 전 약혼을 했어요.

(c) 제인의 친한 친구 베티에게 물어보는 게 낫겠어요.

(d) 그들이 결국 결혼을 했네요.

○ 과거 시점을 묻는 When 문제이다. When did she~?에서 미래를 뜻하는 (a)는 생략. (b)는 several month ago를 듣고 혼동될 수 있으나 engaged(약혼) 때문에 오답처리. (c)와 같이 과거 시점이 아니더라도 '잘 모르겠으니 딴 사람에게 물어보세요.'는 대부분 정답이다.

What is she up to? 그녀에게 무슨 일이 있죠? tie the knot 결혼하다

정답 (c)

9 M: Wow! Look at this ring! Are you married?

W: Yes. My boyfriend popped the question to me.

M: It's about time. Who's the lucky guy?

(a) He's a man of his word.

(b) He won the lottery and bought a big house.

(c) He's an accountant and we were introduced at a party.

(d) He keeps it a secret.

M: 와! 반지 좀 봐! 너 결혼하니?

W: 응. 남자친구가 청혼을 했어.

M: 그럴 때도 됐지. 행운의 사나이는 누구야?

(a) 그는 약속을 잘 지키는 사람이야.

(b) 복권에 당첨돼서 큰 집을 샀지?

(c) 회계사고 파티에서 만난 사람이야.

(d) 그는 그걸 비밀로 하고 있어.

○ Who's the lucky guy?는 신랑이 어떤 사람인지를 묻는 질문이다. (b)는 lucky에서 유추해서 고를 수 있는 오답이며, 신랑이 대략 어떤 사람인지를 소개한 (c)가 정답이다.

popped the question 청혼을하다 He's a man of his word. 약속을 지키는 사람 won the lottery 복권에 당첨되다 keep it a secret 비밀로 하다

정답 (c)

10 M: I'm looking for a post office around here.

W: There's one on Elm street.

M: Where on Elm?

(a) You can't miss it.

(b) It's stone's throw away from here.

(c) It is a landmark around here.

(d) It's a block away, right next to the museum.

M: 이 근처에 우체국을 찾습니다.

W: 엘름 가에 하나 있어요.

M: 엘름 가 어디에 있죠?

(a) 금방 찾을 거예요.

(b) 엎어지면 코 닿을 데에 있어요.

(c) 그게 이 근처 가장 눈에 띄는 건물이에요.

(d) 한 블록 정도 거리고 박물관 바로 옆에 있어요.

◐ 장소를 묻는 Where 문제에서 특정거리의 세부적인 부분을 묻는 문제이다. (a)와 (b)처럼 '금방 찾을 것이다', '가까운 거리이다' 등은 너무 추상적이라 적절치 않고, 확실히 장소를 알려주는 (d)가 정답이다.

You can't miss it. 쉽게 찾을 거예요 It's stone's throw away. 엎어지면 코 닿을 데 있어요 landmark 경계표, 눈에 잘 띄는 건물 As the crow flies 지선거리로 가면

정답 (d)

UNIT 04 조동사 의문문 1 Do 의문문 / Be 의문문

Part 1

1 W: Do you have a **spare umbrella**?

M: No, but we can share this one.

2 W: Excuse me, do you know **what floor Dr. Williams' office is on**?

M: I think there's a **directory near the entrance**.

3 W: Do you think **it's worth getting these old pants altered**?

M: Why don't you get a new pair?

4 W: **Don't you think our boss is picking on us recently**?

M: **You took the words right out of my mouth.**

5 W: Do I have to **declare these items to customs?**

M: I'm afraid so.

6 W: **Don't I know you from somewhere**?

M: Yes, I think we **took the same class** before.

7 W: Is Peter coming to the party?

M: **Not that I am aware of.**

8 W: Is purple **the only color you have in stock**?

M: No, **it also comes in** black and blue.

9 W: Is there any convenience store around here?

M: Well, **not that I know of.**

Part 2

10 W: Do you **happen to know that Michael is lining his pockets**?

M: Yes, but we should **turn a blind eye to that.**

W: Don't you think we should tell the boss?

M: He already knows and Michael **will be sacked**.

11 W: Thank you for the ride.

M: No problem. **It's just on my way.**

W: **Do you mind if I stop off at the subway station on our way**?

M: Not at all. It's just two blocks away.

12 M: **There's word going around some employees will be laid off**.

W: Yes. The management already **let a few in Sales go**.

M: Are you sure?

W: **I'm positive**.

13 W: Hello, I'd like to **make an appointment with** Dr. White.

M: I'm afraid **he's on leave until next weekend.**

W: Oh, is there another doctor available then?

M: You can see Dr. Howard this afternoon.

1 W: Are you done with your homework?

M: ________________________

(a) Yes. I will do it first thing in the morning.

(b) Not yet. There are a few questions I can't figure out.

W: 숙제는 다 끝냈니?

M: ________________________

(a) 네, 내일 아침 제일 먼저 할게요.

(b) 아직이요. 이해가 안 되는 문제가 몇 개 있어요.

💠 숙제를 다 끝냈는지에 대한 질문에 (a)의 yes와 I will do it first thing in the morning.은 각각의 대답으로는 가능하지만 앞뒤의 맥락이 맞지 않아 오답이다. 이와 같이 첫 반응과 뒤이어 오는 설명이 맞는지도 잘 살펴야 한다. 이해가 안돼 못 끝냈다는 (b)가 정답이다.

are you done with ~을 끝내다 first thing in the morning 내일 아침 제일 먼저 figure out 이해하다

정답 (b)

2 M: Do you think this tie goes well with my dress shirt?

W: ________________________

(a) Let me try it on.

(b) I'll go with you.

(c) No, it's not tied right.

(d) Well, how about this plaid one?

M: 이 넥타이가 내 양복과 잘 어울려요?

W: _______________________

(a) 내가 한번 해보죠.

(b) 당신과 같이 갈게요.

(c) 제대로 매지 않았네요.

(d) 글쎄요, 이 격자무늬 타이는 어때요?

○ Do 의문문 중 상대방의 생각을 묻는 Do you think ~? 유형이다. 잘 어울리는지 아닌지에 대한 대답을 해야 하며 (b)의 go with, (c)의 tied는 질문의 단어를 그대로 응용한 오답이다. 또한 tie가 출제되면 tight도 혼동 단어로 선택지에 등장하기도 한다.

go with 잘 어울리다 try on 입어 보다 plaid 격자무늬의

정답 (d)

3 W: Do you want go to the Italian restaurant again?

M: _______________________

(a) Your dinner is ready now.

(b) Let's try something new.

(c) I haven't found one, yet.

(d) Let me pick up the tab this time.

W: 그 식당에 다시 갈까요?

M: _______________________

(a) 저녁 준비가 됐어요.

(b) 새로운 곳을 가보죠.

(c) 아직 못 찾았어요.

(d) 이번엔 제가 내죠.

○ Do you want to ~? 의문문은 제안이 대부분이다. '좋아요' 혹은 '죄송하지만 됐어요.' 등의 답을 골라야 한다. 거절 대신 정답 (b)와 같이 다른 걸 제안할 수도 있고, 흔쾌히 좋다고 할 수도 있다. (ex. Yes, I really like its menu.)

pick up the tab ~값을 지불하다

정답 (b)

4 M: Do you know when Jane plans to come back from Japan?

W: _______________________

(a) I think she hasn't planned anything yet.

(b) I'll ask her when she comes back.

(c) I guess she won't be back before next month.

(d) She is growing many plants.

M: 제인이 일본에서 언제 올 계획인지 아세요?

W: _______________________

(a) 아직 아무것도 계획을 하지 않았어요.

(b) 돌아오면 물어볼게요.

(c) 다음 달이나 되어야 올 것 같아요.

(d) 그녀는 화초를 많이 가꾸고 있어요.

○ 간접의문문(Do you know + 의문사 ~?)은 문두에 있는 Do you know가 중요한 게 아니라 의문사가 가장 중요하다. 이 문제도 역시 중간에 있는 when에 대한 대답을 해야 한다. (a)와 (d)는 plan을 응용한 오답이며, (b)는 해석을 잘못하면 고르기 쉬운 오답이다. 정답 (c) won't be back before 구문은 '그때'가 되어야 돌아온다는 '강조형'이다.

[Possible Answers]

She said he would return this weekend. 그는 이번 주에 돌아올 거라고 그녀가 말했어요.

I haven't heard anything from her. 그녀에게서 아무 것도 듣지 못했어요.

grow 성장하다, 키우다 plant 식물, 공장

정답 (c)

5 M: Did you go over the contract before you signed it?

W: _______________________

(a) I was assigned to do the research.

(b) Tell me about it.

(c) More than ten times.

(d) There was no place to sign it.

M: 사인하기 전에 계약서를 잘 검토해봤나요?

W: _______________________

(a) 제가 리서치 임무를 맡았어요.

(b) 누가 아니래요.

(c) 10번 이상이요.

(d) 사인할 공간이 없었어요.

○ Did you~? 의문문은 과거에 집중해서 답을 골라야 한다. 시제 오답을 많이 제시하기 때문에 과거로 묻는지 미래로 묻는지를 잘 들어야 한다. 확실하게 10번도 넘게 했다는 정답 (c)가 가장 잘 어울리며, (a)와 (d)는 sign을 응용한 오답이다. 특히 (a)의 assign은 강세가 뒤에 있기 때문에 앞의 a 발음은 거의 들리지 않으므로 주의해야 한다.

[Possible Answers]

I almost memorized it. 그것을 거의 암기했어요.

Of course I did. 물론이죠.

go over 검토하다 Tell me about it. 누가 아니래요.

정답 (c)

6 M: Is there any shortcut to Penn station by any chance?

W: _______________________

(a) I will give you directions.

(b) Take Union boulevard and turn right at 7th street.

(c) I can cut it short for you.

(d) This street leads to a bus stop.

M: 펜 역까지 지름길이 혹시 있나요?

W: _______________

(a) 제가 가는 길을 가르쳐드리죠.

(b) 유니온 대로로 가다가 7번가에서 우회전하세요.

(c) 당신을 위해 맞춰드릴게요.

(d) 이 길로 쭉 가시면 버스 정류장이 하나 나와요.

○ Is there ~?은 '무엇이 있나, 없나'를 물어본다. 장소나 물건 등이 있는지를 물어보면 첫째, 있는 장소를 얘기하거나, 둘째, '없는 것 같아요.(Not that I know of)'가 기본적인 답으로 나온다. 지름길에 대한 대답으로 정답 (b)와 같이 거리와 관련된 내용이라면 거의 답이며 '초행이라 잘 모르겠다.(I'm new here.)' 등도 답으로 가능하다.

[Possible Answers]
Well, not that I know of. Just go down this street. 글쎄요, 잘 모르겠어요. 이 길로 그냥 내려가세요.
5th street is the quickest way. 5번가가 가장 빠른 길이에요.

shortcut 지름길 by any chance 혹시 give person directions 길을 가르쳐주다 lead to~ ~로 이어지다 cut it short 그럭저럭 맞추다, 채우다

정답 (b)

7   M: I'm going hiking this weekend.

W: Really? It's lovely outdoors these days.

M: Are you interested in joining us?

(a) I have important workshop to attend.

(b) Sure, it was really fun.

M: 이번 주말에 하이킹 갈 거야.

W: 정말? 요새 정말 날씨 좋지.

M: 같이 갈래?

(a) 참가해야 할 중요한 워크숍이 있어서.

(b) 좋아, 정말 재미있었어.

정답 (a)

○ Are you interested in ~?에 대한 제안의 대답으로는 '흔쾌히 좋다' 혹은 '사정이 있어서 안 된다' 등 둘 중 하나가 가능하며 '~합시다.'란 제안에 (b)와 같이 과거의 내용(It was really fun.)은 어울리지 않는다.

8   W: I think this car is out of my price range.

M: Well, the price is negotiable.

W: Really? Then do you think you can come down a little?

(a) The price is already marked down.

(b) I can bring it down by five percent.

(c) The car is in mint condition.

(d) Well, I should come up with an idea.

W: 이 차가 제 예산보다 비싸네요.

M: 가격은 흥정 가능합니다.

W: 그래요? 그럼 좀 깎아주실 수 있으세요?

(a) 이미 내린 가격입니다.

(b) 예, 5% 깎아드리죠.

(c) 이 차는 상태가 완벽합니다.

(d) 글쎄요, 좋은 아이디어를 생각해봐야 해요.

○ Do you think ~ 의문문은 상대방의 생각을 묻는다. 그 중 Do you think you can ~?은 부드러운 제안 혹은 가능을 묻는다. 남자가 negotiable이라고 했기 때문에 흔쾌히 깎아주는 정답 (b)를 고를 수 있다. (d)는 마지막 질문 come down을 come up이라고 응용했다.

[Possible Answers]
How much can you afford? 얼마면 충분합니까?
Let's see what we can work out. 우리가 무엇을 할 수 있는지 알아보죠.

out of my price range 예산보다 비싼 come down 인하하다 in mint condition 완벽한 상태 come up with 생각해내다

정답 (b)

9   M: It's a bit too stuffy here.

W: Do you think so?

M: Do you mind if I open the windows?

(a) My pleasure.

(b) You're welcome.

(c) Yes, thanks.

(d) No, not at all.

M: 여기가 좀 답답하네요.

W: 그래요?

M: 창문을 좀 열어도 될까요?

(a) 천만에요.

(b) 천만에요.

(c) 아니요, 고맙습니다.

(d) 네, 그러세요.

○ Do you mind ~ 문제는 대부분 흔쾌히 대답하는 No, not at all, Of course not, Certainly not 등이 정답이다. Do you mind ~?는 Yes로 대답이 불가능하다. 남자가 답답해하기 때문에 창문을 열어도 되겠냐는 질문에 (d) '예, 그러세요.'가 답으로 가장 어울린다.

[Possible Answers]
Of course not. 물론이죠.
No, I don't mind. 네, 괜찮아요.

stuffy 답답한, 후텁지근한

정답 (d)

10 W: When is the managers' meeting?

M: We're starting at 2.

W: And are all managers expected to attend?

(a) Yes, the boss is expecting you.

(b) Don't worry, I'll fill in for you.

(c) Actually, it's an important agenda.

(d) I was told it's just for the headquarters' staff.

W: 매니저 회의가 언제입니까?

M: 2시에 시작할 거예요.

W: 모두가 참석할 예정인가요?

(a) 네, 상사가 당신을 기다리고 있어요.

(b) 걱정 마세요, 나중에 알려드릴게요.

(c) 사실 그런 중요한 의제예요.

(d) 그건 본사 매니저만 해당됩니다.

◐ be expected to ~문제. 형태가 정해지지 않은 be 동사 문제는 덩어리로 기억해야 한다. 이 문제 외에도 미래를 뜻하는 Are you supposed to ~? / Are you planning to ~ 등도 자주 출제된다. (a)는 대화에서 언급되지 않은 사람 the boss 때문에 오답이며 전체 매니저 회의가 아닌 본사에서만 열리는 회의임을 강조한 (d)가 정답이다.

expect 예상하다, 누가 올 것을 기다리다. fill in for~ ~를 위해 정보나 지식을 채워주다 agenda 의제 headquarters 본사

정답 (d)

UNIT 05 조동사 의문문 2 기타 조동사 의문문

Part 1

1 W: Have the police **caught the robbers**?

M: No, they **are still at large**.

2 W: Have you seen Dale lately?

M: No, I heard he's in the hospital.

3 M: May I see your ID, please?

W: Sorry, but **I lost it**.

4 W: Can you come to my birthday party this weekend?

M: **I wouldn't miss it for the world**.

5 M: **Can you tell me where the Personnel Department** is?

W: It's on the sixth floor.

6 W: Will I see you at the party tonight?

M: Sorry, **I have a prior engagement**.

7 M: **Would it be all right if I skip the class** tomorrow?

W: No way. **You've already missed twice**.

8 M: **Would you do me a favor**?

W: What is it? Tell me.

9 M: **Would you like me to go with you**?

W: **I'd appreciate it if you would**.

10 M: Should I take my car downtown?

W: **I don't think it is great idea**.

Part 2

11 W: Jeff, the boss **asked me to see you about my business trip** to Seoul.

M: Sure, what can I do for you?

W: Could you **make the flight arrangements**? I will leave this Saturday morning.

M: **I'll get on it right away**.

12 M: What can I get for you?

W: Two large cokes, please.

M: **Will that be all**?

W: Yes, that's it.

1 W: Have you seen Monica these days?

W: ________________________

(a) No, is there something to tell her?

(b) Yes, I'm seeing her.

W: 요즘 모니카를 본 적이 있나요?

W: ________________________

(a) 아뇨, 그녀에게 말할 게 있나요?

(b) 그래요, 요즘 그녀와 교제하고 있어요.

✿ Have you seen ~?은 사람이나 물건을 본 적이 있냐는 질문으로 주로 출제되며, 본 적이 있다면 장소 등이 주로 답으로 나온다. 참고로 'Have you met + 사람?'은 만나본 적이 있는지를 묻는 질문이다.

[Possible Answers]
I think I've seen her at the seminar. 세미나에서 그녀를 못 본 거 같아요.
No, isn't there anything wrong with her? 아뇨, 그녀에게 뭐 문제가 없나요?

be seeing somebody ~와 이성교제하다

정답 (a)

2 M: Hello, may I speak to someone in the Planning Department?

W: ________________________

(a) Please, spell that out.

(b) Well, I'm afraid he's out for lunch.

(c) Will you leave a message?

(d) Sure, I'll put you through.

M: 여보세요, 기획부에 계신 분과 통화할 수 있을까요?

W: ________________________

(a) 자세히 말씀해주세요.

(b) 죄송하지만 그 분은 점심 드시러 나가셨어요.

(c) 메시지 남기시겠이요?

(d) 예, (전화) 바꿔드릴게요.

✿ May 의문문은 May I ~?만 가능하며 정중한 부탁이다.

LC part 1의 통계를 보면 압도적으로 May I speak to
~?(바꿔주세요) 질문이 많이 나왔다. 직접 누군가를 바꿔주세
요(ex. May I speak to Mr. Smith?)라는 질문에 대해선 '안
계세요'(He's not available. / He's out of town.)가 답으로
많이 제시되는 편이다.

[Possible Answers]
Hold on while I transfer your call. 연결해드리는 동안 기
다리세요.
Yes, stay on the line. 네, 끊지 말고 기다리세요.

planning department 기획부 **spell out** 한 자 한 자 읽
다, 자세히(명쾌히) 얘기하다

정답 (d)

3 M: Will you accept William's invitation?

W: _______________________

(a) You will also be invited.

(b) I won't. I don't know him well.

(c) I already wrote a thank you note.

(d) I will return the favor someday.

M: 그의 초대에 응할 거예요?

W: _______________________

(a) 당신도 초대 받을 거예요.

(b) 아뇨, 그를 잘 몰라요.

(c) 벌써 감사 편지를 했어요.

(d) 언젠간 은혜를 갚을게요.

✿ Will you ~? '~할래요?'(정중하게는 Would you ~?
'~하시겠어요?')는 미래에 어떻게 할지를 묻는 질문이며 종
종 제안할 때도 쓰인다. 주어와 동사를 같이 들어야 답을 고
를 수 있다. (a)는 invitation을 응용한 발음 혼동 오답이고,
(c)의 thank you note는 파티 혹은 행사 후 손님들에게 쓰는
감사의 편지를 말하기 때문에 거리가 있다. 이유가 적절한 (b)
가 정답이다.

[Possible Answers]
Yes, I probably will. 네, 아마 그럴 거예요.
Well, I don't feel like it. 글쎄요, 그러고 싶지 않아요.

invitation 초대, 초대장 **thank you note** 감사 편지
return the favor 은혜를 갚다

정답 (b)

4 W: Would you like anything in your coffee?

M: _______________________

(a) Well, it's not my favorite.

(b) I don't drink coffee that much.

(c) Two teaspoons of sugar, please.

(d) Yes, I want it black.

W: 커피에 뭘 좀 넣으시겠어요?

M: _______________________

(a) 글쎄, 제가 좋아하는 게 아니에요.

(b) 전 커피를 그렇게 마시지 않아요.

(c) 티스푼으로 두 개요.

(d) 아뇨, 아무 것도 넣지 말고 주세요.

✿ Part 1, 2에 나오는 Would you ~ 의문문은 대부분
'Would you like + 명사', 'Would you like to + 동사' 형
태로 출제된다. 문장의 첫 부분(Would you like ~)에 늘 신
경을 써야 하며, 이 문제에선 무언가(anything)를 넣을지 안
넣을지를 결정해야 한다. 오답 (b)는 실생활에선 답이 될 수도
있지만 정답 (c)처럼 늘 직접적인 답을 골라야 한다는 점을 명
심해야 한다.

Tip 앞과 뒤가 안 맞으면 오답!
오답 (d)에서 Yes를 No로 바꾼다면 정답이 될 수 있다. 이렇
게 첫 대답과 뒤의 문장은 일맥상통해야 하는데 이를 노리고
내는 오답이 종종 있다. 그러므로 Yes, No와 뒷문장이 잘 어
울리는지 신경 쓰자.

[Possible Answers]
Sugar, if it isn't any bother. 괜찮으시다면, 설탕이요.
No, I'd like it plain. 아뇨, 아무것도 넣지 않은 걸로 할게요.

정답 (c)

5 W: Shall we try the new Thai restaurant tonight?

M: _______________________

(a) Sure. What kind of restaurant do you have in
    mind?

(b) Well. I don't feel like eating ethnic food.

(c) But I don't know how to make it.

(d) Why don't we eat out for a change?

W: 우리 오늘 새로 생긴 태국 식당에 가볼까요?

M: _______________________

(a) 그래요. 어떤 식당을 생각하고 계세요?

(b) 글쎄요. 특별한 음식은 별로 먹고 싶지 않네요.

(c) 하지만 어떻게 만드는지 몰라요.

(d) 우리 기분 전환 겸 나가서 먹을까요?

✿ Shall we ~?는 제안문이며 Sounds like a good
idea.(좋아요.) 혹은 정답 (b)처럼 살짝 거절할 수도 있다.
ethnic food라 하면 그들이 주로 먹는 음식(서양식)을 빼고
각 나라의 특색 있는 음식을 말한다. 질문에서 Thai
restaurant이라고 했는데 (b)처럼 다시 what kind of
restaurant이라 묻는 것은 어울리지 않는다.

[Possible Answers]
Great idea! 좋은 생각이에요!
Actually it seems to have bad reputation. 사실 거긴 평
판이 나쁜 거 같아요.

ethnic 민족의 **eat out** 외식하다 **for a change** 기분전환
겸

정답 (b)

6　W: Would you care for some dessert?

M: Yes, the brownie looks tempting.

W: Would you like some tea to go with it?

(a) Yes, that would be great.

(b) I'm not in the mood for dessert.

W: 디저트 드시겠어요?

M: 브라우니가 맛있어 보이네요.

W: 같이 드시면 어울릴 만한 차를 드시겠어요?

(a) 예, 그것 좋겠네요.

(b) 디저트 먹을 생각이 없어요.

✪ 제안의 Would you like ~? 브라우니가 맛있어 보인다는 사실에 어울리는(go with) 차를 먹을 것인지에 대한 질문이다. 정답 (a) Yes, that would be great.은 Would you like ~?에 가장 잘 어울리는 답 중 하나이다. (b)는 dessert를 drink로 바꾼다면 가능하다.

tempting 유혹하는　go with 어울리다　be in the mood for ~할 마음이 나는

정답 (a)

7　W: How is the blood drive going?

M: Not good, because people are reluctant to donate their blood.

W: So you've had fewer donors this time?

(a) Yes, we've had lots of anonymous donors.

(b) Donating blood is always appreciated.

(c) They're donating more than ever.

(d) Unfortunately yes. We have to come up with an idea.

W: 헌혈 운동은 어떻게 되고 있어요?

M: 사람들이 헌혈을 꺼려해서 별로 잘 안 되고 있어요.

W: 그럼 이번엔 헌혈자들이 적었단 말인가요?

(a) 네, 저희는 많은 익명의 헌혈자들이 있어요.

(b) 헌혈은 언제나 감사한 일이죠.

(c) 그들은 과거보다 더 헌혈을 하고 있어요.

(d) 안타깝지만 그래요. 좋은 아이디어를 생각해봐야겠어요.

✪ have/has 완료형 문제는 과거부터 현재까지의 경험이나 완료 상태에 대한 질문이며, 보통 과거나 현재 상태가 정답으로 제시된다. 이 문제는 완료형 문제이기도 하지만 So로 시작하는 '확인하기' 문제이다. 대화의 흐름상 정답 (d)를 예상할 수 있다. (a)는 응답 Yes와 뒷부분의 연계성을 주의 깊게 들어야 한다.

[Possible Answers]
Yes, what are we supposed to do? 네, 우리가 어떻게 해야 될까요?

blood drive 헌혈운동　are reluctant to 부정사 ~하기를 꺼려하다　anonymous 익명의　Donating blood 헌혈

정답 (d)

8　M: I want to wire 1,000 dollars to my cousin's account in Australia.

W: OK. Fill out this application form. How would you like to pay for the transfer fee?

M: Please, debit my account. Could you check my balance first?

(a) Sorry. Our branch cannot wire money to foreign accounts.

(b) OK. Sorry, but it's not enough for the fee.

(c) You can pay the transfer fee in cash.

(d) Your credit limit has been exceeded.

M: 제가 호주에 있는 제 사촌 계좌로 1,000달러를 보내고 싶은데요.

W: 예, 이 양식을 채워주세요, 그런데 송금 수수료는 어떻게 하시겠어요?

M: 제 계좌에서 차감을 좀 해주세요. 그런데 잔고 좀 체크해주시겠어요?

(a) 죄송합니다. 저희 지점은 해외 송금이 불가능합니다.

(b) 네, 죄송하지만 수수료 처리할 만큼 충분치가 않네요.

(c) 송금 수수료를 현금으로 내실 수 있습니다.

(d) 신용 한도액이 초과되셨습니다.

✪ Can you ~?(정중한 부탁은 Could you ~?)는 주로 부탁으로 시험에 출제된다. 다양한 은행 용어를 먼저 숙지해야 어렵지 않게 풀 수 있는 문제다. balance는 은행 잔고를 뜻하며 송금 수수료(transfer fee)를 차감해야 하는 상황에서 수수료를 낼 만큼 충분치 않다는 (b)를 정답으로 할 수 있다. 해외 송금이 가능하다 했는데 갑자기 반대로 말을 바꾸는 오답이 Part 2에서 자주 출제되니 주의한다. 일관성을 지키지 않는 답변은 가장 먼저 피해야 하는 보기이다.

[Possible Answers]
OK. You have 2,000 dollars available. 예. 2,000달러 이용 가능합니다.

account 계좌　fill out the form 양식을 채우다　transfer fee 송금 수수료　debit 계좌에서 인출하다　balance 은행 잔고

정답 (b)

9　W: Should we take a bus or the subway?

M: It's better to take a bus from here.

W: Wouldn't the subway be quicker?

(a) I'd rather take a walk.

(b) The fare has increased.

(c) No, the traffic is light at this time of day.

(d) Public transportation would be better.

W: 우리가 버스를 타야 할까요, 지하철을 타야 할까요?

M: 버스를 타고 가는 게 낫겠네요.

W: 지하철이 빠르지 않을까요?

(a) 전 차라리 걷겠어요.

(b) 교통 요금이 인상되었어요.

(c) 아뇨, 지금 시간대는 교통이 수월해요.

(d) 대중교통이 낫겠어요.

☞ Will~ / Would~ 의문문 중 2인칭 Will you~? / Would you ~?가 많이 출제되며 3인칭 질문도 종종 나온다. (ex. Will that be all?, Will that be cash or credit?) Wouldn't it ~은 발음이 어려워 주의해야 하며 이렇게 부정으로 물어봤을 때는 확신하거나 상대방의 생각을 강요한다. 하지만 버스를 타고 가는 게 더 낫다는 일관성을 지켜야 하므로 정답 (c)가 가장 잘 어울린다.

[Possible Answers]
I don't think so. 그런 거 같지 않아요.
No, bus is faster. 아뇨, 버스가 더 빨라요.

take a walk 걸어가다 fare 교통요금 at this time of day 매일 이맘때면

정답 (c)

10 W: Are we all set for the trip?

M: Almost. I packed everything we need.

W: Should we take tents?

(a) I don't think it is necessary.

(b) I bought a good one last time.

(c) It's hard to set up a tent.

(d) I have a good sleeping bag.

W: 우리 여행 준비 다 됐어?

M: 거의. 필요한 건 다 쌌어.

W: 우리 텐트도 가져가야 할까?

(a) 그럴 필요는 없을 것 같아.

(b) 지난 번 좋은 걸 하나 샀어.

(c) 텐트를 치는 건 어려워.

(d) 괜찮은 침낭을 가지고 있지.

☞ 제안 혹은 의무의 '해야 할까?' Should we ~? 의문문에 (a) I don't think it is necessary.는 잘 어울리는 답으로 미리 기억해두자. (c)는 tent를 응용한 오답이다.

be set for ~에 대한 준비가 되다 set up a tent 텐트를 치다

정답 (a)

→ REVIEW TRAINING

1 M: What type of company would you like to open?

W: ______________________________

(a) I want to run a supermarket.

(b) I haven't seen anyone recently.

(c) I think my business is quite successful.

(d) I'm going to study business at Florida State.

M: 어떤 종류의 회사를 열고 싶으신가요?

W: ______________________________

(a) 슈퍼마켓을 운영하고 싶어요.

(b) 요즘 아무도 보지 못했어요.

(c) 제 사업이 꽤 성공적인 거 같아요.

(d) 플로리다 주에서 경영학을 공부할 겁니다.

☞ company, open을 잘 들으면 쉽게 풀 수 있는 문제이다. 동사 own을 제대로 들었으면 company가 '회사'의 의미로 쓰였다는 것을 알 수 있다.

open 열다, 개시하다 recently 최근에

정답 (a)

2 M: What a surprise to see you here!

W: ______________________________

(a) I'm meeting my sister here.

(b) Really? I just got here too.

(c) I saw a great musical yesterday.

(d) I didn't think you would be here, too.

M: 여기서 널 만나다니 놀라운데!

W: ______________________________

(a) 여기서 여동생을 만나기로 했어.

(b) 정말? 나도 여기 방금 왔어.

(c) 어제 정말 근사한 뮤지컬을 봤어.

(d) 너도 여길 올 거라곤 생각하지 못했어.

☞ What a surprise to see you here.는 뜻밖의 장소에서 만나서 놀랍다는 의미이다. 시제가 다른 (c)와 (d)는 정답이 되지 못한다. '여동생을 만나기로 했다'는 (a)가 적당한 대답이다.

musical 뮤지컬

정답 (a)

3 M: Could I help you out with that?

W: ______________________________

(a) Don't worry about it. I can handle it.

(b) Sure, I can grab some of that.

(c) Please, let me take some of that for you.

(d) No, I'd rather not.

M: 그것 내가 도와줄까?

W: ______________________________

(a) 걱정하지 마. 내가 할 수 있어.

(b) 물론이지, 내가 약간 잡아줄 수 있어.

(c) 제발, 내가 조금 잡게 해줘.

(d) 아니, 그러지 않을 거야.

☺ 도와줘도 되는지 상대방의 의견을 묻고 있다. 따라서 호의를 받아들이거나 거절하는 대답이 적절하다. (b), (c)는 남자가 할 수 있는 대답이므로 정답이 되지 못한다.

help sb out ~을 돕다 handle 처리하다 grab 움켜잡다

정답 (a)

4 M: How did you like the cafe?

W: ______________________________

(a) Have you been to this city before?

(b) I don't think I want to go out tonight.

(c) It's a great idea.

(d) Coffee shops don't usually appeal to me.

M: 그 카페 어땠어?

W: ______________________________

(a) 전에 이 도시에 와본 적 있니?

(b) 오늘 밤엔 나가고 싶지 않아.

(c) 좋은 생각이야.

(d) 커피숍은 별로 관심 없어.

☺ How do you like ~?는 What do you think of ~?와 함께 상대방의 의견을 묻는 대표적인 표현이다. 카페에 대한 자신의 견해를 말해주는 대답이 적절하다.

appeal to 흥미를 끌다

정답 (d)

5 M: What were you doing earlier when I called?

W: ______________________________

(a) I don't think I will leave today.

(b) You shouldn't go out today.

(c) I went to the drugstore.

(d) How can I get there fastest?

M: 내가 전화했을 때 뭘 하고 있었니?

W: ______________________________

(a) 오늘 떠나지 못할 것 같아.

(b) 넌 오늘 외출해선 안 돼.

(c) 약국에 갔었어.

(d) 거기에 가장 빨리 가는 방법이 뭐야?

☺ What were you doing ~?은 무엇을 하고 있었는지를 묻는 말이므로 구체적인 행동을 밝히는 보기를 정답으로 골라야 한다.

go out 외출하다

정답 (c)

6 M: Do you have some free time tonight?

W: ______________________________

(a) I think I put some over there.

(b) Yes, I'm going out with a friend then.

(c) Yes, for a couple of hours.

(d) Yes, I have none.

M: 오늘 저녁에 시간 좀 있니?

W: ______________________________

(a) 저기에 뭔가를 둔거 같아.

(b) 응, 그 시간에 친구랑 외출하기로 했어.

(c) 응, 한두 시간 있어.

(d) 응, 하나도 없어.

☺ 의문사가 없는 의문문이므로 Yes/No를 사용하여 시간이 있는지 없는지 여부를 알려주는 대답이 적절하다.

a couple of 두서넛의

정답 (c)

7 M: How many credits do you need to graduate?

W: ______________________________

(a) I hope I will pass my courses.

(b) I'm signing up for all of them now.

(c) I still haven't looked.

(d) Is there a counselor's office nearby?

M: 졸업하는 데 몇 학점이나 필요해?

W: ______________________________

(a) 그 과정을 통과하길 바래.

(b) 현재 모든 것에 가입했어.

(c) 아직 알아보지 않았어.

(d) 근처에 상담실이 있나요?

☺ How many를 써서 '몇 학점이 필요한지'를 묻고 있다. 구체적인 학점 수를 말할 수도 있지만, (c)처럼 '아직 알아보지 않았다'고 대답할 수도 있다.

credit 학점 graduate 졸업하다 course 강의, 강좌, (학습) 과정, 교육 과정 sign up (클럽, 정당 등에) 참가하다; 가입하다

정답 (c)

8 M: Are you positive you can't come?

W: ______________________________

(a) I didn't want to.

(b) I am busy on Friday.

(c) I love biking, too.

(d) I am leaving in a minute.

M: 정말 올 수 없어?

W: ______________________________

(a) 원하지 않아.

(b) 금요일에는 바빠.

(c) 나도 자전거 타는 것을 좋아해.

(d) 곧 떠나.

❂ Are you positive ~?는 'Are you sure ~?'와 같은 의미를 가진 표현이다. '올 수 없는 게 확실하냐'며 의중을 확인하고 있다. 오겠다거나, 다른 일이 있어서 가지 못하겠다는 대답이 적절하다.

in a minute 곧

정답 (b)

9 W: Can I offer you something to eat?

M: ___________________________

(a) A salad would be great.

(b) Make it hot, please.

(c) Okay, since you are hungry.

(d) Okay, let me get something for you.

W: 먹을 것을 드릴까요?

M: ___________________________

(a) 샐러드 주세요.

(b) 뜨겁게 해주세요.

(c) 그럼요, 당신은 배고프니까요.

(d) 그럼요, 가져다 드릴게요.

❂ '먹을 것을 원하느냐'고 묻고 있다. 먹고 싶은 것을 구체적으로 대답하거나 거절하는 대답이 필요하다. (b)는 How would you like it?에 대한 대답이다. (d)는 Can I have something to eat/drink?에 대한 대답이다.

offer 제공하다 hungry 배고픈

정답 (a)

10 M: How do you like your hamburger cooked?

W: ___________________________

(a) I wish this hamburger was a little more juicy.

(b) No, rare, please.

(c) I prefer medium.

(d) No, we aren't going to lunch until tomorrow.

M: 햄버거를 어떻게 해 드릴까요?

W: ___________________________

(a) 햄버거가 좀 더 수분이 많았으면 좋을 텐데.

(b) 아니, 덜 익혀주세요.

(c) 중간 정도로 익혀 주세요.

(d) 아니, 내일까진 점심 먹으러 안 갈 겁니다.

❂ How do you like ~?는 식당에서 종업원이 손님에게 '~을 어떻게 해 드릴까요.'라는 뜻으로 어느 정도 익혀야 하는지 묻는 표현이다. rare(덜 익은), medium(중간 정도 익은), well-done(바싹 익은) 중에 하나를 선택하는 것이 일반적인

대답이다. (b)는 Do you like your hamburger well done? 에 대한 대답으로 어울린다.

juicy 즙 많은, 수분이 많은 rare 덜 구워진 medium 중간 정도로 구워진

정답 (c)

11 M: Do you want to go out tomorrow?

W: Sure, I'm not busy.

M: What do you feel like doing?

W: ___________________________

(a) We could see a movie.

(b) Okay, that sounds like a good time.

(c) I was exhausted last night.

(d) Do you think it is going to rain?

M: 내일 외출하고 싶니?

W: 물론, 바쁘지 않아.

M: 뭘 하고 싶은데?

W: ___________________________

(a) 영화 볼 수 있을 거야.

(b) 좋아, 재미있을 것 같은데.

(c) 어젯밤에는 녹초였어.

(d) 비가 올 거 같니?

❂ What do you feel like doing?은 '뭘 하고 싶냐?'는 말이므로 구체적으로 하고 싶은 말이 적절한 대답이 된다.

go out 외출하다 exhausted 지칠 대로 지친

정답 (a)

12 M: I missed you today at the bus stop.

W: Yeah, I took my car today. I am going to meet my brother for lunch across town.

M: Oh, okay. When are you meeting him?

W: ___________________________

(a) He needs to get here by six thirty.

(b) He said he will show up at noon.

(c) It varies. I will have to get back to you on that.

(d) Some time after dinner.

M: 오늘 버스 정거장에서 너를 못 봤어.

W: 응, 오늘 차를 몰고 왔어. 점심 먹으러 남동생을 만나러 시내를 가로질러 가야 하거든.

M: 아, 그렇구나. 언제 만나는데?

W: ___________________________

(a) 6시 30분까지 여기에 와야 해.

(b) 정오에 온다고 말했어.

(c) 변할 수 있어. 너한테 알려줄게.

(d) 저녁 먹고 나서.

◐ 남자가 '언제 만날 것인지'를 묻고 있다. 구체적인 시간을 알려주는 (b)가 정답이다. 여자가 남동생을 만나러 가는 것이므로 남동생이 온다는 (a)는 적절한 대답이 되지 못한다.

show up 나타나다

정답 (b)

13 W: Good morning. This is Sarah at SPC Extended, what can I do for you today?

M: Hello. Is John around?

W: You know, he didn't come in today. Could I take a message?

M: ______________________________

(a) Okay. Can I have your name and a contact number?

(b) You can leave as soon as you see him.

(c) Do you know when he is supposed to be back?

(d) Things are really busy today with him gone.

W: 안녕하십니까? SPC 익스텐디드의 사라입니다. 무엇을 도와드릴까요?

M: 여보세요. 존 있나요?

W: 오늘 들어오지 않았는데요. 메시지를 남기시겠습니까?

M: ______________________________

(a) 물론이죠. 성함과 전화번호를 알려주시겠어요?

(b) 그를 보자마자 떠날 수 있습니다.

(c) 언제 돌아오는지 알고 계시나요?

(d) 그가 떠나고 오늘 정말 바빴습니다.

◐ 여자는 존과 통화를 원하는 남자에게 메시지를 남기겠냐고 묻고 있다. 보통은 남자는 전할 메시지를 말하거나 그럴 필요가 없다고 하면 된다. 여기서는 언제 돌아오는지 묻는 (c)가 적절한 대답이다.

come in 입장하다, 도착하다 be supposed to부정사 ~하기로 되어 있는

정답 (c)

14 W: How was the show?

M: I guess I had thought it would be different.

W: I loved the action scenes. Wasn't the opening scene great?

M: ______________________________

(a) It wasn't bad. The songs are really stuck in my head.

(b) Not really. It was too predictable.

(c) I loved the main character.

(d) No. I was hooked after the first five minutes.

W: 쇼 어땠어?

M: 좀 다를 거라고 생각했었어.

W: 나는 액션 장면이 정말 좋아. 오프닝 장면 대단하지 않았어?

M: ______________________________

(a) 나쁘진 않았어. 노래들이 머릿속에서 떠나지 않아.

(b) 별로야. 너무 뻔했어.

(c) 주인공이 좋았어.

(d) 아니. 처음 5분 이후부터 푹 빠졌어.

◐ 남자가 맨 처음 '좀 다를 거라고 생각했었다'고 했으므로, 오프닝 장면이 대단하지 않았냐는 질문에 부정적인 답변을 하는 (b)가 대화의 흐름상 가장 자연스럽다.

different 다른 stick in 박히다, 꽂히다 predictable 예측할 수 있는 hook 잡아 빼앗다

정답 (b)

15 M: Do you know where the subway station is?

W: It's just down that street to the left.

M: And how much does it cost to ride?

W: ______________________________

(a) It leaves three times an hour.

(b) It should be a dollar seventy-five.

(c) I need to transfer at Paddington Cross.

(d) The bus is much cheaper.

M: 전철역이 어디에 있는지 아시나요?

W: 왼쪽 거리로 쭉 가면 됩니다.

M: 요금은 얼마나 되죠?

W: ______________________________

(a) 한 시간에 세 번 떠납니다.

(b) 1달러 75센트일 것입니다.

(c) 패딩턴 사거리에서 갈아타야 합니다.

(d) 버스가 훨씬 더 쌉니다.

◐ How much를 써서 전철 요금을 묻고 있다. 가격을 알려주거나 모른다는 대답이 적절하다. (a)는 How often does the subway go by?에 적절한 대답이다.

transfer 갈아타다

정답 (b)

16 M: Do you need anything else tonight?

W: Are you still serving the chocolate cheesecake?

M: I'm afraid not. Would you care for some lemon torte?

W: ______________________________

(a) Excellent. I'm pleased you enjoyed it.

(b) How much do you need?

(c) I'm sorry but my favorite is the lemon torte.

(d) I was really in the mood for chocolate.

M: 오늘 저녁에 필요한 다른 게 있나요?

W: 초콜릿 치즈케이크가 아직 있나요?

M: 없는데요. 레몬 토르테는 어때요?

W: _______________________

ⓐ 훌륭해요. 즐기셨다니 기쁘네요

ⓑ 얼마나 필요하시죠?

ⓒ 죄송하지만 제가 좋아하는 것은 레몬 토르테입니다.

ⓓ 전 정말 초콜릿을 먹고 싶어요.

🔘 여자가 초콜릿 치즈케이크를 원하는데, 남자는 없다며 대신 레몬 토르테를 권하고 있다. 그걸 달라고 하거나, 거절을 하는 것이 대답이 적절하다.

favorite 좋아하는 것 in the mood for ~할 기분이 나는

정답 (d)

17 W: John, you didn't come to work yesterday.

M: I'm sorry. I was sick.

W: Why didn't you call and let me know?

M: _______________________

(a) When did you get here?

(b) I apologize. It won't happen again.

(c) You should have called me.

(d) I guess it's okay. Don't do it again.

W: 존, 어제 출근 안 했던데.

M: 미안해. 아팠어.

W: 나한테 전화로 알려주지 그랬어?

M: _______________________

ⓐ 언제 여기 왔는데?

ⓑ 미안. 다신 그러지 않을게.

ⓒ 나한테 전화해야 했어.

ⓓ 괜찮아. 다신 하지 마.

🔘 어제 출근하지 않은 남자에게 여자는 '왜 전화로 알려주지 않았느냐'며 이유를 묻고 있다. 따라서 알려주지 못한 이유를 밝히는 대답이 적절하다. (b)처럼 사과하는 대답도 가능하다.

work 직장, 회사 sick 아픈

정답 (b)

18 M: Did you find everything you needed?

W: I sure did. Can I pay here?

M: Okay. And how will you be paying today?

W: _______________________

(a) Yes, I have a checkbook.

(b) Wow! What a great deal!

(c) I guess that is all that I need.

(d) Can I use my credit card?

M: 필요한 것을 모두 찾으셨습니까?

W: 네. 여기서 계산해도 되나요?

M: 그럼요. 오늘은 어떻게 계산하시겠습니까?

W: _______________________

ⓐ 예, 수표장이 있습니다.

ⓑ 와! 좋은 거래네요!

ⓒ 저게 내가 필요한 것입니다.

ⓓ 신용카드를 쓸 수 있나요?

🔘 상점 계산대에서 일어나는 대화이다. 값을 어떻게 치를 것인지 묻고 있으므로 지불 수단을 알려주는 보기를 정답으로 고르도록 한다.

checkbook 수표장

정답 (d)

19 W: Could I assist you with anything?

M: I need a new speaker for my computer.

W: I wonder if you could please give me the brand.

M: _______________________

(a) I'd like to get the red ones.

(b) Would you like to upgrade to a newer system?

(c) I think it is the Dell 3000.

(d) What brand do you recommend?

W: 도와드릴까요?

M: 컴퓨터에 쓸 새 스피커가 필요해요.

W: 브랜드명을 말해주실 수 있으세요?

M: _______________________

ⓐ 빨간색을 갖고 싶어요.

ⓑ 새 시스템으로 업그레이드하고 싶으세요?

ⓒ 델 3000입니다.

ⓓ 어떤 브랜드를 추천하실 건데요?

🔘 점원이 스피커를 찾는 손님에게 브랜드명을 묻고 있다. 잘 모른다고 하거나 브랜드명을 알려주는 보기가 적절한 대답이다. (d)는 Which brand do you want?에 대한 대답으로 적당하다.

assist 돕다 recommend ~을 권하다, 충고하다

정답 (c)

20 M: Hello, is Roy available?

W: It looks like he just stepped out.

M: Could you take a message?

W: _______________________

(a) Thank you. Please call again later.

(b) I really appreciate it.

(c) It's been a pleasure.

(d) Of course. Whenever you are ready.

M: 여보세요, 로이 있나요?

W: 방금 나간 거 같은데요.

M: 메시지를 전해주시겠습니까?

W: ______________________

(a) 고마워요, 나중에 다시 걸어주세요.

(b) 정말 감사합니다.

(c) 즐거웠습니다.

(d) 물론이죠. 준비됐습니다.

○ 전화를 건 남자가 여자에게 로이에게 메시지를 전해줄 수 있느냐고 묻고 있다. 그렇게 하겠다거나 못하겠다는 대답이 적절하다.

step out 집을 나가다

정답 (d)

UNIT 06 기타 의문사 의문문

Part 1

1 W: Do you have **an automatic or stick shift**?

M: I have an automatic car.

2 M: **Would you prefer a window seat or an aisle seat**?

W: **Don't you have a seat with leg room**?

3 W: Which do you prefer, coffee or tea?

M: **Whichever is fine for me**.

4 W: **The copier downstairs was repaired today, wasn't it**?

M: Yes, it's **running** much better.

5 M: You just love these chocolates, don't you?

W: Absolutely, **I just can't resist chocolates**.

6 M: **I think we've already met**. It's Lauren Thomas, isn't it?

W: Actually, it's Laura, not Lauren.

Part 2

1 M: May I help you?

W: Yes, **I'd like a chicken burger and a medium coke**, please.

M: **For here or to go**?

W: Take out, please.

2 W: Excuse me, I'm looking for the ticket counter.

M: **It's down the hall on the left**.

W: Thanks, it's still open, isn't it?

M: Maybe, but **you'd better hurry**.

1 W: The new tax cut plan is great, isn't it?

(a) But you need to file a tax return.

(b) Yes, the new president is trying to fulfill his election pledge.

W: 새로운 감세안이 정말 좋은 것 같죠, 그렇죠?

(a) 하지만 세금신고를 하셔야 해요.

(b) 네, 새 대통령이 선거공약을 지키기 위해 애쓰고 있네요.

정답 (b)

2 W: Which do you prefer, thriller or horror movies?

(a) Neither. I just like comedies.

(b) I've watched many thrillers.

W: 어떤 영화가 더 좋아요, 스릴러, 혹은 공포영화?

(a) 둘 다 아니에요. 난 코미디가 좋아요.

(b) 많은 스릴러 영화를 봤어요.

○ A or B문제. or 문제는 Yes와 No 대답이 불가하며 A나 B 중 하나를 선택하는 답, 혹은 정답 (a)처럼 둘 다 아닌 경우가 또 하나의 답이다. (b)는 thriller를 응용한 오답.

정답 (a)

3 M: The party at Grace's was hilarious, wasn't it?

(a) Tell me about it. I'd never go again.

(b) Yes, Tom was a real wet blanket.

(c) I guess it will be a blast.

(d) Yeah, but the food was a bit disappointing.

M: 그레이스 집에서의 파티 정말 재밌었죠? 그렇죠?

(a) 그러게 말이에요. 나라면 다신 안 갈 거예요.

(b) 예, 탐이 정말 분위기 깼어요.

(c) 정말 재미있을 거예요.

(d) 예, 하지만 음식은 좀 실망스러웠어요.

상대방의 동의를 구하는 부가의문문 '그렇지?' 문제. (a)와 (b) 모두 상대방에 긍정을 하고 뒤의 문장에서 전혀 어울리지 않는 답을 했다. (c)는 과거의 일에 미래로 답을 한 시점 오답이며 (d)는 동의는 하지만 단지 음식만 실망스러웠기 때문에 정답으로 가장 적절하다.

정답 (d)

4 M: Hello, may I speak to Tom or Stan?

(a) Sorry, but Tom is out to lunch.

(b) I prefer Tom to Stan.

(c) Neither of them is available right now.

(d) Tom is helping Stan with a project.

여보세요, 탐이나 스탠과 통화할 수 있을까요?

(a) 죄송하지만 탐은 점심식사하러 나갔습니다.

(b) 난 스탠보다 탐이 더 좋아요.

(c) 두 분 다 안 계십니다.

(d) 탐은 스탠의 프로젝트를 돕고 있습니다.

○ A or B 문제. Tom 혹은 Stan을 찾는 문제. (a)는 Tom만 언급했기 때문에 적당하지 않고 (b)나 (d)는 바꿔달라는 요청에 적당하지 않은 답이다. A or B 문제는 A 혹은 B 중 선택할 수 있고 정답 (c)처럼 둘 다 아닌 경우도 종종 답으로 출제되었다.

be out to lunch 식사하러 나가다

정답 (c)

5 W: Hello, how may I help you?

M: I want to book a room for the weekend.

W: OK, would you prefer a single room or double room?

(a) How did you know I'm single?

(b) Actually, I'd like a twin room.

(c) Do you offer a special rate?

(d) I've been working a double shift.

W: 무엇을 도와드릴까요?

M: 주말동안 방을 예약하고 싶은데요.

W: 싱글룸으로 드릴까요? 더블룸으로 드릴까요?

(a) 제가 싱글인 걸 어떻게 아셨어요?

(b) 사실, 저는 트윈룸을 원하거든요.

(c) 혹시 특별 요금이 있나요?

(d) 전 2교대로 일해 왔어요.

○ A or B 문제. 호텔예약을 하며 single room 혹은 double room 선택여부를 물어볼 때 두 개 중 하나, 아니면 정답 (b)와 같이 twin room이란 제3의 답이 가능하다.

정답 (b)

UNIT 07 평서문 1 〈일상대화〉

Part 1

1 W: Hi, I'm Janet Smith, nice to meet you!

M: **The pleasure is mine.**

2 W: Dan, **I'd like to introduce you to** our new staff, Edith Peterson.

M: Nice to meet you, welcome to the team.

3 M: Ann Patrick. **I haven't seen you for ages.**

W: Yeah, **what have you been up to lately?**

4 M: It was nice meeting you. **Talk to you later!**

W: Same here. **Take it easy!**

5 M: **I'm sorry to have kept you waiting.**

W: It's okay. I just got here myself.

6 W: I'm sorry. **I didn't mean to offend you.**

M: No problem, **let bygones be bygones.**

7 M: Thank you for **helping me out with the chores.**

W: **Think nothing of it.**

8 M: Hey, **you've been on the phone for half an hour.**

W: Sorry, but this is an important call.

9 W: I like your jokes, but **you have to draw the line.**

M: I see. **I didn't realize that.**

10 W: **You should know better than to do that.**

M: **Don't lay the blame on me alone.**

Part 2

11 M: **I really wish I didn't have to leave** early.

W: Me, too. I've enjoyed staying with you.

M: Maybe you can come visit me sometime.

W: **Definitely, I will.**

12 M: Mary, **you look frustrated.**

W: I am. **I lost the ring my boyfriend gave me.**

M: Come on, **it's not the end of the world.**

W: But nothing in the world can substitute for that.

13 W: Wow, your presentation was **gorgeous.**

M: You think so? **I think I haven't prepared enough.**

W: No way! Everyone seems to **be captivated.**

M: Thank you, I'm relieved to hear that.

1 M: Thank you for the wonderful dinner.

(a) Nothing to worry about.

(b) The pleasure is mine.

M: 저녁 감사해요.

(a) 걱정할 필요 없어요.

(b) 오히려 제가 즐거웠어요.

✪ 감사(Thank you)를 전하는 말에는 정해져 있는 답이 있다. 위의 정답(The pleasure is mine.) 외에도 No problem, You're welcome 등도 가능하며 (a)는 사과(Sorry)를 하는 문제에 대한 답으로 어울린다.

정답 (b)

2 W: Hi, Alan. How are you getting along these days?

(a) Nice to meet you.

(b) Talk to you later.

(c) Nothing much.

(d) It was excellent.

W: 앨런, 요즘 어떻게 지내요?

(a) 만나서 반가워요.

(b) 나중에 봐요.

(c) 별일 없어요.

(d) 정말 훌륭했어요.

✪ 아는 사람을 만났을 때의 인사를 다양하게 기억해두자. How are you?, How are you doing?, How's it going?, What's up?, What's new? 대답으로는 정답 (c)와 같이 '그저 그래.'가 가장 많이 나오며 이외에 '아주 좋아요.(Couldn't be better.)' 등도 가능하다.

[Possible Answers]
Couldn't be better. 아주 좋아요.
Same as usual. 늘 똑같죠.
Alive and kicking. 원기 왕성합니다.

get along 지내다

정답 (c)

3 M: I'm sorry I couldn't attend the staff party last night.

(a) The party was already over.

(b) Did something come up?

(c) We won't start without you.

(d) What took you so long?

M: 어제 회식에 못 가서 죄송해요.

(a) 파티는 이미 끝났어요.

(b) 무슨 일이 생겼나요?

(c) 우리가 당신 없이 시작은 안 할 거예요.

(d) 왜 이제야 왔죠?

사과는 크게 본인이 잘못한 경우에 하는 사과와 의례적인 사과(ex. Sorry, we're all booked up. '죄송하지만 예약이 끝났습니다.')가 있으며 잘못해서 사과하는 경우 대부분 '괜찮아요.(That's OK. / No problem.)'로 답을 한다. 파티 참석을 못해서 사과를 했다면 정답 (b)와 같이 무슨 일이 있었는지 물어보는 것도 좋은 답이 될 수 있다. 사과에 대한 답으로는 That's OK. / No problem. / It happens. / It's no big deal. / Think nothing of it. 등을 정리해두자.

[Possible Answers]
I hope you can join us next time. 다음번에는 저희가 함께 할 수 있었으면 좋겠네요.
That's okay, but we were worried about you. 괜찮아요, 그런데 당신이 걱정됐어요.

attend 참석하다 What took you so long? 왜 이렇게 시간이 걸렸죠?

정답 (b)

4 W: Jim, the paper was due yesterday.

(a) I worked hard yesterday.

(b) I'm sorry, I thought it was due today.

(c) The paper was on drunk driving.

(d) I planned to deliver my paper.

W: 짐, 보고서 마감 기한이 어제까지였는데.

(a) 어제 열심히 했어요.

(b) 죄송해요, 오늘이 마감인 줄 알았어요.

(c) 보고서가 음주운전에 관한 겁니다.

(d) 제가 논문 발표를 할 계획이었어요.

상대방에게 질책을 한다면 답으론 변명이나 사과를 고른다. 평서문 단답형 답을 고를 때의 원칙은 순응 혹은 상대방

의 감정을 상하게 하지 않는 대답이다. 어제 내야 하는 보고서를 내지 않은 데 대한 질책에는 (해야 할 것을 하지 않았기 때문에) 정답 (b)처럼 변명 혹은 사과를 골라야 한다. (a)는 yesterday를 응용, (c)와 (d)는 paper를 응용한 오답이다.

[Possible Answers]
I'm sorry. I'll hand it in the afternoon. 죄송해요. 오후에 제출할게요.

due yesterday 마감기한이 어제인 drunk driving 음주운전 deliver a paper 논문 발표를 하다

정답 (b)

5 M: Guess what? I got accepted into Standford University.

(a) Well, I'm not good at guessing.

(b) Really? Your hard work finally paid off.

(c) You should've told me earlier.

(d) It's easier said than done.

M: 있잖아? 나 스탠포드 대학교에 합격했어!

(a) 글쎄, 난 추측은 자신 없는데.

(b) 정말? 열심히 공부한 게 보람이 있네.

(c) 진작 말했어야지.

(d) 말이 쉽지.

Guess what? 문제. Guess what?은 즐겁고 축하할 만한 일이 있을 때 쓴다. 그래서 상대방의 대답도 비교적 정해져 있다. 대표적인 기출 모범 정답은 Congratulations! I'm happy for you! 등이 있으며 축하해주는 (b)가 정답이다. Guess what?의 직역이 '한번 맞춰봐!' 이기 때문에 (a) '추측은 자신 없어'란 그럴 듯한 오답도 자주 등장한다.

paid off 보람이 있다 It's easier said than done. 말이 쉽지.

정답 (b)

6 M: Hi, it's me, Mike.

W: Mike? What's keeping you? Everyone is waiting for you.

M: Sorry. The traffic is at a standstill.

(a) Then you should take a taxi.

(b) Okay, we will start the party and you can join us later.

M: 안녕, 나 마이크야.

W: 마이크? 왜 이렇게 못 오는 거야? 모두가 기다리는데.

M: 미안, 교통체증이 끔찍해서.

(a) 그럼 택시를 타야지.

(b) 알았어, 일단 파티를 시작할 테니 나중에 합류해.

교통이 막혀 모임에 늦게 돼서 사과하는 대화. 교통이 막혀 어쩔 수 없다면 (b)와 같은 대안으로 대화를 마무리하는 것이 좋은 답이며 교통이 막히는데 택시를 타도 다르지 않기

때문에 (a)는 오답 처리한다.

The traffic is at a standstill. 교통이 많이 막히다.

정답 (b)

7 W: Good morning, you must be Stephen Burns.

M: Yes, hi. Was it you I spoke to on the phone about the Maxwell account?

W: That's right. I'm Erica Ford.

(a) Nice to meet you. My name is Stephen Burns.

(b) I'm glad we can talk in person.

(c) You look better in real life.

(d) Nice chatting with you. Talk to you soon!

W: 안녕하세요, 스티븐 번즈 씨 맞으시죠.

M: 예, 안녕하세요? 전화로 맥스웰 건에 대해 얘기한 분 맞죠?

W: 그렇습니다. 에리카 포드입니다

(a) 만나서 반갑습니다. 전 스티븐 번즈입니다.

(b) 직접 뵙게 돼서 반갑습니다.

(c) 실물이 더 낫네요.

(d) 대화 즐거웠어요. 나중에 봐요!

✿ 인사 및 작별 문제는 기본적인 표현도 중요하지만 Part 1 과 다르게 전체의 흐름을 꼭 잡아야 한다. 처음 보긴 했지만 전화로 이미 통화를 한 상태이므로 연계되는 (b) '직접 보게 돼서 반갑다' 가 정답이다. (a) Nice to meet you.는 좋은 답 이지만 이미 Stephen Burns라고 소개를 한 상태이기 때문 에 답이 될 수 없으며, (c)는 통화만 한 상태라 어떻게 생겼는 지는 알 수 없기 때문에 어울리지 않는다.

[Possible Answers]
It's a pleasure to talk face to face. 직접 뵙게 돼서 반갑 습니다.

in person 직접 대면한 look better in real life 실물이 더 나은 talk to you soon! 나중에 봐요!

정답 (b)

8 W: I really appreciate you helping me with this chemistry project.

M: No problem. I'm glad I could be of help.

W: I couldn't have done it without your help.

(a) No way. Feel free to ask me anytime.

(b) You're my life saver.

(c) Don't mention it. You're way better than me.

(d) I would do tutoring on weekends.

W: 화학 프로젝트 도와줘서 정말 고마워.

M: 별 말씀을. 도움이 됐다니 다행이야.

W: 아마 네 도움 없었으면 못했을 거야.

(a) 아니야. 언제든지 편하게 부탁해.

(b) 넌 나의 구세주야.

(c) 천만에. 넌 나보다 훨씬 나아.

(d) 난 주말에 과외를 하려고.

✿ 감사표현인 I couldn't have done it without your help. 를 미리 숙지하고 있다면 상대방의 응답인 (a)를 어느 정도 예상할 수 있다. (b)는 여자가 할 말이며, (c)의 '네가 나보다 훨씬 낫다' 는 말은 못하는 사람에게 도움을 주는 입장에서 납 득하기 힘든 오답이다.

I'd glad I could be of help 도움이 됐다니 기뻐요 I couldn't have done it without your help. 당신이 없었 으면 못 했을 거예요.

정답 (a)

9 W: I have tons of work today. Maybe I have to work overtime.

M: How may I help you? I'll give you a hand if you want.

W: Really? It's really sweet of you!

(a) I was supposed to work the dayshift.

(b) You would probably do the same for me.

(c) Otherwise, let's call it a day.

(d) You should talk to the boss.

W: 오늘 할 일이 너무 많아요. 아무래도 늦게까지 일을 해야 할 것 같아요.

M: 어떻게 도와줄까요? 원한다면 도와줄게요.

W: 정말요? 정말 자상하시네요.

(a) 낮 근무를 할 예정이었어요.

(b) 당신도 아마 저에게 똑같이 했을 거예요.

(c) 그렇지 않으면 오늘은 여기까지 하죠.

(d) 상사에게 얘기를 좀 해야겠네요.

✿ It's really sweet of you!는 전형적인 감사 표현이다. 이 에 대한 대답으로는 No problem, Don't mention it. 등도 가 능하며 (b)의 You would probably do the same for me. 도 감사에 대해 자주 나오는 대답이다.

give you a hand 도와주다 work the dayshift 낮 근무 를 하다 let's call it a day. 오늘 여기까지 합시다.

정답 (b)

10 W: You look kind of blue.

M: Yes, I heard my uncle was diagnosed with terminal cancer.

W: Oh, my! I'm so sorry to hear that.

(a) We are not on speaking terms.

(b) Since we are so close, I'm devastated.

(c) He got a second opinion.

(d) He's now in stable condition.

W: 좀 우울해 보이네요.

M: 네, 우리 삼촌이 말기 암 진단을 받으셨다고 하네요.

W: 정말이요? 정말 유감이에요.

(a) 우리 말 하는 사이가 아니에요.

(b) 우리가 가까운 사이라 정말 절망스럽네요.

(c) 다른 의사의 진단을 받았어요.

(d) 지금은 안정된 상태에요.

○ 상대방이 위로하는 '유감이에요.(I'm sorry to hear that.)' 란 말에 대한 적당한 대답을 고르는 문제이다. 가까운 사람이 말기 암을 받은 심각한 상황이므로 상대방의 위로에 좀 더 자신의 안타까움을 밝힌 (b)가 가장 적절하다.

was diagnosed with ~로 진단받다 terminal cancer 말기 암 be not on speaking terms 말하지 않는 사이 got a second opinion 다른 의사의 진료를 받아보다

정답 (b)

→ BASIC TRAINING

Part 1

1 M: The details in this painting are **really exceptional**.
W: Yes, it certainly is impressive.

2 M: Anna was late again.
W: I know, **I'm really tired of her habitual lateness**.

3 M: **I'm so frustrated that I haven't found a job ye**t.
W: You're well qualified, so you'll find one soon.

4 W: Ah! **I got something in my eye**.
M: Try these eye drops.

5 W: I **got a speeding ticket**.
M: That's the second time, isn't it?

6 W: I have no idea how to **fill out this form**.
M: Let me have a look at it.

7 M: **I overslept and missed the English test** in the morning.
W: Well, maybe you should **take a make up test**.

8 W: I have **nothing to wear to the party**.
M: But **your wardrobe is full of dresses**.

Part 2

9 M: Don't you think cell phones are a great annoyance?
W: Why do you say that?
M: When I was on the subway today, some people talked on their cell phones loudly.
W: That must have been so irritating.

10 M: **How can I been such a fool?**
W: What happened?
M: **I wasted my money on lotteries**.
W: Well, **let bygones be bygones**.

11 M: Oh, my god! I forgot about lunch with my girlfriend.

W: You mean **you stood her up?**
M: Yes, we were supposed to meet half an hour ago.
W: I hope you have a good excuse.

→ ACTUAL TRAINING

1 W: I can't believe James died so suddenly due to a car accident.
(a) Me neither. I really miss him.
(b) There's no reason not to believe him.

W: 제임스가 차 사고로 그렇게 갑자기 죽다니 정말 믿을 수가 없어.
(a) 나도 그래. 정말 그리워.
(b) 그를 안 믿을 이유가 없지.

○ I can't believe는 상대방의 동의를 이끌어내는 말이다. 더구나 불행한 일에 대해선 (a)와 같이 애도의 뜻을 표해야 한다. (b)는 질문의 believe를 응용한 오답이다.

정답 (a)

2 M: It looks like there aren't any parking spaces left here.
(a) Let's go to the basement lot.
(b) The parking fee is too expensive here.
(c) Let's just park here.
(d) Remember where you parked.

M: 여기에 주차 공간이 하나도 남질 않았네요.
(a) 지하 주차장으로 가봅시다.
(b) 주차비가 여긴 너무 비싸요.
(c) 여기에 주차합시다.
(d) 어디에 주차를 했는지 기억을 해봐요.

○ It looks like ~ / It seems ~(그렇게 보이네요)는 다소 부드럽게 어떤 사실을 전하는 문장이며 상대방의 적절한 맞장구나 조언, 의견 등을 구한다. 주차 공간이 하나도 없다면 정답 (a)처럼 대안을 제시하는 의견을 말할 수 있다. (b), (c), (d)는 park를 응용한 오답이다.

[Possible Answers]
Oh, my! We are going to be late for the seminar. 이런! 우리 세미나에 늦겠어요.

parking space 주차 공간

정답 (a)

3 W: I think this faucet is leaking.

(a) I agree. We should keep it running.

(b) Don't you worry, I'll wash it.

(c) I'm relieved to hear that.

(d) You're right. Let's call a plumber.

W: 이 수도꼭지가 새는 것 같아.

(a) 그래요. 계속 흐르게 해야겠어요.

(b) 걱정 마세요. 제가 씻을게요.

(c) 그 말을 들으니 안심이네요.

(d) 그러네요. 배관공을 부르죠.

○ I think ~ 문장은 나의 강한 생각을 전달하거나 상대방의 적절한 조언이나 맞장구를 구한다. 수도꼭지가 샌 것 같다고 하면 상대방의 적절한 도움이나 조언이 필요하며, 정답 (d)처럼 '배관공을 부르자'가 가장 잘 어울린다. (a), (b)의 앞부분인 I agree나 Don't you worry는 좋은 응답이나 뒷부분이 어울리지 않는다. 선택지에서 늘 앞문장과 뒷문장의 연계를 잘 살피자.

[Possible Answers]
Let me take a look at it. 제가 한번 볼게요.
Oh! Not again! 아니! 또 그래!

faucet 수도꼭지 run (물이) 흐르다 plumber 배관공

정답 (d)

4 M: I lost lots of money gambling. What a fool I was!

(a) There must be some mistake.

(b) It was an once in a lifetime chance.

(c) Don't blame yourself! Just don't do it again.

(d) Don't worry. You will have another chance.

M: 복권에서 많은 돈을 잃었어. 내가 얼마나 어리석었는지!

(a) 뭔가 실수가 있었을 거야.

(b) 그건 일생일대의 기회였어.

(c) 네 자신을 자책하지 마! 다신 그러지 마.

(d) 걱정 마. 또 기회가 있을 거야.

○ 복권에서 돈을 잃어 자책을 한다면 (c)와 같이 위로하며 격려를 해줘야 한다. (a), (b), (d)는 도박이라는 바람직하지 않은 일에 다음 기회가 있다든지, 실수였을 거라든지 같은 비윤리적인 내용이 답이 될 수는 없다.

once in a lifetime chance 일생일대의 기회

정답 (c)

5 M: I misplaced my wallet in the library somewhere.

(a) Take it to the lost and found.

(b) There is lots of money in my wallet.

(c) The librarian will tell you about the procedure.

(d) I think I saw a similar one over there.

M: 도서관에 어디선가 내 지갑을 어디에 뒀는지 못 찾겠어요.

(a) 분실물 보관소로 가져가세요.

(b) 지갑에 많은 돈이 있어요.

(c) 사서가 절차에 대해 알려줄 거예요.

(d) 비슷한 걸 저쪽에서 본 것 같아요.

○ 지갑을 잃어버려 도움을 청하는 내용이다. 특히 물건을 잃어 버렸을 때는 같이 찾아 주려는 응답 (d)가 정답이다. lost and found는 무언가를 잃어버렸을 때 연상이 되는 오답이다. (b)는 my wallet이 아닌 the wallet으로 바꾼다면 답에 가까울 수 있다.

lost and found 분실물 보관소

정답 (d)

6 M: I can't make it to the party tonight.

W: Did something come up at work?

M: Well, my boss wants me to get the Wilson account done tonight.

(a) It's a shame! You're the real life of the party.

(b) I should've left the company.

M: 파티엔 도저히 못 가겠어요.

W: 직장에 무슨 일이 생겼나요?

M: 상사가 오늘밤에 윌슨 건을 마치라고 하네요.

(a) 유감이네요. 당신은 정말 분위기 메이커인데요.

(b) 내가 회사를 떠났어야 했어요.

○ 상대방의 이해와 동정을 바라는 문제이다. 회사 일로 파티에 못 간다면 심하게 탓할 수는 없다. 그래서 아쉬움을 표현한 (a)가 정답이다.

real life of the party 분위기 메이커 account 거래

정답 (a)

7 M: I broke up with my girlfriend last week.

W: Why? I thought you two were meant-to-be together.

M: We were, but we don't speak the same language.

(a) Then you should learn her language.

(b) You should have asked her out first.

(c) She seemed to cheat on me.

(d) Move on! And I will set you up with a friend of mine.

M: 여자 친구랑 지난주에 헤어졌어요.

W: 왜요? 두 사람이 천생연분인 줄 알았는데요.

M: 그랬어요. 하지만 우린 안 통하더라고요.

(a) 그럼 그녀의 언어를 배워야 해요.

(b) 당신이 먼저 그녀에게 데이트 신청을 했어야 해요.

(c) 그녀가 나를 속이는 거 같았어요.

(d) 힘내요. 그리고 내 친구랑 소개팅 시켜줄게요.

○ 애정 관계에 대한 조언을 구하는 문제이다. We don't speak the same language.는 서로 마음이 통하지 않는다는 관용표현이다. 맘이 안 맞아서 이미 헤어진 상태라 (d)처럼 편하게 다른 누군가를 소개시켜주겠다는 답이 가장 어울린다. (a)는 위의 관용표현을 모르는 초보자들이 쉽게 고를 수 있는 오답이다.

[Possible Answers]
Things like that happen in relationships. 인간 관계에선 늘 있는 일이죠.

meant-to-be 천생연분인 give the cold shoulder 냉대하다 ask ~ out ~에게 데이트 신청하다 set ~ up ~에게 소개팅을 시켜주다

정답 (d)

8 M: I'm not sure if I will accept the job offer or not.

W: What's the problem?

M: The company pays a lot, but I have little time to spend with my family.

(a) Maybe some other time, then.

(b) It's easy for you to say.

(c) I'd prefer big companies to smaller ones.

(d) I'd turn down the offer. Family comes first.

M: 취업 제의를 받아들여야 할지 말지 잘 모르겠어요.
W: 뭐가 문제죠?
M: 월급은 많이 주는데 가족과 보낼 시간이 거의 없어요.
(a) 그럼 다음 기회에 하죠.
(b) 말이 쉽죠.
(c) 저라면 작은 회사보다는 대기업이 나을 것 같아요.
(d) 저라면 제안을 거절하겠어요. 가족이 우선이죠.

○ 좋은 취업 제의를 받아들일지 가족 때문에 거절할지에 대한 조언을 구하는 문제이다. 가족을 선택하라는 (d)가 정답이다. (a)는 식사를 하자 등 제안에 대한 거절 표현이다.

accept the offer 제안을 받아들이다 turn down the offer 제안을 거절하다 It's easy for you to say. 말이 쉽죠.

정답 (d)

9 M: Please do something about the heater.

W: I called maintenance. They will send someone up here.

M: I'm freezing. I can't take it any more.

(a) How can you stand it like that?

(b) The heater has been out of order.

(c) Why don't we turn it up?

(d) There's nothing we can do right now.

M: 히터 좀 어떻게 해봐요.
W: 관리실에 전화를 했어요. 사람을 보내준대요.
M: 얼어 죽겠어요. 도저히 못 참겠네요.

(a) 어떻게 그렇게 견딜 수 있을까요?
(b) 히터가 고장이 났어요.
(c) 온도를 높이는 게 어떨까요?
(d) 당장 우리가 할 수 있는 게 아무것도 없어.

○ 히터가 고장 나서 관리실에 사람을 부른 상태이며 여자는 참기 힘들어하고 있다. 사람을 부른 상태라면 정답 (d)와 같이 어쩔 수 없으니 기다리자가 정답이다.

stand 참다, 선다다 out of order 고장 나다 turn up 온도를 높이다

정답 (d)

10 W: I'm really exhausted.

M: Hang in there! It's nearly the weekend.

W: Yeah, but I have tons of housechores and proposals to finish.

(a) I'm sorry to hear that. You will be better soon.

(b) You will have another chance to prove yourself.

(c) Just take care of your top priority first.

(d) Don't be harsh on yourself.

W: 정말 피곤하네요.
M: 좀 만 참고 견뎌요! 거의 주말이에요.
W: 맞아요. 해야 할 집안일도 너무 많고 제안서도 마쳐야 해서요.

(a) 유감이네요. 곧 나아질 거예요.
(b) 자기 자신을 증명할 기회가 또 있을 거예요.
(c) 최우선 과제부터 처리하세요.
(d) 자기 자신을 너무 심하게 자책하지 마세요.

○ 주말에도 일을 많이 해야 하는 불만을 토로하며 상대방의 위로를 받고자 하는 문제이다. (a)의 I'm sorry to hear that는 좋은 답이지만 뒤의 문장은 앞뒤가 맞지 않는다.

housechores 집안일 top priority 최우선 과제 be harsh on ~에게 심하게 대하다

정답 (c)

UNIT 09 평서문 3 〈유형별로 익히는 다양한 평서문〉

Part 1

1 W: I really like your new notebook computer.

M: **It's a present from my father.**

2 M: **Guess what! I got accepted to** Yale university.

W: Really? **I'm happy for you**.

3 W: **You did a great job on** this project.

M: **I couldn't have done it without your help**.

4 M: **I'm sorry for your loss. Please accept my deepest condolences**.

W: Thank you for your kind words.

5 W: **Make sure to pull out the cord** after ironing.

M: Okay, I'll make sure to do that.

6 M: **Please help yourself to** some dessert.

W: No thanks, I'm full.

7 W: **Don't forget to** bring your camera.

M: **Don't worry, I won't**.

Part 2

8 M: I like Professor Wilson so much.

W: Right. His lecture is great and he is always nice to the students.

M: I wish every professor were that friendly.

W: Yeah, **that's for sure**.

9 W: Any special plans for the weekend?

M: Actually, **I'm heading to** Chicago.

W: Oh, I heard **that they are expecting snow flurry, though**.

M: Oh, no. I wanted to do some sightseeing.

10 M: Excuse me. This bill can't be right.

W: What's the problem, sir?

M: **I think I was overcharged**.

W: Here, **let me take a look at it.**

1 M: Excuse me, this shrimp doesn't seem to be fresh.

(a) Really? Maybe I'm confused with orders.

(b) If so, I will exchange that for another dish.

M: 죄송한데요, 이 새우가 신선하지 않은 것 같아요.

(a) 정말요? 손님의 주문이 헷갈렸나 봐요.

(b) 그러시다면 다른 요리로 바꿔드릴게요.

○ 손님의 불만 제기를 다룬 문제이다. 손님의 불만에 대해 직원은 항상 사과하며 시정하는 내용이 답으로 나와야 한다. 다른 요리로 바꿔주겠다는 (b)가 적절하다. (a)는 언뜻 답으로 생각할 수 있지만 주문이 헷갈렸다 해서 상한 새우를 제공하면 안 되기 때문에 오답이다.

be confused with ~와 혼동되다

정답 (b)

2 M: I should've been more nice to my parents when they visited me.

(a) I regret that I was mean to them.

(b) It's just your thought. You are a great son.

(c) I don't know why we don't see eye to eye.

(d) Your folks seem to be nice.

M: 부모님이 방문하셨을 때 좀 더 잘 해드렸어야 했는데.

(a) 내가 그분들께 못 되게 군 걸 후회해.

(b) 그건 너의 생각일 뿐이야. 넌 훌륭한 아들인 걸.

(c) 왜 우리가 견해가 안 맞는지 모르겠어.

(d) 부모님이 좋아 보이시던데.

○ should've ~는 후회의 유형이다. 후회하고 반성하는 사람에겐 더 이상의 질책을 하진 않는다. (b)처럼 '걱정하지 마세요'란 내용이 답의 대부분이다. (a)는 남자가 이어서 할 말로 적당하다.

see eye to eye 견해가 일치하다

정답 (b)

3 W: I wouldn't recommend taking Statistics if you are not good at math.

(a) I didn't expect it to be so difficult.

(b) I'm going to drop math tomorrow.

(c) Is there a prerequisite for Statistics?

(d) I'd rather talk with my professor.

W: 네가 수학을 잘 못한다면 통계학 듣는 걸 권하고 싶지 않은데.

(a) 그게 그렇게 어려운 줄 몰랐는데.

(b) 내일 수학을 수강 취소할 거야.

(c) 통계학 선수과목이 있니?

(d) 난 차라리 교수님과 얘기할 거야.

✪ I would / I wouldn't ~.(나라면 ~할 거야.)의 유형이다. 충고에 대해서는 대부분의 사람들이 상대의 성의를 생각해 받아들이는 편이다. 상대방의 생각에 수긍한 (a)가 정답이다. (b)와 (c)는 math와 prerequisite만 응용한 오답이며, (d)는 상대방의 성의에 대해 너무 무례한 오답이다.

drop 과목을 취소하다 prerequisite 선수과목

정답 (a)

4 W: You must be excited about passing the audition.

(a) Yes, I got the part I really wanted.

(b) I will try harder next time.

(c) If I didn't get a major role, I would quit.

(d) I've tried hard for a long time to get into the school.

W: 오디션을 통과해서 정말 기쁘겠네요.

(a) 네, 제가 원하던 역을 맡게 됐어요.

(b) 다음엔 더 열심히 할 거예요.

(c) 주요 역할을 못 맡는다면 그만 둘 거예요.

(d) 그 학교에 합격하기 위해 정말 오랫동안 노력했어요.

✪ You must be ~(그랬겠네요)는 상대방의 긍정을 이끌어 낸다. 정답 (a)와 같이 '맞아요' 류의 응답이 모범 정답이다. 사실 (c)가 정확히 오답은 아니지만 축하해주려는 상대방에 대한 응답으로는 과격하고 예의가 없으므로 오답 처리한다.

정답 (a)

5 W: I thought Matthew was going to get the promotion he wanted.

(a) It's not the end of the world.

(b) He was disappointed with the transfer he doesn't want.

(c) I wouldn't risk it if I were in his place.

(d) He didn't pass the test for the manager.

매튜가 원하는 승진을 할 거라고 생각했어요.

(a) 세상이 끝난 게 아니에요.

(b) 원하지 않은 전근으로 실망하고 있어요.

(c) 당신이라면 그렇게 위험을 감수하진 않을 거예요.

(d) 그는 매니저 승진 시험을 통과하지 못했어요.

✪ I thought~(그럴 줄 알았어) 유형의 문제이다. I thought 다음엔 본인의 강한 생각을 나타낼 때도 있고 현재와는 반대되는 내용이 언급될 경우가 있다. '승진될 줄 알았다'는 결국 승진이 되지 않은 상태이다. 이럴 땐 (d) '매니저 승진 시험을 통과 못 했어요.'와 같은 상대방의 설명을 바란다. (a)는 대화 상대방에게 위로의 말로 쓰인다.

get the promotion 승진하다 be in his place ~의 입장이라면

정답 (d)

6 M: Oh, my! Our photocopier is broken.

W: But we have lots of things to copy. What should we do?

M: Maybe we could use the one in the Planning Department.

(a) Right, there's no other choice.

(b) That's the least I can do for you.

M: 이런, 복사기가 고장 났네.

W: 하지만 우리 복사할 게 정말 많은데요. 어떻게 해야 하죠?

M: 아마 기획부에 있는 걸 쓸 수도 있을 거예요.

(a) 맞아요, 다른 방법이 없네요.

(b) 그게 당신을 위해 해줄 수 있는 최소한의 일이에요.

✪ We could ~는 제안의 유형이다. 복사기가 고장 났고 복사할 내용이 많다면 다른 곳(Planning Department)에 가서라도 복사를 하자는 내용이다. 그러므로 (a) '다른 방법이 없으니 그렇게 하자'가 정답이다.

planning department 기획부

정답 (a)

7 W: I'd like one chicken and olive pizza, please.

M: Okay, that will be 20 dollars.

W: 20 dollars? But last week the same thing only cost 15 dollars.

(a) It was a special price due to our 5th anniversary.

(b) Okay, I will give you 5 dollars change.

(c) Would you like anything else?

(d) Take it or leave it.

W: 치킨앤 올리브 피자 하나 주세요.

M: 예, 20달러입니다.

W: 20달러요? 하지만 지난주에 같은 피자가 겨우 15달러였는데요.

(a) 그때는 저희 5주년 행사로 특별 가격이었습니다.

(b) 좋아요, 5달러 거스름돈을 드릴게요.

(c) 다른 거 필요하신 게 있나요?

(d) 사든지 말든지 하세요.

✿ 불만 제기는 가게 혹은 식당 등 상거래 대화에서 많이 출제된다. 갑자기 바뀐 가격에 대해 손님이 불만을 제기한다면 정답 (a)와 같은 적절한 이유로 설명을 해줘야 한다. (d)와 같은 대답은 무례한 대답으로 손님에게 할 수 없는 대답이다.

[Possible Answers]
The price went up two a few days ago. 몇 일 전보다 가격이 두 배가 올랐네요.

anniversary 기념일 Take it or leave it. 싫으면 관둬

정답 (a)

8 M: Excuse me, is that black pickup yours?

W: Yes, is anything wrong?

M: Well, it's parked in the red area. It might be towed.

(a) That's none of your business.

(b) Right. I should've pulled over to the curb.

(c) Thank you, I'll move it right away.

(d) It doesn't matter because I did parallel parking.

M: 죄송한데 저 검정 픽업차가 당신 건가요?

W: 예, 무슨 문제가 있나요?

M: 주차금지구역에 주차가 되어 있어서 견인될 수 있어요.

(a) 당신 알 바 아니잖아요.

(b) 맞아요. 차를 길가에 세워야 했어요.

(c) 감사합니다. 바로 옮길게요.

(d) 평행 주차를 했기 때문에 그건 중요하지 않아요.

✿ Part 2 평서문 중 상대방에게 정보를 전달하는 문제가 종종 출제된다. 견인될 수 있다는 정보에 정답 (c)와 같이 바로 행동을 취해야 한다. (a)와 같은 무례한 대답은 정답이 된 적이 없으며, (d)에서 because 이후가 앞뒤가 맞지 않아서 오답이다.

[Possible Answers]
I see. I'll be there in a minute. 알겠어요. 곧 갈게요.

red area 주차금지지역 tow 견인하다 pull over 차를 길가에 세우다 curb 연석

정답 (c)

9 M: Hello. Can I speak to Mr. Baker, please?

W: Which Mr. Baker? Henry or Mike?

M: Henry, please. This is Mr. Scott.

(a) Sure, Mr. Scott will be right with you.

(b) This is Paul. What can I do for you?

(c) I'm sorry. He isn't in at the moment.

(d) I'll see if both are available.

W: 베이커 씨를 좀 바꿔주실래요?

M: 어느 베이커 씨요? 헨리요 아니면 마이크요?

W: 헨리요. 저는 스코트라고 합니다.

(a) 물론이요, 스코트 씨가 곧 응대해드릴 겁니다.

(b) 저는 폴입니다. 무엇을 도와드릴까요?

(c) 죄송합니다. 그는 자리에 안 계십니다.

(d) 두 분 모두 가능한지 알아보겠습니다.

✿ 전화 문제는 Part 1, 2, 3에 골고루 출제되며 '~를 바꿔주세요.'라고 했을 때는 첫째, 당사자가 없는 경우(He's not available. / He's stepped out.), 둘째, 바꿔줄 경우(Hold on, please.)를 중심으로 기본 대화 표현을 외워두자. 이 문제는 전화 문제이지만 실제로 3명의 이름을 주의 깊게 잘 들었는지를 묻고 있다. 반드시 Mr. Scott이 Mr. Henry Baker를 찾고 있다는 사실을 들어야 한다. (a)는 Henry로 바꾸면 답으로 가능하며, (d)는 두 사람 다 있는지를 알아볼 필요가 없기 때문에 오답 처리한다.

[Possible Answers]
Hold on please. I will put you through. 기다리세요. 연결해드리겠습니다.
Sorry, he's just stepped out. 죄송한데, 그가 잠시 자리를 비우셨습니다.

available 이용할 수 있는, 만날 수 있는

정답 (c)

10 M: I'm impressed with this books.

W: Really? I didn't know you were into history book.

M: There's more to it than I expected.

(a) I knew you'd like it.

(b) I want to hear what the author tried to tell.

(c) I wonder what will happen.

(d) I know you're an avid reader.

M: 이 책 정말 감명 깊었어.

W: 정말? 역사책에 그렇게 빠진 줄 몰랐는데.

M: 이 책엔 내가 생각하는 그 이상이 담겨 있는 것 같아.

(a) 좋아할 줄 알았어.

(b) 저자가 어떤 걸 얘기하려는지 듣고 싶은 걸.

(c) 다음이 어떻게 될지 궁금해.

(d) 네가 책을 정말 좋아하는지를 알고 있어.

✿ 남자가 읽고 있는 책의 훌륭한 점을 강조하며 자랑하는 문제이다. 당연히 대화 상대는 관심을 갖고 (b)와 같이 대답할 수 있다. (a)는 위에 나온 I didn't know you were into history book.과는 반대의 내용이라 오답이다.

There's more to it than ~ 이상의 무언가가 더 있다 avid reader 열렬한 독자

정답 (b)

1 M: Which shirt goes better with these pants, the white or the blue?

W: _______________________________

(a) I prefer the green shirts.

(b) Those shirts look too small.

(c) They feel really soft.

(d) Neither one looks right.

M: 하얀 셔츠와 파란 셔츠 중 어느 것이 이 바지들하고 잘 어울리나요?

W: _______________________

(a) 난 녹색 셔츠를 더 좋아해요.

(b) 저 셔츠들은 너무 작아 보여요.

(c) 이것들은 정말 부드러워요.

(d) 둘 다 안 어울려요.

❂ 남자는 Which shirts를 써서 두 가지 셔츠 중 어느 것이 바지와 잘 어울리는지를 묻고 있다. 마음에 드는 하나를 고르거나, 둘 다 마음에 들거나, 둘 다 마음에 들지 않는다는 대답을 할 수 있다.

go with 어울리다 prefer 오히려 ~을 좋아하다

정답 (d)

2 W: Tom, it's time to go to bed. Go and put on your pajamas.

M: _______________________________

(a) Okay. Just tell me what to do.

(b) Already? Let me finish watching TV first.

(c) I don't think I will be ready in time.

(d) I'll fold the laundry in twenty minutes.

W: 톰, 잠자리에 들 시간이야, 가서 잠옷 입어야지.

M: _______________________

(a) 알았어요. 뭘 해야 할지 말만 하세요.

(b) 벌써요? 우선 TV 보는 것을 끝내고요.

(c) 곧 준비될 거 같지 않아요.

(d) 20분 안에 빨랫감을 접을게요.

❂ 잠자리에 들기 전에 잠옷을 입으라는 엄마의 말에 대한 대답으로는 '알았다'고 하거나, 하지 않아도 될 변명을 둘러대는 것이 적절하다.

put on 입다 fold 접다, 포개다

정답 (b)

3 W: Gosh, I think I failed that exam.

M: _______________________________

(a) Relax, I bet you aced it.

(b) Of course. It wasn't that hard.

(c) He is my favorite professor.

(d) It won't be as hard as the practice test.

W: 이크, 시험에 떨어진 거 같아.

M: _______________________

(a) 진정해, 분명히 1등 했을 거야.

(b) 물론이지. 그렇게 어렵지 않았어.

(c) 그는 내가 좋아하는 교수님이야.

(d) 실전 테스트만큼 어렵지 않을 거야.

❂ Gosh가 실망, 안타까움 등을 나타내는 감탄사이므로 여자가 시험에 떨어진 것 같다고 걱정하는 것을 알 수 있다. 이럴 때의 대답은 진정하라며 안정시켜주는 것이 적절하다.

ace 1등하다 relax 긴장을 풀다, 누그러지다

정답 (a)

4 W: That was a bumpy flight, wasn't it?

M: _______________________________

(a) I wasn't expecting so much turbulence.

(b) Tomorrow's flight leaves at 8 a.m.

(c) I would have preferred to fly.

(d) I think he missed his connection.

W: 정말 덜컥거리는 비행이었어, 그렇지 않아?

M: _______________________

(a) 그렇게 흔들릴 줄은 예상하지 못했지.

(b) 내일 비행기는 오전 8시에 떠나.

(c) 난 비행기 타는 것을 좋아했어.

(d) 그가 연결 편을 놓친 것 같아.

❂ 부가의문문을 사용해서 비행이 어땠는지를 묻고 있다. 대개 부가의문문에 대한 대답은 Yes나 No로 시작하지만, 여기에서는 Yes/No 없는 대답을 요구하고 있다. 그렇게 흔들릴 줄 몰랐다는 (a)가 적절한 대답이다.

bumpy 덜컥거리는 turbulence 난기류

정답 (a)

5 M: I really appreciated your help last weekend.

W: _______________________________

(a) I'll pick you up at three.

(b) It was nothing. I was glad to help.

(c) This is a once in a lifetime chance!

(d) Just let me know when you need it.

M: 지난 주말에 도와준 거 정말 고마웠어.

W: _______________________

(a) 3시에 데리러올게.

(b) 아무 것도 아냐. 도와줘서 기뻤어.

(c) 일생에 한 번 뿐인 기회야!

(d) 필요할 때 알려줘.

⬥ 남자는 자기를 도와준 것에 대해 여자에게 고마움을 표시하고 있다. 고마움을 표현하는 말에 대한 대구는 It was nothing. / Don't mention it. / You're welcome. / No problem. 등이 있다.

pick up 데리러 오다

정답 (b)

6 M: You'll never guess who I just ran into!
W: ___________________________
(a) I'm going to guess a parked car.
(b) It was good to see you, too.
(c) Who did you see?
(d) Wow! That's incredible!

M: 내가 방금 누구를 만났는지 모를 거야!
W: ___________________________
ⓐ 주차된 자동차라고 추측이 돼.
ⓑ 너를 봐서 나도 반갑다.
ⓒ 누굴 봤는데?
ⓓ 와! 놀랍구나!

⬥ 누구를 만났는지 맞춰 보라고 하는 상황이다. 전혀 뜻밖의 사람을 만났거나, 누구를 만났는지 금방 알 수 있는 경우에 이런 질문을 한다. 적당한 대답은 누굴 봤냐고 묻는 (c)이다.

run into 우연히 만나다 incredible 놀라운, 믿어지지 않는

정답 (c)

7 M: I thought you would walk to class today.
W: ___________________________
(a) Yeah, it is faster to walk.
(b) I wanted to, but the forecast predicted snow.
(c) You should really think about taking the bus.
(d) I try to work out at least an hour a day.

M: 네가 오늘은 걸어서 학교에 오는 줄 알았어.
W: ___________________________
ⓐ 응, 이게 걷는 것보다 더 빨라.
ⓑ 그렇게 하려고 했는데, 일기예보에 눈이 온댔어.
ⓒ 버스를 타는 것을 생각해야 할 거야.
ⓓ 난 적어도 하루에 한 시간은 운동하려고 해.

⬥ 남자가 여자에게 '오늘은 걸어서 학교에 오는 줄로 알았다' 며 과거형으로 얘기하는 것으로 보아, 여자가 학교에 오는 방법을 바꿨다는 것을 알 수 있다. 적당한 대답으로는 방법이 바뀌었는지 여부를 알려주는 보기를 골라야 한다.

work out 운동하다

정답 (b)

8 M: I'm not sure if I'll have time to do the laundry.
W: ___________________________
(a) In ten minutes I'll wash the car.
(b) Let's pick up dinner on our way home.
(c) Why don't you wait until Sunday?
(d) We need to buy a new dishwasher anyway.

M: 빨래할 시간이 있는지 모르겠어.
W: ___________________________
ⓐ 10분 안에 세차를 할게.
ⓑ 집에 가는 길에 저녁을 살게.
ⓒ 일요일까지 기다리는 게 어때?
ⓓ 우린 어쨌든 식기 세척기를 새로 사야해.

⬥ 남자는 지금 빨래할 시간적인 여유가 있는지 모르겠다는 말을 하고 있다. 남자가 빨래할지 말지를 결정하는 데 도움이 되는 말이 필요하다. 일요일까지 기다리는 것이 어떠냐는 (c)가 적절한 대답이다.

do the laundry 빨래하다 pick up 사다

정답 (c)

9 M: Did you find your phone?
W: ___________________________
(a) I didn't look in the bedroom.
(b) I need to charge my battery.
(c) Yes, it was on the kitchen table.
(d) Check in your car.

M: 전화기 찾았니?
W: ___________________________
ⓐ 침대 속은 보지 않았어.
ⓑ 배터리를 충전해야 해.
ⓒ 찾았어, 부엌 테이블 위에 있었어.
ⓓ 자동차 안을 확인해봐.

⬥ 남자가 여자에게 전화기를 찾았는지 묻고 있다. 따라서 전화기를 찾았는지 여부를 알려주는 대답이 적절하다.

charge 충전하다

정답 (c)

10 M: The movie wasn't that enjoyable, but the popcorn was great.
W: ___________________________
(a) At least you got a snack.
(b) I saw that movie last week.
(c) Really? Then let's go next weekend.
(d) Would you like to go again?

M: 영화는 별로였는데 팝콘은 맛있었어.
W: ___________________________

(a) 적어도 스낵은 먹었잖아.

(b) 지난주에 그 영화를 봤어.

(c) 정말? 그럼 다음 주말에 보러 가자.

(d) 다시 가지 않을래?

💬 영화는 별로였는데 팝콘은 맛있었다는 남자의 말에 대한 대답으로는 '나도 그랬다'거나 '난 아니었다'는 식의 대답이 나올 수 있다.

enjoyable 재미있는, 즐거운

정답 (a)

11 W: I really need to work out more.

M: Regular exercise makes you feel so much better. I go to the gym everyday.

W: Really? Isn't it hard to find the time?

M: _______________________________

(a) So do I. It's hard to get motivated.

(b) You're right. I always make time for fitness.

(c) It was when I started, but now it's easier.

(d) I always work out in the mornings.

W: 운동을 좀 더 해야 해.

M: 규칙적인 운동을 하면 기분을 더 좋게 만들지. 난 체육관에 매일 가.

W: 정말? 시간 내는 게 힘들지 않아?

M: _______________________________

(a) 나도 그래. 동기부여를 받는 건 힘들지.

(b) 맞아. 난 항상 운동할 시간을 내.

(c) 시작할 땐 그랬는데, 지금은 더 쉬워졌어.

(d) 난 항상 아침에 운동을 해.

💬 남자가 '체육관에 매일 간다'고 하자, 여자가 '그럴 시간 내는 게 힘들지 않냐'고 묻고 있다. 따라서 남자가 체육관을 자주 가는 것과 관련된 대답을 예상할 수 있다.

work out 운동하다 gym 체육관 motivate ~에게 동기를 주다

정답 (c)

12 M: Hello, my name is James Todd.

W: A pleasure to meet you, Mr. Todd. I'm Sandy.

M: It's good to meet you. Please call me James.

W: _______________________________

(a) Sure, I have your number right here.

(b) See you later.

(c) How can I help you, James?

(d) It's truly been too long.

M: 안녕하세요, 저는 제임스 토드입니다.

W: 만나서 반갑습니다, 토드 씨. 저는 샌디입니다.

M: 만나서 반갑습니다. 제임스라고 불러주세요.

W: _______________________________

(a) 물론이죠, 여기에 당신 번호가 있습니다.

(b) 나중에 봐요.

(c) 제임스, 무엇을 도와드릴까요?

(d) 정말 오랜만입니다.

💬 처음 만난 사람들이 서로 소개한 뒤에 나올 수 있는 말을 고르는 문제이다. 무엇을 도와줄지를 물어보는 (c)가 적당한 대답이다.

정답 (c)

13 M: I'm leaving on vacation in just four days. I'm so excited!

W: That's so exciting. Where will you go?

M: I'm going snorkeling in the Bahamas.

W: _______________________________

(a) It was an exciting trip.

(b) Wow, it must have been so romantic.

(c) Gosh, I never thought I could afford that!

(d) Wow, that will be so much fun!

M: 이제 사일만 지나면 휴가를 떠날 수 있어! 너무 흥분돼!

W: 정말 흥분되겠다. 어디로 갈 건데?

M: 바하마에서 스노클링을 할 거야.

W: _______________________________

(a) 흥미진진한 여행이었어.

(b) 와, 정말 로맨틱했겠구나.

(c) 이런, 그럴 여유가 있다는 생각을 전혀 해보지 못했네.

(d) 와, 그거 정말 재미있겠다!

💬 남자는 휴가 동안 바하마에서 스노클링을 하겠다는 말을 하고 있다. 적절한 대답으로는 '재미있겠다'며 부러움을 표시하고 여행과 관련된 것을 물어보는 것이 적절하다. (a), (b)는 여행을 다녀온 후에 하는 말이므로 어울리지 않는다. 아직 휴가를 떠나지 않은 상태에서 일어나는 대화이다.

romantic 로맨틱한 afford ~할 여유가 있다

정답 (d)

14 W: Could I reserve a suite?

M: We don't accept weekend reservations.

W: Then I would like to book a room for Wednesday night.

M: _______________________________

(a) We no longer accept checks.

(b) Would you prefer a double bed or two single beds?

(c) It looks like we are full for today.

(d) I reserved a room under Anderson.

W: 스위트룸을 예약할 수 있을까요?

M: 저희는 주말 예약을 받지 않습니다.

W: 그러면 수요일 밤으로 방을 예약하겠습니다.

M: _______________________

(a) 저희는 더 이상 수표를 받지 않습니다.

(b) 더블 침대를 원하세요, 아니면 싱글 침대 2개를 원하세요?

(c) 오늘은 자리가 모두 찬 것 같네요.

(d) 앤더슨이라는 이름으로 방을 예약했습니다.

♻ 호텔에서 방을 예약하고 있는 상황이다. 손님이 수요일 밤에 방을 예약하겠다고 했으므로, 종업원은 예약에 필요한 선택사항을 묻는 것이 자연스럽다. (d)는 과거시제로 올바른 대답이 아니다.

suite 원룸, 스위트룸 reservation 예약 book (방을) 예약하다

정답 (b)

15 W: Would you check this for me?

M: Of course, what's wrong?

W: My document just won't save.

M: _______________________________

(a) Is your disk in the computer?

(b) The computer is on sale right now.

(c) There is a printer next door.

(d) When did you say you will finish?

W: 이것 좀 봐줄래?

M: 물론이지, 뭐가 문제인데?

W: 내 문서가 저장이 안 돼.

M: _______________________

(a) 디스크가 컴퓨터에 들어있어?

(b) 이 컴퓨터는 지금 세일중이다.

(c) 옆방에 프린터가 있어.

(d) 끝내겠다고 언제 말했니?

♻ 여자가 문서를 저장할 수 없다며 남자에게 도움을 청하고 있다. 봐주겠다고 하거나 문제를 해결할 수 있는 조언을 해주는 대답이 적절하다.

save 저장하다

정답 (a)

16 W: Don. Can that really be you?

M: I'm sorry, do I know you?

W: I'm Jane, don't you remember?

M: _______________________

(a) It was good to see you again.

(b) No. Did something happen?

(c) Wow. I didn't recognize you at first.

(d) Sure I am. We went to school together.

W: 돈, 정말 너니?

M: 미안한데, 당신을 잘 모르겠는데요.

W: 나 제인이야, 기억 안나?

M: _______________________

(a) 널 다시 봐서 반갑다.

(b) 아니. 무슨 일이 있었어?

(c) 와우. 처음엔 널 못 알아봤어.

(d) 물론이지. 우린 학교를 같이 다녔잖아.

♻ 여자가 남자한테 자신의 이름을 말하며 '자기를 기억 못하냐'고 묻고 있다. 기억이 난다거나 모르겠다는 보기를 고르도록 한다. (a)는 헤어질 때 하는 인사말이므로 적절하지 않다. (d)는 am을 do로 바꿔야 답이 될 수 있다.

remember 생각해 내다, 기억하다 recognize 인지하다, 알아보다

정답 (c)

17 M: You don't look so good.

W: I've got a stomach ache, and I feel dizzy.

M: You must be coming down with the flu.

W: _______________________________

(a) I think I should go home and nap.

(b) You should wear warmer clothes.

(c) Why are you so sick?

(d) Thank you, I'll do that.

M: 몸이 안 좋아 보여.

W: 배가 아프고 어지러워.

M: 독감에 걸린 것 같은데.

W: _______________________

(a) 집에 가서 낮잠을 자야 할 것 같아.

(b) 더 따뜻한 옷을 입어야 할 거야.

(c) 왜 이렇게 아파?

(d) 고마워; 내가 할게.

♻ 여자가 '배가 아프고 어지럽다'고 하자 남자는 '독감에 걸린 것 같다'는 이야기를 하고 있다. '쉬어야겠다'거나, '약을 먹어야겠다'는 등의 대답이 자연스럽다.

stomach 배 dizzy 어지러운 come down with (병에) 걸리다 flu 독감 nap 낮잠

정답 (a)

18 M: Have you decided on a purse you like?

W: Well, I like the size of this one, but it's not on sale.

M: Here is a similar style that is thirty percent off.

W: _______________________________

(a) It's nice, but I'm not sure I like the color.

(b) Where did the time go?

(c) Do you have one for sale?

(d) I think I will wait for it to be discounted.

M: 마음에 드는 지갑을 결정하셨습니까?

W: 네, 이 사이즌 마음에 드는데, 세일이 안 되네요.

M: 30% 할인되는 비슷한 스타일이 여기에 있습니다.

W: ___________________

ⓐ 좋은데요. 하지만 색깔이 마음에 안 드네요.

ⓑ 벌써 시간이 이렇게 됐어?

ⓒ 세일하는 게 있나요?

ⓓ 할인될 때까지 기다려야겠네요.

○ 마음에 드는 지갑을 결정했는데 세일이 아니라서 살 수 없다고 하자 남자는 세일 중인 비슷한 것을 보여주고 있다. 마음에 든다며 사겠다고 하거나 다른 것을 찾아보겠다는 응답이 가능하다.

on sale 인하된 가격에 판매하는 Where did the time go? 벌써 시간이 이렇게 됐어?

정답 (a)

19 W: I'm sorry. There are currently no smoking
      rooms for rent.

M: Is smoking allowed in the cafe?

W: Unfortunately not, but we have a lounge on the
   second floor.

M: ___________________

(a) I haven't drunk alcohol in years.

(b) Do you need a lighter?

(c) Okay. I guess I'll go up there then.

(d) Are you concerned about lung cancer?

M: 죄송합니다. 현재 흡연이 가능한 방이 없네요.

W: 카페에서 담배를 피워도 되나요?

M: 불행히도 안 됩니다. 하지만 2층에 라운지가 있습니다.

W: ___________________

ⓐ 몇 년 동안 술을 마시지 않았습니다.

ⓑ 라이터 필요하세요?

ⓒ 알았습니다. 그럼 거기로 올라가야겠군요.

ⓓ 폐암에 대해서 걱정이 되나요?

○ 여자는 남자에게 '담배를 피울 수 없다'며 2층 라운지를 알려주고 있다. '알았다'며 거기로 가겠다는 말을 하는 것이 가장 적절하다.

allow 허락하다 concern about ~에 관해 걱정하다

정답 (c)

20 W: Do you know of a reliable mechanic around
      here?

M: Of course. I really like Jack's Garage on the

corner of 11th St.

W: I'll go there this afternoon. I just moved here,
   so I am still learning about the city.

M: ___________________

(a) Sure thing. I am great with cars.

(b) You will appreciate the quality of their work.

(c) You provide great service. Thanks!

(d) You must miss your old job.

W: 믿을 만한 자동차 정비소를 알고 있나요?

M: 그럼요. 11번가 코너에 있는 잭의 정비소가 좋아요.

W: 오늘 오후에 가야겠군요. 이곳에 이사 온 지 얼마 안 되어서 아직 이곳 사정을 잘 모르거든요.

M: ___________________

ⓐ 물론이죠. 제가 자동차를 잘 압니다.

ⓑ 그곳 서비스가 마음에 드실 겁니다.

ⓒ 당신이 좋은 서비스를 주는군요. 고마워요!

ⓓ 옛날 직업이 그리울 겁니다.

○ 여자가 이곳에 온 지 얼마 안 돼서 도시를 잘 모른다는 말을 하고 있으므로 이에 대한 적절한 대답은 자신이 소개해 준 정비소에 대해 신뢰를 줄 수 있는 말을 하는 것이 자연스럽다.

reliable 믿을 수 있는 mechanic 수리공, 정비사
appreciate 높이 평가하다

정답 (b)

→ ACTUAL TRAINING

1 M: Hello, Miss. You needed to talk to someone?

W: Yes. I'm very frustrated. I have been waiting half an hour for my food, and it still isn't ready.

M: I apologize, but the meal you ordered takes about 20 minutes to bake.

W: Someone should have told me that.

M: I am so sorry. Would you like me to see if it is out of the oven?

W: I would appreciate that.

Q. What are they talking about?

(a) The length of time to bake cookies

(b) A meal that hasn't finished cooking

(c) Eating at fast food restaurants

(d) Ordering a different dinner

M: 저, 손님. 책임자에게 하실 말씀이 있다고 하셨습니까?

W: 네, 정말 실망스럽군요. 제 음식이 나오길 30분이나 기다렸는데 아직도 나오지 않고 있습니다.

M: 죄송합니다. 그런데 손님이 주문하신 음식은 굽는 데 20분 정도가 소요됩니다.

W: 그럼 누군가 제게 말해줬어야죠.

M: 정말 죄송합니다. 혹시 오븐에서 꺼냈는지 제가 확인해드릴까요?

W: 그러면 고맙겠네요.

Q. 무엇에 관한 대화인가?

(a) 쿠키를 굽는 데 걸리는 시간

(b) 아직 요리가 끝나지 않은 음식

(c) 패스트푸드 식당에서의 식사

(d) 엉뚱한 저녁식사 주문

○ 여성이 waiting half an hour for my food and still isn't ready라고 문제제기를 하자, 남성이 곧 바로 I apologize라고 하면서 요리에 걸리는 시간을 설명한다. 따라서 정답은 (b)이다.

frustrated 실망한, 좌절한 **meal** 식사 **bake** 굽다 **length** 길이

정답 (b)

2 M: Hi, Mrs. Smith. I heard you called. What's the matter?

W: Well, the coffee maker leaks.

M: Did you check to make sure the pot was all the way in the machine?

W: I did. And that isn't why it is leaking.

M: Is the filter attached to the pot?

W: I thought so. Oh, hold on. There are coffee grounds sticking to the filter. That is the problem.

Q. What is the man doing in the conversation?

(a) Advising the woman about fixing a leak.

(b) Complaining about a broken coffee maker.

(c) Waiting for the woman to make coffee.

(d) Teaching the woman how to use a coffee maker.

M: 안녕하세요, 스미스 부인. 전화하셨다고요. 어떤 용건이신지요?

W: 저기, 커피메이커에서 물이 샙니다.

M: 포트가 기기에 완전히 들어갔는지는 확인하셨습니까?

W: 네, 그것 때문에 물이 새는 것은 아닙니다.

M: 필터가 포트에 밀착이 되어 있나요?

W: 그런 거라 생각했는데요. 아, 잠깐만요. 필터에 커피 찌꺼기가 묻어 있네요. 그게 문제군요.

Q. 대화 속에서 남자는 무엇을 하고 있는가?

(a) 물이 새는 문제를 고치는 법을 여자에게 조언하고 있음.

(b) 고장 난 커피메이커에 대해 불평하고 있음.

(c) 여자가 커피를 만들어주기를 기다리고 있음.

(d) 커피메이커 사용법을 여자에게 가르쳐주고 있음.

○ What's the matter?라고 물어본 사람은 남자이고, the coffee maker leaks라고 문제를 제기한 사람은 여자이다. 남자의 질문은 여자의 커피메이커 작동 상태를 확인하는 질문들이다. 따라서 정답은 (a)이다.

leak 새다 **pot** 단지, 냄비 **attach** 달다 **hold on** (전화를) 끊지 않고 기다리다 **grounds** (커피) 찌꺼기

정답 (a)

3 W: The new order of meat just came in.

M: Great. I am really excited to try the beef. The butcher said it was great.

W: I read that if we marinate the beef first with wine it will be more tender.

M: How come?

W: I guess it has something to do with enzymes.

M: I see. Do you know how long we should let it soak?

Q. What are they talking about?

(a) Drinking wine with meat

(b) Ordering meat from a butcher

(c) Improving the meat's quality

(d) Cooking meat for dinner

W: 새로 주문한 고기가 방금 들어왔어.

M: 좋았어. 그 소고기를 맛본다니 정말 신이 나. 정육사가 그러는데 정말 맛있었대.

W: 어딘가에서 읽었는데 소고기를 포도주에 절여 놓으면 훨씬 부드럽대.

M: 왜?

W: 아마도 효소와 관련이 있는 것 같아.

M: 그렇구나. 얼마나 오래 담가놓아야 하는지 알아?

Q. 무엇에 관한 대화인가?

(a) 고기와 함께 와인 마시기

(b) 정육점에서 고기 주문하기

(c) 고기의 질을 높이기

(d) 저녁 식사로 고기를 요리하기

◑ The new order of meat이라는 표현 때문에 (b)가 정답인 듯하나, 대화의 대부분은 소고기를 포도주에 marinate하는 것에 대한 것이다. 마지막 대사도 고기를 얼마나 오래 포도주에 담가놓아야 하는지 묻고 있다. 이런 과정은 고기의 질을 높이는 시도이므로 정답은 (c)이다.

meat 고기 butcher 정육점 주인 marinate (고기를) 매리네이드에 절이다 tender 부드러운 enzyme 효소 soak 담그다

정답 (c)

4 M: Can you speak more than one language?

W: Well, I took Chinese class for four years, but I haven't tried to speak it since college.

M: I am the same. I took second language classes at the university, but I never practice.

W: We should try to improve our language skills.

M: Maybe we should go on vacation in China so we have to practice!

W: Terrific! I've always wanted to go to Beijing!

M: Me too!

Q. What is the conversation about?

(a) Studying university level Chinese

(b) Visiting the Great Wall of China

(c) Planning an exotic getaway

(d) Practicing a foreign language

M: 한 가지 이상의 언어를 할 수 있어?

W: 뭐, 4년간 중국어 수업을 듣긴 했지만 대학 졸업하고 전혀 사용해보지 않았어.

M: 나도 마찬가지야. 대학 때 외국어를 공부했지만 전혀 사용하질 않았어.

W: 언어 실력을 키우기 위해 뭔가 해야 해.

M: 중국어를 사용해보기 위해 중국으로 휴가를 가야 할까봐.

W: 좋았어! 꼭 북경에 가보고 싶었는데!

M: 나도!

Q. 대화의 주제는 무엇인가?

(a) 대학 레벨 중국어 공부하기

(b) 중국의 만리장성 방문하기

(c) 색다른 휴가 계획하기

(d) 외국어를 연습하기

◑ 대학 시절 배운 언어를 두 사람 모두 haven't tried to speak 또는 never practice한다고 말하며 we should go on vacation in China so we have to practice라고 말한다. 대학시절 교육, 휴가 등 모두가 언어를 사용하고 연습하는 문맥에서 언급되고 있으므로 정답은 (d)이다.

second language (모국어 다음의)제2 언어, 외국어 practice 연습하다 improve 증진하다 terrific 훌륭한, 아주 멋진

정답 (d)

5 M: Martin tells me you are working on another suspense novel.

W: Yeah, I would like to have the first draft finished by December.

M: When are you sending it to the publisher?

W: If everything stays on schedule, I will send in a copy at the beginning of January.

M: Do you know how the story will end?

W: Sort of. I am still trying to figure out how to finish it off.

Q. What is the topic of the conversation?

(a) The man's publishing company

(b) Martin's favorite book

(c) The woman's work schedule

(d) The woman's new book

M: 마틴이 그러는데 너 또 다른 서스펜스 소설을 쓰고 있다면서.

W: 응, 12월까지는 초고를 마치려고 해.

M: 출판사에는 언제 보낼 건데?

W: 일정표대로 간다면 1월 초에 원고를 보낼 수 있을 거야.

M: 이야기는 어떻게 끝낼지 알고 있어?

W: 어느 정도는. 어떻게 결말을 낼지는 여전히 생각 중이야.

Q. 대화의 주제는 무엇인가?

(a) 남자의 출판회사

(b) 마틴이 좋아하는 책

(c) 여자의 작업 일정표

(d) 여자가 쓰는 새 책

◑ 남자가 여자에게 you are working on another suspense novel이라고 확인하고, 여자는 first draft를 12월 중에 마치겠다고 말한다. 이하 내용은 새로 쓰는 책이 어떻게 될지에 대한 대화이므로 정답은 (d)이다.

work on ~을 작업하다 draft 초안 figure out 생각해내다, 알아내다

정답 (d)

UNIT 11 세부사항을 묻는 문제 / 추론 문제

1 W: Hi, David. Do you have any plans for tonight?

M: No. Why do you ask?

W: Well, I was wondering if you'd like to have dinner with me.

M: Sure, I'll have dinner with you.

W: Great! When and where do you want to meet?

M: How about 6 p.m. at my place?

W: Sounds good. I'll see you then.

Q. Which is correct according to the conversation?

(a) The man asked the woman on a date.

(b) The man agreed to have dinner with the woman.

(c) The woman asked the man to see a movie with her.

(d) They haven't set a time and a place yet.

W: 안녕, 데이비드. 오늘 밤에 할 일 있어?

M: 아니. 그런데 왜 물어보는 거야?

W: 나랑 오늘 저녁 먹으러 갈 수 있는지 궁금해서.

M: 좋아. 저녁 먹으로 같이 가자.

W: 좋았어. 몇 시에 어디에서 만나면 좋겠어?

M: 우리 집에서 6시쯤 만나는 게 어때?

W: 좋아. 그럼 그때 봐.

Q. 대화 내용과 일치하는 것은?

(a) 남자는 여자에게 데이트를 신청했다.

(b) 남자는 여자와 저녁 먹는 데 동의했다.

(c) 여자는 남자에게 영화를 보러가자고 했다.

(d) 이들은 시간과 장소를 아직 정하지 않았다.

○ dinner, at my place가 핵심어이다. 식사에 초대하는 대화라는 것을 알 수 있다. 여자의 마지막 말인 Sounds good. I'll see you then.에서 그때 보자는 말을 하고 있으므로 두 사람은 저녁을 먹기로 동의한 것을 알 수 있다. 따라서 정답은 (b)이다.

I was wondering if ~? 혹시 ~할 수 있니?

정답 (b)

2 M: You sure have an amazing collection of DVDs.

W: Thanks. I've been collecting DVDs for about seven years now.

M: How many do you have? It looks like you have hundreds.

W: At last count, I had three hundred and twenty five.

M: Wow! You must have spent a lot of money buying all of these.

W: Yeah, but it was worth it. You can't really put a price on a movie, you know.

Q. Which is correct according to the conversation?

(a) Movies are priceless.

(b) It takes seventy years to obtain a decent DVD collection.

(c) DVDs result from amazing technological advances.

(d) Counting your DVDs will result in spending a lot of money.

M: 넌 확실히 굉장한 숫자의 DVD를 보유하고 있구나.

W: 고마워. 지금까지 7년 동안 DVD를 모았거든.

M: 몇 장이나 돼? 내가 보기엔 몇 백 장은 되는 것 같은데.

W: 지난번에 세 봤을 땐 325장이었어.

M: 와! 이걸 모두 사는 데 돈도 엄청 많이 들었겠다.

W: 맞아. 하지만 그만한 가치는 있어. 너도 알겠지만 실제로 영화를 값으로 환산할 수는 없는 거잖아.

Q. 대화 내용과 일치하는 것은?

(a) 영화는 값을 매길 수 없다.

(b) 근사한 DVD 컬렉션을 구하려면 70년이 걸린다.

(c) DVD는 놀라운 기술의 발전으로 만들어졌다.

(d) DVD를 세는 것은 많은 시간을 보내게 한다.

○ DVD와 movie로 보아 영화에 관한 내용이다. 여자는 7년 동안 DVD를 모았고 can't really put a price on movie로 보아 (a)와 같은 의미라는 것을 알 수 있다.

amazing 놀랄 만한, 굉장한 put a price on ~에 값을 매기다 priceless 값을 매길 수 없는, 아주 귀중한

정답 (a)

3 M: So, what do you think about the party so far?

W: It's okay, I guess.

M: You don't sound like you're having much fun.

W: It's just that I don't recognize anyone. You're the only one I recognize.

M: Do you want to go somewhere else?

W: Yeah, sure. Let's get out of here.

Q. Which is correct according to the conversation?

(a) Both the man and woman know everyone at the party.

(b) Both the man and woman are having a fabulous time.

(c) The man agreed to leave the party with the woman.

(d) The man asked the woman to dance.

M: 이 파티 어떤 것 같니?

W: 괜찮은 것 같아.

M: 그리 재미있는 표정은 아닌 것 같구나.

W: 아는 사람이 아무도 없을 뿐이야. 내가 아는 사람은 너뿐이라니까.

M: 다른 데 가고 싶니?

W: 응, 물론이지. 이곳에서 나가자.

Q. 대화 내용과 일치하는 것은?

(a) 남자와 여자 둘 다 파티에서 모든 사람을 안다.

(b) 남자와 여자 둘 다 굉장한 시간을 보내고 있다.

(c) 남자는 여자와 파티를 떠나기로 동의했다.

(d) 남자는 여자에게 춤을 신청했다.

○ 두 사람은 파티에서 아는 사람이 없어 재미없어 하다가 나가기로 결정하는 내용이다. (a)는 아는 사람이 없기 때문에 답이 될 수 없고, (b)는 아주 즐거운 시간을 보냈다고 해서 사실과 다르고 (d)는 대화에 나오지 않은 보기이다.

recognize 인지하다, 알아보다 fabulous 믿어지지 않는, 굉장한

정답 (c)

4 M: Excuse me, miss. You can't park your car here.

W: Oh? Why not?

M: This is a no parking zone. Can't you see the sign?

W: I'm sorry. Where can I park around here?

M: If you go down the block and turn right, you'll see a public parking lot.

W: Thank you very much. I'll move my car right away.

Q. What can be inferred from the conversation?

(a) The man parked the car for the woman.

(b) The woman won't move her car.

(c) The parking zone is unfair.

(d) The woman didn't see the no parking sign.

M: 죄송합니다만, 이곳에는 주차하실 수 없습니다.

W: 그래요? 왜 안 되는 건데요?

M: 여긴 주차 금지 구역입니다. 저 표지판 못 보셨어요?

W: 죄송해요. 이 주변에 주차할 데 있나요?

M: 저 블록을 따라 내려가시다가 우회전하시면 공공 주차장을 찾으실 수 있을 겁니다.

W: 정말 고맙습니다. 지금 당장 차 뺄게요.

Q. 대화에서 유추할 수 있는 것은?

(a) 남자는 여자를 대신해서 주차를 했다.

(b) 여자는 자신의 자동차를 움직일 수 없을 것이다.

(c) 주차구역은 공정하지 않다.

(d) 여자는 주차 금지 표지판을 보지 못했다.

○ 주차에 관한 내용이다. 남자가 주차 금지 표지판을 보지 못했냐고 하자(This is a no parking zone. Can't you see the sign?) 여자가 I'm sorry.로 대답했다는 것은 I didn't recognize the sign.이라는 의미이므로, 표지판을 보지 못했다는 (d)가 정답이다.

parking zone 주차 구역 go down 내려가다 public parking lot 공공 주차장 right away 지금 당장, 즉시 unfair 부당한, 불공평한

정답 (d)

5 M: What time did you ask the Fouser's to be here by?

W: 6:30. Why?

M: But you told me that we were going to eat at 7:00. I'm starving!

W: We are going to eat at 7:00. Did you set the table?

M: Yes, everything is ready. It's 7:00 now. Oh, they're here!

W: The Fouser's are so predictable.

Q. What can be inferred about the Fouser's?

(a) They are punctual.

(b) They are always on time.

(c) They are not punctual.

(d) They are not predictable.

M: 파우저 부부에게 여기에 몇 시까지 오라고 했지?

W: 6시 30분요. 왜요?

M: 그런데 나한테는 7시에 먹을 거라고 했잖아. 배고파 죽겠어!

W: 7시에 식사를 할 거예요. 식탁은 준비됐죠?

M: 응, 모두 다 준비됐어. 지금 7시야. 아, 도착했네!

W: 파우저 부부는 역시 예상할 수 있다니까.

Q. 파우저 부부에 관해서 유추할 수 있는 것은?

(a) 시간을 잘 지킨다.

(b) 항상 정각에 온다.

(c) 시간을 잘 지키지 않는다.

(d) 예상할 수 없다.

○ 식사 시간이 7시이지만 파우저 부부에게 6시 30분까지 오도록 했다. 그런데 지금 7시이고 그들이 왔다는 말(It's 7:00 now. Oh, they're here!)과 The Fouser's are so predictable.에서 푸저 부부가 30분 정도는 항상 늦는다는 것을 여자는 예상하고 있다는 의미가 된다. 시간 약속을 지키지는 않지만 언제 올 것인지 예상할 수 있는 말을 찾아야 한다. punctual, on time은 시간을 잘 지킨다는 의미이므로 틀린 대답이 되고, predictable하다고 했으므로 (d)역시 맞는 답이 될 수 없다.

set the table 식탁을 준비하다 predictable 예측, 예상 할 수 있는 punctual 시간을 잘 지키는 on time 시간에 맞게, 정각에

정답 (c)

UNIT 12 기타 문제

1 M: Marsha, this is Stephen calling.

W: Hi, Stephen. What's up?

M: I'm sorry, but I have to cancel tomorrow night.

W: Why? What happened?

M: I have to pick a client up at the airport at 8:30.

W: I see. We can make it another time, though.

Q. Why does the man apologize?

(a) Because he lied to the woman.

(b) Because he canceled an appointment.

(c) Because he is angry at the woman.

(d) Because he has to go out of town.

M: 마르샤, 스티븐입니다.

W: 안녕 스티븐. 무슨 일이죠?

M: 미안합니다만, 내일 저녁 약속을 취소해야겠어요.

W: 왜요? 무슨 일 있어요?

M: 8시 30분에 공항에서 고객을 태워야 하거든요.

W: 알았어요. 다른 시간으로 약속을 정할 수는 있죠.

Q. 남자가 사과하는 이유는?

(a) 여자에게 거짓말을 했기 때문에.

(b) 약속을 취소했기 때문에.

(c) 여자에게 화가 나서.

(d) 출장을 가야 하기 때문에.

○ 대화중에 but이 들리면 그 뒷내용을 잘 들어야한다. I'm sorry, but I have to cancel tomorrow night.에서 정답을 찾는 단서를 주고 있다.

pick up 태우다 appointment 약속 out of town 출장 중인

정답 (b)

2 W: Mark did it again!

M: What did he do this time?

W: He was half an hour late for the meeting.

M: Not again! It must be the tenth time.

W: If he does it again, I hope they'll fire him.

M: Me too. Enough is enough.

Q. What do the speakers think of Mark?

(a) They don't know him very well.

(b) They like him a lot.

(c) They think he's a good worker.

(d) They don't think much of him.

W: 마크가 또 일을 저질렀어!

M: 이번에는 어떤 일을 했는데?

W: 회의에 30분 늦었지.

M: 또 그랬단 말이야? 이번이 열 번째는 될 거야.

W: 한 번만 더 그러면 해고시키면 좋겠어.

M: 나 역시 같은 생각이야. 이젠 지겨워.

Q. 마크에 대해 두 대화자는 어떻게 생각하는가?

(a) 잘 모른다.

(b) 매우 좋아한다.

(c) 훌륭한 직원이라고 생각한다.

(d) 대단치 않게 생각하고 있다.

○ 마크는 지각을 자주 하고, 두 대화자는 그가 해고되기를 바라는 것으로 보아 그를 좋게 여기지 않고 있다는 것을 알 수 있다.

fire 해고하다 Enough is enough. 이 정도면 충분하다.
think much of ~을 대단하게 생각하다

정답 (d)

3 W: Funny weather we're having.

M: I'll say. It seems like winter will never come.

W: I know. It's usually pretty cold by Thanksgiving.

M: So, do you think global warming is for real?

W: Yes, I heard yesterday that this was the hottest year in at least a hundred years.

M: It's really a problem because it could raise sea levels around the world.

Q. What does the man think of the warm weather?

(a) He thinks it's a big problem.

(b) He thinks that it will pass soon.

(c) He thinks that it is good for agriculture.

(d) He thinks that winter is coming soon.

W: 날씨 참 이상하지?

M: 정말 그래. 겨울이 오지 않는 것 같아.

W: 그래. 보통은 추사감사절 즈음에는 추운데 말이야.

M: 그래서 너는 지구 온난화 현상이 사실이라고 생각하니?

W: 그래. 어제 듣기로는 올해가 적어도 100년 내 가장 더운 해였어.

M: 세계 해수면 높이를 올리기 때문에 이건 정말 큰 문젠데.

Q. 남자는 더운 날씨에 대해 어떻게 생각하는가?

(a) 큰 문제라고 생각한다.

(b) 곧 지나갈 것으로 생각한다.

(c) 농업에 좋다고 생각한다.

(d) 겨울이 곧 올 것이라고 생각한다.

ⓞ 남자의 마지막 대화에 It's really a problem ~에서 큰 문제라고 했으므로 (a)가 정답이 된다.

I'll say. (맞장구) 맞는 말이야 global warming 지구 온난화 sea level 해수면 agriculture 농업

정답 (a)

4 M: How have things been?

W: A little slow. It's the slow time of the year.

M: That must be good for you.

W: Yeah, but I don't know how good it is for business.

M: What do you mean?

W: We haven't been making much money recently.

Q. How does the woman feel about her work?

(a) She is worried about slow business.

(b) She thinks it's boring.

(c) She likes it a lot.

(d) She is trying to find another job.

M: 일 잘 되가니?

W: 다소 느려. 지금이 비수기거든.

M: 너한텐 좋겠다.

W: 그래, 하지만 사업에는 유익한지 모르겠어.

M: 그게 무슨 소리니?

W: 최근에 우리는 큰돈을 벌지 못했거든.

Q. 여자는 자기 일에 대해 어떻게 생각하는가?

(a) 사업이 지지부진한 것에 대해 걱정하고 있다.

(b) 지겹다고 생각한다.

(c) 일을 매우 좋아한다.

(d) 다른 일자리를 찾으려고 한다.

ⓞ 여자가 한 말인 Yeah, but I don't know how good it is for business.와 We haven't been making much money recently.에서 소득이 적은 것을 걱정하고 있다는 것을 알 수 있다.

boring 지겨운 worried about ~에 대해 걱정하는

정답 (a)

5 W: Do you know a good health club in town?

M: Mine is pretty good. It's called Wow Fitness.

W: What do you like about it?

M: Everything. The facilities are good, the people are friendly, and it's not very expensive.

W: How much is it?

M: Thirty dollars a month.

Q. What does the man like about his health club?

(a) The pool is big.

(b) Transportation is convenient.

(c) The people are friendly.

(d) It offers good classes.

W: 도심에 있는 좋은 헬스클럽 아니?

M: 내가 다니는 곳이 아주 좋은데. '와우 피트니스' 라고 하지.

W: 거기 뭐가 좋은데?

M: 다 좋아. 시설도 좋고, 사람들도 친절하고, 비싸지도 않아.

W: 얼만데?

M: 한 달에 30달러.

Q. 남자가 자신이 다니는 헬스 클럽을 좋아하는 이유는?

(a) 풀장이 크다.

(b) 교통이 편리하다.

(c) 사람들이 친절하다.

(d) 강습을 잘 해준다.

facility 시설 expensive 비싼 convenient 편리한

ⓞ The facilities are good, the people are friendly, and it's not very expensive.에서 좋아하는 이유를 말하고 있다.

정답 (c)

1 M: What do you usually do when you aren't working?

W: I really like buying antiques.

M: Are you kidding? It's just a bunch of old stuff.

W: It brings to light past eras.

M: Sounds kind of boring to me.

W: It's not boring when you find forgotten treasures.

Q. Which of the following best summarizes the conversation?

(a) The excitement of hunting for buried treasure

(b) Saving money through the purchase of used goods

(c) The negative effects of job dissatisfaction

(d) The entertainment of buying used goods

M: 휴일에는 보통 뭘 하며 지내세요?

W: 골동품 쇼핑하기를 정말 좋아해요.

M: 정말이요? 그냥 구닥다리 물건들일 뿐일 텐데요.

W: 과거를 불러오는 물건들이죠.

M: 제게는 고리타분하게 들리는군요.

W: 잊힌 보물을 발견하면 따분하지 않아요.

Q. 대화를 가장 잘 요약한 것은?

(a) 묻혀 있는 보물찾기의 즐거움

(b) 중고 물품을 구입을 통한 절약

(c) 직업 불만족이 주는 부정적 효과

(d) 중고품 구입의 여흥

○ 골동품에 대한 대화를 듣고 대화 내용의 핵심이 무엇인지를 찾는 문제이다. 일반적으로 대화의 마지막 부분은 대화의 결론 또는 핵심 내용이 등장한다. 따라서 여자가 마지막으로 한 말 It's not boring when you find forgotten treasures. 를 고려해야 한다.

antique 골동품 old stuff 구닥다리 boring 따분한 treasure 보물 bury 묻다, 매장하다

정답 (d)

2 W: Would you like to schedule a follow up doctor appointment?

M: Not right now, first I have to get some X-rays done.

W: Did you fill out the appropriate paperwork?

M: I think so. Where is the X-ray station?

W: In the basement. Please bring your ID with you.

M: Sure, no problem.

Q. What is the main topic of the conversation?

(a) A routine visit to the dentist

(b) A patient's preparation for X-rays

(c) A successfully completed check up

(d) A necessary future health test

W: 다음 진료 일정을 잡으시겠습니까?

M: 당장은 말고요. 우선 방사선 사진을 좀 찍어야 합니다.

W: 필요한 서류는 작성하셨습니까?

M: 그런 것 같습니다. 방사선과는 어디죠?

W: 지하층에 있습니다. 신분증을 꼭 지참하십시오.

M: 예, 알겠습니다.

Q. 이 대화의 주제는 무엇인가?

(a) 정기적인 치과 방문

(b) 방사선 사진을 찍기 위한 환자의 준비

(c) 성공적으로 마친 검사

(d) 향후에 필요한 건강 검사

○ 대화의 주제를 묻고 있다. 이들은 남자가 방사선 사진 촬영을 위해 무엇이 필요하고 어디로 가야 하는지에 대해 이야기하고 있다.

fill out 작성하다 basement 지하실

정답 (b)

3 W: Your computer suddenly shuts down while in power save?

M: Yeah, I've had this problem for almost a week.

W: It's probably an infection. Let me start the anti-virus software.

M: I just bought this machine, and I already checked for viruses.

W: Sometimes the scan can miss them on the first run through.

M: I guess. Let me know what it turns up.

Q. What is happening in the conversation?

(a) The man's computer is not working.

(b) The man's computer does not turn on.

(c) The man's computer needs new software.

(d) The man's computer is too old.

W: 컴퓨터가 절전 모드에 있는 동안 갑자기 시스템 종료를 한단 말이죠?

M: 예, 이런 문제가 한 일 주일 정도 되었어요.

W: 아마도 바이러스에 감염된 것 같습니다. 백신 프로그램을 실행해보죠.

M: 바로 얼마 전에 산 컴퓨터인데요. 게다가 바이러스 검사도 이미 했습니다.

W: 간혹 검사를 해도 처음에는 바이러스를 놓칠 때가 있기도 합니다.

M: 그럴 수도 있겠군요. 결과 나오면 알려주세요.

Q. 대화에서 무슨 일이 일어나고 있는가?

(a) 남자의 컴퓨터가 제대로 작동하지 않는다.

(b) 남자의 컴퓨터가 켜지지 않는다.

(c) 남자의 컴퓨터에 새 소프트웨어가 필요하다.

(d) 남자의 컴퓨터가 너무 낡았다.

○ 대화의 흐름을 보면 남자가 컴퓨터 고장을 호소하고 여자가 문제를 해결해주려는 것을 알 수 있다. 보기 모두 컴퓨터와 관련된 상황들을 묘사하고 있지만, suddenly shuts down 및 바이러스 infection 사실을 포함할 수 있는 것은 (a)이다.

suddenly 갑자기 infection 감염 turn up ~임이 판명되다, (결과 등이) 드러나다

정답 (a)

4 M: Have you ever considered getting a cash back credit card?

W: I might think about it. I usually try to avoid credit card debt.

M: I hear you. My brother can barely balance his checking account.

W: Yeah, I just don't manage money very well.

M: We should brainstorm savings ideas together.

W: Yeah, that's great. Maybe we'd stop wasting money.

M: I for one should go to fewer movies.

Q. What is the main point of the conversation?

(a) The attraction of a night at the movies

(b) The allure and convenience of credit cards

(c) Ways to cut back on spending

(d) The benefits of a balanced checkbook

M: 캐시백 신용카드를 만들어 볼 생각해본 적 있어?

W: 생각은 해볼 만한데, 보통은 신용카드 부채를 피하려고 해.

M: 무슨 뜻인지 알아. 내 동생도 예금계좌 적자를 간신히 면하고 있어.

W: 그래, 난 돈 관리를 썩 잘하지 못해.

M: 돈을 절약할 수 있는 아이디어를 함께 모아봐야겠어.

W: 맞아, 그거 좋다. 어쩌면 돈 낭비부터 그만해야 할 거야.

M: 하나를 들자면 난 영화보기를 줄여야 해.

Q. 대화의 요지는 무엇인가?

(a) 심야 영화의 매력

(b) 신용카드의 유혹과 편리함

(c) 소비를 줄이는 방법

(d) 개인수표 장부 결산의 유익

○ 남자와 여자는 신용카드 사용, 돈 절약 등 재정 관리에 대해 이야기하면서 특히 지출을 줄이는 방안을 말한다. 앞서 남자의 대사 중 수입과 지출의 균형을 이룬다는 뜻으로 쓰인 balance와는 달리 (d)의 balance는 '결산한다' 는 뜻으로 쓰였다. 정답은 (c)이다.

barely 간신히, 겨우 balance 수입과 지출이 맞아떨어지다; 결산하다 checking account 당좌 예금 계좌 for one 하나를 들자면 allure 유혹, 매력

정답 (c)

5 M: Do you have any plans for the holiday?

W: I'm thinking about driving up to the lake.

M: That will be fun.

W: Yeah, I'm really looking forward to getting out of town.

M: What will you do there?

W: I'm not sure yet. I'm mostly looking forward to getting away from the city's traffic.

Q. Which is correct according to the conversation?

(a) The woman is leaving town for the holiday.

(b) The woman is going camping over the holiday.

(c) The woman is going fishing over the holiday.

(d) The woman is staying in town for the holiday.

M: 휴일에 무슨 계획이라도 있어?

W: 호수로 드라이브 가려고.

M: 재미있겠다.

W: 어, 정말 어딘가로 좀 갔으면 좋겠어.

M: 가면 뭐 할 생각이야?

W: 아직은 잘 몰라. 그냥 시내 복잡한 교통에서 벗어나는 걸 제일 기대하는 거야.

Q. 대화 내용과 일치하는 것은?

(a) 여자는 휴일 동안 교외로 나가려고 한다.

(b) 여자는 휴일 동안 캠핑을 가려고 한다.

(c) 여자는 휴일 동안 낚시를 가려고 하다

(d) 여자는 휴일 동안 시내에 있으려고 한다.

○ 남자가 여자의 휴일 계획에 대해 묻고 여자가 답해주고 있다. 시내를 떠나 호수로 드라이브를 가려는 여자의 계획은 있지만 구체적으로 무엇을 할지는 아직 계획이 없는 상태이다. 따라서 정답은 (a)이다.

looking forward to 고대하다 get away 벗어나다

정답 (a)

6 W: Can I take the blue line uptown?

M: Sure, where is your hotel?

W: My reservation is at the Ramada in Two Rivers.

M: There's no stop there, but this train stops at Lincolnshire.

W: Is there a bus to the hotel from that stop?

M: No, but it's about a five minute walk from the end of the line.

Q. Which is correct according to the conversation?

(a) The woman should get off at Two Rivers.

(b) The train goes all the way to the hotel.

(c) The woman can take a taxi to the hotel.

(d) There is no bus to the hotel.

W: 파란색 노선을 이용하면 업타운으로 갈 수 있나요?

M: 물론이죠. 어느 호텔로 가시죠?

W: 투리버스에 있는 라마다 호텔에 예약이 되어 있습니다만.

M: 거기에는 전철역이 없는데요. 하지만 이 노선은 링컨셔로 갑니다.

W: 거기서 호텔까지 가는 버스가 있습니까?

M: 아뇨. 하지만 종착역에서 호텔까지는 도보로 5분 거리입니다.

Q. 대화 내용과 일치하는 것은?

(a) 여자는 투리버스 역에서 내려야 한다.

(b) 전철은 호텔 앞까지 간다.

(c) 여자는 호텔까지 택시로 갈 수 있다.

(d) 호텔까지 가는 버스는 없다.

○ Two Rivers에 호텔까지 가는 데 이용하려고 언급된 교통수단은 train(시내를 달리는 train이므로 전철을 의미함)과 버스뿐이다. 그러나 Two Rivers까지 가는 버스는 없고 호텔에서 5분 떨어진 곳까지만 전철이 갈 뿐이다. 이런 사실에 맞는 내용은 (d)이다.

uptown 업타운(주택지구 또는 시내를 뜻하는 downtown
과 반대되는 도시 내 특정 지역을 의미하기도 함)
reservation 예약 get off 내리다 all the way 도중 내내

정답 (d)

7 M: I need some variety and a change of pace.

W: What do you mean?

M: I'm thinking about changing careers, maybe
going back to school.

W: Oh, I see, have you thought about what you
want to study?

M: I liked the social work classes I read about in
the school catalogue.

W: That sounds like something you'd be good at.
You should enroll this Spring.

Q. What can be inferred from the conversation?

(a) The man does not like his current profession.

(b) The woman is a counselor.

(c) The man is a student.

(d) The woman wants to go back to school.

M: 나에게 변화가 좀 필요해. 삶의 속도에도 변화를 주고.

W: 무슨 뜻이야?

M: 직업에 변화를 줄 생각이야. 어쩌면 학교로 다시 돌아갈까
해.

W: 아 그렇구나. 혹시 뭘 공부하고 싶은지 생각해 봤어?

M: 학교 요람을 보니까 사회복지 관련 수업들이 마음에 들었
어.

W: 이야기 들어보니 네가 잘 할 수 있는 분야 같다. 이번 봄 학
기부터 등록해.

Q. 대화에서 유추할 수 있는 것은?

(a) 남자는 현재 직업에 만족하지 않는다.

(b) 여자는 상담사이다.

(c) 남자는 학생이다.

(d) 여자는 다시 공부하고 싶어 한다.

○ 하던 일에 큰 변화를 주기 위해 학교로 돌아가고 싶어 하
는 남자의 이야기를 여자가 들어주고 있다고 해서 여자가 상
담가라고 판단하기에는 부족하다. 남자가 아직 대학 공부를
다시 시작한 것이 아니므로 내용에 부합하는 보기는 (a)이다.

variety 변화, 다양 career 경력, 이력 school catalogue
대학요람 enroll 등록하다 profession 직업

정답 (a)

8 W: Did you walk the dog this afternoon?

M: Yeah, and I did the laundry and started dinner.

W: I really appreciate all of your help since I
started taking classes again.

M: Well, I know how busy you are with all of those
homework assignments.

W: I just hope I can finish my work before
tomorrow's lecture.

M: I know how hard it is to balance work and
school.

Q. Which is correct according to the conversation?

(a) The woman is a student.

(b) The man is going back to school.

(c) The woman does all of the housework.

(d) The man does not work.

W: 오늘 오후에 개 산책시켜줬어?

M: 물론이지. 세탁도 했고 저녁식사 준비도 막 시작했어.

W: 내가 다시 공부하기 시작한 이후 당신이 지금까지 도움 준
모든 것에 대해 진심으로 고마워.

M: 뭐, 많은 과제물 때문에 당신이 얼마나 바쁜지 나도 알잖
아.

W: 내일 강의 전에 일을 마칠 수만 있으면 좋으련만.

M: 직장생활과 학업을 병행한다는 것이 얼마나 어려운지 잘
알아.

Q. 대화 내용과 일치하는 것은?

(a) 여자는 학생이다.

(b) 남자는 다시 공부를 하려 한다.

(c) 여자가 집안일을 도맡아 한다.

(d) 남자는 일을 하지 않는다.

○ 직장 생활하며 공부하는 아내를 돕기 위해 남편이 집안일
을 많이 도와주고 있음을 대화를 통해 알 수 있다. 그렇다고
해서 남편이 직장 없이 집안일만 한다고 판단하긴 어렵다. 따
라서 대화 내용에 가장 적합한 보기는 (a)이다.

walk the dog 개를 산책시키다 do the laundry 빨래하다
appreciate 고맙게 생각하다 assignment 숙제

정답 (a)

9 W: So, how is it being your own boss?

M: Being self-employed is wonderful.

W: But doesn't it scare you not to have a steady
paycheck?

M: Not really, work has been pretty steady lately. I
am even thinking about hiring an assistant.

W: Maybe I should apply!

M: Your work is never sub-par. I'd hire you in a
heartbeat!

Q. How does the man feel about the woman's
quality of work?

(a) She is a sub-standard worker.

(b) She is an average worker.

(c) She is an exceptional worker.

(d) She is a mediocre worker.

W: 그래서 자영업자가 되니까 어때?

M: 자영업자가 된다는 것은 과연 훌륭해.

W: 하지만 수입이 일정하지 않다는 사실 때문에 걱정되지 않아?

M: 그다지 그렇진 않아. 최근에 일이 꽤 꾸준한 편이야. 심지어 보조직원도 한 명 고용할까 하는데.

W: 내가 입사 지원 좀 해볼까 봐!

M: 네 실력은 뛰어나지. 내가 널 꼭 고용할게!

Q. 남자는 여자의 근무 능력에 대해 어떻게 느끼고 있는가?

(a) 수준 이하의 직원이다.

(b) 평범한 수준의 직원이다.

(c) 뛰어난 직원이다.

(d) 2류 실력의 직원이다.

❂ 남자는 새로운 직원 고용을 고려중이라고 언급한다. 그 자리에 자신이 지원해볼까 하는 여자의 말에 남자는 여자가 never sub-par라고 칭찬한다. 이 표현은 둘째치고라도 hire you in a heartbeat라는 말은 남자가 여자의 실력을 높이 사고 있음을 보여준다. 답은 (c).

self-employed 자영업의 scare 겁나게 하다 steady 안정된, 끊임없는 pretty 꽤 sub-par 표준 이하의 mediocre 보통의, 평범한

정답 (c)

10 W: Are you going to your aunt's for New Year's Day again?

M: No, she is going on a cruise.

W: A cruise! That will be so expensive.

M: She's been saving since June.

W: How is she getting to the cruise ship?

M: She and my uncle are flying to Florida first.

Q. What is the man's aunt planning to do in Florida?

(a) Visit her favorite nephew.

(b) Save for a world-class tour.

(c) Celebrate New Year's day.

(d) Set sail on a luxury vacation.

W: 이번에도 설날에 고모님 댁에 찾아가 뵐 거야?

M: 아니, 고모님이 유람선 여행 가실 거래.

W: 유람선! 그거 상당히 비쌀 텐데.

M: 6월부터 계속 돈을 모으시더라고.

W: 유람선 타는 곳까지는 어떻게 가신데?

M: 우선 고모님과 고모부님이 함께 플로리다로 비행하실 거야.

Q. 남자의 고모는 플로리다에서 무엇을 하려 하는가?

(a) 가장 아끼는 조카를 방문하려 함.

(b) 세계여행을 위해 저축을 하려 함.

(c) 새해맞이를 하려 함.

(d) 호화로운 휴가를 향해 출항하려 함.

❂ 오는 설날에는 예년과 달리 주인공들이 고모를 방문하지 않을 것이다. 고모가 유람선 관광에 나설 예정이기 때문이다. 아래 질문은 언제 고모가 유람선 관광길에 나설 것인가 묻는다. 서두에서 설날이 언급되었으므로 정답은 (d)이다.

cruise 유람선 여행하다 expensive 비싼 fly 비행기를 타다 set sail 출항하다, 돛을 올리다

정답 (d)

11 W: Hello, this is Sandra calling back about the refrigerator delivery.

M: Oh, my wife said you would be calling.

W: Our truck will be in your area on Friday.

M: That should work for us.

W: Does 5 o'clock work for you?

M: It's great, I will be here then to let you in.

Q. Which is correct according to the conversation?

(a) The woman is calling to return a broken refrigerator.

(b) The man will help unload his new appliance.

(c) The man delivers electronics for a living.

(d) The delivery truck will leave the storage at 5 o'clock.

W: 안녕하세요. 저는 산드라라고 합니다. 냉장고 배송 때문에 전화 드립니다.

M: 아, 전화가 올 거라고 제 아내가 그러더군요.

W: 배송트럭이 금요일에 고객님 거주 지역을 지나가게 될 겁니다.

M: 금요일이면 괜찮을 겁니다.

W: 5시 배송 괜찮으시겠습니까?

M: 좋습니다. 그날 문열어드릴 수 있도록 여기에 있겠습니다.

Q. 대화 내용과 일치하는 것은?

(a) 여자는 고장 난 냉장고를 반품하려고 전화하고 있다.

(b) 남자는 자신의 새 가전제품을 차에서 내릴 때 도울 것이다.

(c) 남자는 가전제품을 배달하는 직업을 갖고 있다.

(d) 배달 트럭은 5시에 창고를 출발할 것이다.

❂ 여자는 the refrigerator delivery에 관해 확인하기 위해서 전화했고, 남자는 냉장고를 구입한 손님이다. 5시는 배달 트럭이 남자의 집에 도착할 시간이지 창고에서 출발할 시간이 아니다. 배송이 올 때 짐 내리는 행동은 배송에 도움을 주는 행위이므로 정답은 (b)이다.

refrigerator 냉장고 unload 짐을 내리다 appliance 제품

정답 (b)

12 W: I'm just beat. I need a lazy Friday night.

M: Are you sure? Sue and I were thinking of hitting up some clubs.

W: You go out and party. I'm just too tired.

M: Okay, but if you get your second wind, send me a text.

W: You bet. Maybe I'll start my new book.

M: Don't stay up too late.

Q. What are the man and Sue going to do?

(a) Dance

(b) Eat dinner

(c) Go to the batting cage

(d) Watch a movie

W: 나 완전 녹초가 되었어. 금요일 밤에는 그냥 집에서 퍼져 있을래.

M: 정말이야? 수하고 나하고 나이트클럽에 갈까 생각 중이었는데.

W: 너희들이나 가서 놀아. 난 너무 지쳤어.

M: 그래. 하지만 기운 좀 차리게 되면 휴대전화로 문자 보내.

W: 알았어. 난 책이나 새로 읽기 시작할까 봐.

M: 그렇다고 너무 늦게 자진 말고.

Q. 남자와 수는 무엇을 할 계획인가?

(a) 춤을 출 것이다.

(b) 저녁을 먹을 것이다.

(c) 동전 야구 연습장에 갈 것이다.

(d) 영화를 볼 것이다.

○ 주말 계획을 말하면서 남자는 수와 함께 hitting up some clubs라고 말한다. 여기서 club은 나이트클럽을 의미한다. 따라서 나이트클럽과 어울리는 활동은 (a) Dance 뿐이다.

beat 녹초가 된 hit up (어떤 장소에) 이르다, 도착하다 get a second wind 원기를 회복하다 stay up late 잠 안자고 늦게까지 있다 batting cage 동전 야구 연습장

정답 (a)

UNIT 13 사회생활 〈학교와 직장〉

1 M: Mom, we need to talk. I'm seriously considering dropping out of university.

W: But Ben, you're more than halfway through. What is it you don't like?

M: I'm tired of pretending that I'm really into the lectures and material just to get the degree.

W: I thought you've done very well so far.

M: And I doubt my major could open doors for me in the future.

W: But you're close to finishing, and I think you owe it to yourself to hang in there.

Q. Which is correct according to the conversation?

(a) The man has dropped out of school due to his financial problems.

(b) The man's mother is consoling the man for his failure.

(c) The man is doubtful about attending university.

(d) The man often whines about his school.

M: 엄마, 얘기 좀 해요. 학교를 그만 두는 걸 심각하게 고려하고 있어요.

W: 하지만 벤, 벌써 반 이상을 했잖니? 도대체 싫은 이유가 뭐니?

M: 단지 학점을 따기 위해 강의 등에 전념하는 게 이젠 지겨워요.

W: 지금까지 꽤 잘 한 것 같은데.

M: 그리고 제 전공이 과연 미래에 도움이 될지도 의구심이 가요.

W: 하지만 거의 끝나가잖니? 좀 더 매진을 해야 될 것 같아.

Q. 대화는 어떤 것에 관한 것인가?

(a) 남자는 재정적인 문제로 학교중퇴를 했다.

(b) 남자의 어머니는 남자의 실패에 대해 위로하고 있다.

(c) 남자는 대학 다니는 데에 대해 회의적이다.

(d) 남자는 학교에 대해 자주 징징거린다.

◑ 남자가 학교를 중퇴할지에 대한 여부를 어머니와 의논하는 문제이다. 대화 전반적으로 대학에 다니는 것에 회의적이라는 사실을 알 수 있으므로 정답 (c)를 유추할 수 있다. (a)는 언뜻 들어선 dropped out of school이 들려 그럴 듯하지만 이유가 재정 문제가 아니기 때문에 오답이고, (d)는 남자가 자주 징징거리는지 아닌지 알 수 없기 때문에 오답이다.

drop out of school 중퇴하다 hang in there 참고 견디다

정답 (c)

2 W: How are things working out with your job?

M: Not so well. I just learned that contract workers from outside get paid more.

W: That's doesn't sound right. What are you going to do?

M: I'll just hold off for now and bring it up to the personnel manager when the time is right.

W: Well, I hope things work out.

M: Me, too.

Q. What is the man planning to do?

(a) Wait before taking action.

(b) Talk to his manager now.

(c) Look for another position.

(d) Become a contract worker.

W: 요새 일 어때요?

M: 별로요. 외부 계약으로 들어 온 직원들은 월급을 더 받는다는 걸 알게 됐어요.

W: 그건 옳지 않은 것 같은데요. 어떻게 할 생각이세요?

M: 일단은 그냥 있다가 때가 되면 인사과에 가서 제기를 하려고요.

W: 일이 잘 해결되시길 바라요.

M: 저도 그래요.

Q. 남자는 무엇을 할 계획인가?

(a) 조치를 취하기 전 기다린다.

(b) 당장 매니저에게 이야기한다.

(c) 다른 자리를 찾는다.

(d) 계약직 직원이 된다.

◑ 남자가 어떻게 할지를 묻는 문제이다. Ⅰ'll 이하에서 앞으로의 계획 등을 유추할 수 있다. 짧게 paraphrasing한 (b)가 정답이다.

bring up (이야기를) 꺼내다 the personnel 인사과 work out 잘 해결되다

정답 (a)

3 M: Hi, Juliet, This is Tim. I just flew in from LA.

W: I've been expecting your call. I just got off the phone with your client in LA.

M: Is there a problem? They agreed to sign the contract.

W: Two hours after you left, their chairman overruled the decision.

M: You're kidding. A month of work wasted.

W: Not exactly. I suggest you get right back on the

plane and try again.

Q. Which is correct according to the conversation?

(a) The chairman asked the man to visit LA.

(b) Tim's boss decided to cancel the contract.

(c) The client changed his decision.

(d) The client made some changes to the contract.

M: 안녕, 줄리엣. 나 팀이에요. 지금 LA에서 돌아왔어요.

W: 전화 기다리고 있었어요. LA의 고객과 방금 통화를 끝냈어요.

M: 문제가 있나요? 우리와 계약하기로 했는데요.

W: 당신 떠나고 두 시간 지나서 그쪽 회장님이 결정을 뒤집었어요.

M: 농담이겠죠. 한 달간의 시간이 낭비된 거잖아요.

W: 꼭 그렇지 않아요. 다시 비행기 타고 가서 시도해보세요.

Q. 대화에 의하면 무엇이 옳은가?

(a) 회장이 남자에게 LA를 방문해 달라고 요청했다.

(b) 팀의 상사는 계획을 취소하기로 결정했다.

(c) 고객은 결정을 번복했다.

(d) 고객은 계약서를 일부 변경했다.

🔹 세부사항 고르기 문제. 남자가 LA에서 계약을 마치고 왔지만 고객이 결정을 번복해 다시 가야 하는 상황의 대화이다. 볼드체 문장을 paraphrasing한 (c)가 정답이다. (b)는 Tim의 boss가 아닌 the client로 주체를 바꾼다면 정답이 될 수 있다.

sign the contract 계약서에 사인하다 overrule 뒤엎다

정답 (c)

4 M: Amy, I'd like you to take over the Rex account.

W: Isn't that Richard's account? He's not going to be happy about that.

M: He's juggling six clients right now, and Rex needs more personal attention.

W: I have no problem taking on a new client. But you will have to break the news to Richard.

M: Sure. Richard's not as fierce as he looks, you know.

W: Well, considering my past experiences, I'd rather you tell him.

Q. What can be inferred from the conversation?

(a) The new account will require a lot of effort.

(b) The woman doesn't have confidence about the Rex account.

(c) Richard might be upset about losing a client.

(d) The woman does not have the necessary experience.

M: 에이미, 이번 렉스 건을 맡아주었으면 해요.

W: 그건 리차드가 맡은 거래 아닌가요? 별로 안 좋아 할 텐데요.

M: 지금 그는 6명의 고객을 힘들게 처리하고 있고 렉스쪽은 개인적인 관심을 더 원하고 있어요.

W: 전 새 고객을 맡는 데 문제가 없지만 직접 리차드에서 말씀을 해주세요.

M: 그러죠. 리차드가 그렇게 화내거나 하진 않을 겁니다.

W: 제 경험으로 봐선 직접 전해주셔야 할 것 같아요.

Q. 대화에서 추론할 수 있는 것은 무엇인가?

(a) 새로운 고객은 여자의 많은 노력을 필요로 한다.

(b) 여자는 렉스 건에 대해 자신감이 없다.

(c) 리차드는 고객을 뺏기면 화를 낼지도 모른다.

(d) 여자는 관련 경험이 부족하다.

🔹 상사가 여자에게 리차드 대신 레그 건을 맡으라고 하지만, 여자는 리차드 때문에 마음에 걸리는 상황이다. 마지막 문장의 considering my past experiences ~에서 여자는 남자가 화를 낼 수도 있을 거라고 생각한다.

account 거래, 건 juggle 요술 부리다, 힘들게 해내다
break the news to ~에게 (안 좋은) 소식을 전하다

정답 (c)

5 M: Did they tell you when we have our next meeting?

W: Yeah, we are meeting with John on Thursday. He seems to like this applicant.

M: She would be perfect for the job. Her experience is directly related to our work.

W: I know, and she has a lot of experience working with children.

M: I will send John an e-mail about this candidate.

W: That would be great. You might want to remind him of her previous work experience.

Q. What is the conversation about?

(a) The man is applying for a job.

(b) The woman is quitting her job.

(c) John is losing his job.

(d) John is hiring a new worker.

M: 우리 다음 모임이 언제인지 그들이 당신에게 알려주던가요?

W: 네, 존과 목요일에 만날 거예요. 존은 이번 지원자를 마음에 들어 하는 것 같더군요.

M: 그녀라면 일에 적합할 겁니다. 그녀의 경험이 우리 일과 직접적으로 관련이 있으니까요.

W: 맞아요. 아이들 대상으로 일한 경험이 많더라고요.

M: 내가 존에게 이 지원자에 대한 이메일을 보낼게요.

W: 좋습니다. 존에게 그녀의 근무 경력을 꼭 알려주도록 하세요.

Q. 대화는 무엇에 관한 내용인가?

(a) 남자가 직장을 구하고 있다.

(b) 여자가 직장을 그만 두고 있다.

(c) 존이 곧 실직을 앞두고 있다.

(d) 존이 새 직원을 뽑는다.

💠 여자가 언급한 this applicant에 대해 남자는 She would be perfect for the job.이라고 말한다. 그러므로 (a)는 정답이 아니다. (b) 역시 무관한 내용이다. John이 이번 지원자를 마음에 들어 한다는 걸 봐서는 (d)가 정답이다.

applicant 지원자, 후보자 perfect 완벽한 experience 경력 candidate 지원자 remind 상기시키다 previous 이전의

정답 (d)

6 W: Are you applying for the job in the call center?

M: Yes. I believe that I would be a great addition to your team.

W: Do you have any experience working in a call center?

M: No, but I work hard and I like doing customer service.

W: I see. Well, I will contact you next week if we would like to hire you.

M: Thanks a lot. I appreciate it.

Q. What is the conversation about?

(a) Scheduling an interview.

(b) Contacting a business.

(c) Working in customer service.

(d) Applying for a job.

W: 콜센터 근무에 지원하시는 겁니까?

M: 예. 제가 근무팀에 큰 도움이 될 거라고 확신합니다.

W: 콜센터 근무 경력이 있으신가요?

M: 아닙니다, 그러나 전 열심히 일하며 고객 서비스 업무를 좋아합니다.

W: 알겠습니다. 그럼, 우리가 당신을 고용하기로 결정을 하면 내주에 제가 연락을 드리겠습니다.

M: 감사합니다. 잘 부탁드립니다.

Q. 무엇에 대한 대화인가?

(a) 인터뷰 일정 잡기

(b) 사업자 연락하기

(c) 고객 서비스 업무하기

(d) 직장에 지원하기

💠 여자는 남자에게 are you applying for the job이라고 질문한다. 그리고 뒷부분에서 여자가 if we would like to hire you라고 말한다. 따라서 이 대화는 취업 면접이다. 정답은 (d)이다.

apply for 지원하다 addition 추가 contact 연락하다 hire 고용하다 I appreciate it. (상대방이 취할 조치에 대해

감사한다는 뜻으로) 잘 부탁드립니다.

정답 (d)

7 M: Do you work for the office?

W: I do. How can I help you?

M: I want to register for Biology 101.

W: Since the class is already full, you need to get the teacher's permission.

M: My adviser told me that I could register here.

W: I think they were confused. The computer says you need to ask the professor.

M: I guess I can go see if she is in her office.

Q. Why can't the man register for his class?

(a) He needs to take the entrance exam.

(b) He needs to ask the professor.

(c) The class is full.

(d) The class conflicts with his schedule.

M: 이 사무실 직원이신가요?

W: 네. 무엇을 도와드릴까요?

M: 생물학 101에 수강신청하고 싶습니다.

W: 그 강의는 이미 정원에 도달했습니다. 교수님의 허가를 받으셔야 합니다.

M: 제 학사일정 상담사는 여기서 수강 신청을 할 수 있다고 했는데요.

W: 제 생각은 그분들이 혼동하신 것 같습니다. 제 컴퓨터에는 교수님에게 문의하라고 되어 있네요.

M: 그럼 교수님이 사무실에 계신지 제가 확인해보겠습니다.

Q. 남자가 수강 신청을 할 수 없는 이유는?

(a) 입시를 잘 치러야 하므로

(b) 교수에게 문의해야 하므로

(c) 수강 인원이 가득 차서

(d) 수업이 그의 일정과 맞지 않으므로

💠 여자 직원이 중간에 the class is already full이라고 말한다. 수업이 full이라는 표현은 신청인 수가 이미 정원에 도달했다는 뜻이다. 정답은 (c)이다.

register for 등록하다 biology 생물학 permission 허락 confuse 혼동하다 conflict with 충돌하다

정답 (c)

UNIT 14 여행 〈공항, 항공예약, 호텔, 휴가 계획〉

→ ACTUAL TRAINING

1 M: Have you made the arrangements for my trip to New York yet?

W: Not yet, Mr. Carlson. I need to confirm whether you wanted to go by air or rail.

M: Of course flying would be faster.

W: But you'd have to take a bus to and from the airport.

M: Right, given the convenience of the train, rail would be better.

W: Then I'll call the agency right away and let you know your schedule this afternoon.

Q. What is the conversation about?

(a) What transportation the man will take for the business trip.

(b) Comparing the convenience of airplanes and trains.

(c) How the man will return from New York.

(d) What to do first in New York.

M: 뉴욕 출장 예약이 다 됐나요?

W: 아직요, 칼슨 씨. 비행기로 가실지 기차로 가실지 확인을 해야 해서요.

M: 당연히 비행기가 낫죠.

W: 하지만 공항에서 버스를 타야 하니 번거로우실 텐데요.

M: 그래요, 기차의 편리함을 생각한다면 그게 낫겠네요.

W: 제가 여행사에 전화해서 처리하고 오후에 알려드리겠습니다.

Q. 무엇에 관한 대화인가?

(a) 남자가 출장에 어떤 교통수단을 타고 갈지

(b) 비행기과 기차의 편리성 비교하기

(c) 남자가 어떻게 뉴욕에서 돌아올지

(d) 뉴욕에서 무엇을 제일 먼저 할지

○ 남자가 뉴욕 출장에 어떤 교통편을 이용할지를 결정하는 문제. I need to ~가 정답 (a)를 유추할 수 있는 주제문이며, (b)의 교통편 비교도 언급이 되긴 했으나 전체의 주제가 되기에는 부족하다.

made the arrangements 일정을 잡다

정답 (a)

2 W: Why hasn't Flight 55 arrived yet?

M: Let me check. Let's see... Because of mechanical problems, that flight is still on the ground in LA.

W: How long of a delay will there be?

M: We'll keep you posted as we get updates.

W: Then where can I stay while waiting for the flight?

M: You can use the passengers' lounge for our airline on the second floor.

W: Thanks a lot. Please let me know if there is any change.

Q. What is the woman doing in the conversation?

(a) She is heading for the boarding gate.

(b) She is asking about the delay of her flight.

(c) She is asking where the passengers' lounge is.

(d) She is complaining about the delay of her flight.

W: 55호 항공기가 왜 아직 도착하지 않았나요?

M: 한번 알아보겠습니다. 기계 결함 때문에, 항공기가 여전히 LA에 있어요.

W: 얼마나 지연될 것 같나요?

M: 새로운 소식을 받자마자 알려드리도록 하겠습니다.

W: 그럼 비행기를 기다리는 동안 어디에 머물 수 있나요?

M: 2층에 우리 승객들을 위한 라운지가 있습니다.

W: 감사합니다. 바뀐 사항이 있으면 알려주세요.

Q. 여자는 대화에서 무엇을 하고 있는가?

(a) 그녀는 탑승구로 향하고 있다.

(b) 그녀는 비행기의 지연에 대해 문의하고 있다.

(c) 그녀는 승객들을 위한 대기실이 어디 있는지 묻고 있다.

(d) 그녀는 비행 지연에 대해 항의하고 있다.

○ 여자를 중심으로 묻는 주제 문제. 비행 지연에 대해 묻고 있다. 보통 주제문은 대화의 첫 부분에 있으며 볼드체 문장을 요약한 (b)가 정답. 대화에서 여자는 단순히 비행 지연에 대해 묻고 있지 항의(complain)하는지는 유추할 수 없기 때문에 (d)는 오답처리.

mechanical 기계적인 delay 지연, 연착

정답 (b)

3 M: When are you planning to take your summer holidays, Lucy?

W: Oh, the usual time. In August.

M: How about doing what I do? Go at the beginning of September. It's not so crowded, and the fares are cheaper.

W: Great idea, and it's still warm, too. But wait, there's something I've forgotten.

M: What is it?

W: My son's school holds a PTA meeting at that time. Well, I guess it's back to plan A.

Q. Which is correct according to the conversation?

(a) The woman will delay her holiday by a month.

(b) The woman will get away at the usual time.

(c) The woman will go on vacation by herself.

(d) The woman won't participate in the PTA meeting.

M: 언제 여름휴가를 떠날 거야, 루시?

W: 늘 갔던 대로, 8월에.

M: 이번엔 내가 하는 대로 한번 해봐. 9월 초에 가면 붐비지도 않고 요금도 꽤 싸.

W: 좋은 생각인데. 아직 더운 때고. 어, 하지만 뭔가 잊은 게 있다.

M: 뭔데?

W: 아들 학교에서 학부모 간담회를 그때 한다고 했어. 아무래도 원래 계획대로 해야겠네.

Q. 대화에 의하면 무엇이 옳은가?

(a) 여자는 휴가를 한 달 정도 미룰 것이다.

(b) 여자는 평소대로 휴가를 갈 것이다.

(c) 여자는 혼자서 휴가를 갈 것이다.

(d) 여자는 학부모 간담회에 참석하지 않을 것이다.

○ 여자가 언제 휴가를 갈지에 대한 대화. 남자가 자기처럼 비수기 9월에 가라고 권하지만 결국 아들 학교의 간담회 때문에 원래대로 간다. (a)는 중간까지만 들었을 때 가능한 답. 마지막 문장에서 원래대로 휴가를 간다는 사실을 알 수 있으며 정답은 (b).

usual time 평소대로 crowded 복잡한, 혼잡한 fare 교통 요금 PTA(Parent-Teacher Association) meeting 학부모 간담회 plan A 원래 계획 get away 휴가를 가다 participate 참가하다, 참석하다

정답 (b)

4 W: Being in Paris is so exciting!

M: It sure is. I wish we could stay a few extra days.

W: Are you still planning to rent bicycles tomorrow?

M: I'm not sure. Let's check the weather forecast first - biking isn't much fun in the rain.

W: I still think a car would be safer, rain or shine.

M: Good point. Tomorrow's our last day, so we won't want to be stuck inside the hotel.

Q. Which is correct according to the conversation?

(a) They don't think biking is that fun in Paris.

(b) They have one more day to enjoy in Paris.

(c) They are going to stay in Paris a few extra days.

(d) It will rain tomorrow.

W: 파리에서 지내는 거 너무 신나는데.

M: 맞아. 며칠 더 있으면 좋겠어.

W: 여전히 내일 자전거 빌릴 계획이야?

M: 글쎄. 날씨부터 점검해보고 – 자전거가 비 올 때는 별로 신나지 않거든.

W: 아무래도 차가 나을 것 같아, 비가 오든 햇빛이 비추든.

M: 그래. 내일이 우리 마지막 날이니까 호텔에만 있지 않도록 하자.

Q. 대화에 의하면 무엇이 옳은가?

(a) 그들은 파리에서 자전거를 타는 것이 그렇게 재미있다고 생각하지 않는다.

(b) 그들은 파리에서 보낼 날이 하루 남아 있다.

(c) 그들은 며칠 동안 파리에서 머물 계획이다.

(d) 내일 비가 올 것이다.

○ 파리에서 지내는 게 즐거워 차를 빌려 내일까지 즐겁게 지내자는 내용. Tomorrow's our last day에서 정답 (b)를 유추할 수 있다. (a)는 두 사람의 생각과는 반대되는 내용이며 내일 비가 올지 안 올지 잘 알 수 없기 때문에 (d)는 오답처리.

exciting 흥미로운 weather forecast 일기예보 be stuck 갇혀 있다

정답 (b)

5 M: Jane told me you went to an all-inclusive resort.

W: Yeah, but it will be my last for a while.

M: What happened?

W: It was overpriced with poor service and bad food.

M: Maybe you should try a different resort next time.

W: No, next time I'm just going to the beach.

Q. What can be inferred from the conversation?

(a) The man is planning a vacation.

(b) The woman was not satisfied with her hotel.

(c) The woman would recommend this resort.

(d) The man also went to this resort.

M: 제인이 그러는데 너는 모든 것이 다 포함된 리조트로 갔다면서.

W: 응, 하지만 한동안은 이번이 내 마지막 리조트 여행이 될 거야.

M: 무슨 일 있었어?

W: 서비스는 형편없고 음식도 엉망인데 가격만 비쌌거든.

M: 다음에는 다른 리조트를 가보면 될 거야.

W: 아니야. 다음에는 그냥 바닷가로 갈 거야.

Q. 대화에서 유추할 수 있는 것은?

(a) 남자는 휴가 계획을 짜고 있다.
(b) 여자는 호텔 숙소가 만족스럽지 않았다.
(c) 여자는 이 리조트를 추천할 것이다.
(d) 남자도 역시 이 리조트에 갔다.

○ 리조트에 간 것은 남자가 아니라 여자이다. 서비스와 음식이 형편없으면서도 overpriced 되었다고 불평했으므로 만족하지 못했다는 (b)를 유추할 수 있다.

all-inclusive 모든 것을 포함한 resort 행락지 overprice 너무 비싼 가격을 매기다 recommend 추천하다

정답 (b)

6 M: Hello, I'd like to make a reservation for May 12th.

W: Of course. And how many people will there be?

M: Myself and two others.

W: We have rooms with two double beds or I can upgrade you to a suite.

M: I'll take the suite.

W: Okay, I will just need your name.

Q. Which is correct according to the conversation?

(a) The woman is checking into a hotel.

(b) The woman is changing her reservation.

(c) The man is eating at a restaurant.

(d) The man is booking a hotel room.

M: 안녕하세요. 5월 12일에 예약을 하려고 하는데요.
W: 물론 가능합니다. 몇 사람이 묵으실 건가요?
M: 저와 두 사람 더요.
W: 더블베드 두 개가 있는 객실이 있는데 스위트룸으로 업그레이드 해드릴 수도 있습니다.
M: 스위트룸으로 하지요.
W: 알겠습니다. 이름만 말씀해주시면 됩니다.
Q. 대화 내용과 일치하는 것은?
(a) 여자는 호텔에 체크인을 하고 있다.
(b) 여자는 예약 내용을 변경하고 있다.
(c) 남자는 식장에서 식사 중이다.
(d) 남자는 호텔 객실을 예약하고 있다.

○ 남자가 I'd like to make a reservation이라고 했으므로 (a)와 (b)는 정답이 아니다. 여자 직원이 중간에 we have rooms with two double beds라고 말하는 걸 보아 남자가 예약하려는 것은 호텔 객실임을 알 수 있다. 따라서 정답은 (d)이다.

make a reservation 예약하다 suite 스위트룸 book 예약하다

정답 (d)

7 M: Good afternoon. What can I do for you?

W: I'd like to schedule a flight to Hawaii leaving in mid-June.

M: Do you know which airline you would like to fly?

W: I don't care. I just want the cheapest ticket.

M: Sure. Let me see what the computer says.

W: Thanks.

Q. What is the woman doing?

(a) Working at a travel agency.

(b) Traveling to Hawaii.

(c) Booking a hotel reservation.

(d) Buying a plane ticket.

M: 안녕하세요. 무엇을 도와드릴까요?
W: 6월 중순 쯤에 하와이로 갈 비행 편 일정을 잡고 싶습니다.
M: 어떤 항공사로 비행하고 싶으신지요?
W: 어디든 상관없습니다. 그냥 가장 저렴한 표를 원해요.
M: 알겠습니다. 컴퓨터에 뭐가 뜨는지 봐드리겠습니다.
W: 감사합니다.
Q. 여자는 지금 무엇을 하고 있는가?
(a) 여행사에서 근무 중이다.
(b) 하와이로 여행을 하고 있다.
(c) 호텔 예약을 하고 있다.
(d) 비행기 표를 구입하고 있다.

○ What can I do for you?라고 물은 것은 남자이므로 남자가 여행사 직원이다. 여자는 schedule a flight to Hawaii라고 하여 하와이행 비행 일정을 잡기를 원한다. 하와이가 언급되었지만 (b)는 현재 하와이를 여행한다는 뜻이므로 정답이 아니다. 정답은 (d)이다.

flight (정기) 항공편; 비행기 여행 airline 항공사 book 예약하다

정답 (d)

→ ACTUAL TRAINING

1 Movie

W: Have you seen that new movie, Secret?

M: I have. I thought it was great.

W: Good. I'm taking Monica to see it for her birthday. She loves the main actor.

M: Monica is not 16 yet, right? The movie is pretty heavy, you know. It's about death and despair.

W: Is there a lot of sex and violence in it?

M: No, nothing like that. But it's a very adult movie.

Q. What can be inferred from the conversation?

(a) Monica might find it difficult to understand.

(b) Monica might find the violent scenes upsetting.

(c) Monica should really enjoy the acting.

(d) Monica should learn a lot from watching.

W: Secret이란 영화 봤어?

M: 봤지. 정말 대단하더라.

W: 좋아. 모니카를 생일에 데려가야지. 주연 배우를 좋아하거든.

M: 모니카가 아직 16살이 아니지? 영화가 좀 무거워. 죽음과 절망에 관한 이야기야.

W: 그럼 섹스와 폭력이 많다는 얘기야?

M: 그건 아니고. 단지 어른용 영화야.

Q. 무엇을 추론할 수 있는가?

(a) 모니카가 이해하기 힘들 수 있다.

(b) 모니카는 폭력 장면이 불쾌하다고 생각할 수 있다.

(c) 모니카는 연기를 좋아할 것이다.

(d) 모니카는 영화를 감상함으로 많은 걸 배울 것이다.

○ Secret이라는 영화에 대한 대화. 남자는 이미 영화를 보았으며, 16살인 모니카가 보기에는 죽음과 절망(death and despair)에 관한 주제가 너무 무거울 수(heavy) 있다고 지적하고 있다. 따라서 모니카가 이해하기 힘들 수 있다는 것이 정답이다. 남자에 따르면 섹스와 폭력은 나오지 않는다고 했기 때문에 (b)는 정답이 아니다. 또한 모니카가 좋아하는 배우가 나오기는 하지만, 영화를 즐길 수 있다는 사실은 추론할 수 없다.

despair 절망 violence 폭력 adult 성인의 scene 장면 upsetting 당황하게 하는, 불쾌한

정답 (a)

2 Sports

W: Hey, Daniel, I heard you broke the state record

for the 100-meter butterfly.

M: Yes, I did. And I almost broke the breaststroke record.

W: Wow! Is that true that you're going to the nationals?

M: Yeah, my coach says I have a shot at making the Olympic team.

W: That's amazing. Maybe someday I can tell my children that I knew the great Olympic swimmer.

M: Well, I'd really love to get that far. It would be really exciting.

Q. Which is correct according to the conversation?

(a) The man set a new record in the breaststroke.

(b) The man is a member of the national swimming team.

(c) The man took part in the Olympic games in the past.

(d) The woman is excited with the chance of the man's making the Olympic team.

W: 다니엘, 이번에 우리 주 100미터 접영 기록을 깼다고 들었어요.

M: 예, 그래요. 평영 기록도 깰 뻔 했어요.

W: 와! 이번 국가대표로 나가는 것 맞나요?

M: 예, 코치가 이번 올림픽 팀에 들어갈 가능성이 있다고 했어요.

W: 와, 대단해요. 언젠가 우리 아이들한테 대단한 올림픽 수영 선수를 알았다고 말할 수 있겠네요.

M: 그렇게까지 되면 저도 정말 좋겠죠. 정말 흥미로울 거예요.

Q. 대화에 의하면 무엇이 옳은가?

(a) 남자는 평영에서 새로운 기록을 세웠다.

(b) 남자는 수영 국가대표 선수이다.

(c) 남자는 과거에 올림픽 경기에 참가했었다.

(d) 여자는 남자의 올림픽 팀 합류 가능성에 매우 좋아한다.

○ 남자가 접영 기록을 깼고 평영 기록의 점수도 좋아 국가대표 팀에 들어 올림픽 팀에 들어갈 가능성이 있다는 내용. Maybe someday ∼에서 여자가 남자를 진심으로 자랑스러워 한다는 사실을 알 수 있으며 정답 (d)를 유추할 수 있다. (a)는 butterfly로 바꾸면 가능하고, (b)는 national을 state로 바꾸면 가능한 답이다.

break a record 기록을 깨다 butterfly 접영 breaststroke 평영 nationals 국가대표 have a shot 가능성이 있다 amazing 놀랄 만한, 기가 막힌

정답 (d)

3 Jazz concert - invitation

M: I've got two tickets to the jazz concert this Friday!

W: Friday? But we're going to the Johnsons' for dinner.

M: Oh, no! I forgot! Can we cancel and invite them here the next week?

W: Well, Mike Johnson is marketing manager, and I don't want to get on his bad side.

M: But there are some great performances lined up. Are you sure?

W: Absolutely. It might be a good idea to keep better track of our schedule.

Q. What are the couple likely to do?

(a) Give the concert tickets to Mr. Johnson.

(b) Go ahead with their scheduled dinner.

(c) Find out who is performing at the concert.

(d) Rearrange the time of their dinner.

M: 이번 금요일 재즈 콘서트 티켓 두 장 있어.

W: 금요일? 하지만 존슨 씨 댁에 저녁식사하러 가기로 했는데.

M: 아! 깜빡했네! 취소하고 다음 주에 초대하는 게 어떨까?

W: 마이크 존슨 씨가 마케팅 매니저라 노여움을 사고 싶지는 않아.

M: 하지만 멋진 연주가 가득 있는데, 정말 그렇게 할 거야?

W: 당연하지. 다음부터는 우리 스케줄부터 정확히 확인하는 게 좋을 걸.

Q. 커플은 어떻게 할 것인가?

(a) 존슨 씨에게 콘서트 티켓을 줘 버린다.

(b) 예정대로 저녁을 먹는다.

(c) 누가 콘서트에서 연주를 하는지 알아본다.

(d) 저녁시간을 다시 정한다.

♻ 남자는 금요일에 재즈 콘서트에 가고 싶어 하지만 상사인 존슨 씨 눈에 벗어나지 않기 위하여 원래대로 존슨 씨 댁에서 식사를 하기로 한다. 남녀가 어떻게 할 것인지를 묻는 질문은 대화의 끝부분이 결정적이다. (b)와 같이 결국 여자의 뜻대로 원래 계획대로 식사를 하는 것이 정답.

get on the bad side of a person ~의 미움[노여움]을 받다 performance 공연 line up 정렬하다, 마련하다 absolutely 절대적으로 keep track of ~을 확인하다

정답 (b)

4 M: That was a fantastic meal. I'm glad we came here.

W: I'll foot the bill on my credit card.

M: I told you that tonight is my treat. After all, it's your birthday.

W: Well, you really shouldn't have.

M: Now do me the favor of putting your wallet away for the rest of the evening.

W: I really appreciate it. It's really sweet of you.

Q. Which are the speakers mainly doing in the conversation?

(a) Deciding what to eat at the restaurant

(b) Deciding who should pick up the tab

(c) Deciding on using the credit card or not

(d) Deciding where to go after dinner

M: 정말 멋진 저녁식사였어요. 여기 오게 되어 정말 기뻐요.

W: 제가 신용카드로 계산할게요.

M: 오늘은 제가 대접하겠다고 말했잖아요. 무엇보다 오늘은 당신 생일이에요.

W: 그러지 않아도 됐었는데요.

M: 나머지 시간을 당신을 위해 낼 수 있도록 해주세요.

W: 정말 감사드려요. 정말 친절하시군요.

Q. 대화에서 남녀는 무엇을 주로 하고 있는가?

(a) 식당에서 무엇을 먹을지 결정하기

(b) 누가 지불할 것인지 결정하기

(c) 신용카드를 사용할지 사용하지 않을지에 대해 결정하기

(d) 식사 후 어디로 갈지에 대해 결정하기

♻ 남녀의 대화를 종합해 주제를 묻는 문제. 전체에 흐르는 대화의 주제는 누가 저녁을 내는지에 대한 내용이며 (b)가 정답. foot the bill, pick up the tab 모두 '비용을 지불하다' 란 같은 뜻이다.

fantastic 멋진, 환상적인 foot the bill 대금을 결제하다 treat 대접, 접대 wallet 지갑 appreciate 감사하다 sweet 친절한, 상냥한 pick up the tab 지불하다

정답 (b)

5 W: Do you have a picture ID with you?

M: I left it in the car.

W: This is a rated R movie, so you have to be 18 to buy the ticket.

M: I understand. I'll be right back.

W: If you go get your ID, I can hold your tickets for you.

M: Thanks. I just have to go out to my car.

Q. What can be inferred from the conversation?

(a) The man wants to buy a violent movie.

(b) The man will return for his tickets.

(c) The woman is under 18.

(d) The woman works in a video store.

W: 사진이 있는 신분증 갖고 계십니까?

M: 차에 두고 왔는데요.

W: 이건 미성년자 관람불가 영화이기 때문에 표를 구입하시려면 18세 이상이어야 합니다.

M: 알겠습니다. 곧 다시 오죠.

W: 만일 신분증을 가지고 오실 거라면 표를 미리 확보해드릴 수 있습니다.

M: 고맙습니다. 차로 가지러 가기면 하면 됩니다.

Q. 대화에서 유추할 수 있는 것은?

ⓐ 남자는 폭력영화 표를 구매하려고 한다.

ⓑ 남자는 표를 사기 위해 돌아올 것이다.

ⓒ 여자는 18세 이하이다.

ⓓ 여자는 비디오 가게에서 일한다.

○ 여자는 영화의 등급만 말했지 어떤 종류인지는 말하지 않았고, 또 관객 나이 제한을 말하기 위해 under 18을 언급한 것이므로 (a)와 (c)는 정답이 아니다. 매표를 하는 곳이므로 (d)도 정답이 아니다. 남자는 just have to go out to my car라고 했으므로 다시 올 것이다. 정답은 (b)이다.

rated R 미성년자 관람불가인 violent 폭력적인

정답 (b)

6　W: What should we do tonight?

M: Carrie wanted to see a show, but I don't think there is anything new out.

W: Why don't you call her and ask what she was planning to see?

M: Okay, I'll call her after I do some chores.

W: Don't forget you promised to wash the clothes.

M: I was just going to start the washer.

Q. What is the man doing?

(a) Planning his evening

(b) Teaching the woman to wash clothes

(c) Renting a movie

(d) Returning a phone call

W: 오늘 밤 뭐 할까?

M: 캐리가 공연을 보길 원했는데 새로 하는 공연이 없는 것 같아.

W: 캐리에게 전화해서 뭘 볼 계획인지 물어보면 어떨까?

M: 좋아, 몇 가지 일만 하고 내가 전화해볼게.

W: 당신이 옷 세탁 하겠다고 약속한 것 잊지 말고.

M: 막 세탁기를 돌리려던 참이었어.

Q. 남자는 무엇을 하고 있는가?

ⓐ 저녁 일정 계획하기

ⓑ 여자에게 세탁하는 방법 가르쳐주기

ⓒ 영화를 빌려보기

ⓓ 응답 전화하기

○ 여자의 첫 마디는 이 대화의 핵심을 담고 있다. What should we do this tonight? 오늘 밤 무엇을 할지 이야기하

며 친구에게 전화를 걸려고 하는 모든 것을 포함하는 표현은 (a)이다.

chore 허드렛일, 집안일 promise 약속하다 washer 세탁기

정답 (a)

7　M: Garden Grove Business Center. How may I direct your call?

W: Hello. I want to reserve a space for a 500 person conference.

M: We have a couple of rooms that would be big enough. When is your conference?

W: The meetings are scheduled for the 10th through the 12th of July.

M: Let me check our reservations.

W: Okay. I appreciate it.

Q. What is the main point of the conversation?

(a) Organizing a banquet

(b) Confirming the conference dates

(c) Reserving a hotel room

(d) Booking a convention room

M: 가든그로브 비즈니스센터입니다. 무엇을 도와드릴까요?

W: 안녕하세요. 500명이 컨퍼런스 할 공간을 예약하고 싶습니다.

M: 그 정도 큰 홀이 두어 개 있습니다. 언제 컨퍼런스가 있습니까?

W: 7월 10일부터 12일까지로 일정이 잡혀 있습니다.

M: 저희 예약 일정표를 확인해보겠습니다.

W: 예, 부탁드립니다.

Q. 이 대화의 핵심은 무엇인가?

ⓐ 만찬 계획하기

ⓑ 컨퍼런스 일정 확인하기

ⓒ 호텔 객실 예약하기

ⓓ 컨벤션용 홀을 예약하기

○ 여자는 I want to reserve a space for a 500 person conference.라고 말했으므로 (a)나 (c)는 정답이 아니다. 컨퍼런스 장소 예약 과정에서 컨퍼런스 날짜에 대한 언급이 있는 것이므로 (b)도 정답이 아니다. 컨벤션용 홀을 예약한다(booking)는 (d)가 정답이다.

reserve 예약하다 conference 회의 banquet 연회 confirm 확인하다

정답 (d)

UNIT 16 생활편의 1 〈자동차, 교통, 쇼핑〉

1 Car

W: Andrew, I think it's time to fix that dent in the front bumper.

M: But, honey, it's not even that noticeable.

W: It looks awful! Anyway, our insurance will pay for the repairs.

M: True, but then our insurance premiums will go up.

W: How do you know that?

M: I was responsible for the damage, remember? I backed into the parked car.

Q. Which is correct about the man according to the conversation?

(a) The man thinks his wife will be upset about the cost.

(b) The man thinks the accident was not his fault.

(c) His insurance will not cover the repairs.

(d) His insurance fee will increase.

W: 앤드류, 앞 범퍼의 쑥 들어간 곳 이젠 고쳐야죠.

M: 하지만 여보, 잘 보이지도 않는데.

W: 안 좋아 보여요. 어쨌든 보험회사가 수리비를 대줄 거잖아요.

M: 하지만 우리 보험료가 올라가겠지.

W: 어떻게 알아요?

M: 내가 피해에 대한 책임이 있다는 거, 알지? 내가 주차된 차를 후진하다 박았잖아.

Q. 대화에 의하면 무엇이 옳은가?

(a) 남자는 아내가 비용에 대해 언짢아 할 것이라고 생각한다.

(b) 남자는 사고가 그의 잘못이 아니라고 생각한다.

(c) 남자의 보험은 수리비를 처리해주지 않을 것이다.

(d) 남자의 보험료는 올라갈 것이다.

◎ 차가 박힌 부분을 수리해야 하는데 남자의 과실이라 보험료가 올라갈 수 있다는 내용. insurance premiums → insurance cost / go up → increase로 바꾼 (d)가 정답. (b)와 (c)는 not을 빼면 답으로 가능. not 여부도 주의해야 한다.

dent 표면의 움푹한 곳, 자국 noticeable 눈에 띄는 awful 몹시 나쁜 insurance 보험 premium 할증금 be responsible for ~에 책임이 있다 back into 후진하여 들이받다 upset 당황한, 화가 난 fault 잘못, 실수 cover 감당하다, 메우다

2 W: Look at this traffic. It's bumper to bumper. And this is supposed to be an expressway?

M: I bet there's an accident up ahead.

W: In that case, why don't we take the next exit and try the city street?

M: But I don't know well if it will be better to take the city street.

W: Why? Do you think it will take longer than to just wait here?

M: I think so. The police will move the cars in trouble soon enough.

W: OK. Then I will take your advice.

Q. What can be inferred from the conversation?

(a) They will make a detour at the next exit.

(b) They will drive through the city street.

(c) They will wait and see the situation on the expressway.

(d) They will help the police move the cars in trouble.

W: 왜 이렇게 막히죠? 차가 꽉 막혀 있네요. 여기가 고속도로 맞나요?

M: 앞쪽에 사고가 난 것 같아요.

W: 그러면, 다음 출구로 나가서 시 도로를 이용하는 게 어때요?

M: 하지만 시 도로를 이용하는 것이 좋을지 잘 모르겠네요.

W: 왜요? 여기서 기다리고 있는 것보다 더 오래 걸릴 것이라고 생각해요?

M: 네 그래요. 경찰이 곧 문제 차량을 치워줄 거예요.

W: 좋아요. 그러면 당신의 조언을 따르도록 할게요.

Q. 그들은 다음에 무엇을 할까?

(a) 그들은 다음 출구에서 우회할 것이다.

(b) 그들은 시 도로로 운전할 것이다.

(c) 그들은 고속도로 상황을 지켜보고 기다릴 것이다.

(d) 그들은 경찰이 문제 차량을 이동시키는 것을 도와줄 것이다.

◎ 추론문제로, 고속도로가 많이 막혀서 어떻게 할지를 고민하는 문제. 마지막 문장에서 결론적으로 고속도로에서 상황을 지켜보리란 사실을 유추할 수 있으며 이를 바꿔 쓴 (c)가 정답. (a)나 (b)는 얘기만 꺼냈을 뿐, 하지 않기로 한 내용으로 오답.

bumper to bumper 꽉 막힌 be supposed to ~라고 여겨지다 expressway 고속도로 exit 출구 in trouble 문제

가 된 **make a detour** 우회하다

정답 (c)

3 W: Look at this TV ad, the vegetable cutter can cut, slice and dice just about anything.

M: If it really worked, it would be selling well in regular stores.

W: Why are you always such a cynic?

M: My mother often buys something like that, but she can never get them to work.

W: That was years ago. Things are more advanced now.

M: Only the promotion methods! But if you want it, get it.

W: No, if it breaks, you will tell me about it for a long time.

Q. What can be inferred from the conversation?

(a) The man will not let the woman buy the product.

(b) The man is doubtful of the advertisement's claims.

(c) The woman's mother has the same product.

(d) The woman prefers to shop at regular stores.

W: 이 TV 광고 좀 봐요. 야채 써는 칼이 자르기, 조각내기, 다지기 등 다 해요.

M: 그게 그렇게 잘 된다면 일반 가게에서도 잘 팔릴 거야.

W: 당신은 왜 그렇게 냉소적이에요?

M: 어머니가 저런 걸 자주 사시는 데 결국 잘 쓰지 못 하시더라고.

W: 그건 옛날에만 그랬죠. 지금은 많이 나아졌어요.

M: 광고 방법이 나아졌겠지! 하지만 당신이 원한다면 사.

W: 아뇨, 고장 나면 그런 얘기를 한참 할 거 아니에요.

Q. 이 대화에서 추론할 수 있는 바는?

(a) 남자는 여자가 제품을 사게 하지 않을 것이다.

(b) 남자는 광고의 주장에 대해 의구심을 갖고 있다.

(c) 여자의 어머니는 같은 제품을 가지고 있다.

(d) 여자는 일반 가게에서 사는 것을 더 좋아한다.

✪ TV 광고에 대해 남자는 상당히 냉소적이며 여자는 결국 TV 광고에 나오는 물건 사기를 포기하는 내용. (a)는 not을 뺀다면 가능한 답이며, (c)는 woman을 man으로 바꾼다면 어느 정도 가능. (d)의 여자가 일반상점에서 사기를 더 좋아하는지는 정확히 유추할 수 없다. 남자는 TV 광고 제품에 대해 의심이 많은 걸 유추할 수 있으며 정답은 (b)

slice 조각내다 **dice** 다지다 **cynic** 냉소가, 비꼬는 사람 **promotion** 광고

정답 (b)

4 **return a purchase**

M: Hi, I'd like to return this backpack. My daughter says it's too big.

W: Sure. We can offer you a full refund. May I see your receipt, please?

M: I thought I'd saved it, but I can't find it anywhere.

W: That's OK. We can still offer you store credit for the current price of the bag.

M: But the bag's 20 percent off now. I paid full price for it.

W: I'm sorry, but that's our store's policy. We have a 30-day return policy, so you should keep looking for your receipt.

Q. Which is correct according to the conversation?

(a) The store does not allow exchanges.

(b) The man could not get a full refund.

(c) His store credit has run out.

(d) The return period is over.

M: 이 가방을 반품하고 싶어요. 딸이 너무 크다고 하네요.

W: 예. 전액 환불해드릴 수 있어요. 영수증을 볼까요?

M: 잘 보관했다고 생각했는데 도저히 찾을 수가 없어요.

W: 괜찮습니다. 현재 그 가방의 현재 가격으로 상점 상품권을 드리겠습니다.

M: 하지만 지금 20% 할인을 하고 있잖아요. 전 정가를 다 주고 샀어요.

W: 죄송하지만 가게 정책이어서요. 저희는 30일 안에 환불을 해드리니 영수증을 찾아보셔야 할 것 같네요.

Q. 대화에 의하면 옳은 것을 무엇인가?

(a) 이 상점은 교환을 해주지 않는다.

(b) 남자는 전액 환불을 받을 수 없다.

(c) 여자의 상품권은 기한이 다 됐다.

(d) 반품 기간이 끝났다.

✪ 세부사항을 묻는 문제. 남자가 구입한 가방의 환불을 원하지만 영수증을 잃어버려 결국 전액 환불을 받을 수 없다는 내용. 교환(exchange) 여부에 관한 내용은 언급되지 않았기 때문에 (a)는 제외, (c)는 store credit만 응용한 오답. 남자는 영수증을 잃어버려 현재 판매가격(20% 할인)의 상품권만 받을 수 있어서 결국 정답 (b)에서 전액 환불을 받을 수 없다는 사실을 유추해서 고를 수 있다.

backpack 가방 **full refund** 전액 환불 **receipt** 영수증 **store credit** 상품권 **return policy** 환불정책 **exchange** 교환

정답 (b)

5 W: You can drop off the car tonight. That way we can leave tomorrow morning.

M: The mechanic will be closed by the time I get

off work.

W: We really only need to get the brake fluid checked. Let's go to the rapid oil change.

M: I worry they don't know enough about cars.

W: Then let's just plan on leaving on Monday.

M: No, I don't want to wait an extra day. I'll just leave work earlier this afternoon.

Q. What can be inferred from the conversation?

(a) The car needs a quick check up.

(b) The car needs a complete tune up.

(c) The woman is anxious to leave.

(d) The man works nights.

W: 오늘 밤 당신이 차를 맡길 수 있잖아. 그래야 내일 아침에 우리가 떠날 수 있지.

M: 퇴근하고 갈 때쯤이면 정비소가 문을 닫을 거야.

W: 정말 필요한 건 브레이크 오일 점검이잖아. 엔진오일은 즉석 오일 교환 센터로 가자.

M: 그런 곳에서는 차에 대해서 잘 모를까봐 걱정이야.

W: 그러면 월요일에 떠나는 걸로 계획하던지.

M: 안 돼. 하루를 더 지체하고 싶지 않아. 그냥 오늘 오후 일찍 퇴근할게.

Q. 대화에서 유추할 수 있는 것은?

(a) 차에 간단한 점검이 필요하다.

(b) 차에 전체적인 수리가 필요하다.

(c) 여자는 떠날 일에 대해 걱정한다.

(d) 남자는 밤에 일한다.

○ only need to get the brake fluid라고 했으므로 (b)처럼 전반적인 수리를 요하지 않는다. 떠나고 싶어 노심초사하는 것은 여자가 아니라 남자이므로 (c)는 오답, 남자가 get off work할 때 문 닫을 것이라는 말로 보아 남자는 저녁에 퇴근하므로 (d)도 오답이다. 정답은 (a)이다.

drop off (차) 하차하다 mechanic 수리공 get off 출발하다 oil change (자동차) 엔진 오일 교환 check up 정비

정답 (a)

6 M: Hasn't the rush hour traffic been terrible this season?

W: I know, my commute has never taken longer.

M: I can't understand why it is so bad.

W: You know it is because of the roadwork on I-90.

M: Yeah. It seems like it would be faster to get out of my car and walk.

W: Really. This morning I sat in traffic for an hour and a half.

Q. What is correct according to the conversation?

(a) This season's traffic is the worst ever.

(b) Construction slows driving conditions.

(c) The woman rides her bicycle in the mornings.

(d) The man takes the bus to work.

M: 이번 시즌에 출퇴근 시간 교통체증이 정말 심각하지 않아?

W: 맞아. 출퇴근에 걸리는 시간이 이렇게 오래 걸린 적이 없어.

M: 왜 이렇게 사정이 나쁜지 모르겠어.

W: I-90에서 도로 공사 하느라고 그런 거잖아.

M: 맞아. 차에서 내려서 걸어가는 게 훨씬 빠르겠네.

W: 정말이야. 오늘 아침에는 한 시간 반이나 교통체증에 갇혀 있었어.

Q. 대화 내용과 일치하는 것은?

(a) 이번 시즌 교통은 최악이다.

(b) 공사가 도로 상황을 정체시키고 있다.

(c) 여자는 아침에 자전거를 탄다.

(d) 남자는 버스를 타고 출근한다.

○ 교통체증에 대해 불만을 터뜨리는 대화이므로 (c)는 정답이 아니다. (b)처럼 남자가 버스를 이용하는지는 대화 내용만 가지고는 판단할 수 없다. 전체 교통이 최악이 아니라 출퇴근 교통이 최악이므로 (a)도 정답이 아니다. roadwork는 공사를 의미하므로 정답은 (b)이다.

commute 통학, 통근(거리) roadwork 도로 공사 construction 건설 공사

정답 (b)

7 M: Are we there yet?

W: No. We've only been driving for twenty minutes.

M: It seems like it has been forever.

W: We should get there at seven o'clock.

M: But that is three hours from now!

W: I know, so why don't you try to take a nap?

Q. What are the speakers doing?

(a) Taking a road trip.

(b) Going on vacation.

(c) Flying in an airplane.

(d) Traveling cross-country.

M: 아직 다 안 왔어?

W: 응. 운전한지 20분밖에 안 됐어.

M: 꼭 한참 운전해 온 것 같은데.

W: 거기에 도착하면 7시쯤 될 거야.

M: 지금부터 3시간 후잖아!

W: 알아. 그러니까 잠이라도 좀 자둬.

Q. 화자들은 무엇을 하고 있는가?

(a) 운전해서 여행 중이다.

(b) 휴가 여행 중이다.

(c) 비행기로 여행 중이다.

(d) 대륙 횡단 여행 중이다.

○ 여자가 We've only been driving for twenty minutes 라고 말한 걸 봐서는 도로주행 중이 확실하므로 (c)는 맞지 않다. 하지만 휴가 중인지 아니면 대륙 횡단 여행 중인지는 대화 내용만 가지고는 알 수 없다. 확실한 것은 a road trip, 즉 운전해서 이동 중이리는 것이므로 정답은 (a)이다.

take a nap 낮잠 자다 **cross-country** 산야를 횡단하는

정답 (a)

→ **ACTUAL** TRAINING

1 House

W: Honey, I think we should consider selling the house.

M: What? But I love this old place!

W: The market is so hot right now. We could ask for top dollar.

M: Then where would we live?

W: I figure we could buy a condo nearby and still have plenty of money from the sale.

M: I feel so comfortable here, and our debts aren't that bad.

W: I agree, but this opportunity is just too good to pass up.

Q. Which is correct according to the conversation?

(a) The couples are having serious financial problems.

(b) Condos nearby are too expensive to buy.

(c) The woman wants to pay off their debts by selling their house.

(d) The man is reluctant to sell their house.

W: 여보, 우리 집 파는 게 어떨지 좀 생각해봐요.

M: 뭐라고? 하지만 이 집이 난 정말 좋은데.

W: 부동산 시장이 지금 꽤 달아올랐어요. 우리 최고가를 받을 수도 있을 거예요.

M: 그럼 우리는 어디에 살지?

W: 근처에 콘도를 사고 집 팔고 나면 돈도 꽤 남을 거예요.

M: 난 여기가 정말 편한데, 그리고 빚도 그렇게 심각하지 않고.

W: 하지만 이런 기회는 놓치기가 너무 아까워요.

Q. 대화에서 올바른 것은?

(a) 부부는 심각한 재정문제를 안고 있다.

(b) 근처의 콘도는 구입하기에 너무 비싸다.

(c) 여성은 집을 팔아서 빚을 갚기를 원한다.

(d) 남자는 집을 팔고 싶어 하지 않는다.

○ 세부사항을 묻는 문제. 여자가 남자에게 좋은 가격을 받을 때 집을 팔자고 적극적으로 권유하는 대화. 빚은 있으나 재정 문제가 serious하지 않다는 사실을 our debts aren't that bad에서 유추할 수 있기 때문에 (a)는 오답 처리. we could buy a condo nearby and still have plenty of money from the sale에서 condo는 충분히 살 여력이 될 수 있음을 알 수 있다. 남자는 이 집 팔기를 무척 꺼려함을 알 수 있으므로 정답은 (d).

hot 달아오른 top dollar 최고가 opportunity 기회 pass up 지나치다, 보내다 financial trouble 재정적 어려움 pay off 빚을 갚다 reluctant 꺼려하다

정답 (d)

2 W: Hello, this is Jenna Raymond. I'm renting a furnished apartment from you. And my contract is over next month.

M: Ah, yes. Jenna. How can I help you?

W: I'm afraid there was a little accident in the dining room. One of the chairs is broken.

M: I see. On the day you move out, I'll have to come and do a full inventory.

W: And I assume the cost of the chair will come out of my deposit, right?

M: I'm afraid so. According to your contract, you'll have to compensate the owner for a set of new chairs.

Q. Which is correct about the woman according to the conversation?

(a) She will cancel the contract with the owner.

(b) She will transfer the money to the owner's account.

(c) She is responsible to compensate the owner for the accident.

(d) She can get all of her deposit if she just compensates for the chair she broke.

W: 안녕하세요? 전 제나 레이몬드인데요. 당신의 아파트를 임대 중인데 제 계약이 다음 달이면 끝납니다.

M: 그래요, 제나. 무슨 일이죠?

W: 거실에서 약간의 사고가 있었어요. 의자 하나가 망가졌어요.

M: 알았어요. 이사 나가실 때 제가 가서 비품 등을 확인해보죠.

W: 그럼 제 보증금에서 제하시는 건가요?

M: 예, 그래요. 계약서에 의하면 집주인에게 의자 세트 전부를 보상하셔야 합니다.

Q. 여자에 관해 무엇이 옳은가?

(a) 그녀는 집주인과 계약을 취소할 것이다.

(b) 그녀는 주인의 계좌에 돈을 송금할 것이다.

(c) 그녀는 사고에 대해 주인에게 보상해줄 책임이 있다.

(d) 그녀는 부서진 의자 하나만 보상하면 보증금을 다 받을 수 있다.

○ 세입자인 여자가 의자를 망가뜨려 보상을 해야 한다는 내용. 여자는 부서진 비품에 대해 보상 책임이 있으며 정답 (c)

에서 이를 유추할 있다. 망가진 비품에 대한 보상은 송금이
아닌 보증금에서 빠지기 때문에 (b)는 오답처리. 마지막 문장
에서 하나를 망가뜨려도 세트로 사줘야 한다고 했기 때문에
(d)는 오답.

---

rent 임대하다 furnished 가구가 구비된 be over 끝나다
inventory 재산목록, 재고품 assume 생각하다 deposit
보증금 compensate 보상하다 transfer 송금하다

정답 (c)

3 W: Hello, Harris Insurance, Margaret speaking.
　　How may I help you?

M: This is Aaron Wood. I just got your quote for
　　renewing my car insurance. It seems very high.

W: Yes, Mr. Wood. But your insurance premium is
　　bound to jump when you have an accident, as
　　you did six months ago.

M: But it wasn't my fault.

W: I understand that, Mr. Wood, but your policy is
　　now flagged as a higher risk.

M: Isn't there any way you can lower my rate?

W: I'm afraid not. You can try another insurer if
　　you like, but they'll tell you the same story.

Q. Which is correct according to the conversation?

(a) The company is more expensive than other
　　insurers.

(b) The man has not purchased a car insurance
　　policy before.

(c) The man's car insurance costs have increased.

(d) The company has offered the man a special
　　rate.

W: 해리스 보험의 마가렛입니다. 어떻게 도와드릴까요?

M: 저는 아론 우드입니다. 제 차 보험갱신에 관한 견적을 봤는
　　데 너무 높네요.

W: 네, 그렇습니다. 하지만 6개월 전 사고 내셨을 때 보험료는
　　오를 수밖에 없습니다.

M: 하지만 제 과실도 아닌데요.

W: 압니다. 하지만 현재 고객님은 위험도가 높은 대상으로 지
　　정되어 있습니다.

M: 어떻게 낮출 방법이 없을까요?

W: 죄송하지만 없습니다. 원하시면 다른 보험회사를 알아보
　　셔도 상관없지만 아마 같은 이야기를 들으실 겁니다.

Q. 대화에 의하면 무엇이 옳은가?

(a) 이 회사는 다른 보험회사에 비해 비싸다.

(b) 남자는 전에 자동차 보험에 든 적이 없었다.

(c) 남자의 자동차 보험료가 인상되었다.

(d) 회사는 그 남자에게 특별요율을 제공했다.

◑ 남자가 차의 보험 갱신과 관련해 보험료가 너무 높아 보험
회사 직원과 상담하는 내용. your insurance premium is

bound to jump을 바꿔 쓴 (c)가 정답. 어느 회사든 보험요율
은 비슷할 것이라는 마지막 문장 때문에 (a)는 오답.
renewing my car insurance에서 보험 갱신임을 알 수 있
기 때문에 (b)는 제외. 전에 특별 요율로 적용됐는지는 유추할
수 없기 때문에 (d)도 오답.

---

insurance 보험 quote 견적서 renew 갱신하다
premium 할증 be bound to ~할 의무가 있다 flag (종이
등을) 붙이다 rate 요금, 요율 insurer 보험업자

정답 (c)

4 수술

M: Dr. Smith. I'm very concerned about your
　　suggestion of another operation for my mother.

W: I can assure you it's a common procedure, and
　　your mother's very strong.

M: But she's 70, and she's very anxious about
　　being in the hospital again.

W: I do think the operation would be the best
　　option for her.

M: I understand, but I'd really like to get a second
　　opinion.

W: You're welcome to do so. I could introduce
　　other specialists if that would help.

Q. Which is correct according to the conversation?

(a) The man's mother has not been hospitalized
　　before.

(b) Dr. Smith will change the method of the
　　operation.

(c) The man is asking about operation procedures.

(d) The man wants to consult with another doctor.

M: 스미스 선생님. 어머니 수술을 또 하라고 하시니 걱정이네
　　요.

W: 정상적인 절차고 어머니도 튼튼한 편이시니 잘 하실 거예
　　요.

M: 하지만 연세가 70이세요. 또 입원하는 것에 대해 걱정이
　　많으세요.

W: 이번 수술이 최선의 선택일 겁니다.

M: 이해는 하지만 다른 의사선생님께도 한번 진찰을 받고 싶
　　어요.

W: 얼마든지요. 도움이 되신다면 다른 전문의를 소개시켜드
　　릴게요.

Q. 대화에 의하면 무엇이 옳은가?

(a) 남자의 어머니는 병원에 입원한 적이 없다.

(b) 스미스 박사는 수술 방식을 달리할 것이다.

(c) 남자는 수술 과정에 대해 질문하고 있다.

(d) 남자는 다른 의사와 상담을 해보기를 원한다.

◑ 남자는 수술에 대한 불안감 때문에 다른 의사에게 진료 받
고자 하는 사실을 알 수 있으며 이를 요약해서 쓴 (d)가 정답.

being in the hospital again.에서 과거에 어머니가 입원한 사실을 알 수 있으며 (a)에서 not을 뺀다면 정답으로 가능.

be concerned about ~에 대해 걱정하다, 우려하다 **suggestion** 제안 **operation** 수술 **assure** 확신을 주다 **procedure** 절차, 과정 **be anxious about** ~에 대해 걱정하다 **option** 선택 **get a second opinion** 다른 의견을 구하다 **specialist** 전문가 **consult with** ~와 상의하다

정답 (d)

5 M: Denny said you are buying a house.

W: I was thinking about it, but now I am not so sure.

M: What changed your mind?

W: A house is so much work for one person, so I think I am going to buy a condo.

M: Are they less work?

W: Yeah, and they are cheaper too.

Q. What is the conversation about?

(a) Houses are less expensive than condos.

(b) Condos are more work than houses.

(c) The advantages of owning a condo over a house.

(d) The unnecessary expenses of home-ownership.

M: 당신이 단독주택을 구입할 것이라고 데니가 말하더군요.

W: 그럴 생각이었는데 지금은 잘 모르겠어요.

M: 왜 생각이 바뀌셨나요?

W: 단독주택은 혼자 관리하기엔 너무 벅차요. 그래서 콘도를 구입하려고요.

M: 콘도는 일이 덜 한가요?

W: 그럼요. 그리고 가격도 더 저렴하고요.

Q. 대화의 주제는 무엇인가?

(a) 단독주택은 콘도보다 저렴하다.

(b) 콘도는 단독주택보다 손이 많이 간다.

(c) 단독주택보다 콘도를 소유할 때 얻는 장점들

(d) 집 소유에 따르는 불필요한 비용들

○ (a)와 (b)는 대화의 내용과 정반대이다. 여자는 임대와 구입을 비교하는 것이 아니라 주택 구매와 콘도 구매를 비교하므로 (d)는 대화 내용에 어울리지 않는다. 콘도가 less work 하냐는 질문에 그렇다면서 또한 cheaper하다고 말하므로 정답은 (c)이다.

condo 콘도 **less expensive** 저렴한 **advantage** 이점 **expense** 비용

정답 (c)

6 W: Hi. How may I help you?

M: I have a check I would like to cash, but I don't

usually come here.

W: You need to have an account with us to cash it.

M: Could I open one today?

W: Sure, if you would just fill out some paperwork and give me your ID.

M: Can you use my driver's license?

Q. What does the man want to do?

(a) Apply for a job.

(b) Apply for an ID card.

(c) Receive money for a check.

(d) Open a bank account.

W: 안녕하세요. 무엇을 도와드릴까요?

M: 현금화할 개인수표가 있는데, 이곳은 제가 평상시에 이용하는 곳이 아니거든요.

W: 현금으로 바꾸시려면 저희 은행에 계좌가 있으셔야 합니다.

M: 오늘 계좌 하나를 개설할 수도 있을까요?

W: 물론입니다. 단지 약간의 서류를 작성하시고 신분증을 건네주시면 됩니다.

M: 제 운전면허증을 사용하셔도 되죠?

Q. 남자가 원하는 것은 무엇인가?

(a) 일자리 지원

(b) 신분증 신청

(c) 개인수표를 현금으로 받음

(d) 은행계좌를 개설함

○ 남자는 I have a check I would like to cash라고 말한다. cash는 미국의 개인수표 또는 어음 등을 현금화한다는 뜻이다. 은행 규정성 account가 있어야 cash가 가능하다고 해서 남자가 Could I open one?이라고 물은 것이다. 따라서 정답은 (c)이다.

check 수표 **cash** (어음 등을) 현금으로 바꾸다, 현금화하다 **account** 계좌 **fill out** 용지에 기입하다 **apply for** 지원하다, 신청하다

정답 (c)

7 M: I was told that I have a box here.

W: Do you have some ID with you?

M: Of course. And here is the notice that was mailed to me.

W: We sent this notice to you a month ago. I'm not sure if we held on to your package.

M: Oh dear. Could you just take a look for me?

W: I'll look, but I can't promise anything.

Q. Which is correct according to the conversation?

(a) The woman wants to mail a box.

(b) The man wants to pick up a package.

(c) The woman forgot her package.

(d) The man works at the post office.

M: 여기에 제 소포가 보관되어 있다고 하던데요.

W: 신분증을 갖고 계십니까?

M: 물론이죠. 그리고 제게 배달 온 통지서도 여기 있습니다.

W: 저희가 이 통지서를 보낸 것이 한 달 전인데요. 아직도 소포를 보관하고 있을지 잘 모르겠군요.

M: 아, 이런. 혹시 있는지 좀 봐주시겠습니까?

W: 그러죠. 하지만 장담은 못합니다.

Q. 대화의 내용과 일치하는 것은?

(a) 여자는 상자 하나를 우편으로 보내길 원한다.

(b) 남자는 소포를 찾아가길 원한다.

(c) 여자는 자신의 꾸러미를 잃어버렸다.

(d) 남자는 우체국에서 일한다.

○ 남자는 I have a box here라고 말하고 여자는 중간에 I'm not sure if we held on to your package라고 말한다. 남자는 a box, 즉 여자가 말한 your package를 찾으러 온 사람이고 여자는 우체국 직원인 셈이다. 따라서 (a), (c), (d)는 정답이 아니다. 정답은 (b)이다.

notice 통지 package 소포 promise 약속하다 pick up (소포 등을) 찾다

정답 (b)

→ ACTUAL TRAINING

1 W: I can't understand these tax forms. I thought the government was supposed to simplify them.

M: That's why people end up going to a professional tax consultant for help.

W: Really? That sounds expensive.

M: I figure it's worth spending a few hundred dollars to get it done right.

W: OK, then can you introduce someone who is reliable?

M: No problem. Here's the number.

Q. Which is correct according to the conversation?

(a) The man has completed the forms by himself.

(b) The woman needs to read the forms more carefully.

(c) The woman decided to seek professional assistance.

(d) The man is an accountant she can rely on.

W: 도저히 이 세금양식을 이해할 수 없어요. 정부가 좀 더 단순화해야 했어요.

M: 그래서 다들 세금전문가에게 결국 도움을 청하게 되는 거지.

W: 그래요? 좀 비싸겠는데요.

M: 내 생각엔 제대로 하는 게 몇 백 달러만큼의 가치가 있다고 생각해.

W: 알았어요. 그럼 신뢰할 만한 사람을 좀 소개시켜줄래요?

M: 물론. 여기 전화번호가 있어요.

Q. 대화에 의하면 무엇이 옳은가?

(a) 남자는 양식을 스스로 완성하였다.

(b) 여자는 양식을 좀 더 자세히 읽을 필요가 있다.

(c) 여자는 전문가의 도움을 구하기로 결정했다.

(d) 남자는 여자가 믿을 수 있는 회계사이다.

○ 여자가 세금 양식을 잘 이해를 못 해서 남자가 전문가를 소개시켜 준다. then can you introduce ~에서 정답 (c)를 유추할 수 있다. 여자가 더 세심하게 읽어야 하는 게 아니라 이해하기 어려운 문제이기 때문에 (b)는 오답, 남자가 accountant라는 사실은 알 수 없기 때문에 (d)는 제외.

end up-ing 결국 ~하게 되다

정답 (c)

2 부탁

M: I'm having some problems with my aquarium. Can you help me?

W: Sure. What's your problem?

M: For whatever reason, I can't seem to keep my fish alive.

W: Have you checked the water's pH and ammonia levels?

M: I didn't know I was supposed to.

W: You need to test the water regularly. This kit has everything you need to adjust the pH balance.

Q. What can be inferred from the conversation?

(a) The man can keep fish alive if he feeds them well.

(b) The woman knows well about raising fish in the aquarium.

(c) The man needs to test the fish in the aquarium regularly.

(d) The man's fish died because he adjusted the pH balance.

M: 제 수족관에 문제가 좀 있어요. 좀 도와주실래요?

W: 그럼요. 뭐가 문제죠?

M: 어떤 이유인지 물고기가 살지를 못 해요.

W: 물의 페하 수치와 암모니아 수치를 체크해봤어요?

M: 그래야 하는지 몰랐는데요.

W: 물을 정기적으로 검사해보셔야 해요. 이 도구로 페하 수치를 맞출 수 있어요.

Q. 대화로 무엇을 추론할 수 있는가?

(a) 남자는 물고기 밥만 잘 주면 물고기를 살릴 수 있다.

(b) 여자는 수족관의 물고기를 키우는 법에 대해 잘 알고 있다.

(c) 남자는 수족관의 물고기를 정기적으로 검사해야 한다.

(d) 남자의 물고기는 페하 수치를 맞췄기 때문에 죽었다.

○ 남자가 수족관에 물고기를 잘 살리질 못해서 여자에게 의논하는 대화. 추론 문제 중 한 쪽이 몰라서 계속 물어보고 한 쪽이 친절하게 가르쳐주는 대화에서 가장 빈출도 높은 정답은 (b) The woman knows well about ~와 같이 '~에 대해 잘 알고 있다' 는 내용이다. 특정 부분만 듣는 게 아닌 전체적인 맥락을 한꺼번에 묻는 추론 문제의 전형이다. (a)나 (d)는 일부 구문 can keep fish alive, adjusted the pH balance. 등을 그대도 쓴 오답.

aquarium 수족관 **pH** 페하 (수소 이온 농도를 나타내는 지수)

정답 (b)

3 Sons' arguing

W: What's wrong, Paul? You look tired.

M: There isn't much peace at home these days. My sons are constantly arguing.

W: Tom and Ted? How?

M: Not just arguing with each other, they've been taking it out on their mother.

W: You have to put your foot down and set strict rules.

M: Well, I wish it were that simple.

Q. What does the woman advise the man to do?

(a) Be more assertive with his sons.

(b) Ask his wife to be more forgiving.

(c) Consult a family counselor.

(d) Be more patient with his sons.

W: 무슨 일이에요, 폴? 피곤해 보이네요.

M: 요즘 집에 바람 잘 날이 없어요. 우리 아들들이 끊임없이 싸워요.

W: 탐과 테드요? 어떻게요?

M: 서로 싸우는 것뿐만 아니라 엄마한테까지 화풀이를 하고 있어요.

W: 좀 더 단호한 입장을 보여야 하고 엄격한 법칙을 세워보세요.

M: 그렇게 간단한 일이라면 좋을 텐데요.

Q. 여자가 남자에게 어떤 충고를 하는가?

(a) 아들들에게 좀 더 단호하게 대하라고 한다.

(b) 남자의 아내에게 좀 더 용서를 하라고 한다.

(c) 가족 카운슬러와 상담을 하라고 한다.

(d) 아들들에게 좀 더 인내심을 가지라고 한다.

❂ 아들의 싸움에 스트레스를 받고 있는 남자에 대해 여자의 조언을 묻고 있다. 여자의 조언만을 묻기 때문에 여자의 말을 집중해서 잘 듣는다. 여자의 조언은 You have to put you foot down ~에 잘 나타나 있으며 put you foot down ~과 의미가 같은 assertive로 표현한 (a)를 정답으로 고를 수 있다.

take it out on ~ ~에게 화풀이하다 put one's foot down 단호한 입장을 취하다

정답 (a)

4 M: How can I get a different roommate here at the dormitory, Mrs. Clark?

W: It's a bit difficult in the middle of the semester. What is it?

M: My roommate, Bill Jordan, plays loud music all the time, even when I'm studying.

W: Did you talk to him about it?

M: Well, it's kind of difficult to bring up. I don't want to offend him.

W: You have to be more assertive in a case like this. Maybe you're able to clear things up by

yourselves.

Q. What can be inferred from the conversation?

(a) The man has avoided offensive talks with the roommate.

(b) The man has spent a lot of time in the dormitory.

(c) The man has discussed the problem with the roommate.

(d) The man will change roommates after the semester.

M: 어떻게 하면 기숙사 룸메이트를 바꿀 수 있을까요?

W: 학기 중엔 좀 어려운데. 왜 그러죠?

M: 제 룸메이트, 빌 조던이 제가 공부를 하고 있을 때도 늘 시끄러운 음악을 들어요.

W: 얘기는 해봤어요?

M: 이야기 꺼내기가 좀 어려워서요. 기분 나쁘게 하고 싶지 않거든요.

W: 이런 경우는 단호하게 얘기해야 해요. 두 사람이 분명이 해결할 수 있을 거예요.

Q. 무엇을 추론할 수 있는가?

(a) 남자는 룸메이트에게 불쾌한 말은 피해왔다.

(b) 남자는 기숙사에서 많은 시간을 보냈다.

(c) 남자는 룸메이트와 이 문제를 상의했었다.

(d) 남자는 학기가 끝나고 룸메이트를 바꿀 것이다.

❂ 기숙사의 룸메이트가 음악을 늘 크게 틀어 놓는다는 고민을 털어 놓는 대화. 남자는 그동안 불편했지만 룸메이트가 기분 나빠할까 봐 말하지 못하고 있었다. it's kind of difficult to bring up에서 지금까지 기분 나쁜 말을 피해왔다는 정답 (a)를 추론해낼 수 있다. (c)는 has discussed를 not을 넣어 has not discussed로 바꾼다면 답으로 가능하다. not 여부도 주의.

bring up 이야기를 꺼내다 offend 기분 나쁘게 하다 assertive 단호하게 clear things up 일을 분명하게 하다

정답 (a)

5 M: The landlady said that someone is moving in next door.

W: Really? Did she say who it was?

M: No, but I think it is an elderly couple.

W: That's good. They probably won't have late parties like the man before.

M: I sure hope not.

W: I guess we'll find out soon enough.

Q. What is the main topic of this conversation?

(a) Their last neighbor

(b) Their new neighbors

(c) Their new neighbor is a man.

(d) Their landlady is moving in.

M: 집주인이 그러는데 옆집에 누가 이사 온데.

W: 정말? 누군지 말해줘?

M: 아니. 하지만 내 생각엔 나이 많은 부부 같아.

W: 잘 되었네. 전에 있던 사람처럼 밤늦게 파티를 하진 않겠네.

M: 정말 그랬으면 좋겠어.

W: 곧 머지않아 알게 되겠지.

Q. 이 대화의 주제는 무엇인가?

(a) 지난번 이웃

(b) 새로 오게 될 이웃

(c) 새로운 이웃은 남자임

(d) 집 주인이 이사 옴

✿ 옆집에 누군가 이사 온다는 말을 전해준 사람은 landlady 이므로 (d)는 정답이 아니다. 누가 이사 올 것인지는 주인이 말을 안 해주었으므로 (c)라고 할 수도 없다. 옛 이웃, 즉 the man before에 대한 언급은 새 이웃에 대한 이야기 중에 나온 것이므로 정답은 (b)이다.

landlady 집주인 move in 이사 오다 elderly 나이가 지긋한

정답 (b)

6 W: Just give me a couple of minutes and I will be ready to go.

M: You need to hurry. Our reservation is at seven thirty, and I am hungry.

W: I know, I am hurrying.

M: We're always late because you spend too much time getting dressed.

W: I would be done by now if you didn't keep interrupting me.

M: Why don't I go start up the car?

Q. What can be inferred from this conversation?

(a) The woman is impatient with her husband.

(b) The woman dresses quickly.

(c) They are hungry.

(d) They are going out to dinner.

W: 1-2분만 기다려줘. 곧 갈 준비 할게.

M: 서둘러야 해. 예약은 7시 30분이야. 그리고 나 배고프다고.

W: 알아. 서두르는 중이야.

M: 당신이 옷 입는데 너무 많은 시간을 허비하니까 우리는 항상 늦어.

W: 당신이 날 방해하지만 않았어도 지금쯤 준비 다 되었을 거야.

M: 내가 차라리 가서 차 시동이나 걸고 있지!

Q. 대화에서 유추할 수 있는 것은?

(a) 여자는 남편에 대한 인내심이 없다.

(b) 여자는 옷을 빨리 입는다.

(c) 그들은 배가 고프다.

(d) 그들은 외식하려고 한다.

✿ 여자는 give me a couple of minutes라고 하고, 남자는 인내심 없이 you spend too much time getting dressed 라고 불평한다. 남자가 예약 시간을 언급하며 I am hungry 라고 한 것으로는 둘 다 배고픈지 알 수 없다. 둘이 외식하려는 것은 확실하므로 정답은 (d)이다.

reservation 예약 interrupt 방해하다, 가로막다, 중단시키다 impatient 참을성 없는

정답 (d)

7 M: Sally, I think I dropped my keys at your house.

W: I was wondering if they belonged to you. I have them in my bag.

M: I really appreciate you making dinner for me.

W: It was my pleasure.

M: Ever since I moved out of my parents' house, I miss home-cooked meals.

W: Anytime you get hungry, just give me a call. Well, here are your keys.

Q. What is the main point of the conversation?

(a) The woman's love of cooking

(b) The man's insatiable hunger

(c) The man's missing property

(d) The man's affection for his parents

M: 샐리. 아무래도 당신 집에 제 열쇠꾸러미를 놓고 온 것 같아요.

W: 안 그래도 그 열쇠들이 혹시 당신 것인가 했어요. 제 가방에 넣어 왔어요.

M: 저녁 식사 만들어줘서 정말 고마워요.

W: 천만에요.

M: 부모님으로부터 독립한 이후 집에서 만든 요리가 그리웠거든요.

W: 언제든 배고파지면, 전화만 주세요. 자, 여기 열쇠요.

Q. 대화의 주요 내용은 무엇인가?

(a) 요리를 좋아하는 여자

(b) 남자의 탐욕스러운 배고픔

(c) 남자의 사라진 소유물

(d) 남자의 부모에 대한 애정

✿ 대화 중에는 샐리가 만들어준 저녁식사, 집에서 만든 요리에 대한 그리움 등이 나오지만, 역시 주요 사건은 남자가 I dropped my keys라고 하면서 열쇠를 찾기 시작하고, 그 열쇠를 잘 챙겨온 여자가 here are your keys라고 한 것이다. 정답은 (c)이다.

belong to ~에 속하다 appreciate 고맙게 생각하다 insatiable 만족할 줄 모르는, 탐욕스러운 hunger 배고픔 property 재산, 자산 affection 애정, 호의

정답 (c)

UNIT 19 사회 이슈 및 기타

1 Bribery

W: What do you think about the big bribery case? Do you think the governor will plead guilty?

M: With all the evidence against him, he'd be a fool not to.

W: I don't know. I'd be surprised if he confesses.

M: But the odds are so stacked against him. The media exposed everything.

W: Yeah, but white-collar crime is complex. It's hard to pin down blame.

M: You don't think he'll get off, do you?

W: He's got a huge team of lawyers. Who knows what will happen?

Q. Which is correct about the governor according to the conversation?

(a) He has confessed what he did.

(b) He is not guilty of the bribery scandal.

(c) He will be acquitted of the charge.

(d) He might plead not guilty.

W: 이번 대규모의 뇌물사건 어떻게 생각해? 주지사가 유죄를 인정할까?

M: 모든 정황이 불리한데 그럴 바보는 아니겠지?

W: 글쎄, 모르겠어. 만약에 자백한다면 놀라울 것 같은데.

M: 불리한 정황이 너무 많아. 언론이 모든 걸 밝혔잖아.

W: 하지만 사무직 범죄는 복잡해서. 죄를 명확히 단정하는 게 힘들지.

M: 주지사가 죄를 결국 피해가리란 생각은 아니겠지?

W: 주지사는 엄청난 변호사 팀이 있어. 결과가 어떻게 될지 어떻게 알겠어?

Q. 대화에서 주지사에 대해 옳은 것은 무엇인가?

(a) 주지사는 본인이 한 일에 대해 자백을 했다.

(b) 주지사는 뇌물사건에 죄가 없다.

(c) 주지사는 고소가 취하될 것이다.

(d) 주지사는 무죄를 주장할 수도 있다.

✪ 다소 까다로운 사회이슈 문제. 주지사가 뇌물사건에 연루된 주지사가 어떻게 될지에 대한 두 사람의 견해에 관한 대화. 상황은 주지사에서 불리하게 돌아가지만 여자는 주지사가 인정을 하지 않을 거라 주장을 계속 하고 있으며 이에 합당한 답은 (d) He might plead not guilty. (a)는 confess를 응용한 오답. (b)나 (c)는 정확히 아직 판단할 수 없는 내용이므로 오답으로 처리한다.

bribery case 뇌물수수 사건 plead guilty 유죄를 인정하다 plead not guilty 무죄를 주장하다 odds 가능성 stack against ~에게 불리하게 조작하다 acquitted of the charge 고소가 취하되다

정답 (d)

2 W: Excuse me, I'd like to report a stolen purse.

M: OK, ma'am. We need some details. Let's start with the time and place.

W: It happened this afternoon while I was at the CGV movie theater between rows three and four.

M: Who do you think might have taken it?

W: I put it on the seat next to me, and I have no idea who took it.

M: All right. To file an official report I need you to fill out these forms.

Q. Which is correct according to the conversation?

(a) The woman came to the movies with her friends.

(b) Someone between rows three and four took the woman's purse.

(c) The woman is suspicious of someone next to her.

(d) The woman's stolen purse was not found.

W: 실례합니다. 도난 핸드백을 신고하고 싶어요.

M: 예, 좀 더 자세히 알려주세요. 시간과 장소부터요.

W: 오늘 오후에 CGV 극장 3열과 4열 사이에 앉아 있을 때였어요.

M: 누가 훔쳐 갔을 거라 생각합니까?

W: 제 자리 옆에 뒀는데 누가 가져갔는지는 모르겠어요.

M: 그래요. 공식적으로 신고를 하시려면 이 양식을 채워주세요.

Q. 대화에 의하면 무엇이 옳은가?

(a) 여자는 영화관에 친구들과 같이 왔다.

(b) 3열과 4열 사이의 누군가가 여자의 핸드백을 훔쳐갔다.

(c) 여자는 옆에 앉았던 사람을 의심하고 있다.

(d) 여자의 도난 핸드백을 찾지 못했다.

✪ 여자가 영화관에서 핸드백을 잃어버려 신고하는 대화. 누구와 왔는지는 잘 알 수 없는 사실이기 때문에 (a)는 오답처리. (b)는 between three and four row만 응용한 오답. 누가 그랬는지 알 수 없다고 했기 때문에(I have no idea who took it) (c)도 제외. 결과적으로 핸드백을 못 찾은 상태라는 (d)가 정답.

fill out the form 양식을 채우다 is suspicious of ~ ~를
의심하는 file a report 신고를 하다

정답 (d)

3 getting advice

W: My vet wants to run another series of blood
   tests on my puppy.

M: Why's that? Your dog seems so healthy!

W: I agree, but my vet thinks his liver isn't working
   properly.

M: Those tests cost a lot of money.

W: And I'm not convinced there's anything wrong.

M: Then you really should get a second opinion.

Q. What is the conversation about?

(a) Her doubts about the vet

(b) Her love of her pet dog

(c) Mistakes by her vet

(d) The expensive cost of running tests

W: 우리 수의사가 내 강아지에게 혈액검사를 하길 바라고 있
   어요.

M: 왜요? 개가 건강해 보이던데요.

W: 하지만 수의사가 간이 좋질 않다고 하네요.

M: 그런 검사는 돈이 많이 들어요.

W: 그리고 뭐가 잘못됐는지 확신도 서질 않고요.

M: 그럼 다른 의사에게 진료를 받아봐야겠네요.

Q. 무엇에 관한 대화인가?

(a) 수의사에 대한 의심

(b) 여자의 강아지에 대한 사랑

(c) 수의사의 실수

(d) 비싼 검사비용

○ 대화의 주제를 묻는 문제. 조언을 구하는 여자의 말을 종
합해보면 수의사가 하라는 검사에 대해 의구심을 품고 있는
사실을 알 수 있다. 정답은 (a) Her doubts about the vet.
(d)의 비싼 검사 비용도 분명히 언급되긴 했으나 전체의 주제
로서는 부족한 오답.

vet 수의사 run a test 검사를 받다 get a second
opinion 다른 의사에게 진료를 받아보다.

정답 (a)

4 조언 구하기

W: Mr. Brown, do you have a minute? I need your
   advice.

M: Certainly, Betty, take a seat. What's on your
   mind?

W: I'm thinking about backpacking around Europe
   for a year. And I wanted to ask your opinion.

M: I think taking a year off to travel is a great way

to build character.

W: But my parents aren't convinced! What about
   timing?

M: Personally, I find that students who see a bit of
   the world before college tend to be more
   mature and approach the whole college
   experience far more seriously.

Q. What does Mr. Brown imply?

(a) Bettty would regret missing college.

(b) Betty must listen to her parents.

(c) Betty should travel before college.

(d) Betty should not go abroad.

W: 브라운 씨, 시간 있으세요? 조언이 필요해서요.

M: 그럼, 베티. 앉아봐. 무슨 일이지?

W: 1년 동안 유럽으로 배낭여행을 가려고 해요. 브라운 씨의
   생각을 듣고 싶어요.

M: 1년 정도 쉬며 여행을 하는 건 인성을 형성하는 데 큰 도움
   이 될 것 같은데.

W: 하지만 부모님을 설득할 수가 없어요. 시기는 어떻게 하는
   게 좋을까요?

M: 개인적으로 내 생각엔 대학 가기 전 넓은 세상을 보는 친구
   들이 좀 더 성숙하고 대학 생활을 좀 더 진지하게 한다고
   보는데.

Q. 브라운 씨는 무엇을 암시하고 있는가?

(a) 베티가 대학에 가지 않은 것을 후회할 것이라고.

(b) 베티가 부모님 말을 들어야 한다고.

(c) 베티가 대학 전에 여행을 가봐야 한다고.

(d) 해외에 가지 말라고.

○ 암시하는 바를 찾아야 하는 문제. 질문에서 브라운 씨가
궁극적으로 말하고자 하는 부분만 찾으면 되며 마지막 문장에
서 베티가 대학 가기 전 유럽 배낭여행을 다녀오는 게 좋은
생각이라는 확실한 의견을 읽을 수 있으며 정답 (c) Betty
should travel before college를 고를 수 있다.

backpacking 배낭여행 taking a year off 1년 휴학하다
convinced 납득하다

정답 (c)

5 W: How do you like the sculpture I bought?

M: It is very, well, it is different.

W: Don't you think it is stunning?

M: It is certainly very big.

W: What about the contrasting colors?

M: It seems like it clashes with itself.

Q. Which of the following best summarizes the
   conversation?

(a) The woman thinks the sculpture is too small.

(b) The man bought a new piece of art.

(c) The woman does not like the sculpture.

(d) The man does not like the sculpture.

W: 내가 산 조각상 어때?

M: 아주, 뭐랄까, 색다르네.

W: 훌륭하다고 생각하지 않아?

M: 확실히 아주 크긴 크네.

W: 질감이 멋지지 않아?

M: 작품 자체와 어울리지 않는 것 같아.

Q. 다음 중 대화 내용을 적절히 요약한 것은?

(a) 여자는 조각상이 너무 작다고 생각한다.

(b) 남자는 새 미술품을 구입했다.

(c) 여자는 조각상을 좋아하지 않는다.

(d) 남자는 조각상을 좋아하지 않는다.

✿ 여자가 the sculpture I bought이라고 했으므로 (b)는 정답이 아니다. 작품 크기에 대한 여자의 의견은 언급되지 않고 있으므로 (a)도 정답이 아니다. 남자는 작품에 대한 칭찬 대신 different 또는 very big과 같은 말만 하고 마지막에는 부정적으로 말하므로 정답은 (d)이다.

sculpture 조각 different 색다른, 독특한 stunning 멋진, 매력적인, 훌륭한 contrasting color 대비색 clash 어울리지 않다

정답 (d)

6 M: Hi. Could you tell me a little about the Morton Art Gallery on 5th St.?

W: Of course. What kind of information are you looking for?

M: I'd like to know how to get there by subway.

W: You could take the blue line, but it would be easier to walk.

M: Really? Do I just walk up 5th St.?

W: Yes, and you can get there from here by taking a right on Platt Ave.

M: Thanks for your help.

Q. What can be inferred from the conversation?

(a) The man has been to the gallery before.

(b) The man deeply appreciates the arts.

(c) The man is extremely physically fit.

(d) The man will take a quick stroll.

M: 안녕하세요. 5번가에 위치한 몰튼 미술관에 대해 조금만 설명해주시겠습니까?

W: 물론이죠. 어떤 정보를 원하시나요?

M: 전철을 이용해서 그곳에 가는 법을 알고 싶습니다.

W: 파란색 노선 전철을 타실 수도 있지만 걸어가는 것이 더 쉬울 거예요.

M: 정말요? 그냥 5번가까지 걸어가면 됩니까?

W: 예, 그리고 플랫 가에서 오른쪽으로 꺾어지기만 하면 여기

서 거기까지 갈 수 있습니다.

M: 도와주셔서 감사합니다.

Q. 대화에서 유추할 수 있는 것은?

(a) 남자는 전에 미술관에 가본 적이 있다.

(b) 남자는 미술작품들을 깊이 감상한다.

(c) 남자는 건강상태가 아주 좋다.

(d) 남자는 재빨리 걸어갈 것이다.

✿ 남자가 걸어가도 되냐고(Do I just walk up 5th St.?) 묻자 여자가 그렇다고(Yes, and you can get there from here by taking a right on Platt Ave.) 말하고 있다. 따라서 정답은 (d)이다. (a), (b), (c)는 대화로부터 유추할 수 없는 내용들이다.

art gallery 미술관 avenue 큰 가로 (미국의 대도시에서 Avenue는 남북, Street는 동서의 도로에 쓰임) appreciate 감상하다 fit 컨디션이 좋은 stroll 거닐다, 산책하다

정답 (d)

7 M: Do you know where my phone is?

W: On the kitchen table next to your wallet.

M: Thanks. And did you move my watch?

W: It is upstairs on your dresser.

M: I'd really be lost without you.

W: I'm surprised you haven't misplaced your head, but it is stuck on your body.

Q. What can be inferred from the conversation?

(a) The man has a headache.

(b) The man is forgetful.

(c) The woman cleans up after the man.

(d) The woman hides the man's things.

M: 내 전화기 어디 있는지 알아?

W: 부엌 테이블 위에 당신 지갑 옆에.

M: 고마워. 그리고 내 시계 옮겨놨어?

W: 위층 당신 옷장 안에 있어.

M: 당신 아니면 정말 헤맸을 거야.

W: 난 당신 머리가 어디 다른 데 팽개쳐져 있지 않고 몸에 붙어 있다는 것이 놀라워.

Q. 대화에서 유추할 수 있는 것은?

(a) 남자에게 두통이 있다.

(b) 남자에게 건망증이 있다.

(c) 여자는 남자 뒤를 쫓아다니며 치운다.

(d) 여자는 남자의 물건을 숨기곤 한다.

✿ 내용 중 head라는 말이 들렸다고 (a)를 고르지 않도록 주의한다. 남자는 자기 물건들이 어디 있는지 모르고 여자는 다 알아서 챙겨놓는 상황이다. (c)와 (d)는 지나치게 과장된 추측이다. 끝에 남자가 머리를 잃어버리지 않은 것이 신기하다고 여자가 말하므로 정답은 (b)이다.

dresser 화장대 misplace 둔 곳을 잊다 headache 두통
forgetful 건망증이 있는 hide 감추다

정답 (b)

→ REVIEW TRAINING

1 M: I'm really happy that I signed up for this
painting class.

W: I'm glad. What has been your favorite part?

M: I love seeing the finished product. Don't you
think the colors are so vibrant?

W: To be honest, I have trouble mixing the colors.

M: Why?

W: I guess I try to use many colors. They all blend
together and all of my pictures end up brown.

Q. What is the main idea of this conversation?

(a) A professional painter's love of color

(b) A gloomy poetry class

(c) Difficulties in painting class

(d) Artistic uses of brown paint

M: 이 미술 수업을 신청해서 난 정말 좋아.

W: 그렇다니 나도 좋네. 수업의 어떤 부분이 가장 마음에 들
어?

M: 완성된 작품을 감상하는 것이 가장 좋아. 색깔들이 정말 선
명하지 않아?

W: 솔직히 난 색깔 혼합을 어려워해.

M: 왜?

W: 내 생각엔 너무 많은 색깔을 혼합하는 것 같아. 색이 다 섞
여버리니까 내 그림들은 전부 갈색 톤이야.

Q. 대화의 요지는 무엇인가?

(a) 전문 미술가의 색에 대한 사랑

(b) 우울한 시학 수업

(c) 미술 수업의 어려움

(d) 갈색 물감의 미적 사용

○ 여자가 mixing the colors를 어려워한다는 말을 봐서는
남자와 마찬가지로 배우는 학생일 뿐이다. 따라서 (a)는 아니
다. 시학에 대한 언급은 아예 없으므로 (b)는 답이 아니다. 색
혼합을 어려워한다면 당연히 미술 수업을 어려워할 것이므로
정답은 (c)이다.

vibrant 선명한, 번쩍거리는 blend 섞다 end up ~으로 끝
나다 gloomy 어두운, 음울한

정답 (c)

2 M: The new manager has changed a lot of things
around here.

W: But everybody keeps saying how nice he is.

M: He is nice, it's just that he has a new way to run
things.

W: What do you mean by new?

M: He really shuts down if we get too busy on the
floor.

W: Maybe you should see how the rest of the
employees feel about it.

Q. Which is correct according to the conversation?

(a) The manager has a good work ethic.

(b) The manager doesn't deal well with stress.

(c) The man wants to quit his job.

(d) The man was promoted to manager.

M: 새로 온 부장님이 이곳에 변화를 많이 줬어요.

W: 하지만 모두가 부장님이 좋은 사람이라면서 다 칭찬하는
데요.

M: 부장님 좋은 사람이죠. 단지 운영하는 새로운 방식이 문제
입니다.

W: 뭐가 새로운 방식이라는 거죠?

M: 토의가 과열되면 부장님은 딱 거기서 막아선다고요.

W: 나머지 직원들도 그렇게 느끼고 있는지 살펴볼 필요가 있
겠네요.

Q. 대화 내용과 일치하는 것은?

(a) 부장은 건전한 직업윤리를 갖고 있다.

(b) 부장은 스트레스를 다루는 일에 서툴다.

(c) 남자는 일을 그만 두고 싶어 한다.

(d) 남자는 부장으로 승진되었다.

○ 새로운 부장이 busy on the floor, 즉 토의가 뜨거워지면
shut down하는 경향을 보이는 것은 격화되는 토의 속에서
느끼는 스트레스와 관련되었다 볼 수 있으므로 정답은 (b)이
다. 그것이 불만이어도 남자가 직장을 그만두겠다는 말은 없
으므로 (c)는 정답이 아니다.

shut down 그만두게 하다, 막다 on the floor 토의 중인
work ethic 직업윤리 deal with 다루다 promote 승진하
다

정답 (b)

3 M: Speedy Car. How may I direct your call?

W: Hello, I wanted to upgrade my car rental.

M: Of course, if you could just give me your
agreement number.

W: RPLZ4500.

M: It looks like you rented a midsized, would you
like to upgrade to a luxury model?

W: Yes, please. Thank you very much.

Q. What is the woman doing?

(a) The woman wants to buy a car.

(b) The woman wants to change her reservation.

(c) The woman wants to cancel her reservation.

(d) The woman wants to return her car early.

M: 스피디카입니다. 어느 부서로 전화 연결해드릴까요?

W: 안녕하세요, 렌트한 차를 고급 사양으로 교체하고 싶어서요.

M: 계약자 번호만 불러주시면 처리해드릴 수 있습니다.

W: RPLZ4500입니다.

M: 중형 세단을 렌트하셨군요. 럭셔리 모델로 교체해드릴까요?

W: 예, 그렇게 해주세요. 대단히 감사합니다.

Q. 대화의 주요 내용은 무엇인가?

(a) 여자는 자동차 구매를 원한다.

(b) 여자는 예약 내용을 변경하길 원한다.

(c) 여자는 예약을 취소하길 원한다.

(d) 여자는 렌트한 차량을 조기 반납하길 원한다.

❂ 자동차 렌트사 직원과 고객 사이의 통화 내용이다. 고객인 여자가 예약한 렌터카에 대한 사양을 변경하는 것이므로 정답은 (b)이다. 여행자에게 있어서 reservation은 호텔 예약은 물론 자동차 렌트를 묘사할 때도 쓰이는 용어임을 알고 혼동되지 않도록 하자.

direct one's call 전화를 돌려주다 agreement 계약 luxury 고급의 cancel 취소하다 return 돌려주다

정답 (b)

4 W: I leave for my trip to Greece in a week!

M: I'm so jealous. Where are you going to stay?

W: I reserved a hotel in Athens.

M: Is it going to be your first time in Greece?

W: Yeah. I've been looking forward to this trip for almost a year.

M: Did you get a good rate on your airfare?

W: Yeah, it was a package deal with my hotel.

Q. Which is correct according to the conversation?

(a) The woman bought her plane ticket before her hotel.

(b) The woman bought her plane ticket with her hotel.

(c) The woman has been to Athens before.

(d) The woman went to a travel agent.

W: 일주일만 있으면 그리스로 여행을 떠나!

M: 정말 부럽군. 어디에 머무를 건데?

W: 아테네에 있는 호텔을 예약했어.

M: 그리스는 처음 가는 거야?

W: 응. 이 여행을 거의 1년간 고대했지.

M: 저렴한 비행요금은 찾았니?

W: 응. 호텔하고 패키지 계약이었어.

Q. 대화 내용과 일치하는 것은?

(a) 여자는 호텔 예약에 앞서 항공권을 먼저 구입했다.

(b) 여자는 항공권을 호텔과 함께 구입했다.

(c) 여자는 전에 아테네에 가본 적이 있다.

(d) 여자는 여행사를 찾아갔다.

❂ 여자는 그리스 여행을 위해 항공권과 숙박을 저렴하게 묶은 패키지를 구입했으며, 아테네는 물론 그리스 여행 자체가 난생 처음이라고 말한다. 정답은 (b)이다. 항공권과 호텔을 따로 구입했다는 (a)와 내화에 안 나오는 여행사를 언급한 (d)는 정답이 아니다.

jealous 부러워하는, 질투하는 airfare 항공 요금

정답 (b)

5 W: Did you see the match last night?

M: No, I couldn't go. Did River Falls score any goals?

W: Yeah, two touchdowns in the first quarter.

M: That's great. They had a terrible season last year.

W: You're telling me. I'm hoping for some redemption this year.

M: It's still early in the season. I think they can keep it up.

Q. What is the main point of this conversation?

(a) Hopes for a winning season.

(b) The team's victory last season.

(c) The team's loss last night.

(d) A tied football game.

W: 지난밤에 경기 봤어?

M: 아니, 못 봤어. 리버폴스가 득점했어?

W: 1쿼터에서 터치다운 두 번이나 했어.

M: 훌륭하다. 지난해에는 성적이 별로였는데.

W: 맞아. 올해는 좀 만회하길 기대해봐야지.

M: 아직은 시즌 초반이잖아. 계속 잘 할 수 있을 거라고 생각해.

Q. 대화의 요지는 무엇인가?

(a) 시즌 승리를 향한 희망

(b) 팀의 지난 시즌 승리

(c) 지난밤 경기에서의 패배

(d) 동점이 된 미식축구 경기

❂ Touchdown이라는 용어의 등장은 대화의 주제가 미식축구경기임을 알 수 있다. 지난해는 terrible season을 보낸 River Falls가 지난 밤 경기에서 승리했으며 이번 시즌의 활약이 기대된다고 하므로 정답은 (a)이다.

match 시합, 경기 terrible 지독한 redemption 보상, 만회 keep it up 곤란을 무릅쓰고 계속하다

정답 (a)

6 M: You want to see the late night showing tonight?

W: I'm not sure. Nothing good has come out recently.

M: There's supposed to be a new comedy that was just released.

W: Not another trash talking flick!

M: Would you rather stay in and watch some TV?

W: Let's do that. We could order a pizza.

Q. What can be inferred from the conversation?

(a) The woman often prefers to eat at home.

(b) The woman is a famous movie critic.

(c) The woman finds comedies offensive.

(d) The man and the woman are dating.

M: 오늘 심야 영화 보러 갈래?
W: 글쎄. 요즘 좋은 영화 개봉한 것이 없잖아.
M: 최근에 개봉한 코미디 영화가 있을 거야.
W: 또 욕설만 나오는 영화는 사양할래!
M: 그러면 그냥 집에서 텔레비전이나 볼까?
W: 그렇게 하자. 피자도 시켜 먹을 수 있고.
Q. 대화에서 유추할 수 있는 것은?
(a) 여자는 종종 집에서 식사하는 것을 좋아한다.
(b) 여자는 유명한 영화 평론가이다.
(c) 여자는 불쾌한 코미디를 싫어한다.
(d) 남자와 여자는 서로 사귄다.

◐ 영화 관람 여부에 대한 대화이다. 집에서 식사하는 것을 좋아하는지와 영화 평론에 대한 언급은 등장하지 않으므로 (a)와 (b)는 답이 아니다. 같이 영화를 볼 수 있다는 사실만으로는 (d)처럼 말할 수는 없다. 따라서 최신 코미디 영화를 사양한 걸 봐서 여자가 불쾌한 코미디를 싫어한다는 (c)가 정답이다.

come out 나오다 recently 요즈음 release 개봉하다 trash-talking 욕설이 심한 flick 영화 offensive 불쾌한, 거슬리는

정답 (c)

7 M: Should I top off your engine oil too?

W: Would you? Thanks.

M: It looks like your carburetor is a bit worse for wear.

W: I guess I should get that replaced, too.

M: I can do it now while you wait.

W: Thank you. Let me know when you have finished.

Q. What will the woman do next?

(a) Work on the man's car

(b) Wait for the man to get off work

(c) Have her engine replaced

(d) Have a new car part installed

M: 엔진 오일도 끝까지 꽉 채워드릴까요?
W: 그렇게 해주실래요? 감사합니다.
M: 카뷰레터가 닳아서 상태가 많이 안 좋네요.
W: 그것도 교체해야 되겠네요.
M: 기다리시는 동안 즉시 교체해드릴 수 있습니다.
W: 감사합니다. 다 되면 알려주세요.
Q. 여자는 다음에 무엇을 할 것인가?
(a) 남자의 차에서 일하기
(b) 남자가 일을 마치는 것을 기다리기
(c) 엔진을 교체하기
(d) 자동차 새 부품을 설치하기

◐ 자동차 정비소에서 벌어지는 대화이다. 여자의 마지막 말 (Let me know when you have finished)에서 여자는 수리를 마칠 때까지 기다릴 것임을 유추할 수 있다.

top off ~ (엔진오일 및 연료 등을) 끝까지 채워 넣다 wear 사용 replace 교환하다, 갈다 know nothing about ~에 관해서 문외한인

정답 (b)

8 W: I need to exchange this radio.

M: Can I see your receipt?

W: I'm sorry, I don't have it. But I just bought it yesterday.

M: Okay. What is wrong with the radio?

W: The FM dial doesn't turn. Can I just go pick out a new one?

M: Sure, I'll take the broken one for you.

Q. What is this conversation about?

(a) The woman broke her old radio.

(b) The woman wants a new radio.

(c) The woman wants her money back.

(d) The woman wants to exchange her radio for a TV.

W: 이 라디오를 교환해야 합니다.
M: 영수증 좀 보여주시겠습니까?
W: 죄송하지만 안 가져왔는데요. 하지만 바로 어제 산 물건입니다.
M: 알겠습니다. 라디오에 무슨 문제가 있습니까?
W: FM 다이얼이 돌아가지 않습니다. 제가 그냥 들어가서 새 것을 집어와도 될까요?
M: 그러세요. 고장이 난 물건은 제가 받겠습니다.
Q. 이 대화는 무엇에 대한 것인가?
(a) 여자는 전에 갖고 있던 라디오를 망가뜨렸다.
(b) 여자는 새 라디오를 원한다.
(c) 여자는 환불을 원한다.

(d) 여자는 라디오를 TV로 교환하고 싶어 한다.

❂ 물건 구매와 관련하여 exchange는 '교환'을, refund는 '환불'을 뜻한다. 라디오 구입 당시 다이얼이 이미 doesn't turn하므로 여자는 교환을 원한다. 여자는 자신이 직접 a new one을 고르겠다고 하는데 a new one은 동종의 새 제품을 의미한다. 따라서 정답은 (b)이다.

exchange 교환하다 receipt 영수증 up front 정직하게, 숨김없이

정답 (b)

9　W: Pizzy Delivery. What can I get for you tonight?

M: Can you deliver three medium pepperoni pizzas?

W: Do you have our coupon? With it you can upgrade one of those pizzas to a large for $1.99.

M: I think I have that coupon around here somewhere.

W: If you are interested, I can give you the special even if you don't have the coupon.

M: Thanks, I'd appreciate that. I guess I'll have two medium pizzas and one large.

Q. Which is correct according to the conversation?

(a) The man needs a coupon to get the special.

(b) The man ordered pepperoni pizzas.

(c) The coupon is good for one free upgrade.

(d) The coupon was in the newspaper.

W: 피지 딜리버리입니다. 무엇을 도와드릴까요?

M: 페퍼로니 피자 미디엄 세 판 배달해주세요.

W: 혹시 저희 쿠폰 가지고 계십니까? 쿠폰이 있으면 1달러 99센트만 추가하시면 그 중 하나는 라지 사이즈로 주문하실 수 있는데요.

M: 여기 어디 쿠폰이 있을 것 같은데요.

W: 원하신다면 쿠폰 없으셔도 그냥 특별 메뉴로 주문 받을 수 있습니다.

M: 그렇게 해주시면 감사하겠습니다. 그럼 미디엄 두 판하고 라지 한 판 보내주세요.

Q. 대화 내용과 일치하는 것은?

(a) 남자가 특별행사메뉴를 주문하려면 쿠폰이 필요하다.

(b) 남자는 페퍼로니 피자를 주문했다.

(c) 쿠폰은 추가 금액 없이 피자 하나를 업그레이드 할 수 있는 쿠폰이다.

(d) 쿠폰은 신문에 나와 있었다.

❂ 남자가 미디엄 페퍼로니 세 판을 주문하자 여자는 피자가게에서 발행한 쿠폰이 있으면 소액만 추가하여 하나를 라지 사이즈로 주문할 수 있는 특별 행사 메뉴(the special)를 제안한다. 하지만 판촉을 위해 비록(even if) 쿠폰이 없어도 the

special 주문을 받겠다고 한다. 이상의 내용에 맞는 것은 (b)이다.

appreciate 고맙게 생각하다 the special 특별 행사 메뉴

정답 (b)

10　M: Hello. My name is Steve. Is Anne home?

W: I'm sorry, I think she just left.

M: She left me a message earlier to call her. Do you know when she is coming home?

W: She didn't say, but I would guess she would be back in an hour.

M: I'll call back then.

W: Okay, bye.

Q. Why is the man calling Anne?

(a) He is meeting her in an hour.

(b) He wants to ask her on a date.

(c) He got an e-mail from her.

(d) He is returning her call.

M: 여보세요. 저는 스티브라고 합니다. 앤은 집에 있나요?

W: 죄송하지만 막 집을 나선 것 같은데요.

M: 아까 앤이 전화해달라는 메모를 제게 남겼었거든요. 앤이 언제 귀가하는지 아세요?

W: 앤이 귀가 시간을 말해주진 않았지만 제 추측에는 한 시간 정도면 돌아올 것 같아요.

M: 그때 다시 전화하겠습니다.

W: 알겠습니다. 안녕히 계세요.

Q. 남자가 앤에게 전화를 한 이유는?

(a) 한 시간 내에 앤을 만나기로 해서

(b) 앤에게 데이트를 신청하기 위해서

(c) 앤이 남자에게 이메일을 보내서

(d) 앤이 앞서 건 전화에 응답하기 위해서

❂ 남자는 앤이 left a message earlier to call her라고 말한다. 따라서 남자가 전화해서 앤을 찾는 이유는 이미 앞서 앤이 남자에게 전화를 걸어 전화를 달라는 메모를 남겼기 때문이다. 정답은 (d)이다.

left a message 메시지를 남기다 call back 나중에 다시 전화하다

정답 (d)

11　M: Jamie, do you really have to eat out for lunch everyday?

W: I have to take out clients.

M: It's just that these luncheon bills are starting to really add up.

W: My job will reimburse me for everything later.

M: When is later? Things are really getting tight.

W: My boss is going to pay me next week.

Q. Which is correct according to the conversation?

(a) The man pays the woman's restaurant bills.

(b) The woman pays her own restaurant bills.

(c) The woman's company pays her restaurant bills.

(d) The woman's clients pay her restaurant bills.

M: 제이미, 매일 꼭 점심을 밖에 나가서 사 먹어야 해?

W: 고객을 모시고 나가 대접해야 해.

M: 점심 식사 지출이 점점 심각하게 늘어나고 있잖아.

W: 나중에 회사에서 다 결제해줄 거야.

M: 나중에 언제? 사정이 정말로 빠듯하단 말이야.

W: 다음 주면 상사가 내게 결제해줄 거야.

Q. 대화 내용과 일치하는 것은?

(a) 남자가 여자의 식사비용을 결제한다.

(b) 여자가 자신의 식사비용을 스스로 결제한다.

(c) 여자의 회사가 그녀의 식사비용을 결제해준다.

(d) 여자의 손님이 그녀의 식사비용을 결제해준다.

○ 업무로 인한 외식비 지출에 관한 대화를 듣고 관련된 사실을 파악하는 문제이다. 여자가 한 말 중에 my job will reimburse me 그리고 my boss is going to pay me라는 대사를 들 때 외식비 영수증을 결제 처리해줄 이는 바로 여자가 다니는 회사이다. 정답은 (c)이다.

eat out 외식하다 take out 식당에 안내하다 add up 더해지다 reimburse 변제하다, 이미 결제한 내역의 영수증에 대해 배상하다 tight 곤란한, 빡빡한

정답 (c)

12 W: My daughter has a sore throat.

M: Is she coughing a lot?

W: Yes, quite a bit actually. I think she has a cold.

M: You should probably take her in to see the doctor.

W: We have an appointment for later today, but what can I do for her now?

M: Have her gargle warm salt water.

Q. Which is correct according to the conversation?

(a) The man is a doctor.

(b) The man is sick.

(c) The woman's daughter has a doctor's appointment.

(d) The woman's daughter didn't go to school today.

W: 내 딸 아이 목에 염증이 있어요.

M: 기침을 많이 하나요?

W: 예, 사실 꽤 많이 해요. 감기에 걸린 것 같아요.

M: 딸을 데리고 의사를 찾아가는 것이 좋겠습니다.

W: 오늘 이따가 진료 예약은 되어 있는데 일단 지금은 무슨 조치를 취해야 할까요?

Q. 대화 내용과 일치하는 것은?

(a) 남자는 의사이다.

(b) 남자는 몸이 아프다.

(c) 여자의 딸은 의사 진료 예약이 되어 있다.

(d) 여자의 딸은 오늘 등교하지 않았다.

○ 여자는 아들이 앓고 있는 증세에 대해서 남자와 대화하고 있다. 남자가 아이를 의사에게 데리고 가라고 하는 것으로 보아 상담을 해주는 상황이라는 것을 알 수 있다.

sore 아픈, 쑤시는 cough 기침하다 see the doctor 진찰받다 gargle 양치질하다

정답 (c)

UNIT 20 대의파악 문제

1 Anybody with any clue at all about fashion knows that you can't wear certain colors or styles at certain times. One occasion might call for bright colors and loud designs while perhaps, another would require a far more demure look. When you attract attention to yourself with the clothing you wear, people will naturally classify you as a certain kind of person. To help create your own desired image, hire someone to coordinate your clothing.

Q. What is the main idea of the talk?

(a) Shop when you need new articles.

(b) Serious consideration should be given to personality.

(c) The kind of clothes you wear project a certain image of yourself.

(d) Do not forget about the subdued look.

패션에 대해 조금이라도 감각이 있는 사람은 특정한 시기에 특정한 색이나 양식의 옷을 입어서는 안 된다는 것을 압니다. 어떤 행사는 밝은 색이나 요란한 디자인을 요구할 수 있고 다른 행사는 훨씬 점잖은 차림을 요구할지 모릅니다. 당신이 입고 있는 옷으로 사람들의 관심을 끌면 사람들은 자연스럽게 당신을 특정한 부류의 사람이라고 분류할 것입니다. 당신 자신이 원하는 인상을 창조하고 싶다면 누군가 당신의 의상을 맞춰줄 사람을 고용하십시오.

Q. 담화의 주제는 무엇인가?

(a) 새 물건이 필요하면 사라.

(b) 개성을 위한 심각한 고려를 해야 한다.

(c) 당신이 입고 있는 의상은 당신 자신의 특징한 인상을 반영한다.

(d) 차분한 외관에 대해 잊지 마라.

○ fashion이라는 말에서 옷 얘기라는 것은 아는데, classify you as a certain kind of person이라는 부분과 create your own desired image라는 부분이 핵심이 되어서 자신이 입는 옷이 본인의 이미지를 창출해낸다고 하는 (c)가 정답이 된다. (b)의 경우는 옷과의 연관성이 설명되지 않아 정답이 될 수 없다.

clue 실마리, 단서, 정보　call for 요하다　loud 요란한　demure 차분한, 얌전한, 얌전빼는　attract 끌다, 유인하다　classify 분류하다, 등급으로 나누다　hire 고용하다　coordinate 조화시키다, 조정하다

정답 (c)

2 These days many people are finding themselves high in debt to credit card companies. This indicates that the spending habits of many consumers are based on a "buy now, pay later" line of thinking. Sooner or later, they face a huge monthly balance on their accounts. Consumers usually fail to clear their balance before making new purchases, creating a vicious cycle of mounting debt.

Q. What is the main idea of the talk?

(a) People should watch how much they buy on credit.

(b) Credit cards can be convenient.

(c) Credit card accounts can be large.

(d) People like to ride bicycles.

요즈음 많은 사람들이 자신들이 신용 카드 회사에 큰 빚을 지고 있다는 사실을 발견하고 있다. 이런 현상은 많은 소비자들의 소비 습관이 "지금 사고 나중에 갚지"라는 식의 생각에 근본적인 원인이 있다는 것을 나타내준다. 얼마 못 가 사람들은 자신의 월간 잔고가 적자라는 것을 알게 된다. 소비자들은 대개 새로운 물건을 구입하기 전에 그들의 외상값을 깨끗하게 청산하지 않기 때문에 빚이 불어나는 악순환이 발생한다.

Q. 담화의 주제는 무엇인가?

(a) 사람들은 신용카드로 얼마나 많이 사는지 주의해야 한다.

(b) 신용카드는 편리할 수 있다.

(c) 신용카드 거래는 커질 수 있다.

(d) 사람들은 자전거 타는 것을 좋아한다.

○ credit card로 인한 부담에 대한 내용이다. high in debt, buy now, pay later, huge monthly balance를 보면 쉽게 알 수 있는 문제인데, 후에 credit card의 잔액(balance)을 고려하지 않고 물건을 사는 모습을 말해주고 있다. 첫 문장에서도 주제를 알 수 있다. credit card의 balance(잔액), default(채무 불이행), outstanding(미불의), charge(카드로 계산하다)등의 어휘도 알아두자.

in debt 빚을 지고 있는　indicate 가리키다, 지시하다　be based on ~에 지지기반을 두다, ~에 근거를 두다　sooner or later 조만간, 곧　monthly balance 월간 수지, 월간 차감 잔액　account 예금 계좌, 외상거래　fail to ~하지 않다　clear 해결하다, 처리하다　vicious 악순환하는　mounting 오르는, 늘어나는, 붇는

정답 (a)

3 This Saturday only! Volkswagen is having a gigantic, one-day-only, factory clearance sale! Come and visit our showrooms and enjoy incredible savings. You may never get another chance to purchase a new car at these rock bottom prices. Hurry up and get moving to your nearest Volkswagen dealer now!

Q. What is the main point of the talk?

(a) Showrooms cost a fortune to maintain.

(b) Volkswagen is going out of business.

(c) Take advantage of the savings while you can.

(d) Your nearest Volkswagen dealer is moving soon.

이번 주 토요일뿐입니다! 폭스바겐 자동차는 단 하루 동안만 대규모 창고 정리 세일을 실시합니다. 오셔서 저희 전시장을 둘러보시면서 보유하고 있는 엄청난 돈을 절약하세요. 이렇게 최저 가격으로 새 차를 구입하는 기회를 갖기는 힘드실 겁니다. 서두르세요. 그리고 지금 당신이 계신 곳에서 가장 가까운 폭스바겐 자동차 매장으로 가세요.

Q. 담화의 주제는 무엇인가?

(a) 전시장은 유지하는 데 비용이 많이 든다.

(b) 폭스바겐은 파산할 것이다.

(c) 절약할 수 있는 기회를 이용하다.

(d) 당신의 가까운 폭스바겐 딜러가 곧 움직일 것이다.

✪ 단 하루만 대규모 세일을 하니 와서 구입하면 돈을 절약할 수 있다는 내용이다. (a), (b)는 나오지 않은 말이고, (d)는 마지막에서 폭스바겐 딜러에게 가라는 말이지 딜러가 고객에게 간다는 말이 아니므로 정답이 아니다.

gigantic 거대한, 거창한 one-day-only 단 하루만의 clearance sale 창고정리 판매, 염가 판매 showroom 진열실, 전시실 incredible 놀라운, 믿을 수 없는 savings 저금, 저축액 rock-bottom price 최저의[최하의] 가격 take advantage of ~을 이용하다

정답 (c)

4 Thank you for attending our emergency meeting. As you know, our company is on the verge of going through a hostile takeover from Apple Industries. The board of directors and I are doing everything in our power to prevent this from happening. Our gross sales for the quarter are also down, but that's another can of worms, which we'll get into later. Right now, let's focus on keeping the company in our hands.

Q. Which of the following is the main purpose of the speaker?

(a) To discuss why their quarter earnings are down

(b) To discuss the prevention of a hostile takeover

(c) To discuss the sale of the company

(d) To discuss the business philosophy of Apple Industries

긴급회의에 참석해주셔서 감사합니다. 여러분도 알고 계시는 것처럼 저희는 애플 인더스트리의 적대적 인수합병을 타개해야 하는 상황에 직면해 있습니다. 이사회와 저는 이런 일이 일어나는 것을 막기 위해 가능한 한 모든 조치를 다 취할 것입니

다. 이번 분기 동안 우리 회사의 전체 판매량 역시 감소했습니다. 하지만 그건 별개의 문제이고 좀 나중에 이 문제를 다루고자 합니다. 지금 당장은 회사를 우리 수중에 넣는 데 총력을 모읍시다.

Q. 화자의 주요 목적은 무엇인가?

(a) 분기 수익이 떨어진 이유를 토론하기 위해

(b) 적대적 인수합병을 막기 위한 토론을 위해

(c) 회사의 판매를 토론하기 위해

(d) 애플 인더스트리의 사업철학을 토론하기 위해

✪ 두 번째 문장인 As you know, our company is on the verge of going through a hostile takeover from Apple Industries에서 적대적 인수 합병 위기에 놓였다는 말을 하고 있다.

on the verge of ~하기 직전에, ~에 직면하여 hostile 적의 있는, 적대적인 takeover 인계, 경영권 탈취 in one's power 될 수 있는 한, 수중에 gross sales 총판매 quarter 1/4분기 can of worms 복잡하고 귀찮은 문제[상황](= pandora's box) get into ~에 들어가다 focus on ~에 초점을 맞추다, 집중시키다 business philosophy 경영 철학

정답 (b)

5 When setting limits for your children, make sure you the limits are clear and firm. Also, try to give justifications for these limits whenever possible. Children are much more likely to adhere to limits if they understand why they are in place. In addition, it is important not to sound like a broken record. Constant nagging will only result in your child tuning you out.

Q. Which of the following best summarizes the talk?

(a) Children need limits so they don't commit crimes.

(b) Parents should replace broken records with CDs.

(c) Children are unable to understand your reasoning.

(d) Children will listen if you are clear, honest and firm with them.

아이들에게 행동 지침을 줄 때는 그 한계선이 명확하고 단호해야 한다는 것을 명심하라. 또한 가능할 때마다 이 규약들에 대해 정당한 이유를 부여하도록 노력하라. 아이들은 자기들이 왜 적소에 있어야 하는지를 이해하면 훨씬 더 규약을 잘 지키는 경향이 있다. 게다가 지켜지지 않은 약속같이 들리지 않게 하는 것이 중요하다. 계속된 잔소리는 아이들이 당신에게 등을 돌리게 하는 결과만을 낳을 것이다.

Q. 담화문을 가장 잘 요약한 것은?

(a) 아이들은 범죄를 저지르지 않도록 제한이 필요하다.

(b) 부모는 깨진 레코드판을 CD로 교체해야 한다.

(c) 아이들은 당신의 논법을 이해하지 못한다.

(d) 아이들은 당신이 분명하고 정직하고 단호할 때 귀를 기울일 것이다.

○ 아이들에게 행동 지침을 줄 때 주의사항을 얘기하고 있다. 한계선을 명확하게 정하고 단호해야 아이들이 규약을 지키는 경향이 있다는 말을 하고 있으므로 (d)가 정답이 된다.

set limits 제한을 정하다 **adhere to** 집착하다, 고집하다 **be in place** 적소에 있다, 적절하다 **in addition** 게다가, 더구나 **nag** 성가시게 잔소리하다, 들볶다 **turn out** 좇아내다, 버리다

정답 (d)

1 Avery Store certificates are only accepted at United States locations, including the Virgin Islands. There is no minimum purchase required, but change is not given for purchases less than $20. Certificates cannot be combined with other offers. They are not redeemable for cash, or entrance at any of the following: amusement parks, hotels, or other Avery owned and operated businesses. Certificates expire one year from their issue date.

Q. Which is correct according to the talk?

(a) You will receive change if you buy a $10 T-shirt.

(b) You must spend more than $20 in the store.

(c) The certificate is accepted at company-run theme parks.

(d) The certificate can be used in the Virgin Islands.

애버리 스토어 상품권은 버진 아일랜드를 포함해서 미국 내에서만 유효하다. 최소 구매 한도는 없지만, 20달러 이하 구입 시 잔돈을 받을 수 없다. 다른 상품권과 함께 사용할 수 없다. 현금으로 바꿀 수 없고, 놀이공원이나 호텔의 입장권으로도 바꿀 수 없고, 애버리 사가 소유하거나 운영하는 사업장에서 사용할 수 없다. 유효일은 발행일로부터 1년이다.

Q. 담화의 내용과 일치하는 것은?

(a) 10달러짜리 티셔츠를 사면 잔돈을 받게 될 것이다.

(b) 상점에서 20달러 이상을 사야 한다.

(c) 이 상품권은 회사가 운영하는 놀이공원에서 받는다.

(d) 이 상품권은 버진 아일랜드에서 사용할 수 있다.

○ 애버리 스토어 상품권 안내문이다. change is not given for purchases less than $20에서 20달러 이하를 구매하면 잔돈을 받지 못한다고 했으므로 (a)는 답이 될 수 없고, (b) 역시 대충 들으면 오답을 고르게 하는 함정이 된다. 놀이공원에서 입장권으로 사용할 수 없고, 회사가 운영하는 사업장에서도 사용할 수 없다고 했으므로 (c)도 정답이 되지 못한다. Avery Store certificates are only accepted ~ including the Virgin Islands.에서 (d)가 정답이 된다.

certificate 증명서, 면허증 accept 인정하다, 용인하다 change 거스름돈 combine 결합시키다 offer (팔 물건의) 제공 redeemable 상환할 수 있는 entrance 입장 expire 만기가 되다, 끝나다 issue date 발행일

정답 (d)

2 Foot deformities usually result from years of improper care, so there is no immediate fix. First, people must wear properly fitting shoes. Many people wear shoes that are too small. Second, it is essential that the shoe fits the shape of your foot. The sides of the shoe should not press against your foot. Experts recommend wearing a shoe with 2/3 an inch between the end of the shoe and the longest toe. And they caution against shoes that do not let feet breathe. As a general rule, avoid shoes with a heel higher than two inches.

Q. Which is correct according to the talk?

(a) Shoes should have at least two inch heels.

(b) Shoes should fit snuggly all around the foot.

(c) Wear shoes that allow air to enter near your toes.

(d) Foot deformities result quickly from improper shoes.

발 기형의 대부분이 수년간 잘못 관리한 결과이므로, 바로 교정하는 것은 불가능하다. 우선, 잘 맞는 신발을 신어야 한다. 많은 사람들이 너무 작은 신발을 신는다. 둘째로, 신발은 여러분의 발 모양에 맞는 것을 찾는 것이 중요하다. 신발 양쪽이 발을 압박해서는 안 된다. 전문가들은 가장 긴 발가락과 신발 끝 사이에 3분의 2인치 정도 간격이 있는 신발을 추천한다. 그리고 발이 숨 쉬는 것을 막는 신발에 주의하라고 말한다. 일반적으로, 2인치가 넘는 굽은 피해야 한다.

Q. 담화의 내용과 일치하는 것은?

(a) 신발은 최소 2인치 굽을 가져야 한다.

(b) 신발은 발 전체에 편안하게 맞아야 한다.

(c) 발가락 근처까지 공기가 들어가는 신발을 신어라.

(d) 발 기형은 맞지 않는 신발을 빨리 신은 결과로 생긴다.

○ 발의 기형을 막기 위해 신발은 발에 잘 맞아야 하고, 높은 굽을 피하라고 했다. (a)와 (d)는 본문과 반대이므로 정답이 아니다. And they caution against shoes that do not let feet breathe을 다르게 표현한 (c)가 정답이다. (b)는 all around 때문에 정답이 될 수 없다. 발에 편안하게 맞는 신발을 신으라는 말은 나오지 않고 있다.

deformity 기형, 신체장애자 improper 부적당한 fix 수리하다, 고정시키다 essential 필수적인 caution 경고하다, 주의시키다 snuggly 아늑한, 편안한

정답 (c)

3 AIDS affects the lives of African children in two ways: the disease kills parents, leaving children orphaned, and it kills children as well. One in ten Africans has AIDS, but nine tenths of the world's children with AIDS are African. In the sub-Saharan region alone, over 470,000 children die annually from AIDS. Almost all of these children contracted the disease from their mothers. One third of children born to HIV-positive mothers become infected with the disease during their birth. Another one tenth develop the disease from breastfeeding. Most of these children die before the age of five.

Q. Which is correct according to the talk?

(a) Children can only develop HIV from their mother.

(b) Breast milk from HIV-positive mothers can cause HIV.

(c) Ninety percent of all African children have AIDS.

(d) Children born to mothers with AIDS always get AIDS.

에이즈는 두 가지 방식으로 아프리카의 어린이들에게 영향을 미친다: 부모를 죽이고 아이들을 고아로 만들고, 아이들도 죽인다는 것이다. 아프리카 사람 10명중에 1명이 에이즈를 갖고 있지만, 에이즈에 감염된 전 세계의 어린이들 가운데 10분의 9는 아프리카 사람이다. 사하라 사막 이남 지역에서만, 매년 47만 명의 어린이들이 에이즈로 죽는다. 거의 대부분의 이러한 어린이들은 이들의 어머니로부터 감염된 것이다. HIV 양성반응을 보이는 어머니가 낳은 어린이 3분의 1은 출산되는 동안에 감염된다. 다른 10분의 1은 모유로부터 감염된다. 이러한 어린이들의 대부분은 5살이 되기 전에 죽는다.

Q. 담화의 내용과 일치하는 것은?

(a) 어린이들은 그들의 엄마로부터만 HIV가 발병될 수 있다.

(b) HIV 양성반응을 가진 모유는 HIV를 유발한다.

(c) 90퍼센트의 모든 아프리카 어린이들은 에이즈에 걸렸다.

(d) 에이즈에 걸린 엄마로부터 태어나는 어린아이는 항상 에이즈에 걸린다.

◑ 에이즈에 걸린 아이들은 대개 태어날 때 엄마로부터 감염되거나 모유를 통해서 에이즈에 걸린다는 말이 나오고 있다. 정답은 (b)이다. (a)는 only라는 단어 때문에 정답이 되지 못한다.

orphan 고아로 만들다 sub-Saharan 사하라 사막 이남의 annually 해마다 contract 병에 걸리다 infect 감염되다 breastfeed 모유를 먹이다

정답 (b)

4 Hello, ladies and gentlemen. Are you paying too much for your auto insurance? Are high rates and bad service getting you down? You all know what I'm talking about, right? Well, if you're sick of getting ripped off and want highly personal service, call Abe at Americana Insurance. He'll get you the lowest possible rate, the best coverage, and honest-to-goodness service.

Q. What can be inferred from the talk?

(a) Abe will cure you if you're sick.

(b) High rates lead to high coverage.

(c) Americana insurance will beat any rate.

(d) Auto insurance rates are all the same.

안녕하십니까, 신사 숙녀 여러분. 자동차 보험금으로 상당한 돈을 납부하고 계십니까? 과다한 비용과 좋지 않은 서비스가 여러분을 질리게 만듭니까? 여러분들 모두 제가 말하고 있는 게 무언지 알고 계실 겁니다. 엄청나게 돈을 쓰는 데 질리고 양질의 개인 서비스를 받고 싶으시다면, 아메리카나 보험의 에이브에게 전화주세요. 그는 가능한 한 가장 저렴한 요금으로 최대한 보상범위를 보장하고 최상의 서비스를 제공해드릴 것입니다.

Q. 담화로부터 추론할 수 있는 것은?

(a) 에이브는 당신이 아플 때 치료할 것이다.

(b) 높은 요금은 최고의 보상을 이끌어낸다.

(c) 아메리카나 보험은 어떤 비용이든 이길 것이다.

(d) 자동차 보험료는 모두 같다.

◑ 마지막 말인 He'll get you the lowest possible rate, the best coverage, and honest-to-goodness service. 에서 어떤 요금보다 저렴하다고 했으므로 (c)가 정답이 된다.

get down 피곤하게 하다 be sick of ~에 넌더리나다 rip off 엄청난 돈을 사취[갈취]하다 coverage 보상범위, 적용범위 honest-to-goodness 진짜의, 정말의(= honest-to-god) beat (상대를) 이기다, 손들게 하다

정답 (c)

5 How do you know if you are getting enough sleep? It may be news to you, but if you need two alarms to rouse you from your slumber, you need more sleep. And if you are tired all day long during that boring meeting in a warm room, researchers would say you need to catch some extra z's. If you get enough sleep, boring meetings and heavy lunches would leave you restless or sluggish but not sleepy. That kind of drowsiness is a result of sleep deprivation.

Q. What can be inferred from the talk?

(a) Being well-rested can prevent daytime drowsiness.

(b) Being bored in meetings is a sign of sleep deprivation.

(c) Being well-rested is part of a healthy lifestyle.

(d) There is no relationship between daytime sleepiness and sleep deprivation.

당신은 충분한 수면을 취하고 있는지 어떻게 알 수 있는가? 이런 말 들어보지 못했을지 모르겠지만 잠에서 깨어나기 위해 자명종이 두 개나 필요하다면, 이는 잠이 더 필요하다는 것이다. 그리고 따스한 방에서 하는 지루한 회의 시간 내내 피곤하다면

연구원들의 말로는 당신은 잠을 더 자야 한다는 것이다. 수면
을 충분히 취하면 지겨운 회의나 점심을 잔뜩 먹어도, 침착하
지 못하거나 몸이 둔해질 수는 있어도 결코 졸리는 일은 없다.
그런 종류의 졸음은 수면 부족의 결과이다.

Q. 담화로부터 추론할 수 있는 것은?

(a) 충분한 휴식은 낮 동안의 졸음을 방지할 수 있다.

(b) 회의에 지루하게 느껴지면 수면 부족의 신호이다.

(c) 충분한 휴식은 건강한 생활양식의 부분이다.

(d) 낮에 졸린 것과 수면 부족 사이에는 아무런 관련이 없다.

○ 아침에 자명종을 울려야 일어날 수 있다거나 회의 시간 내
내 졸음이 온다면 그것은 수면 부족 때문이라는 것이 이 지문
의 내용이다. 따라서 충분히 쉬면 졸음을 방지할 수 있다는
(a)가 정답이다. (b)는 회의 시간에 지루한 것이 아니라 피곤
하면 수면 부족의 신호라고 했으므로 정답이 아니다.

rouse 깨우다, 눈뜨게 하다 slumber 잠 boring 지루한,
따분한 restless 침착하지 못한 sluggish 기능이 둔한, 활
발하지 못한 drowsiness 졸음, 나른 deprivation 박탈,
상실, 부족

정답 (a)

UNIT 22 기타 문제

ACTUAL TRAINING

1 There's not a driver alive in the city who isn't acutely aware of the problems related to driving and parking in practically every part of the city. Yet, people seem reluctant to give up the notion of owning and driving their own motor vehicles. The daily increase in the number of cars and trucks on the city streets with virtually no place to stop and park is the instigation of stress and frustration as well as insufficient space.

Q. Why do people feel stressed and frustrated?

(a) Because the number of cars and trucks is increasing

(b) Because driving is very dangerous

(c) Because parking is not always difficult.

(d) Because there are many car accidents these days.

도시 전 지역에서 실제 운전과 주차에 관련된 문제를 정확히 알고 있는 운전자는 아무도 없습니다. 여전히 사람들은 자신의 자동차를 소유하고 운전하려는 생각을 버리려 하지 않습니다. 실질적으로 차를 세우고 주차할 공간이 없는데도 매일 도시 거리에 늘어나는 승용차와 트럭 숫자의 증가는 공간의 부족뿐만 아니라 스트레스와 낭패감을 불러일으킬 것입니다.

Q. 왜 사람들은 스트레스를 받고 낭패감을 느끼는가?

(a) 자동차와 트럭이 늘고 있기 때문에

(b) 운전하는 게 아주 위험하기 때문에

(c) 주차가 항상 어려운 것은 아니기 때문에

(d) 요즘 차사고가 많이 일어나기 때문에

자동차가 너무 많이 생겨서 생긴 불편을 토로하고 있다. 마지막 문장에서 주차 공간도 부족한데 차가 늘어나고 있어서 스트레스와 낭패감을 준다는 말을 하고 있다.

acutely 예리하게, 날카롭게 be aware of 알고 있는 reluctant to 싫어하는, 마음 내키지 않는 notion 관념, 개념 instigation 자극, 유인 frustration 낭패, 좌절 insufficient 불충분한

정답 (a)

2 Should art projects that are supported by public funding be required to meet certain standards defining what is socially acceptable? Some believe that the government has both a right and a responsibility to ensure that works of art produced with the help of public funds reflect society's commonly accepted values. Others regard government guidelines for art as a form of censorship that violates our nation's commitment to the freedom of expression.

Q. Which of the following best characterizes the talk?

(a) It is pro-censorship.

(b) It is anti-censorship.

(c) It is biased.

(d) It is not biased.

공공 기금으로 후원 받는 예술 사업은 사회가 용납할 수 있는 특정한 규범이 요구되는가? 공공 기금의 도움을 받아 만들어지는 예술 작품이 사회가 보편적으로 인정하는 가치를 반영하는지 보증하는 데 정부에게 권리와 책임이 있다고 믿는 사람들도 있다. 다른 사람들은 검열 형태로서의 예술에 대한 정부의 가이드라인이 우리나라의 표현의 자유에 대한 약속을 위반하는 것이라고 여기고 있다.

Q. 이 담화문의 특징을 잘 설명한 것은?

(a) 검열에 찬성한다.

(b) 검열에 반대한다.

(c) 편견적이다.

(d) 편견이 없다.

공공 기금 후원으로 이루어진 예술 사업에 대한 정부의 검열(censorship)을 Some ~과 Others ~를 이용해서 양쪽의 입장을 다 열거하고 있으므로 편견이 없다는 (d)가 정답이다.

by public funding 공공 기금으로 meet 충족시키다 socially acceptable 사회적으로 용인되는 responsibility 책임, 의무 ensure 확실하게 하다, 보증하다 work of art 예술작품 reflect 반영하다, 나타내다 regard A as B A를 B로 여기다 censorship 검열(제도) violate 위반하다, 어기다 commitment 약속, 공약 freedom of expression 표현의 자유 non-bias 편견 없는

정답 (d)

3 Being a heavy smoker is a tough row to hoe. For instance, take the airport. My goodness! For somebody like me who needs to light up at least once every thirty minutes, a trip to the airport can be pure torture. I am aware that there might be a smoker's area in the airport, but it is always at the far end of the terminal and is just a closet stuffed with fellow sufferers in need. What they ought to do is put in additional facilities.

Q. What is the speaker advocating?

(a) Cigarettes should be put out for the passengers.

(b) Airports need more smoking rooms.

(c) Smokers need to get counseling.

(d) Adequate signs and information for smoking areas are needed.

골초는 힘들고 괴롭습니다. 예컨대, 공항을 예로 들어보죠. 맙소사! 저처럼 적어도 30분마다 담배를 피우는 사람에게 공항에 가는 건 정말 고문입니다. 공항에 흡연구역이 있다는 것은 알지만, 늘 대합실 맨 끄트머리에 있고 절실한 애연가들로 꽉차 있습니다. 공항 당국은 추가 시설들을 설치해야만 할 것입니다.

Q. 화자가 옹호하는 것은 무엇인가?

(a) 담배는 승객들을 위해 꺼야 한다.

(b) 공항에 더 많은 흡연실이 필요하다.

(c) 흡연자들은 카운슬링이 필요하다.

(d) 흡연구역을 위한 적당한 표시와 정보가 필요하다.

○ smoker라는 말로 흡연에 관한 내용임을 알 수 있다. 흡연자에 대한 옹호인지 불평인지 아는 것이 중요한데, 공항에 흡연실이 부족하다는 얘기를 맨 마지막인 additional facilities라고 명확하게 말하고 있다. (b)가 정답이다.

heavy smoker 골초 tough row to hoe 힘들고 고된 일 for instance 예를 들어 light up 불을 켜다 torture 고문, 심한 고통 stuffed with ~으로 채운, ~으로 꽉 찬

정답 (b)

4 And now for the weather. You can finally put away those umbrellas! That's right. After four days of depressing rain, the forecast is calling for a weekend of sunshine. Temperatures tomorrow and Sunday will soar into the mid 80s. High temperatures will be accompanied by a slight breeze out of the northwest. Switching now to the extended forecast, Monday and Tuesday are expected to be warm as well, with highs in the low 80s. Expect some cloud coverage beginning Wednesday, with a chance of showers in the early afternoon. Back to you, Cindy.

Q. What will the weather be like this weekend?

(a) Partly cloudy

(b) Rainy

(c) Warm and sunny

(d) Windy and cloudy

계속해서 일기예보를 전해 드리겠습니다. 이제 우산을 치우셔도 될 것 같습니다. 맞습니다. 나흘 동안 우울하게 내리던 비가 멈추고 주말에는 갠다는 소식입니다. 내일과 일요일 기온은 화씨 84~86도 정도로 급상승하고, 높은 온도와 함께 가벼운 북서풍이 불겠습니다. 주간 기상예보를 말씀드리겠습니다. 월요일과 화요일은 역시 따뜻해서 화씨 81~83도 정도로 예상됩니다. 수요일에는 하늘에 구름이 끼기 시작해서 오후 일찍 소나기가 올 것 같습니다. 다음 시간에 뵙겠습니다. 신디였습니다.

Q. 이번 주말의 날씨는 어떠할까?

(a) 약간 흐림

(b) 비 옴

(c) 따뜻하고 맑음

(d) 바람 불고 흐림

○ Temperatures tomorrow and Sunday will soar into the mid 80s. High temperatures will be accompanied by a slight breeze out of the northwest.에서 주말과 일요일 날씨를 얘기하고 있다. 온도가 올라가고 바람도 가볍게 분다고 했다. 따라서 (c)가 정답이다.

put away 치우다 depressing 우울하게 만드는 temperature 기온 soar 급상승하다 accompany 동반하다 slight breeze 미풍 switch 전환하다 extended forecast 주간 예보 high 최고 기록 cloud coverage 구름층 shower 소나기

정답 (c)

5 If you're looking to invest your hard-earned retirement savings, heed the advice of experts. First, they will tell you not to put all your eggs in one basket. By diversifying your investments, you will be shielded from making one bad decision and losing all your money. Second, the experts will also say that you need to be directly involved in the decision-making process. Never let someone else handle your money without your knowledge. If you keep these things in mind, you should end up with a nice little nest egg.

Q. What will you have if you follow the advice of experts?

(a) Enough money for retirement

(b) Not enough money to buy eggs

(c) Plenty of bad decisions

(d) Investment knowledge

힘들게 번 퇴직금을 투자할 곳을 찾으신다면, 전문가의 조언에 귀를 기울이십시오. 우선 그들은 한 곳에 자신의 모든 것을 투자하지 말라고 말할 것입니다. 투자 대상을 분산시킴으로써 잘못 내린 결정 하나 때문에 전 재산을 잃는 우를 범하지 않게 될 것입니다. 둘째로, 전문가들은 당신 자신이 투자 정책 결정 과정에 직접 참여할 필요가 있다고 말할 것입니다. 누군가가 당신의 허락을 구하지도 않고 당신 돈을 쓰게 두지 마십시오. 이런 사항들에 유념한다면, 당신은 멋진 밑천을 갖게 될 것입니다.

Q. 전문가의 조언을 따른다면 무엇을 갖게 되겠는가?

(a) 퇴직에 대비한 충분한 돈

(b) 계란을 사는 데 충분하지 않은 돈

(c) 좋지 않은 나쁜 결정들

(d) 투자 정보

○ 퇴직금을 투자할 때는 전문가의 의견을 들으라는 내용의 지문이다. 세부적인 사항을 first, second로 말하고 있다. 첫 번째에서 not to put all your eggs in one basket은 한 곳

에 모든 힘을 쏟지 말라는 얘기를 하고 있다. 둘째는 의사 결정을 반드시 하라는 의견이다. Enough money for retirement를 a nice little nest egg로 바꿔서 표현하고 있다.

hard-earned 애써서 번 heed 주의하다 expert 전문가 diversify 다양화하다, 분산시키다 shield 보호하다, 방패로 막다 make a decision 결정하다, 결단하다 decision-making (정책·원칙 등을) 결정하는 without one's knowledge ~에게 알리지 않고, 말없이 nest egg 밑천, 비상금

정답 (a)

→ REVIEW TRAINING

1 In the past eighteen months since hurricanes and flooding destroyed much of the area, community outreach and support has been incredible. In particular, the efforts by the United Way and Salvation Army have raised more than three million dollars to rebuild infrastructures and communities devastated by the disaster. But we still have a long way to go. That is why we are urging people to shop at stores that donate to further relief efforts. Where could your money buy you more?

Q. What is the main purpose of the talk?

(a) To encourage patrons to shop at participating retailers.

(b) To encourage nonprofits to donate more money.

(c) To report the amount of money raised.

(d) To announce the completion of the area relief efforts.

허리케인과 홍수가 지역 대부분을 파괴한 후 지난 18개월 동안 벌어진 지역사회 구제 및 구호활동은 놀라웠습니다. 특별히 유나이티드웨이와 구세군의 노력은 천재지변에 의해 초토화된 지역 기본시설 및 지역사회 재건을 위해 3백만 달러 이상의 기금을 모았습니다. 하지만 아직 가야 할 길은 멉니다. 그래서 우리는 더 많은 구호 노력을 위해 기부하는 상점들을 이용하도록 사람들을 독려하고 있는 것입니다. 여러분의 돈으로 그 이상의 것을 살 수 있는 곳이 또 어디에 있겠습니까?

Q. 이 연설의 주요 목적은 무엇인가?

(a) 고객들에 의한 구호참가 상점 이용을 독려함

(b) 비영리기관들의 더 많은 기부를 독려함

(c) 모금된 기금 액수를 보고하기 위해서

(d) 지역 구제 활동의 완료를 선언하기 위해서

✿ 수해 피해자들을 위한 모금 활동의 성과를 설명하면서도 아직 더 많은 도움이 필요하다는 내용이다. 계속되는 구호지

원에 대한 구체적이고도 중요한 메시지는 후반에 등장하는데 바로 urging people to shop at stores that donate to further relief effort이다. 정답은 (a)이다.

flooding 홍수, 범람 outreach 최선을 다한 봉사활동 incredible 믿어지지 않는, 놀라운 Salvation Army 구세군 infrastructure 인프라, 사회적 생산기반 devastate 황폐시키다 disaster 재앙 urge 격려하다, 설득하다 relief 구제, 원조 patron 고객 nonprofits 비영리단체들 completion 완성, 완료

정답 (a)

2 The newly recalibrated 356 Platnium Rider fuses quality, luxury and affordability to recreate the standards for SUV excellence. When one includes great package add-ons like tinted rear-windows, heated leather seats, sunroof, and navigation, the Rider is clearly at the head of its class. One must also remember the fact that it was awarded five stars for safety by an independent review board, making this the newly redesigned Rider a clear choice. Call a local dealer to test drive one today.

Q. What is the main purpose of the talk?

(a) Advertising a motorcycle

(b) Describing a classic car

(c) Introducing a remodeled car

(d) Comparing SUVs and cars

새롭게 재설정된 356 플래티넘 라이더는 품질과 고급스러움과 적당한 가격을 융화시켜 탁월한 SUV의 표준을 재창조하고 있습니다. 선팅된 뒷좌석 차창, 열선 가죽시트, 선루프, 네비게이션 등이 포함된 옵션 패키지를 갖춘 라이더는 확실히 동급 최상입니다. 또한 안전성 부문에서 독립적인 평론에 의해 별 다섯 개의 점수를 받았다는 사실을 기억해야 할 것입니다. 이는 새롭게 디자인 된 라이더를 확실한 선택으로 만들어 줄 것입니다. 오늘 가까운 영업점에 연락하여 시험주행을 해보십시오.

Q. 이 글의 주 목적은?

(a) 오토바이 홍보

(b) 클래식 자동차 묘사

(c) 향상된 모델로 출시된 자동차 소개

(d) SUV와 일반 차량 비교

✿ 제품명 356 Platinum Rider는 서두에 newly recalibrated, 그리고 말미에 newly redesigned Rider라는 수식을 보아 종전 모델의 향상된(remodeled) 모델임을 알 수 있다. Recreate the standards for SUV라는 표현은 제품이 SUV임을 알려준다. 따라서 정답은 (c)이다.

recalibrate (계측기 또는 기계 등을) 새롭게 조정(또는 설정)하다 fuse 융화시키다 affordability 적당한 가격 add-on 부속장치 tinted 옅은 색이 된, 선팅이 된

정답 (c)

3 Sometimes surgery is the only viable option for patients suffering from life threatening illness. With recent technological advancements, there are now many types of available surgeries. However, all come with their own risks and complications. In some cases, the wound from surgery can become infected or may not heal properly, causing conditions that are more dangerous than the initial problem. Individuals with heart conditions are at a higher risk for complications. Patients should thoroughly understand their options before undergoing any medical procedures.

Q. What is the talk mainly about?

(a) The people benefiting most from surgery

(b) The new types of surgery

(c) The benefits of surgery

(d) The potential problems resulting from surgery

때때로 수술은 생명을 위협하는 질병에 걸린 환자들에게 실행 가능한 유일한 선택입니다. 최근의 기술적 발전으로 지금은 많은 종류의 수술이 가능합니다. 하지만 모든 수술은 나름대로 위험부담과 복잡성을 수반합니다. 어떤 경우 수술부위 상처가 감염되거나 온전히 회복되지 않아서 원래 문제보다 더 위험한 상황을 초래할 수도 있습니다. 환자는 어떤 의학 시술을 감행하기 전에 자신의 선택사항들에 대해 철저히 이해해야 합니다.

Q. 담화의 주요 내용은 무엇인가?

(a) 사람들은 수술로부터 대부분의 도움을 얻는다.

(b) 새로운 수술 방식들

(c) 수술의 유익

(d) 수술이 초래할 가능성이 있는 문제들

○ 앞에 두 줄은 수술의 장점에 대해 말하지만, however를 기점으로 이후 내용은 수술이 갖는 risk와 complication에 대한 서술이다. 따라서 정답은 (d)이다.

surgery 수술 viable 생존 가능한 illness 질병 advancement 발달 complications 합병증 wound 상처 infect 감염시키다 initial 처음의, 초기의 heart conditions 심장병 thoroughly 철저히, 완전히 undergo 수술을 받다

정답 (d)

4 Shitzhus are loyal and affectionate lapdogs. Don't be fooled by their slight stature, these loveable lapdogs are rumored to have served as guard dogs to many a Chinese emperor. It is thus not surprising that they can take awhile to adapt to strangers. The dogs are often a mix of grays, browns, and white, and they often have a long body, somewhat similar to the Dachshund. Their faces are kind, perceptive, and full of affection for their masters.

Q. What is the main idea of the talk?

(a) Shitzhus make good pets.

(b) Shitzhus were the first Chinese guard dogs.

(c) Shitzhus are loyal dogs.

(d) Shitzhus are friendly with newcomers.

시츄는 충성스럽고 사랑스러운 애완견입니다. 몸집이 작다고 해서 속지 마십시오. 이 작고 사랑스러운 애완견은 중국 황제의 경호견으로 활동했다는 풍문도 있습니다. 그러니 낯선 사람과 익숙해지는 데 시간이 꽤 걸리는 것이 그리 놀랄 만한 사실은 아니군요. 시츄는 종종 회색, 갈색, 흰색이 섞여 있으며 종종 긴 몸체를 갖고 있는 것이 닥스훈트와 유사하기도 합니다. 시츄의 얼굴은 친절하고 지각이 예민하며 주인을 향한 사랑으로 가득해보인답니다.

Q. 담화의 요지는 무엇인가?

(a) 시츄는 훌륭한 애완동물이다.

(b) 시츄는 중국 최초의 경호견이었다.

(c) 시츄는 충성스러운 개다.

(d) 시츄는 낯선 사람들에게 친근하다.

○ 담화 내용을 요약한 예문을 선택하는 질문이다. 중국황제의 경호견이었다는 소문은 있어도 중국 최초의 경호견이라는 주장은 맞지 않다. (d)의 내용도 사실과 정반대이다. 또 시츄가 충성스럽다고 언급되었을 뿐 담화의 핵심은 아니다. 정답은 (a)이다.

loyal 충성스러운 affectionate 애정이 깊은 lapdog 애완용의 작은 개 slight 가느다란, 호리호리한 stature 키 awhile 잠깐 adapt 순응하다 perceptive 지각이 예민한 affection 애정 master 주인

정답 (a)

5 If you are on vacation and suddenly require medical attention, it can be scary and expensive. But if you travel with Thomson Life Medical, you are covered for all of those unforeseen medical emergencies. Our call center is ready to assist you 24/7, and our policy leaves you covered no matter where you are. Call today to inquire about Out of State member benefits, which are included with our SupraFamily coverage plan.

Q. Which is correct according to the talk?

(a) Members receive insured medical care when travelling.

(b) SupraFamily does not cover out of state medical care.

(c) Travelling can be frightening and costly.

(d) SupraFamily is better coverage than Thomson Life.

휴가를 갔는데 갑자기 의료 시술이 필요하다면 겁이 날 뿐만 아니라 비용도 만만치 않습니다. 그러나 톰슨의료생명보험과 함께 여행한다면 예측 못한 의료 응급 상황 모두에 대해 보장받으실 수 있습니다. 전화 상담원이 매일 24시간 대기 중입니

다. 당신이 어디에 있든지 보장해줍니다. 오늘 전화하셔서 수
프라패밀리 보장이 포함된, 해외 거주 회원들을 위한 이익도
확인해보십시오.

Q. 담화의 내용과 일치하는 것은?

(a) 회원들은 여행 중에 의료보험 보장을 받는다.

(b) 수프라패밀리는 해외에서 받은 치료내역을 보장하지 않는
다.

(c) 여행은 두렵고 비쌀 수 있다.

(d) 수프라패밀리는 톰슨생명보다 더 좋은 보장을 제공한다.

◑ 우선 SupraFamily는 Thomson Life가 제공하는 보장상
품의 일부로서, Out of State 회원들에게도 그 서비스가 제공
된다. (c)의 내용은 담화의 핵심과 무관하다. 정답은 (a)이다.

require 필요로 하다 scary 무서운, 두려운 expensive 비
싼 unforeseen 예측하지 않은, 의외의 24/7 24시간 7일 동
안 inquire 묻다

정답 (a)

6 This weekend introduction to the world of wine
offers insight into the culture of wine, how wine is
made and the art of wine tasting. The city of
Petaluma is proud of its winemaking traditions and
excited to share them with the public. In addition,
the added benefit of increased tourism in the area
cannot be overlooked. These weekend classes will
be the springboard to launch future culture-oriented
tourism endeavors in our fair city.

Q. What can be inferred from the talk?

(a) The city is increasing its tourism efforts.

(b) The city is uninterested in preserving its
culture.

(c) The city is in the California wine valley.

(d) The city is famous for wine.

이번 주말 세계의 와인 소개는 와인 문화, 와인 제작 과정, 그
리고 와인 맛의 예술의 식견을 제공해드립니다. 페탈루마 시는
자신들의 자랑인 와인제작 전통을 모두와 기꺼이 공유하려 합
니다. 더 나아가 그 지역 관광 증가로 더해진 이익 또한 무시할
수 없습니다. 이들 주말 수업들은 우리의 아름다운 도시에 미
래 문화 중심적 관광을 향한 노력을 시작하는데 도약대가 될
것입니다.

Q. 담화로부터 추론할 수 있는 것은?

(a) 시는 관광산업 노력을 증가시키고 있다.

(b) 시는 문화 보존에 관심이 없다.

(c) 시는 캘리포니아의 와인밸리에 위치하고 있다.

(d) 시는 와인으로 유명하다.

◑ (b)와 (c)는 담화 내용과 확실히 대조되므로 별 어려움 없
다. (d)가 그럴듯해 보이지만 담화의 내용은 그 반대 상황을
전제한다. 와인제작 전통을 갖고는 있으나 널리 알려지지 않
은 관계로 본 담화를 통해 홍보하는 것임을 알 수 있다. 정답
은 (a)이다.

insight 통찰력 tradition 전통 overlook 보고도 못 본 체
하다 springboard 도약대, 출발점 launch 시작하다
endeavor 노력

정답 (a)

7 Unlike the rest of us with only one stomach,
grazers, such as cows and sheep, can break
grass down into digestable food. They are able to
accomplish this because of a part of their digestive
system known as a rumen, which is something
similar to a fermentation center. The rumen holds
a vast array of bacteria which break down the
grass' cellulose. Interestingly enough, however,
American beef cows rarely eat grass, because
their diet is almost purely corn-based.

Q. Which is correct according to the talk?

(a) Bacteria live in grass.

(b) American cows only eat grass.

(c) Beef is a type of cellulose.

(d) Cows' stomach bacteria break down grass.

한 개의 위만 갖고 있는 우리와는 달리 소와 양과 같은 방목가
축들은 풀을 소화 가능한 음식으로 분쇄할 수 있습니다. 그 동
물들이 그렇게 할 수 있는 것은 발효기관과 유사한 반추위라고
하는 소화기관 덕분입니다. 반추위는 폭넓은 종류의 박테리아
를 보유하여 풀의 섬유소를 잘게 부숩니다. 하지만 흥미롭게도
미국 식용소들은 풀을 거의 먹지 않습니다. 순수한 옥수수 사
료만 거의 대부분 섭취하기 때문입니다.

Q. 담화의 내용과 일치하는 것은?

(a) 풀 속에 박테리아가 산다.

(b) 미국 소들은 풀만 먹는다.

(c) 비프(beef)는 섬유소의 일종이다.

(d) 소의 위 속 박테리아가 풀을 잘게 부순다.

◑ 담화에서 언급된 박테리아는 소의 반추위에 있는 박테리아
를 지칭한다. 또한 미국의 소들은 rarely eat grass, 즉 풀을
거의 먹지 않으므로 (b)는 옳지 않다. (c)에 beef(소고기)가
cellulose라는 말은 전혀 맞지 않으므로 정답은 (d)이다.

stomach 위 grazer 방목 가축 grass 풀 digestable 소
화할 수 있는 rumen 반추위 fermentation 발효 vast 거
대한 array 배열, 정렬 cellulose 섬유소 rarely 좀처럼 않
는 purely 순수하게

정답 (d)

8 Kingland Fried Foods has released a statement
promising to eliminate the use of trans-fat oils in its
chicken by the end of the year. This pledge is in
response to rising fears about obesity within the
American public, and trans-fat in particular has
been singled out as the leading cause of this
alarming trend. Virtually all of the company's
chicken is prepared with trans-fat oils; however,

company officials promise that there will be no noticeable effect on taste or quality.

Q. Which is correct according to the talk?

(a) Trans-fat oils are being outlawed.

(b) Cooking with non-trans-fat oils will not change the flavor.

(c) The company will no longer deep-fry chicken.

(d) Eating trans-fat oils leads to premature death.

킹랜드 프라이드 푸드는 올해 말까지 자사의 닭고기 제품에서 트랜스지방의 사용을 완전히 제거할 것이라고 약속하는 성명을 발표했습니다. 이 서약은 미국 사회 내에 비만에 대한 경각심 고조에 대한 반응이며, 특별히 트랜스지방이 이러한 경각심을 느끼는 분위기의 주요 원인으로서 지목되었습니다. 사실상 회사의 모든 닭고기 제품이 트랜스지방 기름으로 요리됩니다. 하지만 회사 임원진은 맛이나 질에 있어서 거의 차이를 느낄 수 없을 것이라고 약속하고 있습니다.

Q. 담화의 내용과 일치하는 것은?

(a) 트랜스지방 오일의 사용이 불법화되었다.

(b) 비트랜스지방 기름으로 요리해도 맛에는 변화가 없을 것이다.

(c) 회사는 더 이상 닭을 깊이 튀기지 않을 것이다.

(d) 트랜스지방 오일 섭취는 조산을 유발한다.

○ 우선 트랜스지방이 obesity의 원인으로 지목되었지 premature death는 언급되지 않았다. 또한 킹랜드 사가 트랜스지방 함유 오일을 사용 않겠다는 것은 자발적 조치이지 법적 제한이 아니므로 outlawed라는 표현은 부적절하다. (b)는 담화의 마지막 문장 내용이다.

release 발표하다 statement 성명 eliminate 제거하다 pledge 맹세, 서약 obesity 비만 single out 골라내다, 선발하다 alarming 놀라운, 심상치 않은 trend 동향, 추세 virtually 사실상 noticeable 눈에 띄는

정답 (b)

9 It is with great pleasure that I tell you of the engagement of my son, Scott Peters, to Miss Anna Lee. Since they met in college, their love and affection has grown. And they would like to honor this love and each other in a celebration of their future together. You are humbly invited to share in their marriage on June 10th, 2010 at the Seattle Aquarium. We hope to see you there.

Q. Which is correct according to the conversation?

(a) The couple is planning a wedding.

(b) The couple is recently engaged.

(c) The couple has graduated from college.

(d) The couple enjoys aquatic animal watching.

제 아들 스콧 피터스와 애나 리의 약혼 소식을 귀하께 전하게 되어 매우 기쁘게 생각합니다. 대학 시절 만난 이후 사랑과 애정이 자라났습니다. 이제 미래를 함께 하겠다는 축하의식을 통해 이 두 사람은 그들의 사랑과 서로에게 경의를 표하고자 합니다. 2010년 6월 10일 시애틀수족관에서 있을 이들의 결혼식에 정중하게 귀하를 초대하오니 자리를 함께 빛내주시길 소망합니다.

Q. 담화의 내용과 일치하는 것은?

(a) 두 사람은 결혼식을 올릴 계획이다.

(b) 두 사람은 최근에 약혼식을 올렸다.

(c) 두 사람은 대학을 졸업했다.

(d) 두 사람은 수생동물 관찰을 즐긴다.

○ 맨 마지막 부분에 보면 marriage on June 10th, 2010이라는 정보가 등장한다. 따라서 청첩장이다. 따라서 결혼식을 올릴 계획이라는 (a)가 정답이다.

engagement 약혼 affection 애정 celebration 축하, 의식 aquatic 물의

정답 (a)

10 For the purposes of tonight's activities, shyness is considered to be uncomfortable feelings during social interactions that limit an individual's ability to achieve personally and professionally. Shyness is a type of hyper-self-awareness, in other words, focusing too much on one's feelings and their physical manifestations. These feelings and their resulting sensations range from mild discomfort to complete paralysis. Tonight's class examines ways to overcome shyness.

Q. Which is correct according to the conversation?

(a) Shyness always ends with painful paralysis.

(b) Shyness results from over-thinking feelings.

(c) Social interactions produce personal discomfort.

(d) Fear of talking to strangers creates shyness.

오늘 저녁 활동의 논점으로서 수줍음은 사회적 상호작용에서 한 개인의 개인적, 전문적 성취 능력을 제한하는 불편한 감정으로 간주되고 있습니다. 수줍음은 일종의 과다자아인식, 다시 말해서 자신의 감정과 신체적 표현을 향한 지나친 주의집중입니다. 이런 감정들과 그 결과 찾아오는 감각의 범위는 경미한 불편함으로부터 완전한 마비에까지 이릅니다. 오늘 저녁 수업은 수줍음을 이겨내는 방법들을 시험에 볼 것입니다.

Q. 담화의 내용과 일치하는 것은?

(a) 수줍음은 늘 고통스러운 마비 증세를 초래한다.

(b) 수줍음은 감정에 대한 과도한 생각으로부터 온다.

(c) 사회적 상호작용은 개인적인 불안을 불러온다.

(d) 낯선 사람과의 대화에 대한 두려움이 수줍음을 만들어낸다.

○ 첫 번째 문장에 비추어 볼 때 (c)는 수줍음에 대한 묘사일 뿐이며, 그것이 가져오는 감정이 from mild discomfort to complete paralysis라고 했으므로 (a)처럼 항상 그런 것은 아니다. (d)는 논리적으로 주어와 목적어가 바뀌어야 한다. 수

줌음이 일종의 hyper-self-awareness, 즉 focusing too much on one's feeling이라고 했으므로, (b)의 over-thinking feelings가 정답이다.

shyness 수줍음 uncomfortable 마음이 편치 못한 interaction 상호 작용 achieve 이루다, 성취하다 hyper-self-awareness 과다 자아인식 physical 신체적인 manifestation 조짐, 징후 complete 완전한 paralysis 마비 overcome 극복하다

정답 (b)

11 In order to succeed academically, you must have a balanced workload. If you pull an all-nighter and don't get enough sleep, it can weaken your body's ability to fight bacteria and viruses the next day. Understanding your class's work schedule will ensure that you are up to date and completing assignments. Finally, determination and a desire to succeed will keep your efforts centered around your academic pursuits.

Q. Which is correct according to the conversation?

(a) Drowsiness is the first sign of sleep deprivation.

(b) Thorough reading of assignments ensures academic success.

(c) Lack of sleep compromises physical health.

(d) All-night study sessions are less harmful than partying.

성공적인 학업을 이루려면 공부 분량에 균형을 가져야 합니다. 만일 밤새 공부하고 잠을 충분히 못 자면 여러분의 신체가 다음날 박테리아와 바이러스와 싸우는 능력이 약해질 수 있습니다. 수업 과제물일정표를 숙지한다면 제 날짜에 과제물을 마칠 수 있습니다. 마지막으로 성공하고자 하는 결단과 열망이 여러분의 노력을 지속적으로 학업추구에 집중되게 할 것입니다.

Q. 담화의 내용과 일치하는 것은?

(a) 졸음은 수면부족의 첫 번째 증상이다.

(b) 과제물을 꼼꼼하게 읽어야 학업성취를 확실히 거둘 수 있다.

(c) 수면부족은 신체적 건강을 손상시킨다.

(d) 밤샘 공부는 파티보다 덜 해롭다.

○ Drowsiness나 party에 대한 논의가 없으므로 (a)와 (d)는 답이 아니다. 담화는 completing assignments를 보장하는 것이 understanding your class's work schedule이라고 말하므로 (b) 역시 정답이 아니다. Body's ability to fight bacteria는 언급되었으므로 정답은 (c)이다.

workload 작업량 all-nighter 밤샘 weaken 약하게 하다 ensure 확실하게 하다 assignment 숙제, 과제 determination 결심, 결단 pursuit 연구 deprivation 박탈

정답 (c)

12 Complete the form now to be eligible to win an all-expenses paid trip to South Beach, Florida. This valuable package also includes rooms and a full body massage at an award-winning four-star spa as well as over $300 in additional services and prizes. Only one form per person, and you must be eighteen or older to play. Completed forms must be received by midnight December 31st. FirstStar employees, their family members and co-habitants are not eligible to play.

Q. What is required for entry into the drawing?

(a) A South Beach, Florida mailing address.

(b) A single winning number ticket.

(c) A FirstStar employee coded form.

(d) An adult-completed entry form.

비용 전액이 제공되는 플로리다 사우스비치로의 항공권에 도전하기 위해서 응모신청서를 작성하십시오. 이 특별 패키지는 우수상을 받은 사성 스파의 객실이용, 전신 마사지, 그 외에 300달러 상당의 기타 서비스와 상품들을 포함하고 있습니다. 1인 1회 응모이며 참가자 나이는 18세 이상이어야 합니다. 완성된 응모서식은 12월 31일 자정까지 접수되어야 합니다. 퍼스트스타 직원, 그 가족 및 동거자에게는 참가자격이 없습니다.

Q. 경품추첨에 참가하기 위해 필요한 것은 무엇인가?

(a) 플로리다 사우스비치 소재의 우편 주소

(b) 단회 우승번호 추첨표

(c) 퍼스트스타 직원 전용 신청서

(d) 성인이 기입 완료한 응모 신청서

○ 경품 내역 설명이 끝난 후 서술된 참가 자격조건을 보면 우선 eighteen or older해야 하며 양식의 요구대로 completed form을 제출해야 하고, winning number ticket에 대한 언급은 없다. 또한 퍼스트스타의 직원 및 그들 가족은 참가하지 못한다. 따라서 정답은 (d)이다.

eligible 적임의, 적격의 all-expenses paid 모든 경비를 대는 spa 온천 co-habitant 동거인

정답 (d)

UNIT 23 공지 및 광고

1 Do you need cash in a hurry? Check out our website! We give loans for oil paintings, sculptures, and rare coins. We give large loans for famous artists such as Monet, Manet and Degas. We also offer cash for other less-famous artists. Our lenders are licensed art dealers who promise to keep your name confidential. Our quiet service is unique in the business. And we offer loans as large as $3,000 and higher. We are the best on the East Coast.

Q. What is the main point of the talk?

(a) People with art can borrow money.

(b) A new museum is opening.

(c) Several paintings are being auctioned.

(d) The company has a new website.

빠른 현금이 필요하십니까? 저희 홈페이지를 방문해보십시오. 유화, 조각, 희귀동전 등을 담보로 대출해드립니다. 모네, 마네, 드가 등 유명한 예술가들의 작품에 대해서 거액 대출이 가능합니다. 또한 인지도가 덜한 화가들의 작품이라도 역시 현금으로 구매합니다. 저희 대출기관은 모두 자격증 있는 미술품 딜러로서 당신의 익명성을 보장해드립니다. 저희의 조용한 서비스는 업계에서도 독보적입니다. 최소한 3천 달러를 대출해드립니다. 저희가 동부에서 업계 최고입니다.

Q. 담화의 요지는 무엇인가?

(a) 미술품 소유자들이 돈을 빌릴 수 있다.

(b) 새 미술관이 개관할 것이다.

(c) 미술품 몇 점이 경매되고 있다.

(d) 회사 홈페이지가 새로 개설되었다.

❍ cash가 필요하다면 자신들의 홈페이지를 방문하라는 문구와 단락 내내 등장하는 loan이라는 단어를 통해 대출 관련 광고임을 알 수 있다. Paintings, sculptures와 같은 단어 때문에 museum을 떠올리지 않도록 하자. 정답은 (a)이다.

in a hurry 급하게 check out 확인하다 loan 대부금 oil paintings 유화 sculpture 조각물 rare 희귀한 lender 대출기관 confidential 기밀의

정답 (a)

2 This public service announcement is to warn residents of Caroletown that every effort is being taken to put out the wildfire south of your town. Even though we believe we can stop this fire, we are unable to fully measure its unpredictable nature. The path and intensity of the flames are determined by the amount of wind in the area. We are now advising that all citizens should evacuate immediately. Thank you for your time.

Q. What is the main purpose of the talk?

(a) To tell people to stay in their homes

(b) To ask people to help fight the fire

(c) To inform people about the fire

(d) To tell people that they are safe

이 공공안내방송은 캐롤타운 주민들을 위한 경고방송으로서, 남쪽 지역 산불을 진화하기 위해 모든 조치가 취해지고 있음을 알려드리는 바입니다. 이번 화재의 진화가 가능하다고 확신하지만, 화재의 불확실성을 완전히 판단할 수는 없습니다. 불길의 진행 경로와 강도는 화재 지역의 풍량에 따라 결정됩니다. 당국은 모든 주민에게 즉시 대피할 것을 통지하는 바입니다. 감사합니다.

Q. 담화의 목적은 무엇인가?

(a) 사람들에게 집에 남아있으라고 말해줌

(b) 화재진압에 사람들의 도움을 요청함

(c) 화재에 대한 정보를 알려줌

(d) 사람들이 안전하다고 말해줌

❍ 첫 문장에서 등장하는 warn과 마지막 문장에 등장하는 evacuate라는 말은 사람들에게 집에 남아 있으라거나 안전하다는 내용에 반하므로 (a)와 (d)는 아니다. 또한 화재 진압에 힘써 달라는 내용은 전혀 나오지 않는다. 따라서 가장 적합한 보기는 (c)이다.

warn 경고하다 resident 주민 put out 끄다 wildfire 산불 measure 판단하다, 재다 unpredictable 예측 불가능한 path 경로 intensity 강도, 세기 flame 불길 evacuate 대피하다

정답 (c)

3 Boys and girls, our trip tonight will begin along the northern end of the bay. Once we reach Frenchtown, we will go out to sea and hopefully see some blue whales, an unforgettable sight. Our trip will take a quick detour to eat a snack at Whale City. Later we will be stopping for our scheduled dolphin performance at San Francisco Lake. Our trip will conclude with the ride back to the parking lot, stopping at a gift shop. We really hope you have a memorable trip today.

Q. What are the main attractions on the trip?

(a) Sea animal sightings and shows.

(b) Gift shops and animal rides.

(c) French circus acts.

(d) French food and entertainment.

청소년 여러분, 오늘밤 우리의 여행은 만(bay)의 북쪽 끝을 따라서 시작될 것입니다. 일단 프렌치타운에 이르면 우리는 바다로 나가서 아마도 흰긴수염고래를 보게 될 것인데 잊지 못할 장관이 될 것입니다. 간단한 스낵을 위해 잠시 웨일시티에 들를 것입니다. 그 다음 우리는 샌프란시스코 호수에서 예정대로 돌고래 쇼를 보게 될 것입니다. 돌아오는 길에 쇼핑을 위해 선물 상점에 들러 주차장에 도착함으로써 여행을 마치게 됩니다. 오늘 기억에 남는 여행을 하게 되길 진심으로 바랍니다.

Q. 이 여행의 주요 관광거리는 무엇인가?

(a) 해양 동물 구경 및 쇼

(b) 선물상점과 동물 타기

(c) 프랑스 서커스

(d) 프랑스 음식과 놀거리

◑ Our trip에 있어서 unforgettable sight는 blue whales 를 보는 것이다. 더불어 scheduled된 순서는 dolphin performance이다. 따라서 정답은 (a)이다. Frenchtown이라는 동네 이름 때문에 (c)나 (d)를 정답으로 고르지 않도록 주의한다.

bay 작은 만 unforgettable 잊을 수 없는 sight 광경 detour 우회 performance 연기, 재주 부리기 conclude 끝내다 memorable 기억할 만한

정답 (a)

4 Before you sign a contract, you should make sure that the contract lists all of the benefits you need. For example, there have been several times when employees have not had medical insurance coverage, and they had to pay very high medical costs. Be careful when you start working at your new job. Always carefully read through your contract before signing it.

Q. Which is correct according to the talk?

(a) Employers are dishonest in contracts.

(b) Employees only need to be careful at work.

(c) Medical insurance is overpriced.

(d) Not all contracts have medical coverage.

계약서에 서명을 하기 전에 당신은 계약서가 당신이 필요로 하는 혜택을 모두 열거하고 있는지 확인해야 합니다. 예를 들어서 피고용자들의 의료보험이 없었던 경우가 몇 번 있었는데, 매우 비싼 치료비용을 지불해야 했습니다. 새 직장에서 근무를 시작할 때 신중하십시오. 계약서에 서명하기 전에 항상 계약서를 신중하게 끝까지 읽으십시오.

Q. 담화의 내용과 일치하는 것은?

(a) 고용자들은 계약할 때 부정직하다.

(b) 피고용자들은 근무할 때만 조심할 필요가 있다.

(c) 의료보험 비용이 지나치게 높다.

(d) 모든 계약서가 의료보장을 포함하고 있는 것은 아니다.

◑ 고용계약서에 서명을 할 때 계약서를 잘 확인하라는 내용이다. 사례로서 의료보험이 포함되지 않은 계약서가 언급되고

있다. 그것이 employer가 dishonest해서 그렇다는 내용은 없다. 단지 계약서가 보험을 포함할 수도 있고 안 할 수도 있다. 정답은 (d)이다.

contract 계약서 make sure 분명히 하다 benefit 이익: (복수로) 복지 수당 medical insurance coverage 의료비 보험 혜택

정답 (d)

5 When traveling in India, you should keep a few things in mind. First, be cautious if you frequently walk around after sunset. Thieves are common, and they like to target tourists. Hold your wallet or purse tight to your body. Make sure to agree on a price with the driver before you take a taxi. The most important tip is to never leave your passport in your hotel room while you are sightseeing as it may be stolen.

Q. What can be inferred from the talk?

(a) Hotel rooms are not secure.

(b) All taxi drivers are dishonest.

(c) Thieves only come out at night.

(d) India has more crime than other countries.

인도를 여행할 때 당신이 주의해야 할 몇 가지가 있습니다. 우선 해진 이후 자주 돌아다니게 될 때 조심하십시오. 강도가 흔하며 여행객들을 목표물로 삼기를 좋아합니다. 지갑이나 손가방은 몸에 밀착 소지하십시오. 택시를 탈 때는 택시 기사와 요금을 꼭 합의해 놓으십시오. 가장 중요한 것은 관광할 때 도난당할 소지가 있으니 여권을 절대로 호텔 객실에 두고 다니지 마십시오.

Q. 담화로부터 추론할 수 있는 것은?

(a) 호텔 객실은 안전하지 않다.

(b) 모든 택시기사가 부정직하다.

(c) 강도는 오직 밤에만 나타난다.

(d) 인도에는 그 어떤 나라보다도 범죄가 더 많다.

◑ 내용은 인도 여행 시 주의해야 할 상황이다. All이나 only 가 들어간 예제는 대체로 비현실적이어서 답이 되기 어렵다. 마지막 두 줄을 들어볼 때 (a)가 정답이다.

keep ~ in mind ~을 염두에 두다 cautious 신중한, 조심 성 있는 frequently 자주 sunset 일몰 passport 여권

정답 (a)

→ ACTUAL TRAINING

1 Although Peter has been a good employee during his many years with us, the consequences of his recent actions cannot be ignored. The team of supervisors has decided that Peter must take off time from work until the local law enforcement officials decide what his future will bring. The timing is unfortunate as we are moving into the busy holiday season without one of our best salesmen, but hopefully our other employees can work overtime.

Q. What is the main point of the talk?

(a) Explaining a worker's absence.

(b) Celebrating an employee's promotion.

(c) Announcing an overtime policy change.

(d) Hiring employees for the holidays.

비록 피터가 많은 해 동안 우리와 함께 한 좋은 직원이었지만, 최근 그의 행동과 그에 따른 결과는 무시될 수 없습니다. 관리자 회의에서 결정한 바, 지역 경찰이 그에 대한 앞으로의 처분을 결정할 때까지 피터는 휴직해야 합니다. 최고의 판매원 중 하나가 없는 상태에서 바쁜 휴일 기간을 맞이하고 있으므로 참 안타깝습니다만, 나머지 직원들이 초과 근무할 수 있기를 바랍니다.

Q. 담화의 요지는 무엇인가?

(a) 직원의 결근에 대한 설명

(b) 어느 직원의 승진 축하

(c) 초과 근무에 대한 정책 변경 안내

(d) 휴일 기간 동안 직원 채용하기

✿ 피터라는 직원이 우수한 직원이었음에도 불구하고 왜 take off time했는지 설명하고 있다. 그렇게 설명하는 이유는 나머지 직원들이 초과 근무를 해야 하는 상황에 대해 양해를 구해야 하기 때문이다. 정답은 (a)이다.

consequences 결과 supervisor 감독자, 관리자 take off 제쳐놓다 local 지역의 law enforcement officials 경찰관 overtime 초과 근무

정답 (a)

2 Tonight we will listen to a composition by Jimi Hendrix, a famous American singer and songwriter. Before we listen to the song, I'd like to give you some historical information about the artist. Jimi Hendrix grew up in the plains of New York, beginning his career as a plumber before joining the army to pursue a career in music. While some of you may have never heard his songs, he is considered a vital part of music history.

Q. What is the purpose of the talk?

(a) To introduce the artist to the audience

(b) To decrease the importance of the artist

(c) To present new facts about the artist

(d) To increase the artist's popularity

오늘 밤 우리는 유명한 미국인 가수이자 작사 · 작곡가인 지미 헨드릭스가 작곡한 작품을 들을 것입니다. 노래를 듣기 전에 이 예술가와 관한 역사적 사실 몇 가지를 알려드리고자 합니다. 지미 헨드릭스는 뉴욕 땅에서 자랐으며 군에 입대하여 음악을 하기 전까지는 배관공으로 사회생활을 시작했습니다. 여러분 중에는 그의 음악을 전혀 들어본 적이 없는 분들도 계시겠지만, 그는 음악 역사에 있어서 중요한 부분으로 여겨지고 있습니다.

Q. 담화의 목적은 무엇인가?

(a) 예술가를 청중들에게 소개함

(b) 예술가의 중요성을 축소함

(c) 예술가에 대한 새로운 사실을 제공함

(d) 예술가의 인지도를 확대함

✿ 끝부분에서 Hendrix를 vital part of music history라고 언급하는 이상, (b)나 (d)는 정답이 아니다. 그의 뉴욕시절 인생 이야기는 청중에게 새로운 정보처럼 들릴 수 있으나, 그의 음악을 듣겠다는 첫 마디에서 예술가를 소개하고자 하는 주 목적이 드러난다. 정답은 (a)이다.

composition 악곡 songwriter 작사[작곡]가 grew up 자라다 plains 평지, 평원, 대초원 plumber 배관공 pursue 쫓다, 추구하다 vital 중요한

정답 (a)

3 A woman in Crete reported being robbed by a man with a gun. The woman claimed the robber stole her purse, $400 and a cellular phone. However, the police began to question the woman's honesty when she told them that the thief had taken $500 and did not tell them about the cellular phone. Eventually they realized that there was no thief. The woman had lied to hide the fact that she lost the money gambling. The woman was arrested for misleading the investigators.

Q. Why was the woman arrested?

(a) She lied to the police.

(b) She stole money and a cellular phone.

(c) She had a gun.

(d) She gambled.

크레타 섬의 한 여성이 총을 든 남성에게 강도를 당했다고 신

고했습니다. 그 여성은 400달러와 휴대전화가 든 손가방을 강탈당했다고 주장했습니다. 그러나 강도가 500달러를 훔쳤다고 말하면서 휴대전화에 대해서는 말하지 않자 경찰은 그 여성의 진실성에 의심을 품기 시작했습니다. 결국 경찰은 애당초 강도가 없었음을 알게 되었습니다. 그 여성은 도박으로 돈을 잃은 사실을 숨기기 위해 거짓말을 했던 것입니다. 그 여성은 수사혼란을 일으킨 혐의로 체포되었습니다.

Q. 여자는 어떤 혐의로 체포되었는가?

(a) 경찰에게 거짓말을 했음

(b) 돈과 휴대전화를 훔쳤음

(c) 총을 소지했음

(d) 도박을 했음

🔑 여자가 도박을 한 것은 맞으나 arrested for라는 숙어 다음에 gambling 관련 표현이 없으므로 (d)는 정답이 아니다. 대신 마지막에 arrested for misleading the investigators 라고 되어 있으며, 바로 앞의 문장 the woman had lied가 설명하고 있다. 정답은 (a)이다.

claim 주장하다 question 심문하다 honesty 정직
eventually 결국 hide 감추다 gambling 도박 arrest 체
포하다 misleading 혼동케 하는 investigator 수사관

정답 (a)

4 Here is your weather for the week. On Monday, there will be a mix of hail and rain with a 60% chance of snow. The temperature is expected to reach thirty degrees. Tuesday will bring more of the same, with a high of twenty-eight degrees. A low-pressure system on Wednesday will bring more rain and less sunshine for the upcoming weekend.

Q. Which is correct according to the talk?

(a) Hail is expected Saturday.

(b) Sunday will be cloudy.

(c) There will be snow this weekend.

(d) Monday will be warmer than Tuesday.

한 주간 날씨를 알려드립니다. 월요일에는 강설 확률 60퍼센트와 함께 싸락눈과 비가 함께 내리겠습니다. 기온은 30도에 이를 것으로 보입니다. 화요일 역시 비슷한 날씨와 함께 최고 기온 28도가 예상됩니다. 수요일에 발생하는 저기압의 영향으로 다가오는 주말에는 더 많은 비가 오고 일조량이 적을 것으로 예상됩니다.

Q. 담화의 내용과 일치하는 것은?

(a) 토요일에 싸락눈이 예상된다.

(b) 일요일은 날이 흐릴 것이다.

(c) 이번 주말에 눈이 예상된다.

(d) 월요일은 화요일보다 따뜻할 것이다.

🔑 싸락눈이 예상되는 날은 월요일이므로 (a)와 (c)는 답이 아니다. weekend에는 more rain and less sunshine이 있을 것이다. less sunshine만 듣고 (b)를 정답으로 고르지 않도

록 한다. 월요일은 30도, 화요일은 28도라는 정확한 정보가 있으므로 정답은 (d)이다.

hail 싸락눈, 우박 temperature 온도 low-pressure 저기
압 upcoming 다가오는

정답 (d)

5 Safety is always a top priority at work, especially after the recent incidents at our factory. Tomorrow during our morning meeting, Sam Jackman of the National Council for Safety will present important workplace safety rules to help prevent future accidents. This meeting is required for all employees. The meeting will begin at 9 a.m. with coffee and rolls from Delina's Bakery. We look forward to seeing you tomorrow.

Q. What can be inferred from the talk?

(a) The company is proud of its safety record.

(b) The company has experienced safety problems.

(c) The meeting is a lunch meeting.

(d) The meeting is optional.

안전은 작업 현장에서 제일 우선순위입니다. 특히 우리 공장에서 최근에 일어난 사고들 이후 더욱 그렇습니다. 내일 조회 시에 전국 안전 협의회에서 오시는 샘 잭슨 씨가 앞으로의 사고를 방지하는 데 도움이 되는 작업 현장에서의 중요한 안전 수칙에 대해 알려주시겠습니다. 이 모임에 전 직원이 참석해야 합니다. 모임은 아침 9시에 시작하며 델리나 제과점의 커피와 롤케이크가 제공될 것입니다. 내일 만나 뵙겠습니다.

Q. 담화로부터 추론할 수 있는 것은?

(a) 회사는 자신들의 안전기록에 대해 자랑스럽게 여긴다.

(b) 회사에 안전 문제가 있었다.

(c) 모임은 점심 모임이다.

(d) 모임은 선택사항이다.

🔑 안전교육모임이 morning meeting이며 9 a.m.에 시작하며 required for all employees라고 했으므로 (c)와 (d)는 정답이 아니다. 앞부분에서 recent incidents라는 표현을 보아 최근에 안전문제가 있었음이 분명하다. 정답은 (b)이다.

top priority 최우선 work 직장 incident 사건
workplace 작업장 safety rules 안전규칙

정답 (b)

UNIT 25 전화자동응답 및 기타 문제

1 Hi, Dad. I've been attempting to reach you all night. I just wanted to let you know that I had to go to the doctor today. I was carrying a box of groceries down the stairs when I tripped and fell and broke my arm. I'm feeling okay now but I'll have to wear a brace for the next ten weeks. Hopefully I won't require an operation. Anyway, I hope your vacation is going well and there isn't too much rain. Please call me when you hear this message. I love you.

Q. How was the speaker injured?

(a) She tripped on a box.

(b) She had an accident while on vacation.

(c) She fell down the stairs.

(d) She slipped at the grocery store.

아빠, 밤 내내 전화 연결 시도했어요. 제가 오늘 병원에 갔다는 사실을 말씀드리려고 그랬어요. 야채 상자를 들고 계단을 내려오다가 발이 걸려 넘어져 팔이 부러졌어요. 지금은 괜찮은데 앞으로 10주간은 부목을 대고 지내야 해요. 다행이 수술은 할 필요 없대요. 어쨌든 휴가 잘 보내시고요, 비가 심하지 않았으면 좋겠네요. 이 메시지 들으시면 전화주세요. 사랑해요.

Q. 전화 건 사람이 부상당한 경위는?

(a) 상자에 발이 걸려 넘어졌다.

(b) 휴가 중에 사고를 당했다.

(c) 계단에서 넘어졌다.

(d) 상점에서 미끄러졌다.

⟳ 예제에 나온 단어들이 메시지 안에 다 등장하므로 주의 깊게 들어야 한다. 특히 box, groceries, tripped가 모두 한 문장에 등장하는데, carrying a box of groceries down the stairs를 정확히 들으면 (a)나 (d)는 정답이 아님을 알 수 있다. 정답은 (c)이다.

attempt 시도하다 **trip** (발이) 걸리다, 걸려 넘어지다 **arm** 팔 **brace** 부목 **operation** 수술

정답 (c)

2 This is a message for Edward Grant. The floral sofa you purchased has just been shipped to our warehouse. There is some concern, because it was torn while being taken off the truck. We can give you a twenty percent rebate, if you'd like. You would need to come down and examine the scratch, though. The other alternative is to wait five weeks until another sofa can be delivered. Please give me a call at your convenience.

Q. Which is correct according to the talk?

(a) The sofa was damaged.

(b) A new sofa can be designed in five months.

(c) Edward will receive a discount on the sofa.

(d) The sofa arrived at the warehouse last week.

에드워드 그랜트 씨에게 남기는 메시지입니다. 고객님이 구입하신 꽃무늬 소파는 저희 물류창고로 보내졌습니다. 약간 걱정되는 부분은 트럭에서 물건을 내리는 동안 물건이 찢어졌습니다. 원하신다면 물건가의 20퍼센트를 환급해드리겠습니다. 하지만 고객님께서 오셔서 긁힌 부분을 살펴보셔야 할 것 같습니다. 또 다른 선택사항은 다른 상품이 배달될 때까지 5주를 기다리는 것입니다. 그럼 편하신 때에 답장 부탁드립니다.

Q. 담화의 내용과 일치하는 것은?

(a) 소파가 파손되었다.

(b) 새 소파가 5개월 안에 디자인될 것이다.

(c) 에드워드는 소파를 세일 가격으로 받게 될 것이다.

(d) 소파는 지난주에 물류창고에 도착했다.

⟳ 우선 five months는 언급되지 않으므로 (b)는 정답에서 제외된다. Discount 받을 수는 있지만 에드워드는 아직 discount와 새 물건 구입 사이에서 결정한 상태가 아니므로 (c)가 정답이 될 수 없다. Has just been shipped는 방금 보내졌다는 뜻이므로 (d)도 정답이 아니다. 정답은 (a)이다.

floral 꽃무늬의 **warehouse** 창고 **concern** 걱정 **tear** 찢다 **rebate** 환불 **scratch** 할퀸 상처 **alternative** 대안

정답 (a)

3 Hi, Mom. I'm just writing to wish you a happy anniversary. I regret that I can't come to your party. My job has been a little hectic these days. Recently, I went on a business trip to Paris. What a fascinating place! I wish I had had more opportunities to travel instead of spending all of my time in conferences. But the trip was a success, and we signed a new multi-billion dollar deal. Anyway, I'm eagerly awaiting your visit here next year. It's been a long time since we've seen each other. Well, I need to go. I'll write again later.

Q. According to the message, what is correct about the speaker?

(a) She travels often for pleasure.

(b) She recently saw her mother.

(c) She lives in Paris.

(d) She recently returned from a trip.

엄마, 결혼기념일 축하드리려고요. 파티에 못가서 죄송해요. 요즘 제 일이 좀 바빴어요. 최근에는 파리로 출장을 다녀왔어

요. 정말 멋진 곳이에요. 세미나 다니느라 시간 보내는 대신 여행할 수 있는 기회가 더 많으면 좋겠어요. 출장은 성공적이어서 수억 달러짜리 거래를 계약했어요. 어쨌든 다음 해에 엄마가 이곳에 오실 때가 정말 기다려져요. 못 뵌 지 너무 오래된 것 같아요. 이제 그만 줄여야겠어요. 다시 편지 드릴게요.

Q. 메시지 내용을 볼 때 화자에 대해 옳은 내용은?

(a) 즐기기 위해 여행을 자주 한다.

(b) 최근에 어머니를 만났다.

(c) 파리에 거주하고 있다.

(d) 최근에 여행을 다녀왔다.

○ Business trip to Paris와 I wish I had had more opportunities to travel이라는 표현을 들으면 (a)와 (c)는 틀린 내용임을 알 수 있다. It's been a long time since we've seen each other는 마지막으로 본 후 오랜 시간이 지났다는 뜻이므로 (b)도 아니다. 정답은 (d)이다.

anniversary 기념일 hectic 몹시 바쁜 fascinating 매혹적인, 황홀한

정답 (d)

4 Good morning, Ms. Patterson. My name is James Park, director of customer relations at Green Stores. I'd like to apologize for the complaint you submitted concerning the incident at our store last week. Charles Lee is usually a conscientious, helpful salesman. But I think he is going through some family problems recently. Even though that does not excuse his conduct, I promise that Charles understands how to be polite and am confident that what transpired will never happen again.

Q. Which is correct according to the talk?

(a) Ms. Patterson made a complaint.

(b) Charles was demoted.

(c) Ms. Patterson has family problems.

(d) Charles reported an incident.

안녕하세요, 패터슨 부인. 저는 그린스토어즈 고객관리 부장 제임스 파크입니다. 지난주 저희 매장에서 일어난 일도 고객님께서 접수하신 불만과 관련하여 사과드리고자 합니다. 찰스 리 직원은 평상시에 성실하고 도움이 되는 판매원입니다. 하지만 최근에 가정에 문제를 겪고 있는 듯합니다. 물론 그것이 그의 행동을 정당화할 수는 없으나, 그가 어떻게 예의를 갖추어야 하는지 잘 알고 있음을 제가 보장해드리며, 이런 일이 앞으로 다시는 일어나지 않을 것이라고 확신합니다.

Q. 담화의 내용과 일치하는 것은?

(a) 패터슨 부인이 불만을 접수시켰다.

(b) 찰스의 직위가 강등되었다.

(c) 패터슨 부인은 가정에 문제가 있다.

(d) 찰스는 사고에 대해 보고했다.

○ The complaint you submitted에서 you는 Charles가

아니라 Ms. Patterson이다. 따라서 정답은 (d)가 아닌 (a)이다. He is going through some family problem에서 he는 Charles이므로 (c)는 틀린 내용이며 Charles가 처벌받았다는 내용은 일체 없으므로 (b)도 틀린 내용이다.

apologize 사과하다 complaint 불만 submit 제기하다, 제출하다 concerning ~에 관해서 incident 사건 conscientious 성실한, 양심적인 go through 겪다 excuse 변명하다 conduct 행위 confident 확신하고 있는 transpire (사건) 일어나다 demote 강등시키다

정답 (a)

5 Hi, Sara, this is Joe. I'm afraid I will not be able to meet for lunch today. My vehicle's transmission is acting strange, and I have to take it to the mechanic before the holiday to have it fixed. I'm leaving the store now at 11:00, and I don't think I'll get back to the apartment until around 3:00. The mechanic offered me a rental van, so don't worry about picking me up at the shop. Alright, see you tomorrow. Goodbye.

Q. What can be inferred from the talk?

(a) Joe and Sara live in the same apartment.

(b) Sara will need to pick up Joe at the shop.

(c) Joe will eat dinner with Sara.

(d) Joe should be home before 4:00.

안녕 사라, 나 죠야. 오늘 점심에 만나지 못할 것 같다. 내 차에 변속장치가 좀 이상해서 휴일 되기 전에 정비소에 가서 수리해야 해. 지금 오전 11시에 출발하는데 3시 정도에도 돌아오지는 못할 것 같다. 정비사가 렌트카를 제공해줬으니까 정비소로 날 데리러 오진 않아도 돼. 그럼 내일 보자. 안녕.

Q. 담화로부터 추론할 수 있는 것은?

(a) 죠와 사라는 같은 집에 산다.

(b) 사라가 정비소로 가서 죠를 데려와야 한다.

(c) 죠는 사라와 함께 저녁을 먹을 것이다.

(d) 4시 이전에는 죠가 집에 있을 것이다.

○ 자동차 정비 때문에 until around 3:00에도 죠가 apartment에 못 돌아갈 것 같다는 말은 최소한 4시에는 집에 있을 것이라는 뜻이 되므로 정답은 (d)이다. Picking me up에 대해서는 don't worry하라면서 see you tomorrow라고 인사했으므로 (a), (b), (c)는 옳지 않다.

transmission (자동차) 변속기 mechanic 수리공, 정비사 pick up (차로 사람을 데리러) 마중 나가다

정답 (d)

1 Home canning is the best way to save and savor

the crispness and flavor of summer veggies. And now, canning is easier than ever before. Boil-in-the-box canning is the perfect solution to those new to the world of making preserves. However, for those with a few years of canning experience under their belts, the traditional way of preparing brine and pressure-cooking canned goods might be preferred. However you prepare your vegetables, the following tips will ensure a fun and tasty canning day.

Q. Which is correct according to the talk?

(a) Canning preserves foods for winter.

(b) Canning preserves the vitamins and minerals in fresh vegetables.

(c) Boil-in-the-box canning does not require cooking.

(d) Boil-in-the-box canning is best for beginners.

집에서 통조림 만들기는 여름철 채소의 아삭아삭함과 맛을 보존하고 음미할 수 있는 최고의 방법입니다. 이제 통조림 만들기는 한층 더 쉬워졌습니다. 상자 안에서 끓이는(boil-in-the-box) 통조림 제작법은 조림 만들기 세계로 입문한 분들에게 완벽한 해답입니다. 하지만 수년간의 통조림 제작 경험이 있는 분들에게는 소금물을 준비하고 조림된 음식을 압력 요리를 하는 전통적 방식을 더 선호할는지 모릅니다. 하지만 당신이 채소를 준비하십시오. 다음의 조리법이 즐겁고 맛있는 통조림 만드는 날이 될 것입니다.

Q. 담화의 내용과 일치하는 것은?

(a) 통조림은 겨울철 음식을 저장한다.

(b) 통조림은 신선한 채소의 비타민과 미네랄을 보존한다.

(c) 상자 안에서 끓이는 통조림 제작법은 조리가 필요 없다.

(d) 상자 안에서 끓이는 통조림 제작법은 초보자에게 알맞다.

✪ Canning은 summer veggies를 오래 보존하는 방법이다. 통조림의 장점은 영양소 보존보다는 야채의 crispness와 flavor의 유지에 있다. Boil-in-the-box가 cooking을 안 하는 조리법이라는 말은 등장하지 않는다. Those new to the world의 동의어는 beginners이다. 정답은 (d)이다.

canning 통조림 제조 savor 맛 crispness 아삭아삭함 veggies 야채 preserves (병, 통)조림 under one's belt 경험하여 brine 소금물 pressure-cook 압력밥솥 등으로 요리하다 ensure 보증하게, 확실하게 하다 session 회기

정답 (d)

2 Before you buy your tickets to Taiwan, you should carefully consider the risks of typhoons during the rainy season. People who cannot delay their travels or choose to visit the country during this time should prepare in advance. Even those areas to the north and away from the coast are at risk for heavy rains, strong winds, and flooding. Use extreme care when going out into the water to snorkel, scuba dive, or boat.

Q. What is the main purpose of the talk?

(a) To promote Taiwanese tourism.

(b) To explain the causes of typhoons.

(c) To advertise fun water activities in Taiwan.

(d) To warn about the dangers of rainy season travel.

대만 행 항공권 구입에 앞서서 신중히 고려해야 할 것은 우기에 찾아오는 태풍의 위험입니다. 여행을 연기할 수 없거나 이 시기에 여행을 해야만 하는 사람들은 앞서 준비해야 합니다. 심지어 해안선에서 멀리 떨어진 북부지방에도 폭우와 강풍 및 침수의 위험이 있습니다. 스노클, 스쿠버다이빙 또는 보트타기를 즐기려고 물에 들어가실 때 매우 조심하시기 바랍니다.

Q. 담화의 주요 목적은?

(a) 대만 관광객 유치

(b) 태풍의 원인 설명

(c) 대만에서의 즐거운 수상활동 광고

(d) 우기에 하는 여행의 위험성에 대한 경고

✪ 본 담화의 목적은 결국 맨 마지막에 등장한다. Use extreme care라는 표현은 warning이므로 정답은 (d)이다.

typhoon 태풍 rainy season 우기 in advance 미리 flooding 홍수, 범람

정답 (d)

3 Windspeed Digital is now offering an exciting way for people to place telephone calls with your home's digital cable and internet network. This service is as convenient and simple as it is affordable. You don't have to change your phone or number, and for a limited time, you can call free within the continental US. In addition, features like call waiting and call forwarding ensure that you never miss that important call while keeping you connected to the ones you love.

Q. What can be inferred from the talk?

(a) Customers need Windspeed internet to use the service.

(b) The offer is for new customers only.

(c) Call waiting is usually expensive.

(d) Windspeed is the most affordable service.

윈드스피드 디지털이 이제 여러분 가정에 디지털 케이블과 인터넷 네트워크를 통해 전화통화를 할 수 있는 짜릿한 방법을 제공합니다. 이 서비스는 저렴한 가격은 물론 사용하기 편리하고 간단합니다. 전화기나 전화 번호 교체를 필요로 하지 않습니다. 또한 일정 기간 동안 미국 대륙 내에 모든 통화를 무료로 하실 수 있습니다. 추가로 통화대기 또는 수신전한 기능은 여러분이 사랑하는 사람과 연결되어 있는 동안 중대한 전화를 결코 놓치지 않게 할 것입니다.

Q. 담화로부터 추론할 수 있는 것은?

(a) 사용 고객은 윈드스피드 인터넷을 설치해야 본 서비스를 사용할 수 있다.

(b) 이 가입조건은 신규 가입자만을 위한 것이다.

(c) 통화대기 서비스는 보통 값비싸다.

(d) 윈드스피드는 가장 적절한 가격의 서비스이다.

✿ New customers나 call waiting의 가격 시세는 광고에서 전혀 언급되지 않았다. 또한 윈드스피드가 affordable하다고 했을 뿐 most affordable하다고 하진 않았다. 대신 전화를 인터넷에 연결해 쓰려면 자사 인터넷 사용이 전제되어야 한다. 정답은 (a)이다.

convenient 편리한 affordable (가격이) 알맞은 continental 대륙의 feature 특징, 특색

정답 (a)

4 Rediscover an old family favorite during the Valleyfair Amusement Park's summer special. Help us celebrate our 30th birthday. We are the biggest park in Montana with six rollercoasters and a new kiddie park. Try your luck in our arcade or soak up some sun at our water park. For one low price, you can experience unlimited rides for unlimited fun. Your admission also covers the cost of the Park Performers. They sing, they dance, they are great fun for all ages.

Q. What is not included with the price of admission?

(a) The kiddie park.

(b) The Park Performers.

(c) The water park.

(d) The concession stand.

벨리페어 놀이동산 여름축제 기간 동안 가족의 옛 즐거움을 재발견하십시오. 저희의 30주년을 축하하는데 동참하십시오. 저희는 몬타나 주에서 가장 큰 공원으로서 여섯 개의 롤러코스터와 새로운 어린이용 놀이동산을 갖추고 있습니다. 게임센터에서 경품에 도전해보거나 물놀이공원에서 일광욕을 즐기십시오. 낮은 가격으로 무제한 놀이기구를 무제한으로 즐기십시오. 여러분의 입장권은 파크 퍼포머스의 공연관람비용도 포함된 가격입니다. 모든 연령이 즐길 수 있는 파크 퍼포머스의 노래와 춤을 즐기십시오.

Q. 입장료에 포함되지 않은 것은?

(a) 어린이 놀이공원

(b) 파크 퍼포머스 공연

(c) 물놀이공원

(d) 공원 매점

✿ 본 광고는 놀이동산에 입장하면 즐길 수 있는 것들이 소개되어 있다. 하지만 concession stand의 무제한 이용권도 입장료에 포함되어 있다는 언급은 없다. 정답은 (d)이다.

amusement park 놀이공원 kiddie 아이 arcade 게임

센터 soak up some sun 햇볕을 빨아들이다 = 일광욕을 하다 ride 탈 것 admission 입장료 concession stand: (공원 등에 위치한) 매점

정답 (d)

5 SamIAm Children's Bookstore has been entertaining young readers for thirty years. For this special birthday, we are having a huge sale on for all of our loyal readers. Customers of all ages will receive a bookmark marked with savings between 20 and 80% off for their next purchase. These savings are good for everything in stock from our beginning readers to our bargain blow-outs, and even our newest additions in the teen section. Check out our expanding graphic novels or our classics. Come on down to the bookstore today!

Q. What is the talk mainly about?

(a) Advertising a birthday sale.

(b) Advertising new stock.

(c) Thanking loyal customers.

(d) A bookstore that is closing.

샘아이엠 어린이서점은 30년 동안 어린 독서가들의 즐거움이 되어왔습니다. 30주년 특별행사로 단골 고객들을 위해 큰 할인행사를 갖고 있습니다. 전 연령의 고객들이 다음 번 도서 구입 시 사용할 수 있는, 20에서 80퍼센트 할인 표시가 된 책갈피를 받게 될 것입니다. 이 할인 행사는 초보용 서적으로부터 세일행사품목에 이르기까지, 심지어 청소년 코너의 신간 등 모든 상품에 적용됩니다. 다량의 그림 소설 또는 고전 서적을 살펴보십시오. 오늘 저희 매장을 방문해보십시오.

Q. 이 담화는 주로 무엇에 관한 것인가?

(a) 창립기념 세일 광고

(b) 신상품 광고

(c) 단골 고객들에 대한 감사

(d) 폐업을 하는 서점

✿ Special birthday라는 표현과 huge sale이라는 표현을 종합해서 보면 a birthday sale이 가장 적합하다. 정답은 (a)이다.

bookmark 서표, 장서표 purchase 구매 good for 유효한 blow-out 큰 잔치 section 구역, 지구

정답 (a)

6 Metro Star Ride is excited to present additional savings for adult weekly pass riders. The program, called Weekend Rental provides affordable and convenient rental deals for adults who ride the bus to work during the weekdays. Now you can get rid of that clunker sitting abandoned in your garage once and for all, because with the rental program, people who only drive occasionally can rent a car for their special weekend outings.

Q. Which is correct according to the talk?

(a) Children are also eligible for the program.

(b) Metro Star provides weekday bus services.

(c) Rental cars are only available on weekends.

(d) Renting a car is less economical than owning.

메트로스타라이드는 주간 정액권 성인이용자들을 위한 추가 할인혜택을 소개하게 되어 매우 기쁘게 여깁니다. 주말 렌탈이라고도 불리는 이 프로그램은 주중에는 버스를 타고 출퇴근을 하는 사람들을 위한 저렴하고 편리한 대여조건을 마련해줍니다. 이제 당신 차고에 잠자고 있는 오래된 차는 완전히 처분하십시오. 저희 자동차 렌트 프로그램을 통해 거의 가끔씩만 운전하시는 분들이 특별한 주말여행을 위해 쓸 수 있는 자동차를 대여하실 수 있습니다.

Q. 담화의 내용과 일치하는 것은?

(a) 어린이도 프로그램 참가 자격이 있다.

(b) 메트로스타는 주간에 버스운행서비스를 제공한다.

(c) 렌터카는 주말에만 이용 가능하다.

(d) 차를 렌트하는 것은 소유하는 것보다 덜 경제적이다.

❂ 첫 문장에서 additional savings라는 표현을 보아 (d)는 정답이 아니다. Metro라는 회사 이름과 Weekend Rental이 for adults who ride the bus임을 볼 때, 이는 버스회사 Metro Star Rider가 주중 이용 성인고객을 위한 주말 렌트 할인 프로그램임을 알 수 있다. Weekend Rental이라고 해서 (c)처럼 주중에는 렌트 사업을 하지 않는다고 말할 수는 없다. 정답은 (b)이다.

present 소개하다 affordable 줄 수 있는, (가격) 알맞은 clunker 낡은 자동차 garage 차고 once and for all 단호하게, 한번만 occasionally 이따금 outing 소풍, 산책 be eligible for 적격의, 적임의

정답 (b)

7 Swiss researchers are currently testing a breakthrough treatment option for victims of stroke. If successful, the treatment could substantially increase victims' survival odds. The procedure involves removing and processing the victim's spinal cord fluid, which is treated to separate it from white blood cells. These cells are further processed and reinjected into the patient's brain. There is hope that such a procedure would spur the recovery process and rehabilitate damaged nerves.

Q. Which is correct according to the talk?

(a) Strokes lead to paralysis.

(b) The research increases life expectancy.

(c) Strokes cause nerve damage.

(d) The research is heavily funded.

스위스 연구원들은 현재 뇌졸중 환자를 위한 획기적인 치료 방법을 실험 중이다. 만일 성공한다면 그 치료법은 환자들의 생

존율을 상당히 끌어올릴 수 있게 된다. 치료과정은 환자의 척수액의 추출 및 가공을 포함하는데, 척수액에서 백혈구를 분리하는 과정을 거친다. 이 백혈구세포들은 추가 공정을 거친 후 환자의 뇌에 다시 주입된다. 이러한 방법이 회복과정에 박차를 가하고 손상된 신경을 복구시킬 수 있을 것으로 기대되고 있다.

Q. 담화의 내용과 일치하는 것은?

(a) 뇌졸중이 전신마비를 초래한다.

(b) 연구는 수명을 연장시킨다.

(c) 뇌졸중은 신경을 손상시킨다.

(d) 연구에 막대한 금액이 투자되었다.

❂ 우선 paralysis나 fund에 대한 언급은 담화에 등장 안 한다. 이 research는 survival odd를 increase할 것으로 기대된다. 이 치료 결과 damaged nerve를 회생시킬 것으로 기대된다는 내용을 볼 때 정답은 (c)이다.

breakthrough 큰 발전, 약진 victim 피해자 stroke 뇌졸중 substantially 충분히 odd 가능성 procedure 절차, 진행 remove 제거하다 process 가공하다 spinal cord fluid 척수액 white blood 백혈구 spur 자극하다 rehabilitate 원상 복귀시키다 nerve 신경

정답 (c)

8 The continued flooding of the Red River Valley has brought all of the Midwestern plains to its knees. In an area heavily dependant upon controlled flooding for agricultural purposes, the unending rains of March and April have produced catastrophic flooding. Water has risen as high as ten feet in places. Entire buildings have literally been swept away. Children cannot go to school, farmers have no crops left to care for. The entire region is in shock.

Q. What is the talk mainly about?

(a) The cause of last year's poor harvest.

(b) The effect of too much rain in the Midwest.

(c) The erratic weather in the Midwest.

(d) Flooding causes severe property damages.

레드리버벨리에 계속되는 홍수가 중서부 평야 대부분의 무릎을 꿇게 했습니다. 농사 목적으로 홍수 통제에 크게 의존하고 있는 지역에서는 3월과 4월 간 끊임없는 호우가 재앙에 가까운 홍수를 초래했습니다. 수위는 지역에 따라 10피트 높이에 이르렀습니다. 대부분의 건물들은 말 그대로 떠내려갔습니다. 아이들은 학교에 갈 수 없고 농부들은 모든 농작물을 잃었습니다. 전 지역이 충격에 빠졌습니다.

Q. 담화의 주요 내용은?

(a) 작년 흉작의 원인

(b) 중서부 지역의 과도한 호우의 결과

(c) 중서부의 변덕스러운 날씨

(d) 홍수가 심각한 재산피해를 내고 있다.

◐ 우선 내용은 올해 홍수 피해를 다루므로 (a)는 답으로서 부적절하다. 또한 unending rain을 erratic weather로 볼 수는 없다. 그리고 홍수가 분명 심각한 재산피해를 입히긴 했겠지만 재산피해액에 대한 언급은 없다. 정답은 (b)이다.

flooding 홍수, 범람 plains 평원, 평지 agricultural 농업의, 농사의 unending 끝없는 catastrophic 비극적인, 큰 재앙의 sweep away 쓸려 내려가다 erratic 변덕스러운

정답 (b)

9 Global warming has another devastating side effect. Projected increased water levels over the next quarter century threaten the thousands of micro-islands that make up Indonesia. Although the majority of the islands do not have human inhabitants, their loss is still extremely important to humans everywhere. Bearing this in mind, environmental leaders from several nations worldwide will be meeting in Cairo next week to address this all too serious threat.

Q. Which is correct according to the talk?

(a) The global warming trend is increasing.

(b) The islands will be destroyed by typhoons.

(c) People live on all of the islands.

(d) The islands can disappear in twenty five years.

지구 온난화는 또 다른 파괴적인 후유증을 가져옵니다. 다음 25년 간 예상되는 해수면 상승은 인도네시아를 구성하는 수천 개의 작은 섬들을 위협하고 있습니다. 물론 그 섬들 대부분은 무인도이지만 그 섬들의 상실은 모든 인간에게 매우 중대합니다. 이 사실을 잊지 않는 환경운동 지도자들이 다음 주 세계 여러 각국으로부터 카이로에 모여 이 모든 것을 심각한 위협으로 다루는 회의를 하게 될 것입니다.

Q. 담화의 내용과 일치하는 것은?

(a) 지구온난화 추세가 증가하고 있다.

(b) 태풍에 의해 섬들이 파괴될 것이다.

(c) 그 모든 섬들에 사람이 살고 있다.

(d) 25년 안에 그 섬들이 사라질 수 있다.

◐ 담화는 global warming의 trend가 아닌, 해수면 상승으로 섬들이 다음 quarter century (= 25년) 동안 파괴되는 부작용(side effect)에 대해 문제제기를 하고 있다. 다행히 그 섬들은 human inhabitant(인간 서식지)가 아니다. 이상의 내용과 맞는 것은 (d) 뿐이다.

global warming 지구 온난화 devastating 파괴적인 side effect 부작용 water level 수위, 수평면 threaten 위협하다 inhabitant 거주민 bear in mind 잊지 않다 threat 위협

정답 (d)

10 Good afternoon Mrs. Williams. I am phoning to share with you about the grand opening of a new

Lowe's Super store. In our launch efforts, your name came to our attention as being a particularly loyal client at our other locations, and we would like to say thank you for your support by offering you a $50 shopping spree redeemable at our newest location on 39th and O Street. We ask only that you complete a short questionnaire prior to your shopping experience.

Q. Which is correct according to the talk?

(a) The woman has won a sweepstakes

(b) The woman shops at the new store often.

(c) The woman must answer a survey to get the prize.

(d) The woman's name was picked at random.

안녕하세요, 윌리엄스 부인. 새로운 로우스 수퍼스토어의 그랜드오픈 소식을 알려드리고자 전화 드립니다. 개장 준비를 하는 중에 고객님이 다른 지역에 위치한 저희 매장에 특별 이용 고객이라는 사실을 알게 되어 고객님의 이름을 선별하게 되었습니다. 그간 성원에 감사하는 뜻으로 39가와 오가에 새로 개장된 저희 매장에서 마음껏 쇼핑하실 수 있는 50달러 상당 교환권을 제공해드리고자 합니다. 단 쇼핑을 시작하시기 전에 간단한 설문조사에 응해주시길 부탁드립니다.

Q. 담화의 내용과 일치하는 것은?

(a) 여자가 복권에 당첨되었다.

(b) 여자가 새로 개장한 상점을 종종 이용한다.

(c) 상품을 받기 전에 설문조사에 응해야 한다.

(d) 여자의 이름은 무작위로 뽑았다.

◐ 새 매장 오픈 기념으로 단골 고객을 선발하여 50달러 상당 쇼핑 쿠폰을 보낸다는 내용이다. 윌리엄스 부인은 our other locations의 단골이었다. 단지 쿠폰을 사용하기 전에 questionnaire에 답해야 하는데 questionnaire의 뜻을 알면 정답이 (c)임을 알 수 있다.

phone 전화하다 launch 진수하다, 개시하다 loyal client 단골 고객 redeemable 되살 수 있는 prior to 먼저

정답 (c)

11 Hello, I'm calling Mr. Peters on behalf of Dr. Lyons. This call is a reminder that you have a 9 a.m. appointment with the doctor this Thursday. If you are unable to keep this appointment or would like to reschedule, please call our office at 932-8744. We currently have openings on the same day at 3:30 and 5 p.m. if an afternoon appointment would be preferable to you. Thank you, and good night.

Q. Which is correct according to the talk?

(a) Mr. Peters can reschedule by telephone.

(b) Mr. Peters should call his doctor at 5 p.m.

(c) The appointment is scheduled for 3:30 p.m.

(d) There are no other available appointments.

안녕하세요. 라이온즈 박사님을 대신하여 피터스 씨께 연락을 드립니다. 선생님께서는 이번 주 목요일 오전 9시에 라이온즈 박사님과 약속이 잡혀 있음을 확인시켜드리려고 전화 드립니다. 만일 이 약속대로 만나시기 어려우시거나 일정을 다시 잡기를 원하신다면 저희 사무실에 932-8744로 연락 주시길 부탁드립니다. 만일 오후에 약속 잡기를 원하신다면 현재로서는 같은 날 오후 3시 30분과 오후 5시 일정이 비어 있습니다. 감사합니다. 안녕히 계십시오.

Q. 담화의 내용과 일치하는 것은?

(a) 피터스는 전화를 걸어 일정을 다시 잡을 수 있다.

(b) 피터스는 오후 5시에 의사에게 전화를 해야 한다.

(c) 진찰 일정은 오후 3시 30분에 잡혀 있는 상태이다.

(d) 예약 가능한 일정이 없다.

○ 후반부에 보면 reschedule을 원한다면 전화하라고 한다. 또한 원래 일정이 잡혀있던 same day에 3:30와 5 p.m.에 opening이 있다고 말한다. 이 사실에 부합하는 내용은 (a)이다.

on behalf of ~을 대신해서 appointment 약속 preferable 오히려 나은

정답 (a)

12 Mrs. Jennings, this is Christine from St. Bennedicts Elementary School, I am calling to inform you that your son did not show up for third grade today. If John is ill and at home, please call us so that we can change the attendance record. Our number is 489-0000. I know that your husband took him to the doctor yesterday, so I hope he is feeling better soon. Thank you.

Q. What does Christine think happened to John?

(a) He ran away from school.

(b) He is still sick and at home.

(c) He is truant.

(d) He forgot to come to school today.

제닝스 부인. 저는 세인트 베네딕트 초등학교에 크리스틴이라고 합니다. 댁의 아드님이 오늘 3학년 수업에 오지 않았기에 알려드리려고 전화 드립니다. 만일 존이 아파서 집에 있을 경우, 저희에게 전화를 주시면 출결기록을 수정하겠습니다. 전화번호는 489-0000입니다. 어제 남편께서 아이를 데리고 병원에 다녀오셨다는 것을 알고는 있습니다. 아이가 속히 쾌차하길 빕니다. 감사합니다.

Q. 크리스틴은 존에게 무슨 일이 일어났다고 생각하는가?

(a) 학교에서 달아났다.

(b) 여전히 아파서 집에 있다.

(c) 무단결석했다.

(d) 오늘 학교에 오는 걸 잊었다.

○ John이 학교에 오지 않았다는 사실을 말하자마자 if John is ill이라는 문구가 등장한다. 크리스틴은 존이 여전히 아플지

모른다고 생각하므로 정답은 (b)이다.

show up 나타나다 third grade 3학년 수업 ill 앓는 attendance record 출석부

정답 (b)

UNIT 26 의학 및 환경

1 Depression can be described as an ailment whose main symptom is excessive sadness. If someone is cheerful, he or she cannot be depressed! Easy! So how can you be cheerful? The answer is simple – you must try to be cheerful! Think about this: Depression is an ailment which only exists in your mind, and so the treatment lies with treating your mind. You are in charge of your thoughts and how you feel! Why would you blame others for making you feel sad? You choose what you think about and how you feel. You choose to be cheerful or glum.

Q. What is the main idea of the talk?

(a) Depression can be treated with medicine.

(b) People can control their depression.

(c) Excess sadness can lead to depression.

(d) It is easy to be cheerful.

우울증은 그 주요 증상이 지나친 슬픔의 병이라고 묘사될 수 있겠습니다. 만약 누군가가 명랑하다면 그 사람은 우울하다고 볼 수 없습니다! 얼마나 쉽습니까! 그럼 어떻게 명랑해질 수 있을까요? 답은 간단합니다. 명랑해지려고 노력하면 됩니다! 생각해보십시오. 우울증은 오직 당신 마음에 존재하는 병입니다. 그러므로 치료법은 마음을 다스리는 것에 있습니다. 당신의 생각 그리고 당신이 어떤 감정을 느끼는가는 당신의 소관입니다. 왜 당신의 슬픔에 대해 다른 사람의 탓으로 돌립니까? 무엇을 생각하고 어떻게 느끼는지는 당신이 선택하는 것입니다. 당신이 명랑해지거나 시무룩해지기로 선택하는 것입니다.

Q. 담화의 요지는 무엇인가?

(a) 우울증은 약으로 치료될 수 있다.

(b) 사람은 자신의 우울증을 통제할 수 있다.

(c) 지나친 슬픔은 우울증으로 이어질 수 있다.

(d) 명랑해지는 것은 쉽다.

✿ 우선 medicine에 대한 언급이 없으므로 (a)는 제외된다. (c)와 (d)는 내용상 옳지만 핵심은 아니다. You are in charge of your thoughts and how you feel! 이후 you choose라는 표현이 중복 등장한 것은 우울증 치료가 사람 마음먹기 달렸다고 말하려는 것이다. 정답은 (b)이다.

depression 우울, 우울증 ailment 병 symptom 증상 excessive 지나친 sadness 슬픔 cheerful 쾌활한, 명랑한 in charge of 책임지는 blame 나무라다, 비난하다 glum 시무룩한, 음울한

정답 (b)

2 Fellow colleagues, I am here today to warn you about the effects of global warming. As you have seen, climate change is threatening our standard of living. From increasingly deadly natural disasters to accelerated extinction of endangered species, we have all witnessed the effects of a changing climate firsthand. Although researchers today agree that global warming is an indisputable fact, there remains little consensus as to what must be done.

Q. What is the main point of the talk?

(a) Endangered species must be saved.

(b) Natural disasters cause climate change.

(c) Global warming must be addressed.

(d) Climate change has terrible consequences.

친애하는 동료 여러분. 오늘 저는 지구 온난화의 효과에 대해 경고하기 위해 이 자리에 섰습니다. 여러분도 보셨듯이 기후 변화는 우리 삶의 수준을 위협하고 있습니다. 심각하게 치명적인 자연재해로부터 멸종위기에 놓인 동식물들의 빠른 멸종에 이르기까지 우리 모두는 기후 변화의 효과들을 직접 목격해왔습니다. 비록 오늘날 학자들이 지구 온난화를 논란의 여지가 없는 사실이라는 점에 대해 동의함에도 불구하고, 어떤 조치가 있어야 할지에 대해서 합의를 이룬 것은 미미합니다.

Q. 담화의 요지는 무엇인가?

(a) 멸종위기의 동식물들은 보호되어야 한다.

(b) 자연재해가 기후 변화를 초래한다.

(c) 지구 온난화를 처리해야 한다.

(d) 기후 변화는 끔찍한 결과를 낳는다.

✿ 화자는 담화의 목적이 warn you about the effects of global warming이라고 말하면서 끝에서는 little consensus as to what must be done이라고 말하고 있다. 지구 온난화에 대해 무엇을 해야 할지 대책을 세우자는 기조이다. 정답은 (c)이다.

colleague 동료 warn 경고하다 global warming 지구 온난화 climate 기후 threaten 위협하다 deadly 치명적인 accelerated 속도가 붙은 extinction 사멸 endangered species 멸종 위기에 처한 종 witness 목격하다 firsthand 직접, 바로 indisputable 논란할 여지가 없는 consensus 일치 address (문제, 사안 등을) 다루다, 처리하다

정답 (c)

3 Geologists are claiming that there's an increasing chance that a deadly earthquake may strike along California's east border. Small earthquakes hit up and down the San Andreas fault line during the past month. The eastern portion of the fault is failing, creating additional stress to the west, which may result in a powerful earthquake. This phenomenon is known as Seasonal Tectonic Failure or STF, which occurs approximately every four months. These small earthquakes lead scientists to conclude that a major disaster may occur.

Q. Which is correct according to the talk?

(a) The San Andreas fault line is stable.

(b) Seasonal Tectonic Failure predicts earthquakes.

(c) A deadly earthquake will occur in four months.

(d) The eastern San Andreas fault line is failing.

지질학자들은 치명적인 지진이 캘리포니아 주 동쪽 경계를 따라 일어날 가능성이 증가하고 있다고 주장하고 있다. 지난 한 달 동안 작은 지진들이 산안드레아스 단층선을 따라 일어났다. 단층선의 동부지역이 균열되면서 서쪽에 부가되는 충격이 생성되는데 그 결과 강력한 지진이 일어날 수도 있다. 이는 계절적 구조균열이라고 알려진 현상으로서 대략 4개월에 한 번씩 발생한다. 이런 작은 지진들로 인해 과학자들은 대재앙이 일어날 수 있다고 결론짓고 있다.

Q. 담화의 내용과 일치하는 것은?

(a) 산안드레아스 단층은 안정적이다.

(b) 계절적 구조균열이 지진을 예고한다.

(c) 치명적인 지진이 4개월 안에 일어날 것이다.

(d) 동부 산안드레아스 단층선이 균열되고 있다.

○ 단층이 failing하는 상황은 (a)처럼 stable한 것이 아니며, Small earthquakes가 바로 the eastern portion of the fault is failing하는 상황이다. 담화 중 every four months는 있어도 (c)의 in four month는 없다. 내용은 둘째 치고 구문의 의미가 서로 다르다. 정답은 (d)이다.

geologist 지질학자 earthquake 지진 strike 강타하다 fault 단층 portion 부분 failing (지질현상에서 단층 등의) 균열 stress 압력 result in 결과를 낳다 phenomenon 현상 disaster 재앙

정답 (b)

4 Cancer is usually hereditary, which means it may be passed on through your genetic material. However, just because a grandparent or cousin might have cancer, that does not necessarily mean you will definitely develop it, too. People usually do not inherit a particular type of cancer, just the chance of having cancer. If your family physician believes that you might have cancer, he or she will probably refer you to an oncologist, a doctor who specializes in cancer treatment, for additional testing.

Q. What can be inferred from the talk?

(a) The risk of cancer is inherited from parents.

(b) Family physicians do not diagnose cancer.

(c) Children develop the same type of cancer as their parents.

(d) The risk of cancer increases with poor diet.

암은 보통 유전적이다. 이 말은 유전자를 통해 전달될 수 있다는 뜻이다. 하지만 조부모나 사촌이 암을 가졌다고 해서 당신에게도 반드시 암이 발생한다는 뜻은 아니다. 일반적으로 사람은 특정한 종류의 암을 물려받지 않는다. 단지 암이 발병할 가능성만 있을 뿐이다. 만일 당신 가족의 주치의가 당신에게 암이 있을 수 있다고 믿는다면, 의사는 추가 검사를 위해 당신을 암 치료를 전문으로 하는 종양학자에게 소개해줄 것이다.

Q. 담화로부터 추론할 수 있는 것은?

(a) 암 발병 가능성은 부모로부터 물려받는다.

(b) 가정주치의는 암 검사를 하지 않는다.

(c) 자녀들은 부모가 앓은 같은 종류의 암을 앓는다.

(d) 형편없는 식생활은 암 발병 가능성을 높인다.

○ 주치의가 의심환자를 추가 검사를 받도록 전문의에게 보낸다는 말은 기본 암 검사 실시를 전제하므로 (b)는 정답이 아니다. People usually do not inherit a particular type of cancer, just the chance of having cancer라는 문장은 (c)는 정답이 아니고 (a)가 정답임을 말해준다.

hereditary 유전적인 definitely 명확히 inherit 물려받다 oncologist 종양학자 specialize in 전공으로 하다

정답 (a)

5 A long term study has linked daily exercise to academic excellence. High school students who fail to exercise at least one hour a day are seen to be more tired and less studious in the classroom. This emphasizes the importance of fitness, especially in teenagers. Researchers are currently debating whether responsibility to make teens exercise should rest with the parents or the school board.

Q. What can be inferred from the talk?

(a) Excessive exercise limits studies.

(b) Parents are responsible for students' fitness.

(c) Active students achieve the highest grades.

(d) Failure to exercise may result in lower grades.

오랫동안 시행된 한 연구는 일일 운동을 학업 성취와 관련지었다. 매일 최소 한 시간의 운동도 하지 못하는 고등학생들은 수업 중에 더 피곤해하고 공부에 덜 힘쓰는 것으로 나타났다. 이는 특히 십대들의 건강의 중요성을 강조하고 있다. 현재 연구자들은 십대들이 운동을 하게 만드는 책임이 부모에게 있는지 아니면 교육위원회에게 있는지를 두고 논쟁 중이다.

Q. 담화로부터 추론할 수 있는 것은?

(a) 지나친 운동은 공부에 제약을 준다.

(b) 학생의 건강을 책임져야 한다.

(c) 활동적인 학생이 최고 점수를 달성한다.

(d) 운동하기에 실패하면 성적이 떨어질 수 있다.

◎ Students who fail to exercise가 학업성취가 낮다는 내용이므로 (a) 내용은 정반대이다. (b)처럼 부모가 학생 건강을 책임져야 할지는 여전히 debating의 대상이라고 말한다. Active는 운동을 잘 한다는 뜻이 아니라 성격이 적극적이고 활발하다는 뜻이다. 정답은 (d)이다.

link 연결[결부]시키다 exercise 운동 academic 학문적인 excellence 우수, 탁월 studious 공부하기 좋아하는 emphasize 강조하다 fitness 건강함 debate 논쟁하다 responsibility 책임 rest with (책임) ~에게 달려 있다 school board 교육위원회

정답 (d)

→ ACTUAL TRAINING

1 In the late winter of 1692, several hysterical girls in Salem Village, Massachusetts, began accusing women in their community of bewitching them. Belief in witchcraft was common in both the new and the old worlds. By the summer, more than 150 people were accused of witchcraft – mostly women, ranging from poor widows to the governor's wife – and nineteen people were hanged.

Q. What is the main idea of the talk?

(a) Witches from Salem Village were evil in 1692

(b) Only women could be witches in 1692

(c) The death penalty should be banned

(d) The people of Salem Village believed in witches in 1692

1692년 늦은 겨울에, 매사추세츠 주 살렘 빌리지에 사는 몇몇 흥분한 여자아이들은 마을에 사는 여자들이 자신들에게 요술을 걸었다고 비난하기 시작했다. 요술에 대한 믿음은 신세계나 구세계 모두 일반적이었다. 여름까지, 150명도 넘는 사람들이 요술을 걸었다고 고소를 당했는데, 대부분이 가난한 과부에서 주지사의 부인에 이르는 여자들이었다. 그리고 19명이 교수형을 당했다.

Q. 담화의 주제는 무엇인가?

(a) 살렘 빌리지에 사는 마녀들은 1692년에 흉악했다.

(b) 1692년에 여자만 마녀가 될 수 있었다.

(c) 사형제도는 금지되어야 한다.

(d) 살렘 빌리지 사람들은 1692년에 마녀를 믿었다.

○ 지문을 보면 마녀들이 흉악했다는(evil) 증거는 없고, witchcraft에 넘어간 것이 여성이지 여성만이 마법사가 될 수 있었던 것은 아니다. 따라서 (a)와 (b)는 정답이 아니다. 이들이 사형을 당했지만 사형을 금지해야 한다는 말은 아니므로 (c)도 정답이 아니다. 요술에 대한 믿음이 일반적이었다고 했으므로 (d)가 정답이다.

hysterical 병적으로 흥분한, 히스테리의 accuse 비난하다, 책망하다, 고소하다 bewitch 요술을 걸다, 매혹시키다 belief 믿음, 확신, 신념 witchcraft 마법, 요술 widow 과부, 미망인 governor 주지사, 통치자 hanged 교수형에 처하다

정답 (d)

2 Several weeks ago, four New York businessmen realized that corporate America's future is dependent upon the dreams of America's inner-city children, and that they cannot stand idly by. Deciding a solid education is the answer, they visited North Metro to begin a new corporate involvement program. Here they will open a new inner-city school as a kind of pilot project. They are hopeful that they can create a way to revive and strengthen the country's less than successful public schools.

Q. What is the main idea of the report?

(a) A new school is opening for inner-city children.

(b) Four businessmen have opened a gym for inner-city children.

(c) Inner-city children receive sub-par schooling.

(d) Corporate involvement is the best way to strengthen education.

몇 주 전, 네 명의 뉴욕 기업인은 미국 기업의 미래는 도심 어린이들의 꿈에 달려 있으며 더 이상은 방관할 수 없다는 것을 깨달았다. 견실한 교육이 정답이라고 믿고 새로운 기업 후원 프로그램을 실시하기 위해 노스 메트로를 방문했다. 이곳에서 그들은 파일럿 프로젝트의 일종인 새로운 도심 학교를 열 것이다. 망해 가는 공립학교를 되살리고 강화할 방법을 만들 수 있을 것으로 그들은 기대를 하고 있다.

Q. 이 보고서의 요지는 무엇인가?

(a) 도심 어린이를 위한 새로운 학교가 세워진다.

(b) 네 명의 기업인들이 도심 어린이를 위한 체육관을 열었다.

(c) 도심 어린이들은 표준 이하의 학교 교육을 받는다.

(d) 기업의 후원이 교육을 강화하는 가장 좋은 방법이다.

○ 뉴욕의 기업인 네 명이 미국 기업의 장래가 도심 어린이들의 꿈에 달려있다고 판단하고 견실한 교육을 위해 애쓰고 있다는 내용이다. (b)와 (c)는 보고서에서 나오지 않으므로 정답이 될 수 없다. (d)는 지나친 결론을 내리고 있다. 정답은 (a)이다.

dependent upon ~에 달린 inner-city 도심지의 stand by 방관하다 solid 견실한, 튼튼한 public school 공립학교 sub-par 표준 이하의

정답 (a)

3 There are many differences between Western ideology and Eastern ideology. One of these differences is that the uniqueness of the individual is highly valued in Western ideology, whereas, conformity to a group is highly valued in Eastern ideology. Westerners are encouraged to be "their own person," whereas, easterners are bound by their responsibilities and duties to a group.

Q. Which of the following best summarizes the talk?

(a) Eastern ideology is valued over western
ideology.

(b) Westerners value individualism and easterners
value conformity.

(c) "Rugged individualism" is an eastern trait.

(d) Responsible communities allow for freedom of
expression.

서양과 동양의 이데올로기 사이에는 많은 차이가 있다. 차이점 중에 하나는 개인의 독창성이 서양의 이데올로기에서는 높이 평가를 받는 반면, 동양의 이데올로기에서는 단체와의 일치가 높이 평가받는다는 점이다. 서양인들은 자기 자신의 독창성을 격려 받는 반면, 동양인들은 단체에의 책임감과 의무에 속박을 받게 된다.

Q. 담화문을 가장 잘 요약한 것은?

(a) 동양의 이데올로기는 서양의 이데올로기보다 가치가 크다.

(b) 서양인들은 개인주의를 소중히 하고 동양인들은 일치를 소중히 한다.

(c) 엄한 개인주의는 동양의 특성이다.

(d) 책임감 있는 사회는 표현의 자유를 허락한다.

○ 동서양의 이데올로기 차이점을 소개하는 내용이다. 서양은 개인의 독창성을 높이 평가받고, 동양은 일치단결을 높이 평가한다고 했으므로 (b)가 담화문을 가장 잘 요약하고 있다.

difference 차이점 ideology 관념 형태, 이데올로기 uniqueness 독창성 conformity 적합, 일치, 비슷함 encourage 격려하다 be bound by 의무가 있는, 속박된 responsibility 책임감 duty 의무

정답 (b)

4 As you can see in this next room, Monet's later work continues much of the textured strokes of his middle period. There are, however, some marked differences. Some have called his last paintings tragically beautiful. I couldn't agree more. You see, this master of seeing was slowly losing his sight. You can see a desperate exaggeration of brightness in the final paintings, almost as if he were trying to compensate on his canvas for what was lacking on his retina.

Q. Which of the following is the best summary of
the talk?

(a) Monet's painting was full of light.

(b) The artist's dimming vision made for dim
pictures.

(c) The artist's deteriorating eyesight sparked
brighter paintings.

(d) Monet's middle period was marked by
brightness.

옆방에서 보시는 것처럼, 모네의 후기 작품은 중기작품에서 보이는 짜임새 있는 붓놀림이 계속됩니다. 하지만 약간의 두드러

진 차이가 있습니다. 어떤 사람들은 모네의 후기 작품들이 비극적으로 아름답다고 합니다. 저도 전적으로 동의합니다. 보시는 것처럼 이 대가는 시력을 조금씩 잃어가고 있습니다. 마지막 작품에서는 밝기에서 필사적인 과장을 보실 수 있습니다. 마치 망막에서 부족한 것을 유화에 보상이라도 하려는 듯이 말입니다.

Q. 담화문을 가장 잘 요약한 것은?

(a) 모네의 그림은 빛으로 가득 찼다.

(b) 화가의 흐려지는 시각은 흐릿한 그림을 만들어냈다.

(c) 화가의 악화되는 시력은 더 밝은 그림을 유발했다.

(d) 모네의 중기는 밝음으로 구분한다.

○ 모네가 시력을 잃어 가고 있었기 때문에 후기로 갈수록 더 밝게 그림을 그렸다는 내용이다. 따라서 (c)가 담화문을 가장 잘 요약하고 있다.

textured 짜임새 있는 stroke (붓의) 일필, 필법 marked 현저한, 두드러진 difference 차이 tragically 비극적으로, 비참하게 lose one's sight 시력을 잃다 desperate 필사적인 exaggeration 과장 brightness 선명도, 밝음 compensate 보상하다, 배상하다 retina (눈) 망막 dim 흐려지다 deteriorate 나빠지다

정답 (c)

5 Jean Piaget is responsible for much of our understanding of psychology. In fact, he modernized the study of how children speak and process thought. His clinic for the exploration of children's ideas is world famous. And he was among the first to study children's perceptions and logical reasoning, which he researched with bold and innovative ideas. As with so many other great advances, Piaget's logic now seems self-evident, but it was unheard of during his times.

Q. Which is correct about Jean Piaget?

(a) His ideas were unique but too complex.

(b) He invented the field of child psychology.

(c) His revolutionary methods were unaccepted.

(d) He developed a way to examine children's
thinking.

우리가 심리학을 이해하는 데에는 장 피아제의 공헌이 컸다. 사실, 그는 어린이가 말하고 생각을 처리하는 방법에 대한 연구를 현대화했다. 어린이의 생각을 탐험하는 그의 병원은 세계적으로 유명하다. 그는 또한 대담하고 혁신적인 방법으로 아동의 인지와 논리적 사고를 처음으로 조사한 사람이었다. 다른 많은 위대한 진보가 그렇듯이, 피아제의 논리는 지금 자명하게 보이지만, 그의 시대에는 들어보지 못한 것이었다.

Q. 쟝 피아제에 관해 일치하는 것은?

(a) 그의 생각은 독특했지만 너무 복잡했다.

(b) 그는 아동심리학 분야를 만들었다.

(c) 그의 혁명적인 방법은 받아들여지지 않았다.

(d) 그는 아동의 생각을 검사하기 위한 방법을 만들었다.

◐ 첫 문장에서 우리가 심리학을 이해하는 데는 장 피아제의 공헌이 컸다는 말이 나오고 있다. 중간쯤에 나오는 first to study children's perceptions and logical reasoning에서 (d)가 정답임을 알 수 있다. 그의 생각이 독특했지만 너무 복잡하다는 말 역시 나오지 않으므로 (a)는 정답이 아니다. 아동심리학을 만들었다는 말은 나오지 않으므로 (b)는 정답이 아니다. (c)도 반대로 설명하고 있다.

is responsible for ~의 원인인, 책임이 있는 psychology 심리학 exploration 탐험, 탐구 perception 인지, 인식 logical reasoning 논리적 추론 bold 대담한, 과감한 self-evident 자명한 unheard 아직 듣지 못한 unique 유일무이한, 독특한

정답 (d)

1 According to a survey of 200 women conducted by "Esquire" magazine, women are turned off by men who pretend to be something they're not. According to these women, men who are sincere and honest about their feelings, opinions, and lifestyles are the most attractive. Men who brag about their manliness, the type of car they drive, and the amount of money they make, are the least attractive.

Q. What is the main point of the talk?

(a) With women, honesty is the best policy.

(b) Women are only impressed by rich men.

(c) Men who brag about their car are sincere.

(d) Men and women should conduct surveys to find out about each other.

"Esquire" 잡지에서 200명의 여성을 대상으로 한 조사에 따르면, 여성은 아무 것도 아니면서 대단한 것처럼 구는 남성에게 퇴짜를 놓는다. 이런 여성에 따르면, 자신의 감정, 의견, 생활 양식에 대해서 성실하고 정직한 남성이 가장 매력적이라고 한다. 자신의 남성다움이나, 자신이 모는 자동차, 자신이 버는 돈에 관해서 자랑하는 남성이 가장 매력이 없다고 한다.

Q. 담화의 주제는 무엇인가?

(a) 여성에게 정직이 가장 좋은 방법이다.

(b) 여성들은 부자에게만 좋은 인상을 받는다.

(c) 자신의 자동차를 자랑하는 남자는 정직하다.

(d) 남자와 여자는 서로를 찾기 위해 조사를 해야 한다.

⭕ 여자가 퇴짜를 놓는 남성의 성향이 무엇인가 담화문에 나와 있다. 자신을 지나치게 자랑하는 남성이 가장 매력이 없다는 말을 하고 있다. survey라는 단어는 잡지책에서 실시한 조사이지 남자와 여자가 서로 상대방을 조사하는 것은 아니다. (a)가 정답이다.

survey 조사, 측량 conduct 시행하다 turn off 흥미가 없어지다, 지겨워지다 pretend to ~인 체하다 sincere 성실한 attractive 매력적인 brag 자랑하다 manliness 남성다움

정답 (a)

2 During federal grand jury hearings last week. John "The Stallion" Parmegiano plead the fifth, so he wouldn't incriminate himself. Parmegiano was fingered as the Godfather of the Little Italy Mafia by federal informant, Sylvester "The Boxer" Ricci. Although it was common knowledge on the streets that Parmegiano was the boss of the Little Italy Mafia, this was the first time federal prosecutors were able to have someone from the inside name names.

Q. Which is correct according to the talk?

(a) The federal grand jury indicted Parmegiano.

(b) The Boxer was a highly acclaimed motion picture.

(c) Parmegiano hit the streets the same time Ricci did.

(d) Ricci used to be part of the Little Italy Mafia.

지난주에 있던 연방 대배심 청문회에서 '종마' 존 파메지아노는 5번째 변론을 해서 자신의 죄를 인정하지 않았다. 파메지아노는 연방 정보원인 '복서' 실베스터 리치에 따르면 리틀 이탈리아 마피아의 대부로 지목되고 있다. 비록 파메지아노가 리틀 이탈리아 마피아의 보스라는 것은 길거리 상식이지만, 연방 검사가 내부 공범자를 갖게 된 것은 처음이다.

Q. 담화의 내용과 일치하는 것은?

(a) 연방 대배심원단은 파메지아노를 기소했다.

(b) 복서는 많은 갈채를 받은 영화다.

(c) 파메지아노는 리치가 했던 것과 같은 횟수만큼 길을 쳤다.

(d) 리치는 리틀 이탈리아 마피아의 일원이었다.

⭕ 마피아 대부를 기소한 것은 담화문에는 나오지 않지만 대배심원단이 아니라 '검찰'일 것이다. 따라서 (a)는 정답이 아니다. federal informant, Sylvester "The Boxer" Ricci에서 리치는 연방 정보원이라고 했으므로 한때 마피아의 일원이었다는 (d)를 정답으로 고를 수 있다.

federal grand jury hearings 연방 대배심 청문회 stallion 종마(種馬) plead 변론하다, 변호하다, 항변하다 incriminate 유죄를 증명하다, 고발하다 finger 지적하다 informant 정보 제공자, 밀고자 common knowledge 상식 federal prosecutors 연방 검사 name names (나쁜 짓을 한 공범자의) 이름을 대다 acclaim 환호하다, 갈채하다

정답 (d)

3 Throughout their history, movies have mirrored, questioned, created, and modified our understandings of ourselves and our world. Motion pictures have shown us foreign countries and cultures, bringing to life things that have happened before we were alive, and even propelled us into outer space. They have been so much a part of our existence that it can be difficult to remember life before their existence.

Q. Which is correct according to the talk?

(a) Movies are less important than other forms of drama.

(b) Movies can only show people life in their own time.

(c) Movies shape people's understanding of their reality.

(d) Movies are our most important cultural displays.

영화가 생긴 처음부터 지금까지, 영화는 우리 자신과 우리가 살고 있는 세상에 대한 우리의 이해를 비추고, 의문점을 주고, 창조하고, 수정해 왔다. 영화는 우리를 외국의 땅과 문화를 보여주었고, 우리가 태어나기 전에 일어난 사건을 소생시키며, 심지어는 우리를 우주로 쏘아 올려준다. 영화는 우리 생활의 커다란 부분을 차지하고 있어서 영화가 발명되기 전의 생활을 기억하기 힘들 수 있다.

Q. 담화의 내용과 일치하는 것은?

ⓐ 영화는 다른 형태의 드라마보다 덜 중요하다.

ⓑ 영화는 동시대의 사람들의 일생만을 보여줄 수 있다.

ⓒ 영화는 사람들의 현실에 대한 이해를 구체화한다.

ⓓ 영화는 우리의 가장 중요한 문화의 표현이다.

○ 영화가 생긴 처음부터 지금까지 영화가 우리에게 끼친 영향을 다룬 내용이다. 우리가 태어나기 이전의 사건으로 우리를 안내한다고 했으므로 동시대의 사람들의 모습만을 보여준다는 (b)는 정답이 아니다. (a)와 (d)는 지문에 나와 있지 않는 지나친 억측이다.

mirror 비추다, 반영하다 modify 수정하다, 변경하다 motion pictures 영화 bring to life 소생시키다 propel 나아가게 하다, 추진하다 existence 일상, 존재, 실제, 현존

정답 (c)

4 This school has always encouraged the pursuit of knowledge. Before my graduation in 1980, I was always encouraged to explore and experiment. The teachers expected much from us and gave even more in return. This school is living proof of the importance of education for civic development. It is an example of what public schools can accomplish when given gifted teachers, high expectations, an encouraging environment and hard-working students.

Q. What can be inferred from the talk?

(a) The school has classes in civic involvement.

(b) The speaker is proud of the school.

(c) The speaker's children attend the school.

(d) The school is an elite institution.

이 학교는 항상 지식 추구를 장려했습니다. 1980년도 졸업하기 전에, 전 끊임없이 탐구하고 실험하도록 격려를 받았습니다. 선생님들은 저희들에게서 많은 것을 기대하셨고 더 많은 것을 답례로 주셨습니다. 이 학교는 시민 발전에 대한 교육의 중요성을 보여주는 살아 있는 증거입니다. 뛰어난 교사들, 높은 기대, 격려하는 분위기와 열심히 공부하는 학생들이 있을 때 공립학교들이 무엇을 성취할 수 있는지 본보기가 되고 있

다.

Q. 담화로부터 추론할 수 있는 것은?

ⓐ 이 학교는 시민이 참여하는 수업이 있다.

ⓑ 이 학교는 엘리트 시설이다.

ⓒ 화자의 아이들은 이 학교를 다닌다.

ⓓ 화자는 이 학교를 자랑스럽게 생각한다.

○ 한 공립학교 졸업생이 자신이 졸업한 학교와 공립교육 시스템에 대해 호의적인 평가를 내리고 있다. 따라서 자신이 다녔던 학교를 자랑스럽게 생각한다는 것을 유추할 수 있으므로 정답은 (b)이다. (a), (c), (d)는 담화문에서 나오지 않는 내용들이다.

encourage 장려하다, 격려하다 pursuit 추구, 추적 graduation 졸업 explore 탐구하다 experiment 실험 in return 답례로 civic 시민의 public school 공립학교 hard-working 열심히 공부하는 institution 공공시설

정답 (b)

5 We live in an age where technological advancement seems to have made our lives much easier. Communication has become faster, home appliances have become more versatile and computers have become indispensable for tapping into a wealth of information like the internet. Meanwhile, suicide rates remain the same, more people are diagnosed with depression and overall stress levels are higher than ever. It seems we have less and less time to get things done faster and faster. Technology may have advanced, but mankind's ability to deal with stress has not.

Q. What can be inferred from the talk?

(a) Mankind has learned to control stress.

(b) Computers have the answers to everything we need.

(c) We have more time to enjoy life.

(d) Technology can't solve all our problems.

우리는 과학기술상의 진보가 우리의 삶을 보다 편리하게 해 주는 것 같은 세상을 살아가고 있다. 통신은 점점 빨라지고, 가전제품도 훨씬 다용도로 사용되고 있으며, 컴퓨터는 인터넷과 같은 막대한 양의 정보를 얻는데 없어서는 안 된다. 이런 와중에도 자살률은 변함이 없고, 더 많은 사람들이 우울증 진단을 받고 있으며, 총체적인 스트레스 수치는 예전보다 훨씬 높아졌다. 그것은 상황은 점점 빨리 변해 가는데 우리에게 주어진 시간은 점점 더 줄어들기 때문인 것 같다. 과학기술은 향상됐지만 스트레스를 처리하는 인간의 능력은 퇴보했다.

Q. 담화로부터 추론할 수 있는 것은?

ⓐ 인류는 스트레스를 제어할 수 있도록 배웠다.

ⓑ 컴퓨터는 우리가 필요한 모든 정답을 갖고 있다.

ⓒ 우리는 인생을 즐길 시간이 더 많다.

ⓓ 기술이 우리의 모든 문제들을 해결할 수 없다.

home appliance 가전제품 versatile 다목적으로 쓰이는, 다용도의 indispensable 없어서는 안 되는 a wealth of 풍부한, 다양한 tap (지식의 원천 등을) 열다, 개척하다 suicide rates 자살률 diagnose 진단하다 depression 의기소침, 우울 overall 전부의, 전체에 걸친

정답 (d)

→ REVIEW TRAINING

1 Not all fats are the same. Some are necessary to maintain our health and others can promote disease and even contribute to premature death. The good fats contain unsaturated fats. However, saturated fats and in particular, trans-fats should be avoided. To keep your family healthy and strong, stock up on foods high in unsaturated fats while limiting your intake of trans-fats.

Q. Which is correct about unsaturated fats according to the talk?

(a) They are called trans-fats.

(b) They should be eaten in small quantities.

(c) They are bad for you.

(d) They are good for you.

모든 지방이 다 같은 것은 아닙니다. 일부 지방은 우리의 건강 유지에 필요하며, 또 다른 지방은 질병이나 조산을 일으킬 수 있습니다. 좋은 지방은 불포화지방을 포함합니다. 그러나 포화지방, 특별히 트랜스지방은 피해야 합니다. 가족의 건강과 힘을 지키기 위하여 불포화지방이 많은 음식을 보관해두고 트랜스지방의 섭취는 제한하십시오.

Q. 불포화지방에 관해서 담화의 내용과 일치하는 것은?

(a) 트랜스지방이라고도 불린다.

(b) 적은 양만 섭취되어야 한다.

(c) 당신에게 해롭다.

(d) 당신에게 이롭다.

Saturated fat과 trans-fats는 함께 묶여서 몸에 좋지 않은 지방으로 소개되고 있다. 반대로 unsaturated fat은 good fat에 속하며 불포화지방이 많은 음식은 stock up해두라고 한다. 따라서 불포화지방에 대한 설명으로 옳은 것은 (d)이다.

fat 지방 maintain 유지하다 promote 촉진하다 premature 조숙한, 때 아닌 unsaturated fat 불포화 지방

saturated fat 포화 지방 intake 섭취량

정답 (d)

2 Over 5 million animals are euthanized annually, because they lack proper homes. While this number is shocking, you can do your part to decrease the number of animals who are put to sleep. Every first and third Saturday of the month, the Pet Care Clinic will be sponsoring pet adoption days at pet stores in your area. In addition, the clinic is offering reduced fees for pet owners who wish to have their animals spayed or neutered to prevent unintended animal births, limiting the numbers of animals on the street. These programs have been made possible by a generous grant from the Dog and Cat Foundation.

Q. Which is correct according to the talk?

(a) Adoption days are held at local pet stores.

(b) Adoption days are sponsored by local pet stores.

(c) 5 million animals are adopted annually.

(d) Spaying and Neutering costs are not included.

매년 적당한 거주지가 없는 5백만 마리 이상의 동물들이 안락사를 당하고 있습니다. 이 숫자가 엄청나지만 그래도 잠 재워지는 동물들의 수를 줄이기 위해 당신이 할 수 있는 일이 있습니다. 매월 첫 번째 그리고 세 번째 토요일에 펫케어 클리닉이 여러분 지역의 애완동물가게에서 동물 입양의 날을 후원할 것입니다. 또한 클리닉은 원치 않는 동물 출산을 방지하기 위한 동물의 거세 또는 중성화를 원하는 애완동물주인들에게 저렴한 가격의 서비스를 제공함으로써, 거리 위에 동물개체수를 제한하고 있습니다. 이들 프로그램은 독 앤 캣 재단의 아낌없는 후원에 의해 가능해졌습니다.

Q. 담화의 내용과 일치하는 것은?

(a) 입양의 날은 지역 애완동물가게에서 열린다.

(b) 입양의 날은 지역 애완동물가게들이 후원한다.

(c) 5백만 마리의 동물들이 매년 입양되고 있다.

(d) 난소 제거 및 거세 비용은 포함되어 있지 않다.

The clinic is offering reduced fees for pet owners who wish to have their animals spayed or neutered를 보아 (d)는 정답이 아니다. 5백만 마리는 안락사 당하는 동물의 수이므로 (c)도 정답이 아니다. Pet Care Clinic will be sponsoring pet adoptions days at pet stores in your area라는 문장은 스폰서와 행사 장소를 분명히 명시해준다. 정답은 (a)이다.

euthanize 안락사 시키다 annually 매년 decrease 줄이다 adoption 입양 spay 난소를 제거하다 neuter 거세하다 unintended 계획하지 않은 grant 보조금

정답 (a)

3 Too few people know about the medical

contributions of Banting and Best. In the beginning of the 1920s this Canadian duo first discovered insulin and used it to combat diabetes. Before this discovery, diabetics fought a life-long struggle to stay healthy with few viable treatments available to them. Oftentimes, they would experience drastic weight loss, many times dying from its severity.

Q. What can be inferred from the talk?

(a) Diabetics now struggle with weight gain.

(b) Diabetes is now manageable.

(c) Banting and Best are now famous.

(d) Banting and Best struggled with diabetes.

밴팅과 베스트의 의학적 기여에 대해 아는 사람이 너무 적습니다. 1920년대 초, 이 캐나다인 두 사람은 인슐린을 최초로 발견하여 당뇨병 치료에 사용했습니다. 이 발견 이전 당뇨병 환자들은 건강을 지키기 위해 그들이 사용할 수 있는 얼마 되지 않는 실용 가능한 치료법만 가지고 평생을 싸워야만 했습니다. 당뇨병환자들은 종종 급격한 체중 감소를 경험하며 많은 경우 사태가 심각해져 생명을 잃기도 합니다.

Q. 담화로부터 추론할 수 있는 것은?

(a) 이제 당뇨병환자들은 체중 증가와 싸우고 있다.

(b) 당뇨병은 관리할 수 있다.

(c) 밴팅과 베스트는 오늘날 유명하다.

(d) 밴팅과 베스트는 당뇨병과 싸웠다.

○ Would experience 이하 내용은 현재에도 변함없는 당뇨 질환의 특성을 설명하는 것이므로 (a)는 근거가 없다. 첫 문장은 밴팅과 베스트에 대해 아는 사람이 너무 없음을 지적한다. Struggled with~는 '~과 싸운다' 는 뜻이 아니라 '~ 때문에 고통 받는다' 는 의미이다. 정답은 (b)이다.

contribution 기부, 공헌 diabetes 당뇨병 life-long 평생의 struggle 몸부림, 발버둥질 viable 생존 가능한 oftentimes 종종 drastic 격렬한 weight loss 체중 감소 severity 격렬, 혹독

정답 (b)

4 Worldwide energy consumption continues to increase. Unfortunately, the misguided response to this seems to be increased exploitation and the manufacturing of polluting fossil fuels. A prime example of this is the developing world's increased use of coal to foster its economic expansion. More prosperous nations must research and develop cleaner energy choices. Nuclear energy, wind energy and solar power are the most promising technologies available on our horizon.

Q. Which is correct according to the talk?

(a) India is overly reliant on coal.

(b) There is a need for clean energy.

(c) Coal-based energy promotes the fastest development.

(d) Nuclear energy is the most promising alternative.

전 세계적 에너지 소비는 계속 증가하고 있습니다. 불행히도 이에 대한 잘못된 반응은 증가된 자원 고갈과 오염이 심한 화석연료의 제조라고 하겠습니다. 가장 대표적인 사례로는 경제 팽창을 도모하기 위한 개발도상국의 석탄 사용 증가입니다. 이것은 개발도상국의 경제 팽창을 위한 석탄 사용 증가의 대표적인 예입니다. 더 부유한 나라들은 더욱 청정한 에너지원을 선택하기 위한 연구 개발을 해야 합니다. 원자력에너지, 풍력에너지, 태양에너지는 우리가 사용할 수 있는 가장 전망이 있는 기술입니다.

Q. 담화의 내용과 일치하는 것은?

(a) 인도는 석탄에 지나치게 의존하고 있다.

(b) 청정에너지가 필요하다.

(c) 석탄에너지는 가장 빠른 발전을 이룩한다.

(d) 원자력 에너지는 가장 가능성 있는 대안이다.

○ India는 언급도 되지 않고 있으며, 석탄이 경제발전속도에 긍정적인 영향을 미친다는 언급 역시 등장하지 않는다. Nuclear energy의 경우 the most promising technologies 중 하나이지 그것이 유일하게 most promising alternative는 아니다. 정답은 (b)이다.

consumption 소비 misguided 잘못 안 exploitation 개발, 개척 pollute 오염시키다 fossil fuel 화석연료 prime 주요한 foster 육성하다 expansion 확장, 팽창 prosperous 부유한 nuclear energy 원자력에너지 promising 유망한 horizon 범위, 한계

정답 (b)

5 Thank you so much for your warm welcome and asking me to discuss South Africa's economic growth opportunities in the coming decades and the difficulties of economic policy making in an environmentally-conscious government. Leading government officials are currently advocating policies focused on sustainable development and environmental protection. This morning I will briefly introduce some of the most exciting of these policies being discussed in the election and also answer some of your questions about environmentally-conscious development.

Q. Which is correct according to the talk?

(a) Environmental growth and economic development are linked.

(b) Environmentalists limit economic growth.

(c) Economists ignore environmental concerns.

(d) The speaker is running for office.

향후 남아프리카공화국의 경제적 성장의 기회 및 친환경적 정부 하에서 경제정책 수립의 난제에 대해 토론하는 자리에 초대

해주시고 따뜻하게 환영해주셔서 대단히 감사합니다. 정부 주요 관리들은 현재 지속가능성이 있는 개발 및 환경 보호에 초점을 맞춘 정책을 지지하고 있습니다. 오늘 아침 저는 선거 때 논의되었던 이들 정책들 중 가장 신나는 것들 몇 가지를 소개하고자 한 후 친환경 개발과 관련하여 여러분의 질문을 받고 답하는 시간을 갖겠습니다.

Q. 담화의 내용과 일치하는 것은?

(a) 환경적 성장과 경제개발은 연결되어 있다.

(b) 환경보호지들은 경제성장을 제한한다.

(c) 경제학자들은 환경 문제를 무시한다.

(d) 화자는 선거에 출마하고 있다.

↪ Election이라는 단어는 선거 당시 being discussed 했던 정책들에 관한 언급에서 쓰인 말이므로 선거 출마와는 상관없다. The most exciting of these policies라는 표현에서 화자가 경제 발전과 환경 보호의 공존을 긍정적으로 보고 있음을 알 수 있다. 정답은 (a)이다.

conscious 의식적인 advocate 지지하다, 옹호하다 sustainable 지속할 수 있는 briefly 간단하게

정답 (a)

6 After over two hundred years of the U.S. government, there are still contradicting opinions about how to govern and lead people. It must be admitted that there is no perfect system of government. Although, the most popular forms of rule seem to be Democratic Republicanism and Socialism. In a republic, the people rule by their vote; some argue that this way contributes to mob rule by the majority. Socialism, on the other hand, is government controlled, where the government as an institution controls and monitors wealth and property. Unfortunately, as can be seen in Europe, this system often taxes the people heavily.

Q. What is the main purpose of the talk?

(a) Distinguishing between democracy and socialism.

(b) Highlighting the benefits of democracy.

(c) Emphasizing the flaws of socialism.

(d) Introducing the history of government.

미국에 정부가 선지 200년 이상 되었지만 국민을 어떻게 통치하고 이끌 것인가에 대한 상반된 주장이 여전히 존재하고 있다. 완벽한 전부 제도란 존재하지 않는다는 사실이 먼저 면죄되어야 한다. 하지만 가장 보편적인 통치는 민주주의 공화정과 사회주의인 듯하다. 우선 공화정에서는 국민이 투표를 통해 다스리지만, 어떤 이들은 이 제도가 다수에 의한 떼거리 정치를 부추긴다고 주장한다. 한편 사회주의는 정부의 통제를 받는데, 기관으로서의 정부는 부와 재산을 통제하고 감시한다. 불행히도 유럽에서 보듯이 이 제도는 종종 국민들에게 무거운 세금을 부과한다.

Q. 이 담화의 주목적은 무엇인가?

(a) 민주주의와 사회주의의 구분

(b) 민주주의의 유익 강조

(c) 사회주의의 약점 강조

(d) 정부의 역사에 대한 소개

↪ 담화는 민주주의와 사회주의 특징을 나란히 소개하면서 더불어 각 제도가 가진 약점 또는 그에 대한 반론을 소개하고 있다. 어느 한 쪽을 옹호하기보다는 둘의 차이를 보여주는 것에 중점을 두므로 정답은 (a)이다.

contradict 모순하다 socialism 사회주의 vote 투표, 표결 contribute 기여하다, 공헌하다 mob 떼를 지어 환호하다 institution 제도, 법령 property 재산, 자산

정답 (a)

7 Hundreds of years ago, people were required to pay a delivery charge before they could receive their mail. As a result, individuals often refused their mail, because they were unwilling or unable to pay the charge. Under this system, mail carriers were not guaranteed payment, even though they faithfully delivered the mail. As a result, the government created a stamp to prove that the letter's delivery had already been paid for.

Q. What is the talk mainly about?

(a) The rising price of postage.

(b) The history of mail carriers.

(c) Poverty in the 1700s.

(d) The invention of postage stamps.

수백 년 전 사람들은 우편물을 수취하기 전에 배송요금을 지불해야만 했습니다. 그 결과 사람들은 종종 우편물 수취를 거부했습니다. 배송요금을 지불하지 않으려 했거나 또는 할 형편이 못 되었기 때문입니다. 이런 제도 하에서는 우편배달원들이 성실하게 우편물을 배송했어도 급여를 보장받을 수 없었습니다. 그 결과 정부는 편지 배달요금이 이미 지불되었다는 것을 증명하는 우표를 제작했습니다.

Q. 이 담화는 주로 무엇에 대한 것인가?

(a) 우표 가격의 급등

(b) 우편배달원의 역사

(c) 1700년대의 빈곤

(d) 우표의 발명

↪ 담화의 대부분은 수백 년 전 우편물 수취인과 우편 배달원 모두에게 불편하고 비합리적이었던 당시 우편 제도에 대해 서술하고 있다. 하지만 핵심은 그 결과 어떤 일이 일어났는지 설명하는 맨 마지막 문장에 있다. 정답은 (d)이다.

delivery charge 배송 요금 as a result 그 결과로 unwilling 마음 내키지 않는 mail carrier 우편배달원 faithfully 충실히, 성실하게 stamp 우표

정답 (d)

8 One question that still provokes heated debate is 'What is art?' Currently, 'art' itself has been described as creative expression, and the word 'skill' refers to an artist's ability to express themselves in a way that is understandable to others. However, some complicate this debate on semantics by postulating that it is the intent of the skill which ultimately determines whether something is 'art' or merely a design. Such people argue that skill used for commercial purposes is no longer artistic and is simply "design."

Q. What is the talk mainly about?

(a) Creative expression through performance

(b) Level of skill required to make art

(c) Debate over the meaning of a word

(d) Designing masterpieces

여전히 뜨거운 논쟁을 부르는 질문 하나는 '예술이란 무엇인가?' 하는 질문입니다. 현재 '예술' 그 자체는 창조적인 표현으로 묘사되고 있습니다. '기술'이라는 단어는 다른 사람들이 이해할 수 있는 방식으로 자기 자신을 표현할 수 있는 예술가의 능력을 의미합니다. 하지만 어떤 이들은 무엇인가를 예술인지 단순히 디자인인지 결정하는 것은 기술의 의도성이라고 가정함으로써 의미론적 토론을 복잡하게 만듭니다. 그들은 기술이 상업적으로 쓰일 경우 더 이상 예술적일 수 없으며 단지 "디자인"에 불과하다고 주장합니다.

Q. 담화는 주로 무엇에 관한 것인가?

(a) 행위를 통한 창조적 표현

(b) 예술을 창출하는데 필요한 기술의 수준

(c) 단어의 의미에 관한 논쟁

(d) 걸작을 설계하기

❂ 주요 내용은 art의 뜻이 무엇인가에 대한 논쟁이다. 특히 담화 중반에 this debate on semantics라는 표현이 등장하는데, semantics는 '의미론'이라는 뜻이다. 한편 담화 내용에는 performance, level of skill, masterpiece에 대한 언급이 없다. 정답은 (c)이다.

provoke 자극하여 ~시키다, 불러일으키다 debate 논쟁, 토론 creative 창조적인 skill 솜씨 complicate 이해하기 어렵게 하다 semantics 의미론 postulate (자명한 일로) 가정하다 intent 의지, 의향 determine 결정하다 commercial 상업적인

정답 (c)

9 Upon his completion of flight school four years ago, Sam Jackman feared he would not be able to find a job flying, since he is only four feet tall. However, Sam was able to secure a post as a bush pilot for Kalamazoo Kargo and Adventure Transport, even though the market there is particularly competitive. Sam's selling point? He can also pitch a tent, shoot a rifle, and cook campfire dinners for the customers!

Q. What can be inferred from the talk?

(a) Bush pilots do not fly planes.

(b) Sam also sells gear to the tourists.

(c) Being short made him a better pilot.

(d) Kalamazoo wanted someone concerned with customer service.

샘 잭맨은 4년 전 항공학교를 졸업하면서 4피트 밖에 안 되는 단신 때문에 조종사로 취업하지 못할까봐 걱정했습니다. 하지만 샘은 매우 경쟁이 심했음에도 불구하고 칼라마주 카고 앤 어드벤처 트랜스포트 사에 오지를 운항하는 비행사로 취직할 수 있었습니다. 샘의 강점이 무엇이었을까요? 텐트도 칠 줄 알고 장총을 다룰 줄 알며 승객들을 위한 모닥불 저녁식사 요리도 할 수 있다는 점입니다.

Q. 담화로부터 추론할 수 있는 것은?

(a) 오지 운항 조종사는 실제로 비행을 하진 않는다.

(b) 샘은 여행객들에게 장비를 팔기도 한다.

(c) 작은 키 덕에 더 나은 조종사가 되었다.

(d) 칼라마주 사는 고객 서비스를 제공할 수 있는 사람을 원했다.

❂ 우선 bush pilot이 오지를 비행하는 조종사라는 뜻임을 알아야 한다. 샘이 Kalamazoo 사의 bush pilot으로 채용된 것은 마지막 부분에 소개된 그의 selling point, 즉 강점 때문인데, 그 강점들은 오지 여행객에게 customer service를 제공하는 데 유용하다. 정답은 (d)이다.

completion 수료, 졸업 flight 비행 secure 확보하다, 획득하다 post 배치하다 bush pilot 오지를 운항하는 비행사 pitch a tent 천막을 치다

정답 (d)

10 Every scientific field today relies upon the scientific method, because it allows researchers to study and test various hypotheses without bias. Initially, a hypothesis is suggested to explain something. Next controlled studies are performed to examine the hypothesis' feasibility. The findings from these experiments often generate additional hypotheses, leading to further research and discovery. This method, with it's reliance upon experimentation, has greatly deepened our understanding of the world around us.

Q. Which is correct according to the talk?

(a) Hypotheses are always proven to be correct.

(b) Hypotheses postulate the cause of phenomenon.

(c) Hypotheses explain the world around us.

(d) Hypothesis are unprovable.

오늘날 모든 과학 분야는 과학적 방법론에 의존합니다. 왜냐하면 방법론으로 인해 연구자들이 다양한 가설들을 편견 없이 연

구하고 실험할 수 있기 때문입니다. 우선 한 가설이 무엇인가에 대한 설명으로 제안됩니다. 그 다음 그 가설의 가능성을 검증하기 위해 통제된 연구가 진행됩니다. 이들 실험으로부터 얻은 결과들은 종종 추가적인 가설들을 낳아 더 많은 연구와 발견으로 이어집니다. 실험에 대한 의존성을 동반한 이 방법론은 우리 주변의 세상에 대한 이해를 매우 깊게 만들어왔습니다.

Q. 담화의 내용과 일치하는 것은?

(a) 가설들은 항상 옳은 것으로 판명된다.

(b) 가설들은 현상의 원인에 대해 가정한다.

(c) 가설들은 우리를 둘러싼 세상을 설명해낸다.

(d) 가설은 증명될 수 없다.

◑ 듣기를 잘 못했어도 가설이 always proven to be correct 하다거나 unprovable하다는 주장은 참이 아님을 알자. 담화의 마지막 문장은 세상에 대해 설명하는 것이 가설이 아니라 this method라고 말한다. 가설은 가정하는 것인 이상, Postulate의 뜻을 알면 답이 보인다. 정답은 (b)이다.

allow 허락하다 hypothesis 가설, 가정 bias 선입견, 편견 initially 처음에 feasibility 가능성 experiment 실험 generate 낳다, 산출하다 method 방법 reliance 의지 experimentation 실험

정답 (b)

11 Welcome to the Federal Reserve's Money Museum. On this tour we will trace the development of the American currency throughout our nation's history. In addition, we have recently opened an exhibit of world currencies, where you can see the different monies of the world, and how they have changed over time. In a moment, we will see the shells used by some tribes in West Africa for money, and later in our tour, you can touch the beads used by people in India for trading. My name is Chris, and I will be your tourguide this afternoon. Welcome!

Q. What is the talk mainly about?

(a) Indian beads

(b) African shells

(c) Historical developments in money

(d) The displays in a museum

연방준비은행 화폐박물관에 오신 걸 환영합니다. 이 관람을 통해 우리는 역사를 거쳐 미국 화폐가 발달해 온 과정을 살펴볼 것입니다. 또한 세계의 다양한 화폐와 시대별 화폐 변화를 볼 수 있는 세계통화전시회도 최근에 시작되었습니다. 우리는 곧 서아프리카 지역의 일부 부족들에 의해 화폐로 사용된 조개껍데기들을 보게 될 것입니다. 그 후에 계속 관람하는 중에 인도 사람들이 무역을 하며 사용했던 구슬을 손으로 만져볼 것입니다. 제 이름은 크리스이고 오늘 오후 동안 여러분의 관람안내원이 될 것입니다. 환영합니다.

Q. 이야기의 주제는 무엇인가?

(a) 인도 구슬

(b) 아프리카 조개껍데기

(c) 화폐의 역사적 변천

(d) 박물관 내에 전시

◑ 설명의 주제가 무엇인지 파악하는 질문이다. 물론 화폐의 종류와 변천에 대해 안내인이 설명하긴 하지만, 결국 박물관에 주요 전시물이 무엇인지 설명하기 위해서 주요 전시물인 화폐에 대해 언급한 것이다. 따라서 정답은 (d)이다.

the Federal Reserve (Bank) 연방 준비 은행 trace 밟아 가다, 더듬다 development 발달, 성장 currency 화폐 shell 조가비 tribe 부족, 종족 bead 구슬, 유리알 trading 무역

정답 (d)

12 I'm Abigail McAdams, and I am the course instructor for Lit101. Welcome. The course syllabus and assignments sheet are being passed around. In this class we will read three books, including one novel, a collection of short stories, and a biography. You will also write an analysis of two books. This project will be in lieu of a final exam, so make sure that you get an early start on it and keep up with the weekly readings.

Q. What is the final project for the class?

(a) A written analysis

(b) Reading three books

(c) A final exam

(d) A course syllabus

저는 문학101 강의의 전임 강사인 아비가일 맥아담스입니다. 여러분 모두 환영합니다. 강의 일정표와 과제물 안내지는 지금 나눠 드리고 있습니다. 이 수업에서 우리는 소설 한 권과 단편집 한 권, 전기 한 권 등 세 권의 책을 읽을 것입니다. 또한 여러분은 책 두 권에 대한 분석을 작성하게 될 것입니다. 이 프로젝트가 기말 고사를 대신하게 될 테니 미리부터 책을 읽기 시작해서 매주 독서 분량을 뒤처지지 말고 따라 오도록 하세요.

Q. 본 수업의 기말 과제는 무엇인가?

(a) 분석 보고서

(b) 책 세 권 읽기

(c) 기말고사

(d) 수업 일정표

◑ 강의 첫날 교수의 강의 개요 중에 언급 된 기말 평가 방식이 무엇인지 질문하고 있다. 기말 고사를 대체하게 될 this project는 앞에 등장하는 an analysis of two books를 의미한다. 따라서 정답은 (a)이다.

instructor 전임 강사 syllabus 요강, 시간표 assignment 숙제, 과제 pass around 차례로 돌리다 biography 전기 in lieu of ~의 대신에 keep up with 뒤떨어지지 않다

정답 (a)

UNIT 29 동사

1 A: 오늘 아침 잭이 어떤 여성과 싸우고 있는 것 보았니?
B: 네, 그 광경이 호기심을 자극하더라구요.

> ⭕ '호기심을 자극하다, 불러일으키다' 는 의미의 동사는 arouse이다.

quarrel 싸우다 excite 자극하다, 흥분시키다 arouse 유발하다, 자극하여 ~하게 하다 awake 깨우다, 일깨우다 arise 생겨나다, 일어나다

정답 (b)

2 A: 와! 선수들이 오늘 경기를 더 잘 하는데요.
B: 저도 그렇게 생각해요. 응원단의 존재가 그들에게 자신감을 갖게 한 것 같아요.

> ⭕ '누군가에게 자신감을 갖게 하다, 주입시키다' 는 의미의 동사는 instill이다.

supporter 서포터, 응원단 faith 자신, 확신, 신념 dislodge 제거하다, 몰아내다 diffuse 흩뜨리다, 보급하다 instill 서서히 스며들게 하다, 주입시키다 impair 나쁘게 하다, 손상시키다

정답 (c)

3 A: 이 옷이 튼튼하다고 생각하세요?
B: 물론이지요. 여러 번 세탁을 해도 원래의 형태를 유지할 거예요.

> ⭕ '형태를 유지시키다, 가지고 있다' 는 의미에는 retain을 쓴다.

garment 옷, 의복 durable 내구력이 있는, 오래 가는, 튼튼한 original 원래의, 원본의 shape 형태, 모양 washing 세탁 retain 보유하다, 유지하다 absorb 흡수하다, 받아들이다 detain 붙들다, 구류하다 restrain 억누르다, 억제하다

정답 (a)

4 A: 우리가 조립 라인을 향상시켜야 한다고 생각해요.
B: 맞습니다. 우리는 새로운 기술을 채택해야 돼요.

> ⭕ '기술을 채택하다, 받아들이다' 는 의미에는 adopt를 쓴다.

improve 향상시키다 assembly 조립 technique 기술 accept 받다, 수락하다, 받아들이다 adopt 채용하다, 채택하다 maintain 유지하다, 지속하다 ratify 승인하다, 비준하다

정답 (b)

5 A: 이 자리가 너무 딱딱한 것 같아요.
B: 잠깐 저와 자리를 바꾸실래요?

> ⭕ '자리를 바꾸다, 좌석을 바꿔 앉다' 는 의미에는 switch를 쓴다.

hard 딱딱한 turn 회전시키다, 돌리다 switch 교환하다, 대체하다, 바꾸다 divert 전환시키다, 주의를 바꾸다 substitute 대신하다, 대용하다

정답 (b)

6 A: 어제 소풍 재미있었나요?
B: 아니요. 추워서 나가지 못했어요.

> ⭕ '방해하다, 단념시키다' 는 의미에는 deter를 쓴다.

deter 방해하다, 단념시키다 dissuade 설득하여 단념시키다 deflect 빗나가게 하다, 비뚤어지게 하다 support 지원하다, 지지하다

정답 (a)

7 A: 당신 회사의 인터넷 서비스를 이용하고 싶습니다.
B: 감사합니다. 직원에게 가능한 빨리 새로운 케이블을 설치하도록 해드리겠습니다.

> ⭕ '케이블을 설치하다, 가설하다' 는 의미에는 deploy를 쓴다.

banish 추방하다, 쫓아내다 deploy 배치하다 eliminate 제거하다, 없애다 repel 쫓아버리다, 추방하다

정답 (b)

8 A: 이 옷들이 새 것처럼 보이네요. 왜 그녀는 그것들을 버렸나요?
B: 글쎄요. 그녀는 항상 유행이 지난 옷들을 버리는 것 같아요.

> ⭕ '옷을 버리다, 내버리다' 는 의미에는 discard를 쓴다.

throw away 버리다, 내버리다 garment 옷, 의복 fashionable 유행의, 현대적인 relinquish 포기하다, 양도하다 abdicate 지위를 버리다, 포기하다 discard 버리다, 폐기하다 renounce 단념하다, 포기하다

정답 (c)

9 A: 선생님, 어떻게 건강을 유지할 수 있지요?
B: 네, 적절한 운동을 하시면 건강이 좋아질 겁니다. 매일 운동을 하도록 하세요.

> ⭕ '건강을 증진시키다, 향상시키다' 는 의미에는 promote을

쓴다.

maintain 유지하다, 관리하다 proper 적절한 work out 운동하다 advocate 변호하다, 옹호하다, 지지하다 subsidize 보조하다, 매수하다 endorse 승인하다, 배서하다 promote 촉진하다, 진척시키다

정답 (d)

10 A: 대학들 간의 경쟁이 너무 심한 것 같아요.
B: 맞아요. 하지만 그것이 교육의 질을 강화할 거예요.

◐ '품질/질을 강화하다' 는 의미에는 enhance를 쓴다.

competition 경쟁력 harsh 심한, 거친 quality 질, 품질 education 교육 enlarge 확장하다, 넓히다 enhance 높이다, 강화하다 exaggerate 과장하다, 악화시키다 appreciate 정당하게 평가하다, 이해하다

정답 (b)

11 대부분의 동물들은 외부 온도와는 상관없이 상대적으로 지속적인 신체 온도를 유지할 수 있다.

◐ '온도를 유지하다, 관리하다' 는 의미에는 maintain을 쓴다.

relatively 상대적으로 constant 지속적인 temperature 온도 regardless of ~와는 상관없이 maintain 유지하다, 관리하다 prolong 연장하다, 늘리다 persevere 목적을 이루다, 강력히 주장하다 perpetuate 영속하게 하다, 불멸하게 하다

정답 (a)

12 저희 소책자가 발간하는데 비싸기 때문에, 모든 직원들이 신경 써서 고객들에게 그것을 배포해주기를 원합니다.

◐ '소책자를 배포하다, 유통시키다' 는 의미에는 distribute을 쓴다.

pamphlet 팸플릿, 소책자 issue 발간하다, 발행하다 customer 고객 apply 적용하다, 지원하다 designate 지적하다, 칭하다 distribute 분배하다, 배포하다 regulate 규제하다, 조절하다

정답 (c)

13 이 리포트의 모든 세부 사항들은 토론 중인 의제와 직결되어 있습니다.

◐ '~와 연결되어 있다, 관련되어 있다' 는 의미에는 pertain을 쓴다. 특히 전치사 to 와 연결하여 pertain to를 쓴다.

agenda 의제, 안건 pertain 부속하다, 관련하다 concern 관계하다, 염려하다 regard 여기다 combine 결합시키다

정답 (a)

14 정부는 무역을 장려하고 나라의 경제를 부양하기 위하여 방법을 찾고 있다.

◐ '경기를 부양하다' 는 의미에는 boost를 쓴다.

method 방법, 방식 stimulate 자극하다 boost 밀어올리다, 부양하다 thrust 세게 밀다, 밀어 붙이다 amplify 확대하다, 부연하다, 과장하다 hinder 지연시키다, 방해하다

정답 (a)

15 경영진에서는 적대적인 대립 관계를 해결하기 위한 구체적인 방법을 강구해야 한다.

◐ '대립관계를 해결하다, 해소하다' 는 의미에는 dissolve를 쓴다.

management 경영진 concrete 구체적인 hostile 적대적인, 적의를 가진 confrontation 대립, 대결 evaporate 증발하다, 소멸하다 diffuse 흩뜨리다, 보급시키다 perish 죽다, 사라지다, 소멸하다

정답 (c)

16 다양한 사람들로부터의 비관적인 관점 때문에, 그 부서는 그 프로젝트를 포기할 것이다.

◐ '프로젝트를 포기하다, 버리다' 는 의미에는 abandon을 쓴다.

pessimistic 비관적인 point of view 관점, 견해 various walks of life 다양한 분야의 사람들 department 부서 project 프로젝트 abandon 포기하다, 버리다 vacate 비우다, 제거하다 usurp 강탈하다, 찬탈하다 defend 지키다, 막다, 방어하다

정답 (a)

17 그 문제를 우호적으로 해결하기 위해 당신이 할 수 있는 모든 것이 감사를 받게 될 것입니다.

◐ '감사해 하다' 는 의미에는 appreciate을 쓴다.

settle the affair 문제를 해결하다 amicably 우호적으로 realize 깨닫다, 인식하다, 실현하다 comprehend 이해하다, 포악하다, 포함하다 inflate 부풀리다, 확장하다 appreciate 감상하다, 감사해 하다

정답 (d)

18 최근 신문에서 발표된 그 불명예스러운 행동은 전국적으로 그의 명성에 손상을 입혔다.

◐ '명성을 손상 가하다' 는 의미에는 impair를 쓴다.

ignominious 불명예스러운, 경멸스러운 release 발표하다, 해방시키다 reputation 소문, 명성 amalgamate 혼합시키다, 합병하다 impair 나쁘게하다, 손상시키다

invalidate 무효로 하다 maltreat 함부로 다루다, 학대하다, 혹사하다

정답 (b)

19 성인기에 접어든 이후에, 모든 사람들은 어린 시절의 귀중한 기억들을 간직하기를 원한다.

○ '기억을 간직하다'는 의미에는 cherish를 쓴다.

manhood 남자다움, 성년기 precious 귀중한, 사랑하는 memory 기억 idolize 숭배하다, 우상화하다 cherish 소중히 하다, 마음에 품다 approve 시인하다, 인가하다 fondle 사랑스럽게 다루다, 어루만지다

정답 (b)

20 예술의 중요성에 대한 우세한 견해 때문에, 그 학교는 예술 교육을 위한 모델로 지정되었다.

○ '모델을 지정하다'는 의미에는 designate을 쓴다.

prevalent 유행하는, 우세한 opinion 견해, 의견 model 모델 constitute 구성하다, 임명하다 describe 서술하다, 표현하다 designate 지적하다, 지명하다 allocate 떼어놓다, 배치하다

정답 (c)

UNIT 30 명사

1 A: 여가 시간에 주로 무엇을 하시나요?
B: 네, 가장 좋아하는 여가는 집에서 영화를 보는 것이에요.

💠 '여가시간' 이라는 의미에는 pastime을 쓴다.

free time 여가시간, 자유시간 favorite 가장 좋아하는 endeavor 노력, 시도 pastime 여가, 놀이 diversion 전환, 기분 전환 avocation 부업, 취미

정답 (b)

2 A: 토론의 결과가 무엇인가요?
B: 아무것도 없어요. 회원들이 합의에 이르지 못했거든요.

💠 '합의에 도달하다, 의견 일치를 하다' 는 의미에는 consensus를 쓴다.

rapport 관계, 접촉 affinity 친화력, 인척 관계 consensus 일치, 합의, 여론 tranquility 고요, 평안, 냉정

정답 (c)

3 A: 제이콥은 항상 삶에 만족하면서 행복해 보여요.
B: 맞아요. 그는 삶에 대해 만족하는 태도를 가지고 있어요.

💠 '삶에 대한 태도'를 말할 때, attitude를 쓴다.

content with ~에 만족하다 complacent 만족하는, 순응하는 attitude 태도 belief 믿음, 신념 prejudice 편견 performance 공연, 시행

정답 (a)

4 A: 어제 경찰서를 왜 방문하셨나요?
B: 면허증이 해마다 있는 갱신이 필요했거든요.

💠 '면허증의 갱신' 이라는 의미에는 renewal을 쓴다.

police station 경찰서 licence 면허증 yearly 해마다의, 1년 간의 aid 보조, 원조 remission 용서, 회복, 진정 justice 정직, 정당성, 타당성 renewal 재건, 부활

정답 (d)

5 A: 졸업한 이후에 무엇을 해야 할지 모르겠어요.
B: 그러면 직업을 결정하기 전에 적성 검사를 받아보는 것이 좋겠네요.

💠 '적성 검사' 라는 의미에는 aptitude test를 쓴다.

graduation 졸업 career 직업 incapacity 무력, 무능력 intelligence 지력, 이해력 aptitude 재능, 소질, 적성

tendency 경향, 추세, 성향

정답 (c)

6 A: 일을 시작하기 전에 무엇을 준비해야 하나요?
B: 당신의 타이핑 스피드와 능숙함을 증가시켜야 합니다.

💠 '타이핑 스피드와 능숙함' 이라는 의미에는 proficiency를 쓴다.

prepare 준비하다 ingenuity 창의력, 정교한 장치 clumsiness 무능한, 서투름 accomplishment 완성, 완수, 성취 proficiency 진보, 숙달, 숙련

정답 (d)

7 A: 새해에 새로운 결심이 있나요?
B: 네, 담배를 끊고 싶어요.

💠 '새해를 위한 결심' 이라는 의미에는 resolution을 쓴다.

intention 의도 resolution 결의, 결심, 단호함 analysis 분석, 분해 compliance 순종, 복종, 협력

정답 (b)

8 A: 스프가 어떤가요?
B: 짠 맛이 나는데요. 거기에 어떤 첨가제를 넣으셨나요?

💠 '식품 첨가제' 라는 의미에는 additive를 쓴다.

salty 짠 additive 첨가물, 식품 첨가제 element 성분, 요소 supplement 보완, 보충, 추가 reinforcement 강화, 보강, 보강물

정답 (a)

9 A: 올해 사업이 어떠신가요?
B: 좋지 않네요. 경기 침체 때문에 죽겠어요.

💠 '경기 침체' 라는 의미에는 economic recession을 쓴다.

business 사업, 경기 economic 경제의, 경기의 unemployment 실업 delay 지연, 연장 dilation 팽창, 확장 recession 후퇴, 불경기

정답 (d)

10 A: 우리 회사가 재정 위기에 처한 것 같아요.
B: 맞아요. 재정 유연성을 향상시켰어야만 했어요.

💠 '재정의 유연성' 이라는 의미에는 financial flexibility를 쓴다.

financial trouble 금융 위기 density 밀도 resistance

저항, 반항 flexibility 유연성 perplexity 당혹, 곤혹, 분규

정답 (c)

11 모든 자원봉사자들은 의무감에서가 아니라, 그들이 원했기 때문에 그 자선단체를 도왔다.

　◑ '의무감' 이라는 의미에는 sense of obligation을 쓴다.

volunteer 자원봉사자 charity 자선단체 attachment 결부, 애착, 애정 homage 존경, 경의 dedication 헌납, 헌정 obligation 의무, 책무

정답 (d)

12 그 연구팀은 끊임없는 노력과 흔들리지 않는 열심을 기울인 이후에 완벽함을 얻어냈다.

　◑ '흔들리지 않는 열심' 이라는 의미에는 intensity를 쓴다.

attain 얻다, 획득하다 perfection 완벽 struggle 노력, 열심 ceaseless 끊임없는, 부단한 unwavering 동요하지 않는, 확고한 intensity 강도, 열심 anxiety 고민, 불안, 갈망 severity 가혹, 엄정 tension 긴장, 불안

정답 (a)

13 이 상은 지도력에서 뛰어남과 단체에 대한 헌신을 증명한 회원들에게 수여될 것이다.

　◑ '단체에 대한 헌신' 이라는 의미에는 dedication을 쓴다.

award 수여하다 demonstrate 증명하다, 시위하다 excellence 뛰어남, 우월, 우수 leadership 지도력 dedication 헌납, 헌신, 봉헌 inscription 새김, 비문 glorification 찬미, 축하, 축제 obedience 복종, 순종

정답 (a)

14 몇몇 종교 경전들은 사람들에게 많은 삶의 문제에 대한 높은 통찰력을 제공한다.

　◑ '~에 대한 통찰력' 이라는 의미에는 insight을 쓴다.

religious 종교의, 종교적인 canon 경전 observation 관찰, 감시 judgment 판단, 판결 insight 통찰, 명찰 attention 주의, 주목

정답 (c)

15 광고 수입은 신문과 텔레비전과 같은 미디어 산업의 근간이다.

　◑ '수입, 수익' 이라는 의미에는 revenue를 쓴다.

advertising 광고 foundation 근간, 근거 acquirement 취득, 획득 resource 원천, 자원, 수단 reward 보상 revenue 세입, 수입, 소득

정답 (d)

16 위대한 예술가들과 조각가들의 손은 생명이 없는 진흙 덩어리가 살아 있는 생명체의 모든 특성을 갖게 만들 수 있다.

　◑ '생명체의 특성, 특질' 을 나타낼 때 attribute을 쓴다.

lump 덩어리, 무더기 inanimate 생명이 없는, 생기 없는 clay 진흙 retain 보유하다, 유지하다 aspect 외관, 모양 attribute 특질, 특징, 속성 symbol 상징 specialty 특수성, 전문성, 특질

정답 (b)

17 최근 연구에서 6개월 동안 음식의 섭취를 절반으로 줄인 사람들은 우울해지거나 예민하게 되었다.

　◑ '음식물의 섭취' 라는 의미에는 food intake를 쓴다.

recent 최근의 depressed 기운이 없는, 우울한 irritable 예민한, 과민한 retention 보유, 유지 admission 승인, 허가, 허락 intake 흡입, 섭취 effect 결과, 영향, 시행

정답 (c)

18 식민지화는 서구 세계의 확장과 함께 오랫동안 진행되었던 특정한 형태의 문화적 경제적 착취이다.

　◑ '문화적 경제적 착취, 개발, 이용' 이라는 의미에는 exploitation을 쓴다.

colonization 식민지화 specific 명확한, 일정한, 특정한 cultural 문화적인 economic 경제적인 progress 진행되다, 발전하다 expansion 확대, 확장 exploitation 착취, 약탈, 이익을 위한 개발 corruption 타락, 부패 perversion 곡해, 왜곡, 악용 fraudulence 사기행위, 부정, 배신

정답 (a)

19 오랫 동안 지속된 식민지 경험 이후에, 이전의 식민지들은 그들의 식민지 유산을 극복하기를 원했다.

　◑ '식민지 유산' 이라는 의미에는 legacy를 쓴다.

long-standing 오랫동안 지속된 colonial 식민지의 experience 경험 former 이전의, 예전의 overcome 극복하다 allocation 할당, 배당, 배치 subsidy 보조금, 기부금 extraction 적출, 추출 legacy 유산, 유물

정답 (d)

20 더 많은 엄마들이 밖에서 일하게 되면서, 그들의 아이들은 과거보다 관리 감독이 없는 상태에서 홀로 남겨져 있기도 한다.

　◑ '관리, 감독, 보호' 라는 의미에는 supervision을 쓴다.

outside 밖의, 외부의 instruction 교육, 지시, 명령 supervision 감독, 관리, 지휘, 지시 regulation 규칙, 규정, 규제 influence 영향

정답 (b)

UNIT 31 형용사

1 A: 왜 그렇게 피곤해 보이세요?

B: 네, 빈 좌석이 없어서, 오는 길에 계속 서 있어야만 했거든요.

○ '빈 좌석'이라는 의미에는 vacant seat을 쓴다.

on the way 오는 도중에 barren 메마른, 무능한, 쓸데없는 vacant 빈, 공허한 sufficient 충분한, 자격이 있는 desolate 황폐한, 인기척이 없는

정답 (b)

2 A: 유리 항아리를 어떻게 다뤄야 하나요?

B: 깨지기 쉬우니, 조심스럽게 다루어야 합니다.

○ '깨지기 쉬운, 민감한'이라는 의미에는 delicate을 쓴다.

treat 처리하다, 다루다 glass jar 유리 항아리 delicious 맛있는 delicate 민감한, 깨지기 쉬운 feeble 체력이 약해진, 허약한 deft 능숙한, 솜씨 좋은

정답 (b)

3 A: 다음에는 누가 선발 선수가 되나요?

B: 모르겠어요. 코치만이 선수를 선발할 수 있는 자격이 있거든요.

○ '자격이 되는, 권한을 가진'이라는 의미에는 eligible을 쓴다.

starting players 선발 선수 preferable 차라리 나은, 바람직한 advisable 권할 만한, 바람직한 eligible 적격인, 자격이 있는 covetable 탐내는

정답 (c)

4 A: 창문 좀 열어도 되겠습니까?

B: 물론이지요. 실내가 좀 답답하네요.

○ '실내 공기가 답답한, 통풍이 되지 않는'이라는 의미에는 stuffy를 쓴다.

kind of 약간, 어느 정도 monotonous 단조로운, 변화가 없는 reluctant 마음이 내키지 않는, 마지못해 하는 conventional 틀에 박힌, 관습의 stuffy 통풍이 되지 않는, 답답한

정답 (d)

5 A: 브라이언이 나에게 화가 난 것 같아요.

B: 맞아요. 목소리 톤이 너무 불쾌하게 들렸어요.

○ '톤이 불쾌한, 거슬리는'이라는 의미에는 harsh를 쓴다.

be angry with ~에 화가 나다 tone 소리, 음질 harsh 거친, 퉁명스러운, 불쾌한 polite 공손한, 예절 바른 strict 엄한, 엄격한, 정확한 nasty 몹시 불결한, 더러운

정답 (a)

6 A: 제가 회의에 참석해야 하나요?

B: 물론이지요. 모든 학생들은 의무적으로 참석해야 합니다.

○ '의무적인, 필수적인'이라는 의미에는 mandatory를 쓴다.

attend 참가하다, 참석하다 conference 회의 oppressive 압제적인, 가혹한 mandatory 의무적인, 강제적인 spontaneous 자연 발생적인, 자발적인 sovereign 자치의, 독립의, 극단적인

정답 (b)

7 A: 신시아의 옷이 오늘 좋아 보이는데요.

B: 맞아요. 그녀의 옷이 자의적인 선택이긴 하지만 완벽해 보여요.

○ '자유로운, 자발적인, 자의적인'이라는 의미에는 arbitrary를 쓴다.

outfit 옷, 의복 absolute 완전무결한, 완전한 arbitrary 자의적인, 자발적인 reasonable 이치에 맞는, 정당한, 합당한 volatile 휘발성의, 변덕스러운

정답 (b)

8 A: 메리가 이번 주말에 우리 아이들을 돌봐줄 수 있을까요?

B: 그렇게 생각하지 않아요. 그녀는 어린 아이들을 돌볼 수가 없어요.

○ '능력이 있는'이라는 의미에는 competent를 쓴다.

baby-sit 돌보다 satisfactory 만족할 만한, 훌륭한, 충분한 discerning 통찰력이 있는, 식별력이 있는 competent 유능한, 상당한, 만족스러운 mediocre 보통의, 평범한

정답 (c)

9 A: 많은 동물의 종들이 숲으로 돌아왔다고 들었어요.

B: 그래요. 이제 엄격한 보호 덕분에, 그 종들이 회복되고 있어요.

○ '엄격한, 엄밀한'이라는 의미에는 rigorous를 쓴다.

species 종 protection 보호 recover 회복하다 rigorous 엄격한, 엄밀한, 정확한 brutal 잔인한, 야만적인 ascetic 금욕적인 righteous 정당한, 공정한

10 A: 당신 회사가 시장에서 우월적인 힘을 가지고 있는 것 같아요.

B: 물론입니다. 전국적으로 시장의 71%를 장악하고 있거든요.

○ '우월적인, 우위의' 라는 의미에는 dominant를 쓴다.

grab 움켜쥐다, 거머잡다 **radical** 근원적인, 급격한 **assertive** 단언적인, 단정적인 **dominant** 지배적인, 주요한 **unique** 유일한, 특유의, 독특한

정답 (c)

11 동일한 품질의 제품을 당신 가게에서 구할 수 없다면, 당신이 두 번째로 뛰어난 품질의 샘플들을 우리에게 보내 주시면 감사드리겠습니다.

○ '물건을 구할 수 있는, 쓸 수 있는' 이라는 의미에는 available을 쓴다.

quality 품질, 질 **appreciate** 감사해하다, 감상하다 **susceptible** 영향을 받기 쉬운, 민감한 **convenient** 편리한, 사용하기 쉬운 **available** 구할 수 있는, 쓸 수 있는, 구매할 수 있는 **accessible** 접근하기 쉬운, 사용할 수 있는

정답 (c)

12 오늘 날 많은 공정무역 소매업자들은 아프리카 장인들이 만든 고유의 기념품들을 팔려고 하고 있다.

○ '실제의, 진짜의' 라는 의미에는 authentic을 쓴다.

fair trade 공정 무역 **souvenir** 기념품, 선물 **artisan** 장인, 기능공 **counterfeit** 가짜의, 모조의 **authentic** 믿을 만한, 진정한, 진짜의 **exact** 정확한, 틀림없는 **concrete** 실제적인, 구체적인

정답 (b)

13 그 도시에서 경찰관들의 수가 감소하고 있기 때문에, 그 도시는 안전한 환경에서 위험하면서 적대적인 환경으로 변화되었다.

○ '위험하면서 적대적인 장소, 환경' 이라는 의미에는 hostile을 쓴다.

decreasing 감소하는, 줄어드는 **environment** 환경 **dangerous** 위험한 **opposite** 반대쪽의, 정반대의 **sympathetic** 동정적인, 마음에 드는 **solitary** 혼자뿐인, 고립된 **hostile** 적대적인, 적의의

정답 (d)

14 오늘날 점점 더 많은 사람들이 미래의 어두운 면을 보고 있으며, 그것은 젊은이들 사이에서 훨씬 더 눈에 띄는 현상이다.

○ '눈에 띄는, 두드러진' 이라는 의미에는 remarkable을 쓴다.

look on 바라보다 **splendid** 호화로운, 화려한 **crucial** 결정적인, 매우 중대한 **remarkable** 주목할 만한, 눈에 띄는 **desperate** 필사적인, 절망적인

정답 (c)

15 그 나라들 사이의 상호 안보 조약의 만료는 그들의 친밀한 관계에 부정적인 영향을 미칠 것이다.

○ '친밀한, 관계가 있는 관계' 라는 의미에는 intimate을 쓴다.

expiry 만료, 만기 **bilateral** 쌍방의, 상호의 **security** 안전, 방위 **treaty** 조약, 협정 **negative** 부정적인 **influence** 영향 **relations** 관계 **intimate** 밀접한 관계가 있는, 친밀한 **internal** 내부의, 내재적인 **innate** 타고난, 천성의, 본질적인 **intrinsic** 고유한, 본질적인

정답 (a)

16 상자의 목적이 주로 기능적인 것이기는 하지만, 상자들은 또한 매우 장식적이며 예술적일 수도 있다.

○ '장식적이고 예술적인' 이라는 의미일 때, decorative를 쓴다.

purpose 목적 **mainly** 주로 **functional** 기능적인 **artistic** 예술적인 **cosmetic** 화장용의, 미용의 **sensitive** 감각이 있는, 민감한, 예민한 **complicated** 복잡한, 뒤얽힌 **decorative** 장식용의, 장식적인

정답 (d)

17 협력은 한 가지 업무를 달성하기 위하여 두 사람 이상이 상호 노력을 기울이는 것이라고 믿어진다.

○ '상호적인 노력' 이라는 의미에는 mutual을 쓴다.

cooperation 협력, 협동 **endeavor** 노력, 시도 **perform** 수행하다, 해내다 **task** 업무, 일 **distinct** 별개의, 다른, 독특한 **mutual** 상호간의, 서로의 **universal** 전체의, 보편적인, 일반의 **divergent** 분기하는, 벗어나는, 일탈의

정답 (b)

18 대부분의 경우에, 가족들은 가난을 극복하기 위한 가장 중요한 기관이다.

○ '가장 중요한 기관' 이라는 의미일 때, crucial을 쓴다.

instrument 도구, 수단, 기관 **overcome** 극복하다 **poverty** 가난, 기아 **crucial** 결정적인, 중요한 **trivial** 사소한, 하찮은 **serious** 진지한, 엄숙한 **urgent** 긴급한, 촉박한

정답 (a)

19 경영상의 실수는 회사의 실패를 유도할 수도 있기 때문에, 감독관들은 직원들에 의해 제기된 문제들에 주의를 기울여야 한다.

○ '방심하지 않는, 주의를 기울이는' 이라는 의미에는 alert를 쓴다.

mismanagement 경영 실수 failure 실수, 실패 supervisor 감독관, 관리자 intelligent 총명한, 지성이 있는 lethargic 무기력한, 혼수 상태의 alert 주의를 기울이는, 기민한 morose 시무룩한, 기분이 언짢은

정답 (c)

20 식욕부진은 주요한 정신적인 혹은 신체적인 장애의 징후일 수도 있기 때문에, 당신은 이상을 느끼자마자 병원에 가보는 것이 좋겠다.

○ '~을 나타내는, ~의 징후가 되는' 이라는 의미에는 indicative를 쓴다.

appetite 식욕 mental 정신적인 physical 신체적인, 육체적인 disorder 장애, 질환 appropriate 적합한, 어울리는, 타당한 indicative 나타내는, 징후를 보이는 diagnostic 진단의, 진찰의 persuasive 설득할 수 있는, 설득력이 있는

정답 (b)

UNIT 32 부사

1 A: 로프가 너무 느슨하게 묶인 것 같아요.
B: 더 꽉 묶는 게 어때요?

○ '꽉, 단단히, 팽팽히' 라는 의미에는 tightly를 쓴다.

rope 로프, 줄 loosely 느슨하게 flexibly 유연하게, 나긋나긋하게 tightly 꽉, 단단히, 팽팽하게 soundly 건전하게, 확실하게 stiffly 딱딱하게, 뻣뻣하게

정답 (b)

2 A: 잭이 이번 주 금요일 생일 파티를 열 거라고 들었어요.
B: 맞아요. 우리가 파티에 진심으로 초대를 받았어요. 함께 가요.

○ '진심으로, 진정으로' 라는 의미에는 cordially를 쓴다.

unfavorably 적대적으로, 불길하게 cheerfully 기분 좋게, 쾌활하게 cordially 진정으로, 진심으로 sociably 사교적으로

정답 (c)

3 A: 왜 그렇게 항상 우울해 하세요?
B: 계속해서 모든 것이 너무 걱정돼요.

○ '계속해서, 끊임없이' 라는 의미일 때 endlessly를 쓴다.

depressed 우울한 endlessly 계속해서, 끊임없이 usually 일반적으로, 보통 regularly 규칙적으로, 정규적으로 briefly 간단하게

정답 (a)

4 A: 당신 개가 너무 공격적이네요. 왜 그렇게 개한테 관대하세요?
B: 걱정하지 마세요. 엄격하게 다루고 말하려고 노력하고 있거든요.

○ '엄격하게' 는 의미에는 sternly를 쓴다.

aggressive 공격적인 lenient 관대한 lightly 손쉽게, 가볍게 intentionally 의도적으로 sedately 차분하게, 온화하게 sternly 엄격하게

정답 (d)

5 A: 우리가 늦은 건가요? 수업이 언제 시작되나요?
B: 서두르세요. 5분밖에 남지 않았어요. 교수님이 10시 정각에 출석을 부르거든요.

○ '10시 정각' 이라는 의미에는 sharp를 쓴다.

roll 출석부 sharp 정각에, 정확하게 acutely 날카롭게, 예리하게 frankly 솔직하게 lively 생기 있는, 활기 있는

정답 (a)

6 A: 사이먼, 당신 아들 어디 있나요? 지금 여기 있나요?
B: 네. 그는 케이트 옆에 있어요. 그는 어림잡아 그녀 크기의 절반 정도에요.

○ '대략, 어림잡아' 라는 의미에는 roughly를 쓴다.

practically 실제적으로 extremely 극단적으로, 극도로 tamely 유순하게, 단순하게 roughly 대략, 어림잡아

정답 (d)

7 A: 왜 전화하셨나요? 회의 중이었거든요.
B: 퇴근하자마자 집에 오도록 하세요.

○ '신속히, 빨리' 라는 의미일 때 promptly를 쓴다.

promptly 신속히, 즉석에서 presently 이내, 현재, 지금 slowly 느리게, 천천히 eventually 결국, 언젠가는

정답 (a)

8 A: 길을 따라 교통이 약간 막히는 것 같아요.
B: 대부분의 도로가 증가된 차량 때문에 계속 막히네요.

○ '계속해서, 상습적으로' 라는 의미일 때, chronically를 쓴다.

kind of 약간 jammed 막힌 firmly 단단하게, 확고하게 chronically 상습적으로, 영구적으로 stubbornly 완고하게, 확고하게 indefinitely 막연히, 애매하게

정답 (b)

9 A: 이 가방 어때요? 당신에 매우 잘 어울리는데요.
B: 좋은데요. 그것은 내가 정말 사기를 원해왔던 것이에요.

○ '정확하게, 정확히' 라는 의미일 때 exactly를 쓴다.

carefully 주의깊게, 조심스럽게 carelessly 부주의하게 exactly 정확하게, 정확히 directly 직접적으로

정답 (c)

10 A: 이 제품의 가격이 예전보다 훨씬 더 높은 것 같아요.
B: 네. 생산 비용의 증가 때문에 가격을 상당히 높일 수밖에 없었어요.

○ '상당히, 꽤' 라는 의미일 때 considerably를 쓴다.

cost 단가, 비용 rarely 거의 ~이 아닌 copiously 넉넉하게, 풍부하게 primarily 본질적으로, 주로, 처음에

"

considerably 상당히, 매우, 꽤

정답 (d)

11 최근에 유아 시기의 사망 수가 감소하면서, 인간의 수명은 수년 간에 걸쳐서 꾸준하게 늘어났다.

○ '꾸준히 증가하다' 는 의미에는 steadily를 쓴다.

life expectancy 수명 improve 향상되다 largely 주로 declining 감소하는 steadily 꾸준하게 freely 자유롭게 readily 곧, 즉시, 기꺼이 abruptly 갑작스럽게, 무뚝뚝하게

정답 (a)

12 그의 부모님이 돌아가신 이후로, 지난 몇 달간은 안토니오에게 상당히 힘든 시간이었다.

○ '상당히, 놀랄 정도로' 라는 의미에는 incredibly를 쓴다.
strangely 이상하게 incredibly 상당히, 놀랄 정도로 excessively 과도하게, 극단적으로 abundantly 풍부하게

정답 (b)

13 치유력으로서, 아시아의 전통적인 의학에서는 말 그대로 수백만 종의 식물, 샤머니즘적 전통 그리고 민간요법이 존재한다.

○ '말 그대로, 엄밀하게' 라는 의미에는 literally를 쓴다.

curative 치료의, 병을 고치는 shamanistic 샤머니즘의 household 가족의, 가정용의 remedy 의약품, 교정 수단 traditional 전통적인 literally 문자 그대로, 엄밀하게 completely 완전히, 완벽하게 severely 엄하게, 심하게 faithfully 충실히, 성실하게

정답 (a)

14 이러한 경제적 상황에서, 우리 회사는 원료 가격을 높이겠다는 당신의 제안을 어쩔 수 없이 받아들이기도 결정했습니다.

○ '마지못해, 어쩔 수 없이' 라는 의미에는 reluctantly를 쓴다.

economic 경제적인 circumstance 상황, 환경 proposal 제안 raw material 원료 daintily 우아하게, 고상하게 delicately 섬세하게, 미묘하게 reluctantly 마지못해, 억지로 willingly 자진해서, 쾌히

정답 (c)

15 그 자선단체의 성공은 분명히 회원들의 협력적이고 지속적인 노력의 결실이다.

○ '분명히, 분명하게' 라는 의미에는 obviously를 쓴다.

charity 자선단체 coordinated 협력적인 tireless 지칠줄 모르는, 지속적인 effort 노력 dubiously 모호하게 vaguely 모호하게 obviously 확실하게, 명백하게 easily 쉽게

정답 (c)

16 그 회사는 현장에서 제기된 제안에 따라 조립 라인을 완전히 재디자인했다.

○ '완전히' 라는 의미에는 thoroughly를 쓴다.

firm 회사 redesign 재디자인하다 assembly line 조립 라인 in line with ~에 따라, ~와 함께 suggestion 제안 raise 기르다, 제기하다 field 현장 profoundly 깊게, 절실히, 충심으로 thoroughly 완전히, 철저하게 prudently 신중하게, 빈틈없게 anxiously 걱정하여, 근심하여

정답 (b)

17 모든 이사진들이 그 제안에 만족했기 때문에, 모두가 만장일치로 그것에 동의했다.

○ '만장일치로' 라는 의미에는 unanimously를 쓴다.

unanimously 만장일치로 harmoniously 조화롭게, 어울리게 concurrently 동시 발생적으로 exhaustively 철저하게, 완전하게, 포괄적으로

정답 (a)

18 그 강은 육지로 둘러싸여 있으며, 실제로 스스로 정화할 능력이 없다.

○ '실제로, 실질적으로' 라는 의미에는 virtually를 쓴다.

landlocked 육지로 둘러싸인, 바다와 접해있지 않은 cleanse 정화하다, 세척하다 basically 기본적으로 solely 혼자서, 단독으로, 단지 morally 도덕적으로 virtually 실제로, 실질적으로

정답 (d)

19 지난 수년간에 걸쳐서, 많은 학생들은 대학의 열악한 재정적 상황에 대해 공개적으로 항의를 했으며, 그것이 대학의 이전 정책들을 바꾸어왔다.

○ '공개적으로' 라는 의미에는 publicly를 쓴다.

protest 항의하다 financial 재정의, 재정적인 situation 상황 previous 이전의 policy 정책 rarely 거의 ~이 아닌 conventionally 관습적으로, 상투적으로 publicly 공공연하게, 공개적으로 naively 순진하게, 고지식하게

정답 (c)

20 그 감독은 1900년대 후반 미국의 영화 산업에서 지속적으로 성공했던 유일한 사람이었다.

○ '지속적으로' 라는 의미에는 consistently를 쓴다.

director 감독 direction 지휘, 감독, 연출 consistently 변함없이, 지속적으로 divergently 불일치하게, 벗어나게 uniformly 균형 있게 recurrently 주기적으로 발생하여

정답 (a)

UNIT 33 혼동 어휘

1 A: 사장님이 가능한 빨리 나를 승진시켜주었으면 좋겠어요.
B: 너무 욕심부리지 마세요. 가질 수 없는 것을 요구하는 것은 유치한 것이에요.

○ '유치한, 어린아이 같은' 이라는 의미에는 childish를 쓴다.

promote 승진시키다 **greedy** 욕심부리는 **childish** 유치한, 어린이 같은 **ridden** 압제된 **childlike** 어린이다운, 순진한 **parable** 비유하여 이야기하다

정답 (a)

2 A: 데이브가 이번 학기 수학에서 F를 받았다고 들었어요.
B: 정말요? 그는 부지런하고 훌륭한 학생인데요.

○ '노력하는, 부지런한' 이라는 의미에는 industrious를 쓴다.

semester 학기 **brilliant** 빛나는, 훌륭한 **lovely** 사랑스러운 **industrious** 근면한, 부지런한 **industrial** 산업의 **identical** 동일한, 똑같은

정답 (b)

3 A: 이 잡지를 읽지 못하겠어요. 저에겐 너무 어려워요.
B: 나도 동의해. 그것은 단지 매우 지식이 뛰어난 사람들만을 위해 출판되기 때문이야.

○ '교양 있는, 박식한, 지식 있는' 이라는 의미에는 literate을 쓴다.

magazine 잡지 **publish** 출판하다 **highly** 매우 **literate** 교양있는, 읽고 쓸 수 있는, 박식한 **literary** 문학의 **liberal** 자유로운 **literal** 문자 그대로의

정답 (a)

4 A: 저는 제 결혼식이 자유롭게 비공식적인 것이었으면 좋겠어요.
B: 하지만 결혼식은 신성한 것이야. 전통대로 하는 것이 좋을 거야.

○ '신성한' 이라는 의미에는 sacred를 쓴다.

informal 비공식적인, 형식적이지 않은 **tradition** 전통 **scared** 무서워하는 **scarce** 부족한, 드문 **sacred** 신성한 **sarcastic** 빈정대는, 비꼬는

정답 (c)

5 A: 제니퍼가 그 계약을 잘 처리할 수 있을까요?
B: 저는 그렇게 생각하지 않아요. 그녀는 그것을 할수 있을 정도로 뛰어나지 않아요.

○ '뛰어난, 능력있는' 이라는 의미에는 competent를 쓴다.

deal with 처리하다, 다루다 **contract** 계약 **competitive** 경쟁적인 **competent** 능력있는, 뛰어난 **delinquent** 직무태만의, 체납의 **deliberate** 신중한, 고의의, 계획적인

정답 (b)

6 A: 기말고사 어땠니? 잘 본 것 같니?
B: 네. 비교적 쉽게 그것을 끝냈어요.

○ '비교적 쉽게, 상대적으로 쉽게' 라는 의미에는 comparative를 쓴다.

final exam 기말고사 **comparative** 비교적, 상대적인 **comparable** 비교될 만한 **proportional** 비례의 **ridiculous** 웃기는, 바보같은

정답 (a)

7 A: 창문을 고치는 데 얼마나 드나요?
B: 글쎄요. 먼저 시장 가격을 물어봐야 할 것 같네요.

○ '문의하다, 물어보다' 는 의미에는 inquire를 쓴다.

repair 고치다, 수선하다 **market price** 시장가격 **in advance** 미리, 앞서서 **acquire** 얻다, 획득하다 **require** 요구하다, 요청하다 **squire** 대지주 **inquire** 물어보다

정답 (d)

8 A: 은행 계좌를 개설할 때 절차가 어떻게 되나요?
B: 먼저 이 양식을 작성해 주세요.

○ '절차, 순서' 라는 의미에는 procedure를 쓴다.

open an account 계좌를 개설하다 **process** 처리 **progress** 발전, 진보 **procession** 행진, 행렬 **procedure** 순서, 절차

정답 (d)

9 A: 실험의 결과가 어땠나요?
B: 과학자들이 강력하게 그것을 추진해서, 좋은 결과를 얻어 냈어요.

○ '강력하게 추진하다' 는 의미에는 propel을 쓴다.

experiment 실험 **forcefully** 강력하게 **expel** 추방하다 **impel** 재촉하다 **compel** 억지로 ~시키다 **propel** 추진하다

정답 (d)

10 A: 레지던트 호텔입니다. 무엇을 도와드릴까요?
B: 네. 예약을 확인하고 싶습니다.

○ '예약을 확인하다' 는 의미에는 confirm을 쓴다.

reservation 예약 conform 순응하다, 따르다 confirm 확인하다 perform 공연하다, 수행하다 reform 개혁하다, 바꾸다

정답 (b)

11 전인교육은 한 사람은 완전하게 만들지만, 부분 교육은 사람을 불충분하게 만든다.

○ '불충분한' 이라는 의미에는 complete의 반대말로 deficient를 쓴다.

education 교육 complete 완전한, 완벽한 definite 명확한 deficient 불충분한 decisive 결정적인 definitive 한정적인

정답 (b)

12 우리 매니저는 새로운 계획이 시작되기 전에 그의 계획을 우리 모두에게 말할 정도로 사려깊은 사람이었다.

○ '배려하는, 사려깊은' 이라는 의미에는 considerate을 쓴다.

implement 시행하다, 수행하다 considerable 상당한 competent 능력 있는 contemplate 고심하다 considerate 사려깊은

정답 (d)

13 격렬한 논쟁 끝에, 자원봉사자들은 그 계약이 가난한 사람들에게 이익이 될 것이라는 결론에 도달했다.

○ '계약이 이익이 되는' 이라는 의미에는 beneficial을 쓴다.

harsh 결렬한, 치열한 debate 논쟁, 토론 volunteer 자원봉사자 come to the conclusion 결론에 도달하다 contract 계약, 계약서 benevolent 자비로운, 인자한 beneficent 인정이 많은 beneficial 이로운, 유리한 beneficiary 수익자, 성직을 부여받은

정답 (c)

14 그 중대한 포고령은 사회적 편견에 시달리고 있던 수백만 명의 사람들에게 희망과 같은 것이었다.

○ '중대한, 중요한' 이라는 의미에는 momentous를 쓴다.

decree 법령, 포고령 sear 태우다, 시들게 하다 prejudice 편견 momentary 순간적인 momentous 중요한, 중대한 momentum 힘, 추진력 indistinct 뚜렷하지 않은, 희미한

정답 (b)

15 그 과학자들은 2000년에 군사적 계획에 관한 기밀 정보를 누설한 혐의로 고발되었다.

○ '기밀 정보, 비밀 정보' 등의 의미에는 confidential을 쓴다.

accuse 고소하다, 고발하다 leak 누설하다, 발설하다 military 군사적인 confident 확신하는 disputable 논쟁의 여지가 있는 aromatic 향기로운 confidential 기밀의, 비밀의

정답 (d)

16 주요 교통 중심지로서, 그 지역에는 제품을 생산하고 유통시키는 많은 주요 기업들이 있다.

○ '제품을 생산하고 유통시키다' 는 의미로 '유통시키다' 는 의미에는 distribute을 쓴다.

chief 주요한 transportation 교통 region 지역 manufacture 제조하다 attribute 탓으로 돌리다 contribute 공헌하다, 기여하다 ascribe 탓으로 돌리다 distribute 유통시키다

정답 (d)

17 그 회사가 노동법을 계속해서 어겨왔기 때문에, 세계는 그 회사의 노동 조건을 주시하고 있다.

○ '주시하다, 관찰하다' 는 의미에는 observe를 쓴다.

working condition 노동 조건 violate 위반하다 labor law 노동법 observe 관찰하다, 주시하다 preserve 보호하다, 지키다 conserve 보존하다, 유지하다 reserve 예약하다, 보류하다

정답 (a)

18 다른 행성에 지적 생명체가 있을지도 모른다는 생각은 많은 소설과 영화에 영감을 주었다.

○ '영감을 주다/부여하다' 는 의미에는 inspire를 쓴다.

intelligent 지적인 inspire 영감을 주다 aspire 열망하다, 격려하다 perspire 땀을 흘리다 respire 호흡하다, 휴식하다

정답 (a)

19 잠재적인 소비자들은 항상 판매 직원들에게 가격을 깎아달라고 요구하는 경향이 있다.

○ '잠재적인, 예상되는, 미래의' 등의 의미에는 prospective를 쓴다.

consumer 소비자 sales clerk 판매 직원 reduce 깎다, 줄이다 perspective 전망, 시각 prospective 예견되는, 잠재적인, 미래의 permanent 영속하는, 불변의 prodigal 낭비하는, 방탕한

정답 (b)

20 대부분의 불안정한 사회에서, 독재자들은 그들의 독재를 지속시키기 위해 이데올로기 교육을 악용해왔다.

○ '악용하다, 왜곡하다'는 의미에는 pervert를 쓴다.

unstable 불안정한 dictator 독재자 ideological 이데올로기적인 education 교육 dictatorship 독재 divert 전환하다 convert 개조하다, 변환하다 pervert 악용하다, 왜곡하다 reserve 예약하다

정답 (c)

UNIT 34 구어체

1 A: 오늘 밤 여기에서 머무시길 원하시나요?
   B: 아니요. 다시 한번 생각해 보니, 지금 출발하는 것이 좋겠어요.

   ○ '다시 생각해보니' 라는 의미를 나타낼 때 on second thought을 쓴다.

   primary 주요한, 최초의 **whole** 전체적인 **double** 2배의, 두 가지로 해석할 수 있는

   정답 (b)

2 A: 어젯밤에 자동차 사고가 있었지만, 다행스럽게도 전혀 다치지 않았어요.
   B: 정말요? 불행 중 다행스런 일이네요.

   ○ '불행 중 다행스런 일' 이라는 의미에는 a blessing in disguise를 쓴다.

   fortunately 다행스럽게도 **injure** 부상을 입히다 **blessing** 은혜, 축복 **basket** 바구니 **comparison** 비교 **disguise** 위장

   정답 (c)

3 A: 아빠, 더 이상 공부를 계속하고 싶지 않아요.
   B: 내 말 잘 들어, 제인. 이렇게 행동한다면, 문제가 생길거야.

   ○ '내 말 잘 들어' 라는 의미에는 mark my words를 쓴다.

   continue 계속하다, 지속하다 **ballot** 총투표수, 투표용지

   정답 (d)

4 A: 레이첼, 직업을 결정하는 데 필요한 정보를 제공해줄게.
   B: 알겠습니다. 열심히 듣도록 할게요.

   ○ '열심히 듣다' 는 의미에는 be all ears를 쓴다.

   tip 조언, 정보 **I'm all thumbs** 재주가 없다, 서툴다 **I'm up for it** 내가 도와줄 수 있어 **I'm all of a glow** 얼굴이 화끈거리다

   정답 (b)

5 A: 데이비드가 강의를 이해했니?
   B: 물론이죠. 그는 신경을 곤두세우고 들었거든요.

   ○ '신경을 곤두세우다' 라는 의미에는 all eyes and ears를 쓴다.

   lecture 강의 **all skin and bones** 피골이 상접하다 **all of**

a shake 덜덜 떨다 **all dressed up** 정장을 입다

   정답 (c)

6 A: 운 좋게도, 입학 시험에 합격했어요.
   B: 정말요? 질투나는데요.

   ○ '질투하다' 는 의미에는 green with envy를 쓴다.

   entrance exam 입학시험 **energy** 에너지 **verdure** 신선함, 생기 **stripe** 줄무늬, 종류 **envy** 시샘, 시기, 질투

   정답 (d)

7 A: 가능한 빨리 방을 청소하도록 해.
   B: 네 알겠습니다. 즉시 하도록 할게요.

   ○ '즉시, 곧바로' 라는 의미에는 right off the bat을 쓴다.

   out of the public eye 표면화되지 않도록 하는, 눈밖에 나는 **beyond control** 불가항력적인 **like a duck to water** 자연스럽게

   정답 (c)

8 A: 제니퍼가 회사를 그만둘 거라는 것을 어떻게 알게 되셨나요?
   B: 그녀에게서 직접 들었는데요.

   ○ '직접 들은' 이라는 의미에는 straight from the horse's mouth를 쓴다.

   정답 (c)

9 A: 과학자들이 그 위성을 발사하는 데 성공했나요?
   B: 네. 발사는 지난 주 월요일에 무사히 발사되었어요.

   ○ '아무 일 없이, 무사히' 라는 의미에는 without a hitch를 쓴다.

   peer 동료 **bean** 콩, 하찮은 것 **break** 휴식, 파괴, 붕괴 **hitch** 매듭, 중지

   정답 (d)

10 A: 당신이 다시 집을 엉망으로 만든 건가요?
   B: 아니요. 단연코 그렇지 않습니다.

   ○ '단연코, 절대로' 라는 의미에는 by a long shot을 쓴다.

   mess up 엉망으로 만들다 **journey** 여행 **range** 범위

   정답 (a)

11 그들이 지난 밤 한 달 동안의 여행 후에 집으로 돌아왔기 때문에, 그들은 매우 피곤해했다.

➔ '매우 피곤한' 이라는 의미에는 dead tired를 쓴다.

flap eared 귀가 처진, 늘어진 stiff bored 매우 지루한 dead pan 무표정의

정답 (d)

12 몇 명의 관광객들이 자동차 사고에서 죽었다는 슬픈 소식 때문에, 사람들은 우울해졌다.

➔ '우울한, 풀이 죽은' 이라는 의미일 때 down in the dumps를 쓴다.

down in the sands 모래 속에 처박힌 down in the depths 깊이 빠진 down in the hearts 마음 깊이

정답 (c)

13 그의 모든 노력에도 불구하고, 대통령은 정부와 사회를 개혁하는 데 실패했다.

➔ '실패하다' 는 의미에는 fall flat on one's face를 쓴다.

effort 노력, 시도 reform 개혁하다 dirt 더러움, 오염 broad 넓은 swelling 부풀어오름

정답 (a)

14 그 지역 주변의 모든 거주민들은 건설 현장에서 발생한 소음 때문에 질려 있다.

➔ '~에 질려 있는' 이라는 의미에는 be fed up with를 쓴다.

be tied up with ~에 걸리다 be kindled up with ~로 불타다 be puffed up with 우쭐해져 있다

정답 (c)

15 그의 주치의의 조언을 따라서, 로버트는 변화를 위해 LA 지점으로 전근했다.

➔ '변화를 위해, 기분 전환을 위해' 라는 의미에는 for a change를 쓴다.

therapist 주치의, 의사 resolution 결의, 결심 workout 연습

정답 (b)

16 제니퍼가 그 노래의 원본을 구매했을 때, 그 판매원은 덤으로 다른 CD를 주었다.

➔ '덤으로' 라는 의미에는 for good measure를 쓴다.

original 원래의, 독창적인, 고유한 version 번역, 형, 판형 throw in 던지다, 제공하다, 주다 for good crops 풍작을 위해 for good luck 운으로 for good grades 좋은 결과를 위해

정답 (d)

17 제인이 오는군요. 호랑이도 제말하면 안다더니, 우리가 그녀의 신작 소설에 대해 이야기하고 있었거든요.

➔ '호랑이도 제말하면 온다' 는 의미에는 speak of the devil을 쓴다.

limb 사지, 가지

정답 (c)

18 네가 아무리 열심히 노력한다 해도, 모든 것을 다 가질 수는 없다.

➔ '모든 것을 다 가질 수는 없다' 는 의미에는 you can't win them all을 쓴다.

consume 소비하다

정답 (a)

19 전 세계적인 재정 위기를 극복하기 위해 전 세계의 정상들이 함께 머리를 맞대고 의논했다.

➔ '머리를 맞대고 의논하다' 는 의미에는 put one's head together를 쓴다.

overcome 극복하다 financial 재정적인, 금융의 crisis 위기 on a global level 세계적인 수준에서 summit 정상

정답 (c)

20 과학기술의 빠른 발달에도 불구하고, 공학과 물리학은 여전히 다루기 힘든 것으로 남아있다.

➔ '다루기 힘든, 까다로운' 이라는 의미에는 hard nut to crack을 쓴다.

defend 지키다, 막다, 방어하다 crack 소리가 나게 하다, 금이 가게 하다

정답 (d)

UNIT 35 연어 : 동사 + 목적어

1 A: 당신 사장에게 기본급을 올려달라고 해보지 그러세요?
B: 아니에요. 그렇게 할 용기가 없어요.

✪ '~할 용기가 있다' 는 의미에는 have the nerve to를 쓴다.

have the chance to ~할 기회를 갖다 have the gift to ~하는 재주가 있다 have the advantage 이점이 있다

정답 (c)

2 A: 당신은 왜 재정적인 어려움이 있나요?
B: 월급에 맞추어 생활하는 것이 어렵네요.

✪ '생계를 꾸리다' 는 의미에는 make ends meet을 쓴다.

financial trouble 재정적 어려움 standard 기준 savings 예금, 저축

정답 (a)

3 A: 어떻게 그 사실을 아셨어요?
B: 당신 엄마가 어제 사실을 털어놓았거든요.

✪ '사실을 불다, 털어놓다' 는 의미에는 spill the guts를 쓴다.

spew 토하다, 내쏟다

정답 (d)

4 A: 이상하게도, 오늘 자동차 시동이 안걸려요.
B: 그러면 제가 한번 시도해 볼게요.

✪ '시도해 보다' 는 의미에는 have a crack at something 을 쓴다.

have a tongue 말솜씨가 좋다 have a fever 열이 나다

정답 (b)

5 A: 앤더슨이 당신의 조언에 왜 그렇게 당황했나요?
B: 글쎄요. 제가 약점을 건드린 것 같아요.

✪ '약점을 건드리다' 는 의미에는 hit a raw nerve를 쓴다.

embarrassed 당황한 state 상태 wave 물결, 파도, 고저

정답 (d)

6 A: 회사에서 발생한 문제들을 어떻게 처리해야 할지 모르겠어요.

B: 힘내세요. 정면돌파하도록 하세요.

✪ '정면돌파하다' 는 의미에는 take the bull by the horns 를 쓴다.

cope with 대처하다, 다루다 bull 황소 knob 손잡이, 여드름

정답 (a)

7 A: 더 많은 휴식 시간을 제안해 보는게 어때요?
B: 일을 크게 만들고 싶지 않아요.

✪ '일을 크게 만들다' 는 의미에는 make waves를 쓴다.

make a light 불을 밝히다 make a error 실수하다 make a plan 계획을 세우다

정답 (b)

8 A: 공부를 많이 하지 않았는데, 다행스럽게도 내가 보았던 문제들이 시험에 나왔어요.
B: 하지만 다음에는 너무 운을 믿지 마세요.

✪ '운을 너무 믿다' 는 의미에는 press one's luck을 쓴다.

fortunately 운좋게

정답 (c)

9 A: 음식에 대해 어떻게 생각하세요?
B: 네, 모든 음식이 정성이 담겨 있네요.

✪ '정성이 담겨있다' 는 의미에는 have a personal touch 를 쓴다.

have a light touch 솜씨가 좋다, 수완이 좋다 have a golden touch 손대기만 하면 성공하다

정답 (b)

10 A: 잭이 갑자기 직장을 그만 두었다고 들었어요.
B: 네. 그래서 그의 아내가 그것을 알고는 노발대발했어요.

✪ '화가 나다, 노발대발하다' 는 의미에는 hit the ceiling을 쓴다.

hit the mattress 잠복하다 hit the headlines 갑자기 유명해지다 hit the jackpot 떼돈을 벌다

정답 (d)

11 스튜어트 교수가 전 세계의 은행의 문제점들에 대한 논문을 썼을 때, 그는 진정으로 핵심을 짚었다.

◎ '핵심을 찌르다'는 의미에는 hit the nail on the head를 쓴다.

canvas 캔버스, 천

정답 (b)

12 그의 선생님이 그 리포트에서 실수를 지적했을 때, 제임스는 선생님이 그에게 화가 난 것인지, 아니면 그저 놀리기 위한 것인지 궁금했다.

◎ '놀리다'는 의미에는 pull one's leg을 쓴다.

indicate 지적하다, 지시하다 itch 가렵다, 근질근질하다 crush 으깨다, 진압하다

정답 (a)

13 제니퍼의 부모님이 그녀가 원하는 모든 것을 주었지만, 그녀의 일상생활에 아무런 차이도 주지 못한 것 같다.

◎ '좋아지다, 차이가 발생하다'는 의미에는 make a difference를 쓴다.

inquiry 탐구, 연구 retort 반박, 보복

정답 (c)

14 모든 이사진들은 그들이 스미스에 대해 들어본 적이 있다고 확신했지만, 그 이름이 떠오르지는 않았다.

◎ '귓가에 맴돌다, 떠오르다'는 의미에는 ring a bell을 쓴다.

정답 (d)

15 어느 조직이든, 모든 지도자들은 지도와 지배 가운데 어디에서 선을 그어야 할지를 알아야 한다.

◎ '한도를 정하다, 선을 긋다'는 의미에는 draw the line을 쓴다.

organization 조직, 단체 leader 지도자 guidance 지도, 안내 dominance 우월, 지배 draw the longbow 과장하다 draw the graph 그래프를 그리다 draw the crabs 반감을 사다

정답 (a)

16 주지사는 반복적으로 그 법안을 반대할 것이라고 약속했지만, 그녀는 그 말을 취소하고 그것을 승인했다.

◎ '했던 말을 취소하다'는 의미에는 swallow one's words를 쓴다.

governor 주지사 repeatedly 반복적으로 veto 거부권을 행사하다 approve 승인하다 articulate 똑똑하게 말하다, 관련시키다

정답 (c)

17 작년의 전 세계적인 금융 위기는 장기적인 산업의 성장의 희망을 깼다.

◎ '희망을 깨다'는 의미에는 burst one's bubble을 쓴다.

perpetual 장기적인 industrial 산업의 flame 불꽃, 화염 roar 큰 소리 passion 감정, 열정

정답 (b)

18 교통이 막혔기 때문에, 그들은 기차를 잡기 위하여 매우 노력했다.

◎ '매우 노력하다'는 의미에는 break one's neck을 쓴다.

risk one's neck 모험을 하다 break one's neck 목뼈를 부러뜨리다

정답 (c)

19 모든 회원들은 진실을 알기 위하여, 의혹을 해소하기 위하여, 혹은 다른 적절한 조치를 취하기 위하여 기자들로부터 직접 소식을 듣기를 원했다.

◎ '의혹을 해소하다'는 의미에는 clear the air를 쓴다.

at firsthand 직접적으로 reporter 기자 take a step 조치를 취하다

정답 (d)

20 집 밖에서 난 소음에 깜짝 놀라서, 가족들은 갑자기 일어나서 문으로 곧장 갔다.

◎ '곧장 가다, 직행하다'는 의미에는 make a beeline for를 쓴다.

roar 고성, 큰 소리 abruptly 갑작스럽게 make a reservation 예약하다 beeline 직선 코스, 일직선 make a search for ~을 찾다 make a bid 입찰하다, 도전하다

정답 (b)

UNIT 36 명사구

1 A: 지금부터 프레젠테이션을 시작하겠습니다.
B: 긴 세부사항은 넘어가시고, 핵심만 발표해 주세요!

✪ '핵심, 요점' 이라는 의미에는 bottom line을 쓴다.

presentation 프레젠테이션, 발표 from now on 지금부터
skip 건너뛰다 detail 세부사항 finish line 결승선
narrow line 가는 선

정답 (b)

2 A: 요즘 어떤 사람들은 공황 장애가 있는 것 같아요.
B: 네, 공황 장애는 때때로 부모들로부터 유전된 유전병이에요.

✪ '유전 질환' 이라는 의미에는 hereditary disease를 쓴다.

panic 공황 상태, 공포 panic disorder 공황 장애 inherit
물려받다, 상속하다 inveterate 뿌리깊은, 만성의, 상습적인
infectious 전염성의 contagious 접촉 전염성의

정답 (c)

3 A: 오늘 아침에 누가 전화를 했나요?
B: 모르겠어요. 그저 장난 전화였어요.

✪ '장난 전화' 라는 의미에는 crank call을 쓴다.

crank 괴짜, 장난하기 좋아하는 사람 demand 요구하다,
요청하다 boarding 승선, 승차, 하숙

정답 (a)

4 A: 집을 청소하기 위해 어디서부터 시작해야 할지 모르겠어요.
B: 네. 그 일을 위해 많은 힘을 써야 할 것 같아요.

✪ '힘든 일' 이라는 의미에는 elbow grease를 쓴다.

grease 윤활유, 윤을 내다 sweat 땀

정답 (d)

5 A: 폴이 이사로 승진할 가능성이 있나요?
B: 아니요. 그는 그럴 가능성이 없어요.

✪ '가능성이 희박한' 이라는 의미에는 fat chance를 쓴다.

possible 가능성이 있는 promote 승진시키다 director
이사

정답 (a)

6 A: 담배를 끊고 싶어요. 하지만 매우 힘드네요.
B: 이해해요. 그것은 버리기 힘든 습관이거든요.

✪ '버리기 힘든 습관' 을 나타낼 때 hard habit to kick을 쓴다.

quit 그만두다 situation 상황, 조건

정답 (b)

7 A: 왜 크리스에게 그렇게 화가 나셨나요?
B: 네, 그가 여기 있는 모든 사람들을 그럴듯하게 속이려고 했거든요.

✪ '그럴 듯한 속임수' 라는 의미에는 snow job을 쓴다.

attempt 시도하다, 노력하다

정답 (a)

8 A: 요즘 당신 아내가 어떤가요?
B: 네, 훨씬 더 좋아졌어요. 그녀는 더 이상 구제불능이 아니에요.

✪ '구제불능' 이라는 의미에는 basket case를 쓴다.

bribery 뇌물 dairy 유제품

정답 (c)

9 A: 때때로 의사들과 그들의 시술을 믿지 못하겠어요.
B: 저도 그래요. 그래서 저는 때때로 대체의학을 찾기도 해요.

✪ '대체의학' 이라는 의미에는 alternative medicine을 쓴다.

practice 시술 행위 geriatric 노인병의 counterfeit 가짜
의, 위조의 wonder medicine 신통한 약

정답 (d)

10 A: 내년 경제에 대해 어떻게 전망하세요?
B: 확실하지는 않지만 미국 달러의 통화 가치 하락이 지속될 것 같네요.

✪ '통화가치 하락' 이라는 의미에는 currency depreciation을 쓴다.

depreciation 저하, 하락 account 기술, 서술, 계정
reserve 저장, 비축, 보류 currency 유통화폐, 통화
quality 질, 품질

정답 (c)

11 그 지역의 대부분의 사람들은 그들의 소득 수준이 매우 낮았기

때문에 세금 공제 혜택을 누릴 수 없었다.

➡ '임금 수준'이라는 의미에는 income level을 쓴다.

take advantage of ~을 이용하다 tax credit 세금 공제
gap 차이 bracket 받침대, 계층, 종류

정답 (b)

12 전 세계의 대부분의 사람들은 다른 나라를 방문하기 위해 비자를 신청할 때 많은 절차를 거쳐야 한다.

➡ '공식적 절차, 형식적인 절차'라는 의미에는 red tape을 쓴다.

go through 거치다, 경험하다 magnetic 자석의, 자기의
audio 오디오 plastic 플라스틱

정답 (b)

13 포화지방산의 양을 줄이는 것은 당신의 심장을 건강하게 유지시켜 주며 콜레스테롤의 수준이 줄어들게 할 수 있다.

➡ '포화 지방산'이라는 의미에는 saturated fat을 쓴다.

decrease 줄이다 cholesterol 콜레스테롤 edible 먹을
수 있는 bacon 베이컨 drain 배수, 유출

정답 (b)

14 연구에 따르면, 작년에 4백만 명의 사람들이 성희롱으로 고통받았으며, 1000만 명의 사람들이 협박과 괴롭힘의 희생자였다고 한다.

➡ '성희롱, 성적 학대'라는 의미에는 sexual harassment를 쓴다.

sexual 성적인 victim 희생자 intimidation 협박, 위협
bullying 괴롭힘 generation 세대 harassment 괴롭힘
reproduction 재생산, 복제 selection 선택

정답 (b)

15 만약 당신이 여자 친구의 변덕스러운 기분과 감정을 더 잘 이해하고자 한다면, 당신은 그녀의 마음을 이해하려고 노력해야 한다.

➡ '변덕스러운 기분'이라는 의미에는 mood swing을 쓴다.

mood 기분 emotion 정서

정답 (c)

16 앤더슨은 능력있는 학생으로 여겨지길 원했지만, 그는 여전히 그의 가족의 골칫거리이다.

➡ '골치거리, 말썽꾸러기'라는 의미에는 black sheep을 쓴다.

competent 능력 있는

정답 (a)

17 스트레스 수준이 높이 유지된 상태에서, 휴일은 휴식을 위해 가족과 함께 보내는 시간을 보내는 데 도움이 되지 않을 수도 있다.

➡ '가족과 함께 보내는 시간'을 말할 때 quality time을 쓴다.

stress level 스트레스 수준 holiday 휴가 beneficial 이익이 되는, 도움이 되는 relaxation 휴식 compound 혼합의, 복합의 curtain time 마감 시간 latency 잠재, 잠복

정답 (c)

18 고등학교 동창회는 당신에게 고등학교 시절의 좋은 옛날 기억을 상기시켜 줄 것이다.

➡ '동창회'라는 의미에는 school reunion을 쓴다.

remind 상기시켜 주다 committee 위원회 reunion 동창회 district 구, 지역

정답 (b)

19 정부는 외국의 언론 보도가 정부의 재정 상황을 과장하고 있다고 항상 우려하고 있다고 말했다.

➡ '언론 보도'라는 의미에는 media coverage를 쓴다.

government 정부 be concerned 우려하다, 걱정하다
foreign 외국의 exaggerate 과장하다 financial 재정적인, 금융의 situation 상황 hype 과대광고, 사기

정답 (a)

20 만약 어떤 회사가 국내 및 해외 시장을 확장하기를 원한다면, 그것은 브랜드와 상품 인지도를 높여야 한다.

➡ '브랜드 및 제품 인지도'라는 의미에는 brand recognition 혹은 product recognition을 쓴다.

expand 확장하다, 확대하다 domestic 국내의 foreign 외국의 cost 비용, 단가 concept 개념, 관념 recognition 승인, 인정, 평가

정답 (c)

UNIT 37 이어동사

1 A: 이 제품들은 품질적인 면에서 결함이 있어요. 가격을 환불해 주시면 좋겠어요.
B: 미안합니다. 하지만 당신의 요구에 응할 수 없습니다.

✪ '~에 응하다, 따르다' 는 의미에는 comply with를 쓴다.

defect 결함, 흠 request 요구, 요청 agree with ~에 동의하다 concur with 같은 견해이다 fill with 채우다

정답 (c)

2 A: 이 산에 오기를 정말 잘 한 것 같아요.
B: 네. 도시의 분주한 삶에서 벗어난 것이 좋은 것 같아요.

✪ '~로부터 벗어나다' 는 의미에는 get away를 쓴다.

bustle 분주한, 시끄러운 take away 치우다, 제거하다 turn away 시선을 돌리다 pull away 떠나다, 출발하다

정답 (b)

3 A: 학생들의 요구에 어떻게 대처해야 할지 모르겠어요.
B: 그들의 요구에 굴복하지 마세요.

✪ '~에 굴복하다' 는 의미에는 give in을 쓴다.

cope with 대처하다 request 요구 give up 포기하다 leave off 그치다, 그만하다 put out 끄다, 노력하다

정답 (a)

4 A: 친구들을 집으로 초대하고 싶어요.
B: 그러면 절대 집을 엉망으로 만들지 마세요.

✪ '엉망으로 만들다, 지저분하게 하다' 는 의미에는 mess up을 쓴다.

wrap up 싸다 wind up 끝맺다, 끝내다 round up 모아들이다

정답 (b)

5 A: 제임스가 왜 회사를 그만두었나요?
B: 그는 다른 일을 하고 싶어해요. 그는 미래를 위해 돈을 따로 모아두었거든요.

✪ '따로 모아두다' 는 의미에는 put aside를 쓴다.

step aside 비켜서다 stand aside 옆으로 비켜서다 pull aside 옆으로 다가서다

정답 (c)

6 A: 그 지역의 태풍이 너무 심하다고 들었어요.
B: 맞아요. 태풍이 몇 채의 집을 쓸어버렸어요.

✪ '쓸어버리다' 는 의미에는 sweep away를 쓴다.

exorcise away 내쫓다 fade away 사라지다 run away 도망하다

정답 (c)

7 A: 마틴을 당신 가게의 매니저로 추천하고 싶어요.
B: 그에 대해 정말 확신하시나요? 아직은 그를 믿을 수가 없거든요.

✪ '보증하다, 확신하다' 는 의미에는 vouch for를 쓴다.

recommend 추천하다 account for 차지하다 long for 간절히 바라다 leap for 뛰어오르다

정답 (a)

8 A: 재니스가 이번에 그런 직업을 받아들일 리가 있을까요?
B: 나는 그러한 가능성을 완전히 배제할 수 없어요.

✪ '배제하다' 는 의미에는 rule out을 쓴다.

accept 받아들이다, 수용하다 completely 완전히, 철저하게 possibility 가능성 carry out 실행하다, 수행하다 hold out 내뻗다 speak out 말하다

정답 (d)

9 A: 오늘 아침 모임에 왜 늦으셨나요?
B: 교통이 너무 막혔어요.

✪ '막히다, 묶이다' 는 의미에는 tie up을 쓴다.

wither up 시들다, 오그라들다 stir up 조장하다, 휘젓다 loosen up 긴장을 풀다

정답 (b)

10 A: 내 동생인 젠슨이 항상 실수를 하는 것 같아요.
B: 진정하세요. 당신은 그의 어린 나이를 감안하셔야지요.

✪ '고려하다, 감안하다' 는 의미에는 allow for를 쓴다.

tremble for 무서워서 덜덜 떨다 crave for 갈망하다

정답 (d)

11 몇몇 직원들의 승진은 그들이 승진을 위한 충분한 자격을 가지고 있다고 해도 지속적으로 진행되지 않았다.

◐ '진행되다, 헤쳐나가다'는 의미에는 come through를 쓴다.

promotion 승진 **continuously** 계속해서, 지속적으로 **qualification** 자격요건 **go through** 겪다 **break through** 포위를 뚫다 **pass through** 지나다, 통과하다

정답 (b)

12 대통령은 지난 주 의회에서 통과된 금융 계획을 확실하게 거부할 것이다.

◑ '거부하다, 거절하다'는 의미에는 shoot down을 쓴다.

assembly 의회, 국회 **weigh down** 짓누르다 **hand down** 전하다, 전달하다 **chop down** 베어버리다

정답 (c)

13 심리학 프로그램에 관심이 있는 대부분의 패널들은 다른 피실험자들의 재능을 알아내려고 노력했다.

◐ '알아내다, 이해하다'는 의미에는 figure out을 쓴다.

panelist 패널, 토론자 **psychological** 심리적인 **talent** 재능 **black out** 통제하다 **watch out** 조심하다, 주의하다 **straighten out** 해결하다

정답 (a)

14 그 나라의 정부는 재정 원조를 해달라는 주변 국가의 요구를 거절해왔다.

◑ '거절하다'는 의미에는 turn down을 쓴다.

cut down 줄이다, 단축하다 **slow down** 속도를 줄이다 **bow down** 숙이다, 절하다

정답 (c)

15 그 회사가 사업 목표를 달성하기를 원한다면, 그것은 내적인 문제들과 외부적인 압력을 해소했어야만 했다.

◐ '해소하다, 해결하다'는 의미에는 iron out을 쓴다.

business goal 사업 목표 **internal** 내적인 **external** 외부적인 **set out** 시작하다

정답 (b)

16 많은 학생들은 그들의 선생님이 수업 시간에 말씀 하셨던 것을 곰곰이 생각해 보았다.

◐ '곰곰이 생각하다, 심사숙고하다'는 의미에는 chew over를 쓴다.

hang over 기운이 감돌다, 걸려있다 **bend over** 허리를 꺾다 **domineer over** 휘어잡다

정답 (b)

17 이 지역의 많은 회사들이 입찰에 참가하기를 원했지만, 단지 몇 개 회사만이 그 자격 요건을 충족시켰다.

◐ '참가하다'는 의미에는 come in on을 쓴다.

region 지역 **bid** 입찰 **qualification** 자격 요건 **get across** 건너다, 알려주다 **meet up with** 만나다 **take out of** 끄집어내다

정답 (c)

18 그 범죄자는 법정에서 약물 남용에 대해 이야기하도록 강요받았다.

◐ '이야기하다, 표시하다'는 의미에는 act out을 쓴다.

criminal 범죄자 **abuse** 남용 **courtroom** 법정 **come out** 깨어나다, 벗어나다 **make out** 이해하다 **pitch out** 시작하다, 시구하다

정답 (a)

19 인근 지역 공동체를 보호하기 위하여, 사람들은 '지역 보호' 제도와 같은 프로그램들을 통해 서로에게 의존해야 한다.

◐ '의존하다'는 의미에는 count on을 쓴다.

put on 옷을 입다 **repose on** ~에 눕다, 쉬다 **hold on** 고수하다

정답 (d)

20 동물 보호 관리들은 애완동물 소유주들이 그들의 애완동물들을 가혹하게 윽박지르는 경향이 있다고 우려한다.

◐ '윽박지르다, 헐뜯다'는 의미에는 put down을 쓴다.

official 관리, 공무원 **hang down** 매달리다 **cut down** 단축하다, 줄이다 **fetch down** 떨어뜨리다, 인하하다, 줄이다

정답 (b)

UNIT 38 이디엄

1 A: 오늘 피곤해 보이는데요. 무슨 일이에요?
B: 어젯밤에 일이 끝난 이후에 술을 많이 마셨거든요.

◎ '술을 많이 마시다'는 의미에는 hit the bottle을 쓴다.

정답 (b)

2 A: 요즘 남자 친구랑 잘 지내고 있나요?
B: 물론이죠. 우리는 공통점도 많고, 말도 잘 통해요.

◎ '의견이 일치하다, 말이 통하다'는 의미에는 speak the same language를 쓴다.

get along with 잘 지내다 **have in common** 공통점을 지니다 **diction** 말투, 어법 **signal** 신호

정답 (c)

3 A: 선생님이 왜 너에게 그렇게 화가 나셨니?
B: 리포트를 제출하지 않았거든요. 혼날 것을 감수해야 할 시간이에요.

◎ '혼날 것을 감수하다'는 의미에는 face the music을 쓴다.

submit 제출하다 **tune** 조율하다, 조화시키다 **accept** 수용하다, 받아들이다

정답 (b)

4 A: 당신의 컴퓨터를 어떻게 수리하셨나요?
B: 내 동생이 나를 도와주었어요. 그는 미리 다른 문제들도 해결해 주었어요.

◎ '미연에 방지하다'는 의미에는 nip in the bud를 쓴다.

repair 수리하다, 고치다 **nip** 집다, 꼬집다

정답 (c)

5 A: 베이커가 시험에서 실패했다고 들었어요.
B: 그래도 싸요. 그는 전혀 그것을 준비하지 않았거든요.

◎ '그래도 싸다'는 의미에는 serve one right을 쓴다.

arrange 배열하다, 결정하다 **deliver** 배달하다 **perform** 공연하다, 실행하다

정답 (a)

6 A: 내 집이 어젯밤에 도둑맞았다는 것을 믿을 수가 없어요.
B: 흥분하지 마세요. 아무도 다치지 않았다는 것에 감사하세요.

◎ '흥분하다, 냉정을 잃다'는 의미에는 lose one's cool을 쓴다.

deplete 격감시키다, 고갈시키다

정답 (b)

7 A: 어제 인터뷰가 너무 걱정이 돼요. 잘 하지 못했거든요.
B: 윌리엄, 낙담하지 마. 잘 될 거야.

◎ '낙담하지 마'라는 의미에는 keep one's chin up을 쓴다.

interview 인터뷰

정답 (b)

8 A: 그 실험에서 성공할 확률이 낮은 것 같아요.
B: 걱정하지 마세요. 성공하든 실패하든 그냥 해봅시다.

◎ '그냥 해보다'는 의미에는 go for it을 쓴다.

slim 가느다란, 희미한 **experiment** 실험 **sink** 가라앉다 **sink or swim** 성공하든 실패하든 **get for nothing** 공으로 얻다 **raise one's head** 머리를 들다 **save one's face** 체면을 유지하다, 욕을 면하다

정답 (d)

9 A: 코헨, 지금부터 말썽부리지 않을 것이라고 확신하니?
B: 물론이지요. 어떠한 문제도 일으키지 않겠다고 약속할게요.

◎ '말썽부리지 않다, 문제를 일으키지 않다'는 의미에는 keep one's nose clean을 쓴다.

commit 문제를 유발하다

정답 (d)

10 A: 어젯밤 그 코미디 너무 재미있었어요.
B: 맞아요. 웃음을 참을 수가 없었어요.

◎ '웃음을 참다, 정색하다'는 의미에는 keep a straight face를 쓴다.

comedy 코미디 **straight** 곧은, 일직선의

정답 (a)

11 대부분의 성공한 사람들은 개인적인 감정이 그들이 하는 일을 방해하도록 허락하지 않는다.

◎ '방해하다'는 의미에는 get in the way를 쓴다.

allow 허락하다 personal 개인적인 emotion 감정 hit the road 그냥 하다 take it easy 조심하다 raise one's voice 언성을 높이다

정답 (c)

12 많은 학생들은 시험을 볼 때마다 두근두근하다.

○ '두근두근하다, 조마조마하다' 는 의미에는 have butterflies in one's stomach를 쓴다.

intestine 장, 창자

정답 (b)

13 대부분의 분석가들은 소규모 투자자들이 단기간에 횡재를 하기 위해 노력하는 경향이 있다고 지적한다.

○ '횡재하다, 성공하다' 는 의미에는 hit the jackpot을 쓴다.

analyst 분석가 investor 투자자 jackpot 대성공

정답 (d)

14 모든 독자들은 독서를 하는 동안 숨겨진 의미를 이해하기 위해 행간을 읽을 줄 알아야 한다.

○ '행간을 읽다' 는 의미에는 read between the lines를 쓴다.

hidden 감추어진, 숨겨진

정답 (b)

15 진정한 저널리스트라면 진심으로 모든 기사를 시작해야 하며, 요점을 말하지 않으면 안된다.

○ '요점을 말하지 않다, 에둘러 말하다' 는 의미에는 beat around the bush를 쓴다.

journalist 저널리스트 sincerity 진심

정답 (b)

16 메리는 제이콥과 잘 지내지 못했는데, 그래서 그녀는 그를 차갑게 대했다.

○ '냉대하다, 차갑게 대하다' 는 의미에는 give one the cold shoulder를 쓴다.

get along with 잘 지내다, 어울리다 hearty 마음이 따뜻한, 애정어린

정답 (b)

17 진정으로 가장 지적인 직원은 그 회사의 사장을 따라할 수 있는 방법을 찾으려고 노력하는 사람이다.

○ '흉내내다, 따라하다' 는 의미에는 walk in the shoes를

쓴다.

truly 진정으로 intelligent 지적인

정답 (a)

18 정치적인 스캔들과 뇌물 사건 때문에, 많은 투표자들은 주지사에게서 등을 돌렸다.

○ '누구에게서 등을 돌리다' 는 의미에는 turn one's back on을 쓴다.

political 정치적인 scandal 스캔들 bribery 뇌물 사건 voter 투표자 governor 주지사

정답 (b)

19 높은 커피 및 곡물 가격은 농부들이 수익을 얻을 수 없기 때문에 가난해진 농부들에게 씁쓸한 입맛을 남기고 있다.

○ '씁쓸한 입맛을 남기다' 는 의미에는 leave a bitter taste in one's mouth를 쓴다.

impoverished 가난해진 benefit 이익 gusto 즐거움, 재미, 기호

정답 (b)

20 도로에서 교통이 증가하면서, 심지어 전문적인 운전자들도 다른 사람들의 기분을 상하게 할 수도 있다.

○ '남의 기분을 상하게 하다' 는 의미에는 step on one another's toes를 쓴다.

traffic 교통 increase 증가하다 pace 보조를 맞추어 걷다 rove 방황하다, 헤매다 stalk 살그머니 다가가다

정답 (d)

→ REVIEW TRAINING

1 A: 경기 침체가 올 거라는 생각이 파다한 것 같아요.
B: 맞아요. 많은 요소들이 경기 침체의 전조를 보여주고 있어요.

○ '생각이 우세하다, 파다하다' 는 의미에는 prevail을 쓴다.

recession 경기침체 factor 요소 precursor 전조 depression 불경기, 불황 abound 풍부하다, 충만하다 prevail 유행하다, 널리 퍼져있다 overcome 극복하다 ponder 심사숙고하다

정답 (b)

2 A: 그의 업적에 대해 상당히 높게 평가해요.
B: 네. 그의 이전의 노력보다 더 나은 것 같아요.

○ '능가하다, ~보다 낫다' 는 의미에는 transcend를 쓴다.

think highly of 높게 평가하다 accomplishment 업적, 성취 previous 이전의 effort 노력 transcend 초월하다, 넘다, ~보다 낫다 relent 마음이 부드러워지다, 약해지다 promote 승진시키다. 조장하다, 촉진하다 refine 정제하다, 고상하게 하다

정답 (a)

3 A: 그 가수가 새로운 앨범을 발매했다고 들었어요.
B: 맞아요. 그것은 그녀의 이전 명성을 다시 회복시켜 줄 거에요.

○ '회복시키다, 재건시키다' 는 의미에는 rehabilitate을 쓴다.

release 발매하다 reputation 명성 rejuvenate 활력을 되찾게 하다 alleviate 경감시키다, 완화시키다 rehabilitate 갱생시키다, 재건하다, 회복시키다 remedy 고치다, 치료하다

정답 (c)

4 A: 과학자들은 일반적으로 실험에서 비둘기를 쓴다고 해요.
B: 맞아요. 그들의 뛰어난 저주파 청각이 인간의 청각을 능가하거든요.

○ '~을 능가하다' 는 의미에는 surpass를 쓴다.

pigeon 비둘기 experiment 실험 excellent 뛰어난 low-frequency 저주파 amend 수정하다, 개선하다 reform 개선하다, 개혁하다 ameliorate 개량하다. 좋아지다 surpass 능가하다

정답 (d)

5 A: 어젯밤 도로에서 교통 사고가 났다고 들었어요.
B: 맞아요. 사고에서 3명의 사상자가 있었어요.

○ '사상자' 라는 의미에는 fatality를 쓴다.

traffic accident 교통 사고 disaster 재앙 fatality 사상자 calamity 불행, 참사 misfortune 불행, 재난

정답 (b)

6 A: 우리 건물이 점점 더 약해지고 있는 것 같아요.
B: 그렇습니다. 통행하는 교통에 의해 유발된 진동이 구조적인 약화를 유발하고 있는 것 같아요.

○ '약화' 라는 의미에는 deterioration을 쓴다.

vibration 진동 development 개발, 발전 adulteration 불순물을 섞기, 조악화 contamination 오염 deterioration 약화

정답 (d)

7 A: 린든과의 인터뷰는 어땠나요?
B: 아. 매우 감동받았어요. 그는 모든 질문에 자신감있게 답했어요.

○ '자신감 있게' 라는 의미에는 with confidence를 쓴다.

impressed 감동을 받은 approval 승인 rudeness 무례 confidence 확신, 자신 impudence 뻔뻔스러운, 염치없음, 무례함

정답 (c)

8 A: 무슨 일이 있나요? 아파 보이는데요.
B: 이상해요. 몸이 차가워요.

○ '이상한' 이라는 의미에는 bizarre를 쓴다.

ridiculous 웃기는, 우스운, 어리석은 normal 정상적인 bizarre 이상한, 기이한 natural 자연적인, 당연한

정답 (c)

9 A: 당신의 재빠르고, 시의적절하며 사려깊은 해결에 감사드립니다.
B: 당신에게 도움이 되었다니 저도 기쁩니다.

○ '적절한, 시의 적절한' 이라는 의미에는 pertinent를 쓴다.

prompt 즉석의, 즉각적인 thoughtful 사려깊은 arrangement 배열, 배치, 해결 pertinent 시의 적절한 untimely 때 아닌, 너무 이른 invalid 병약한, 효력없는, 무효한 permissible 허용되는, 무방한

정답 (a)

10 A: 'thy' 라는 단어를 아세요? 그것을 이해할 수가 없어요.
B: 그 단어는 일반적으로 쓰고 있지 않은 오래된 단어에요. 더 이상은 잊지 마세요.

○ '한물간, 쓰고 있지 않은' 이라는 의미에는 obsolete을 쓴다.

thy 'your' 의 고어 obsolete 한물간, 일반적으로는 쓰고 있지 않는 current 지금의, 현재의, 최신의 contemporary 동시대의, 현대적인 primitive 원시적인

정답 (a)

11 거대한 폭풍우가 친 이후에, 많은 자원봉사자들은 위기에 처한 거주자들을 대피시키기 위해 노력하고 있다.

○ '대피시키다' 는 의미에는 evacuate을 쓴다.

rainstorm 폭풍우, 호우 volunteer 자원봉사자 dweller 거주자 in need 위기에 처한, 도움이 필요한 forsake 저버리다, 떠나다 eject 내쫓다, 나가게 하다 evacuate 대피시키다 abdicate 포기하다, 버리다, 사임하다

정답 (c)

12 감염 때문에 병원에 가면, 그는 감염의 원인을 완화시키기 위해 약을 처방해 줄 것이다.

> '완화시키다, 경감시키다' 는 의미에는 alleviate을 쓴다.

infection 감염 prescribe 처방전을 쓰다 medication 의약품 cause 원인 alleviate 완화시키다, 경감시키다 sustain 떠받치다, 입다, 받다, 유지하다 intensify 격렬하게 하다, 정도를 더하다, 강하게 하다 impede 지체시키다, 방해하다, 훼방놓다

정답 (a)

13 그 사고 이후에, 그 항공사는 티켓과 숙박 요금에 대하여 승객들에게 배상하겠다고 말했다.

> '배상하다, 변상하다' 는 의미에는 reimburse를 쓴다.

airline 항공사 passenger 승객 accommodation 숙박 cost 단가, 비용 reimburse 변상하다, 배상하다 deprive 빼앗다, 박탈하다 adjust 맞추다, 조절하다 discharge 짐을 부리다, 방출하다

정답 (a)

14 새로운 정책은 국제적인 인권의 기준의 권위를 경감시킬 것 같다. 그래서 많은 인권 단체들이 그것에 반대하고 있다.

> '감소시키다, 떨어뜨리다' 는 의미에는 degrade를 쓴다.

policy 정책 be likely to ~일 것 같다 authority 권한, 권위 human rights 인권 standard 기준 organization 조직, 단체 be opposed to ~에 반대하다 approve 승인하다 degrade 좌천시키다, 강등하다, 떨어뜨리다 dignify 위엄을 주다, 엄숙하게 하다 purify 정화하다, 순화하다

정답 (b)

15 그의 최근 소설은 분명히 작가로서 그 작가의 다재다능함을 증명했다.

> '다재다능함' 이라는 의미에는 versatility를 쓴다.

definitely 분명하게, 명확하게 prove 증명하다 author 작가 versatility 다재다능함 utility 유용, 유익, 실용, 유용성 advantage 장점, 이점 mechanism 장치, 기계, 기구

정답 (a)

16 다니엘이 다른 여성과 결혼한 직후에 그 파티에서 그의 전처를 만난 것은 우연이었다.

> '우연' 이라는 의미에는 coincidence를 쓴다.

ex-wife 전처 collaboration 공동, 협력, 합작 incident 사건, 우발적인 일 coincidence 동시발생, 우연의 일치 intervention 조정, 중재, 개입, 간섭

정답 (c)

17 모든 사람들은 그들의 적재적소에 있기 위하여 적소에서 스스로를 교육하고 전문가가 되어야 한다.

> '적재적소, 적합한 지위' 라는 의미에는 niche를 쓴다.

educate 교육시키다 expert 전문가 perforation 관통, 절취선 range 범위, 한도 recess 휴식, 휴회, 오지 niche 적합한 지위, 적소

정답 (d)

18 그 부서의 직원들은 기밀 정보를 누설했다는 것을 단호하게 거부했다.

> '기밀의, 비밀의' 라는 의미에는 confidential을 쓴다.

department 부서 flatly 단호하게 deny 거부하다, 부인하다 leak 누설하다 information 정보 constant 변함없는, 불변의 confidential 비밀의, 기밀의 exclusive 배타적인, 배제적인, 독점적인 redundant 장황한, 여분의, 과외의, 과잉의

정답 (b)

19 이반은 늘 앉아만 있는 직업에 종사하기 때문에, 그는 항상 운동을 하기 위해 일주일에 두 번 체육관에 가기를 원한다.

> '앉아만 있는, 좌식의' 라는 의미에는 sedentary를 쓴다.

occupation 직업 gymnasium 체육관 work out 운동하다 stable 흔들리지 않는, 안정된 submissive 복종하는, 순종하는 tranquil 고요한, 평온한, 조용한, 차분한 sedentary 좌식의, 앉아만 있는

정답 (d)

20 그 배우의 말하는 방식은 너무 활발해서 심지어 그의 평범한 말도 매력과 흥분을 유발하는 것 같았다.

> '활기찬, 쾌활한' 이라는 의미에는 vivacious를 쓴다.

manner 방식, 방법 commonplace 평범한, 일반적인 remark 비평, 논평, 언급 result in 결과를 유발하다, 낳다 charm 매력 excitement 흥분 adroit 손재주가 있는, 능숙한 casual 우연한, 우발적인, 격식을 차리지 않는 vivacious 활기찬, 쾌활한 zealous 열심인, 열렬한

정답 (c)

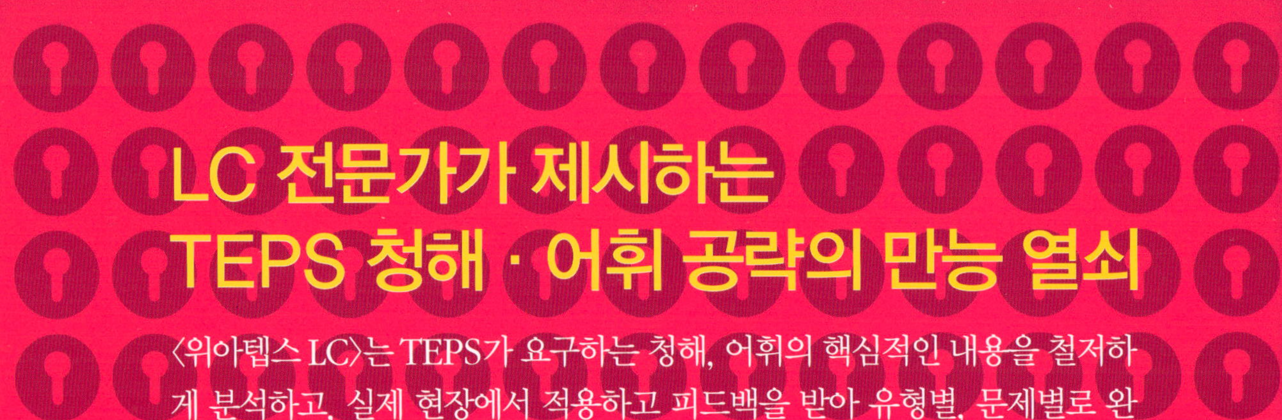

〈위아텝스 LC〉는 TEPS가 요구하는 청해, 어휘의 핵심적인 내용을 철저하게 분석하고, 실제 현장에서 적용하고 피드백을 받아 유형별, 문제별로 완벽하게 분석하고 정리한 교재이다

01 〈위아텝스 LC〉만의 단계적 학습 프로그램 도입

TEPS 학습의 완성은 반복. [1단계] 유형 설명과 바로 문제 확인(Pattern Training) ▶ [2단계] 기본문제 풀이로 기본기 점검(Basic Training) ▶ [3단계] 실전 문제로 TEPS 유형 완벽 파악(Actual Training) ▶ [4단계] 누적 문제로 실전 감각 극대화(Review Training)의 학습 프로그램으로 기초부터 마무리까지 TEPS를 완벽하게 준비할 수 있다.

02 출제 유형만 깔끔하게 정리한 본문 · 해설

각 영역별로 출제되는 유형들 중 기초 사항에 해당하는 내용은 가능한 줄이고, 시험에 바로 적용할 수 있는 내용만 체계적으로 꼼꼼하게 정리했다.

03 〈위아텝스〉 Total 학습 시스템

'교재–동영상(유료)–웹서비스'로 완성되는 종합적인 학습기반 아래 '본학습(교재) ▶ 복습(동영상) ▶ 피드백(JJ TEPS 텝스 카페 – http://cafe.daum.net/easyteps // http://cafe.naver.com/tepsmaster)'의 체계적으로 구성된 Total 학습시스템을 지원한다.

04 기본 문제에서 실전 문제 풀이까지 596문제

청해 6회, 어휘 4회, 최고의 유형으로 뽑은 총 596문제를 실었다. 엄선된 문제들을 통해 정기 시험과 유사한 문제를 많이 풀고, 틀린 문제를 분석하면서 이 책 한 권으로 텝스 LC 문제에 대한 자신감을 키울 수 있다.